Ulrike Schrader

Tora und Textilien

Zur Geschichte der Juden im Wuppertal

Begegnungsstätte Alte Synagoge Wuppertal

Herausgegeben vom Trägerverein Begegnungsstätte Alte Synagoge Wuppertal e.V.
Wuppertal 2007

Inhalt

Inhalt

Prolog

Besuch in der Synagoge, 1931

Von Rabbiner Dr. Lothar Lubasch, Wuppertal-Barmen

Im letzten Jahre besuchten einige Oberklassen hiesiger höherer Schulen unsere Synagoge. An den Gottesdienst schloß sich eine Aussprache an, die den Aufbau der jüdischen Liturgie, ihre Eigenart, das Wesen des Judentums und seine Stellung zur Umwelt zum Gegenstand hatte. Welche Fragen bewegten diese jungen Menschen? Welches ist ihre Einstellung zum Judentum, und welchen Sinn hat dieser Synagogenbesuch für uns selbst? Vor allem fällt die große Unkenntnis jüdischen Wesens und jüdischer Eigenart auf. Man ist mehr als erstaunt über die Primitivheit vieler Fragen, die doch von gebildeten und denkenden Menschen gestellt werden. Wir erfahren eigentlich von den anderen in welch' geistiger Isoliertheit das Judentums lebt. Wir wählen nur aus der Fülle der Fragen einige aus, die auch auf unserer Seite interessieren können.

Woher stammen die Melodien des jüdischen Gottesdienstes?
Nur ein kleiner Teil der jüdischen Gesänge weist in die Zeit des Altertums zurück. Das Rezitativ der Thoravorlesung, einige charakteristische Gesänge der Festtage lassen den archaischen Stil erkennen. Der größte Teil der heute gebräuchlichen Melodien ist in freier Anlehnung an die deutschen Romantiker (Mendelssohn und Schubert) geschaffen; einige andere basieren auf moderneren Komponisten (Reger u.a.). Charakteristisch für unseren Gottesdienst ist das Alternieren von Kantor und Gemeinde, wodurch eine Aktivierung der Gemeinde erreicht werden soll.

Was bedeutet die Vorlesung der Thora?
Ihr Sinn ist, das Religionsgesetz der gesamten Gemeinde zu verkünden. Das Judentum ist keine Religion, die ein von Priestern gehütetes Geheimnis vor der profanen Menge verschließt, sondern das Judentum ist Gemeingut a l l e r; das Priestertum umfaßt die Gesamtheit.

Wie ist die Stellung des Rabbiners?
Der Rabbiner ist der Leiter der Gemeinde. Seine Aufgabe erschöpft sich in der Unterweisung in den Lehren des Judentumes und der Erziehung der Gemeinde zur Verwirklichung der jüdischen Ideen im Alltag.

Welche Bedeutung hat der Talmud?
Das Judentum unterscheidet zwischen der schriftlichen Lehre (Thora) und der mündlichen Lehre. Letztere tritt als Erklärung und Ergänzung des schriftlichen Gesetzes hinzu. Der Talmud enthält nun nicht nur die mündliche Lehre, sondern die Lehrmeinungen der damaligen Gelehrten über das Gesetz, die sogar in vielen Punkten voneinander abweichen. Erst aus der talmudischen Diskussion ergibt sich in späterer Zeit das jüdische Gesetz. Von einer Verbindlichkeit der Talmude für das moderne Judentum kann man daher nicht sprechen.

Welcher Unterschied besteht zwischen Orthodoxie und Liberalismus?
Für die Orthodoxie ist die Offenbarung Gottes ein einmaliges, abgeschlossenes Geschehnis am Berge Sinai. Jedes Wort dieser Offenbarung ist verpflichtend und hat Ewigkeitswert. Der Liberalismus unterscheidet zwischen ewigen und zeitgebundenen Ideen der Bibel. Die Offenbarung Gottes ist nicht abgeschlossen; Gott offenbart sich ständig im Leben der Völker wie im Einzelschicksal. Das religiöse Denken und Fühlen unterliegt dem Gesetze der Entwicklung wie die gesamte Kultur.

Welchen Sinn hat der Sabbat?
Der Sabbat erhält zunächst seine Bedeutung als soziale Institution. Das Gebot der Arbeitsruhe gilt, ohne Ausnahme, für alle Menschen. Parallel geht das religiöse Motiv. Die Enthaltung von der werktäglichen Arbeit soll den Menschen bestimmen, sich über den Alltag zu erheben. Die Frage nach dem Sinn des Lebens tritt an ihn in ihrer ganzen Größe und Schwere heran.

Betrachten sich die Juden als das auserwählte Volk?
Diese Frage ist zu bejahen. Schon der Segensspruch über die Thora enthält diesen Begriff. Auserwählung bedeutet hier die spezifisch religiöse Begabung. Israel hat zuerst den Gedanken des Monotheismus geschaffen. Auserwählung ist daher eine Verpflichtung für das Judentum, die sittlichen Forderungen der monotheistischen Religion im Leben zu verwirklichen.

Was ist typisch jüdisch am Monotheismus der jüdischen Religion?
Typisch jüdisch ist die unbedingte Einheit des Gottesbegriffes, die mit dem Begriff der christlichen Gottessohnschaft unvereinbar ist. Ferner ist Gott der Unvergleichliche, der den Rahmen der Diesseitigkeit sprengt, und schließlich ist Gott der Heilige als das Prinzip der sittlichen Vollkommenheit.

Wie steht das Judentum zu Luther?
Luther bedeutet praktisch eine Annäherung des Christentums an das Judentum. Die Aberkennung der päpstlichen Autorität, der Verzicht auf die Beichte, die Aufhebung des Priestertumes, die direkte Erhebung des Gläubigen zu seinem Gott sind uralte jüdische Forderungen. Die Zeitgenossen Luthers erhoben daher gegen ihn den „Vorwurf", daß er judaisiere.

Wie steht das Judentum zu Jesus?
Das Judentum ist sich einig in der Anerkennung Christi als einer sittlich überragenden Persönlichkeit. Christus war aber nur ein Mensch. Der strenge Monotheismus des Judentums verbietet von selbst den Gedanken der Dreieinigkeit.

Treibt das Judentum Mission?
Das Judentum erhebt den Anspruch, Weltreligion zu sein, propagiert aber in der Gegenwart nicht diesen Gedanken. Bestimmend für diese Einstellung sind mehrere Motive. Zunächst hat Israel an sich selbst den Unsegen einer falsch verstandenen Mission erfahren. Die zahllosen Verfolgungen durch die Kirche, die gewaltsamen Taufen des Mittelalters legen davon Zeugnis ab. Dann aber erhebt das Judentum nicht den Anspruch, die alleinseeligmachende Religion zu sein. Nach jüdischer Auffassung haben die Gerechten aller Völker Anteil an der göttlichen Gnade. Im Mittelpunkt der jüdischen Religion steht auch nicht der Glaube, sondern die sittlich religiöse Tat. Sittlich handeln kann und soll jeder Mensch. Aus dieser Einstellung ergibt sich die passive Haltung des Judentums in der Frage der Mission.

Glaubt das Judentum an die Unsterblichkeit der Seele?
Obgleich das Alte Testament keine direkte Formulierung dieser Idee aufweist, besteht sie in der nachbiblischen Zeit als allgemein anerkannte These.

Was nun die Bewertung dieser und ähnlicher Fragen anbetrifft, so ist es natürlich, daß die Christusidee und der Missionsgedanke das gesamte religiöse Leben dieser jungen Menschen beherrscht. Da von frühester Kindheit an diese Ideen im Mittelpunkte stehen und daher für sie zu religiösen Prinzipien werden, so ist diesen jungen Menschen fast unbegreiflich, wie eine Religion auf diese Ideen verzichten kann. Religion, Christus, Mission sind dort beinahe identische Begriffe, und die ganze Diskussion zentralisiert sich um diese Gedanken.

Aus dem bisher Gesagten geht hervor, daß man die Erwartungen, die sich an diese Besuche des jüdischen Gotteshauses durch Andersgläubige knüpfen, nicht zu hoch spannen darf. Man redet, was die religiöse Position anbelangt, aneinander vorbei; da der Begriff „Religion" hier ein ganz anderer als dort ist. Wir kennen die großen Aussprachen zwischen den Religionen aus unserer Geschichte. So wenig die Religionsdisputationen im Mittelalter erreicht haben, so wenig werden sie in unserer Zeit ein konkretes religiöses Ziel erreichen. Man erfährt sogar zu seinem Erstaunen, dass die Reinheit und dogmatische Weite des jüdischen Gottesbegriffes, die wir immer als einen Vorzug der jüdischen Religion empfanden, als Mangel an religiösem Gefühl bewertet werden. Ja, jede Diskussion auf logischer Basis wird mit der Begründung abgelehnt, daß Religion nicht von logischen Gesetzen abhängig sei, sondern nur von der Seite des Erlebnisses her erfaßt werden könne. Nun klingt diese Behauptung sehr richtig und scheint unbestreitbar zu sein, dennoch aber ist sie falsch. Religion entspringt sicherlich irrationalen Bedürfnissen, Religion ist nicht logisch auffindbar; sie darf aber auf keinen Fall den Gesetzen des menschlichen Denkens widersprechen. Versteift man sich nur auf das Gefühl, lehnt man logische Begriffe völlig ab, wie es hier geschah, dann ist jede beliebige Mythologie religiös wahr und logisch nicht zu erschüttern; auch Okkultismus und verwandte Gebiete kann man ohne weiteres mit dem Worte „Gefühl und Erlebnis" begründen. Sobald man die logische Grundlage zerstört, hört eine Diskussion überhaupt auf. Man verspreche sich also in religiöser Hinsicht nicht allzu viel von diesen Disputen; die Meinungen sind hüben und drüben nicht zu erschüttern. Auf der anderen Seite können diese Besuche aber sehr wohl einen praktischen Erfolg zeitigen und zwar durch ihre aufklärende Tendenz; viele Vorurtheile können im Keime erstickt werden. Manche dieser jungen Menschen werden angeregt sein, die Weltanschauung des Judentumes vorurteilsfreier zu durchdenken. Vor allen Dingen sieht der Andersgläubige zu seinem grenzenlosen Erstaunen, daß die „christliche" Bibel wortwörtlich dem Alten Testament entlehnt ist. Schon diese Erkenntnis dürfte den Besuch des jüdischen Gotteshauses durch Nichtjuden empfehlenswert erscheinen lassen. *(Jüdisch-liberale Zeitung vom 19.8.1931)*

Einleitung

Voller Hoffnung und Energie waren Juden seit dem Beginn des 19. Jahrhunderts in die aufstrebenden Industrie- und Handelsstädte Elberfeld und Barmen gekommen und hatten sich hier niedergelassen. Schon aus früherer Zeit waren umherziehenden jüdischen Händlern die Märkte im Wuppertal bekannt, doch hier auch zu wohnen war ihnen lange Zeit nicht gestattet. Aber mit der Liberalisierung der Judenverordnungen in der „französischen Zeit“ des Bergischen Landes gerieten die Wupperstädte, und hier vor allem zunächst Elberfeld, in den Blick jüdischer Existenzgründer. Die maschinelle Herstellung und Verarbeitung von Garnen und Geweben und ein bald blühender Textilhandel auf internationaler Ebene, durch den das Wuppertal weit über seine Grenzen hinaus bekannt wurde, zog (nicht nur) jüdische Zuwanderer aus dem Umland und aus weit entfernt liegenden Gegenden an. Mit der politischen und staatsbürgerlichen Gleichberechtigung, die Juden und Nichtjuden in der ersten Hälfte des 19. Jahrhunderts erstritten, war auch der gesetzliche und gesellschaftliche Rahmen zur dauerhaften Niederlassung in den Wupperstädten gegeben. Zwar existieren zu wenige zeitgenössische Quellen, um über das Verhältnis zwischen den jüdischen Zuwanderern und der christlichen Mehrheitsbevölkerung genau Auskunft geben zu können, doch es ist anzunehmen, dass es trotz aller grundsätzlichen Vorbehalte einen zumindest äußerlichen Frieden und eine gewisse Nachbarschaftlichkeit, in Einzelfällen sogar engere persönliche Beziehungen gegeben hat, die bis zur Heirat führten. Die Juden strebten danach, sich dem Elberfelder und Barmer Bürgertum kulturell und ökonomisch anzugleichen. Auch wenn es schwierig war und lange dauerte, konnten sie schließlich eine Gemeinde gründen und zunächst in Elberfeld, dann in Barmen eine Synagoge bauen.

In der Zeit des Kaiserreichs und der Weimarer Republik bildete sich eine Vielzahl jüdischer Lebensweisen aus, von strengster Frömmigkeit über verbindlichen Liberalismus bis hin zur vollendeten Säkularisation und dem Austritt aus der jüdischen Gemeinde. Gesellschaftlich „angekommen“, wirtschaftlich erfolgreich und im sozialen und kulturellen Leben verlässliche Partner und Förderer, erschienen judenfeindliche Vorurteile als Relikte aus längst vergangener Zeit, auch wenn man dem immer wieder aufkommendem, sich modern gebenden Antisemitismus etwas entgegensetzen musste. Trotz aller Bemühungen einerseits um Aufklärung und andererseits um Anpassung um jeden Preis, die bis zur Selbstverleugnung gehen konnte, brauchten die Nationalsozialisten nur wenig, um die Vorbehalte gegen Juden in der Bevölkerung wieder zu beleben und zu befeuern.

In der Nacht zum 10. November 1938 wurden die beiden großen jüdischen Gotteshäuser in Wuppertal angezündet, geplündert und gänzlich zerstört. Spätestens zu diesem Zeitpunkt beschlossen diejenigen unter den Juden, die mit einer Auswanderung noch gezögert hatten, Deutschland zu verlassen. Wem das nicht mehr gelang, der wurde mit den Deportationen in den Jahren 1941 und 1942 in eines der Ghettos verschleppt. Das war das vorläufige Ende der nicht einmal 150jährigen Geschichte der Juden im Wuppertal.

Nach den bevölkerungsstatistischen Erhebungen lebten im Jahr 1913 169.214 Menschen in Barmen, davon waren 643 Juden. Elberfeld zählte 170.195 Einwohner, von denen 1.919 jüdisch waren. In Ronsdorf lebten 15.365 Einwohner, unter ihnen 26 Juden, und in Lennep, das zur Gemeinde Elberfeld gehörte, gab es 13.123 Bürger, davon 15 Juden.

Wer waren diese Menschen? Ihre Geschichte ist oft wechselhaft und widersprüchlich, und allgemeine Aussagen sind kaum zu machen. Bis heute wird unter Historikern darüber gestritten, ob es eine „Integration“ der Juden in die deutsche Mehrheitsbevölkerung vor 1933 überhaupt jemals gab, oder ob es sich nicht vielmehr um eine beispiellose Anpassungsleistung („Assimiliation“) handelte, allerdings mit dem Preis der Aufgabe einer eigenständigen Jüdischkeit.

Mittlerweile hat man sich mehr oder weniger einmütig auf den Begriff der „Akkulturation" geeinigt und versteht darunter die Übernahme der von den meisten Juden bewunderten deutschen Kultur der Mehrheitsgesellschaft, ohne dass schon zu erkennen gewesen wäre, wie „jüdisch" sich die entsprechende Familie selbst definierte.

Die Lebensgeschichten der Menschen, die sich zu Beginn des 19. Jahrhunderts im Wuppertal niederließen, und die ihrer Kinder und Enkel lassen erahnen, dass das Verhältnis zu den christlichen Nachbarn wohl nie ein selbstverständliches war. Bei aller äußerlichen Angleichung, trotz mancher Konversion und auch gemischter Ehen, war man sich der eigenen Identität und der latenten Ausschließung stets bewusst. Auch wenn Juden scheinbar selbstverständlich in nichtjüdische gemeinnützige Vereine aufgenommen, in hohe Ehrenämter gewählt und in politische und wirtschaftliche Spitzenpositionen berufen wurden, bestanden nach wie vor Vorbehalte seitens der Mehrheitsgesellschaft, die immer wieder zu Ausgrenzungen aus dem gesellschaftlichen Leben führten.

Die jüdische Geschichte im Wuppertal ist ein Teil der Stadtgeschichte: Wenn die besonderen Merkmale dieser Stadt die Frühindustrialisierung und der Textilhandel sind, so haben Juden hieran einen nicht unerheblichen Anteil: Erst der Beginn der Textilindustrie bescherte der Stadt die enorme Attraktivität, die auch Juden aus dem Umland und von weit her anzog: junge, unternehmenslustige und ideenreiche Menschen, die hier ihre Chance erkannten, eine Existenz zu gründen, und das oft trotz des großen Misstrauens und des Unwillens der einheimischen Stadtbevölkerung. Wenn es Juden gelang, im Wuppertal Fuß zu fassen, Familien zu gründen und sich auf Dauer einzurichten, so ist das nicht auf eine wohlwollende Einladung der Wuppertaler zurückzuführen, sondern auf die Leistungsbereitschaft der jüdischen Neubürger, die sich nicht hatten entmutigen lassen und an ein verträgliches Miteinander glaubten oder glauben wollten.

Der Holocaust hat eine unüberbrückbare Kluft zwischen die überlebenden Wuppertaler und die Stadt ihrer Kindheit und Jugend gerissen. Eine Rückkehr nach Deutschland, nach Wuppertal war und ist für die Allermeisten unvorstellbar. Allein die Frage empfinden Viele wie eine Zumutung, und manche der ehemaligen Wuppertaler und Wuppertalerinnen haben bis heute nie wieder deutschen Boden betreten. Andere haben sich nach und nach wieder angenähert und Reisen nach Deutschland unternommen – vielleicht zunächst nur, um ihren Kindern und Enkeln zu zeigen, wo sie geboren wurden und aufgewachsen waren. Man erinnerte sich nicht ohne Wehmut an die Bergische Landschaft, an das viele Grün und Wasser, an die Wälder, die Schwebebahn, das Thalia-Theater, den Zoo. Und einige beherrschen sogar noch Barmer oder Elberfelder Platt und Kinderreime oder andere typisch Wuppertaler, nicht nur vornehme Verse...

Nach 1945 dauerte es mehrere Jahrzehnte, bis man in Wuppertal, ähnlich wie in anderen Städten auch, damit begann, nach den Juden und ihrem Schicksal zu fragen, und diese „Verspätung" wird mittlerweile im Konsens als Versäumnis anerkannt. Seit den frühen 1980er Jahren sind hin und wieder einzelne Arbeiten zu bestimmten Aspekten der jüdischen Geschichte in Wuppertal veröffentlicht worden: Hier sind vor allem die Publikationen von Ulrich Föhse zu nennen, der über Jahre hinweg hunderte Kontakte zu ehemaligen Wuppertalern und Wuppertalerinnen geknüpft hat und dadurch das vermutlich größte Privatarchiv mit Dokumenten, Fotos und unschätzbaren Zeitzeugeninterviews zur jüdischen Geschichte in Wuppertal aufbauen konnte. Das Buch „Auschwitz begann in Wuppertal" von Kurt Schnöring aus dem Jahr 1981 war ebenfalls lange Zeit maßgeblich, und daneben erschienen vereinzelt kleinere Beiträge in Zeitschriften und Zeitungen verschiedener Autoren. An der Bergischen Universität ist unter der Leitung von Prof. Dr. Manfred Brusten eine Datenbank zu den Verfolgungsschicksalen entstanden, die mittlerweile sogar im Internet einsehbar ist. Auch hier werden Zeitzeugen, Überlebende und deren Nachkommen befragt, so dass im Laufe der Zeit eine für die Stadtgeschichte unverzichtbare Quelle angewachsen ist. Steht im Fokus der meisten Arbeiten das Schicksal der Wuppertaler Juden in der Zeit des Nationalsozialismus, so untersucht die Staatsexamensarbeit von Monika Scherkenbach (1983) die Anfänge der jüdischen Gemeinde im Wuppertal bis zum Beginn der Weimarer Republik. Sie stützt sich vor allem auf die akribische Auswertung zahlreicher früher handschriftlicher Quellen des Stadtarchivs Wuppertal und auf Fritz Jordes „Geschichte der Juden in Wuppertal“ aus dem Jahr 1933, die trotz ihres Alters immer noch Maßstäbe setzt.

Alle diese Arbeiten fließen in das vorliegende Buch mit ein und haben zu seinem Entstehen beigetragen. Im Laufe der Jahre sind weitere Quellen und Dokumente hinzu gekommen – durch Begegnungen mit Zeitzeuginnen und Zeitzeugen, durch viele Gespräche, Archivrecherchen, Auskünfte interessierter Bürger und durch die erheblich erleichterten Suchmöglichkeiten im Internet. Dass diese Sammeltätigkeit nun zum Versuch einer Lokalgeschichte der Juden führte, entspricht dem ausdrücklichen Auftrag der Begegnungsstätte Alte Synagoge Wuppertal, an die Geschichte der Juden in der Stadt, besonders in der Zeit des Nationalsozialismus, zu erinnern.

Wichtig erschien es dabei, eine jüdische Geschichte möglichst aus der Perspektive der Juden zu schreiben, um sie als sprechende, handelnde und reagierende Personen zu würdigen. Daher wurde großzügig aus jüdischen Quellen zitiert: aus jüdischen Zeitungen und Zeitschriften, aus Briefen und anderen schriftlichen Textzeugnissen Wuppertaler Juden, aus Interviews mit Zeitzeugen und aus Gesprächsprotokollen. Damit soll das Buch ein Beitrag dazu sein, die zuweilen äußerst eingeschränkte Vorstellung von dem, „was Juden sind“, zu erweitern. Juden waren eben nicht nur Spielbälle der Geschichte, passive Objekte der jeweiligen Machthaber, nicht nur Opfer von Entrechtung, Verfolgung und Vernichtung, auch nicht nur fromme Beter aus vormoderner Zeit oder – als weitere Variante des Klischees – gewiefte Handelsleute und Großbankiers. Es versteht sich daher fast von selbst, dass die vorliegende Darstellung über den Zeitrahmen des Nationalsozialismus hinausgeht und sich sowohl für die Zeit der Zuwanderung im 19. Jahrhundert interessiert als auch für die Geschichte der jüdischen Gemeinde nach 1945 bis heute.

Ein Grundprinzip dabei war die konkrete VerORTung der geschilderten Ereignisse, also danach zu fragen, welche Adressen – Viertel, Straßen, Häuser, Plätze – für die Wuppertaler Juden eine Rolle spielten. Damit wird die zunehmend ferner liegende Geschichte in die Nähe gerückt und anschaulicher. Anders herum gewinnen geläufige Ortsnamen an Bedeutung und können historische Einzelheiten immer wieder in Erinnerung rufen. Das Buch ist jedoch – bei aller Fülle des Materials – nicht die immer noch ausstehende wissenschaftliche Arbeit mit ihrem Anspruch auf Vollständigkeit und Abgeschlossenheit, sondern ein Lesebuch, das Interesse für die eigene Stadt und ihre jüdischen Bewohner wecken möchte.

Danksagung

Zum Zustandekommen dieses Buches haben viele Menschen beigetragen, denen ich an dieser Stelle herzlich danken möchte:

Ulrich Föhse danke ich für die Möglichkeit, zahlreiche Fotos aus seiner umfänglichen Sammlung zu nutzen, Dr. Uwe Eckardt und Peter Elsner vom Stadtarchiv Wuppertal für die weiterführenden Auskünfte und für die Archivalien, die ich verwenden durfte. Dank für wertvolle Hinweise und Auskünfte geht auch an Dr. Annette Haller von der Germania Judaica, Köln, an Prof. Dr. Michael Brocke vom Salomon-Ludwig-Steinheim-Institut, Duisburg, an Prof. Dr. Friedrich Voit, Auckland, an Bernd Philippson, Flensburg, an David Mintert, M.A., Wuppertal, an Dr. Heinz-Werner Würzler, Wuppertal, an Dr. Bastian Fleermann, Ratingen sowie an das Jüdische Museum in der Schweiz, Basel.

Dem Vorstand des Trägervereins Begegnungsstätte Alte Synagoge Wuppertal e.V. danke ich für das in mich gesetzte Vertrauen und den fröhlichen Optimismus, für die freundschaftliche Verbundenheit und den Zuspruch, den meine Arbeit nicht nur an diesem Buch erfahren hat. Sandra Schmiedel danke ich für die pünktliche Erledigung so mancher Recherchen, Hildegard Jakobs und meinem Mann Michael Okroy für das sorgfältige Korrekturlesen und Thomas Ullrich für die schöne Gestaltung des Buches.

Ich danke herzlich der Johannes Rau-Stiftung, der Dr. Werner-Jackstädt-Stiftung, der Deutschen Bank, der Barmenia-Versicherung und dem Förderverein Begegnungsstätte Alte Synagoge Wuppertal e.V. für ihre großzügigen Druckkostenzuschüsse. Ohne diese hätte das Buch nicht realisiert werden können.

Schließlich möchte ich mich besonders bei allen Zeitzeuginnen und Zeitzeugen, allen ehemaligen Wuppertalerinnen und Wuppertalern bedanken, die voller Vertrauen in die Arbeit der Begegnungsstätte Alte Synagoge Wuppertal aus ihren Erinnerungen berichtet und Fotos, Sachen und Dokumente zur Verfügung gestellt haben. Ich danke ihnen für die herzliche Aufnahme in ihren Wohnungen, für die guten und wegweisenden Gespräche und für ihr lebendiges Interesse an meinem Vorhaben. Ich danke von Herzen für die tiefen und bereichernden Freundschaften, die aus diesen Begegnungen entstanden sind.

Ihnen sei dieses Buch gewidmet.

Ulrike Schrader, im September 2007

Gestorben im Jahr 1851. März.
Des Gestorbenen
Vor- und Zunamen.
Stand.
Wohnort.
Alter.
Ob der Verstorbene hinterlassen
einen Gatten.
majorenne Kinder.
minorenne Kinder.
Monat, Tag u. Stunde des Todes.
Krankheit und Todesart.
Monat und Tag der Beerdigung.

1. Teil

„...sind unsere Juden Familien hier einheimisch geworden."

Zuwanderung, Niederlassung und Gemeindegründungen

Die im 19. Jahrhundert wachsende gesellschaftliche und politische Toleranz gegenüber Juden und das rasante Aufblühen seines Textilhandels machten das Wuppertal für jüdische Zuwanderer interessant. 1852 gründeten sie ihre erste Gemeinde und danach zahlreiche eigene Vereine für Wohlfahrt und Kultur. Bis zum Ende des Jahrhunderts gelang es ihnen, zwei grosse Synagogen zu errichten – in Elberfeld und in Barmen.

Zwischen Niederlassungsverbot und bürgerlicher Gleichstellung

Die Suche nach den ersten Spuren jüdischer Ansiedlung im Wuppertal führt in die Gerberstraße in der Elberfelder Nordstadt. Diese abschüssige Straße hatte im Volksmund früher einmal „Judengässchen“ geheißen, bevor sie 1871 offiziell den Namen „Gerberstraße“ erhielt, weil es an ihrem unteren Teil ein Felllager gab. Ob hier wirklich besonders viele jüdische Familien gewohnt haben, ist indes nicht sicher. Doch da der zwar riskante, aber gewinnträchtige Handel mit Fellen eine durchaus übliche Erwerbsmöglichkeit für Juden im frühen 19. Jahrhundert bildete, scheint es nicht ausgeschlossen, dass die Gegend der heutigen Gerber- und Lederstraße eine Art kleines „jüdisches Viertel“ gewesen war.

Im Bergischen Land blieb es Jahrhunderte lang sehr schwierig, fast unmöglich für Juden, irgendwo einen Platz zur dauerhaften Niederlassung zu finden.

► *Rinderkopf über einem Hauseingang im früheren „Gerberviertel“ in der Elberfelder Nordstadt*

Immer wieder und oft für längere Zeit wurde der Aufenthalt sogar gänzlich verboten. Im Bergischen Land erließ Herzog Wilhelm IV. im Jahr 1554 eine Polizeiverordnung, die praktisch die Ausweisung aller dort lebenden Juden verlangte:

Es sollen in vnsern Furstenthumben vnd Landen, wie gleichfals bei den Vnderherligkeiten, oder denen orten, so in gemeinschafft mit vns sitzen, auch bei vnsern Lehen vnd Schirmbsverwandten, keine Juden, so nit nach Christlicher Ordnung getaufft, gestattet, auffgehalten oder vergleitet werden, bei vermeidung straff vnd peen. (Abschrift nach dem Originaldruck im Königlichen Staatsarchiv zu Düsseldorf, Quellenwerk der Sammlung A Nr. 48, 1910 [heute: Universitäts- und Landesbibliothek Düsseldorf])

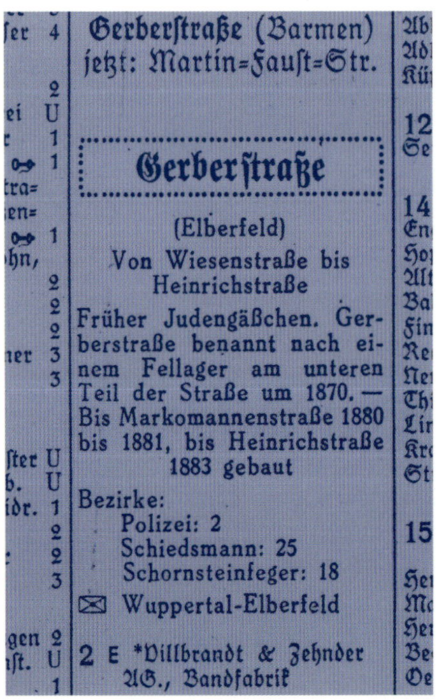

Gerberstraße (Barmen)
jetzt: Martin-Faust-Str.

Gerberstraße

(Elberfeld)
Von Wiesenstraße bis Heinrichstraße
Früher Judengäßchen. Gerberstraße benannt nach einem Fellager am unteren Teil der Straße um 1870. — Bis Markomannenstraße 1880 bis 1881, bis Heinrichstraße 1883 gebaut
Bezirke:
Polizei: 2
Schiedsmann: 25
Schornsteinfeger: 18
✉ Wuppertal-Elberfeld
2 E *Dillbrandt & Zehnder AG., Bandfabrik

▼ *Ausschnitt aus dem Elberfelder Adressbuch von 1934*

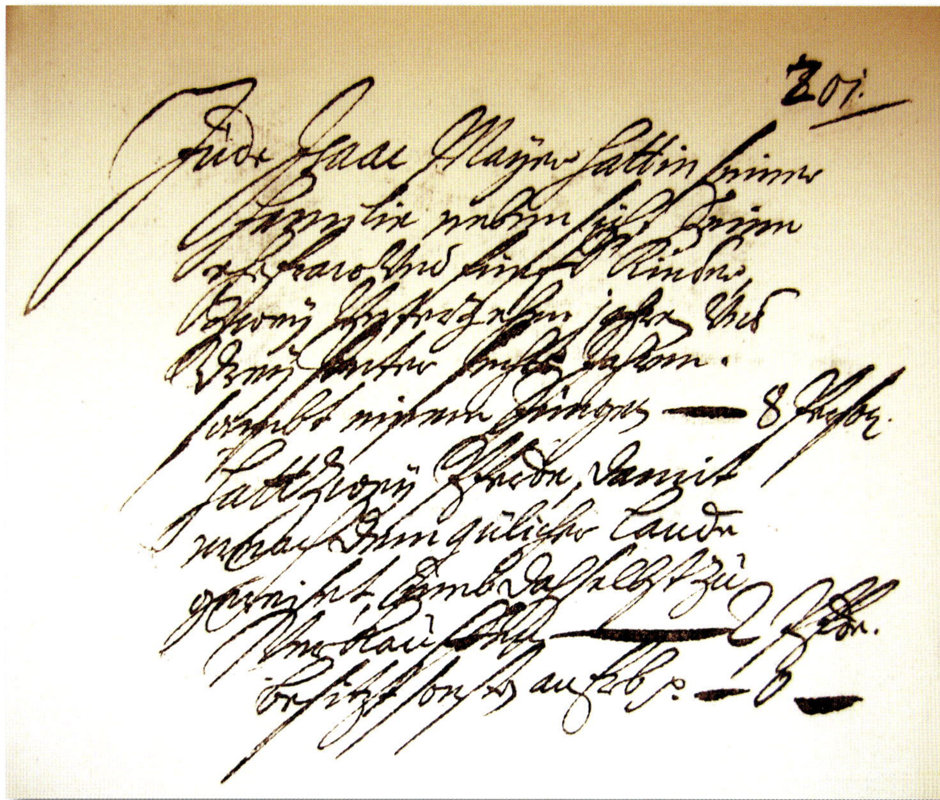

Eintrag im Einwohnerbuch der Stadt Elberfeld von 1702/1703. Aus ihm geht hervor, dass Isaac Meyer mit seiner Ehefrau, fünf Kindern und seiner Mutter nach Elberfeld gekommen war, wobei zwei Kinder unter zehn und drei unter sechs Jahre alt waren. Er besaß zwei Pferde, die er im Herzogtum verkaufen wollte. Möglicherweise war er Pferdehändler.

Auch später mussten Juden im Bergischen Land so genannte Geleit- oder Schutzbriefe für Durchreise, Handel und Aufenthalt bei sich führen, die sie beim jeweiligen Landesherrn zu beantragen und in der Regel auch zu bezahlen hatten. Trotzdem scheint es im Wuppertal, zumindest außerhalb der Burg Elberfeld, immer wieder auch „unvergleitete“ Juden gegeben zu haben, denn Fritz Jorde berichtete in seinen „Bildern aus dem alten Elberfeld“ (1900) über das „Island“ auf der anderen Seite der Wupper:

Löffelgießer und Wannen-Läpper (Kesselflicker), „unvergleidete“ Juden, d.h. Juden ohne fürstlichen Geleitschein und versprengte Zigeuner, die nach Art des fahrenden Volks das bergische Land durchschweiften und auch Elberfeld unsicher machten, fanden im Island Unterschlupf. (S. 15)

Der erste Jude im Wuppertal, der eine ordentliche Aufenthaltsgenehmigung besaß, scheint ein Isaac Meyer gewesen zu sein. Kurfürst Johann Wilhelm II. hatte ihm demnach 1691 folgende Sicherheit bescheinigt:

Krafft gnädigsten patents vom 18. junij 1691 haben Ihre Churfurstl. Dhrltt. bewilliget, daß der Judt Meyer Isaacs sich zue Eluerfeldt die der gemeiner Judenschafft verliehene 16 jahr vber gläidtlich auffhalten möge. Weilen nun Ihre Vorgängere den tribut selbsten in massa zur LandRhentmeistereyen bezahlen vndt zeith vorigen Kelners Bedienung biß hieher g'r Judt sich noch keiner der seinigen verheyrathet, ihrer auch keiner verstorben, sondern in rechnung 1693 biß 1694 derselb ein kindt beschneiden laßen, warab dahemalß die gebuhrnuß mit 1. golt gln einbracht vndt berechnet, Alß habe ich dieß jahr darab empfangen....... Nichts. (Crecelius, S. 182)

Zwar besuchten jüdische Krämer und „Handelsjuden“ ebenso wie viele christliche Händler die Elberfelder Messen und Märkte, aber niederlassen durften sie sich nicht, so dass Isaac Meyer lange Zeit der einzige blieb. Über seinen Werdegang heißt es in der handschriftlichen Chronik des Johann Merken von 1787:

[...] nur allein Ein Jud Meyer Isaacs, welcher nach dem Stadt-Brand [1687] in dem vorigen seculo hieselbst seine Wohnung aufgeschlagen und sich wohl hervor gethan hatte; konnte dennoch seinen Kindern keine feste Wohnung versprechen, da derselbe, und besonders sein Sohn Isaac, nach allerhand widrigen Schicksalen länger nicht als bis in Ao 1740 oder 42 hieselbst eine bleibende Statt gefunden, er also aufbrechen und sich anderswo hat etabliren müßen. Diesem Jud Meyer Isaacs wurde in Ao 1701 vor seine verstorbene Mutter auf der Haardt ein Plätzchen von 30 Fuß lang und 20 Fuß breit erblich verpachtet jährlich vor 1/2 Thlr. welcher Todtenplatz im Junij dieses Jahres demselben bis zu 40 Fuß vergrößert und 25 Fuß breit, zu 40 Stbr. jährliche Erbzins, abgemeßen, mit Mahlsteinen besetzet, welcher Platz demnach der Juden Kirchhof ist benannt worden. Das gute Glück, welches unter Abwechselungen allerhand Schicksalen diesen Jud Meyer eine lange Zeit begünstiget hatte, fing an zu wanken und ihm den Rücken zuzuwenden, da er in einen bösen Process, die Ruinquelle vieler Menschen, gefallen, daß er aus seinem Besitz, Hab und Gut versetzet, das seinige verloren und in den Jahren 1740 ad 42 den Wanderstab hat nehmen und von hier wegziehen müßen. Und obwohl mehr andre, selbst getaufte Juden oder sogenannte Proselitten des Christenthums, es gewaget sich hieselbst niederzulaßen, so fanden dieselbe dennoch keinen Glauben noch Credit bei den Einwohnern, konnten nicht bestehen und zogen wieder von dannen. (Crecelius, S. 183)

Grundrissplan von Elberfeld 1833, gezeichnet von H. Abott. Die Darstellung stammt aus der „Lithographischen Anstalt und Handel mit Schreibmaterialien" des jüdischen Firmengründers Jacob David Leudesdorf.

Der Barmer Arzt Vincent Paul Sonderland vermutete in seiner „Geschichte von Barmen im Wupperthale" aus dem Jahr 1821, dass die Juden vor allem deshalb strikt des Landes verwiesen worden seien, weil man sie verdächtigte, Garn gestohlen zu haben, das zum Bleichen auf den Wiesen lag. Derartige Diebstähle sollen seit den 1790er Jahren besonders häufig vorgekommen sein, konnten den Juden allerdings nie nachgewiesen werden.

Erst als das Bergische Land 1806 unter französische Herrschaft kam, wurde es für Juden leichter, sich im Wuppertal niederzulassen. Im Jahr 1809 lebten neun jüdische Familien unter dem Schutz des französischen Rechts in Elberfeld und haben als die Gründer der jüdischen Gemeinschaft zu gelten: die Vorsteher – der Kaufmann Joseph Meyer, die Seidenfabrikanten Bernhard Cahen und Moses Leeser –, der „Lithograph" Jacob David Leudesdorf, Hartog Hirschel, die Gebrüder Gans, Salomon Leeser, Meyer Levi und Samuel Lion. Nach dem Ende der „Franzosenzeit" sahen sich die Juden im Bergischen Land sogar in der vergleichsweise günstigsten Rechtssituation überhaupt:

Im vormaligen Großherzogthum Berg wurde durch Kaiserliches Decret vom 12. Nov. 1809 der Code Napoléon eingeführt und dadurch aller Unterschied in staatsbürgerlicher und civilrechtlicher Hinsicht zwischen Juden und Christen gesetzlich aufgehoben, nachdem derselbe schon seit dem Jahr 1807/8 der ersten Besitznahme des Landes factisch dadurch aufgehoben war, daß die Juden der Militairpflicht und der Leistung aller öffentlichen Lasten und Abgaben gleich allen andern Unterthanen unterworfen, sie dagegen aber auch von allen Abgaben, welche den Juden besonders auferlegt waren, befreyt wurden.
(Denkschrift zu den Verhältnissen der Juden vom 1.12.1826; Kastner S. 143)

Dass der Elberfelder Magistrat und die Bürgerschaft mit dieser Entwicklung glücklich waren, ist nicht anzunehmen. So wünschte man die Zustände aus der Zeit vor „Bonaparte" wieder her. Oberbürgermeister Rüttger Brüning verfasste eine entsprechend dringliche Bitte an den Kreisdirektor:

In früheren Zeiten und unter der glücklichen bergischen Regierung, war die Zulaßung oder die Niederlaßung eines Fremden in den Fabrikstädten nicht unbedingt gestattet. Besonders war es den Juden schwer, die Erlaubnis zu erhalten, sich hier zu etablieren. Vor 20 Jahren wohnte nur ein einziger Jude hier und noch vor 10 Jahren durfte keiner dieser Israeliten Besitzer eines eigenen Hauses seyn. Die Juden ganz aus dieser Stadt zu verdrängen würde ungerecht sein, aber der Niederlaßung Schranken zu setzen, erscheint der Vortheil für eine Fabrikstadt und ihrer Einwohner. Seit dem die so sehr geprießenen so genannte humane Gesinnung des französischen Gouvernements auch hier spürbar wurde, sind unsere Juden Familien hier einheimisch geworden – und es scheint fortzudauern daß diese Großstadt wohl ein mehr die Frei-

Verzeichnis der in der hiesigen Sammtgemeinde wohnenden Juden und der denselben für das Jahr 1818 angesetzten Steuern

Namen	Grundsteuer			Person.- u. Mobilarsteuer			Patentsteuer			Stempel			Sämtl. Landesherrl. St.			Kommun.-St. einschl. 5 monatlich. Armen-Beiträge			Wohnung
	Thaler	Stüber	Pfg.	Thaler	Stüber	Pfg.	Thaler	Stüber	Pfg.	Thaler	Stüber	Pfg.	Thaler	Stüber	Pfg.	Thlr.	Stüb.	Pfg.	
1. Wittib Joseph Meyer	17	5	1	15	6	1	14	21	6	5	—	—	52	8	8	42	1	10	Römischer Kaiser
2. Salomon Leeser	—	—	—	18	6	2	37	5	10	10	—	—	65	12	—	49	14	2	Aue
3. Jacob Dan. Leudesdorf	11	21	4	22	18	2	21	3	7	10	—	—	65	19	1	52	18	11	Wirmhof
4. Moritz Enoch	—	—	—	12	6	1	14	20	6	5	—	—	32	3	7	26	11	9	Aue
5. Joseph Falk	4	21	3	6	6	—	—	—	—	—	—	—	11	3	3	11	16	6	
6. Marcus Gans	—	—	—	1	18	—	—	—	—	—	—	—	1	18	—	2	8	5	Schlössersgasse
7. Simon Gans	—	—	—	1	18	—	—	—	—	—	—	—	1	18	—	2	8	5	
8. Liebreich Katz	—	—	—	1	18	—	2	23	6	—	—	—	4	17	6	4	8	7	
9. Meyer Seligmann	—	—	—	3	6	—	—	—	—	—	—	—	3	6	—	4	8	10	Kipdorf
10. Jacob Wollstein	—	—	—	—	—	—	—	—	—	—	—	—	—	—	—	4	8	7	von der Heydts-Gasse
11. Abrah. Mantener	—	—	—	1	18	—	2	23	6	—	—	—	4	17	6	—	—	—	
12. Levy Meyer	—	—	—	3	6	—	2	23	6	—	—	—	6	5	6	6	8	11	Heubruch
13. Meyer Ullmann	—	—	—	1	3	8	2	23	6	—	—	—	4	3	2	3	13	3	Gathe (jetzt Bachstraße)
14. Bär Salomon	—	—	—	—	—	—	—	—	—	—	—	—	—	—	—	—	—	—	Vikarie (jetzt Berlinerstraße)
15. Wittib Herz Hirschel	—	—	—	1	14	5	—	—	—	—	—	—	1	14	5	2	3	8	Isländerbrücke
16. Emanuel Cahen	—	—	—	2	1	3	2	9	3	—	—	—	4	10	6	4	8	8	Grünerwald (Grünewalderberg)
17. Ehefrau Samuel Lion	—	—	—	—	—	—	—	—	—	—	—	—	—	—	—	—	—	—	
18. Dan. Seemann	—	—	—	—	—	—	—	—	—	—	—	—	—	—	—	—	—	—	Thomashof
19. Eismann Simon	—	—	—	—	—	—	—	—	—	—	—	—	—	—	—	—	—	—	Römischer Kaiser
20. Moses Leeser	8	8	10	20	6	3	40	5	3	10	—	—	83	20	4	48	—	—	Aue
21. Bernard Cahen	5	5	6	30	6	3	44	16	3		—	—	85	4	—	48	14	8	Aue

Elberfeld, den 22. August 1818. Der Oberbürgermeister.

Verzeichnis der 1818 in Elberfeld lebenden Juden

heit künftig gestattet wird. [...] ein echter Jude hängt noch sehr an Bonaparts' Grundsätzen. Mag die Aufklärung noch so sehr verbreitet werden so bleibt der Jude stets Jude. In der Fabrikstadt ist er fast der einzige, der entwendete Sachen kauft – und der Arbeiter in den Werkstätten der Fabriken und Manufakturisten würde nicht selten weniger untreu seyn, wenn ihm nicht ein sicherer Abnehmer, durch sein Glauben und seiner Religion solchen Handel zu treiben befiehlt, mit gegenkommender Bereitwilligkeit entgegen käme. Ist ein Jude der Besitzer einer Fabrik, so bedient derselbe zum Schaden der Christen sich anderer unerlaubter Mittel. – Er will wohlfeil verkaufen und doch verdienen, er wählt unächte farben, preißt nicht selten falsche für gute Waren an und nicht selten erhält ein guter Artikel durch solche Mißbräuche den Namen einer verrufenen Ware, und der Schaden trifft den restlichen Fabrikanten mit. Selten treibt der Jude ein Handwerk als das eines Metzgers; bei diesem oder einem anderen unterläßt er das Schachern nicht und sein Schachern schadet den Christen. Die hier befindlichen und seit einigen Jahren sich hier etablierenden Juden, zu verdrängen, wird nicht thunlich seyn können, aber ein Verbot auszuwirken, daß sich keine Juden Familien sich hier häuslich niederlassen darf ist zum größten Vortheil dieser Stadt. Daß ein solches Verbot zum Nutzen der hiesigen Bürger erlassen werde, ist meine Bitte. *(StAWuppertal, MV 10A 644: Niederlassung von Juden, Brief vom 7.9.1814)*

Diese Bitte wurde nicht erfüllt – im Gegenteil: Der ganz allmählich begonnene Prozess der Gleichberechtigung war unumkehrbar. 1818 meldete Brüning nach Düsseldorf, dass mittlerweile 19 jüdische Familien bzw. 83 Personen in Elberfeld lebten, davon 38 männliche und 45 weibliche. In diesem „Verzeichnis 1816 bis 1818 betreffend die kirchlichen Verhältnisse der in Elberfeld lebenden Judenschaft" schrieb er:

Das was die Synagoge vorstellt, ist ein seit drei Jahren gemiethetes großes Zimmer, nebst den für den Gottesdienst erforderlichen Raum. [...] Die Juden Gemeinde hat keinen Fond niedergelegt, sondern alle ihre Bedürfnisse außer den bei ihrem Gottesdienst eingesammelt werdenden Gaben für Arme durch reiche[nde] Juden, betreibet sie aus eigenen Mitteln, das heißt durch Beiträge, welche nach dem jedesmaligen Bedürfnis erhoben werden. Über die Einnahmen befindet sich ein spezifiziertes Buch in den Händen der Vorsteher, die indeß in diesem Augenblicke beide abwesend sind. [...] Die Gemeinde hat keinen Rabiner, sondern wählt alljährlich zwei aus ihrer Mitte zu Vorstehern. [...] Die Gemeinde hat einen von halb Jahr zu halb Jahr gemietheten Mann, der den Dienst als Vorsänger bei dem Gottesdienst versieht und außer diesem Privat Unterricht ertheilt. *(HStADüsseldorf, Acte Landratsamt Elberfeld No. 22, Landesarchiv NRW)*

Schon in dieser frühen Phase der Ansiedlung und Etablierung haben vor allem die besser verdienenden Juden versucht, durch Engagement für das Allgemeinwohl auf Akzeptanz und Wohlwollen zu stoßen. Angesichts dieser Wohltätigkeit konnte auch Oberbürgermeister Brüning die jüdische Zuwanderung nicht mehr missbilligen. In einem Nachruf für den 1819 verstorbenen Joseph Meyer, der ein vermögender Kaufmann gewesen war und die Gemeinde geleitet hatte, schrieb er: *Herr Joseph Meyer, seit mehreren Jahren hier wohnender thätiger Kaufmann, israelitischen Bekenntnisses, vermachte außer einer nach dem Tode seiner Frau zu empfangenden Rente von seinem Hause, eine Kapitalsumme von RThler 1000-Bergisch, deren Zinsen zur öffentlichen Unterstützung bestimmt sind und die in diesem Jahre von der Zentral-Wohltätigkeitsanstalt erhoben wurden. Er war, geliebte Mitbürger, gleichsam ein Fremdling in unserer Mitte, der diese Handlung vollzogen und durch sie für jene zu sorgen Bedacht nahm, die unserer Hilfe bedürfen.*

Ehrt den Namen dieses Mannes, der also handelte und lasst sein Werk uns ein Vorbild sein! *(StAWuppertal, A VII 104 A: Annalen der Stadt Elberfeld von 1819; Jorde, Juden S. 15)*

Trotzdem stieg die jüdische Zuwanderung nur mäßig an. Als Joseph Meyer starb, lebten 106 Juden in Elberfeld und 16 in Barmen. Im Januar 1836 notierte die „Wissenschaftliche Zeitschrift für jüdische Theologie" für Elberfeld: *Nach amtlichen Nachweisen zählte unsere Stadt Ende v. Jahres unter einer Bevölkerung von 33.162 Seelen – 116 Israeliten.* Kaum zehn Jahre später, mit Datum vom 26. September 1846, meldete das „Amtsblatt der Königlichen Regierung zu Düsseldorf" für Ronsdorf sieben Juden, für Elberfeld 93, für Barmen 26, für Wichlinghausen sieben und für Westkotten vier. Erst mit der einsetzenden Industrialisierung nahmen die Zahlen deutlich, nach der Reichsgründung 1871 sprunghaft zu.

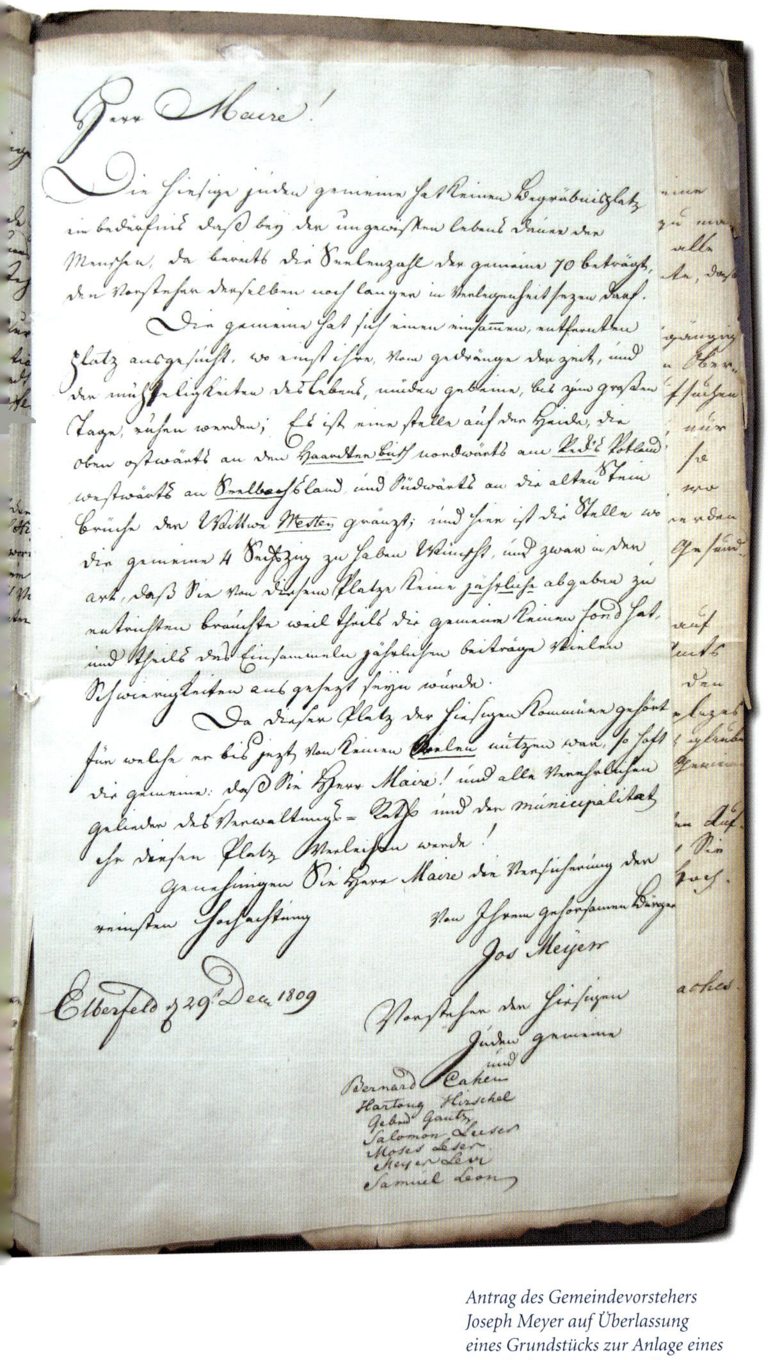
Herr Maire!

Elberfeld d. 29t Dec. 1809

Jos Meyer

Bernard Cahen
Hartong Hirschel
Gebrd Gantz
Salomon Leeser
Moses Leser
Meyer Levi
Samuel Leon

Antrag des Gemeindevorstehers Joseph Meyer auf Überlassung eines Grundstücks zur Anlage eines Friedhofs vom 29. Dezember 1809 an den „Maire“ von Elberfeld

„hoch auf dem Engelnberg.“ Der alte jüdische Friedhof an der Weißenburgstraße

Als die Juden im Wuppertal damit begannen, nach einem Grundstück für einen ersten eigenen Friedhof zu suchen, wollte der wohlhabende Kaufmann Jacob David Leudesdorf zunächst einen Garten an der Hardt kaufen, wo auch Isaac Meyer rund 100 Jahre zuvor seine Mutter bestattet hatte. Die Hardt wurde zu dieser Zeit aber zu einem öffentlichen Park umgestaltet, so dass die Anlage eines Friedhofs nicht möglich war. Schließlich war es Joseph Meyer, der 1810 einen Platz von „42 Ruthen und 30 Quadratfuß“ auf dem Engelnberg erwarb. Der Flurname „Steinenfeld“ deutet darauf hin, dass es sich um felsiges Gelände handelte und es schwierig war, vorschriftsmäßig genügend tiefe Gräber auszuheben. Damit das gewährleistet war, wurde vor jeder Bestattung die Grube von der Polizei kontrolliert – eine sicherlich recht demütigende Prozedur. Leider gibt es kaum Informationen, wer auf diesem ersten Friedhof beigesetzt wurde, denn er existiert heute nicht mehr, und ein Bestattungsbuch ist auch nicht erhalten: Im Juni 1940 verkaufte die jüdische Gemeinde – wohl kaum freiwillig – das Grundstück an einen „arischen“ Interessenten, und später wurde es überbaut.

Die ältesten Grabstätten der Barmer und Elberfelder Juden sind damit zerstört. Das entspricht in keiner Weise jüdischer Vorstellung, denn ein jüdischer Friedhof, auch als „Bet HaChaim“ (Haus des Lebens) oder „Bet HaOlam“ (Haus der Ewigkeit) bezeichnet, gilt als heiliger Bezirk, weshalb Männer hier stets eine Kopfbedeckung tragen. Das jüdische Grab soll nicht aufgelassen und neu belegt werden, weil der traditionelle Glaube die unversehrte Auferstehung der Toten bei der Ankunft des Messias prophezeit. In der Zeit des Nationalsozialismus aber war es jüdischen Gemeinden oft nicht möglich, ihre Friedhöfe zu bewahren.

Zu sehen ist heute nur noch der benachbarte Teil des Friedhofs, den die Gemeinde im Jahr 1869 hinzukaufte, als der Platz nicht mehr ausreichte. 271 Steine sind erhalten, darunter auch einige von dem ebenfalls in der NS-Zeit unter Zwang verkauften Velberter Fried-

▲ *Eingang des alten jüdischen Friedhofs an der Weißenburgstraße*

▶ *Hebräische Grabinschrift*

◀ *Grabstätte der Eltern Else Lasker-Schülers, Aron Schüler und Jeanette, geb. Kissing*

hof, die man hierhin hatte retten können und an der Westmauer aufgestellt (und leider auch einzementiert) hat. Die älteste noch lesbare Inschrift ist die für Gustav Leser (1818), der jüngste Grabstein ist der von Henriette Schiedlofski, geb. Neuberger (1932) – eine Ausnahme, da hier nach dem Kauf des großen Friedhofs am Weinberg im Jahr 1896 nur noch selten Beisetzungen stattfanden.

Die nach Osten, nach Jerusalem weisende Seite eines jüdischen Grabsteins ist seine (wichtigere) Vorderseite, und interessant ist, wie sich die Beschriftung dieser oder auch beider Seiten im Laufe des 19. Jahrhunderts, wie hier an der Elberfelder Weißenburgstraße, gewandelt hat: Zum zunächst ausschließlich hebräischen Text auf der Vorderseite traten deutsche Angaben hinzu, dann wanderte der hebräische Text auf die Rückseite, um die Vorderseite dem deutschen ganz zu überlassen und selbst schließlich ganz zu verschwinden. Lediglich die abgekürzte Eingangsformel „Hier ist begraben, hier ist verborgen" und der Schluss „Ihre/ Seine Seele sei eingebunden in das Bündel des Lebens" in hebräischen Abkürzungen blieb in den meisten Fällen erhalten. Darüber hinaus gibt es zahlreiche Ornamente, Fries- und Bogenformen, Steinarten und Symbole, die Auskunft geben über den Grad der Akkulturation der jüdischen Familien, d.h. ihrer Annäherung an die Kultur und Lebensweise des christlichen Bildungs- und Besitzbürgertums, an dem sich die meisten orientierten.

Das Judentum kennt zahlreiche, präzise formulierte Pflichten für die Bestattung, für deren regelgetreue Erfüllung meist die „Chewra Kaddischa" sorgt, eine „Beerdigungsbruderschaft," deren Mitglied zu sein als hohe Ehre betrachtet wird. Ihre Mitglieder machen Krankenbesuche, bereiten den Leichnam für die Beerdigung vor, betreuen die Angehörigen, helfen bei der Beerdigung selbst und übernehmen die Kosten, wenn die Familie mittellos ist. In Barmen wurde 1880, in Elberfeld 1883 ein solcher „Krankenpflege- und Beerdigungsverein Chewra Kaddischa" gegründet, zwei wichtige Vereine, die bis in die Zeit des Nationalsozialismus aktiv waren.

Die Angehörigen des oder der Verstorbenen sollen eine strenge Trauerzeit von sieben Tagen einhalten („Schiwa sitzen") und eine weniger strenge von 30 Tagen. Zur jährlichen Wiederkehr des Todestages, zur „Jahrzeit," beten die nächsten Angehörigen der Familie das „Kaddisch", ein Lobgesang zur Verherrlichung Gottes. Statt einer besonderen Farbwahl in der Kleidung wird als sichtbarer Ausdruck der Trauer ein handbreiter Riss im Ärmel oder Kragenaufschlag angebracht. Ein Jahr nach der Bestattung wird in der Regel der Grabstein gesetzt. Für die bekannte

Erhaltenes Gebetbuch der „Chewra Kaddischa"

▲ *Paul Schüler (1861-1882)*
► *Jeanette Schüler, geb. Kissing (1838-1890)*

Es singt ein weisser Stern sein Totenlied
wie Sterbegeläut in der Julinacht,
und die Wolkenhand auf dem Dach,
die streifende, feuchte Schattenhand,
sucht nach der Mutter.

Ich fühle mein nacktes Leben,
fröstelnd stiess es sich ab von Mutterland;
so nackt war nie mein Leben,
nie so in die Zeit gegeben,
als sei ich längst abgeblüht.

Hinter der Tage erloschenem Schein,
zwischen zwei Nächten,
den zwei sich belauernden Mächten,
friere ich mutterseelenallein.

(Lasker-Schüler: Mutter, 1944, KA 1.1., S. 307)

Sitte, bei Besuchen am Grab ein Steinchen zu hinterlassen, gibt es mehrere Erklärungen: Das Steinchen erinnert an die Wüstengräber aus früherer Zeit, als ein großer Felsbrocken das Grab markieren und verhindern sollte, dass wilde Tiere den Leichnam ausgraben. Steine gelten als unvergänglich, im Unterschied zu Blumen, und da das Grab nicht häufiger als vorgeschrieben besucht wird, soll etwas Dauerhaftes am Grab gelassen werden. Ein Grab mit vielen kleinen Steinen zeigt an, dass der oder die Tote immer noch einen sehr guten Ruf genießt und von vielen Menschen verehrt wird.

Auf dem heute idyllisch anmutenden Friedhof an der Weißenburgstraße wurden auch die Eltern und ein Bruder Else Lasker-Schülers beigesetzt: Jeanette, geb. Kissing (1890), Aaron Schüler (1897) und Paul Carl Schüler (1882). Für die dreizehnjährige Else bedeutete der frühe Tod des Lieblingsbruders Paul die erste prägende Katastrophe, und der schmerzvolle Verlust der inniggeliebten Mutter blieb stets ein Motiv ihrer Poesie.

Ich lege auf das Grab meiner Mutter ihre Lieblingsblume, das waren Reseden, bringe meinem Vater Veilchen und unter der gebrochenen Säule schläft der jüngste meiner Brüder, ein Heiliger, schön wie Apollon – er starb reinen Herzens. [...]
Wenn das große Tor des alten Judenfriedhofs sich hinter mir schließt, ist wieder ein Tag vergangen. Späte Sonne geleitet mich sorgsam die vielen Stufen herab bis in das Innere der lebhaften Stadt Elberfeld.
(Lasker-Schüler, Kindheit, KA 4.1., S. 98)

Auf dem alten Friedhof an der Weißenburgstraße befinden sich u.a. die Grabstätten von Joel Stern (1888), dem Vater des Schriftstellers Gerson Stern, von Fanny (1874) und Betty Auerbach (1889), der ersten und zweiten Gattin des Rabbiners Dr. Zacharias Auerbach, von so verdienstvollen Mitgliedern der Gemeinde wie Wilhelm Engländer (1867) und Sieghard Culp (Todesdatum nicht mehr erkennbar) und von Amalie Wahl, geb. Hirsch (1875), der Gattin des Barmer Geschäftsmanns Saul Wahl, dessen eigene Grabstätte leider nicht mehr existiert.

Wilhelmine Walter, geb. 1827, wurde hier 1899 beigesetzt. Ihr Enkel Friedrich Walter, der später nach England auswandern konnte, berichtete:

Nicht nur mein Vater Albert Walter, sondern auch schon mein Großvater Samuel Walter hatte eine Bäckerei in Elberfeld. Er war am 10. Januar 1834 in Düsseldorf geboren worden und starb am 21. Juni 1903 in Elberfeld. Er liegt auf dem jüdischen Friedhof am Weinberg begraben. Als junger Mensch nahm er als Husar am Krieg von 1870/71 teil. Nach diesem

Von ersten Betstuben bis zur Gründung der jüdischen Gemeinde im Wuppertal im Januar 1852

Krieg heiratete er Wilhelmine Meyer aus Köln. Sie starb noch vor der Jahrhundertwende und wurde noch auf dem alten jüdischen Friedhof am Paradeplatz beigesetzt. Er war zu meiner Zeit schon geschlossen, und wenn wir einmal jährlich ihr Grab an ihrem Todestag besuchten, musste mein Vater sich den Schlüssel zu dem eisernen Tor von einem in der Nähe wohnenden Wächter geben lassen. Die Grabsteine, viele noch mit hebräischen Inschriften, waren halb in die Erde gesunken und von Efeu dicht überwachsen.

Meine Großmutter väterlicherseits stammte aus einer alten Kölner Bäckersfamilie. Mein Großvater ließ sich mit seiner Frau zunächst als Häusermakler in Düsseldorf nieder. Er prosperierte dort bis zum Krach der Gründerjahre, wobei er so verarmte, dass er vor seinen Gläubigern bei Nacht und Nebel fliehen und nach Elberfeld ziehen musste. Dort verhalfen ihm seine Kölner Schwiegereltern dazu, eine Bäckerei zu eröffnen, und zwar in der Südstadt, Johannisstraße 22, in der Nähe der Stadthalle. Mein Vater, am 9. Juni 1868 geboren und damals also 12jährig, wurde sein Lehrling und später einer seiner Gesellen, bis er selbst die Bäckerei nach seiner Heirat im Jahr 1897 übernahm. Meine Mutter, eine geborene Mathilde Cohn, stammte aus Salzkotten bei Paderborn. Mit ihr erwarb er im Jahr 1904 das Haus Grünstraße 22, in dem er seine Bäckerei betrieb und in dem ich aufwuchs. Ich wurde aber noch am 19. Juli 1902 in der Johannisstraße 22 geboren. *(Zeitzeugenbericht Friedrich Walter)*

Der alte jüdische Friedhof ist der Spiegel einer jüdischen Gemeinde, die sich von anderen in westdeutschen modernen Industriestädten nicht unterschied. Die Steine demonstrieren fast alle Ausprägungen jüdischer Religiosität – von der strengen Gesetzestreue über eine liberale Haltung bis hin zur Gleichgültigkeit gegenüber allen religiösen Dingen. Auch wenn es auf diesem Friedhof noch keine wirkliche Pracht, noch keinen sichtbaren Reichtum gibt, zeugen einige der Stelen von der für die Zeit typischen Denkmalsbegeisterung und von großer Freude an der Selbstdarstellung. Andere zeigen im wahrsten Sinne des Wortes „beide Seiten" zugleich, ein starkes jüdisches Selbstbewusstsein und ein stolzes Nationalgefühl, und manche schließlich – allerdings nur wenige – beweisen mit vollständig hebräischen Texten und ihrer schlichter Gestaltung tiefe Frömmigkeit und Bescheidenheit. Dieses Nebeneinander unterschiedlicher künstlerischer Stile und religiöser Selbstäußerungen ergibt ein stilles, fast rührendes Bild der jungen, aufstrebenden jüdischen Gemeinde im deutschen Kaiserreich.

Neben der Anlage eines Friedhofs war die Regelung eines geordneten Gottesdienstes ein weiteres drängendes Anliegen der jüdischen Gemeinschaft. Offensichtlich bis 1813 hatte sie einen Betsaal im Hinterhaus einer Gastwirtschaft in der Elberfelder Innenstadt angemietet, aber wegen des Lärms gerade am Samstag, dem Schabbat, zog man in einen Raum im Hinterhaus des Handelsgerichts in der Herzogstraße um. Die Juden im Wuppertal verstanden sich als eine Art „Privatgemeinschaft". Verantwortlich für ihr Gedeihen zeigten sich vor allem die Brüder Bernhard und Emmanuel Cahen – und verzweifelten fast an der Trägheit, am Egoismus und an der mangelnden Ernsthaftigkeit ihrer Glaubensbrüder.

1820 klagte Emmanuel Cahen Oberbürgermeister Rüttger Brüning:

Schmerzlich war es von jeher, seitdem sich die hier ansässigen Israeliten [...] zu einer Gemeine vereinigten, jedem um das Gemeinde Wohl bemühten jüdischen Glaubens „Genossen" bemerken zu müssen, daß diese Gemeine, ohne einmal in allen Punkten festgesetzte Ordnung unmöglich bestehen konnte und früh oder spät wieder in sich selbst verfallen müsse. War jedoch früher die Lage der Gemeinde mißlich und mußte man da ihr Eingehen befürchten, da ist dies nun zur traurigen Gewißheit geworden, in den dieselbe ganz ohne Vorstand und auch eine geraume Zeit sich auch ohne Lehrer befindet, ist es bey diesen traurigen Umständen kaum wohl denkbar, daß diese Gemeinde noch lange fort bestehen könne. *(StAWuppertal, MV 11 A 644: Kultus der Juden; Scherkenbach, S. 31)*

Vier Jahre später waren die Probleme immer noch nicht gelöst, denn sein Bruder Bernhard Cahen meldete, dass es keine Einigkeit innerhalb der Juden gäbe und wichtige Einrichtungen wie ein Vorsteher, ein Schächter (ritueller Schlachter) und vermutlich auch ein Lehrer für die jüdischen Kinder fehlten. Entnervt kündigte Bernhard Cahen den Betsaal, weil die Brüder nicht mehr einsahen, sämtliche Kosten der Gemeinde, vor allem die Miete des Betsaals, aus eigener Tasche zu bezahlen. Immer wieder appellierte Bernhard Cahen an den Oberbürgermeister, ihn aus der Verantwortung für die Gemeinde zu entlassen, was 1830 auch endlich geschah. Für die Juden war

Grabstele des „Zeichners“ Wilhelm Engländer (1807-1867)

Jahr	Elberfeld	Barmen	Gesamt
1810	87	–	–
1812	56	10	66
1818	106	16	122
1832	115	36	151
1846	115	37	152
1861	259	50	309
1871	626	143	769
1880	1104	239	1334
1890	1378	416	1794
1900	1664	592	2256
1910	1919	643	2562
1925	2335	721	3056

Zunahme der jüdischen Bevölkerung im Wuppertal

diese Führungslosigkeit eine Katastrophe, und so entschloss sich Bernhards Bruder Emmanuel, den kleinen Betsaal erneut zu mieten. Zusammen mit Joseph Cahn teilte er sich bis 1833 auch das Amt des Vorstehers. Trotzdem blieben die Verhältnisse innerhalb der jüdischen Gemeinde unübersichtlich und abhängig vom persönlichen Engagement Einzelner.

Nicht gerade schmeichelhaft berichtete die „Allgemeine Zeitung des Judenthums“ vom 16. Mai 1840:

In Elberfeld wohnen nur wenige Juden. Die Mehrzahl sind feine, gebildete Leute, die aber wenig die Synagoge besuchen. An deutsche Vorträge, an einen geläuterten Gottesdienst, ist schon der geringen Zahl wegen nicht zu denken, die daran Interesse nehmen. Die Juden Elberfelds tragen nichts zur Besoldung eines Rabbinen bei.“ (Kastner, S. 284)

Und 1843 berichtete der Landrat des Kreises Elberfeld über den jüdischen Kultus:

Der Gottesdienst wird noch nicht in der deutschen Sprache abgehalten. Eine Predigt findet nicht statt. Eine Konfirmation der Kinder geschieht in einfacher Weise durch den vom Rabbiner dazu autorisierten Vorsänger, indem die 13jährigen Knaben öffentlich das Glaubensbekenntis ablegen müssen und dann in die Gemeinde aufgenommen werden. Eine Nachahmung christlicher Riten und Gebräuche, namtlich bei der Tracht der Cultusbeamten, findet nicht statt.
(Kastner, S. 580)

In Barmen unterhielt Frau Isaac David (geb. 1782) in ihrem Privathaus am Wichlinghauser Markt in den 1830er und 1840er Jahren einen kleinen Betsaal für die dortigen Juden, denen der Weg zur Synagoge in der Elberfelder Herzogstraße und zu der in Schwelm zu weit war. Die kleine, rund 15köpfige Betgemeinschaft teilte sich die Kosten und kämpfte um den Erhalt dieser Privatsynagoge, die die Hauptgemeinde in Elberfeld nicht tolerieren wollte. Allerdings müssen die Gottesdienste bei Frau David immerhin so attraktiv gewesen sein, dass ihn sogar – zum großen Ärger der Gemeindeleitung – vereinzelt Elberfelder Juden besuchten. Im Mai 1840 berichtete der Landrat, dass in Barmen sieben jüdische Familien mit 40 Personen im Hause der Witwe David ihre „kirchlichen Zusammenkünfte“ abhielten.

Schließlich wurden diese verworrenen Verhältnisse durch ein Gesetz geregelt, das für die jüdischen Gemeinden in Deutschland bis zu ihrer Zwangsauflösung durch die Nationalsozialisten maßgeblich bleiben sollte. Nach § 41 dieses „Gesetzes über die Verhältnisse der Juden“ vom 23. Juli 1847 mussten nun in allen Städten ordentliche Gemeinden gegründet werden:

Sämtliche männliche, volljährige, unbescholtene Mitglieder der Synagogen-Gemeinde, welche sich selbständig ernähren und mit Entrichtung der Abgaben für die Synagogen-Gemeinden während der letzten 3 Jahre nicht in Rückstand geblieben sind, wählen die Repräsentanten und diese den Vorstand auf 6 Jahre. Die Wahl ist überall zugleich auf eine entsprechende Zahl von Stellvertretern zu richten.
(Jorde, S. 32)

Endlich konnte mit der Planung und Organisation der Gemeinden begonnen werden. Am 29. Januar 1852 konstituierten sich die Juden im Wuppertal zu einer „Synagogen-Gemeinde in Elberfeld-Barmen“. Die Namensverzeichnisse, die dazu angelegt wurden, geben einen interessanten Einblick in die Alters- und Berufsstruktur der damals im Wuppertal lebenden Juden:

Elberfeld:
Joseph Cahn, 64 Jahre, Kaufmann
Moritz Cahn, 36 Jahre, Drechsler
Louis Callmann, 50 Jahre, Commis
Isaak David, 48 Jahre, Handelsmann
Josua Endhoven, 28 Jahre, Kaufmann
Moritz Enoch, 65 Jahre, Kaufmann
Markus Gans, 58 Jahre, Musiklehrer
Geschwister Goldbach, 50 Jahre, Gastwirtschaft
Bernhard Hecht, 27 Jahre, Reisender
Ludwig Heilbuth, 50 Jahre, Privatsekretär
Moritz Kalischer, 31 Jahre, Sprachlehrer
Jakob Kaufmann, 31 Jahre, Kaufmann
Salomon Kaufmann, 26 Jahre, Kaufmann
Heymann Leeser, 59 Jahre, Kaufmann
Lazarus Levi, 35 Jahre, Handelsmann
Philipp Manes, 31 Jahre, Kleiderhändler
Gottschalk Meyer, 28 Jahre, Metzger
Heinrich Meyer, 34 Jahre, Sekretär
Abraham Sander, 46 Jahre, Geschäftsführer
Isaak Schneider, 40 Jahre, Handelsmann
Armold Schwed, 29 Jahre, Reisender
Daniel Seemann, 59 Jahre, Optikus
Joseph Sellier, 53 Jahre, Reisender
Levy Simon, 30 Jahre, Handelsmann
Salomon Wahl, 50 Jahre, Kleiderhandlung
Robert Wiener, 50 Jahre, Commis
Jakob Wollstein, 67 Jahre, ohne

Barmen:
Saul Wahl, 47 Jahre, Kaufmann
Abraham Isaak, 36 Jahre, Metzger
Levi Isaak, 27 Jahre, Krämer
Benedikt Moses Meier, 36 Jahre, Weber
Adam Goldbach, 58 Jahre, Handelsmann
Joseph Heumann, 67 Jahre, Metzger
Wolf Mainzer, 60 Jahre, Handelsmann
Wilhelm Engländer, 41 Jahre, Zeichner
Meier Seligmann, 71 Jahre, Fabrikarbeiter
Stern Jakob Bier, 48 Jahre, Kaufmann
(Jorde, S. 21 und S. 33)

„Gott gebe Segen unserm Fleiß!“
Die Familie Wahl

Einer aus der ersten Generation der jüdischen Bürger war Saul Wahl, der Gründer des bis heute bei älteren Wuppertalern bekannten Bekleidungsgeschäfts „S. & R. Wahl“ in der damaligen Mittelstraße, heute Werth.

Da, wo jetzt auf dem Vorplatz des prachtvollen Monumentalbaues des Barmer Stadttheaters um die Abendstunde die schaulustige Bevölkerung der großen Industriestadt sich einfindet, um in dem ragenden Tempel der Kunst „zu sehen und gesehen zu werden“, und wo manche Schöpfung der Frauenmode gleichzeitig mit den Werken unserer Dichter und Tonmeister ihre Premiere feiert, stand vor 100 Jahren ein freundlich-schlichtes Haus. (Herzog)

Mit diesen Worten beginnt die Festschrift zum hundertjährigen Bestehen der Firma aus dem Jahr 1921. Saul Wahl, der Gründer dieser „Handlung für Kleider- und Bettwaren“, war bereits als Jugendlicher zu

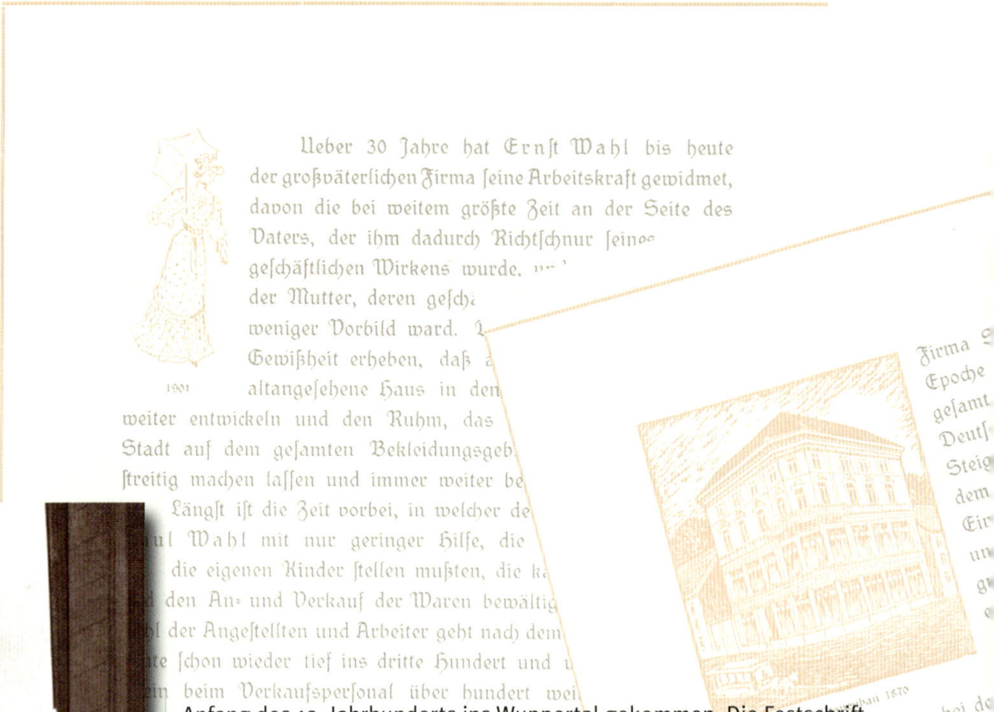

Ueber 30 Jahre hat Ernst Wahl bis heute der großväterlichen Firma seine Arbeitskraft gewidmet, davon die bei weitem größte Zeit an der Seite des Vaters, der ihm dadurch Richtschnur seine…
geschäftlichen Wirkens wurde. …
der Mutter, deren gesch…
weniger Vorbild ward. …
Gewißheit erheben, daß …
altangesehene Haus in den …
weiter entwickeln und den Ruhm, das …
Stadt auf dem gesamten Bekleidungsgeb…
streitig machen lassen und immer weiter be…
Längst ist die Zeit vorbei, in welcher de…
…ul Wahl mit nur geringer Hilfe, die …
die eigenen Kinder stellen mußten, die k…
den An- und Verkauf der Waren bewältig…
…l der Angestellten und Arbeiter geht nach dem …
…te schon wieder tief ins dritte Hundert und …
…in beim Verkaufspersonal über hundert wei…

Geschäftshaus S. & R. Wahl an der Wupperstraße (heute Rolingswerth), Ecke Mittelstraße (heute Werth). Der Übergang zwischen den beiden Häusern wurde 1925 gebaut.

▶ Grabstele von Amalie Wahl, geb. Hirsch (1800-1874). Sie war die Gattin von Saul Wahl, der als einer der ersten Juden ins Wuppertal kam und in Barmen ein großes, sehr angesehenes Geschäft für Kleider und Bettwaren gründete.

Anfang des 19. Jahrhunderts ins Wuppertal gekommen. Die Festschrift schmückt die abenteuerliche „Zuwanderung" des kleinen Saul Wahl in lebendigen Farben aus und skizziert die Geschichte eines ungeahnt dynamischen sozialen und wirtschaftlichen Aufstiegs, wie sie für viele – nicht nur der jüdischen – Hinzugekommenen typisch gewesen sein dürfte:

Wagemut hatte S a u l W a h l schon als Junge bewiesen. Aus der damals hessen-nassauischen, später pfälzischen Heimat Pirmasens, wo S a u l W a h l im Jahre 1797 geboren wurde, waren die Eltern mit den Kindern nach Koblenz gezogen, das die Franzosen kurz vorher zur Hauptstadt des Departements Rhein-Mosel gemacht hatten. Noch nicht 14jährig war Saul Wahl, als er von hier eines Tages mit den nach Rußland aufbrechenden französischen Truppen ausrückte, immer tapfer neben ihnen einhermarschierend. Wenn aber die jungen Beine das Bürschlein so gar nicht mehr tragen wollten, dann hob ihn wohl ein mitleidiger Reitersmann, der an der Unverdrossenheit des Buben seine Freude haben mochte, zu sich aufs Pferd, wo er dann oft, über den Hals des Pferdes gebeugt, vor Übermüdung einschlief. Der Marsch der Truppen bezweckte zunächst eine Vereinigung mit den im bergischen Rheinbundgebiet ausgehobenen Landeskindern. Und so kam der junge S a u l W a h l schließlich auf mancherlei Wegen nach Solingen und von dort nach Elberfeld, wo er bei einer inzwischen längst erloschenen Engrosfirma in die Lehre trat. Der aufgeweckte Junge entwickelte sich hier auch geschäftlich bald zu einem so tüchtigen und selbständig arbeitenden Kaufmann, daß er, noch nicht 24 Jahre alt, schon an die Errichtung eines eigenen Geschäftes denken konnte. (Herzog)

In Elberfeld absolvierte Saul Wahl eine kaufmännische Ausbildung bei der jüdischen Firma Leudesdorf und Enoch an der Aue. 1818 machte er sich in Barmen mit einem eigenen Geschäft für Kleider und Bettwaren, zunächst im Bruch in Barmen, selbständig.

Mit seiner Frau Amalie Hirsch gründete er eine große Familie: Von 1827 bis 1840 wurden neun Kinder geboren. Das jüngste von ihnen war Hermann Wahl, der die Firma später übernehmen sollte.

Das Textilgeschäft florierte so gut, dass Saul Wahl seinen Bruder Raphael mit in die Geschäftsführung aufnahm und die Firma 1847 unter dem Namen „S. & R. Wahl" in die Barmer Mittelstraße, 1852 in die Werther Straße 2 verlegte. 1864 trat sein Sohn Hermann in die Geschäftsleitung ein. Saul Wahl starb drei Jahre später, am 15. Juni 1867, und wurde auf dem jüdischen Friedhof an der Elberfelder Weißenburgstraße beigesetzt – noch auf dem ersten Grundstück, das heute nicht mehr existiert.

Der Erfolg des Unternehmens ist vor dem Hintergrund einer allgemein anwachsenden Konjunktur, einer steigenden Kaufkraft des Bürgertums und der wachsenden Prosperität der aufstrebenden Städte Barmen und Elberfeld zu sehen, die seit 1847 über einen Eisenbahnanschluss an die neue Strecke Schwelm, Barmen, Elberfeld verfügten. Die Einführung fester Ladenpreise und die gute Qualität der Ware „von der Stange" zu Preisen, die auch für breite Schichten erschwinglich waren, ließen die

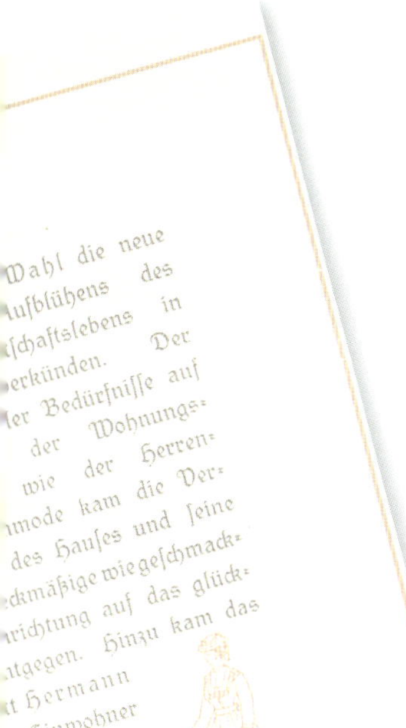
Wahl die neue
ufblühens des
schaftslebens in
erkünden. Der
er Bedürfnisse auf
der Wohnungs-
wie der Herren-
nmode kam die Ver-
des Hauses und seine
eckmäßige wiegeschmack-
richtung auf das glück-
tgegen. Hinzu kam das
t Hermann

Aus der Festschrift zum 100jährigen Geschäftsjubiläum von Albert Herzog

Nachfrage steigen und Häuser wie das der Wahls einen großen Aufschwung erleben.

Fritz Jorde, der seine „Geschichte der Juden in Wuppertal" 1933 im Auftrag der Familie Wahl verfasst hat, rühmte den Gründer des Geschäftshauses:

Er war ein Mann eigener Art. Arbeitsam und geschäftsklug, bedächtig im Sprechen, zurückhaltend im Urteil, ging sein Blick nicht über das Praktisch-Erreichbare hinaus. Wegen seiner Redlichkeit und seiner Gewandtheit im Verkehr betrachteten ihn seine Glaubensgenossen in Barmen als den geborenen Führer, und auch die Juden in Elberfeld schätzten seinen klugen Rat. Bei den Verhandlungen über die förmliche Gründung der Synagogen-Gemeinde in Elberfeld-Barmen begegnet man immer wieder seinem Namen. Wenn die Barmer Stadtverwaltung über Regierungsverfügungen mit den Juden zu verhandeln hatte, wandte sie sich jedes Mal zuerst an ihn. [...] Geselligen Vergnügungen abhold, suchte er Erholung in seinem kleinen Garten an der Wupper, wo er sich freute am blühenden Baum und am Duft seiner Blumen. Um einer etwaigen Feier auszuweichen, verschwieg er sogar seinen Kindern seinen Geburtstag. (Jorde, S. 35f.)

Sein Sohn Hermann baute den Betrieb weiter aus. Er fühlte sich bereits vollkommen heimisch in Barmen und besaß in der städtischen Gesellschaft ein ausgezeichnetes Renommee. Das Preislied auf die Bergische Heimat zeugt von einer tiefen Verbundenheit zu den Wupperstädten mit ihren Fabriken, ihrem Fleiß und ihren Menschen.

▲ *Kommerzienrat Hermann Wahl (1848-1915)*

▼ *Henriette Wahl, geb. Meyer (1848-1907)*

Bin in die Ferne oft gezogen,
In fremde Lande weit umher,
Und wenn ich fuhr auf blauen Wogen,
Vergaß der Heimat nimmermehr.
Was ich auch Schönes draußen fand:
Dich liebt' ich mehr, mein bergisch Land.
Hinauf zur Höhe zieht's mich wieder,
Zum stolzen Turm im Buchenhain,
Ich schau ins enge Tal hernieder
Und seh' der Schlote mächt'ge Reih'n,
Wo Dampfeskraft die Räder regt
Und treue Arbeit Segen trägt.
Des Geistes Wunderwerke schmücken
Der Heimat fleißbeseelten Gau,
Im Tal, gekrönt von Riesenbrücken;
Glänzt deiner Seen Wunderbau;
Am Wehr der Hammer klopft und fällt,
Schafft Werkzeug für die weite Welt.
Es steht die Burg im Sonnenglanze,
Ein Denkmal der Vergangenheit.
Wir flechten an dem Ruhmeskranze
Der Heimat für die n e u e Zeit.
Ruhmreiche Berge! Glück und Preis!
Gott gebe Segen unserm Fleiß! (Herzog)

In der jüdischen Gemeinde hatte er ein mindestens so hohes Ansehen wie sein Vater. Er gehörte zu jenen, die die Gründung einer eigenen Barmer jüdischen Gemeinde beförderten, wurde 1894 zu deren erstem Vorsitzenden gewählt und leitete die junge Gemeinde bis zu seinem Tod.

Mit geistigen Gaben hervorragend ausgestattet und mit dem weiten Blick des Kaufmanns brachte er in den etwas ängstlichen Gang des väterlichen Geschäftes den großen Zug, der auch seine spätere Tätigkeit auszeichnete. Der Ausbau des Geschäftes zu

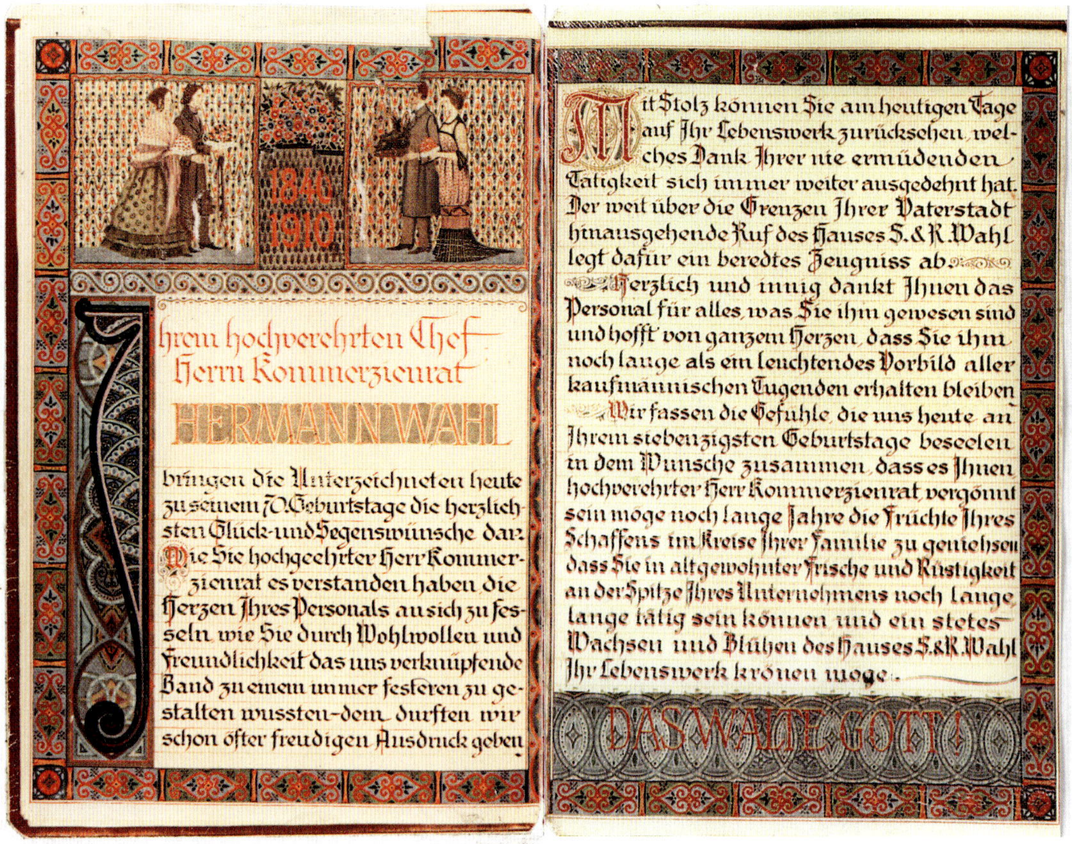

1840
1910

Ihrem hochverehrten Chef
Herrn Kommerzienrat
HERMANN WAHL
bringen die Unterzeichneten heute zu seinem 70. Geburtstage die herzlichsten Glück- und Segenswünsche dar. Wie Sie hochgeehrter Herr Kommerzienrat es verstanden haben die Herzen Ihres Personals an sich zu fesseln wie Sie durch Wohlwollen und Freundlichkeit das uns verknüpfende Band zu einem immer festeren zu gestalten wussten – dem durften wir schon öfter freudigen Ausdruck geben.

Mit Stolz können Sie am heutigen Tage auf Ihr Lebenswerk zurücksehen, welches Dank Ihrer nie ermüdenden Tatigkeit sich immer weiter ausgedehnt hat. Der weit über die Grenzen Ihrer Vaterstadt hinausgehende Ruf des Hauses S. & R. Wahl legt dafür ein beredtes Zeugniss ab.

Herzlich und innig dankt Ihnen das Personal für alles, was Sie ihm gewesen sind und hofft von ganzem Herzen, dass Sie ihm noch lange als ein leuchtendes Vorbild aller kaufmännischen Tugenden erhalten bleiben.

Wir fassen die Gefuhle, die uns heute an Ihrem siebenzigsten Geburtstage beseelen in dem Wunsche zusammen, dass es Ihnen hochverehrter Herr Kommerzienrat vergonnt sein moge noch lange Jahre die Früchte Ihres Schaffens im Kreise Ihrer Familie zu geniessen dass Sie in altgewohnter Frische und Rustigkeit an der Spitze Ihres Unternehmens noch lange lange tätig sein können und ein stetes Wachsen und Bluhen des Hauses S. & R. Wahl Ihr Lebenswerk krönen moge.

DAS WALTE GOTT!

Aus der Festschrift zum 70. Geburtstag Hermann Wahls

seiner jetzigen Größe und seine führende Stellung auf dem Gebiete des gesamten Bekleidungswesens ist hauptsächlich sein Werk. Eine unschätzbare Hilfe war ihm dabei seine Gattin Henny, geb. Meyer, die als Mutter von sieben Kindern einen großen Hausstand zu leiten hatte und trotzdem noch Zeit fand, ihrem Mann als Muster einer umsichtigen Geschäftsfrau treu zur Seite zu stehen. Sie starb, noch nicht 60 Jahre alt, am 9. Juni 1907, ihr Andenken aber lebt heute noch im Gedächtnis aller, die ihr im Leben näher gestanden haben. Ein Freund und Förderer von Kunst und Wissenschaft, selbst tätig auf dem Gebiet der schönen Literatur – seine poetische Anlage war vielleicht ein Erbteil seiner rheinischen Mutter –, geschätzt in der Handelskammer und in zahlreichen Vereinen, denen er vorstand, frohsinnig in der Familie und im Kreis seiner Freunde, dabei gerühmt in den Hütten der Armen, gehörte Hermann Wahl zu den besten Bürgern der Stadt. Seine Verdienste um Handel und öffentliches Wohl wurden gewürdigt durch seine Ernennung zum Preußischen Kommerzienrat. Was er seinen Glaubensgenossen gewesen ist, was die Synagogen-Gemeinde ihrem Gründer zu danken hat, steht in unvergänglichen Lettern auf den Tafeln ihrer Geschichte. (Jorde, S. 38)

1910 wurde Hermann Wahl anlässlich seines 70. Geburtstags in der Synagoge durch eine große Feier geehrt, zu der auch Oberbürgermeister Dr. Paul Hartmann und andere namhafte Repräsentanten der Stadt erschienen.

Des 1. Vorstehers der hiesigen Synagogengemeinde, des Kommerzienrats Hermann Wahl, des Gründers der hiesigen Synagogengemeinde, welcher dieser durch seine besondere Fürsorge die Stellung einer angesehenen Großgemeinde Rheinlands verschafft hat, wurde am verflossenen Sabbat aus Anlaß seines 70. Geburtstages in der Synagoge besonders gedacht. Der Vorstand ließ den Platz des Jubilars festlich schmücken. Einleitend sang Herr Kantor Rosenbaum das Jubellied von Hagemann. Herr Rabbiner Dr. Grabowski feierte in markigen, trefflichen Worten den Jubilar, indem er ausführte, daß das Judentum auf derartige Männer mit Stolz blicken könne, die ihre ganze Persönlichkeit vermöge ihrer geachteten Stellung in den Dienst der jüdischen Gemeinde stellen. Nach der Predigt sang unter Leitung des Musikdirektors Kahl der Synagogen-Chor das Werk von Beethoven „Die Himmel rühmen."
(Israelitisches Familienblatt vom 10.11.1910)

Hermann Wahl starb kurz nach seinem 75. Geburtstag, am 17. November 1915. Unter großer Beteiligung der Bevölkerung – immerhin hatte er neben den bekannten Bürgern Richard Beckmann, Rudolf Ibach, Otto Jäger und Albert Molineus zu den Gründern der Barmer Bergbahn gehört – wurde er neben seiner Frau beigesetzt.

Kommerzienrat Hermann Wahl ist hier kurz nach Vollendung des 75. Lebensjahres verstorben. Die Beteiligung an der Beisetzung war außergewöhnlich groß. Im Trauerhause fand eine erhebende Trauerfeier statt. Herr Rabbiner Dr. Grabowski hielt eine ergreifende Gedächtnisrede, in der er ein Bild des Lebens und Wirkens des Entschlafenen entwarf und seine edlen Charaktereigenschaften hervorhob. Ein Redner der Synagogengemeinde würdigte die Verdienste des Verstorbenen um die Gemeinde. Herr Dr. Cohn aus Bonn gedachte in warmherzigen Worten der Verdienste des Verstorbenen um das israelitische Krankenhaus in Neuenahr. Dann wurde der Sarg zum Leichenwagen getragen, wo er unter einer Überfülle kostbarer Blumen und Kranzspenden verschwand. Hinter dem Sarge folgte der lange Zug der Leidtragenden; darunter Herr Oberbürgermeister Dr. Hartmann, die Herren Beigeordneten Stadtbaurat Köhler, Dr. Markull, Evertsbusch, Handelskammerpräsident Geh. Kommerzienrat Molineus, zahlreiche Stadtverordnete, Vertreter von Vereinen und Gesellschaften und Leidtragende aus allen Kreisen der Bürgerschaft.
(Israelitisches Familienblatt vom 2.12.1915)

Die Emanzipationsdebatten im Rheinland

Neben den wirtschaftlichen waren es die politischen und rechtlichen Voraussetzungen gewesen, die den ins Wuppertal gezogenen Juden eine solche erfolgreiche Laufbahn erst gestatteten. Dabei kam dem Bergischen Land eine besondere Rolle zu, denn im Unterschied zu den linksrheinischen Gebieten waren die für die Juden vorteilhaften Gesetze des Code Napoléon vom 12. November 1809 durch nachfolgende einschränkende Gesetze wie z.B. durch das *„schändliche Wucherdekret"* – Décret infâme – nie revidiert worden.

Das 19. Jahrhundert war nicht nur das der Industrialisierung und ihrer wirtschaftlichen Folgen – Verelendung einerseits, wachsender Wohlstand andererseits –, sondern ebenso das der bürgerlichen Emanzipation. Dabei spielte der liberale Bankier August von der Heydt (1801-1874) als Elberfelder Abgeordneter im Rheinischen Provinziallandtag eine besondere Rolle. Die großbürgerlichen Abgeordneten der Rheinprovinz, darunter eben von der Heydt, waren daran interessiert, die alte ständische Gesellschaftsstruktur abzuschaffen und freie wirtschaftliche Entfaltungsmöglichkeiten herzustellen. Mit der Forderung nach individueller Freiheit und rechtlich-politischer Gleichheit sollten auch Kirche und Staat getrennt werden, und eine Konsequenz dieser Idee war, auch den Juden die Emanzipation zu gewähren.

▲ *Freiherr August von der Heydt (1801-1874), Staatsminister für Handel und Finanzen 1848-1869*

▶ *Johannes Schuchard (1782-1855)*

Aus Barmen war der Kaufmann und Fabrikbesitzer Johannes Schuchard (1782-1855) Abgeordneter im Rheinischen Provinziallandtag in Düsseldorf. Seit 1830 Mitglied des Barmer Stadtrats, engagierte er sich im dortigen Fabrikantenverein und in der Handelskammer zu Elberfeld. Er setzte sich sowohl für industrielle Interessen ein als auch – aus protestantischem Selbstverständnis – für die Beseitigung von gesellschaftlichen Missständen, besonders für die Einschränkung und Beseitigung der Kinderarbeit. In der Debatte um die Emanzipation der Juden vertrat er aber – im Unterschied zu seinem Elberfelder Kollegen – eine herkömmliche, von Skepsis und Vorbehalten gegenüber den Juden gespeiste Haltung, die er rhetorisch gekonnt einkleidete. In ihrem eigenen Interesse und zu ihrem eigenen Schutz, so Schuchard, sei es klüger, die Gleichstellung der Juden nicht zu schnell voran zu treiben und es vorerst beim bislang Erreichten zu belassen. Seine Argumente richteten sich vor allem gegen jene Juden, die *fortfahren, sich nach den Lehren des Talmud selbst abzusondern und unserm bürgerlichen und politischen Leben fremd, sogar feindseilig bleiben. [...] Das Festhalten am mosaischen Gesetze war allein der Grund eines Stillstandes ihrer Entwicklung. Überlasse man es ihnen, sich allmählich erst selbst zu emancipieren, indem sie Antheil an der Entwickelung der christlichen Völker nehmen und nicht mehr als fremde Nation unter uns leben wollen. Die Juden plötzlich bis auf den Richterstuhl zu erheben, liegt wahrlich nicht in ihrem eigenen Interesse. Es würde wahrscheinlich das Signal zu neuem Haß und zu neuer Verfolgung sein. Eine plötzliche Emancipation könnte zu ihrem Verderben gereichen [...].* (Kastner, S. 684)

Aber das rheinische Parlament entschied trotz solcher und ähnlich lautender Urteile anderer Politiker zum ersten Mal am 13. Juli 1843 mit 54 gegen 19 Stimmen für die politische und bürgerliche Gleichstellung der Juden im Rheinland, deren Jubel keine Grenzen zu kennen schien. Die Elberfelder Juden schrieben zwei Tage später:

Im Auftrage der Mitglieder der hiesigen Israelitischen Gemeinde und dem Drange ihres eigenen Herzens folgend, bringen die ergebenst Unterzeichneten der hohen Stände-Versammlung den innigsten, tief-

gefühlten Dank für das in deren Sitzung vom 13. dieses abgegebene, hochherzige Votum zu Gunsten der so lange vorenthaltenen und im Namen einer Religion, die nur Liebe athmet, lieblos verweigerten Emanzipation der Juden.

Sie, edle Herren, haben es verstanden, [...] den Begriff eines christlichen Staates in seiner erhabenen, wahren Bedeutung aufzufassen, klar zu machen und zu bekennen.

Der hohen Stände-Versammlung des siebenten Rheinischen Landtages war es vorbehalten, dem Christenthum selbst einen wesentlichen, großen Dienst zu leisten; darzuthun, daß es Verläumdung oder Entstellung war, wenn man im Namen dieser Religion der Liebe Bedrückung, Hohn und Kränkung auf uns häufte; im Namen der Religion, die selbst verkündete, daß sie auf dieser Erde nicht herrschen, das heißt, Niemand mit Willkühr und Uebermuth unterdrücken mag.

Die Annalen der Geschichte werden es unsern Nachkommen verkünden, daß es der siebente Rheinische Landtag in unserm Vaterlande zuerst aussprach, daß ein verjährtes Unrecht kein rechtskräftiges Servitut begründet, daß die jüdischen Bewohner der Rheinlande, die ihr Vaterland und ihre christlichen Mitbürger lieben, die mit diesen vereint auf den Schlachtfeldern zur Befreiung des Vaterlandes ihr Blut vergoßen, die Freude und Leid, Gefahren und Lasten mit ihnen theilen, auf den unverkümmerten Genuß derselben Rechte Anspruch haben.

Auch hat ein frommer und gerechter König uns diese Rechte schon im Jahre 1812 verheißen, und die kindliche Pietät Seiner Majestät unseres geliebten Königs wird – wir dürfen nicht daran zweifeln – diese gegen die Gerechtigkeit nicht minder als gegen die Humanität eingegangene Schuld des hochherzigen, edlen Vaters großmüthig tilgen.

Wenn mancher unter uns, als die einzigen in unserem Staate, die, weder geistlich noch bürgerlich vertreten, im Vertrauen zum endlichen Siege der Gerechtigkeit erschüttert worden, so legen wir vor dieser hohen Versammlung, dem wahren und heiligen Altar des Vaterlandes, das Bekenntniß unseres Irrthums nieder und flehen zum Allgütigen, denjenigen zu vergelten, die unsern Glauben an Humanität wieder gestärkt und unsern Herzen die unverschuldet verlorne Freudigkeit wiedergeben.

In tiefer Ehrerbietung und inniger Dankbarkeit verharren, Einer hohen Stände-Versammlung gehorsamste Jos. Cahn, S. Wahl, Moritz Kalischer, Meyer Seligmann, Israel Ullmann, Wilhelm Engländer, Robert Wiener.
(Kastner, S. 716)

Eine wohlhabende Gruppe aus der jüdischen Gemeinschaft im Wuppertal drückte ihre Erleichterung und tätige Dankbarkeit über die fortschrittlichen liberalen Beschlüsse sogar durch die Gründung einer Stiftung aus. (Elberfelder Zeitung vom 5.8.1843)

Die Umsetzung des rheinischen Beschlusses zog sich indes noch über Jahre hin, denn letztlich hatte der preußische König über die Ergebnisse der acht Preußischen Landtage zu entscheiden. Schließlich wurde dem König das bereits erwähnte „Gesetz über die Verhältnisse der Juden" vorgelegt, dem er mit seiner Unterschrift am 23. Juli 1847 Rechtskraft verlieh. Das Gesetz hatte 73 Paragraphen und bildete einen Kompromiss zwischen dem konservativen Entwurf der Regierung und den liberalen Vorstellungen des Landtags. Der erste Paragraph lautete: *Unseren jüdischen Unterthanen sollen, soweit dieses Gesetz nicht ein Anderes bestimmt, im ganzen Umfang unserer Monarchie neben gleichen Pflichten auch gleiche bürgerliche Rechte mit Unseren christlichen Unterthanen zustehen.* *(Kastner, S. 67)*

Die Emanzipation der Juden war, wie die meisten der liberalen, fortschrittlichen Beschlüsse der Landtage in Preußen, das Ergebnis einer heftig geführten Kontroverse. Auch die Presse vertrat unterschiedliche Meinungen. Die konservative, evangelische „Elberfelder Zeitung" beobachtete die Vorgänge in Düsseldorf voller Sorge und Vorbehalte:

Der Staat, in welchem wir leben, ist bekanntlich ein christlicher Staat. Alle seine Institutionen und Einrichtungen sind vom Geiste des Christenthums durchdrungen; woraus sich aber auch von selbst ergiebt, daß Jeder, der in unserm Staate ein Amt ambirt, nothwendig auch ein Christ sein muß, weshalb Alle, die zum Christenthume sich nicht bekennen, von den Staatsämtern auch ausgeschlossen sind. Den bestehenden staatlichen Einrichtungen gegenüber liegt darum auch keine Ungerechtigkeit darin, wenn der Jude, so lange er im Mosaismus verharrt und den christlichen Standpunkt perhorrescirt, selbstredend auch zu Staatsämtern nicht zugelassen werden kann. Diesen Gesichtspunkt hat die positive Gesetzgebung auch festgehalten und genau die Grenzlinien bezeichnet, was die Juden sein und werden können!
(Elberfelder Zeitung vom 19.3.1845, Kastner, S. 930)

Die „Barmer Zeitung" indes pries die fortschrittliche Haltung der Politiker begeistert, als sie am 26. Juli 1843 kommentierte:

Unter allen vom Rheinischen Landtage ausgegangenen Beschlüssen, wenn man von der in der Minorität gebliebenen Preßangelegenheit absieht, zeugt keiner mehr von einem in das moderne Volksbewußtsein tief eingedrungenen Bedürfniß nach freier Bewegung im Staate als die stattgehabte Befürwortung der Judenemancipation. Diese Thatsache belegt es besser, als es mit Worten bisher geschehen konnte, daß am Rhein die Intelligenz und Gesittung des Volkes, als dessen ächte Vertreter die Mehrzahl der Abgeordneten sich bewiesen hat, eine hohe Stufe erreicht haben und daß dort die Schranken des Vorurtheils und der Engherzigkeit für immer durchbrochen sind. Die Judenemancipation zählte bisher ihre zahlreichen Gegner in den Feldlagern der verschiedensten politischen Parteien, die einen hielten sie unverträglich mit den Grundsätzen des christlichen Staates, die andern nahmen an der Tenazität, womit die Juden stets ihre Nationalität gewahrt haben, einen Anstoß, eine dritte Ansicht will dem Volke Gottes aus dem Grunde eine Gleichheit in allen Rechten nicht eingeräumt wissen, weil es ja schon so viel Christen gebe, die vergeblich auf ein Aemtchen warteten, daß es der Juden nicht mehr bedürfe. Alle diese Argumente, wo die gemeine Gesinnung, wie bei dem letzten, nicht schon auf flacher Hand liegt, beruhen auf einseitigen, verwitterten Begriffen von Staat und Christenthum und sind schon unzähligemal philosophisch und politisch abgefertigt worden. Desto erfreulicher ist es, daß eine geläuterte Anschauungsweise dieser Verhältnisse sich endlich ein Mal wieder Geldtung verschafft hat. Die Nachricht von dem bedeutenden Ereignisse hat die Juden hiesigen Landes mit berauschender Freude erfüllt.* (Barmer Zeitung vom 26.7.1843; Kastner, S. 747f.)

Das „Gesetz über die Verhältnisse der Juden“ vom 23. Juli 1847 enthielt allerdings immer noch zahlreiche Beschränkungen: Juden konnten nun zwar Staatsämter bekleiden, aber nur, wenn sie nicht mit einer richterlichen, polizeilichen oder exekutiven Tätigkeit verbunden waren. Akademische Ämter und Professuren standen ihnen offen, aber nicht die juristischen Fächer. Dennoch: Auch wenn sie die volle rechtliche Emanzipation noch immer nicht erreicht hatten, feierten die Juden im Land das Gesetz enthusiastisch, weil es insgesamt viele Vorteile für sie brachte und eine grundsätzliche politische und gesellschaftliche Neuorientierung ankündigte. Von großer Bedeutung war der zweite Teil des Gesetzes, der die Konstituierung, Anerkennung und Ordnung der jüdischen Gemeinden als Kultusgemeinden mit dem Status einer Körperschaft des Öffentlichen Rechts vorsah. Zum ersten Mal in ihrer Geschichte durften sich Juden als Mitglieder einer Institution verstehen, unter deren Schutz sie mit allen Verbindlichkeiten standen. Bis 1933 sollte diese Regelung Gültigkeit besitzen.

„Das Bekenntniss des Proselyten.“
Der Arzt und Gelehrte Wolfgang Bernhard Fränkel

Flockenhaus, Pet. Kasp., desgleichen. — C 269.
Forst, Joh., Winkelier in Spezereiw. u. Schenkwirth. — F 210
Forsthoff, Wilh., Kouleurenfärberei. — K 64¼.
Forstmann, Arn., Associe der Handlung „Hölterhoff & For
mann.“ — B 108.
Frank, Paul, Bildhauer. — D 152.
Franz, Joh. Ernst, Bier- und Essigbrauerei. — E 222.
Franz, Karl, Kouleurenfärberei. — Aue 26.
Fränkel, Wolfg. Bernh., Med. Dr. — D 14.
Freund, Abr., Seideweber und Werkmeister in der Fabrik von Jo
Wilh. & Karl Blank. — E 130⅓.
Freytag, Witwe Aug., Juwelier-, Gold- und Silberarbeit, Lager i
fertigen Juwelen-, Gold- und Silbersachen. — B 92.
Frickenhaus, Aug., Baumwollenwaarenfabrik. — D 150½. †
Friedrichs, Wilh., Uhrmacher und Uhrenhandel. — B 44. †

Ausschnitt aus dem „Adreß-Buch der Wuppertaler Ortsteile“ für das Jahr 1834

Die Überzeugung vom Gelingen ihrer Emanzipation teilten indes nicht alle Juden – aus verschiedenen Gründen. Der in Elberfeld praktizierende Arzt Dr. Wolfgang Bernhard Fränkel hatte sich 1840 unter anderem deshalb taufen lassen. Fränkel war 1795 in Bonn geboren worden, hatte als Leutnant bei der Mittelrhein-Armee von 1812 bis 1815 die Feldzüge erst für, später gegen Napoleon mitgemacht und war 1818 nach Bonn zurückgekehrt, um Medizin zu studieren. Nach seiner Promotion 1824 ließ er sich in Elberfeld in der heutigen Herzogstraße nieder. Verheiratet war Fränkel mit Jeanette Bock, mit der er sechs Kinder hatte.

1830 veröffentlichte er zunächst eine medizinische Arbeit über „Die Flechten und ihre Behandlung“, die in dritter Auflage 1855 in Wiesbaden gedruckt wurde, also einigen Erfolg gehabt haben muss. Die intensive wissenschaftliche Beschäftigung mit der Hautkrankheit führte dazu, dass er sich einer gründlichen Lektüre der Bibel widmete, um dort die ältesten Texte über den „Aussatz“ zu studieren. Fränkel, der sich vom Judentum bereits weit entfernt hatte, wurde auf diesem Weg religiös und begann, sich um das desolate jüdische Schulwesen in Elberfeld zu kümmern. Eine Zeitlang war er sogar Geschäftsführer der Elberfelder Abteilung des „Vereins für Westfalen und Rheinprovinz zur Bildung von Elementar-Lehrern und zur Förderung von Handwerk und Künsten unter den Juden“. Sein Engagement erlosch aber angesichts seiner

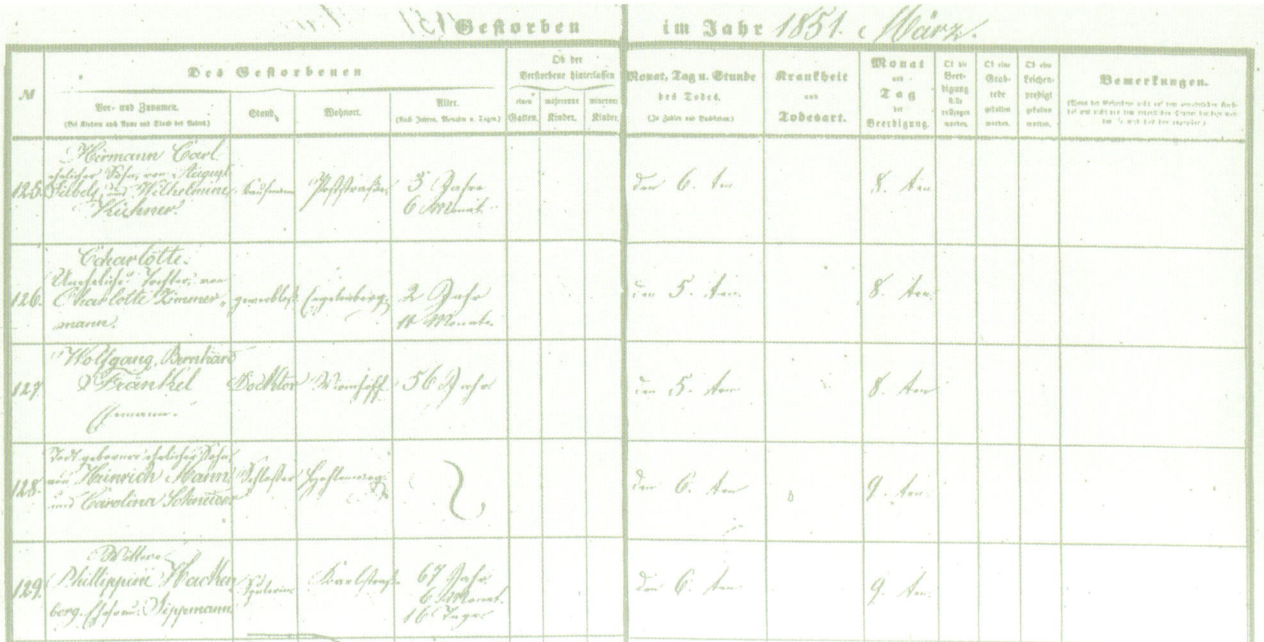

Eintragung im Sterberegister der reformierten Gemeinde Elberfeld

uninteressierten und zahlungsunlustigen Klientel. Vermutlich diese große Enttäuschung und ganz sicher die lebhafte Auseinandersetzung mit der Emanzipationsfrage öffneten ihn für das Christentum, vor allem für die evangelische Konfession. Seine Taufe rechtfertigte er in der Schrift: „Das Bekenntniss des Proselyten. Das Unglück der Juden und ihre Emanzipation in Deutschland", die 1841 bei Wilhelm Hassel in Elberfeld erschien.

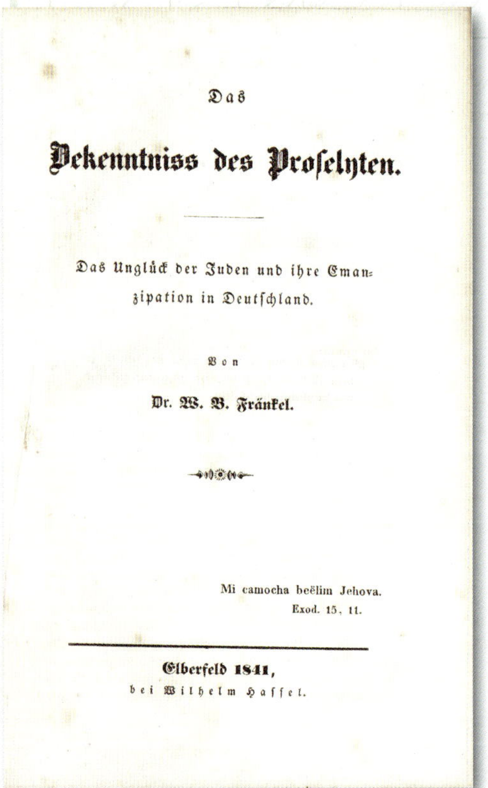
Das

Bekenntniss des Proselyten.

Das Unglück der Juden und ihre Emanzipation in Deutschland.

Von

Dr. W. B. Fränkel.

Mi camocha beëlim Jehova.
Exod. 15, 11.

Elberfeld 1841,
bei Wilhelm Hassel.

Titelseite der Schrift „Das Bekenntniss des Proselyten. Das Unglück der Juden und ihre Emanzipation in Deutschland" von Dr. W. B. Fränkel, Elberfeld

Nachdem ich mich nun öffentlich und freudig zur Lehre der evangelischen Kirche bekenne, meine Frau mit meinen sechs Kindern ebenfalls das Glück haben, Glieder dieser Kirche zu sein, halte ich es für meine Schuldigkeit, den jüdischen Gemeinden in Rheinland und Westphalen, deren Mandatar bei der Sachwaltung der Emanzipations-Angelegenheit, ich eine Zeitlang gewesen, diese Schrift, als Beantwortung mancher Anfrage, vor Augen zu legen, mit dem herzlichen Wunsche, daß, so herb auch die Worte klingen können, meine Absicht als gutgemeint möchte aufgenommen werden. (Fränkel, Bekenntniss, S. 117f.)

Das Buch – nicht seine Taufe! – provozierte die jüdischen Leser aus durchaus nachvollziehbaren Gründen zu heftigen Reaktionen, denn Fränkel war mit beißender Kritik am Judentum und am damals üblichen Gottesdienst nicht gerade sparsam umgegangen. Den Talmud hatte er als „das größte Unglück für das ganze Judenthum" bezeichnet, die Rabbiner als Heuchler und Lügner beschimpft und die einfachen Gemeindemitglieder als um den wahren Sinn und Kern der Tora Betrogene, deren Religionsausübung sich in hohlen Riten ohne Herz und Verstand erschöpfe. Persönliche Zuschriften, vor allem aber zwei öffentliche Entgegnungen stellten den Verfasser zur Rede: Der bekannte Herausgeber der „Allgemeinen Zeitung des Judenthums" und Rabbiner in Magdeburg, Dr. Ludwig Philippson (1811-1889), wies das „Bekenntnis" aufs Schärfste zurück (Nr. 33, 1841), und Lippmann Herz Löwenstein, Mitarbeiter des jüdischen Gebetbuchverlags Heidenheim in Rödelheim, verfasste sogar eine 170 Seiten starke Arbeit mit dem Titel „Ueberzeugungen eines Israeliten gegenüber dem Proselytenthum. Erwiederung auf die Schrift des Herrn Dr. W. B. Fränkel", die bei Heidenheim 1842 erschien.

In Elberfeld hat eine Brochure gegen das Judenthum die Presse verlassen, die bisher in ihrer Art ohne Beispiel ist. [...] Herr Dr. W. B. Fränkel [...], dem Berufe nach ein Arzt, dem Glauben, oder vielmehr dem Unglauben nach, wie er selbst berichtet, seit seiner Jugend ein spöttelnder Verächter aller und jeder Offenbarung, dem Charakter nach aber stets ein inkonsequenter, systemloser Mann, dessen krankhafte Schwäche, von der er so Vieles zu erzählen weiß, ihn sogar seine Kinder in der christlichen Religion erziehen ließ, ohne daß dieselben noch getauft waren, während Vater und Mutter noch viele Jahre dem Judenthum angehörten, und Ersterer sogar für seine israelitischen Brüder öffentlich das Wort zu führen sich berufen fühlte – dieser Herr Dr. Fränkel, vor dessen satyrischem Witze, von dem er einige Proben zum besten gibt, seiner Zeit selbst der liebe Gott nicht einmal sicher war, fühlt sich nun, nachdem er, der eingefleischte Freigeist, das christliche Glaubensbekenntniß angenommen, auf einmal aufgelegt, die ihn gar wunderlich kleidende Larve des schwärmerischen Mystikers vorzunehmen, seine vorgebliche Ueberzeugung, deren ein Mann von seiner Denkungsweise wohl schwerlich je fähig war, mit scheinheiligen Redensarten und affektirtem Eifer anzurühmen und vom Gesichtspunkte der Theologie aus, in welcher er eine krasse Unwissenheit zur Schau stellt, seine vormaligen Brüder in ihrer Religion und in ihrer bürgerlichen Stellung anzufechten – was nicht einmal durchgängig mittelst Scheingründe, sondern an manchen Stellen auch mittelst heftiger Ausfälle und ausgelassener Invektive – wobei sogar das Fluchen nicht unterbleibt – versucht wird. (Löwenstein, S. 3ff.)

Fränkel blieb eine Antwort nicht schuldig: Schon im folgenden Jahr publizierte er bei Hassel in Elberfeld eine Erwiderung mit dem Titel „Die Unmöglichkeit der Emanzipation der Juden im Christlichen Staat". In einer 42 (!) Seiten umfassenden Einleitung rechnete Fränkel zunächst mit seinen Kritikern ab, und zwar in einem Ton, der an Deutlichkeit und Bissigkeit kaum zu übertreffen ist.

So sehr ich mich auch gedrungen fühle, litterärische Unanständigkeiten nicht mit gleicher Münze zu erwidern, so wenig wird es mir gelingen meinen Ausdruck überall zu mildern, wie es schon die Oeffentlichkeit einer solchen Verhandlung an und für sich erheischt und noch mehr die Wichtigkeit des Gegenstandes erfordert. (Fränkel, Unmöglichkeit, S. XII)

1. Evangelisch-Lutherische Kirche.
Vorbereitungspredigt: Herr Pastor Jaspis.

(1974) Die glückliche Entbindung meiner lieben Frau von einem gesunden Knaben zeige ich Verwandten und Freunden hierdurch ergebenst an.
Elberfeld, den 6. März 1851.
Carl Wolfsholz.

(1965) **Todesanzeige.**
Es hat dem Herrn gefallen, unsre innigstgeliebte Mutter und Großmutter, die Wittwe **Catharine Diederich,** geb. **Hover,** im 64 Jahre, versehen mit den heil. Sterbe-Sakramenten, am 3. ds. in Cöln zu sich zu nehmen. Verwandten und Freunden widmen diese Anzeige mit der Bitte um stille Theilnahme
Die Hinterbliebenen.
Elberfeld, den 5. März 1851.

(1966) **Todesanzeige.**
Heute Mittag verschied sanft und ruhig der pract. Arzt Dr. **Wolfgang Bernhard Fränkel** im 56. Lebensjahre. Wir bitten um stille Theilnahme.
Elberfeld, den 5. März 1851.
Die Hinterbliebenen.

241 **Städtische Sparkasse.**
Sitzung
Samstag den 8. März,
Nachmittags von 3—5 Uhr auf dem Rathhause.
Nach dem Beschluß der Verwaltung vom 27. Februar v. J. werden Einlagen nur dann angenommen, wenn sie von Dienstboten, Fabrikarbeitern, Handwerksgesellen und Lehrlingen, so wie von Auflagen als Ersparnisse gemacht werden.
Elberfeld, den 6. März 1851.
Namens der Verwaltung
der delegirte Vorsitzer, Beigeordnete:
Schoeller.

(1975) **Freiwilliger Verkauf.**
Verziehungshalber sollen am Samstag den 8. d. Mts., Morgens 10 Uhr, auf dem öffentlichen Markte an der Behausung des Wirthen Herrn Eduard Buchholz in Elberfeld verschiedene Gegenstände, als: Tische, Stühle, zwei Hausuhren, ein Glasschrank, Ausstiefelkasten, Ofen mit Hinterofen, zwei Haus- und zwei Glasthüren, mehrere Fenster mit gutem Glas, ein großer Schinkenkessel, eine Brandspritze mit doppeltem Gang, eine neue einspännige Schlagkarre mit Kasten und zinnerne und kupferne Küchengeschirre, sowie eine Parthie verschiedene Singvögel rc, durch den Unterzeichneten gegen gleich baare Zahlung versteigert werden.
Elberfeld, den 6. März 1851.
Der Gerichtsvollzieher:
J. P. Wohlmeiner.

(1963) Die Beerdigung des Dr. Fränkel findet Samstag den 8. März, Nachmittags 4 Uhr, statt.
Die Hinterbliebenen.

(1896) **Meine Rückkehr vom Militairdienste und den Antritt der Praxis zeige ich ergebenst an.**
Dr. med. Ahrens.

(1955 Ein gelber Rattenfänger, männlichen Geschlechts, ist Dienstag den 4. März in Gemarke abhanden gekommen, vor dessen Ankauf ich warne.

ihm verliehene Ehejubiläumsmedaille. Möge dem betagten Jubelpaare ein friedlicher und gesegneter Lebensabend beschieden sein!
— Das Jubiläum ihrer **25jährigen Lehrthätigkeit** an der Universität **Berlin** begehen heute zwei rheinische Gelehrte, die Professoren Bernhard **Fränkel** und Heinrich **Faßbender.** Fränkel wurde am 17. November 1836 in **Elberfeld** geboren. Er ist seit 1884 außerordentlicher Professor, seit 1892 Geh. Medizinalrat und seit 1893 Direktor der Klinik für Nasen-, Rachen- und Kehlkopfkrankheiten bei der Charité, sowie schon seit einer Reihe von Jahren Direktor der Universitäts-Polyklinik für dieselben Krankheiten. — Faßbender wurde 1843 in **Kapellen** bei Moers geboren und wirkt als außerordentlicher Professor für Frauenkrankheiten an der Universität, sowie in überaus großer Privatpraxis.
♂ Die **städtischen naturwissenschaftlichen Sammlungen** (Sonntags 10½—12½ Uhr in der Distelbecker Schule geöffnet) wurden, abgesehen von der Anschaffung der biologischen Insektenpräparate und dem großen Geschenk des Ichthyo-

Im Unterschied zu jenen, die, wie z. B. der Dichter und Journalist Heinrich Heine, sich zur Taufe als „entrée billet" in die bürgerliche Mehrheitsgesellschaft und Bedingung einer viel versprechenden Karriere entschieden, war Fränkel beseelt von christlicher Glaubensgewissheit mit geradezu begeistertem Sendungsbewusstsein, das sich auch auf die Lösung der politischen und gesellschaftlichen Probleme der Juden erstreckte.
So galt er den Gesellschaften zur „Mission unter Israel" als Kronzeuge einer gelungenen Umkehr. 1844 veröffentlichte Fränkel noch eine dritte religiöse Schrift, „Die Rabbiner-Versammlung und der Reformverein" und blieb dem jüdischen Streitgespräch damit weiterhin treu, das einen außergewöhnlichen Einblick zur religiösen Entwicklung eines Intellektuellen jüdischer Herkunft in der Emanzipationszeit gewährt.

Andere Mitglieder der jüdischen Gemeinschaft dagegen wählten die Taufe, um christliche Partner ehelichen zu können: So heiratete z.B. Rosalie Leeser, die Tochter des Vorstandsmitglieds Moses Leeser, den evangelischen Kaufmann Franz Joseph Gebhardt, und auch ihre Schwestern wurden Ehefrauen in alt eingesessenen, namhaften evangelischen Familien.

1851 starb Fränkel in Elberfeld und wurde auf dem reformierten Friedhof an der Hochstraße beigesetzt. Einer seiner Söhne, Bernhard Fränkel (1836-1911), studierte ebenfalls Medizin, spezialisierte sich auf die Erforschung von Kehlkopferkrankungen und gilt als Begründer der modernen Laryngologie, für die er in der Berliner Charité eine Fachklinik einrichtete und leitete.

▲ *Dr. Bernhard Fränkel (1836-1911)*
◀ *Todesanzeigen im „Täglichen Anzeiger" vom 5. März 1851*

Der jüdische Weber Samuel Steilberger und seine Familie

Ein völlig anderes Milieu – fromm, arm und ungelehrt, frei von Skepsis, Kritik und intellektuellen Ambitionen – repräsentiert der jüdische Weber Samuel Steilberger, dessen Nachkommen Briefe und andere Dokumente aufbewahrt haben. Durch diese seltene Überlieferungsgeschichte ist es möglich, etwas über einen Menschen und seinen Alltag zu erfahren, der sich nicht durch herausragende Leistungen ausgezeichnet hat, sondern eher den „Durchschnitt“ seiner Zeit vertritt.

Angezogen durch die sich eröffnenden wirtschaftlichen Möglichkeiten der Textilindustrie war der 1814 geborene Steilberger Ende der 1850er Jahre mit seiner Frau Friederike und einer neunköpfigen Kinderschar aus der Nachbarstadt Langenberg nach Elberfeld gekommen und hatte sich zunächst in der Wilhelmstraße 28 eine neue Existenz aufgebaut. Hier schloss er sich sofort der jüdischen Gemeinde an, denn er legte großen Wert auf die Befolgung der jüdischen Gebote, ging regelmäßig in die Synagoge, hielt den Schabbat und die Feiertage, ließ seine Söhne beschneiden, und selbstverständlich führte seine Frau einen koscheren Haushalt. (Übrigens gab es, nach dem „Adreß-Buch der Wuppertaler Ortsteile für das Jahr 1834“, sogar mindestens ein koscheres Gasthaus: den „Handelsmann und Gastwirth für Juden“ Salomon Bär.)

Neben der religiösen Bildung, die Samuel als Kind genossen hatte und die in seiner Familie Tradition war, hatte er sich selbst das Lesen und Schreiben der deutschen Sprache beigebracht, denn eine allgemeine Bildung hatte er nicht erhalten, was er zeitlebens sehr bedauerte. Eine Festschrift anlässlich der Goldenen Hochzeit von Samuel und Friederike Steilberger im Jahr 1894 besingt aus intimer Kenntnis und auf liebevolle Weise einige Episoden aus dem Leben dieser ganz gewöhnlichen Leute:

Achtzig Jahre sind vergangen
Seit der Stunde, da in Langen-
Berg mit süßem Kräh-Effekt
Ward' ein Büblein mit verklärten
Blicken, einem Schriftgelehrten
In die Wickelbox gesteckt.

Samuelchen, klug und heiter,
Wuchs, gedieh und krähte weiter
Zu der Eltern Freud und Lust;
Nebensache war die Schule, –
Wacker dreh'n hat er die Spule
Mit acht Jahren schon gemußt.–

Weil der „Dalles“ war zu Gaste
Mußt' er für vier ganze „Kaste-
Männsches“ Wochenlohn sich mühn.
Da er gut wußt' zu hantieren
Mit den Fäden – sah' man führen
Bald das Weberschifflein ihn.

Unverzagt und unverdrossen
Hat er stramm d'rauf losgeschossen,
Daß es eine Freude war.
Schmuck als Jüngling auf der Straße
Ward ihm bald im reichsten Maße
Zugethan die Mädchenschaar.

Eines nur lag schwer im Magen
Ihm, in seinen Jugendtagen:
Bildungsmangel drückt ihn sehr!
Seufzend hat er oft geflüstert:
„Wär mit Bildung ich verschwistert,
Braucht ich nicht zu weben mehr!“

(aus: Fest-Gesänge, 1894)

Samuel Steilberger mit seinem Sohn Abraham, dessen Frau Thekla und dem Enkel Max Meyer, um 1900

Samuel Steilberger, um 1900

Sie hat, – wenn er am Webstuhl stand –
Bei Sonnenschein und Regen
Mit ihrem Kram, im berg'schen Land
Dem Handel obgelegen.

So gut wie ***Vater Samuel,***
Hat ***Mutter Friederike***
Geschöpft aus ernster Arbeit Quell,
Zu ihres Hauses Glücke.

In ***Langenberg*** *in* ***Elberfeld,***
Hat sie in jedem Fache
Ganz sicher „ihren Mann gestellt",
War immer bei der Sache. –

Em „Schachern" wor sie gar nit schleit,
Woßt ähren Schnett tu maken;
„Gekongelt" hat sie alt äß Weit,
On dröm kennt sie ook „Laken". –

Soa het gesorgt sie, dropp on dropp
Wat heilig Tüg maut haulen,
On ook wallenß sonen „fuhlen Kopp"
Reit gröndlich utgeschaulen.

Sie deit: „Wat nötzt meck Marzipan
On fiene Appeltaaten!
Enk griep die Saake praktisch an,
Denn: Alle Hölpen baten!"

Samuel hatte das Handwerk des Bandwebers gelernt. Schon als Kind hatte er zum Familienunterhalt beitragen müssen. Erst mit 30 Jahren heiratete Samuel die 21jährige Friederike Simon aus Neviges, genannt Brainchen. Trotz der vielen Kinder, die die Eheleute in den kommenden Jahren bekommen sollten, war die Mutter immer berufstätig. Sie arbeitete in einem der typisch jüdischen Gewerbe: als Kramhändlerin, indem sie fern von zu Hause über Land zog und den Bauern verschiedene Artikel verkaufte, die diese selbst nicht herstellen oder beschaffen konnten. Dass Friederike sogar vermutlich das ortsübliche „Plattkallen" beherrschte, ist nicht unbedingt ein Ausweis ihrer Integration als vielmehr für ihren praktischen Verstand, denn im Handel und Gespräch mit ihrer alt eingesessenen Kundschaft musste sie deren derbe Sprache beherrschen.

Wenn Friederike Steilberger unterwegs war, hatte ihr Mann zu Hause neben seiner Arbeit für die Kinder zu sorgen:

[...]– als damals
Noch unser Jubilar
Ehrsamer Webermeister
An jener Stätte war, –
Da hat sich's oft ereignet,
Wenn er am Webstuhl saß,
Daß er mit beiden Füßen
Zu treten nicht vergaß:
Den ***Webstuhl*** *hier – und da*
Die ***Wiege*** *er versah!*
(aus: Festgesänge, 1894)

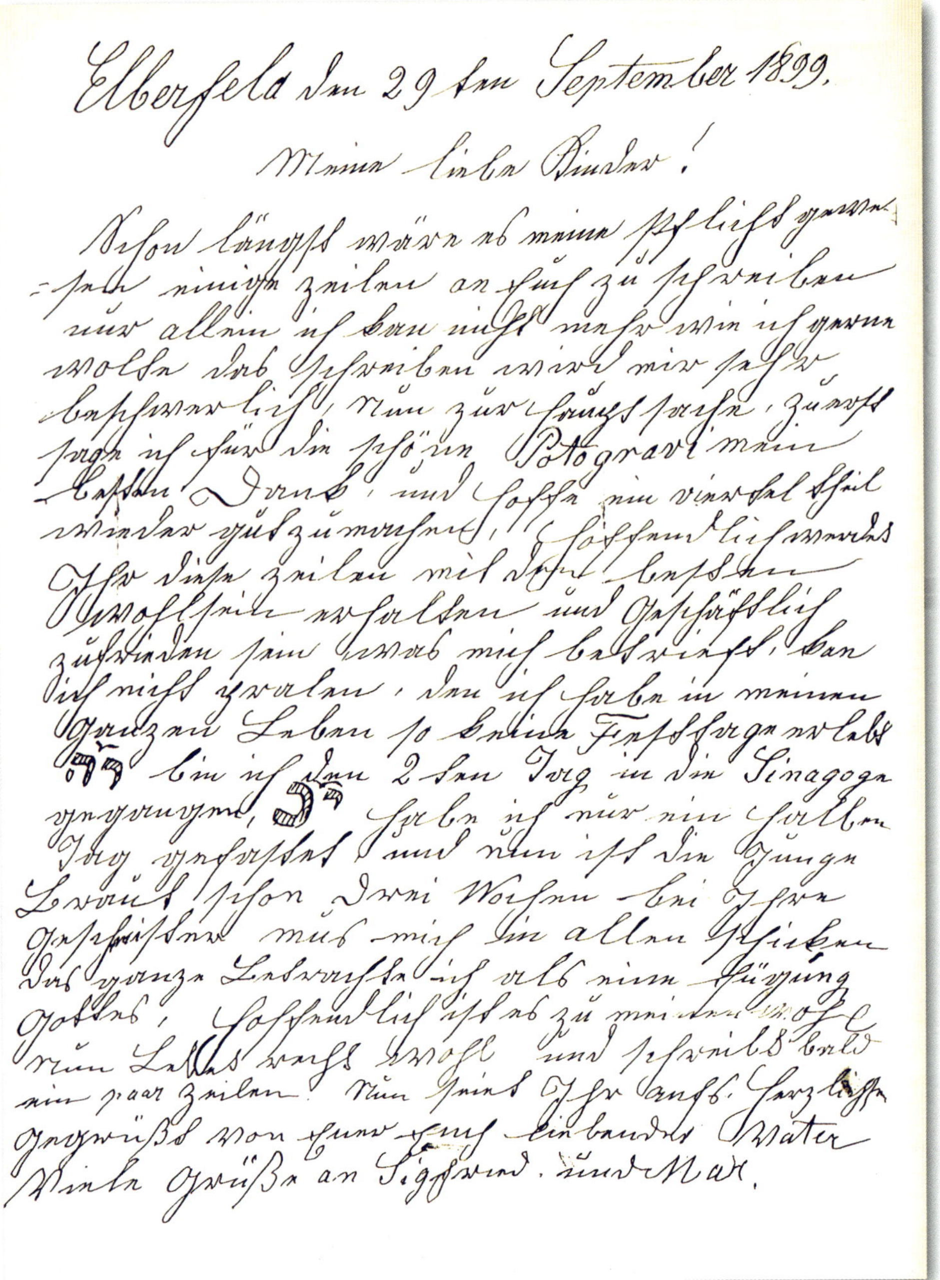

Elberfeld den 29ten September 1899.

Meine liebe Kinder!

Schon längst wäre es meine Pflicht gewe-
sen einige Zeilen an Euch zu schreiben
nur allein ich kann nicht mehr wie ich gerne
wollte das Schreiben wird mir sehr
beschwerlich, nun zur Hauptsache, zuerst
sage ich für die schöne Potografi mein
besten Dank, und hoffe ein [illegible] theil
wieder gut zu machen, hoffentlich werdet
Ihr diese Zeilen mit dem besten
Wohlsein erhalten und geschäftlich
zufrieden sein was mich betrifft, kann
ich nicht klagen, den ich habe in meinem
ganzen Leben so keine Festtage erlebt
ר״ה bin ich den 2ten Tag in die Synagoge
gegangen, י״כ habe ich nur ein halben
Tag gefastet und nun ist die junge
Frau schon drei Wochen bei Ihre
Geschwister muss mich in allen schicken
das ganze Lebwesen [illegible] ich als eine Fügung
Gottes, hoffentlich ist es zu [illegible]
nun [illegible] recht wohl und schreibt bald
ein paar Zeilen. Nun seid Ihr auch herzlichst
gegrüßt von Euer Euch liebender Vater
Viele Grüße an Siegfried und Max.

Brief von Samuel Steilberger vom 29. September 1899 an seine Tochter Regina Meyer und ihre Familie

Samuel Steilberger war ehrenamtlich als „Schammes“ (Synagogendiener) tätig und besaß einen ausgezeichneten Ruf in der Gemeinde, wie er in den Briefen an seine Tochter Regina Meyer hin und wieder stolz berichtete.

Von seinen Kindern emigrierten im Zuge der Auswanderungswelle nach Amerika mindestens zwei in die USA, ein Sohn lebte in Langenberg, einige zogen in andere Städte, ein weiterer Sohn kam als Matrose ums Leben und nur der Jüngste, Abraham, blieb in Elberfeld. Fast alle machten sich im Textilhandel selbständig bzw. heirateten Kaufleute, z.T. mit internationalen Beziehungen und gutem wirtschaftlichen Erfolg. Einer der Söhne, Hugo, wurde Arzt in Dortmund-Hörde – ebenfalls ein Ausweis für das Bemühen um gesellschaftlichen Aufstieg in dieser jüdischen Familie.

Friederike Steilberger starb am 11. Januar 1899 und wurde auf dem jüdischen Friedhof an der Weißenburgstraße beerdigt. Seinen Witwerstand verbrachte Samuel Steilberger mit seinem ledigen Bruder, der von Langenberg zu ihm gezogen war, mit seinem Sohn Abraham, dessen Frau Thekla und dem zu seiner großen Freude im November 1900 geborenen Enkel Ernst. Bis vor seinem Tod saß er am Webstuhl und fertigte nach Aufträgen, die ihm seine Kinder vermittelten, Textilien an. Seine Enkel, die ihn in Elberfeld besuchten, konnten sich noch erinnern, ihn stets fleißig arbeitend gesehen zu haben.

Nun freue ich mich, dass der Winter bald über ist, dann kann ich mal wieder an die Luft gehen. Auf Mai ziehen wir aus. Eine herrschaftliche Wohnung und billiger wie die, wo wir jetzt wohnen, und haben ein Balkon an der Üllendahler Straße 26. Es würde mich sehr freuen, wenn ich von Euch einmal besucht würde in der neuen Wohnung.

In diesem Brief an seine Tochter vom 16. Februar 1901 sah der nun 87jährige Samuel Steilberger dem kommenden Frühling und einem geplanten Umzug fröhlich entgegen. Hochbetagt, starb er jedoch drei Monate später, am 26. Mai 1901, und wurde, als einer der ersten, auf dem damals neuen jüdischen Friedhof am Weinberg beerdigt.

Jüdischer Religionsunterricht

Für fromme Juden wie Samuel Steilberger war es selbstverständlich, dass die Kinder frühzeitig in jüdischer Religion unterwiesen wurden. Vermutlich war er mit der Unterrichtssituation, die er in Elberfeld vorfand, ganz und gar nicht einverstanden: Zwar hatte es stets Bemühungen um ein geordnetes jüdisches Schulwesen gegeben – indes leider meistens vergeblich, weil zu wenige Eltern bereit waren, zur religiösen Ausbildung ihrer Kinder, d. h. zur Bezahlung eines Lehrers beizutragen.

Dabei schreibt das Judentums vor, schon die kleinen Kinder im Lesen, in der Bibel und in der Religion zu unterweisen. Im „Schma Israel", dem jüdischen Glaubensbekenntnis an den einzigen Gott, das fromme Juden dreimal täglich beten, wird den Vätern befohlen, ihre Kinder stets an die Gegenwart Gottes und an ihre Geschichte zu erinnern:

Höre Israel, der Ewige, unser Gott, der Ewige ist einzig!

Gelobt sei der Name der Herrlichkeit seines Reiches immer und ewig.

Du sollst den Ewigen, deinen Gott, lieben mit deinem ganzen Herzen und deiner ganzen Seele und deinem ganzen Vermögen. Es seien diese Worte, die ich dir heute befehle, in deinem Herzen. Schärfe sie deinen Kindern ein und sprich von ihnen, wenn du in deinem Hause sitzest und wenn du auf dem Wege gehst, wenn du dich niederlegst und wenn du aufstehst. Binde sie zum Zeichen auf deinen Arm, und sie seien zum Denkband auf deinem Haupte. Schreibe sie auf die Pfosten deines Hauses und deiner Tore!

(5. Buch Mose 6,4ff.)

Im Laufe des 19. Jahrhunderts veränderte sich der jüdische Schulunterricht vom ausschließlich religiösen „Cheder", der jüdischen Grundschule, hin zu einem auch allgemein bildenden Unterricht mit religiösen Komponenten, der die Kinder zu nützlichen Staatsbürgern erziehen sollte. Den Juden, die ins Wuppertal gekommen waren, lag aber nur wenig an einer ausgeprägt jüdischen Unterweisung. Sie empfanden es offensichtlich nicht als Einbuße, ihre Kinder in die christlichen Schulen zu schicken. Der Religionsunterricht wurde, wenn überhaupt, von jüdischen Lehrern in deren Wohnungen oder dazu angemieteten oder anders zur Verfügung gestellten Räumen erteilt. Für Honorar und Miete hatten die Eltern aufzukommen.

Wer nicht mit der Gemeinde betet, sagt: אל מלך נאמן. *)

דברים ו׳ ד׳

שמע ישראל יהוה אלהינו יהוה ׀ אחד:

ברוך שם כבוד מלכותו לעולם ועד:

ואהבת את יהוה אלהיך בכל־לבבך ובכל־
נפשך ובכל־מאדך: והיו הדברים האלה
אשר אנכי מצוך היום על־לבבך: ושננתם
לבניך ודברת בם בשבתך בביתך ובלכתך
בדרך ובשכבך ובקומך: וקשרתם לאות
על־ידך והיו לטטפת בין עיניך: וכתבתם
על־מזזות ביתך ובשעריך:

Das „Schma Israel" in hebräischer Sprache im jüdischen Gebetbuch

Der erste Lehrer war 1819 nach Elberfeld gekommen. Der verheiratete, 35jährige Abraham Markowitz unterrichtete zwölf Kinder zwischen dem sechsten und dem dreizehnten Lebensjahr in Deutsch, Hebräisch und jüdischer Religion, zusätzlich zu ihrem Unterricht in christlichen Schulen. Sein Nachfolger war Carl Lazarowitz aus Ungarn, der vor allem als Schächter und Vorsänger tätig war und nur nebenbei einigen jüdischen Kindern Privatunterricht erteilte. Mit der Einführung der allgemeinen Schulpflicht in Preußen im Jahr 1824 mussten auch die jüdischen Religionslehrer amtliche Bescheinigungen der Lehrbefugnis vorgelegen, die Lazarowitz aber nicht nachweisen konnte. So suchte die Gemeinde wieder nach einem neuen, diesmal ordentlich geprüften Lehrer. 1826 wurde dies der 26jährige Moses Kalischer (später nannte er sich selbst Moritz) aus Lissa (Leszno) in Schlesien. Kalischer übernahm das Amt des Lehrers nur für kurze Zeit und zog es dann vor, auf anderem Weg eine Karriere in der Gemeinde zu machen: Er wurde zu ihrem Vorsitzenden gewählt, ohne dass die Frage des Religionsunterrichts geklärt gewesen wäre. Es gab zwar immer einmal wieder für einige Jahre jüdische Lehrer, aber meistens konnte gar kein Unterricht angeboten werden. 1839 war Mayer Heilbronn aus Kaiserswerth drei Jahre lang im Tal, dann aber erst wieder 1846 der Lehrer Jesajas Meyer.

Das jüdische Schulwesen hatte damals bedeutsame Förderung erfahren durch die Tätigkeit eines für die Sache seines Volkes begeisterten Mannes, des Arztes Dr. A. Haindorf zu Münster in Westfalen. Unterstützt durch den „Jüdischen Verein", hatte er 1825 zu Münster eine Anstalt zur Ausbildung jüdischer Lehrer ins Leben gerufen, eine Anstalt, welche gleichzeitig jüdische Waisenkinder zu Handwerkern und Künstlern vorbilden wollte. Von der Regierung empfohlen und von Christen edelsinnig unterstützt, waren die Bestrebungen des schulfreundlichen Arztes von Bedeutung auch für seine Glaubensgenossen an der Wupper. Einer seiner Zöglinge, Jesajas Meyer aus Telgte bei Münster, der seine Befähigung am Schullehrer-Seminar zu Soest nachgewiesen hatte, kam 1846 nach Elberfeld und wurde hier von der jüdischen Gemeinde […] angestellt.

(Jorde, Schulen, S. 342)

„Schwere Gewitterwolken." Die Bewährungsproben des Predigers Dr. Hermann Engelbert

Dr. Hermann Engelbert, 1830 geboren, war 1857 aus Kurhessen ins Wuppertal gekommen und blieb hier bis zum Sommer 1861. Seine Aufgabe bestand vor allem in der Erteilung von jüdischem Religionsunterricht, *zunächst in einem lichtarmen Raume in der Luisen-, später in einem freundlichen Zimmer an der Herzogstraße neben der Konditorei Wolfsholz* (Jorde, S. 24), wo vierzehn der 29 schulpflichtigen jüdischen Kinder seinen Unterricht besuchten. Aber er hielt auch Gottesdienste ab und versah den Predigtdienst, und zwar für die Juden in den Kreisen Elberfeld und Lennep.

Engelbert, der in der Königstraße 25 wohnte, füllte sein Amt mit großer Verantwortung aus, die schon bald auf die Probe gestellt wurde: Nachdem es bereits in den Jahren 1849 und 1850 verheerende Cholera-Epidemien in den Wupperstädten gegeben hatte, brach diese Krankheit im Herbst 1859 erneut aus. Kreisphysikus Carl C. Brisken machte vor allem in den verelendeten Wohnvierteln an der Bachstraße (heute Gathe) die meisten Cholerafälle aus:

Diese massenhafte Verbreitung der Krankheit auf dieser, sonst breiten Straße, wurde begünstigt durch die meistens schlechten, engen und mit Bewohnern sehr überfüllten Häuser, welche größtentheils von der niedern arbeitenden und der niedrigsten Volksklasse bewohnt sind, durch schlechte, wenig Schutz gegen die äußeren Einwirkungen bietende Bekleidung, durch ihre Lebensweise, welche sowohl hinsichtlich der geistigen Getränke, wie der übrigen kruden unverdaulichen Kosumtibilien, eine unordentliche und unmäßige ist. Außerdem darf wohl auch der überwölbte Kanal, in welchem der Mirkerbach unter der ganzen Länge der Straße fließt, als mitwirkende Ursache für die Verbreitung der Krankheit, durch die in demselben erzeugte mephitische Luft, Ausströmen derselben aus den verschiedenen Seitenöffnungen, und Verbreitung in den Wohnungen veranlaßt, angesehen werden. (Brisken, S. 4f)

Der Prediger Dr. Hermann Engelbert (1830-1900)

Wie durch ein Wunder gab es unter den Mitgliedern der kleinen jüdischen Gemeinde keine Opfer zu beklagen. Dabei wussten Juden damals genauso viel oder wenig über Ursachen und Behandlungsmethoden der Krankheit wie die christliche Bevölkerung. Aber ihr durch die „Kaschrut", die jüdischen Reinheitsgebote, sensibilisiertes Bewusstsein für Sauberkeit und Nahrungsqualität, allein das Waschen der Hände vor den Mahlzeiten könnten vorbeugend gewirkt haben. Vermutlich pflegten die Juden aber auch keinen engen Kontakt zu jenen ärmeren Bevölkerungsgruppen, die von der Cholera in besonderem Maß betroffen waren, und haben sich deshalb nicht infiziert. Als die Seuche nach den hohen jüdischen Feiertagen – Neujahr und Versöhnungsfest – abgeklungen schien, verfasste Hermann Engelbert einen längeren Bericht für die „Allgemeine Zeitung des Judenthums":

Die schweren Gewitterwolken, die sich seit Monden über unsere Stadt gebreitet, verziehen sich allmählig; die schreckenverbreitende Cholera-Epidemie, der mehr als Eintausend der hiesigen Einwohner zum Opfer gefallen, hat ihre Mordversuche eingestellt. Wie wohlthuend diese günstige und erfreuliche Wen-

— 60 —

II.

Nachweise

der im Jahre 1849 und 1850 in den Ober-Bürgermeistereien Elberfeld und Barmen an der Cholera erkrankten, genesenen und gestorbenen Personen.

Zeit von Tag	Monat	bis Tag	Monat	Elberfeld erkrankt	genesen	gestorben	noch krank	Barmen erkrankt	genesen	gestorben	noch krank
7	Sept.	10	Sept.	1		1					
11	"	17	"	2			2				
18	"	24	"		2						
25	"	1	Oktbr.								
2	Oktbr.	8	"	1		1					
9	"	15	"	45		28	17				
16	"	22	"	108	39	27	59	3		1	2
23	"	29	"	111	44	42	84	8	4	4	2
30	"	5	Novbr.	236	76	94	150	12	2	7	5
6	"	12	"	234	101	88	195	32	15	22	
13	"	19	"	118	147	55	111	32	10	20	2
20	"	26	"	125	107	37	92	14	4	8	4
27	"	3	Dezbr.	69	37	19	105	5	2	3	4
4	"	10	"	57	85	25	52	8	4	6	2
11	"	17	"	22	47	9	18	8	4	3	3
18	"	24	"	20	10	15	13	2	1	2	2
25	"	31	"	14	8	6	13	4		1	5
1	Jan.	7	Jan.	9	11	4	7	3	2	4	2
8	"	14	"	4	6	2	3	4	2	1	3
15	"	21	"	6	2	6	1	1			4
22	"	28	"	5	1	5			2		2
29	"	4	Febr.								2
5	"	11	"	18		7	11	2	2	1	1
12	"	18	"	67	13	31	54	8	1	2	6
19	"	25	"	112	43	27	76	18		16	8
26	"	4	März	32	74	12	22	1	2	3	4
5	März	11	"	25	22	8	17	1	1	2	2
12	"	18	"	8	22	1	2		2		
19	"	25	"	3	1	4					
		Summa:		1452	898	554		166	60	106	

— 61 —

III.

Sterbefälle

in den Gemeinden Elberfeld und Barmen.

Monate	1857 Elberfeld	1857 Barmen	1858 Elberfeld	1858 Barmen	1859 Elberfeld	1859 Barmen
Juli	107	89	92	77	113	107
August	107	85	119	76	466	115
Septemb.	94	87	106	80	500	100
Summa:	308	261	317	233	1079	322
Oktober	108	91	105	92	262	151
November	104	103	153	122	95	111
Dezember	137	104	145	129	105	92
Summa:	341	298	403	343	462	354

Druck von A. Martini, Grüttefien & Comp. in Elberfeld.

Tabellen über die Cholera-Epidemien im Wuppertal, erstellt vom Kreisphysikus Dr. Carl C. Brisken, Elberfeld 1859

dung sowohl auf die Gemüther der Einzelnen wie auf den Gesammtverkehr und das Geschäftsleben unserer sonst nicht unfrequenten Fabrikstadt influirt, kann man sich denken. Die in Folge der allzu häufigen Hiobsposten fast allgemein gewordene trübe und gedrückte Stimmung hat sich bereits in eine heitere und frohe umgewandelt; die ängstlich die Flucht ergriffen, kehren muthvoll mit oder zu den Ihrigen heim, und auch die Fremden, die Monate lang die Elberfelder Luft als eine verpestete zu scheuen hatten, stellen sich wieder ein von nah und fern, – nur die schwarzen Trauerkleider so mancher Witwe und Waise sind noch die sichtbaren, in die Augen fallenden Erinnerungszeichen an jene herbe, für unsere Gemeinde jedoch glücklich überstandene Schreckenszeit.

Unsere circa 50 Familien zählende Gemeinde, die gerade in den Stadttheilen zerstreut wohnt, wo genannte Krankheit am schrecklichsten wüthete, […] hat auch nicht einen Trauerfall in ihrer Mitte zu beweinen. Kein Wunder, daß dieser Umstand viel von sich reden machte, daß selbst der Pastor auf der Kanzel wie der Arzt im Krankenhause daran erinnert wurden und erinnerten, wenn sie nämlich die in jüdischen Kreisen von jeher und noch immer vorherrschende Mäßigkeit als das beste Präservativmittel empfohlen.

Kein Wunder aber auch, daß innerhalb der Gemeinde die auch sonst so ernsten […] Jom Kippur-Tage in diesem Jahre um so ernster und inniger begangen wurden; erscholl doch zwiefach ihr Ruf zur Weckung und Schärfung des religiösen Sinnes und Gefühls! – Und wie mußte besonders das Neujahrsfest, an dem die Seuche abzunehmen schien, jedes den Seinen verschont gebliebene Vater-, Mutter- oder Kinderherz mit heißem Dank gegen den Allgütigen erfüllen beim Rückblick auf das verflossene verhängnisvolle Jahr des Kriegs und der Pest! – Schreiber dieses möchte es daher vor Allem den Zeitumständen zuschreiben, wenn seine schon häufig an die Gemeinde gerichtete und in der Neujahrspredigt wiederholte Aufforderung zur Abhilfe eines dringendsten Bedürfnisses, zum Neubau eines Gotteshauses, einen lauten Widerhall im Herzen der Zuhörer gefunden. […] (Allgemeine Zeitung des Judenthums vom 19.12.1859)

Tatsächlich war der Bau einer repräsentativen Synagoge seit der Gemeindegründung im Januar 1852 ein drängender Wunsch ihrer Mitglieder. Im Dezember 1861 lebten in Elberfeld unter 56.300 Einwohnern 259 Juden, die sich nicht mehr mit Provisorien zufrieden geben wollten. Aber die Juden des Wuppertals waren wirtschaftlich noch nicht in der Lage, aus eigener Kraft eine ausreichende Summe für den Bau eines Gotteshauses aufzubringen. So gründete man einen Baufonds, und auch christliche Kirchengemeinden begannen mit Sammlungen für das anspruchsvolle Vorhaben:

Unsere israelitischen Mitbürger haben sich seit Jahren mit einem Gotteshause behelfen müssen, das der Verehrung des Höchsten wenig angemessen ist. Es befindet sich in einem Saale, unter dem eine offene Bierwirthschaft gehalten wird. Die kleine Gemeinde, die hier und in Barmen kaum 40 besteuerte Familienhäupter zählt, fühlte das Bedürfniß eines ihrem Gottesdienste entsprechenden Tempels schon lange und tief und strengte ihre finanziellen Möglichkeiten nach Kräften an, um sich die Mittel zur Erfüllung ihres Wunsches zu verschaffen; aber klein und nur wenige etwas

Alte jüdische Gebetbücher aus dem Archiv der Jüdischen Kultusgemeinde Wuppertal

vermögende Mitglieder besitzend, vermöchte sie bei aller Opferwilligkeit der Einzelnen nur 3600 Thlr. an freiwilligen Beiträgen zu steuern. In Rücksicht der kleinen und wenig wohlhabenden Gemeinde ist diese Summe sehr viel; doch in Bezug auf den Zweck, der mit ihr erreicht werden soll, langt sie nicht hin; dennoch will sie ihr Bauwerk, in der Hoffnung auf die Gnade des Ewigen und den Beistand ihrer christlichen Mitbürger, unternehmen, indem sie überzeugt ist, daß dieselben eine Gottesverehrung unterstützen werden, die, wenn auch in anderen Formen, doch in gleicher Aufrichtigkeit und Wärme des Herzens von ihren Bekennern begangen wird. (Elberfelder Zeitung vom 30.4.1860)

Eine solche Werbung um Kollekten blieb nicht unwidersprochen: Das „Reformirte Wochenblatt" protestierte heftig und „warnte" mit verschiedenen Argumenten gegen die Sammlungen, indem es sich dabei auf den reformierten Geist berief, dem vor allem die Prosperität des Wuppertals zu verdanken sei.

So lange die Juden aber Jesum Christum nicht als den Sohn Gottes gläubig verehren, treten sie ihr Heil mit Füßen, auch wenn sie die höchsten irdischen Güter erlangen. [...]

Wie kann also ein Christ, wenn er es gründlich bedenkt, zu dem Bau einer Judensynagoge beitragen wollen, da in derselben Christus nicht gepredigt werden kann und darf? [...] In den Judensynagogen wird Jesus Christus fortwährend von Neuem gekreuzigt, und ihre Rabbinen stimmen ein in das Verwerfungsurtheil des hohen Rathes, der Jesum als einen falschen Messias verurtheilt hat, dass er des Todes schuldig wäre. Sollten daher reformirte Gemeindeglieder noch ferner Beiträge zur Judensynagoge geben wollen, so bitten wir dieselben, dass sie diese Gaben nur unter der Bedingung geben, dass die Hoffnung Israels, die da ist Jesus Christus, der Sohn Davids nach dem Fleisch, aber kräftiglich erwiesen als Sohn Gottes, seit der Zeit er auferstanden ist von den Todten, – darin gepredigt werden dürfe. Eine weichherzige Toleranz aber, welche zur Fortdauer eines seelenverderblichen Irrthums beiträgt, ist im tiefsten Grunde – Grausamkeit, und nur die Kehrseite jenes Verfolgungsgeistes, der einst in den Zeiten des Mittelalters die armen Juden hinschlachtete. (Reformirtes Wochenblatt vom 7.12.1860)

Kurze Zeit später verteidigte ein reformiertes Gemeindemitglied seine Spende in einem Leserbrief:

Mit Bezug auf die im letzten reformirten Wochenblatte enthaltene Besprechung der Theilnahme reformirter Gemeinde-Glieder an dem Bau der hiesigen Synagoge finde ich mich veranlaßt, zu erklären, daß, nachdem mir die Versicherung gegeben, daß in derselben das alte Testament, als die Schrift, „die von Jesu zeuget", gelesen werde, [ich] gerne zu ihrem Bau beigetragen habe; gewiß, daß auch dort das Wort Gottes nicht leer zurückkommen, sondern ausrichten werde, wozu es gesandt ist. (Reformirtes Wochenblatt vom 28.12.1860, Beilage)

Daraufhin sah sich der – leider nicht namentlich genannte – Redakteur des Kirchenblatts veranlasst, eine ausführliche Belehrung zu verfassen:

Wenn Jesus Christus wirklich derjenige ist, wofür er sich ausgab, der Sohn Gottes, der Erlöser und – der Richter der Welt, der unser aller Loos – und auch das der Israeliten in Elberfeld – in alle Ewigkeiten bestimmt, so sind wir nicht berechtigt, zu einem anderen Cultus beizutragen, als zu einem solchen, worin er selbst geehrt und verherrlicht wird. [...] Gott selbst hat den Cultus des alten Testaments abgeschafft und unmöglich gemacht; darum singen wir nach unserm reformirten Gesangbuch – welches auch ein Bekenntnißbuch unsrer Gemeinde ist – und rufen der jüdischen Gemeinde zu:

Ein Gebetbuch aus dem Jahr 1828, gedruckt in der chassidischen Druckerei der Brüder Schapiro in Slawucie

Geh ein in Ihn und habe Ruh'
Schleuß deine Synagogen zu,
Das Lämmlein sei dein Friedenshafen!

Darum beten wir:

O, du Gott Amen, Jacobs Fels,
Gedenke deines Israels,
Bring's bald zu Zions Friedenshügeln.
Auf, samml' es um dein Kreuzpanier,
Sei seine Zuflucht für und für
Und trag's wie einst auf Adlersflügeln!
O, gieb, so wird dein Treusein kund,
Ein neues Lied in Jacobs Mund.

Es wäre aber ein Widerspruch für unsre Gemeinde, wenn dieselbe mit dem Munde das: „Schleuß deine Synagogen zu" singen, und dabei die Börsen öffnen wollte, um eine sogenannte Gottesverehrung möglich zu machen, die weder eine jüdische im biblischen Sinne, noch eine alttestamentliche, noch eine mosaische – sondern, wenn Johannes Recht hat, – eine antichristliche ist. (Reformirtes Wochenblatt vom 28.12.1860, Beilage)

Zu diesem kenntnislosen und kaltherzigen Pamphlet konnte Dr. Hermann Engelbert nicht schweigen. Weil sich aber das „Reformirte Wochenblatt" weigerte, seine „Entgegnung" zu veröffentlichen, erschien sie in der „Elberfelder Zeitung". Vor allem, die Loyalität der Juden dem Vaterland gegenüber zu betonen – auch und gerade im gottesdienstlichen Gebet, lag Engelbert am Herzen. Seine hier stark gekürzten, leidenschaftlichen Erläuterungen zum christlich-jüdischen Verhältnis sind auch nach bald 150 Jahren noch lesenswert, denn sie haben an Überzeugungskraft und Glaubwürdigkeit nichts eingebüßt.

Hätte sich der ungenannte Einsender auf den Ausspruch dieser seiner Ansicht – die, wenn auch der unsrigen entgegengesetzt, wir immerhin zu würdigen wissen – beschränkt, wir würden zu einer Widerlegung auch nicht einmal eine Feder eingetaucht, vielmehr die Zulänglichkeit oder Unzulänglichkeit des angegebenen Grundes dem Urtheil des vernünftig denkenden und denkgläubigen Publikums anheimgegeben haben. Wenn er aber nach einiger, hier zu übergehenden Aeußerungen mit den Worten fortfährt: „In der jüdischen Synagoge wird Christus noch fortwährend von Neuem gekreuzigt und die Rabbiner stimmen ein in das Verwerfungsurtheil des hohen Raths, daß er des Todes schuldig wäre", so ist das eine rein aus der Luft gegriffene Behauptung, die wohl geeignet ist, das Judenthum und den jüdischen Cultus zu verdächtigen und zu verläumden; und glauben wir uns nur einer doppelten Pflicht zu genügen, wenn wir es unternehmen, durch ein offnes Wort jenen Irrthum in seiner ganzen Nacktheit darzustellen und jede etwaige daraus resultirende Verdächtigung in ihrem Keime zu ersticken.

[...] In unserem Gebetbuche ist auch nicht eine Stelle vorhanden, in der Christus oder auch nur eine der bestehenden Confessionen auf irgend eine Weise – und unter Kreuzigung versteht man doch mehr – gedacht und erwähnt wird. [...] Die jüdische Kanzel hat sich, wie dies die vielen gedruckten und ungedruckten Vorträge bezeugen, stets die Aufgabe gestellt, die ewigen Gesetze der Moral und Sittlichkeit, der Gottes- und Nächstenliebe den Hörern ans Herz zu legen, ihren Sinn für alles Edle und Erhabene, für Wahrheit und Tugend zu wecken und wach zu erhalten, sie in ihrem Glauben, dem ererbten Heiligthume, für das die Väter gelebt und geblutet haben, zu stärken und zu stählen, niemals aber durch lieblose und gehässige Ausfälle andere Confessionen zu brandmarken. [...] Es [wird] klar und deutlich ausgesprochen, daß auch nach jüdischem Standpunkte Jesu Beurtheilung und Kreuzigung mehr als gemißbilligt, Jesu weit historische Bedeutsamkeit und Wirksamkeit nicht verkannt wird, [...] daß das wahre ursprüngliche Christenthum nur auf dem Felsengrund des A.T. sich erheben und aufrichten wollte, was so auch dessen Stifter selbst mit dem Worte besiegelte. Das allererste Gebot ist: Höre Israel, der Ewige dein Gott ist ein einziger Gott. Und

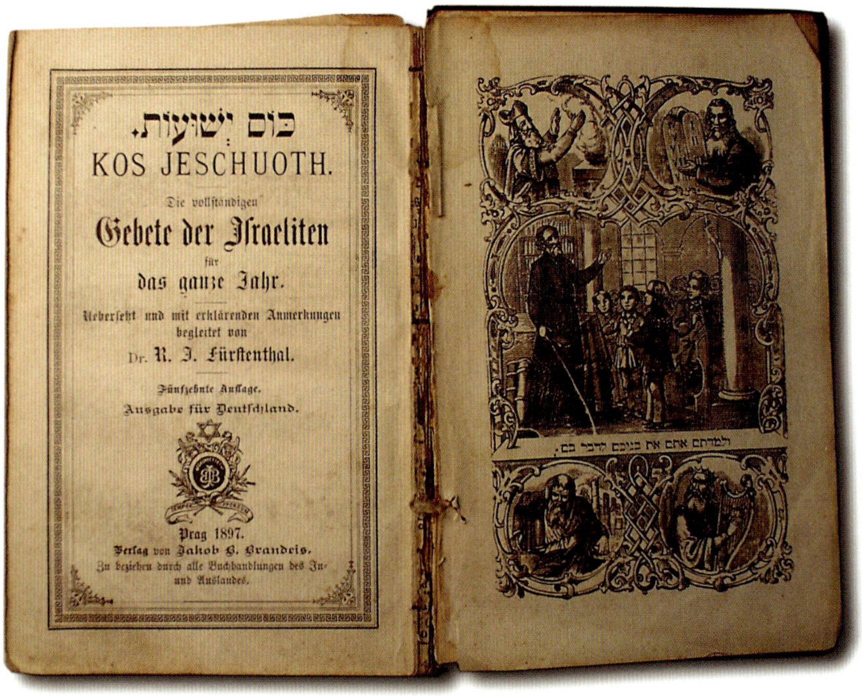

du sollst ihn lieben von ganzem Herzen ec., das zweite ist ihm gleich: Du sollst deinen Nächsten lieben wie dich selbst. Ein anderes Gebot gibt es nicht, das wichtiger ist, als diese sind: Marcus 12,29-32. Diese ursprünglich innige Geistesverwandtschaft zwischen Judenthum und Christenthum, deren Verkennung von uns noch immer erwartet wird, scheint der fromme Einsender in seinem Eifer ganz und gar zu übersehen. Darum kennt er nur ein dem Judenthum feindseliges Christenthum, darum weiß er auch, von einer irrigen Ansicht geleitet, die christliche Betheiligung an der Synagogen-Collecte nur mit dem Vorwurf des Unglaubens und Indifferentismus zu brandmarken und nur dann zu entschuldigen, wenn sie mit der extravaganten Bedingung verbunden ist, daß in der Synagoge (!) auch Christus gepredigt werden darf. [...]

Ich weiß zu gut, daß der Stifter des Christenthums fern von Glaubens- und Parteihaß, von Selbst- und Verketzerungssucht, wogegen er ja stets ankämpft und predigt, nur eine Religion der Liebe und der Duldung in die Herzen seiner Bekenner einpflanzen wollte, weiß zu gut, daß das N.T. keinen Ketzerhaß will [...]. Um dieses Gesetz zur allgemeinen Geltung zu bringen, sollten Judenthum und Christenthum sich freudig die Hand reichen und vereint dahin zu wirken streben, daß Lüge und Bosheit, Ungerechtigkeit und Frevel, Haß und Verfolgung von der Erde schwinden und letztere einer geheiligten Stätte gleiche, deren gottähnliche Bewohner von dem Bande edler Menschen- und Friedensliebe umschlungen und verbrüdert durch Wort und That bekunden: Fürwahr, wir haben Alle Einen Vater und Ein Gott hat uns Alle geschaffen.

Elberfeld, Anfangs Januar 1861
Dr. Hermann Engelbert
Prediger an der hiesigen isr. Gemeinde

Dass es rund zwanzig Jahre zuvor (mindestens) ein Beispiel einträchtiger Wohltätigkeit gegeben hatte, war zum Zeitpunkt des Kollektenstreits vielleicht schon längst wieder vergessen. Damals hatte Maria Troost, die Witwe des Kaufmanns Abraham Troost, in ihrem Testament verfügt, neben einigen Anteilen für die verschiedenen christlichen Konfessionen in Elberfeld auch „den hiesigen Israelitischen Armen hundert Thaler" zu vermachen. In den 1820er Jahren war eine so die Grenzen der Konfession überschreitende Tat freilich noch so selten, dass die jüdische Gemeinde sich veranlasst sah, die Nachricht zu veröffentlichen.
(Sulamith 6 (1820/24), Nr. 2, S. 275-276)

Hermann Engelbert ging 1862 nach München, wo er bis 1866 blieb. Sein Rabbinerdiplom erhielt er schließlich durch die Rabbiner in Kassel und Stuttgart.

Von 1866 bis 1900 fand er seine Lebensstellung als Rabbiner im Schweizer St. Gallen: Er erwarb sich hier große Verdienste um die religiöse Konsolidierung der Gemeinde im Geist des gemäßigten religiösen Fortschritts. Er wandte sich vehement gegen ein Schächtverbot und verfasste zahlreiche Beiträge zur Geschichte der Juden in der Schweiz. Hermann Engelbert starb im Jahr 1900 in St. Gallen.

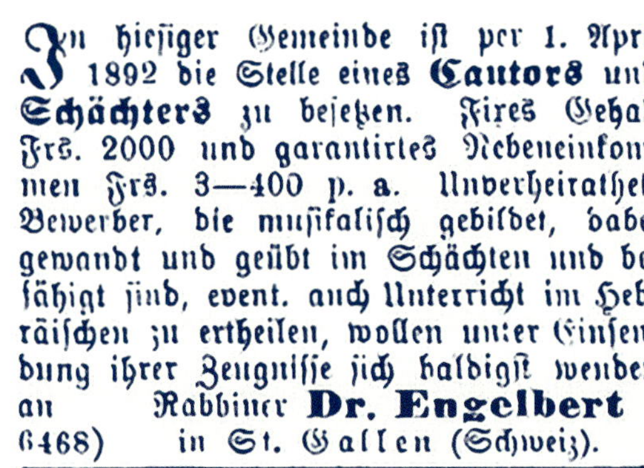
In hiesiger Gemeinde ist per 1. April 1892 die Stelle eines **Cantors** und **Schächters** zu besetzen. Fixes Gehalt Frs. 2000 und garantirtes Nebeneinkommen Frs. 3—400 p. a. Unverheirathete Bewerber, die musikalisch gebildet, dabei gewandt und geübt im Schächten und befähigt sind, event. auch Unterricht im Hebräischen zu ertheilen, wollen unter Einsendung ihrer Zeugnisse sich baldigst wenden an Rabbiner **Dr. Engelbert** in St. Gallen (Schweiz).
6468)

Mit einer Zeitungsannonce suchte Rabbiner Dr. Engelbert einen Kantor und Schächter für seine Gemeinde in St. Gallen.

Die Einweihung der Elberfelder Synagoge im September 1865

Ende 1862 hatte der Kaufmann und Branntweinbrenner Johann Hermann Opterbeck der jüdischen Gemeinde ein günstiges Grundstück an der Genügsamkeitstraße zwischen Klotzbahn und Bergstraße für den Bau einer Synagoge angeboten, das diese im September 1863 für 5610 Taler schließlich erwarb. Noch im selben Herbst beauftragte man die Architekten Hermann Ende und Wilhelm Böckmann, deren Pläne im Februar 1864 akzeptiert wurden. Nachdem man entschieden hatte, auf den ursprünglich vorgesehenen Heizapparat zu verzichten, belief sich der Kostenvoranschlag auf 14.500 Taler. Bald konnte mit den Bauarbeiten für Synagoge und Schulgebäude begonnen werden, die durch das Elberfelder Unternehmen Johann Hölzel und Karl Becher ausgeführt wurden.

Leider sind nur sehr wenige Fotografien oder andere bildliche Darstellungen der Synagoge erhalten, auch Baupläne und Skizzen fehlen, so dass es schwierig ist, sich ein genaues Bild von diesem Bauwerk zu machen. Sein Grundriss ist heute sichtbar gemacht durch Granitsteinplatten, die sich im Außengelände der 1994 eingeweihten „Begegnungsstätte Alte Synagoge" befinden. Vermutlich hatte die Synagoge in der Form einer dreischiffigen Halle die Maße von 12 x 16 Metern. Das Mittelschiff war ca. 1,5 Meter höher als die Seitenschiffe und bekam erst später einen Turmaufbau mit offener Laterne. Die Eingangsfront hatte drei große runde Fenster, von denen das mittlere als Davidstern gestaltet war, die Seitenfassaden waren durch jeweils fünf hohe Fenster gegliedert. Aus ästhetischen und aus praktischen Gründen hat es später offenbar mehrfach Umbauten und Veränderungen gegeben.

Die Elberfelder Synagoge an der Genügsamkeitstraße, eingeweiht 1865

Innenraum der Elberfelder Synagoge

Aus anderen Quellen geht hervor, dass der Fußboden der Synagoge 1875 erneuert werden musste, dass man im selben Jahr eine Orgelempore einbaute, auf der sich auch der Chor aufstellen konnte, dass eine Gasbeleuchtung eingerichtet, Drahtgestelle vor die Fenster montiert, ein neues buntes Fenster eingebaut und eine Kanzel aus Eichenholz installiert wurde.

Am Freitag, dem 15. September 1865 fand durch Rabbiner Dr. Levi Kleeberg die feierliche Einweihung statt. Ein ausführlicher Bericht in der „Elberfelder Zeitung" beschrieb die Zeremonie:

Heute Nachmittag 5 Uhr fand die Einweihung der neuen Synagoge statt; es hatte sich zur Theilnahme an dieser Feier eine große Anzahl hiesiger Bürger eingefunden. Die Festlichkeit wurde durch einen vom Orchester gespielten Choral eröffnet; als die letzten Klänge verhallt waren, zog der Zug mit den Thorarollen durch den Hauptdurchgang zur Estrade. Weiß gekleidete Kinder mit Blumensträußen gingen vorauf, ihnen folgte der Rabbiner, umgeben von Vorstandsmitgliedern der israelitischen Gemeinde, welche die in silbergesticktem Samt eingehüllten Gesetzesrollen trugen. Als der Zug auf der Estrade angelangt war, wurde von einem vortrefflich geschulten und geleiteten Chor von Herren und Damen Psalm 24 gesungen. Mit dem Gebete „Ein Komaucho" wurde die heilige Lade geöffnet und vom Chor darauf „Wajehi Bensoa" angestimmt; unter Gesang und Gebet wurde die Einstellung der Thorarollen vollzogen. Einem kurzen, einleitenden Gebete und dem Gesange des Psalm 118 reihte sich nun die Predigt des Rabbiners Herrn Dr. Kleeberg an. Es war eine Rede, voll Klarheit und Milde, eine Predigt, durchweht vom Geiste ächter Humanität, die warmen Anklang in den Herzen der Festtheilnehmer der verschiedensten Confessionen fand. Kein Wort des Hasses und des Zornes, der Lieblosigkeit gegen Andersdenkende wurde gesprochen; der Prediger verwahrte die Religion Israels gegen den Vorwurf des Veraltetseins und wies aus der heiligen Schrift nach, was schon vor mehr als drei Jahrtausenden Moses geboten habe, den Sclaven, der seinem tyrannischen Herrn entlaufen, zu beschützen. Das Judenthum sei eine Religion des Fortschritts, eine Religion der That, und mehr als Opfer und Ceremonie gelte der rechtschaffene Wandel, die Ausübung der Tugenden, welche das Leben veredeln und weihen. Der Choral „Die Himmel erzählen die Ehre Gottes" und ein hebräisches Abendgebet beendeten die Feier.
(Elberfelder Zeitung vom 17.9.1865)

Die wenigen erhaltenen Fotos lassen erkennen, dass die Sitzordnung im Erdgeschoss strikt nach vorn ausgerichtet war, wo sich in einer flachen Apsis der Toraschrein befand, dessen Türen durch einen Vorhang verdeckt waren. Er wurde von einem Giebel überragt, der an seiner Spitze in einer Darstellung der zwei Gesetzestafeln mit den fünf Geboten mündete. Vor diesem wichtigsten Element der Synagoge war die Bima, ein erhöhter Tisch, auf dem die Torarollen zur Lesung ausgerollt wurden. Der Bereich der Bima und des Toraschreins wurde durch eine Schranke von den Sitzreihen abgetrennt, auf deren Enden siebenarmige Leuchter standen. Oben rechts und links gab es Emporen für die Frauen, zu denen man über Treppen aus der Vorhalle gelangte.

Die „Elberfelder Zeitung" druckte am Tag nach der Einweihung ein Gedicht von Minna Kleeberg ab, der Gattin des damals amtierenden Rabbiners. Hymne, Gebet und Beschwörung zugleich, lobt es die Schönheit des Baus, besingt die Geschichte des Volkes Israel und hofft auf ewigen Bestand des Gotteshauses, als ahnte die Dichterin schon damals, dass gerade das Letzte nicht in Erfüllung gehen sollte. In der Nacht zum 10. November 1938, 73 Jahre nach ihrer Einweihung, wurde die Synagoge angezündet, demoliert und später gänzlich zerstört.

Die Synagogenweihe.

So stehst du da in deiner Schönheit Fülle,
Du Tempel Juda's, neu erbaut für Gott:
Nun senke sich der Geist in diese Hülle,
Und in dies Haus zieh' ein Gott Zebaoth!

Genaht ist der Weihe Stunde;
Hier, wo der Tempel steht,
Sind die Söhne vom alten Bunde
Von der Gottheit Nähe umweht,
Sie sind gezogen vom Jordanstrand
Ueber Meereswogen, durch Wüstenland
Und bauten Altäre von Ort zu Ort
Ihm, der ihr Schirmer, ihr Schutz und Hort.

Nun steht auch hier in seiner Schönheit Fülle,
Ein Tempel Juda's, neu erbaut für Gott:
So senke sich der Geist in diese Hülle,
Und in dies Haus zieh' ein Gott Zebaoth!

Es rauschen des Sanges Töne
Und weben der Andacht Band;
Nun jauchzet, ihr Zionssöhne,
Der Tempel Salomo's erstand!
Er ist gefallen, sein Klang entfloh'n,
Es schwieg in den Hallen der Cymbeln Ton,–
Doch horch! hier rauschet der Orgel Klang
Nun wieder zu Davids Stufengesang.

So stehst du da in deiner Schönheit Fülle,
Du Tempel Juda's, neu erbaut für Gott:
Nun senke sich der Geist in diese Hülle,
Und in dies Haus zieh' ein Gott Zebaoth!

Zieh' ein, du König der Ehre!
Deine Thore öffnen sich dir;
Wir schwingen die Gotteslehre,
Die Thora, Juda's Panier!

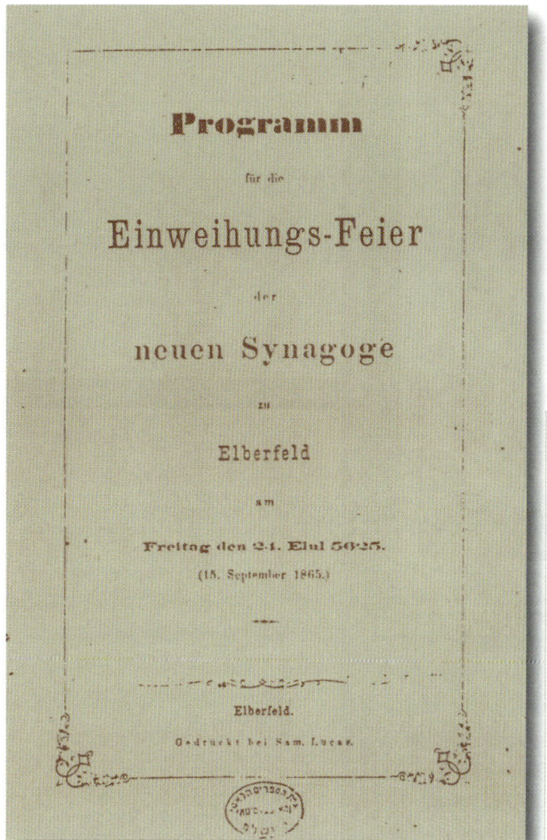
Programm
für die
Einweihungs-Feier
der
neuen Synagoge
zu
Elberfeld
am
Freitag den 24. Elul 5625.
(15. September 1865.)

Elberfeld.
Gedruckt bei Sam. Lucas.

Titelblatt des Programms zur Einweihung der Synagoge

Die voran uns geschritten durch Nacht und Noth,
Um die wir gelitten den Heldentod,
Hier ist die Fahne, o Herr, sie ist dein!
Wir stellen sie stolz in den heiligen Schrein!

So stehst du da in deiner Schönheit Fülle,
Du Tempel Juda's, neu erbaut für Gott:
Nun senke sich der Geist in diese Hülle,
Und in dies Haus zieht ein Gott Zebaoth!

Er naht in der Andacht Schauern,
Er weilt in dem Hauch des Gebets;
Nun thront in diesen Mauern
Des Ewigen Glorie stets!
Wir alle wallen in's Grab der Zeit
Es steh'n diese Hallen in Ewigkeit;
O stets sei vom Segen der Gottheit umschwebt
Jeder Laut, der hier flehend der Lippe entbebt!

So stehst du da in deiner Schönheit Fülle,
Du Tempel Juda's, neu erbaut für Gott;
Nun senkte sich der Geist in diese Hülle,
Und in dies Haus zog ein Gott Zebaoth!
(Elberfelder Zeitung vom 16.9.1865)

1903 schmiedete man Pläne zum Bau einer neuen Synagoge, denn die Gemeinde war, trotz der Abspaltung der Barmer Juden mit einem eigenen neuen Gotteshaus (1897), stark gewachsen, und der Platz reichte nicht mehr aus. Aus finanziellen Gründen wurde das Projekt aber immer wieder verschoben und letztlich durch den Ersten Weltkrieg verhindert.

„Gott segne Amerika!“ Die Dichterin Minna Kleeberg

Rabbiner Dr. Levi Leopold Kleeberg, der die Synagoge einweihte, war im September 1861 nach Elberfeld gekommen und hatte eine Wohnung in der Untergrünewalder Straße 31 bezogen. Im Juli 1862 heiratete er Minna Cohen aus Elmshorn, geboren 1841, die er dort drei Jahre zuvor in seiner Zeit als Lehrer kennen gelernt hatte. In Elberfeld wurden dem Paar drei Kinder geboren: 1863 die Zwillinge Jenny und Cäcilie und im Mai 1866 der Sohn Marcus. Auch ein Bruder der „Rebbezen“, Joseph Cohen, wohnte für einige Zeit in Elberfeld.

Minna Kleeberg war die zweite Tochter des jüdischen Arztes Marcus Michael Cohen und seiner Frau Sara, geb. Samson. Cohen war Vorsteher der jüdischen Gemeinde in Elmshorn, engagierte sich rege in jüdischen Angelegenheiten und nahm auch durch Veröffentlichungen in der Presse Stellung. Seine Tochter hatte eine sorgfältige Erziehung genossen, war gebildet, kannte sich in Geschichte, Literatur, Philosophie und Kunstgeschichte gut aus und beherrschte mehrere Sprachen.

Minna Kleeberg war für eine Frau der damaligen Zeit ungewöhnlich selbständig und ehrgeizig. Ihre dichterische Begabung wurde von den Eltern und auch später von ihrem Mann mit Wohlwollen gefördert. Bereits als Vierzehnjährige hatte sie publiziert, z. B. im Hamburger „Jugendfreund“. Der Frankfurter jüdischen Wochenzeitschrift „Der Freitagabend“ schickte Minna einer Einsendung ein Begleitschreiben mit, das der von der Intelligenz und Bescheidenheit der jungen Dichterin beeindruckte Herausgeber, Rabbiner Dr. Leopold Stein, veröffentlichte:

Möchten die Mängel in meinen Versen Sie nicht zu oft erinnern an die achtzehn Jahre der kühnen Verfasserin! – Eine jüdisch-fromme Erziehung und die Lectüre jüdischer Schriften der Gegenwart, zu denen ich seit lange Ihren „Volkslehrer“ und seit seinem Erscheinen mit noch größerem Vergnügen auch Ihren „Freitagabend“ rechne, haben in mir immer mehr und mehr den Entschluß zur Reife gebracht, meine besten Kräfte unseren nationalen Interessen zu widmen; und so würde ich es als mein größtes Glück betrachten, wenn ich als beständige Mitarbeiterin Ihres „Freitagabend“ die Gelegenheit fände, mich zu einer wahrhaft jüdischen Dichterin heranzubilden. Die Hamburger „Reform“, eine der liberalsten und judenfreundlichsten Zeitungen, brachte in ihrer Nr. 27 d. Jahrg. ein Gedicht von mir, „an die Juden Holsteins“, das damals bei unseren verfehlten Emancipationssuppliken in den betreffenden Kreisen befriedigte; Gedichte von ähnlicher Tendenz habe ich noch sehr viele in Arbeit und möchte dieselben am liebsten in Ihrem „Freitagabend“ gedruckt sehen, der in meiner Familie wahrlich die Feier des Freitagabends schon oft gehoben hat. (Der Freitagabend vom 19.8.1859)

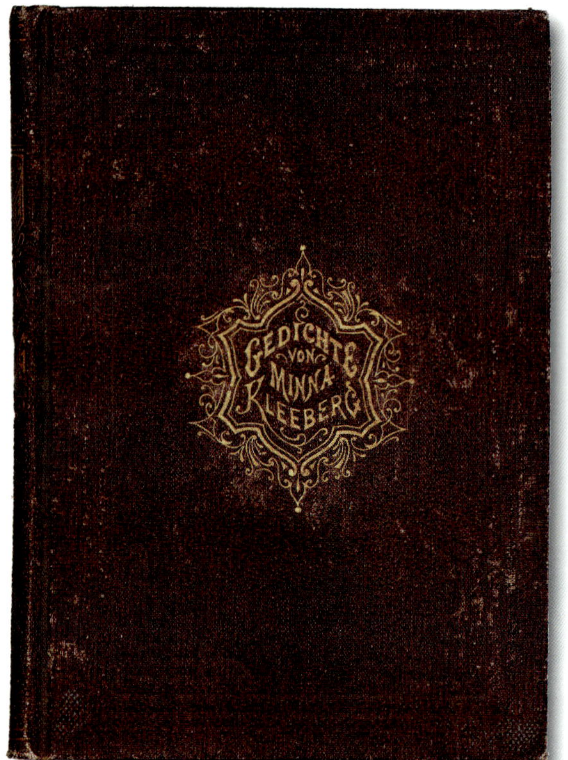

Buchdeckel der gesammelten Gedichte von Minna Kleeberg, Louisville (Knöfel)-New York (Willmer u. Rogers News) 1877

Als Minna Kleeberg nach Elberfeld kam, hatte sie bereits eine gewisse Bekanntheit als Dichterin nicht nur in der jüdischen Welt erworben. Carl Siebel lud sie ein, zu der Anthologie „Gruß aus Rheinland. Neue Blüthen rheinischer Dichtkunst“ ein Gedicht beizusteuern. Gedruckt wurde ihr politisches „Lied vom Salz“, das sich entschieden gegen die vom preußischen Ministerpräsidenten Otto von Bismarck eingeführte Salzsteuer wandte. Für die ärmeren Bevölkerungsschichten war diese Abgabe besonders schmerzhaft. Minna Kleeberg forderte eine gerechtere Steuerpolitik:

Mit Steuern trefft des Luxus eitle Gabe,
Livrée, Carosse, Gold und Edelstein.
Belastet nicht der Armuth letzte Habe –
Das Salz des Armen muß euch heilig sein!

Was segnend quillt aus unsrer Heimath Born,
Will uns Natur als unser Erbe zeigen.
Des Landes Salz, des Landes Most und Korn,
O, gebt's dem Volke unverkürzt zu eigen! —

Zu lang schon währt des Elends dumpfes Schweigen!
So tön' ein Schrei empor zum Haupt des Staats!
O, möcht' es donnernd bis zum Throne steigen
Das Lied vom Salz des Proletariats!
(Siebel, Gruß aus Rheinland, S. 116f.)

Der Deutsche Pionier.

Erinnerungen aus dem Pionier-Leben der Deutschen in Amerika.

Unter Mitwirkung deutscher Geschichtsfreunde.

Herausgeber: Deutscher Pionier-Verein von Cincinnati. — Redakteur: H. A. Rattermann.

Motto: „Willenskraft, Wege schafft."

10. Jahrg. · Cincinnati, März 1879. Heft 12.

Gerade mit diesem aktuell bezogenen, kämpferischen „Lied" bewies Minna Kleeberg nach Ansicht des Wuppertaler Schriftstellers Emil Rittershaus (1834-1897), der Minna in Elberfeld kennen und schätzen lernte, ein großes Talent, das weit über die Behandlung jüdischer Themen hinausgehe.

Nachdem Levi Kleeberg einen Ruf an die Synagoge der jüdischen Gemeinde in Louisville, Kentucky erhalten hatte, wurde die Familie im August 1866 in Elberfeld verabschiedet, um mit der „Allemannia" von Hamburg nach New York zu reisen. In Amerika publizierte Minna Kleeberg in den deutschsprachigen Zeitungen und Zeitschriften der USA, vor allem im „New Yorker belletristischen Journal", in den „Dornrosen. Erstlingsblüthen deutscher Lyrik in Amerika", New York, und in „Der deutsche Pionier. Erinnerungen aus dem Pionier-Leben der Deutschen in Amerika".

Erst 1877 erschien bei Henry Knöfel in Louisville und Willmer u. Rogers in New York Minna Kleebergs erste und einzige Buchausgabe, die 85 Gedichte enthält. Sie behandeln vor allem historische und patriotische Themen, denn die Dichterin war beseelt vom Ideal der individuellen Freiheit und Gleichheit der Bürger Amerikas und wünschte denselben fortschrittlichen Geist auch für ihre alte Heimat, der sie zeitlebens verbunden blieb und die sie mindestens einmal noch besuchte.

Im Frühjahr 1877 wurde Levi Kleeberg als Rabbiner an die Reformsynagoge „Mishkan Israel" in New Haven, Connecticut berufen. Minna, damals schon schwer an Brustkrebs erkrankt, starb dort fast zwei Jahre später, am letzten Tag des Jahres 1878, erst 37 Jahre alt, und wurde auf dem Friedhof der jüdischen Gemeinde „Mishkan Israel" in New Haven beerdigt.

Im Nachruf der Zeitschrift „Der Deutsche Pionier" war zu lesen: *Vor uns liegt ein schmuckes Büchlein, in dem wir oft geblättert und oft gelesen und das wir stets mit einem gewissen Stolze betrachtet haben, weil es die vielleicht schönste und duftigste Blüthe ist, die bis jetzt der deutsch-amerikanische Dichtergarten gezeitigt hat. Das Büchlein führt den einfach bescheidenen Titel „Gedichte von Minna Kleeberg", aber das Büchlein hat Aufsehen erregt, hüben und drüben, und hat namentlich in den literarischen Kreisen der alten Heimath nicht nur liebenswürdige Aufnahme gefunden, sondern auch die Aufmerksamkeit der Herren auf die im Aufblühen begriffene deutsch-amerikanische Dichterschule gelenkt.*
(Der Deutsche Pionier, März 1879, Heft 12, S. 472)

Am „Memorial Day" des Jahres 1884 wurde auf dem jüdischen Friedhof von New Haven ein außergewöhnliches, großes Denkmal für Minna Kleeberg enthüllt. Eine weibliche Figur in antikem Gewand, vielleicht eine Minerva, hält in ihrer linken Hand ein offenes Buch, die rechte erhobene Hand zeigt zum Himmel. Vermutlich ganz im Sinn der Dichterin Minna Kleeberg lässt sich dem Monument eine zumindest entfernte Ähnlichkeit mit der Freiheitsstatue im Hafen von New York nicht absprechen.

Grabmal von Minna Kleeberg auf dem jüdischen Friedhof von New Haven

„Bunt malte der Sonnen-smaragd die Schieferdächer.“ Else Lasker-Schüler und ihre Familie

Während Minna Kleeberg und ihre Gedichte fast vergessen sind, gilt die Dichterin Else Lasker-Schüler als große Tochter der Stadt. Wenige Jahre nach der Einweihung der Elberfelder Synagoge, am 11. Februar 1869 geboren, wuchs Else Schüler im Haus Sadowastraße 7 auf, wo sich seit 1967 auch eine Gedenktafel befindet.

Ihr Vater Aron Schüler war 1855 zusammen mit Abraham Grünebaum aus dem westfälischen Geseke ins Wuppertal gekommen. Gemeinsam hatten die beiden ledigen Kaufleute am Kolk in Elberfeld eine „Niederlassung“, vermutlich für Manufakturwaren gegründet. 1857 heiratete Aron Schüler in Frankfurt am Main Jeanette Kissing, mit der er zunächst in der Auer Schulstraße wohnte, wo die drei Söhne Alfred, Moritz und Paul zur Welt kamen. 1862 zog die Familie in das Haus Herzogstraße 29, wohin Aron Schüler sein „Comptoir“ verlegt hatte. Hier wurden die Töchter Martha Theresia, Anna und als Jüngste Elisabeth geboren. Auch hier weist eine Gedenktafel auf die Dichterin hin.

Die Familie orientierte sich, wie es bei vielen deutschen Juden in dieser Zeit üblich war, an den kulturellen Standards der aufstrebenden bürgerlichen Klasse der christlichen Mehrheitsgesellschaft, in der Bildung und Besitz eine entscheidende Rolle spielten. Jeanette Schüler, eine introvertierte und wohl auch zur Melancholie neigende Frau, war kultiviert und belesen. Es gab im Hause Schüler Leseabende mit verteilten Rollen, die Söhne wurden auf ein katholisches Internat geschickt. Auch die Schulbildung der jüngsten Tochter wird eine bessere gewesen sein, als sie später, sich selbst gern stilisierend, behaupten sollte. Doch obwohl sich die Familie so sehr um Zugehörigkeit bemühte, trotz der Distanz zum Judentum, gibt es Anhaltspunkte dafür, dass es auch den Schülers letztlich nicht gelang, sich gänzlich zu assimilieren. Zwei Anekdoten des Bergischen Erzählers Adolf Dorp schildern Begegnungen oder besser: Konfrontationen mit dem bekannten Gastwirt Abraham Küpper im Wirmhof und in der Gaststätte „Weidenhof“ in der Hofaue, die für Aron Schüler eher unrühmlich ausgehen. Ausgestattet mit einem „jüdelnden“ Akzent, ist er deutlich als Jude – und Fremder – erkennbar, während der alt eingesessene Abraham Küpper im heimatlichen Platt, unbeeindruckt von Recht und Gesetz und ohne jeden Respekt vor der intellektuellen Überlegenheit des anderen, in grober Weise seine Dominanz und Schläue demonstriert.

Die Sadowastraße in Elberfeld ▲
▲ Else Lasker-Schüler, ca. 1875
▶ Abraham Küpper

Handschriftliche Notiz
Else Lasker-Schülers für den
hebräischen Tischsegen

◀ Aron Schüler (1825-1897)

„Abraham!“ stöhnte der keuchende Aron, „Abraham! Was haste m'r gemacht für 'ne Schande mit dem alten Omnibus!“
„Dat hett nit Omnibus, du Döppen! dat hett Omlibus! Wenn de Dütsch kallen woß, dann kall ok richtig! [...]
„Na, laß gut sein, lieber Abraham! W'r wollen uns nich ßanken! Nimm ßurück 'n Omlibus! Nimm' n ßurück!“
„Gut, mein lieber Freund Aron. Eck nehm turäu denn Omlibus, wenn Du die Pängung turäu nömms!“
„Gut! Nehm ich die Pfändung ßurück, sagen wir zwei bis drei Wochen!“
„Wat? Bloß drei Weeken? Nee, die Tied es völl tu kott! Et es jetz gar nix loß, on en drei Weeken heff eck keenen Groschen mear als eck vandag heff!“
„Nu, dann sagen w'r, bis nach Weihnachten!“
„Wat?! Chreßdag! Dat eck minnen armen Blagen nit ens en paar Aeppel on Nöte kopen kann? – Nee, vöar Aschermittwoch es nix tu maken!“
„Gut! Dann sagen w'r bis Aschermittwoch! Aber nimm um Gotteswillen ßurück 'n alten Omlibus!“
„Johann! Nömm de Pähd on hol die aulle Tante ut'm Wermhoff wea turäu! Und wir zwei, mein lieber Aron, feiern jetzt bei einer guten Flasche Versöhnungsfest! Die Du natürlich berappen motts! Denn wer den Prozeß verliert, dä mott ok de Kosten dregen!“ [...]
„Abraham! Was biste für'n Mann! Was biste für'n großer Mann! Erst spielste mir den Geniestreich mit 'm alten Omlibus! Und dann muß ich beßahlen drei Flaschen Sekt [...]!
Abraham! Was biste für'n gewaltig großer Mann!“
(Dorp, S. 44-53)

Unfreundliche Begebenheiten scheint auch die Tochter Else in ihrer Elberfelder Kindheit durchaus erlebt zu haben: *Ach wie oft hörte ich mit dem Ranzen auf den Rücken noch 8jährig zur Schule gehend aus höhnisch verzerrten Straßenkindern, „Jud, Jud, Jud, hast Speck gefressen etc –, spuck ut, spuck ut!“*

Ich schlug mich jedes Mal mit der Schaar, nicht ein Haar am Kopf blieb übrig. (Lasker-Schüler, Antisemitismus, KA 4.1, S. 493)

Ihr Prosatext „St. Laurentius“ erwähnt die „Hep-Hep“-Rufe, die in ein mundartliches Spottlied im Wuppertal übernommen wurden. Für den „Hep-Hep“- Spottruf gibt es unterschiedliche Erklärungen, darunter auch die, es handele sich um die Anfangsbuchstaben von „Hierosolyma est perdita“ (Jerusalem ist verloren). Die 1819 in Würzburg ausgebrochenen antijüdischen Unruhen, auf die sich das Lied bezieht, lassen sich für das Wuppertal allerdings nicht nachweisen:

Jud, Jud, Jud
hep, hep, hep,
het en nas wi en wasersep,
trek de wear rut
dan sut se gerader ut.

(Müller, S. 23. Mit „Wasersep“ ist die Wasserschaufel, die „Güte“ gemeint, die zum Befeuchten des zum Bleichen ausgelegten Garns gebraucht wurde.)

Nach ihrer Heirat 1894 bewohnte Else Lasker-Schüler mit ihrem Mann, dem Arzt Dr. Berthold Lasker, noch einige Monate eine Wohnung in der Herzogstraße 42, bevor das Paar nach Berlin übersiedelte. Die Dichtern kam nur noch zu Besuchen ins Wuppertal, z. B. 1910, als Elberfeld seine Drei-Jahrhundert-Feier beging, um hier zusammen mit dem Maler Oskar Kokoschka Werbezettel für die Kunstzeitschrift „Der Sturm“ in die Briefkästen Elberfelder Bürger zu stecken, oder im Herbst 1912, um auf Einladung der „Literarischen Gesellschaft“ in der Stadthalle aus ihren Werken zu lesen.

Else Lasker-Schüler hat Elberfeld vor allem im Alter zu einem poetisch-bizarren Paradies stilisiert, und einige ihrer schönsten Prosatexte sind inspiriert von den Farben, dem Wetter, den Ausblicken, den Gerüchen und Geräuschen der Stadt ihrer Kindheit:

Dem Wuppermenschen, der der Schornsteinballade entronnen zu sein glaubt, zeigt die Erinnerung immer wieder verzaubert die Heimat. Russwolken steigen, finstere Botschaften gespenstiger Drachen, auf zur Höhe. So oft spazierten meine Mutter und ich, Hand in Hand die Sadowastrasse steil bergauf bis in die laubige Feier; die Bäume rauschten dann so froh und grün. Bevor wir aber in den Wald traten, schauten wir uns das bergische Panorama an, es lag unter uns im Tal zu Füssen meiner von mir angebeteten Mama und glitzerte in Tausendlichtern im Geschmeide um den Hals des Morgens. Bunt malte der Sonnensmaragd die Schieferdächer der Häuser. Und die vielen Fabriken fabrizierten mit ihren unzähligen, fleissigen Händen: Knöpfe; wirkten Suttasch und Band.
(Lasker-Schüler, Wuppertal, KA 4.1., S. 235f)

Rabbiner
Dr. Zacharias Auerbach

Rabbiner
Dr. Zacharias Auerbach
(1844-1927)

Einer der Lehrer Else Lasker-Schülers war Rabbiner Dr. Zacharias Auerbach, der 1866 als Nachfolger von Rabbiner Dr. Levi Kleeberg von Bonn nach Elberfeld gekommen war und über vierzig Jahre lang das Amt des Rabbiners in Elberfeld ausfüllen sollte. Schon sein Onkel Samuel Auerbach war von 1853 bis 1856 Elementarlehrer in Elberfeld gewesen. Zacharias Auerbach war 1844 in Bonn als Sohn des Rabbiners Aaron Auerbach und seiner Frau Eva Löwenthal geboren worden, hatte in Bonn das Gymnasium besucht, im Herbst 1862 das Abitur gemacht, an der Universität studiert und bei seinem Vater rabbinische Studien betrieben. 1865 promovierte der 21jährige mit einer Arbeit über einen arabischen Kommentar der Sprüche Salomos. Ein Jahr später kam er nach Elberfeld und bezog eine Wohnung in der Kasinogartenstraße 13.

Zacharias Auerbach stammte aus einer der berühmtesten Rabbinerfamilien dieser Zeit (einer der „ABC-Rabbinerfamilien“: Auerbach, Bamberger und Carlebach). Sein Großvater, Dr. Abraham Auerbach (1760-1845), war von 1809 bis 1838 Oberrabbiner von Bonn gewesen und galt wegen seiner Frömmigkeit und Gelehrsamkeit den traditionellen Juden als oberste rabbinische Autorität in der gesamten Rheinprovinz. Er verfasste einen vierbändigen Talmudkommentar, ein kabbalistisches Werk und viele andere religiöse Schriften. Schon 1807 gehörte er dem „Großen Sanhedrin“ in Paris an, den Napoleon berufen hatte, um eine „Konsistorialverfassung“ der jüdischen Gemeinden verabschieden zu lassen. Abraham Auerbach amtierte als einer der drei Konsistorial-Oberrabbiner der Rheinprovinz. Seine sieben Söhne wurden fast alle Gelehrte oder Rabbiner, darunter Dr. Benjamin Hirsch Auerbach, Rabbiner von Darmstadt, und Dr. Aaron Auerbach, der die Nachfolge seines Vaters in Bonn 1839 antrat und bis 1877 im Amt blieb. Er war der Vater von Zacharias Auerbach.

In der langen Elberfelder Amtszeit des Rabbiners Dr. Zacharias Auerbach wuchs die Gemeinde durch die Zuwanderung von Juden stark an. Ihre Mitglieder etablierten sich, bauten sich eine Existenz in der florierenden Industrie- und Textilstadt auf, schufen zahlreiche jüdische Einrichtungen und Vereine, suchten den Anschluss an die aufstrebende bürgerliche Stadtbevölkerung und hofften, als loyale, akkulturierte Bürger der Stadt und des Staates in Erscheinung zu treten.

Auerbach begleitete die Bemühungen um die Gründung einer eigenen Gemeinde in Barmen und erhielt mit der Einstellung eines Barmer Rabbiners, Dr. Carl Koch, einen Kollegen in der Nachbarstadt.

Seine erste Frau, die junge Witwe Fanny Heynemann, starb schon im Alter von 26 Jahren, offensichtlich kinderlos, im Jahr 1874. Auerbach heiratete ein zweites Mal, Betty Moos, mit der er zwei Töchter hatte: 1877 kam Esther Emilie zur Welt und Recha 1882. Auch Betty Auerbach starb früh, mit erst 32 Jahren im Jahr 1889. Seine dritte Frau und die Stiefmutter seiner kleinen Töchter wurde Henriette Aronstein.

Am 1. September 1907 trat Auerbach in den Ruhestand, nachdem er kurz zuvor sein 40jähriges Dienstjubiläum hatte feiern können, das mit der Verleihung

Das Lehrerkollegium des Städtischen Realgymnasiums Elberfeld im Jahr 1901.

des „Rote-Adler-Ordens“ gekrönt worden war. Noch zwanzig Jahre verbrachte er als Pensionär in Elberfeld, umsorgt von der unverheirateten, körperbehinderten Tochter Recha. Zum 80. Geburtstag gratulierte der „Tägliche Anzeiger“:

Am 3. ds. Mts. begeht Rabbiner em. Dr. Zacharias Auerbach seinen 80. Geburtstag. Er hat über 40 Jahre zuerst an den Vereinigten jüdischen Gemeinden Barmen-Elberfeld, später an der jüdischen Gemeinde Elberfeld als Rabbiner gewirkt und sich allgemeines Ansehen erworben. Dr. Auerbach erfreut sich noch größter geistiger Frische; auch körperlich ist er, nach längerem Leiden, jetzt wieder wohlauf.

(Täglicher Anzeiger für Berg und Mark vom 2.12.1924)

Auerbach starb im Alter von 82 Jahren am 30. Oktober 1927 und wurde neben seiner Frau Henriette auf dem jüdischen Friedhof am Weinberg beigesetzt.

Seit auf Auerbachs Anregung 1872 der jüdische Religionsunterricht in den Lehrplan der Höheren Schulen aufgenommen worden war, erteilten die Rabbiner und Kantoren das Fach jüdische Religion an den Gymnasien, während die eigens angestellten Lehrer wie Isaak Edelstein aus Bochum und seit 1874 Philipp Stein aus Böhmen die kleineren Kinder außerhalb ihres Schulunterrichts unterwiesen. Nach vier Jahren Amtszeit als Vorsänger – als „Chasan“ – und als beliebter Lehrer in Solingen wurde als Lehrer und Kantor Magnus L. Wetzstein nach Elberfeld berufen. Er stammte aus einer liberalen jüdischen Gemeinde in Treis an der Lumda und hatte eine ausgezeichnete Ausbildung absolviert. Er war ein sehr guter Vorsänger und Pädagoge, der auch am Realgymnasium an der Aue unterrichtete. Als qualifizierter Judaist und Seelsorger war er sogar in der Lage, den 1882 schwer erkrankten Rabbiner über ein Jahr lang zu vertreten. 35 Jahre diente Wetzstein, der in der Zollstraße 11 wohnte, der Gemeinde als Kantor und Lehrer, und nach vierzig Jahren – die Solinger Amtszeit mitgerechnet – wurde er mit dem „Hohenzollern-Hausorden“ ausgezeichnet.

In seine Amtszeit fiel die Gründung des „Mendelssohn-Vereins zur Förderung der Kenntnis der jüdischen Geschichte und Literatur“ im Jahr 1890, die des „Literarischen Vereins Lesegesellschaft zur Verbreitung der Kenntnis der modernen Profanliteratur“ 1894 und die des Synagogenchorvereins 1898, Vereine also, die den Wunsch des Elberfelder jüdischen Bürgertums nach Bildung und geschmackvoller Lebensführung unter dem Dach der Gemeinde befriedigen sollten.

▼ *Magnus L. Wetzstein (1849-1916)*

Die Israelitischen Frauenvereine in Elberfeld und Barmen

Synagogen-Gemeinde

für die Kreise

Elberfeld, Lennep, Mettmann u. Remscheid.

Zur **Ergänzungswahl der Repräsentanten** und zur **Neuwahl** der **Stellvertreter** ist Termin auf **Dienstag den 14. November 1911, vormittags 10 Uhr, im hiesigen Rathause, Zimmer Nr. 18,** anberaumt, wozu die Wähler hierdurch eingeladen werden.

Elberfeld, den 28. Oktober 1911.

9637 Der Vorstand.

Die Schwestern Anna und Paula Gordon, um 1900

Schon bald nach der Gründung der Gemeinde im Januar 1852 waren Vereine gegründet worden, die vor allem dem Wohlfahrtswesen dienen sollten, das traditionell im Mittelpunkt eines funktionierenden jüdischen Gemeindelebens steht. Der erste war der 1855 ins Leben gerufene „Israelitische Frauenverein" Elberfeld (in Barmen 1875), der sich in der Kranken-, Wöchnerinnen- und Säuglingspflege sowie in der Alters- und Kleinrentnerfürsorge betätigte. Später übernahm er auch andere soziale Aufgaben wie z.B. Arbeitsvermittlung und Berufsberatung, Unterstützung Hilfsbedürftiger, Erholungsfürsorge und die Ferienkolonie für Kinder.

Dass Frauen sich durch ihr außergewöhnliches Engagement außerhalb des privaten Rahmens und der eigenen Wohnung auszeichneten, nämlich in Wohlfahrtsvereinen und in der Fürsorge, hing auch mit einem sich allmählich wandelnden Rollenverständnis der Frauen im ausgehenden 19. Jahrhundert zusammen: Besetzten Männer für gewöhnlich alle Bereiche in Wirtschaft und Politik und konnten dort in einflussreiche Positionen gelangen, schufen sich auch Frauen zunehmend wichtige Funktionen – eben in verschiedenen sozialen Bereichen. Durch Modernisierung und Professionalisierung der Sozialfürsorge – hier mag im Wuppertal das 1853 eingerichtete „Elberfelder System" der städtischen Wohlfahrtspflege eine Rolle gespielt haben – erlangten jüdische Frauen eine gewisse Ebenbürtigkeit zur Welt ihrer Männer, sie entwickelten sich zu Ansprechpartnerinnen im staatlichen Wohlfahrtswesen und lebten eine soziale Politik geradezu vorbildlich vor. Das von den jüdischen Frauen vorangetriebene Wohlfahrtswesen darf auch als eine Art organisierter Selbsthilfe und als institutionalisierter Selbstschutz der jüdischen Minderheit verstanden werden.

1858 wurde neben den Frauenvereinen ein „Israelitischer Wohltätigkeitsverein" für die Unterstützung Hilfsbedürftiger, Kranker und Trauernder gegründet, in dem auch Männer mitarbeiteten.

Tallit und Teffilin. Die orthodoxe Gemeinde

Philipp Blumenthal (1856-1936) mit seinen Enkelinnen Eva und Marie-Luise Meierstein

Die jüdische Gemeinde mit Sitz in der Genügsamkeitstraße war liberal, was sich schon an der Orgel zeigte, die sich von Anfang an in der Elberfelder Synagoge befand. Nicht alle Juden akzeptierten das: Die „Altfrommen" lehnten die Orgel ab, weil sie gegen das Arbeitsverbot am Schabbat verstieß und außerdem gegen das Musizierverbot in Synagogen, das als Zeichen der Trauer seit der Zerstörung des Jerusalemer Tempels im Jahr 70 n. d. Z. galt. Schließlich verstanden sie die Orgel als unerwünschte Nachahmung christlicher Gottesdienstformen. Die orthodoxen Gemeindemitglieder störten sich auch an anderen, auf die liberale Ausrichtung der Synagoge hinweisende liturgischen Elemente wie z. B. am Chorgesang und an der Einführung der deutschen Sprache für die Gebete und Lieder.

Deshalb versammelten sich schon wenige Jahre nach dem Synagogenbau, rund fünfzehn konservative, streng religiöse jüdische Familien um Philipp Blumenthal (1856-1936) und Liebmann Fleischhacker (1846-1926), um eine eigene, orthodoxe Gemeinde zu gründen.

Das war durch das 1876 in Preußen verabschiedete so genannte „Austrittsgesetz" möglich geworden, was vor allem Eduard Lasker, ein führender jüdischer Vertreter der Nationalliberalen Partei (und späterer Schwager der Elberfelder Dichterin Else Lasker-Schüler), voran getrieben hatte. Erst dieses Gesetz erlaubte den Kirchenaustritt. Für Juden bedeutete das, ihre Gemeinden verlassen zu können, ohne zu einer christlichen Konfession übertreten zu müssen. In vielen Städten Preußens wurden nun so genannte orthodoxe „Austrittsgemeinden" gegründet. Die Elberfelder Vereinigung „Adass Israel", die seit dem Anfang des 20. Jahrhunderts auch einen eigenen kleinen Betraum in der Luisenstraße 60 a besaß, hat sich indes nicht formal von der Hauptgemeinde getrennt.

Jeder Einkauf der dauernde
reude bereiten soll, muß wohl überlegt sein.
estatten Sie deshalb, daß wir uns erlauben,
nen unseren fachmännischen Rat anzubieten.
Wir unterhalten für jeden Geschmack und
Ansprüche ein ausgedehntes, mit Sorgfalt
mmengestelltes Lager, das ständig wechselt,
t wir stets das Allerneueste zeigen können.
Unser geschultes Personal ist zu jeder Aus-
bereit und bemüht, Sie durch verständnis-
Bedienung zufrieden zu stellen. Anregungen
ns stets willkommen!

Ph. Blumenthal & Co.
Spezialhaus für Handarbeiten u. Seidenbeleuchtung
Elberfeld Fernruf: 675 u. 635
Barmen Fernruf 3505

Neue Handarbeiten

Wir bringen eine Fülle von neuen Zeichnungen, die zweifellos viel Zustimmung finden werden. Auf dieser Seite illustrieren wir ein stilisiertes Rosenmuster in Spann oder Plattstich auszuführen. Das reizvolle Muster kann in verschiedenster Form angewendet werden. Kleider und Hüte werden durch diese Muster in aparter Weise garniert, aber auch seidene, leinene Decken, Kissen, Taschen werden von uns auf Wunsch angefertigt.

3

Prospekt des „Spezialhauses für Handarbeiten und Seidenbeleuchtung" Ph. Blumenthal & Co., 1920er Jahre

Geschäftshaus der Familie Löwenthal, Barmer Straße 14 (heute Elias-Eller-Straße 19), auf der linken Straßenseite, das Haus mit Giebel

Familie Löwenthal aus Ronsdorf

Geschäftshaus Albert Leffmann, Lüttringhauser Straße 6

Zu den bekanntesten orthodoxen Familien im Wuppertal gehörten die Löwenthals, die in der damaligen Barmer Straße 14 (später Deutschherrnstraße 19, heute Elias-Eller-Straße) in Ronsdorf lebten. Löwenthals bemühten sich um die genaue Einhaltung der jüdischen Gesetze. So gingen sie wegen des Fahrverbots am Schabbat zuweilen zu Fuß den weiten Weg von Ronsdorf bis nach Elberfeld zur Synagoge.

Für Juden, die ein Geschäft besaßen, war es natürlich schwierig, den Schabbat getreu den strengen Regeln einzuhalten, besagten diese doch vor allem, nichts von dem zu tun, was am Werktag üblich ist, und dazu gehören im Wesentlichen u.a. die Arbeit, der Umgang mit Geld, das Schreiben und die „weltlichen Gespräche." Während der Besuch des Freitag-Abend-Gebets zur Begrüßung des Schabbat in der Synagoge den Geschäftsbetrieb kaum merklich störte, hielten die meisten der Wuppertaler jüdischen Geschäftsleute – auch viele der „Orthodoxen" – ihre Läden am Samstag, dem eigentlichen Schabbat, geöffnet.

Der fromme Jude Abraham Löwenthal war in Lüttringhausen als Sohn des Kaufmanns Levy Löwenthal und dessen Frau Henriette Moses geboren worden, nach Ronsdorf gezogen und hatte dort 1842 ein Manufakturwarengeschäft für Berufskleidung, hauptsächlich für die Bandwirker, und für Bettwäsche in der damaligen Barmer Straße 14 gegründet. Verheiratet war er seit 1840 mit Sara Levy Frank aus Bocholt. Zu dieser Zeit lebten außer der Familie Löwenthal keine weiteren Juden in Ronsdorf – rund fünfzig Jahre später, 1895, wurden 29 Juden gezählt. Aus Dokumenten geht hervor, dass im Mai 1900 außer den Löwenthals noch Albert Leffmann und seine Familie, Jacob Hertz und die Witwe Wolf Tiefenthal dort wohnten. Später wurden noch Eduard Hertz, Isaak Isaak und Martin Feybusch genannt.

Abraham Löwenthal engagierte sich gern für die Ronsdorfer Gesellschaft, z.B. 1894 bei der Gründung der Ronsdorfer Badeanstalt. Er starb im Jahr 1900 und wurde auf dem kleinen Familienfriedhof an der Pulverstraße in Lüttringhausen beigesetzt. Sein Sohn Moses, 1862 in Ronsdorf geboren, übernahm nun das Geschäft. Von seinen sieben Kindern fiel das älteste im Ersten Weltkrieg, vier wurden später im Holocaust ermordet, und nur zwei konnten in der Emigration überleben.

Moses Löwenthal selbst wurde im Alter von 80 Jahren nach einer Denunziation verhaftet und 1942 zu einer Gefängnisstrafe von vier Wochen verurteilt. Mit seinem Bruder Leo Levy, der in der Elberfelder Hofaue ein Geschäft mit Kinder- und Babyartikeln betrieben hatte, wurde er im Juli 1942 nach Theresienstadt deportiert. Beide wurden von dort am 21. September 1942 in das Vernichtungslager Treblinka verschleppt und vermutlich sofort ermordet.

„*nicht ohne persönliche Note.*“ Das Putzgeschäft Fleischhacker

Liebmann Fleischhacker, ein frommer Jude und Gründer der orthodoxen jüdischen Gemeinde in Elberfeld, und seine Frau Jenny hatten 1875 in der Herzogstraße 25 ein bald florierendes Geschäft für Damenhüte eröffnet. Ihr Enkel Helmut Hirsch konnte sich noch an Erzählungen seiner Mutter Hedwig erinnern, die im elterlichen Betrieb auch die spätere Dichterin Else Schüler bediente. Sie kaufte dort vor allem Bänder, mit denen sie auf recht unkonventionelle Weise ihre Garderobe dekorierte.

Singend zeigte sie mit dem Finger, was ihren durch die gläserne Rückwand des Schaufensters wandernden Blick reizte. Auslagen wurden damals noch nicht mit surrealistischen Formen, sondern mit schönen und haltbaren Bändern verziert […]. Bunte Bänder an der Decke eines Putzgeschäftes bildeten den Himmel, in welchem die neuesten Damenhüte auf Engelsköpfchen ohne Unterleib schwebten. Und jedes Mal, wenn Else dort oben so ein hübsches Band entdeckte, musste es auf ihren gesungenen Wunsch für sie heruntergenommen werden. Allerdings wurden die kleidsamen Kleidungsstückchen nun nicht auf dem Schädel, sondern in allen möglichen Verschlingungen und Verschleifungen um den Leib herum getragen, womit die Dichterin abermals bewies, dass manche Leute in jener Gegend Deutschlands nicht ohne persönliche Note sind. (Hirsch, Lasker-Schüler)

Die Enkelin Lotte Winter, die Tochter von Max Fleischhacker und seiner Frau Fanny, geb. Hirsch, erinnerte sich nach dem Krieg an die geschäftlichen und häuslichen Verhältnisse:

Meine Mutter hat bis zur Aufgabe des Geschäfts immer von 8 Uhr früh bis 7 Uhr abends im Geschäft gearbeitet. Das Geschäft bestand aus zwei großen Läden, die räumlich verbunden waren. Es hatte zwei Eingänge und ein großes Atelier. Es lag im Stadtzentrum und hatte vier Schaufenster. Es arbeiteten in den Jahren 1930 bis 1933 ca. 25 Arbeiterinnen und Verkäuferinnen. […] Wir lebten in sehr guten Verhältnissen, machten große Reisen und führten einen großen Haushalt.

Eine der Verkäuferinnen bei Fleischhackers, Anny Hoffmann, ergänzte:

Ich weiß aus eigener Anschauung, dass die Firma Fleischhacker einen erheblichen Umsatz hatte. Sie hatte vornehmste Kundschaft in Wuppertal, z. B. Gebhardt und Frowein. Es kam oft vor, dass diese mit mehreren Mänteln vorfuhren und sich dazu passend

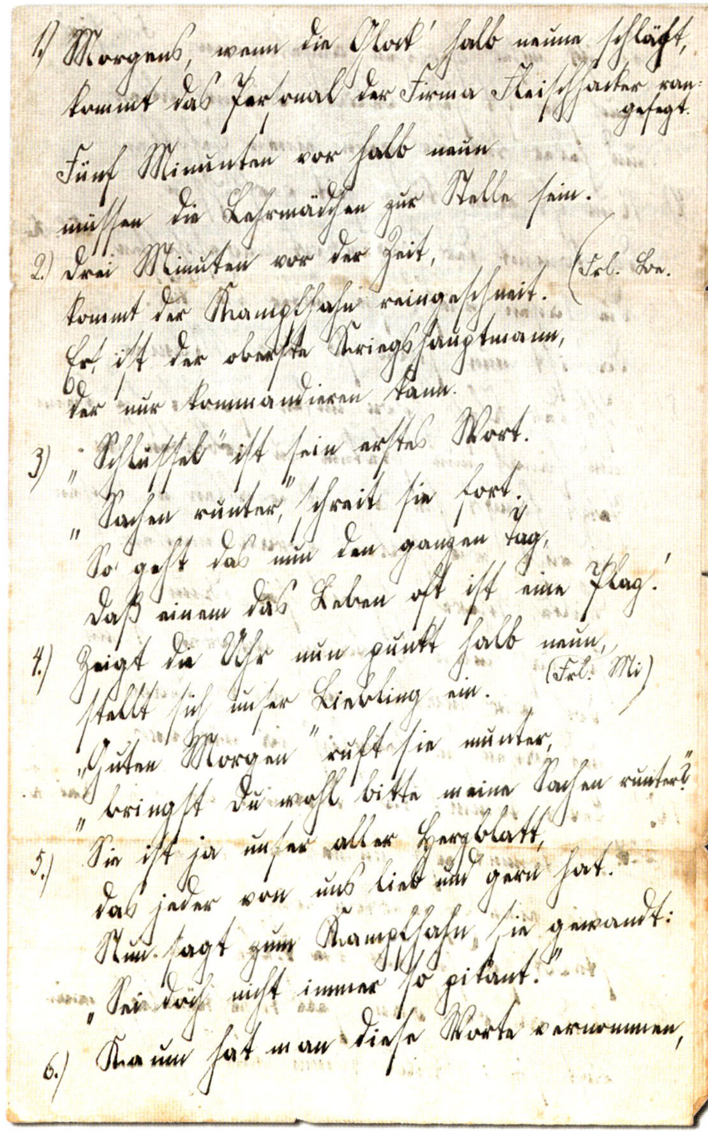

1) Morgens, wenn die Glock' halb neune schlägt,
kommt das Personal der Firma Fleischhacker angefegt.
Fünf Minuten vor halb neun
müssen die Lehrmädchen zur Stelle sein.
2) Drei Minuten vor der Zeit, (Frl. Br.
kommt der [illegible] reingeschneit.
Er ist der oberste Kriegshauptmann,
der nur kommandieren kann.
3) „Schlüssel“ ist sein erstes Wort.
„Sachen runter“ schreit sie fort.
So geht das nun den ganzen Tag,
daß einem das Leben oft ist eine Plag'.
4) Zeigt die Uhr nun grad halb neun, (Frl. Mi)
stellt sich unser Liebling ein.
„Guten Morgen“ ruft sie munter,
„bringst Du wohl bitte meine Sachen runter?“
Sie ist ja unser aller Herzblatt,
5) das jeder von uns lieb und gern hat.
Nun sagt zum [illegible] sie gewandt:
„Sei doch nicht immer so pikant.“
6) Warum hat man diese Worte vernommen,

▲ Gedicht von Angestellten der Firma: „Morgens, wenn die Glock` halb neune schlägt,kommt das Personal der Firma Fleischhacker angefegt. Fünf Minuten vor halb neun Müssen die Lehrmädchen zur Stelle sein.“

◀ Angestellte der Firma Fleischhacker, links Else Hirschel

Das Barmer Geschäft Fleischhacker am Rathausplatz

gleich mehrere Hüte bestellten, die nie unter 100,-- RM kosteten. An Samstagen wurden oft allein durch mich 30 bis 35 Hüte verkauft. Wir hatten damals acht Verkäuferinnen und etwa 24 bis 25 Beschäftigte in den Ateliers.

Als Max Fleischhacker 1936 starb, führte seine Frau Fanny den Betrieb noch weiter, obwohl der Umsatz durch die gezielte Schädigung jüdischer Betriebe gravierend zurück ging, bis das einst so attraktive Geschäft in eine schwere Krise geriet. Am Ende musste Fanny Fleischhacker aufgeben. Eine andere Verkäuferin berichtete später: *Als ich zu Fleischhacker in Wuppertal-Elberfeld kam, war dort noch sehr viel zu tun. An Samstagen herrschte dort ein großer Andrang von Kunden, so dass Samstags auch einige Mitarbeiter des Ateliers zur Bedienung herangezogen wurden. [...] Soweit ich mich erinnere, hat Herr Fleischhacker den Rückgang des Geschäftes nicht mehr erlebt. Jedenfalls erinnere ich mich, dass wir uns im Geschäft darüber unterhalten haben, dass es für Herrn Fleischhacker doch besser gewesen sei, diesen Geschäftsrückgang nicht mehr mitmachen zu müssen.*
(StAWuppertal, AfW 615056)

Ein weiterer Schlag war der Selbstmord des erst 26 Jahre alten Sohnes Alfred im Dezember 1938, kurz nach der „Reichskristallnacht".

Der gutgebaute, blonde, blauäugige „Twen" hatte bei seiner Musterung begründete Aussicht, zur Wehrmacht zu kommen. Am 9. November 1938 wurde er aber von der SA abgeholt und fürchterlich malträtiert. Vermutlich „freigekauft", doch von erneuter Verhaftung bedroht [...] erhängte sich Alfred am Fensterkreuz. Fanny – sie hatte nach der Verhaftung ihres Schwagers Emil dessen Frau Hedwig solidarisch vorübergehend in ihr Haus aufgenommen – brachte in ihrer nächsten Wohnung (Weststraße) ihre engste Freundin, Klothilde Katzenstein, Gustav Katzenstein und seine Frau sowie eine Frau Dannenberg unter. Die Beherbergten wählten schließlich den „Freitod".
(Hirsch, Geschicke, S. 170)

Fanny Fleischhacker wurde am 9. November 1941 nach Minsk deportiert und hat nicht überlebt.

Ihre Tochter Lotte hatte Medizin studiert und war zu diesem Zeitpunkt schon längst nach Palästina emigriert, wo sie 1933 ihren Kommilitonen Kurt Winter geheiratet hatte, einen überzeugten Zionisten. Mit ihm ging sie über die Schweiz nach Franco-Spanien, später nach Norwegen und Schweden. 1946 ließ sich die Familie in der sowjetischen Besatzungszone nieder. Um Karriere als Dozentin machen zu können, musste sie ihre Religionszugehörigkeit unter dem Druck des SED-Regimes aufgeben, aber als sie nach einer lebensbedrohlichen Operation im Jahr 1996 bei der jüdischen Gemeinde Berlin um eine Grabstätte auf dem jüdischen Friedhof bat, stellte man ihr ohne Weiteres einen Platz zur Verfügung. Dr. Lotte Winter, geb. Fleischhacker, starb im Jahr 2000 und wurde auf dem jüdischen Friedhof Weißensee in Berlin beigesetzt.

„Arisierungsanzeige" der Firma Fleischhacker in Barmen

Das Geschäft der Firma
Fleischhacker Nachf., **Barmen** Wertherstraße 24
ist mit dem heutigen Tage in meinen Besitz übergegangen und somit
jetzt ein **rein deutsches Unternehmen**
Als bekannter Fachmann empfehle ich folgende **Spezialartikel:**
Damenhüte, Mützen und Schals
Brautschleier und Kränze
Pelze von der einfachsten bis zur elegantesten Ausführung.
Bes. Spezialität:
Mottenechte Pelze sowie Maßanfertigung von Jacken und Mänteln.
Eröffnungsverkauf morgen, Samstag, 29. April
zu besonders günstigen Preisen.
Zu zwangloser Besichtigung ladet ein
A. Ressel, Barmen, Wertherstr. 24

Die Grabrede für den Arzt Dr. Hermann Levy

Grabstein des Arztes Dr. Hermann Levy (1838-1881) auf dem jüdischen Friedhof an der Weißenburgstraße

Im Jahr 1881, zehn Jahre nach der Gründung des Deutschen Kaiserreichs, waren die Juden politisch und rechtlich völlig gleichgestellt, denn Rechte und Pflichten aller Staatsbürger galten als vom Religionsbekenntnis unabhängig (allerdings nicht vom Geschlecht – die Emanzipation der Frauen war noch lange nicht erreicht.) Aber aufgestachelt von einem sich modern und biologistisch gebenden „Antisemitismus", gepaart mit unzerstörbaren hergebrachten Ressentiments, Konkurrenzangst und Neid auf ihr wirtschaftliches Fortkommen gerieten die Juden schon wieder zunehmend ins Blickfeld jener, die in ihnen die Ursache ihrer eigenen Probleme sahen. Einen Einblick in die Atmosphäre dieser Zeit gewährt die Rede, die Rabbiner Dr. Auerbach am Grab des Arztes Dr. Hermann Levy hielt. Er war am 23. September 1881, kurz vor seinem 43. Geburtstag gestorben und sollte auf dem jüdischen Friedhof an der Weißenburgstraße beerdigt werden. Er war aus Münstereifel ins Wuppertal gekommen, als hier gerade die Cholera wütete. Als Arzt hatte sich Levy, der in der Wasserstraße 14 gewohnt hatte, große Verdienste erworben, aber auch als Gemeindemitglied und Verteidiger der jüdischen Emanzipation.

Ich brauche es wohl nicht zu sagen, daß ein solcher Mann auch in den Kreisen, in denen er als Arzt zu wirken nicht die Gelegenheit hatte, der größten Hochachtung sich erfreute und daß daher die Stadt einen ihrer besten und beliebtesten Bürger in ihm verliert. Nicht minder aber verliert auch seine Glaubensgemeinschaft eines ihrer hervorragendsten und würdigsten Mitglieder. Er war einer unserer tüchtigsten Verteidiger gegen die Angriffe jener, die mit frevelhafter Hand die Brandfackel des konfessionellen Unfriedens, des Religions- und Klassenhasses unter die Menschen schleudern. Wohl war er dies nicht durch geräuschvolles Hervortreten, durch Reden und Schreiben gegen die Leute, die nur dem Leibe nach der Jetztzeit angehören, dem Geiste aber nach einer finsteren längst überwundenen Zeit, nein, er verteidigte das Judentum durch sein ganzes Leben und Wirken. Wenn er auch wenig von Religion sprach, so betätigte er doch mehr Religion als jene, die unter Bosheit und Unduldsamkeit den Gott der Liebe nicht mehr kennen. Dadurch, daß seine Wohltätigkeit nicht fragte nach Rasse und Bekenntnis, bewährte er sich als treuer Sohn des Judentums […]. (Jorde, S. 26)

Der Arztberuf war lange Zeit noch vor dem des Juristen praktisch der einzig mögliche akademische Beruf für Juden gewesen, und so erstaunt es nicht, dass es auch nach der Emanzipation relativ viele jüdische Ärzte gab. 1888 ließ sich z.B. Dr. Leonhard Leven aus Krefeld als Spezialarzt für Haut- und Geschlechtskrankheiten in Elberfeld nieder. Er war 1902 und 1903 Vorsitzender der „Vereinigung rheinisch-westfälischer Dermatologen", und von 1904 bis 1912 Mitglied des Elberfelder Vorstands der „Deutschen Gesellschaft zur Bekämpfung der Geschlechtskrankheiten". Wegen seiner Verdienste wurde er 1915 zum Sanitätsrat ernannt. Dr. Julius Josef Levi kam 1893 als praktischer Arzt nach Elberfeld. Er wurde 1900 zum städtischen Armenpfleger bestellt und im April 1914 zum Schularzt für die Mittelschulen. 1916 wurde ihm ebenfalls der Titel des Sanitätsrats verliehen. Im „Täglichen Anzeiger" vom 3. Mai 1893 annoncierte der „prakt. Arzt, Wundarzt und Geburtshelfer" Dr. Berthold Lasker seine Praxis in der Klotzbahn 17. Er wurde der Ehemann der jungen Elisabeth Schüler. Der Sohn des Elberfelder Arztes Dr. Wolfgang Bernhard Fränkel, Bernhard Fränkel, machte Karriere als Spezialist für Kehlkopferkrankungen an der Berliner Charité.

Das Kaufhaus Leonhard Tietz

Leonhard Tietz und seine Frau Flora, geb. Baumann

Anzeigen der Firma Tietz in Elberfeld und Barmen

Trotz aller nach wie vor existierenden Vorbehalte gelang es den Juden in den aufblühenden Industrie- und Handelsstädten an der Wupper, sich eine solide wirtschaftliche Existenz zu erarbeiten und sogar zu einem gewissen Wohlstand zu kommen. Das Kaufhausgebäude an der Elberfelder Neumarktstraße legt heute noch Zeugnis davon ab. Zwar ist nur noch die Nordfassade des am 1912 erbauten Kaufhauses Leonhard Tietz erhalten, aber dieser Rest des einst prachtvollen Gebäudes mit seinen prunkvollen Lichthöfen, eleganten Verkaufsabteilungen und üppig dekorierten Fassaden lässt den damaligen Wohlstand und das Selbstbewusstsein des Elberfelder Bürgertums aufscheinen.

Leonhard Tietz war 1849 in Birnbaum an der Warthe in Posen geboren worden, machte eine Lehre in einem Gemischtwarengeschäft in Prenzlau, wurde anschließend „Kommis" (Handlungsgehilfe) und dann Reisender bei einem Engros-Geschäft.

Leonhard Tietz ist klein von Statur und schwächlich von Gesundheit, aber voll hellen Geistes, flink in seinen Bewegungen, schnell in seiner Sprache, freundlich, liebenswürdig, charmant, ein guter Tänzer und ein kleiner Scherzbold, aber auch ein Rationalist, wissensdurstig und vielfältig interessiert, auch in kultureller Hinsicht. Er hat den hohen Intelligenzgrad, der die spanischen Juden schon früher in die höchsten Stellen brachte. Gute Warenkenntnisse, Erfahrungen und Erfolge im Umgang mit der Kundschaft und den Lieferanten, Erlebnisse auf Reisen und bei Messebesuchen in Leipzig und Frankfurt/Main fördern in ihm die Absicht, sich kaufmännisch selbständig zu machen. (Fuchs, S. 19)

1876 übernahm Leonhard Tietz mit einem Partner in Frankfurt an der Oder ein Kurz-, Weiß- und Wollwa-

Der Neubau des Warenhauses Leonhard Tietz am Elberfelder Neumarkt, erbaut von Wilhelm Kreis, 1912

rengeschäft. Zwei Jahre später verlobte er sich mit seiner Jugendfreundin Flora Baumann und eröffnete in Stralsund ein neues Geschäft. Tietz galt als vornehmer, liebenswürdiger und gewissenhafter Kaufmann, dessen redliche Persönlichkeit und Geschäftsführung einen weithin bekannten, exzellenten Ruf genoss. Von Anfang an betrieb Tietz sein Unternehmen nach dem schon von den früher gegründeten französischen Warenhäusern praktizierten Prinzip „Großer Umsatz, kleiner Nutzen" auf der Grundlage von öffentlich ausgezeichneten Festpreisen und Barzahlung.

Da das Geschäft florierte, orientierte sich Leonhard Tietz auf der Suche nach neuen Möglichkeiten ins Rheinland: 40 Jahre alt und zehn Jahre nach seinem Start in Stralsund gründete er 1889 seine erste Filiale in Westdeutschland, in Elberfeld. Am Mittwoch, den 8. Mai, eröffnete er zunächst einen Laden mit nur einem Schaufenster in der Herzogstraße 25. Schon nach zwei Tagen schloss er das Geschäft wieder, weil er das Lager ergänzen musste. Im August zog der Betrieb in größere Geschäftsräume in der Herzogstraße 17 um. Ein Jahr darauf entschied Tietz, die Elberfelder Zweigniederlassung zur Hauptniederlassung des Tietz-Gesamtunternehmens zu machen. Nicht weit vom Geschäft, in der Erholungstraße 14, bezogen Leonhard Tietz und seine Frau Flora nun auch eine Wohnung.

1898 gab es erneut eine Erweiterung, dieses Mal durch einen dreistöckigen Neubau an der Ecke Herzogstraße/Bankstraße. Das letzte und prächtigste Haus wurde an der Grünstraße/Neumarktstraße nach Plänen des renommierten Architekten Wilhelm Kreis 1912 eröffnet. Kreis, der 1907 auch den Bismarckturm auf der Hardt entworfen hatte, war Mitglied im „Deutschen Werkbund“ und Professor der Dresdner Kunstakademie.

Leonhard Tietz verlegte den Hauptsitz des Unternehmens und seine Wohnung später nach Köln. Dort starb er am 15. November 1914 als einer der erfolgreichsten modernen Unternehmer in Deutschland.

Seine Nachfolger Alfred Leonhard und Gerhard Tietz mussten nach der Machtübernahme durch die Nationalsozialisten schon am 3. April 1933 aus dem Vorstand der Aktiengesellschaft ausscheiden und gingen mit ihren Familien in die Emigration. Im Juli 1933 wurden der Firmenname in „Westdeutsche Kaufhof Aktiengesellschaft (vorm. Leonhard Tietz AG)“ umbenannt und jüdische Vorstandsmitglieder nach und nach durch „arische“ Gesellschafter ausgetauscht. Zum Aufsichtsratsvorsitzenden bestimmte man den Wuppertaler Unternehmer und Präsidenten der Internationalen Handelskammer Abraham Frowein (1875-1955), dem es gelang, die Firma zu retten und die weit über 1000 Arbeitsplätze zu erhalten.

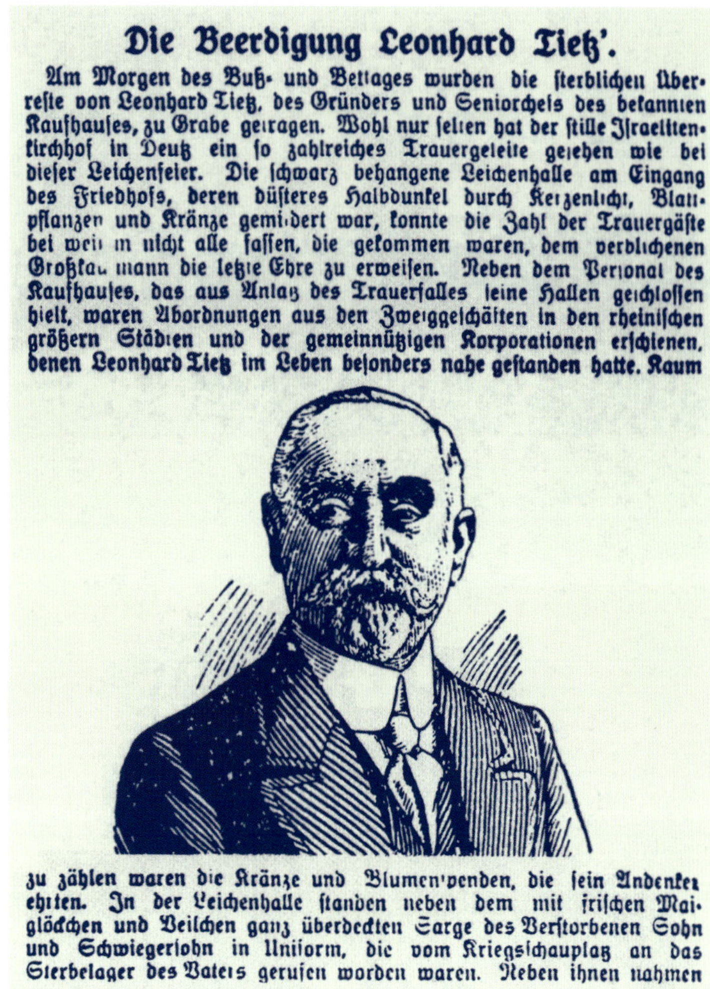

Die Beerdigung Leonhard Tietz'.

Am Morgen des Buß- und Bettages wurden die sterblichen Überreste von Leonhard Tietz, des Gründers und Seniorchefs des bekannten Kaufhauses, zu Grabe getragen. Wohl nur selten hat der stille Israelitenkirchhof in Deutz ein so zahlreiches Trauergeleite gesehen wie bei dieser Leichenfeier. Die schwarz behangene Leichenhalle am Eingang des Friedhofs, deren düsteres Halbdunkel durch Kerzenlicht, Blattpflanzen und Kränze gemildert war, konnte die Zahl der Trauergäste bei weitem nicht alle fassen, die gekommen waren, dem verblichenen Großkaufmann die letzte Ehre zu erweisen. Neben dem Personal des Kaufhauses, das aus Anlaß des Trauerfalles seine Hallen geschlossen hielt, waren Abordnungen aus den Zweiggeschäften in den rheinischen größern Städten und der gemeinnützigen Korporationen erschienen, denen Leonhard Tietz im Leben besonders nahe gestanden hatte. Kaum zu zählen waren die Kränze und Blumenspenden, die sein Andenken ehrten. In der Leichenhalle standen neben dem mit frischen Maiglöckchen und Veilchen ganz überdeckten Sarge des Verstorbenen Sohn und Schwiegersohn in Uniform, die vom Kriegsschauplatz an das Sterbelager des Vaters gerufen worden waren. Neben ihnen nahmen

Nachricht über die Beerdigung des Firmengründers Leonhard Tietz am 14. November 1914

◄ Abraham Frowein (1875-1957) Elberfelder Industrieller, angesehener Präsident der Internationalen Handelskammer, übernahm 1933 auf Wunsch der Tietz-Inhaber den Vorsitz im Aufsichtsrat der Tietz-AG. Nach dem zweiten Weltkrieg war er Präsident des deutschen Wirtschaftsrats in der britischen Zone.

„Neueste Mode, hübsche Mannequins“. Das Kaufhaus Gebrüder Kaufmann und die Familie Heimann

Briefkopf der Firma Gebrüder Kaufmann ▲

Der 70. Geburtstag von Hermann Heimann, 1931. In der zweiten Reihe links Bernhard Heimann mit Tochter Hilde und seiner Frau Claire ▶

Fünf Jahre später als Tietz, ebenfalls an der Herzogstraße, gründeten die Brüder Moritz und Bernhard Heimann 1894 das renommierte Kaufhaus „Gebrüder Kaufmann“. Im Unterschied zum Warenhaus, das um die Jahrhundertwende aufkam, beschränkte sich das Kaufhaus in seinem Warensortiment auf alles, was zum Textilbereich gehörte, so z. B. auf Manufaktur- und Kurzwaren, Herren-, Damen- und Kinderkleidung, Wäsche, Bettwäsche, Gardinen und Teppiche und oft auch Betten. Ein Warenhaus führte dagegen auch alle Haushaltsartikel und Lebensmittel. Die Prinzipien des Kaufhauses waren vor allem gute Qualität der Waren, absolut feste Preise (was damals noch ungewöhnlich war) und eine gute, gediegene und persönliche Bedienung.

Damit wandte man sich [...] an den Mittelstand und an die oberen Schichten. Beide Gruppen gab es in nennenswertem Umfang in Elberfeld und dessen näherer Umgebung. Also entschieden sich die beiden Brüder Heimann für die Stadt Elberfeld als Standort ihres Kaufhauses. (Rohlén-Wohlgemuth, S. 94)

Die Firma expandierte rasch, so dass Moritz und Bernhard Heimann bald ihren Bruder Hermann in die Firma aufnahmen. Im Herbst 1912 bezog Bernhard Heimann mit seiner Familie das Carnapsche Haus am Mäuerchen 10.

Bernhard, 1868 als jüngster Sohn des jüdischen Lehrers Joseph Heimann in Hörde geboren, war in einer für jüdische junge Männer typischen Weise zum Kaufmann ausgebildet worden:

Bernhard schlief als Lehrling im Laden unter der Theke, wie er später oft erzählte. Er musste um sechs Uhr morgens aufstehen und der Hausfrau [...] behilflich sein. Zu seinen Pflichten gehörten das Spalten von Holz zu Kleinholz für den Küchenherd, das Kartoffelschälen für die große Familie (einberechnet die im Geschäft angestellten Personen, die ja alle im Hause mit voller Verpflegung wohnten) und später am Abend die Hilfe beim Abwaschen und im Winter erneutes Holzspalten. Oft wurde dem jüngsten Lehrling auch die Aufsicht über die kleineren Kinder übergeben. Es war ein langer Arbeitstag für den Lehrling, der dann wohl gut auf seinem harten Bett unter der Theke

▶ *Urlaub in Nordwijk im August 1925. Von links: Luise Kaulbach, Claire Heimann, Fanny, Alfred und Lotte Fleischhacker, Hilde Heimann, Else und Susi Goldschmidt, davor die Zwillinge Klaus und Gerd Heimann*

▼ *Pfingsten 1918. Kurt Heimann, seine Schwester Hilde, Edith Goldschmidt und Lotte und Alfred Fleischhacker*

schlafen konnte. [...] Für einen dreizehnjährigen Jungen, der ja noch ein halbes Kind war, war dieses Lehrlingssystem sicher auch sehr vorteilhaft: er behielt die gleichen familiären Verhältnisse wie im eigenen Zuhause, er feierte den Sabbath-Abend im Schoße einer Familie, und er bekam selbstverständlich auch das koschere Essen, das seine Religion ihm vorschrieb.
(Rohlén-Wohlgemuth, S. 89)

Erst im Alter von 41 Jahren heiratete Bernhard Heimann die Tochter eines Baumwollweberei-Besitzers in Eschwege, Claire Levy. 1909 kam die Tochter Hilde zur Welt, drei Jahre später folgten der Sohn Kurt Joachim und 1921 die Zwillinge Klaus Albert und Gerd Alfred.

Das Kaufhaus Gebrüder Kaufmann fühlte sich seinen eigenen Grundsätzen strikt verpflichtet, beste Ware zu führen und die Kundinnen persönlich zu bedienen und sorgfältig zu beraten. Darüber hinaus zeichnete es sich durch sehr moderne und damals z.T. ungewöhnliche Geschäftsideen aus: Man baute Kantinen und sogar Bäder und Duschen ein, um dem Personal die persönliche Hygiene zu erleichtern, denn das Badezimmer in der Wohnung war damals noch eine absolute Ausnahme. Sehr originell war auch die Werbung des Kaufhauses – nicht nur durch die fantasievolle Dekoration der neuen, riesigen Schaufenster oder durch einfallsreiche Anzeigenkampagnen, sondern auch durch öffentliche Modeschauen, z.B. im Thalia-Theater am Island: *Auswärtige Künstler traten auf, und die Firma Gebr. Kaufmann ließ die neueste Mode durch hübsche Mannequins vorführen. [...] „Ich besinne mich auf die Modenschauen im Thalia ganz genau; ich war hinter der Bühne und habe die Modelle mit umziehen geholfen, und Lilian Harvey war auch dabei.“ Lilian Harvey war damals der große Star, da sie in dem Film „Der Kongreß tanzt“ das Lied „Das gibt's nur einmal...“ gesungen hatte. Alle Elberfelder mussten sie natürlich sehen, und die Firma Gebr. Kaufmann hatte einen entsprechend großen Erfolg mit ihren Modeschauen.*
(Rohlén-Wohlgemuth, S. 134)

Postkarte von Claire Heimann an ihre Tochter Hilde und den Schwiegersohn Norbert in Stockholm, 30. August 1939

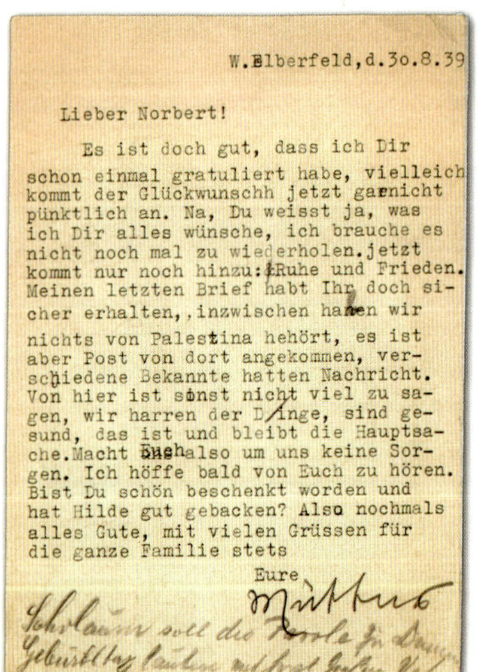

W.Elberfeld,d.30.8.39

Lieber Norbert!

Es ist doch gut, dass ich Dir schon einmal gratuliert habe, vielleich kommt der Glückwunschh jetzt garnicht pünktlich an. Na, Du weisst ja, was ich Dir alles wünsche, ich brauche es nicht noch mal zu wiederholen.jetzt kommt nur noch hinzu:Ruhe und Frieden. Meinen letzten Brief habt Ihr doch sicher erhalten,,inzwischen haben wir nichts von Palestina gehört, es ist aber Post von dort angekommen, verschiedene Bekannte hatten Nachricht. Von hier ist sonst nicht viel zu sagen, wir harren der Dinge, sind gesund, das ist und bleibt die Hauptsache.Macht Euch also um uns keine Sorgen. Ich höffe bald von Euch zu hören. Bist Du schön beschenkt worden und hat Hilde gut gebacken? Also nochmals alles Gute, mit vielen Grüssen für die ganze Familie stets

Eure
Mutter

[illegible]

Mit der Wirtschaftskrise Ende der 1920er Jahre geriet auch das Kaufhaus Gebrüder Kaufmann in Schwierigkeiten. Aussichtslos aber wurde die Zukunft des Unternehmens erst mit dem Boykott jüdischer Geschäfte in der NS-Zeit. Der Ausverkauf fand im Spätsommer 1935 statt. Die Firma konnte so einen „ehrbaren Vergleich“ abschließen und endete nicht im Konkurs, was den damaligen Besitzern sehr wichtig war. Neuer Eigentümer des Geschäfts wurde die niederländische Firma C. & A. Brenninkmeyer.

Als in Elberfeld bekannt wurde, daß sich statt der altrenommierten Firma Gebr. Kaufmann eine holländische und noch dazu katholische Firma im Geschäftshaus in der Herzogstraße befinden werde, fühlten sich viele gute evangelische Bürger Elberfelds betrogen: „Jetzt haben wir einen weißen Juden statt einen schwarzen“ war die geläufige Redensart.
(Rohlén-Wohlgemuth, S. 139)

Die Eheleute Bernhard und Claire Heimann bewohnten noch ein Jahr das Haus am Mäuerchen, bis sie eine kleinere Wohnung in der Herzogstraße gefunden hatten. Die Tochter war längst in Schweden verheiratet, die Söhne lebten in Palästina. Bernhard Heimann starb im November 1941 noch in Elberfeld, seine Frau Claire wurde mit dem dritten Transport Wuppertaler Juden am 21. April 1942 in das Ghetto von Izbica deportiert.

Meine Mutter schrieb mir vor ihrer Deportation, wie gut sie sich für die „Arbeit“ im Osten vorbereite: Sie kaufte sich neue Brillen und ließ sich neue Dauerwellen machen. Dies bestätigte mir noch 1981 ihr Friseur Sprenger, der mir auch erzählte, dass meine Mutter immer am späten Abend, wenn er keine anderen Kunden mehr hatte, zu ihm kam, da sie so beschämt war. Ähnliches berichteten mir auch 1951 Augenzeugen, die sie vor 1942 beobachtet hatten. Sie schlich nach sechs Uhr abends an den Hauswänden entlang zu einem ihrer Lebensmittelgeschäfte, die ihr als alter, guter Kundin oft einige Lebensmittel unter dem Ladentisch verwahrt hatten.
(Rohlén-Wohlgemuth, S. 141)

Die Sozial- und Berufsstruktur der Juden im Wuppertal

Jahrhunderte lang waren Juden im deutschsprachigen Raum fast ausschließlich im Handel tätig gewesen, eine Tatsache, die Judenfeinde nicht selten in ein gefährliches antijüdisches Argument verkehrten. Neid auf die angebliche Konkurrenz und die guten, weit verzweigten und internationalen Geschäftsbeziehungen, Missgunst, wenn das eigene Geschäft schlecht lief und die Gewissheit, mit den Vorbehalten und Vorurteilen auf breite Zustimmung zu stoßen, waren immer wieder der Boden, auf dem die infamen Angriffe gedeihen konnten, besonders dann, wenn sich eine wirtschaftliche Rezession ankündigte. Dass unter solchen Flauten auch Juden zu leiden hatten, wurde bewusst ausgeblendet.

Mit ihrer rechtlich formalen Emanzipation in der zweiten Hälfte des 19. Jahrhunderts hatten sich Juden eine berufliche Umschichtung versprochen: Auch die „produktiven" Gewerbe, also das Handwerk und die Landwirtschaft, sollten – theoretisch – eine Erwerbsmöglichkeit werden, ebenso die Laufbahn als Beamter oder Offizier. Eine solche Entwicklung zeichnete sich indes auch nach der Vollendung ihrer rechtlichen Gleichstellung nicht ab. Vielmehr wurde deutlich, dass Juden ihren Berufsweg bzw. den ihrer Kinder unter drei Gesichtspunkten wählten: nach beruflicher Tradition, nach der Konjunktur und nach dem Maß der zu erwartenden antisemitischen Diskriminierung. Der Handel blieb der bevorzugte Erwerb. Die lange Erfahrung darin hatte zu hohen Kompetenzen geführt, Geschäftsbeziehungen waren über Jahrzehnte hinweg ausgebaut worden, verwandtschaftliche Partnerschaften entstanden. Der Handel war flexibler als „immobile" produzierende Gewerbe, so dass in Krisenzeiten der Warenschwerpunkt verlagert werden konnte. Und schließlich begab man sich nicht (unvorsichtigerweise) in Arbeitsverhältnisse, in denen man von christlichen Vorgesetzten abhängig war, d.h. man schickte seine Kinder zu jüdischen Chefs in die Lehre, und unter den akademischen Berufen versprachen die eigene Arztpraxis oder eine Rechtsanwaltskanzlei die größtmögliche Unabhängigkeit.

Der Arzt Dr. Werner Culp (1890-1936)

Es muss bezweifelt werden, das sich die Gleichstellung der Juden „auf dem Papier" tatsächlich auch im gesellschaftlichen Leben niedergeschlagen hat. Es ist daher nicht erstaunlich, dass von einer „Berufsumschichtung" der Juden zumindest in den Jahrzehnten von der Reichsgründung 1871 bis zum Ende des Ersten Weltkriegs kaum die Rede sein konnte: 1895 waren noch 65% aller deutschen Juden im Handel tätig, 1907 waren es immer noch 61,4%. 1895 arbeiteten nur 22,5% aller Juden in Handwerk und Industrie, was sich bis 1907 mit einem Anteil von 26,5% nur unwesentlich änderte. Die berufliche Entwicklung der Gesamtbevölkerung dagegen verschob sich in diesem Zeitraum der beschleunigten Modernisierung viel deutlicher, nämlich weg von der Landwirtschaft hin zu den Bereichen Handwerk und Industrie.
(Zahlen nach Meyer, Deutsch-jüdische Geschichte, Band 3, S. 41.)

In Barmen waren in den Jahren 1894/95 rund 71 % der Juden im Handel tätig, in den Bereichen Industrie und Gewerbe arbeiteten insgesamt nur 15 %. 2,6% waren im öffentlichen Dienst und 5,2% in freien Berufen beschäftigt.

1912 hatte sich das Bild geändert: Im Handel arbeiteten 56,5% der Barmer Juden, in Industrie und Gewerbe immerhin schon 32%, in den öffentlichen Diensten und freien Berufen 13,5% und 7% als Selbständige. Die Zahlen für Elberfeld wichen nur wenig davon ab: 1912 waren im Handel und Verkehr 55,5% der Juden tätig, in Industrie und Gewerbe 29%, im öffentlichen Dienst und freien Berufen 5,5%, und selbständig waren 9,7%.

Gerade als expandierendes Textilhandels- und Industriezentrum des Kaiserreichs hatten sich die Städte Barmen und Elberfeld einen weithin bekannten guten Ruf erworben, der jedem unternehmungslustigen, fleißigen und ehrgeizigen Zuwanderer eine Perspektive versprach – und so ist es nicht erstaunlich, dass sich darunter auch Juden befanden, die große Erfahrungen gerade in dieser Branche mitbrachten. Gab es in Elberfeld im Jahr 1880 1.104 Juden, so waren es 25 Jahre später 1.754. Bei einer Einwohnerzahl von 162.853 in diesem Jahr betrug der Anteil der jüdischen Bewohner 1,04 %, die aber 3,8% der Steuerlast trugen. In Barmen, wo stets weniger Juden lebten als in Elberfeld, wurden im Jahr 1880 239 Juden gezählt, 25 Jahre später 584. Nur selten betrug der durchschnittliche Bevölkerungsanteil der Juden mehr als 1 %. *(Zahlen nach Scherkenbach und Rohlén-Wohlgemuth)*

Wohn- und Geschäftshäuser jüdischer Familien in Barmen um 1894

Gegen Ende des 19. Jahrhunderts führt das „Verzeichnis der in der Oberbürgermeisterei Barmen wohnenden Israeliten“ folgende jüdische Bürgerinnen und Bürger auf:

Name	*Gewerbe*	*Adresse*
Ackermann, Salomon	*Commis*	*Wertherstraße 2*
Ahlfeld, August	*Agent*	*Lichtenplatzer Straße 63*
Alsberg, Wwe. Salomon		*Reformierte Kirchstraße 1*
Anschel, Albert	*Kaufmann*	*Winklerstraße 24*
Apfel, Samuel	*Arzt*	*Haspeler Straße 42*
Aron, Fanny	*Schankwirtschaft*	*Winklerstraße 26*
Barantzki, Hermann	*Schneider*	*Schuchardstraße 1*
Barmé, Gottfried	*Kaufmann*	*Bismarckstraße 19*
Barmé, Isaak	*Kaufmann*	*Bismarckstraße 19*
Baum, Benjamin	*Handlungsgehilfe*	*Wertherstraße 50*
Bloch, Elvira	*Ladengehilfin*	*Mittelstraße 19*
Block, Levy	*Kaufmann*	*Clefer Straße 2*
Bodenheimer, Lazarus	*Lehrer*	*Heidter Straße 1*
Bodenheimer, Elise	*Näherin*	*Heidter Straße 1*
Brokemar, Letha	*Ladengehilfin*	*Schuchardstraße 20*
Cappel, Leopold	*Commis*	*Rödigerstraße 8*
Cohen, Henriette	*Gehilfin*	*Schuchardstraße 1*
Cohen, Isaak	*Commis*	*Winklerstraße 26*
Cohn, Amalia	*Ladengehilfin*	*Mittelstraße 5*
Culp, Robert	*Bankier*	*Poststraße 1*
Culp, Dr. Sally	*Fabrikant*	*Heidter Straße 1*
Culp, Sieghard		*Wertherstraße 5*
Daniel, Louis	*Kaufmann*	*Höhnestraße 18/20*
David, Albert	*Buchbinder*	*Steinweg 11*
Eckstein, Wwe. Gustav		*Victorstraße 11a*
Ellson, Louis	*Kaufmann*	*Wertherstraße 1*
Elsbach, Carl	*Kaufmann*	*Mittelstraße 19*
Elsberg, Dr. Oskar		*Carnaper Straße 10*
Engel, Julius	*Commis*	*Schuchardstraße 29*
Epstein, Louis	*Commis*	*Moltkestraße 5*
Feldheim, Leopold	*Fabrikant*	*Schillerstraße 15*
Frank, Max	*Amtsrichter*	*Beckmannshof 15*
Frankenberg, Abraham	*Fabrikarbeiter*	*Rauenthaler Straße 43*
Frankenberg, David	*Metzger*	*Heckinghauser Straße 131a*
Friedmann, Johanna	*Verkäuferin*	*Alter Markt 12*
Fröhling, Leopold	*Kaufmann*	*Höhnestraße 28*
Ganz, Hermann	*Bankier*	*Wertherstraße 15*
Geldern, Gustav von	*Commis*	*Steinweg 7*

Emilie Feldheim, geb. Salomon, mit ihren fünf Geschwistern. Sie war verheiratet mit Leopold Feldheim (1837-1902), der in der Barmer Südstraße 13 eine Bandweberei mit der Produktion von Spitzen und Litzen, „Damenbesatz-Artikeln" und „Perlstoffen" gründete.

Name	Gewerbe	Adresse
Goldschmidt, Rosa	Ladengehilfin	Mittelstraße 5
Grünewald, Hanny	Ladengehilfin	Mittelstraße 5
Hecht, Julius	Volontär	Winklerstraße 26
Heilbrunner, Hermann	Kaufmann	Dörnerbrückenstraße 2
Heineberg, Adolf	Handlungsgehilfe	Schuchardstraße 4/6
Hertze, Lina	Ladengehilfin	Mittelstraße 14/16
Herz, Hermann	Kaufmann	Beckmannshof 21
Herz, Rosa	Verkäuferin	Schuchardstraße 4/6
Herz, Wwe. Max	Verkäuferin	Winklerstraße 26
Hirsch, Albert	Kaufmann	Mittelstraße 1
Hirsch, Moritz	Lagerist	Fischerthaler Straße 21/23
Hirsch, Wwe. L.	Schuhwarengeschäft	Mittelstraße 1
Hirschel, Hermann	Kaufmann	Alter Markt 17/19
Horn, Abraham	Kaufmann	Heubruch 8
Jacobi, Rosetta	Verkäuferin	Mittelstraße 1
Jacobson, Jonas	Kaufmann	Wertherstraße 57
Joseph, Samuel	Kaufmann	Alter Markt 13
Ickstädter, Carl	Fabrikarbeiter	Klipperstraße 4
Isaac, Wwe. Abraham		Berliner Straße 31
Karfiol, Leopold	Händler	Berliner Straße 9
Katzenstein, Robert	Reisender	Neuer Weg 37
Kaufmann, Noe		Mittelstraße 14/16
Kaufang, Ehefrau Jakob		Pannewiese 6b
Kohn, Michael	Siedemeister	Rauenthaler Straße 49
Kronenberg, Paula	Verkäuferin	Clefer Straße 55
Kuehne, Moritz	Reisender	Heckinghauser Straße 5
Kupperschlag, Julius	Kaufmann	Wupperstraße 21
Lazarus, Max	Färbereibesitzer	Reichsstraße 19
Lebenberg, Max	Handlungsgehilfe	Alter Markt 17/19
Lehmann, Louis	Commis	Wupperstraße 6
Lehmann, Wwe. Jordan	Weißwarengeschäft	Wupperstraße 6
Lesem, Bernhard	Kaufmann	Schuchardstraße 27
Levi, Johanna	Ladengehilfin	Schuchardstraße 20
Löwenstein, Siegmund	Kaufmann	Wertherstraße 35
Löwenstein, Otto	Klempnergehilfe	Wertherstraße 35
Löwenthal, Arnold	Kaufmann	Berliner Straße 64
Marcks, Simon	Kaufmann	Lindenstraße 2
Marcks, Ida und Paula		Lindenstraße 2

Name	Gewerbe	Adresse
Mayer, Siegmund	Kaufmann	Wertherstraße 55
Mainzer, Emil	Möbelhändler	Höhnestraße 13/15
Mainzer, Hermann	Kaufmann	Mittelstraße 15
Mainzer, Johanna	Modegeschäft	Mittelstraße 28
Mainzer, Wwe. Valentin		Mittelstraße 29
Memelsdorff, Siegmund	Apothekergehilfe	Heckinghauser Straße 133
Mendel, Josefine	Verkäuferin	Clefer Straße 55
Menko, Benjamin	Kaufmann	Haspeler Straße 42
Meyer, Bendix	Handlungsgehilfe	Märkische Straße 6
Meyer, Joseph	Kaufmann	Wupperfelder Marktstr. 1/3
Meyer, Louis	Fabrikant	Südstraße 3
Meyer, Moritz	Manufakturwarenhandl.	Höhnestraße 5
Meyer, Moses	Kammerjäger	Märkische Straße 6
Meyer, Regina	Woll- und Weißwarengeschäft	Alter Markt 21
Meyer, Sabina	Woll- und Weißwarengeschäft	Alter Markt 21
Michel, Max	Kaufmann	Alter Markt 12
Mosheim, Bernhard	Kaufmann	Winklerstraße 24
Mosheim, Gustav	Gehilfe	Mittelstraße 5
Neumark, Abraham	Händler	Heubruch 24
Neustädter, Jakob	Commis	Neuer Weg 53/55
Neuwahl, Minna	Verkäuferin	Schuchardstraße 4/6
Ollendorf, Dr. Gustav	Arzt	Rödigerstraße 8
Oppenheim, Henriette	Näherin	Schuchardstraße 1
Oppenheim, Rosa	Verkäuferin	Alter Markt 12
Passmann, Frieda	Verkäuferin	Schuchardstraße 4/6
Plaut, Clementine	Putzmacherin	Heubruch 8
Raphael, Max	Kaufmann	Berliner Straße 51
Raphaels, Wwe. David		Werther Hofstraße 12
Rapp, Louis	Fabrikant	Kleiner Werth 25
Rappoport, Gustav	Kaufmann	Mittelstraße 18
Rappoport, Julius	Commis	Mittelstraße 18
Rosenberg, Carl	Konditor	Wertherstraße 34
Rosendahl, Emil	Kaufmann	Wichlinghauser Straße 1
Rosendahl, Isaak	Händler	Lenneper Straße 6
Rosendahl, Selma	Putzwarengeschäft	Wichlinghauser Straße 3
Rosendahl, Thekla	Putzwarengeschäft	Wichlinghauser Straße 3
Rosendahl, Wwe. Marcus	Händlerin	Freudenberger Straße 48

Name	Gewerbe	Adresse
Rosenhoff, Henny	Ladengehilfin	Mittelstraße 14/16
Rosenthal, Max	Commis	Winklerstraße 26
Rosenwald, Max	Commis	Mittelstraße 1
Rosenberg, Arthur	Schauspieler	Poststraße 20
Rothschild, Joseph	Fabrikant	Allee 128
Rothschild, Julius	Handlungsgehilfe	Schuchardstraße 4/6
Rothschild, Wolf	Fabrikant	Clefer Straße 72
Samson, Sally	Konfektionsgeschäft	Alter Markt 16
Schneider, Minna	Ladengehilfin	Mittelstraße 5
Schwarzmann, Max	Ingenieur	Carlsstraße 28
Seligmann, Leonora	Musiklehrerin	Wertherstraße 38
Seligmann, Walter	Agent	Wertherstraße 38
Siegel, Isidor	Kaufmann	Clefer Straße 55
Simon, Carl	Kaufmann	Winklerstraße 26
Simon, David	Geschäftsführer	Neuer Weg 53/55
Simon, Martha	Verkäuferin	Alter Markt 12
Steinberg, Hermann	Commis	Große Flurstraße 31
Stern, Isaak	Commis	Carlsstraße 32
Stern, Mathilde	Verkäuferin	Alter Markt 21
Stern, Sally	Handlungsgehilfe	Siegesstraße 34
Sternberg, Gottschalk	Kaufmann	Mittelstraße 31
Stiebel, Hilda	Verkäuferin	Alter Markt 12
Strauss, Abraham	Kgl. Kreisphysikus	Kleine Flurstraße 9
Strauss, Rika		Kleine Flurstraße 9
Strauss, Adolf	Fabrikant	Große Flurstraße 25
Strauss, Nathan	Kaufmann	Mittelstraße 5
Struch, Siegmund	Commis	Alter Markt 16
Ulrich, Dr. Richard	Arzt	Neuer Weg 3
Urbach, Benjamin	Kaufmann	Alter Markt 18
Vorenberg, Sally	Commis	Lindenstraße 3
Wahl, Hermann	Kaufmann	Clefer Straße 70
Walbaum, Ludwig	Agent	Fischerthaler Straße 48
Weiskopf, Leopold	Commis	Moltkestraße 5
Wolf, Julia	Gehilfin	Schuchardstraße 1
Wolf, Levi	Rangiermeister	Schwarzbach 116
Wolff, Albert	Handlungsgehilfe	Schuchardstraße 4/6

(Pracht-Jörns, S. 300-301)

Die Gründung der Barmer Gemeinde 1894

Der erste Rabbiner in Barmen, Dr. Carl Koch (1865-1920)

Bis zum Ende des 19. Jahrhunderts mussten die Barmer Juden am Freitagabend, am Samstagmorgen und an den Feiertagen den recht langen Weg zu den Elberfelder Bethäusern, seit 1865 zur großen Elberfelder Synagoge zurücklegen, was den meisten zu weit war. So hatte man immer wieder provisorische Lösungen gefunden, die die Gemeindeverwaltung in Elberfeld allerdings nur ungern duldete. Der emeritierte Lehrer Lazarus Bodenheimer hatte in seiner Wohnung in der Sternstraße in Wupperfeld, später in der Heidter Straße 1 (heute Heidter Berg) Räumlichkeiten für den Gottesdienst der Barmer Juden zur Verfügung gestellt, den er auch selbst leitete. Er lebte hier mit der Familie seines Bruders, Emanuel Bodenheimer, der eine Posamentierwarenfabrik für Möbel, Tapisserie und Dekoration in der Werther Straße 85 führte.

Nachdem sich die Elberfelder Gemeinde lange Zeit gegen eine offizielle Abtrennung der Barmer Juden gesperrt hatte, konnte schließlich doch eine eigene Barmer Gemeinde gegründet werden. Am Mittwoch, den 11. April 1894 fanden die Wahlen zum ersten Vorstand der jüdischen Gemeinde Barmen statt. Gewählt wurden der Kaufmann Hermann Wahl, der Bankier Hermann Ganz, der Kaufmann Nathan Strauß, Isaak Rosendahl und Levy Block. Mit dem Datum vom 1. Oktober 1894 bildeten die Barmer Juden eine selbständige Synagogengemeinde mit allen Rechten und Pflichten.

Mit den Vorstandswahlen galten die neu formulierten „Statuten der Synagogengemeinde zu Barmen". Man bemühte sich nun unverzüglich um den Aufbau der Gemeinde, um den Kauf eines Grundstücks für einen Begräbnisplatz und um die Einstellung eines Kultusbeamten.

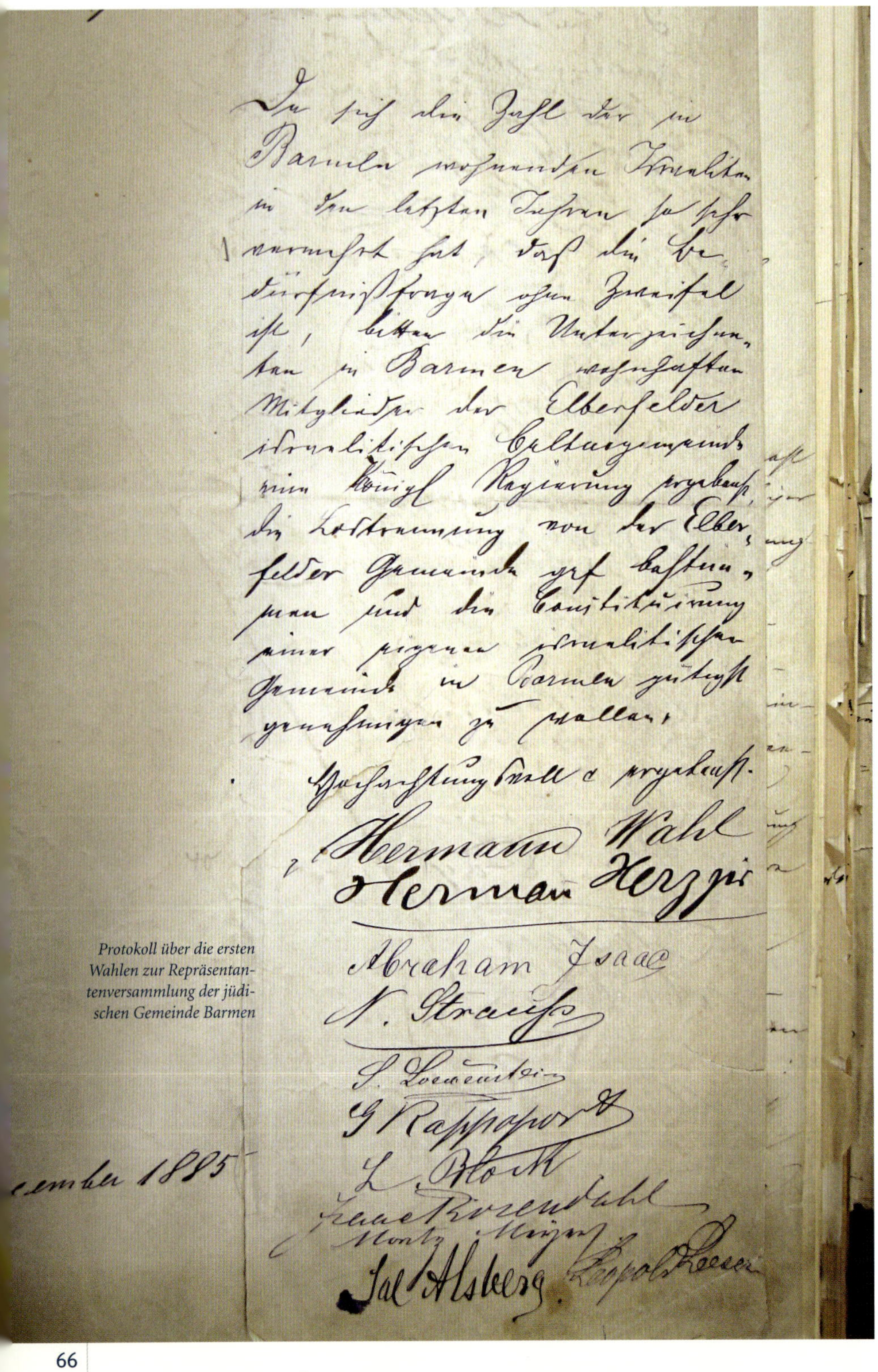

Da sich die Zahl der in Barmen wohnenden Israeliten in den letzten Jahren so sehr vermehrt hat, daß die Bedürfnißfrage ohne Zweifel ist, bitten die Unterzeichneten in Barmen wohnhaften Mitglieder der Elberfelder israelitischen Cultusgemeinde eine Königl. Regierung ergebenst, die Lostrennung von der Elberfelder Gemeinde [illegible], wenn und die Constituierung einer eigenen israelitischen Gemeinde in Barmen gütigst genehmigen zu wollen.

Hochachtungsvoll & ergebenst.

Hermann Wahl
Hermann Herzfeld
Abraham Isaac
N. Strauss
[illegible]
G. Rappaport
L. Block
Isaac Rosendahl
Moritz [illegible]
Jul. Alsberg
Leopold Leeser

Protokoll über die ersten Wahlen zur Repräsentantenversammlung der jüdischen Gemeinde Barmen

Als erstes begaben sich die Barmer Juden auf die Suche nach einem eigenen Rabbiner. Am 1. Oktober 1894 trat der 29jährige Dr. Carl Koch aus dem Elsass sein Amt in Barmen an. Er hatte von 1888 bis 1892 eine Ausbildung am renommierten Rabbinerseminar in Breslau absolviert und erst im Juni 1894 sein Rabbinerdiplom durch das israelitische Konsistorium für Lothringen in Metz erworben. Dr. Koch blieb fünf Jahre in Barmen und wohnte in der Schafbrückenstraße 4 (heute Zur Schafbrücke); 1899 trat er eine Rabbinerstelle in Göteborg an, wo er 1920 starb.

Die nächste dringende Aufgabe der neuen Gemeinde in Barmen war die Anlage eines eigenen Friedhofs. Es war abzusehen, dass es auf dem kleinen Friedhof an der Weißenburgstraße bald keinen Platz mehr für weitere Bestattungen geben würde – aus diesem Grund begaben sich übrigens zur gleichen Zeit auch die Elberfelder Juden auf die Suche nach einem neuen Begräbnisplatz.

Am 4. Oktober 1894 erwarb die Barmer jüdische Gemeinde ein Grundstück an der Hugostraße. Moses Meyer kümmerte sich um die Herrichtung und Gestaltung des Geländes und war auch der erste, der hier, am Tag der Einweihung am 30. April 1895, beerdigt wurde – sein Grab ist allerdings nicht mehr erhalten.

Die ältesten der heute noch vorhandenen 198 Grabmäler befinden sich direkt am Eingangstor. Es handelt sich um Kindergräber aus den Jahren 1896 und 1897. Das jüngste Grab aus der Zeit vor dem Holocaust scheint das von Nathan Niederheimer (1876-1940) zu sein. Nach dem Krieg haben, mit einer Ausnahme, keine Beisetzungen mehr stattgefunden: 1962 wurde hier noch der Rechtsanwalt Dr. Adolf Wahl bestattet, ganz in der Nähe seiner Eltern Hermann und Henriette Wahl.

Neben dem Grabfeld der Kinder und einem Feld mit den Gräbern von 21 russischen Zwangsarbeitern am Eingang gibt es drei weitere, große Bereiche, die von Norden nach Süden chronologisch von Westen nach Osten belegt wurden. Künstlerisch besonders wertvoll sind die von dem jüdischen Bildhauer Leopold Fleischhacker aus Düsseldorf angefertigten Grabstelen, der in Wuppertal Verwandte hatte und mehrere Grabsteine für Juden im Rheinland geschaffen hat. Auf diesem Friedhof sind das die Grabmäler für Leopold und Ida Weißkopf (1934/39) und für Werner Hirsch (1918), dem älteren Sohn von Emil Hirsch, der 15jährig 1918 in der Badeanstalt Flurstraße ertrunken ist.

Das mittlere Feld enthält im Westen ein großes intaktes Ensemble von unterschiedlichen Grabmälern aus geschliffenem Syenitstein oder „Schwedisch Schwarz“. Dieser Bereich ist kunstgeschichtlich besonders wertvoll und schützenswert. Eine einzigartige, leider schon beschädigte schwarze Glasplatte in Jugendstil-Dekor aus dem Jahr 1899 erinnert an Caroline Ulrich. Besonders auffällig ist die prachtvolle, hohe Grabwand der Eheleute Isaak Rosendahl

Das „Israelitische Familienblatt“ berichtete in seiner Ausgabe vom 6. November 1897 eine Anekdote über das stadtbekannt gute Verhältnis zwischen Rabbiner Dr. Koch und dessen katholischem Kollegen, Kaplan Bürgel *(nach Scherkenbach, S. 160f.)*.

Beim Religionsunterricht in einer Volksschule sprach dieser vor einigen Tagen über Nächstenliebe. Auf seine Frage, was Nächstenliebe sei, erhielt er von einem Schüler die Antwort, man müsse alle Katholiken lieben. Auf die Bemerkung, Nächstenliebe bedeute mehr, erwiderte ein Junge: „Die Israeliten muss man vor Allem lieben.“ Auf die verwunderte Frage des Herrn Kaplan, warum gerade die Israeliten und nicht auch die Protestanten und Heiden, erwiderte der Schüler: „Weil Sie, Herr Kaplan, und der Herr Rabbiner gute Freunde sind. Sie gehen immer zusammen.“

Tatsächlich scheint das „Zusammengehen“ ein gewohntes Bild in der Öffentlichkeit gewesen zu sein, denn, so berichtet die Zeitung weiter, im Volksmund hieß es, wenn man Koch und Bürgel gemeinsam antraf: „Sieh da, das alte und das neue Testament.“

und Henriette, geb. Simson (1901). Die monumentale Pracht des Grabmals, vor allem die Portraits der Eheleute entsprechen, so schön sie sind, nicht strengen jüdischen Vorstellungen. *Mache dir kein behauenes Bild oder jegliche Gestalt von dem, was im Himmel oben, von dem, was auf der Erde unten, und von dem, was im Wasser unterhalb der Erde.* (3. Mose 26, 1)

Auch die Juden – wie die Mehrheitsbevölkerung – fanden zu dieser Zeit Gefallen an individueller, ästhetisierender und zuweilen auch modischer und geschmäcklerischer Gestaltung (und Lebensführung). Auf jeden Fall scheint die Familie Rosendahl wohlhabend genug gewesen zu sein, um dieses recht aufwändige Denkmal in Auftrag geben zu können.

Mit gebrochenen Säulen drückten die Hinterbliebenen von Eugen Michel (1898) und Leopold Feldheim (1902) ihren Wunsch nach geschmackvoller Gestaltung aus. Leopold Feldheim und seine Frau Emilie hatten eine Bandweberei in der Barmer Südstraße 13 besessen, die Spitzen und Litzen, „Damenbesatz-Artikel" und „Perlstoffe" produzierte. Keins der vier Kinder, alle in Barmen geboren, hatte Interesse daran, die Firma weiter zu führen, alle zogen später nach Köln, so dass der Betrieb aufgegeben werden musste.

Leider gibt der Grabstein mit dem Familiennamen „Bodenheimer" keinen Aufschluss, wer aus der Familie hier beerdigt ist. Denkbar wäre durchaus, dass es sich bei diesem Grab um das des Lehrers Lazarus Bodenheimer handelt. Die auf diesem Friedhof ebenfalls bestattete Therese Bodenheimer (1907) war womöglich die Frau des Lehrers. Das gemeinsame Grabdenkmal der Eheleute Hermann und Henriette Wahl, die „alteingesessene" Juden waren und zu den bekanntesten Barmer Bürgern zählten, war mit Buchstaben und Symbolen aus Metall beschriftet, die leider nur noch teilweise vorhanden sind.

Das südliche Feld ist das jüngste, hier liegen die in den Jahren 1926 bis 1939 verstorbenen Gemeindemitglieder. Das Grab von Max Katzenstein (1928) zeigt das Symbol der „Cohanim" (Plural von „Cohen"), der jüdischen Familie der „Priester", der Nachfahren Aharons. Mit der so gezeigten Geste segnen die Cohanim die Gemeinde.

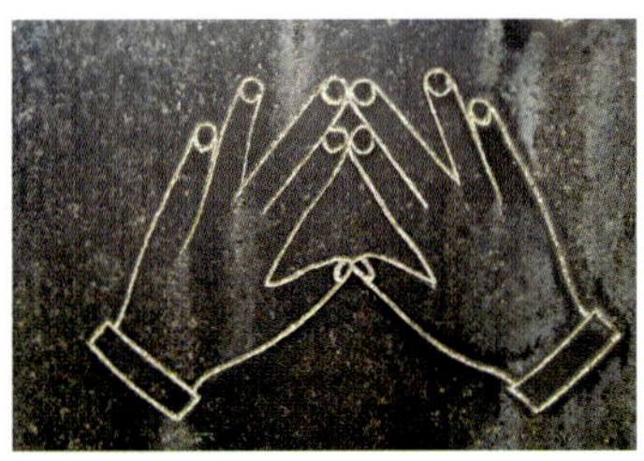

Der neue jüdische Friedhof in Elberfeld

Auch die Elberfelder Juden benötigten einen neuen Friedhof. Am 26. Oktober 1896 erwarb die Gemeinde von der Stadtverwaltung einen rund 12.000 qm großen Begräbnisplatz am Weinberg. Im Stil eines Waldfriedhofs, wie er zu dieser Zeit allgemein beliebt war, wurde eine Platanenallee angelegt, Akazien und Kastanien gepflanzt und das Gelände in zehn Grabfelder geteilt. Im Jahr 1900 wurde am Eingang eine kleine Trauerhalle errichtet und gegenüber ein Wohnhaus für den Friedhofsverwalter.

Heute sind insgesamt rund 1.100 Grabstätten auf dem historischen Teil (bis 1990) erhalten. Der älteste noch vorhandene Grabstein ist der von Aron Heinemann, gestorben am 6. August 1900 im Alter von 69 Jahren. Ganz in der Nähe ist das Grab von Jacob Kaufmann, einem der Mitbegründer der Synagogengemeinde, und auch das von Samuel Steilberger, der 1901 gestorben war. Da auf diesem Friedhof bis in die Gegenwart bestattet wird, repräsentiert er die jüdische Geschichte Elberfelds des gesamten 20. Jahrhunderts. Die weitgehend stark akkulturierten Juden der Elberfelder Gemeinde haben hier kaum noch hebräische Inschriften für die Steine verwendet, jüdische Symbole sind sehr selten, dagegen gibt es viele prunkvolle Denkmäler bis in die 1930er Jahre.

Auch auf dem Friedhof am Weinberg befinden sich mehrere Grabsteine des Bildhauers Leopold Fleischhacker, wie z.B. die imposante Stele für die Eheleute Fleischhacker. Liebmann Fleischhacker, der Gründer der orthodoxen Gemeinde „Adass Israel", starb 1926 und wurde neben seiner bereits 1915 gestorbenen Frau Jenny beigesetzt. Über Liebmann heißt es in der Inschrift: *Ein rechtschaffener und herzensweiser Mann, Herr Elieser, Sohn des toragelehrten R. Mosche des Leviten. Weisung der Wahrheit war in seinem Munde.* Seiner Frau ist ein Vers aus 1. Mose 18, 9 zugeeignet: *Wo ist deine Frau Sara? – Seht, sie ist im Zelte!* Dies ist eine klassische Anspielung auf Jennys hebräischen

Namen und zugleich auf den Doppelsinn, der „Zelt" auch als „letzte Ruhestatt" meinen kann. Weitere Grabsteine hat Fleischhacker für die Familie Auerbach (1929/1930), für Emil, Ernst und Kurt Meyer (1935), für Max und Alfred Fleischhacker (1936) und für Rosa und Lothar Goldschmidt (1936/1941) angefertigt.

Auf dem großen Areal findet man eine Vielzahl an Formen und Materialien, Ausführungen und Farben: Obeliske, Säulen, Stelen, Grabwände, Steinkissen bis hin zu bloßen Metall- und Plastikschildchen. Die Gräber einiger Persönlichkeiten aus dem Gemeindeleben sind z.B. die von Rabbiner Dr. Zacharias Auerbach und seiner dritten Frau Henriette, des orthodoxen Vorbeters Baruch Weingarten (1922), des Kantors und Lehrers Magnus L. Wetzstein (1916) und der Kaufmannsfamilie Heimann.

Auch einige der jüdischen Gefallenen des Ersten Weltkriegs sind hier beigesetzt worden, wie z.B. Ernst Block (1914), Erich Nathan (1918) und der Sohn des Rabbiners Dr. Joseph Norden, Hans Norden, der 1926, nach langem Leiden, an den Folgen seiner Verwundungen gestorben ist.

Das vermutlich erste jüdische Opfer der Nationalsozialisten war Oswald Laufer, geboren 1905, der Anfang März 1933 von SA-Angehörigen vor dem Haus seiner Eltern in der Wilhelmstraße 45 erschossen wurde. Sein Grabstein ist einer der wenigen, der eine fast ausschließlich hebräische Inschrift trägt.

Einige Wuppertaler Juden und Jüdinnen nahmen sich unter dem Druck der NS-Verfolgung das Leben und sind hier bestattet worden. Besonders viele solcher tragischen Fälle gab es im Juli 1942 vor der Deportation nach Theresienstadt: Minna Lehmann (17.7.1942), Paula Dreyfus (18.7.1942) und Isaak Magnischeff (20.7.1942). Auch schon zuvor hatte es solche Verzweiflungstaten gegeben. Else Goldschmidt, die in der Ottenbrucher Straße 54 gewohnt hatte, wurde nur 26 Jahre alt. Als ihr „arischer" Verlobter bald nach der Machtübernahme das Verlöbnis mit ihr aufkündigte, war die junge Frau so schokkiert und enttäuscht, dass sie ihrem Leben am 1. Juni 1933 ein Ende setzte. Der Frankfurter Arzt Dr. Theo Plaut und seine Frau Elli waren nach der „Reichskristallnacht" zu Wuppertaler Verwandten geflüchtet, um sich bei ihnen zu verstecken. Als das misslang, nahmen sich beide gemeinsam am 15. November 1938 das Leben.

Im Bestattungsbuch werden einige Begräbnisse als „Urnengrab" geführt. In diesen Fällen soll angeblich die Asche der Opfer bestattet worden sein, die in Konzentrationslagern ums Leben gekommen waren: Hermann Herz Lubnitzki (1894-1940 in Sachsenhausen), Arthur Jacobs (1883-1942 in Schloss Hartheim), Moritz Tyger (1893-1941 in Dachau), Max Marx (1891-1941 in Groß-Rosen), Siegfried Wertheim (1889-1942 in Groß-Rosen) und Lothar Goldschmidt (1908-1941 in Groß-Rosen).

An den Holocaust erinnern auch solche Grabsteine, die durch nachträglich angebrachte Epigramme zu Gedenkstätten für ermordete Familienangehörige gemacht worden sind. Der Grabstein von Anna Kurek nennt ihren in Auschwitz umgekommenen Mann Isaak und ihre nach Izbica verschleppte Tochter Edith, der von Chaja Liebermann die in Auschwitz 1942 ermordete Familie Weltmann

und das von Alfred Fleischhacker dessen nach Minsk deportierte Mutter Fanny. Ein Gedenkstein auf der Grabstätte der Familie Norden erinnert an den Elberfelder Rabbiner Dr. Joseph Norden, der 1943 in Theresienstadt umkam, ein anderer Stein trägt die Inschrift *Zum Andenken an meine liebe Mutter Natalie Stern, die dem Naziterror zum Opfer fiel am 20. Juli 1942.* Auf dem kleinen Grabmal für Moritz Tyger wird der Name der nach Lodz deportierten Lena Tyger genannt, auf dem für Levi Isaak der von Bertha Isaak, geb. Schönthal, die in Theresienstadt starb.

Auf den südlichen Feldern am Hang sind die Menschen bestattet, die den Holocaust in Konzentrations- und Arbeitslagern oder untergetaucht im Versteck überlebt haben und die in den 1950er und 1960er Jahren oder später gestorben sind. Sie hatten mitgeholfen, die kleine Restgemeinde wieder zum Leben zu erwecken: Gustav Brück (1877-1956), Paul Rosenthal (1902-1967), Clara Samuel (1878-1962), Antonie Römer (1894-1973), Albert Cohnen (1881-1964), die Eltern von Grischa Barfuss, Franz (1893-1979) und Helena Barfuss (1898-1967), Elisabeth Schwarz (1897-1979), Bronette Heyne (1898-1978), Meta Grobosch (1901-1990), Heinz Bleicher (1913-1999) und Gerda Wessler, geb. Römer (1922-2006). Nur die wenigen noch lebenden deutschen Juden der jetzigen Kultusgemeinde können sich an diese Menschen erinnern. Die Felder am äußersten südlichen Ende des Geländes sind von den jüngsten Grabstellen belegt: Juden und Jüdinnen, die vor allem nach 1990 aus der ehemaligen Sowjetunion nach Wuppertal zugewandert sind und deren Gräber sich begreiflicherweise stark von denen der älteren unterscheiden, denn die Ansichten über eine würdevolle und geschmackvolle Gestaltung der Steine und Grabstätten sind von einem völlig unterschiedlichen kulturellen Hintergrund geprägt. Bald werden auch diese letzten Felder belegt sein, so dass die Gemeinde ein neues Grundstück an der Krummacherstraße nutzen wird.

Wird es in Zukunft erfreulicherweise junge jüdische Familien geben, die sich um die Gräber ihrer Verwandten kümmern und sie in Stand halten können, fehlen für die Pflege des historischen Teils durch die Emigration und die Ermordung der Juden im Holocaust Familienangehörige. Der dramatische Verfall der Grabstätten durch die Erdbewegungen in der Hanglage, durch umgestürzte Bäume, durch den Verlust der metallenen Buchstaben und anderer dekorativer Teile, durch allgemeine Vernachlässigung ist trotz aller Anstrengungen der Jüdischen Kultusgemeinde und auch der Stadt Wuppertal kaum noch aufzuhalten. Sie durch Bild und Text zu dokumentieren und damit das wichtige historische Erbe zu bewahren, ist eine dringliche Aufgabe.

„Eine Zierde der Stadt."
Die Einweihung der Barmer Synagoge im Januar 1897

Die Synagoge in der Scheurenstraße, eingeweiht am 22. Januar 1897

Noch in ihrem Gründungsjahr 1894 kaufte die junge Barmer Gemeinde den Bauplatz für eine Synagoge in der Scheurenstraße. Im Mai des folgenden Jahres wurde der Grundstein gelegt, und am Freitagnachmittag, den 22. Januar 1897 fand die Einweihung statt, die ein breites Echo in der Presse auslöste. Schon am Vortag hatte die „Barmer Zeitung" das Gotteshaus und seine Ausstattung ausführlich geschildert:

Der imposante Bau ist nach der Zeichnung des Herrn Professor Ludwig Levy in Karlsruhe und unter Bauleitung des Herrn Architekten Fr. Langenbach von hier ausgeführt worden. Die Front an der Scheurenstraße ist in abwechselnden Schichten von rothen und weißen Verblendsteinen, rothem und weißem Sandstein in reicher maurischer Architektur hergestellt und macht mit den polirten Granitsäulen, der Granittafel mit vergoldeter Inschrift einen überaus malerischen Eindruck. Über dem Portal erhebt sich bis zu einer Höhe von 40 m eine stattliche Kuppel mit vergoldetem Stern, welche weithin von verschiedenen Seiten der Stadt sichtbar ist und über den umgebenden Häusern emporragt. Eine kleinere Kuppel befindet sich auf einem seitlich vorspringenden Thurm. Dieser enthält einen Treppenaufgang zur Frauenempore und begrenzt nördlich den Vorhof, welcher nach der Straße durch ein hohes, schmiedeeisernes Gitter abgeschlossen ist. Von dem Vorhofe gelangt man in die geschmückte Vorhalle und von da in die eigentliche Synagoge.

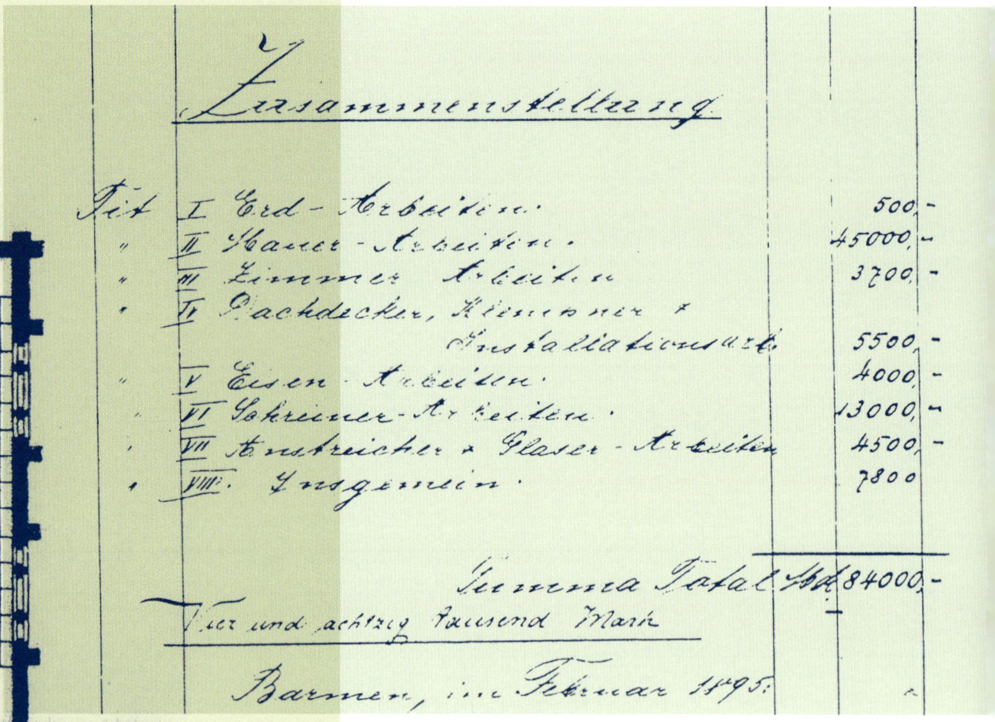

Zusammenstellung

Tit	I Erd-Arbeiten	500,-
"	II Maurer-Arbeiten	45000,-
"	III Zimmer Arbeiten	3700,-
"	IV Dachdecker, Klempner & Installationsarb.	5500,-
"	V Eisen-Arbeiten	4000,-
"	VI Schreiner-Arbeiten	13000,-
"	VII Anstreicher & Glaser-Arbeiten	4500,-
"	VIII Insgemein	7800
	Summa Total Mk	84000,-

Vier und achtzig tausend Mark

Barmen, im Februar 1895.

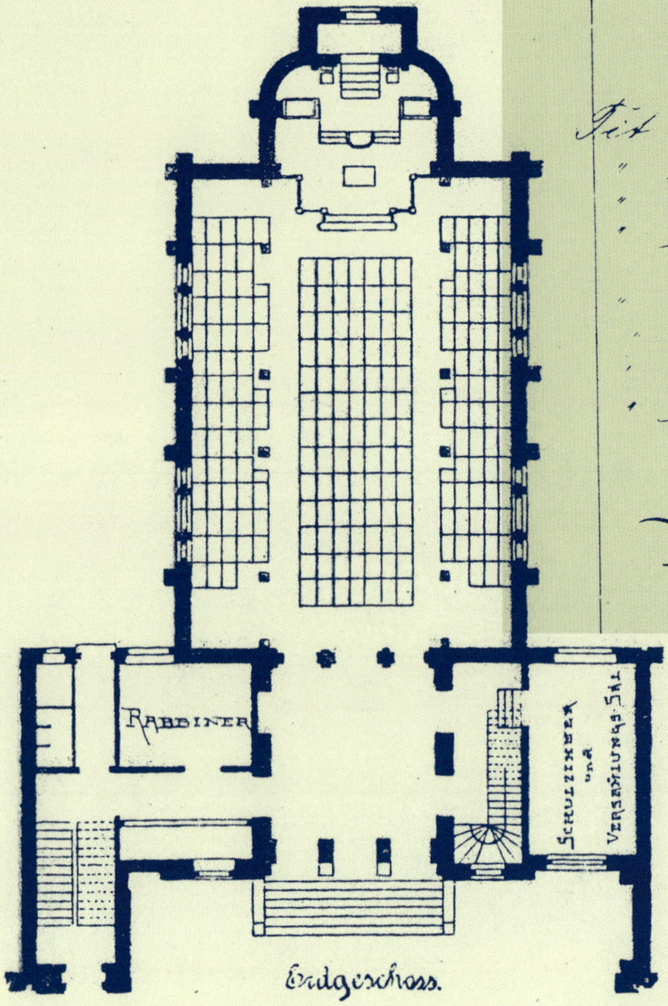

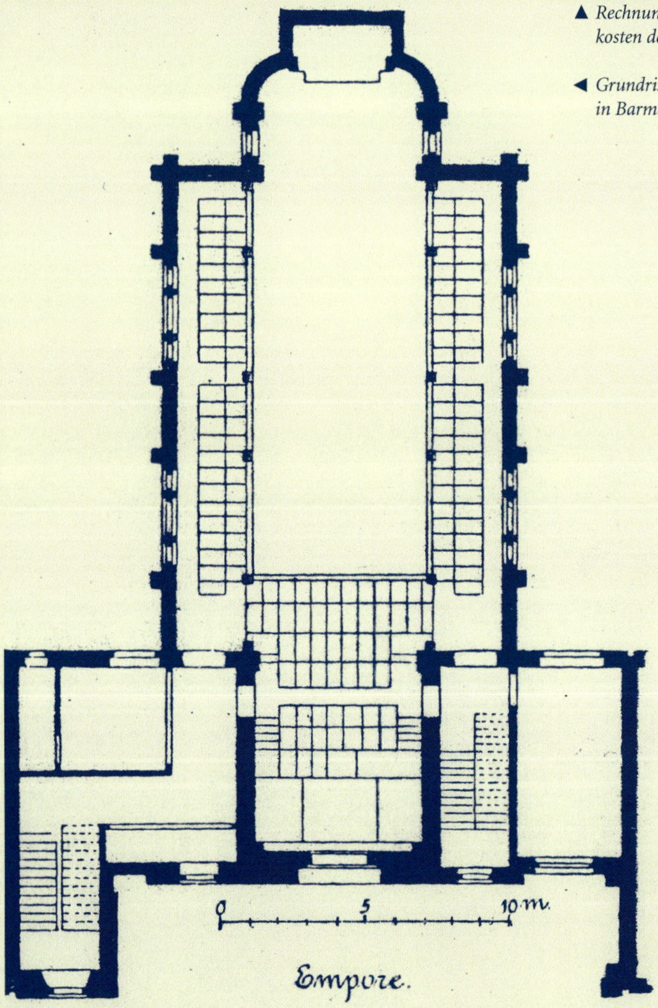

▲ Rechnung über die Baukosten der Synagoge

◀ Grundrisse der Synagoge in Barmen

Dieser innere Raum hat eine Länge von ca. 21 m und eine Breite von 11,2 m, er enthält Raum für ca. 400 Sitzplätze. Die Frauenemporen werden unterstützt durch kräftige Holzpfosten, welche aufwärts die Holzdecke tragen. Die Holzconstruction, sowie die Brüstung der Galerien ec. sind durch Schnitzwerk und Malerei reich verziert. Die Wände sind ebenfalls bemalt; auch die Fenster strahlen in bunten Farben. – Der Blick wird jedoch zumeist hingelenkt nach dem Allerheiligsten, wo hinter einem gestickten Vorhang die Bundeslade sich befindet. Gegenüber, unter der Kuppel, ist die Orgelempore, hier wird auch der Sängerchor Aufstellung finden. Namentlich Abends bei elektrischer Beleuchtung macht das Innere einen fesselnden Eindruck, und das ganze Gebäude muß als eine Zierde der Stadt bezeichnet werden. *(Barmer Zeitung vom 21.1.1897)*

Detailiert berichteten die Zeitungen von den Festlichkeiten. Am Aufwand, den man betrieb, ist der hohe gesellschaftliche Stellenwert dieses Ereignisses – auch im Vergleich zur Einweihung der Elberfelder Synagoge rund dreißig Jahre zuvor – anschaulich zu ermessen. Allerdings fällt auf, dass zwar Vertreter der katholischen Minderheit zur Einweihung kamen, die Repräsentanten der evangelischen Kirche jedoch fernblieben.

Die feierliche Einweihung der neuen Synagoge fand, wie bereits kurz berichtet, gestern Nachmittag um 3 Uhr durch den Oberrabbiner der hiesigen Gemeinde, Herrn Dr. Koch, statt. An der Feier beteiligten sich außer der gesamten Barmer Synagogengemeinde Vertreter der Stadt und zwar in Vertretung des Oberbürgermeisters Herr Bürgermeister Brodzina, ferner die Herren Beigeordneten Kirschstein und Sehlbach, zahlreiche Stadtverordnete, Kreisschulinspektor Reichert, die Direktoren des Gymnasiums bzw. Realgymnasiums Prof. Evers und Prof. Lambeck, Stadtbaurat Winchenbach, Polizeiinspektor Schnübbe, Vertreter der kath. Gemeinde, die Erbauer und an dem Bau beschäftigt gewesenen Handwerker. Die Galerie war von Vertreterinnen des schönen Geschlechts dicht besetzt. Die überaus feierliche Zeremonie der Einweihung wurde nach vorausgegangenem Gesang des gemischten Synagogenchors, der auch später hin

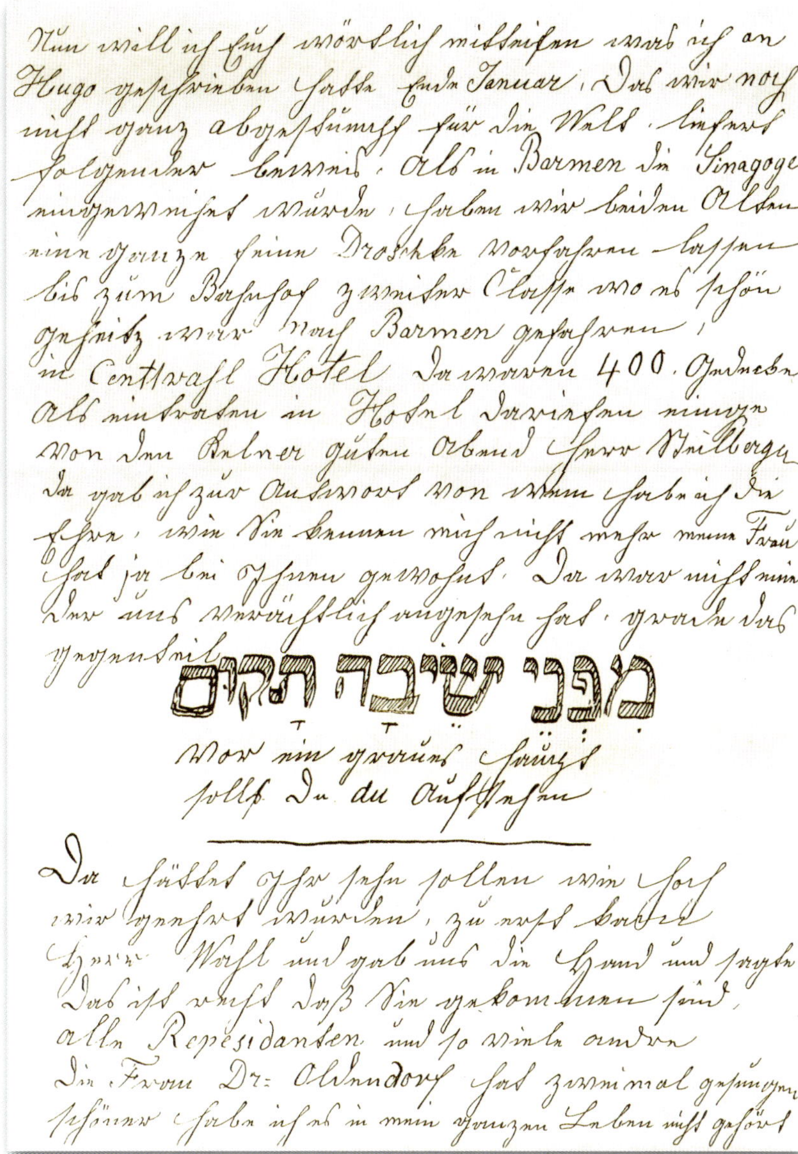
Nun will ich Euch wörtlich mittheilen was ich an
Hugo geschrieben hatte Ende Januar. Das wir noch
nicht ganz abgestumpft für die Welt. beweist
folgendes Ereignis. Als in Barmen die Synagoge
eingeweiht würde, haben wir beiden Alten
eine ganze feine Droschke vorfahren lassen
bis zum Bahnhof zweiter Classe wo es schön
geheitz war nach Barmen gefahren,
ins Centrahl Hotel da waren 400. Gedecke
Als wir eintraten in Hotel da riefen einige
von den Kelner guten Abend Herr Steilberger
da gab ich zur Antwort von wem habe ich die
Ehre. wie Sie kennen mich nicht mehr meine Frau
hat ja bei Ihnen gewohnt. Da war nicht einer
der uns verächtlich angesehen hat. grade das
Gegentheil מִפְּנֵי שֵׂיבָה תָּקוּם
vor ein graues Haupt
sollst du aufstehen

Da hättet Ihr sehn sollen wie hoch
wir geehrt würden, zu erst kam Herr
Wahl und gab uns die Hand und sagte
Das ist recht daß Sie gekommen sind,
alle Repesidanten und so viele andre
die Frau Dr. Oldendorf hat zweimal gesungen
schöner habe ich es in mein ganzen Leben nicht gehört

Brief von Samuel Steilberger vom 23.3.1897 mit einem Bericht über die Einweihung

durch den Vortrag passender und melodiöser Lieder zur Verschönerung der Feier wesentlich beitrug, durch ein Gebet des Herrn Oberrabbiners Dr. Koch eingeleitet, in welchem er dem Staat und der Gemeinde Dank aussprach für dieses Entgegenkommen bei dem Bau des neuen Gotteshauses, zum Schluß flehte er um den Segen Gottes für Kaiser, Vaterland, Provinz und Gemeinde. Nach der Predigt, die sich durch tiefen Sinn und dem Fehlen aller unnötigen Ausschmückungen auszeichnete, überbrachte der Oberrabbiner der Nachbargemeinde Elberfeld, Herr Dr. Auerbach die herzlichen Glückwünsche derselben zu der Festfeier. Er warf dabei einen Rückblick auf die Entwickelung der beiden Gemeinden während seiner 30jährigen Amtszeit und betonte, daß die bei seinem Amtsantritt zu einer Synagogengemeinde vereinigten zwei Städte im Ganzen nur 100 jüdische Familien gezählt hätte. Im Laufe der Jahre wäre dieselbe so angewachsen, daß zwei Gemeinden gebildet werden konnten, von denen jede jetzt ihr eigenes Gotteshaus hätte. Nach dem Schlußgebet fand die Feier um 1/2 5 Uhr ihr Ende. Eine Festfeier im Zentralhotel schloß sich am Abend an. – Die Synagoge, nach Plänen von Herrn Prof. Levy - Karlsruhe und unter Bauleitung des Herrn Architekten Langenbach von hier ausgeführt, präsentiert sich als ein stattliches Bauwerk, in der hochgelegenen Scheurenstraße kommt die ca. 40 Meter hohe Kuppel mit vergoldetem Stern ganz besonders zur Geltung. (Hauptannoncen-Blatt für Barmen-Elberfeld und Umgegend vom 23.1.1897)

Am Sonntagnachmittag gab es ein Festessen für 400 eingeladene Personen mit einem anschließenden Festball im Hotel „Central" von Gustav Liesering in der Fischerthaler Straße 5, an dem rund 800 Menschen teilnahmen, darunter auch der jüdische Weber Samuel Steilberger aus Elberfeld, damals schon über 80 Jahre alt, mit seiner ebenfalls betagten Ehefrau. Er schrieb darüber – als Autodidakt mit unsicherer Orthografie – seiner in der Schweiz lebenden Tochter:

Als in Barmen die Synagoge eingeweiht wurde, haben wir beiden Alten eine ganze feine Droschke vorfahren lassen bis zum Bahnhof zweiter Classe, wo es schön geheizt war, nach Barmen gefahren, ins Central Hotel, da waren 400 Gedecke. Als wir eintraten ins Hotel, da riefen einige von den Kellnern: guten Abend, Herr Steilberger. Da gab ich zur Antwort, von wem habe ich die Ehre? – Wie Sie kennen mich nicht mehr? Meine Frau hat ja bei Ihnen gewohnt. – Da war nicht einer, der uns verächtlich angesehen hat, grade das Gegenteil. [...] „Vor ein graues Haupt sollst Du aufstehen." Da hättet Ihr sehn sollen, wie sehr wir hoch geehrt wurden, zu erst kam Herr Wahl und gab uns die Hand und sagte: Das ist recht, daß Sie gekommen sind, alle Repesidanten [Repräsentanten] und so viele andre. Die Frau Dr. Oldendorf [Ollendorf] hat zweimal gesungen, schöner habe ich es in meinem ganzen Leben nicht gehört. Wir waren die aller Ältesten, die auf dem Fest waren. Es war als das Salz zur Speise. Außer dem wurden viele Vorträge gehalten, auch unser Dr. Auerbach hat sehr schön gesprochen bei der Einweihung der Synagoge auch Wetstein [Wetzstein] als Chason hat sehr schön gesungen. Es war ein wunderschönes Fest. (Samuel Steilberger, Brief vom 23.3.1897, Archiv Begegnungsstätte Alte Synagoge)

Der Gemeindevorsitzende Hermann Wahl (1840-1915)

Der Einweihung der Synagoge hatte die Kölner Dichterin Rahel Apfel ein Gedicht mit zehn Strophen gewidmet, das – im Unterschied zu dem von Minna Kleeberg 30 Jahre zuvor – allerdings nicht in einer der Tageszeitungen erschien, sondern in der „Allgemeinen Zeitung des Judenthums". Nachdrücklich beschwor es die nationale Zuverlässigkeit der Juden als deutsche Staatsbürger, die sich durch nichts anderes als durch ihre Konfession von christlichen Gläubigen unterschieden wissen wollten und ihre Heimat in Barmen gefunden glaubten:

Was seit Jahrtausenden die Welt beglückte,
Was manch begeistert Dichterherze sang,
Was allen irdschen Sorgen uns entrückte,
Das Herz erfüllt mit sehnsuchtsvollem Drang,
Was Judas König himmelhoch entzückte,
Daß laut sein hehres Psalterlied erklang,
Ist es geschwunden ganz von unsrer Erden.
Kanns nimmer uns zum Trost, zum Segen werden.

Es hielt versteckt sich, es ist nicht geschwunden,
Das Ideal, das unsrer Ahnen Hort!
Hat eine Heimath wiederum gefunden,
Zieht nicht mehr ruhelos von Ort zu Ort,
Noch giebt es Seelen, die nach Weihestunden
Sich sehnen, nach der Andacht heil'gem Wort,
Die nach des Tages Last, des Tages Mühen,
Dem irdischen Getriebe gern entfliehen!

Als Israel einst irrte durch die Wüste,
Die Bundeslade gab ihm sichern Halt,
Ihr Anblick bannte Leidenschaft und Lüste,
Befestigte des Glaubens Allgewalt;
Als Salomo befahl, daß es sich rüste
Zum Tempelbau – hinströmte Jung und Alt,
Erfüllte freud'gen Herzens heilge Pflichten,
Dem Ewigen einen Tempel zu errichten.

Es ist der gleiche Drang, der uns beseelet,
Ein neues Gotteshaus hier zu erbau'n,
Daß beim Gebete unser Herz sich stählet,
Erhebet sich in inn'gem Gottvertrau'n,
Mit Idealem sich der Geist vermählet,
Und eine neue Zukunft wir erschau'n,
Wo harten Lebenskampfes wild Getriebe
Gebändigt wird durch Gott und Nächstenliebe!

Wie kommt es, daß Jahrtausende vergingen
Und unser Stamm in alter Kraft besteht
Nationen kamen und Nationen gingen –
Doch wir bestehen fest und unentwegt!
Was ließ der Völker Schicksal uns bezwingen,
Was hat in uns stets neue Kraft erregt?
„Wir ließen uns den starken, festen Glauben,
Den hehren Gottgedanken niemals rauben!"

Wenn der Verfolgung Qualen uns bedrohten,
Nicht enden wollte unsres Stammes Leid,
Wenn blut'gen Hasses Feuerbrände lohten,
Den Scheiterhaufen schürte grimmer Neid,
Wenn uns aufs Blut gepeinigt die verrohten
Verthierten Haufen der vergangnen Zeit –
Wir standen fest trotz der Verfolgung Grauen,
Denn uns erfüllte inn'ges Gottvertrauen!

Und wenn des Mittelalters gift'ge Pflanze
Der Glaubenshaß noch immer Wurzel schlägt –
Ein böser Wind in wildem Wirbeltanze
Den gift'gen Samen immer weiter trägt
Ist Gottvertrauen unsre starke Schanze,
Die schützend ihre Mauer um uns legt,
Und hoffen läßt, daß wahre Menschenliebe
Einst sieget ob des Hasses wild Getriebe.

Ob wir zur Kirche, zu dem Tempel wallen –
Als Gottes Kinder fühlen wir uns hier! –
Ein gleich Empfinden herrschet in uns allen,
Und Gotterkenntnis heißet das Panier.
Derselbe Wunsch dringt aus den heil'gen Hallen,
Für Reich und Kaiser stehen innig wir!
Die Gläubigen umschließt dasselbe Band
Der Treue für ihr deutsches Vaterland.

Ein hehres Zeichen hohen reinen Strebens
Sei uns der Tempel, den wir heut geweiht,
Daß in dem Harten wilden Kampf des Lebens
Für edle Ziele Edle noch bereit!
Doch ihre Opfer, sie sind nicht vergebens –
Ein Denkmal wird er sein für alle Zeit,
Wird einstens künden, daß in unsern Tagen,
In unsrer Stadt manch warmes Herz geschlagen.

Und wenn das Dankgebet der gläub'gen Menge
Im neuen Tempel sich gen Himmel schwingt,
Der Widerhall inbrünstiger Gesänge
Empor zu jenen höhern Welten dringt, –
Dann werdet hören ihr die heil'gen Klänge,
Die Harmonien, die uns das Weltall singt.
„Es ist die Liebe, die die Welt regieret,
Die Bruderliebe, die zu Gott uns führet."

(Allgemeine Zeitung des Judenthums vom 19.2.1897)

Rabbiner Dr. Viktor Grabowski (1863-1931)

Grabstein von Rabbiner Grabowski und seiner Frau Bertha, geb. Haurwitz, auf dem jüdischen Friedhof in Barmen

Dem Wunsch nach harmonischer Eintracht zwischen den Konfessionen entsprach denn auch der einladende hebräische Bibelspruch aus Jesaja 56,7 über dem Dreipassbogen des Portals der prächtigen Synagoge: „Dies ist ein Haus des Gebets für alle Völker." Mit ihren orientalisch anmutenden Zwiebeltürmen, den verspielten Säulen in den Fenstern, den ungewöhnlichen Zinnen am Dachrand und der auffallenden Farbigkeit wird das Gotteshaus nicht nur große Aufmerksamkeit in der Bevölkerung des Wuppertals geweckt haben. Zugleich präsentierten sich die Barmer Juden als Angehörige einer selbstbewussten jüdischen Minderheit in einer nicht nur freundlich gesonnenen christlichen Mehrheitsgesellschaft.

Nachdem Rabbiner Dr. Carl Koch seine Stelle in Barmen gekündigt hatte, um nach Göteborg zu wechseln, wurde Rabbiner Dr. Viktor Grabowski als sein Nachfolger am 22. September 1899 in sein Amt eingeführt. 1863 in Kempen in Posen geboren, hatte er sich 1885 an der Universität und am Rabbinerseminar in Berlin immatrikuliert und wurde vier Jahre später mit einer Arbeit über die „Geschichte Josefs von Mar Narses nach einer syrischen Handschrift" in Leipzig promoviert. Von 1888 bis 1898 war er zunächst Rabbiner in Konitz in Westpreußen und dort Gründungs- und Vorstandsmitglied im Verband der Westpreußischen Synagogen-Gemeinden, bevor er als Rabbiner nach Barmen kam und hier eine Wohnung in der Augustastraße 9 (heute Heinrich-Janssen-Straße) bezog. Dreißig Jahre lang blieb er der Gemeinde treu und diente ihr aufopferungsvoll, soweit eine „schleichende Krankheit" (Jorde, S. 37) das zuließ. Er starb schon zwei Jahre nach seiner Emeritierung, am 1. Dezember 1931, und wurde auf dem jüdischen Friedhof an der Hugostraße bestattet.

Jüdisch-liberale

Organ der Vereinigung für das liberale J

Bezugspreis durch die Geschäftsstelle ¼jährlich M. 2.50
Einzelnummer 0.20. Bei freier Zusendung i. Inland 0.25
Für die Mitglieder der Vereinigung ist der Bezugspreis
im Mitgliedsbeitrage enthalten.
Verantwortl. Redakteur: Bruno Woyda.

Die „Jüdisch-liberale Zeitung" erscheint jeden
Redaktion und Geschäftsstelle: Berlin SW 48, Wilhe

Fernruf: Bergmann 3358, 3359
Postscheckkonto: Berlin NW 7, 137 069
(Vereinigung für das liberale Judentum)

Nachdruck sämtlicher Origi
nur mit vorheriger Gene
Redaktion gestat

2. Teil

Zwischen Ablehnung und Akzeptanz.

Die Juden im Wuppertal von der Jahrhundertwende bis zum Ende der Weimarer Republik

Seit der Gründung des deutschen Kaiserreichs politisch und rechtlich endlich vollkommen gleichgestellt, wuchs das Selbstbewusstsein der jüdischen Städtebewohner, aber auch der Antisemitismus, der ihnen entgegenschlug. Selbst die grosse Aufopferungsbereitschaft der jüdischen Soldaten im Ersten Weltkrieg änderte das nicht. Gleichwohl haben sich zahlreiche jüdische Persönlichkeiten im Sozialleben, in der Politik und in der Kultur der Stadt engagiert und einen Namen gemacht.

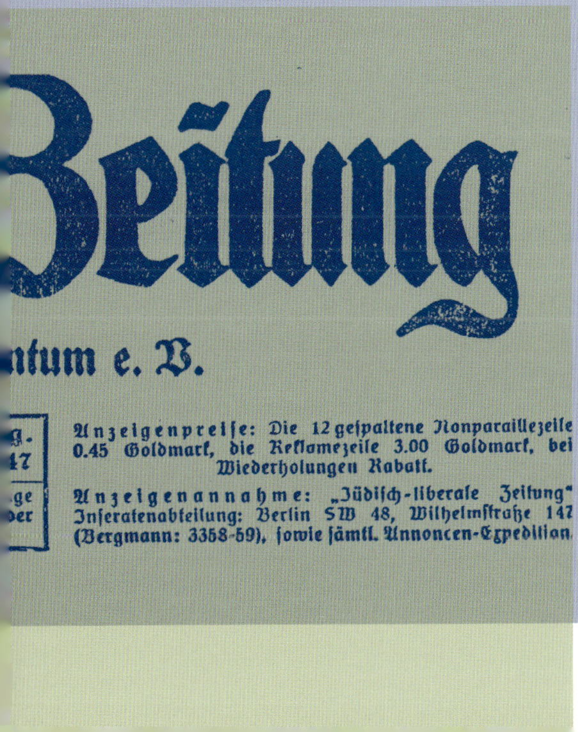
Zeitung
ntum e. V.
Anzeigenpreise: Die 12gespaltene Nonpareillezeile 0.45 Goldmark, die Reklamezeile 3.00 Goldmark, bei Wiederholungen Rabatt.
Anzeigenannahme: „Jüdisch-liberale Zeitung" Inseratenabteilung: Berlin SW 48, Wilhelmstraße 147 (Bergmann: 3358-59), sowie sämtl. Annoncen-Expedition

„Tumultuöse Scenen.“ Eine antisemitische Versammlung in Elberfeld

Als Reaktion auf den Eintritt der Juden in die deutsche Gesellschaft als gleichberechtigte Staatsbürger entstanden unter der Führung demagogisch agierender Wortführer bald judenfeindliche Organisationen, Vereine, Zeitschriften und sogar politische Parteien. Sie fanden Anhänger und Leser sowohl bei enttäuschten Intellektuellen, bei der protestantischen Geistlichkeit und dem katholischen Klerus, beim traditionellen Feudaladel und vor allem beim konservativen Mittelstand, kleinen Geschäftsleuten und Handwerkern, die sich von Kapitalismus und neuen Wirtschaftsformen bedroht fühlten. Denn unter dem Feindbild des „Juden“ bündelten die Antisemiten eben nicht nur judenfeindliche, sondern zugleich alle zeitgenössischen Bestrebungen, die ihnen bedrohlich erschienen, darunter vor allem die kulturellen und zivilisatorischen Entwicklungen der Moderne, zu denen u.a. die Politik der Sozialdemokratie gezählt wurde.

Derartige Auseinandersetzungen gab es auch im Wuppertal. So berichtete die sozialdemokratische „Freie Presse“ im Oktober 1890 von einer antisemitischen Versammlung, die am Döppersberg in Elberfeld stattgefunden hatte und gewiss keinen Einzelfall darstellte:

Die geistige Bekämpfung der Sozialdemokratie hat bei uns im Wupperthale begonnen, und zwar in einer Redenversammlung der Antisemiten, welche bei überfülltem Saale gestern Abend auf dem Döppersberge von Statten ging. Der Einberufer dieser Versammlung, ein Herr K. von Witten, gab das Thema des Vortrages: „Die Judenfrage“ bekannt, und drohte den etwa anwesenden Gegnern und Opponenten, die sich durch Zwischenrufe bemerkbar machen sollten, mit dem Herausschmeißen. Hierauf ertheilte er dem Referenten, Reichstagsabgeordneten Liebermann von Sonnenberg, das Wort, nachdem er zuvor, um die Qualität der Versammlung zu erproben, ein Hoch auf den Kaiser ausbrachte, in welches alle Nichtsozialdemokraten stehend einzustimmen aufgefordert wurden. [...] Nachdem der Vortragende sich der dreifach überwiegenden Majorität der Judenfresser vergewissert hatte, konnte die frisch, fromm, fröhlich freie Judenhatz beginnen. War die Erregung in der Versammlung bei den in Aussicht gestellten Hinauswerfen eine große, so steigerte sich dieselbe während der ersten Hälfte des Vortrages dermaßen, daß es zu

Titel der antisemitischen Wochenzeitung „Die Wacht“, die vom „Deutsch-sozialen Verein“ in Elberfeld herausgegeben wurde

№ 5. I. Jahrgang. **Die Wacht.** Samstag, 31. October 1891.

Wochenzeitung zur Vermittelung eines gesunden Geschäftsverkehres.

Herausgegeben vom „Deutsch-sozialen Verein“ in Elberfeld.

...natlicher Bezugspreis: 20 ₰. durch die Post (Postzeitungsliste Nr. 6177a) vierteljährlich 75 ₰. — Anzeigengebühr: 15 ₰ die Kleinzeile ... deren Raum; bei Wiederholungen 3× 10%, 6× 20%, 10× 33⅓% Nachlaß. — Geschäftsstelle und Anzeigenannahme: Grabenstraße 6.

Einladung zum Abonnement

...uf die wöchentlich einmal erscheinende „Wacht“ zum Preise von monatlich 20 Pf. **„Die Wacht“** ist die einzige Zeitung am Orte, die **frei** und **unabhängig von jüdischem Einfluß** wagen darf, ...ie Schäden unserer heutigen Zeit offen und wahrheitsgetreu aufzudecken. ...ntstanden zu dem Zwecke, eine Gesundung unserer geschäftlichen Verhältnisse herbeizuführen, verfolgt **„die Wacht“** zugleich die Absicht, weitere Kreise der Bevölkerung über die sogen. Judenfrage aufzuklären und in fortlaufenden, zusammenhängenden Artikeln auf die Haupterscheinungen des verderblichen Einflusses der Juden auf unsere heutigen Verhältnisse hinzuweisen.

Man beziehe „die Wacht“ durch die Post unter Nr. 6477a oder direkt bei der Geschäftsstelle.

Redaktion und Verlag der „Wacht.“

—r— Der Fall Bleichröder.

Es ist in den letzten Wochen in allen unabhängigen Zeitungen so ...iel von dem Falle Bleichröder gesprochen worden, daß wir unseren ...esern den in Aussicht gestellten Ueberblick über diese dunkle Angelegen...eit heute geben wollen. Der letzthin viel genannte Rektor Ahlwardt ... Berlin ist bekanntlich in den Stand gesetzt worden, ein sachliches ...aterial zu veröffentlichen, daß er in einem kleinen Druckhefte unter ...m Titel: „Der Eid eines Juden“, dem Publikum übergeben hat. ...iese Broschüre — deren Lektüre wir unseren Lesern nachdrücklich ...mpfehlen — enthält eine Reihe von ungemein belastenden und unge...ein überzeugenden Beweisstücken zur Geschichte der Verderbtheit unserer ...üngsten Vergangenheit. Es ergiebt sich daraus etwa folgender Sachverhalt: Der Geh. Kom.-Rat, Großbrit. Generalkonsul, Ritter hoher ...rden, Baron Gerson von Bleichröder in Berlin, eine der bekanntesten ...roßkapitalistischen Gestalten jüdischer Herkunft in unserer Zeitgeschichte, ...at vor einer Reihe von Jahren ein schmutziges Verhältnis mit einer ...erheirateten Frau, der Jüdin Croner, gehabt. Sind auch derartige ...älle bei unseren großkapitalistischen Jude... nicht gerade sehr selten und deshalb für gewisse Kreise nicht gerade auffällig, so gewann doch in diesem Falle das Verhältnis für den pp. Bleichröder einen unangenehmen Beigeschmack, weil er selbst verheiratet war und weil seine Ehe durch das Bekanntwerden seiner Beziehungen zu der Frau Croner gestört werden konnte. Dieser Punkt in der ganzen Angelegenheit war der jüdischen Frau Croner, die ja wohl gewußt hat, warum sie sich gerade mit dem pp. Bleichröder in intime Verbindungen eingelassen hat, ...leich... nicht entgangen, und es ist interessant, zu sehen, wie hier ...in Jude und eine Jüdin einen einmal begangenen Fehltritt behandeln und gegen einander ausspielen. Es war natürlich, daß Frau Croner, als sie den Herrn v. Bleichröder in ihrer Hand hatte, ihm die Daumenschrauben aufsetzte und nach Kräften Geld herauszupressen suchte. Herr ...

langwieriger Prozeß, der schließlich dahin führte, daß das zuständige Gericht die Frage, ob ein derartiges von dem pp. Bleichröder ausgestelltes Dokument vorhanden sei, durch eine eidliche Aussage des Herrn von Bleichröder zur Entscheidung zu bringen suchte. Das Schriftstück war nämlich inzwischen auf geheimnisvolle Weise verschwunden. Herr von Bleichröder bestritt dessen Vorhandensein und leistete am 29. Nov. 1881 den Eid. Derselbe lautet: „Ich schwöre pp. die Thatsache ist nicht wahr, daß ich eine Urkunde des Inhalts, daß ich der Klägerin für Geheimhaltung ihres behaupteten Verhältnisses zu mir vor meiner Ehefrau lebenslänglich in monatlichen Raten von 30 Thalern und an jedem der vier jüdischen Hauptfeiertage 25 Thaler, sowie eine Abfindung für ihre Kinder zu zahlen versprochen habe, unterzeichnet habe.“ Die Croner machte nun eine Anzahl von Zeugen dafür ausfindig, daß dieses Schriftstück thatsächlich vorhanden gewesen sei, und erstattete bei der Staatsanwaltschaft zu Berlin gegen den Herrn Kommerzienrat die Anzeige wegen wissentlichen Meineides. Die Staatsanwaltschaft lehnte nun aber die Verfolgung Bleichröders wegen wissentlichen Meineides ab, und zwar mit so gewundenen und wenig stichhaltigen Gründen, daß der Rektor Ahlwardt in der daran geknüpften Besprechung sich veranlaßt sieht, zu schreiben: „Der betr. Dezernent der königl. Staatsanwaltschaft räumt unter der Wucht der Zeugenaussagen ein, daß das betr. Schriftstück, dessen Vorhandensein der pp. Bleichröder unter seinem Eide in Abrede gestellt hat, wirklich vorhanden gewesen ist, weil aber die (übrigens für die Hauptsache ganz unwesentliche) Fassung einen Satz enthält, dessen Wortlaut im Schriftstücke nur noch einer Zeugin ganz genau, den anderen Zeugen aber („„nach 12 Jahren““!!!) nur noch ungenau im Gedächtnis geblieben ist, so ist der das ganze Schriftstück in Abrede stellende Eid kein falscher gewesen!—!—!“ und daß er dann später fortfährt: „Hat der pp. Bleichröder keinen Meineid geschworen, warum bestraft man nicht diejenigen, die ihn in den Verdacht eines solchen bringen? — Ich behaupte, der Herr von Bleichröder hat wissentlich einen Meineid geschworen! — Ich übergebe diese Erklärung der Oeffentlichkeit und nunmehr muß doch Einer bestraft werden, entweder er oder ich! Ist der Stammesgenosse des pp. Bleichröder, Exzellenz „von Friedberg“, der damals Gewalthaber der höchsten Justizbehörde des Preußischen Staates war, nicht mehr in der Lage, uns auf diese Frage eine Antwort zu geben, so dürften diejenigen Beamten unserer Justiz, die jetzt das Glück haben, zu einem mit jugendkräftiger Energie für das Rechtswohl des Staates und seines preußischen und deutschen Volkes wirkenden Herrscher aufzublicken, uns jetzt hierauf einen gerechten Bescheid zu geben vielleicht in der Lage sein.“ Seit dem Erscheinen dieser Ahlwardt'schen Broschüre sind viele Monate vergangen, ohne daß nach der einen oder nach der anderen Seite hin etwas unternommen worden ist, bis man jetzt vor kurzem vernahm, daß der Reichskanzler v. Caprivi sich die Akten des Prozesses eingefordert habe. Was nun weiter in der Sache geschieht, muß abgewartet werden.

Mit dem Bescheide der Staatsanwaltschaft gab sich die Croner ...

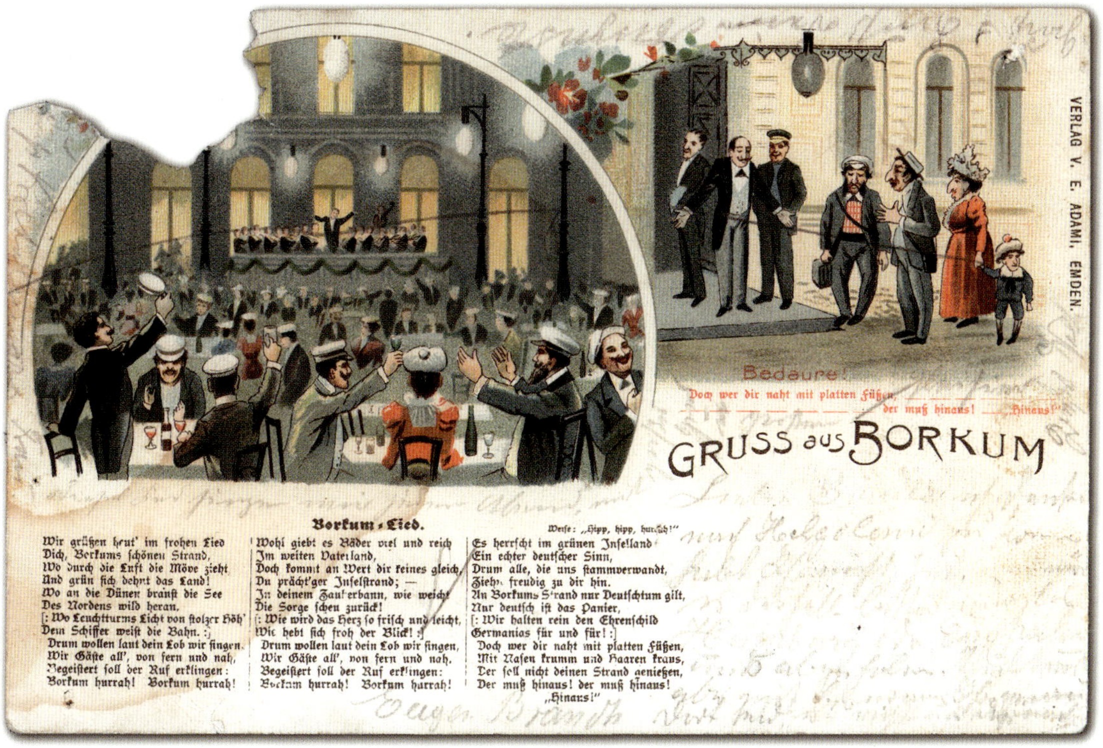

◀ *Postkarte mit dem antisemitischen „Borkumlied", am 1.9.1902 an eine Familie in Heiligenhaus geschickt.*

▼ *Anzeigen von Vorträgen des antisemitischen „Deutsch-sozialen Vereins", Elberfeld 1892 und 1893*

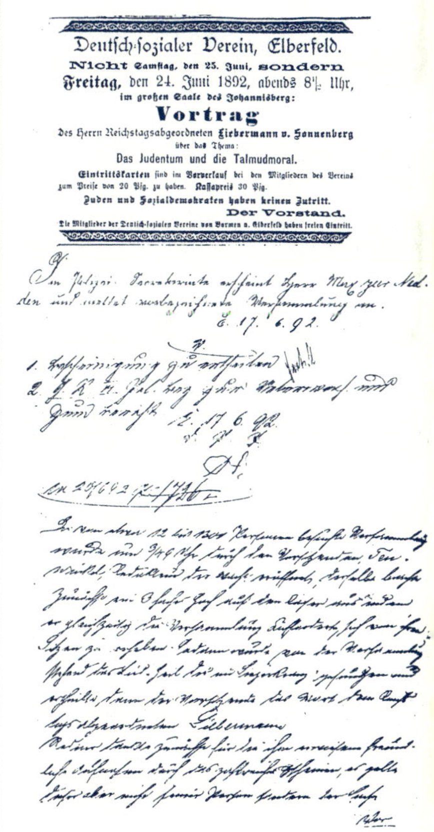
Deutsch-sozialer Verein, Elberfeld.
Nicht Samstag, den 25. Juni, sondern
Freitag, den 24. Juni 1892, abends 8½ Uhr,
im großen Saale des Johannisberg:
Vortrag
des Herrn Reichstagsabgeordneten Liebermann v. Sonnenberg
über das Thema:
Das Judentum und die Talmudmoral.
Eintrittskarten sind im Vorverkauf bei den Mitgliedern des Vereins zum Preise von 20 Pfg. zu haben. Kassapreis 30 Pfg.
Juden und Sozialdemokraten haben keinen Zutritt.
Der Vorstand.
Die Mitglieder der Deutsch-sozialen Vereine von Barmen u. Elberfeld haben freien Eintritt.

stürmischen und tumultuösen Scenen zu kommen drohte. Selten ist hier im Wupperthale in solch gehässiger und verletzender Weise zu Werk gegangen worden, als in dieser Versammlung, die unter dem Deckmantel des Antisemitismus und mit dem Aushängeschild der kaiserlichen Loyalität stattfand. Wir sind überzeugt, daß der zehnte Theil der Hetzreden und Provokationen des Vortragenden und seiner Gesinnungsgenossen, welche mit einer Dreistigkeit sonder Gleichen alle und selbst die kleinsten Uebelstände unserer heutigen Gesellschaft einzig und allein den Juden in die Schuhe schieben möchten, hingereicht hätten, um jede sozialdemokratische Versammlung zur Auflösung zu bringen und den Vortragenden mit der Anwendung des bekannten Aufhetzungsparagraphen des Strafgesetzbuches zu beglücken. (Freie Presse vom 24.10.1890)

Antisemitismus wurde in den 1890er Jahren immer populärer. In Kundgebungen, Zeitungen und Büchern buhlte die Bewegung um Stimmen und Zustimmung. Als Reaktion darauf organisierten die deutschen Juden unterschiedliche Foren in Form von Zeitschriften, Aufklärungsschriften und Vortragsveranstaltungen, um sich zu wehren und auch nichtjüdische Unterstützer für ihr wichtigstes Anliegen zu finden. Wie aggressiv sich die judenfeindliche Stimmung gegen Ende des Jahrhunderts aufgeheizt hatte, zeigt der Bericht über eine Veranstaltung der antisemitischen „deutschen Reformpartei" in Barmen, die sich auf ihr Recht zur Redefreiheit berief, um gegen Juden hetzen zu können:

Die deutsche Reformpartei hielt am 6. d. M. im Viktoria-Theater eine Versammlung ab, in welcher der Reichstagsabgeordnete Raab aus Hamburg einen Vortrag über das Thema: Prof. Heinrich von Treitschke's Ausspruch: „Die Juden sind schuld an unserem Unglück", hielt. Der Besuch war ein außerordentlich zahlreicher. Die Polizeiverwaltung hatte an der Veröffentlichung des Themas Anstoß genommen und die Zeilen „Die Juden sind schuld an unserem Unglück" an den Plakatsäulen überkleben lassen; sie hatte auch den Drucker der Plakate und ein Vorstandsmitglied des deutschen Reformvereins, das die Bekanntmachung veranlaßte, in Polizeistrafe genommen, wegen groben Unfugs. Der Kaufmann Schmitz brachte folgende Resolution ein: „Die Versammlung erklärt, daß die Vermuthung der Behörde, daß die Besprechung des Themas „Die Juden sind unser Unglück" eine Gefahr für die öffentliche Ordnung und Sicherheit enthalte, eine unbegründete war. Die Anwesenden sprechen aus, daß sie jedem Versuch der Beschränkung ihrer Redefreiheit entschieden entgegen treten werden." Diese Resolution wurde einstimmig angenommen. Der Vortrag des Abgeordneten Raab selbst bewegte sich in dem üblichen Geschimpfe. (Im deutschen Reich vom 8.11.1899)

BERLIN
15. Januar 1936

Erscheint jeden Mittwoch

PREIS 25
Nr. 3 / 16. Jah

JÜDISCHE ALLGEMEIN

Schriftleitung und Geschäftsstelle: Berlin-Charlottenburg 2, Bleibtreustraße 2.
I Steinpl. 3703. Bankk.: Kreditverein f. Handel u. Gewerbe eGmbH
ostscheck-K.: Berlin 25720 —

Berlin, 4. Januar 190

65. Jahrgang. Nr. 1.

Allgemeine
Zeitung des Judenthums

Ein unpar

Diese Zeitung erscheint wöchentlich. Abonnements-Preis Durch Buchhandel, Post oder direkt von der Expedition in Berlin unter Streifband bezogen vierteljährl. 3 M.
Redacteur: Gustav Karpeles.

Annoncen pro Zeile 30 Pf.

Wochen-Kalender.

Januar 1901 | Tebeth 5661

Israelitisches
Familienbl

Jüdisch-liberale Zeitung

Organ der Vereinigung für das liberale Judentum e. V.

Anzeigenpreise: Die 12gespaltene Nonpareille ... Goldmark, die Reklamezeile 3.00 Goldmark, ...olungen Rabatt.

...e: „Jüdisch-liberale Zei... ...rlin SW 48, Wilhelmstraße

C.V.-Zeitung
Central Verein

Monatsausgabe
Juli 1926

Blätter für Deutschtum und Judentum.

Organ des Central-Vereins deutscher Staatsbürger jüdischen Glaubens e.V.

Allgemeine Zeitung des Judentums

Für das deutsche Weimar!

In Weimar hat eine Tagung der „Nationalsozi...
...istischen Partei ...

Mit wesentlichen Verme... Verbesserungen nebst N... die Accente (נגינות) in Noten.
Wiederverkäufer höch...
In Roedelheim:
M. Lehrber...
Frankfurt a. M.
J. K...

Lehrerinnen-

Zum 1. April sucht ... Pensionat, verbunden ... Töchterschule eine ... norddeutsche Lehrerin ... unter 24 Jahre. ... Auslande gewesen ... Vorzug. Ausführliche Angabe der bisherigen ... der Gehaltsansprüche, ... einer Photographie ...
Frl. Jen...
Hannov...

Der *„Centralverein deutscher Staatsbürger jüdischen Glaubens“* und die *Bergische Loge „Bne Briss“*

In der Zeit des Kaiserreichs entstand eine Vielzahl von nationalen und regionalen jüdischen Vereinigungen, die auf die neuen politischen, sozialen und gemeindlichen Herausforderungen reagieren wollten. Religion spielte dabei oft weniger eine Rolle, wichtiger waren die Fragen, wie die deutschen Juden dem Staat gegenüber auftreten und sich nach außen hin repräsentieren wollten und wie dem Erstarken des Antisemitismus zu begegnen sei. Für viele deutsche Juden wurde die ehrenamtliche Mitgliedschaft und Betätigung in derartigen Organisationen ein wichtiger Faktor ihrer jüdischen Identität, denn vor dem Hintergrund der kulturellen und gesellschaftlichen Ablehnung suchten sie nach Formen jüdischen Lebens, auch wenn sie sich selbst als weitgehend säkulare Juden verstanden. Der „Bne Briss-Orden“ und der „Centralverein deutscher Staatsbürger jüdischen Glaubens“ galten dabei als die führenden unter den vielen Gruppierungen der Juden in Deutschland.

Der „Centralverein deutscher Staatsbürger jüdischen Glaubens“ (CV), 1893 in Berlin gegründet, war der erste von mehreren Versuchen, eine zentrale Vertretung des deutschen Judentums gegenüber dem Staat zu schaffen. Seine wichtigsten Anliegen waren die Verwirklichung staatsbürgerlicher Rechte und die Bekämpfung des Antisemitismus. Zu Recht machten sich die deutschen Juden große Sorgen angesichts der Tatsache, dass der Judenhass in der Mehrheitsgesellschaft die friedlicheren Gründerjahre nicht nur überlebt hatte, sondern sogar gewachsen war. Durch eine eigene Presse gelang es ihnen, sich ein Sprachrohr zu schaffen, das Juden und Nichtjuden über einzelne Fälle antisemitischer Übergriffe und Verbrechen und ihre Ahndung informierte und über den Antisemitismus generell aufklärte. Auch im Wuppertal wurde eine Ortsgruppe des „CV“ gebildet, mit dem die meisten der jüdischen Männer sympathisierten. Die Zeitschrift „Im deutschen Reich“, vom Centralverein 1895 gegründet, war neben der zionistischen „Jüdischen Rundschau“ das führende Organ unter den deutschen Juden der Jahrhundertwende.

In antisemitischen Blättern dagegen wurde mit Vorliebe Rufmord an Juden verübt, um die judenfeindlichen Stereotypen zu bestätigen und die Vorurteile gegenüber Juden zu erhärten. So hatte das sächsische Antisemiten-Blatt „Deutsche Wacht“ am 14. Dezember 1898 von dem Fall der „jüdischen“ Eheleute Giese aus Elberfeld berichtet, die in der Gegend von Freiberg vor allem mit Handtüchern, Stoffen und Schlafdecken gehandelt hatten und dabei mit unredlichen Mitteln vorgegangen sein sollen, um höhere Preise zu erzielen. Der „Handelsmann“ Giese sei zu zehn Monaten, seine Frau zu sechs Monaten Gefängnis verurteilt worden. Die CV-Zeitung „Im deutschen Reich“, die diese Geschichte überprüft hatte, stellte klar, wie sich die Sache in Wirklichkeit verhielt:

Der wegen Betruges verurtheilte Handelsmann Giese ist evangelisch, war niemals Jude und stammt auch nicht von Juden. Ohne das Wörtchen „jüdisch“ hätte die „Deutsche Wacht“ sich für diese Freiberger Gerichtsverhandlung sicher gar nicht interessiert; wer es wider besseres Wissen eingeschoben hat, ist uns natürlich unbekannt. (Im deutschen Reich 1899, Heft 1)

1843 hatten deutschstämmige Juden in New York den „Independent Order of B'nai B'rith" (Söhne des Bundes) gegründet, eine bis heute hoch angesehene Organisation ausschließlich männlicher Mitglieder, die vor allem auf den Gebieten des Sozialdienstes, der allgemeinen Wohlfahrt und der Philanthropie tätig war und ist. 1882 wurden als Reaktion auf den Ausschluss der Juden aus deutschen Freimaurer- und Odd-Fellows-Logen die ersten deutschen Bne Briss-Logen gegründet.

Der Orden Bne Briss ist somit ein Orden jüdischer Männer, der sich die Aufgabe gestellt hat, „Juden zu vereinigen zur Förderung hoher und idealer Güter der Menschheit, den geistigen und sittlichen Charakter der Stammesgenossen zu stärken, ihnen die reinsten Grundsätze der Menschenliebe, der Ehre, der Vaterlandsliebe einzuprägen, Wissenschaft und Kunst zu unterstützen, die Not der Armen und Dürftigen zu lindern, die Kranken zu besuchen und zu pflegen, den Opfern der Verfolgung zu Hilfe zu kommen, Witwen und Waisen zu beschützen und in allen Lagen hilfreich beizustehen."

Der Orden hofft, an seinem Teil dazu beizutragen, daß der Gedanke der Menschlichkeit sich nicht nur auf eine Konfession oder auf Konfessionen beschränke, sondern daß er ein wahrer Menschheitsgedanke werde. Aus solcher Anschauung heraus beschränkt der Orden seine Hilfstätigkeit nicht auf die jüdische Stammesgemeinschaft, aber es liegt nahe, daß sie im wesentlichen auf sie gerichtet ist, nachdem durch Jahrzehnte hindurch von Staat und Gesellschaft Juden die Gleichberechtigung in wichtigen Lebenslagen versagt worden ist. (Festschrift Bne Briss, S. 12)

1902 wurde auch im Wuppertal eine solche Loge ins Leben gerufen, die „Bergische Loge des Unabhängigen Ordens Bne Briss" mit dem Wahlspruch „Wohltätigkeit, Bruderliebe und Eintracht". Ihre Räume in der Berliner Straße 16 (heute Hofkamp) stellten die Mitglieder auch anderen Vereinen zur Nutzung zur Verfügung, wie z. B. dem Jüdischen Frauenbund und dem Jüdischen Jugendverein.

„*Ivria.*" Die Zionistische Ortsgruppe Elberfeld

Bereits seit 1882 hatte sich, besonders unter den jüdischen Einwanderern aus Russland, die Idee eines jüdischen Nationalismus entwickelt. Unter dem Druck der zaristischen Pogrome und des erstarkenden Antisemitismus im Westen galt der Zionismus Vielen als überzeugende Vision, als Juden einen modernen Staat gründen und darin ohne Furcht vor Angriffen leben zu wollen. Vor dem Hintergrund der nationalstaatlichen Entwicklungen des späten 19. Jahrhunderts, vor allem aber unter dem Eindruck der „Affaire Dreyfus" in Frankreich und der alltäglichen Judenfeindschaft sogar dort, im Geburtsland der Toleranz und Glaubensfreiheit, gelangte der österreichisch-jüdische Journalist Theodor Herzl (1869-1904) zu der Überzeugung, dass sich die Juden als Nation konstituieren und einen eigenen Staat gründen müssten. Sein 1896 erschienenes Werk „Der Judenstaat" gab den Anstoß zur Gründung der zionistischen Bewegung, deren Ziele 1897 auf dem 1. Zionistischen Weltkongress in Basel, noch gegen den Widerstand vieler liberaler und auch orthodoxer Juden Deutschlands, formuliert wurden.

Der Arzt und Zionist Dr. Levi Grüneberg (1879-1942)

Auch in Elberfeld gab es Juden mit zionistischer Einstellung, die ihre Aktivitäten in einem institutionellen Rahmen bündeln und organisieren wollten.
Unter der maßgeblichen Initiative des Rechtsanwalts Dr. Tobias Bernstein gründeten sie daher im Jahr 1900 die Zionistische Ortsgruppe (ZOG) in Elberfeld mit dem Namen „Ivria". Nachdem sich 1906 der Arzt Dr. Levi Grüneberg, ein bekennender Zionist, in Elberfeld niedergelassen hatte, richtete die Zionistische Ortsgruppe ihre Geschäftsstelle an der Adresse seiner Praxis an der Aue 98 ein.

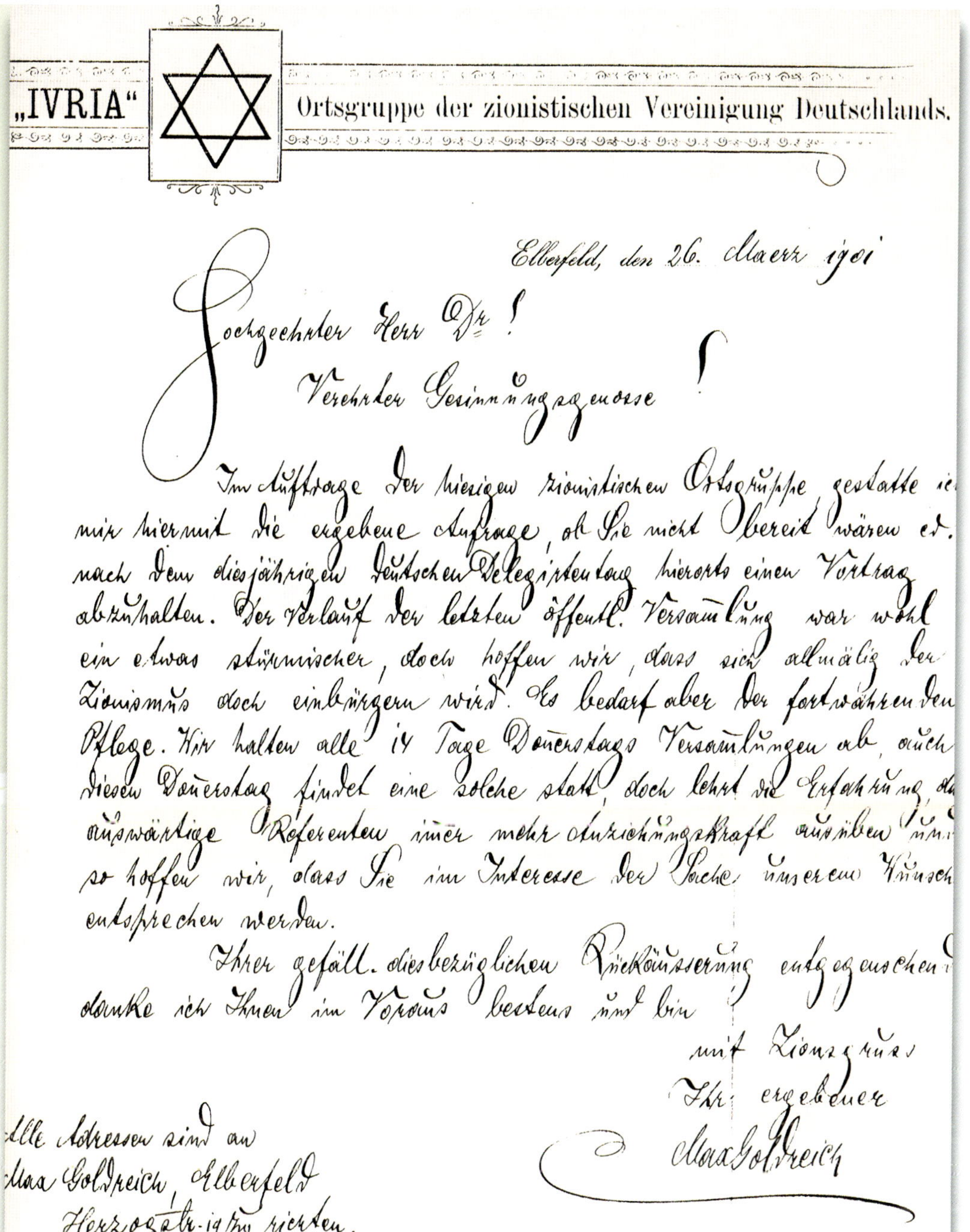

„IVRIA" Ortsgruppe der zionistischen Vereinigung Deutschlands.

Elberfeld, den 26. Maerz 1901

Hochgeehrter Herr Dr.!

Verehrter Gesinnungsgenosse!

Im Auftrage der hiesigen zionistischen Ortsgruppe gestatte ich mir hiermit die ergebene Anfrage, ob Sie nicht bereit wären ev. nach dem diesjährigen Deutschen Delegirtentag hierorts einen Vortrag abzuhalten. Der Verlauf der letzten öffentl. Versammlung war wohl ein etwas stürmischer, doch hoffen wir, dass sich allmälig der Zionismus doch einbürgern wird. Es bedarf aber der fortwährenden Pflege. Wir halten alle 14 Tage Donnerstags Versammlungen ab, auch diesen Donnerstag findet eine solche statt, doch lehrt die Erfahrung, dass auswärtige Referenten immer mehr Anziehungskraft ausüben und so hoffen wir, dass Sie im Interesse der Sache unserem Wunsche entsprechen werden.

Ihrer gefäll. diesbezüglichen Rückäusserung entgegensehend danke ich Ihnen im Voraus bestens und bin

mit Zionsgruss
Ihr ergebener
Max Goldreich

Alle Adressen sind an Max Goldreich, Elberfeld Herzogstr. 19 zu richten.

◄ *Briefkopf der Elberfelder Ortsgruppe der zionistischen Vereinigung Deutschlands „Ivria", 1901*

▼ *Die „Blaue Dose" zum Spendensammeln für den Jüdischen Nationalfonds*

Er war als Arzt sehr beliebt und ein wirklich seriöser Mann. Zusammen mit Dr. Aron, dem hier ansässigen Rechtsanwalt, arbeitete er in der ZOG, der zionistischen Ortsgruppe. Mein Mann und ich waren dort Mitglied, hörten uns Vorträge an, kamen zusammen und diskutierten. Ich war damals fünfzehn oder sechzehn Jahre alt und hatte den Kopf voller Ideale. Wir dachten, wenn wir erst unser eigenes Land haben, wenn es erst Israel geben würde, dann gäbe es keinen Antisemitismus mehr. Das haben wir allerdings völlig falsch gesehen, wir hatten uns getäuscht, denn Israel war nicht das märchenhafte Land, von dem man uns erzählt hatte. Ich denke sehr oft daran. […] Allerdings gab es auch unter den Elberfelder Kommunisten und Zionisten einige Auseinandersetzungen. Einmal habe ich gesehen, wie es nach einer Rede von Kurt Blumenfeld, dem damaligen Leiter der zionistischen Bewegung in Deutschland, zu einer regelrechten Schlägerei kam. Man hat sich gegenseitig mit Stühlen geschlagen. Einen besonders starken Eindruck hinterließ bei uns Robert Weltsch von der Jüdischen Rundschau. „Tragt ihn mit Stolz, den gelben Fleck!", schrieb er in einem Artikel. Seine Einstellung war für viele von uns vorbildlich, und auch mich haben seine Worte tief beeindruckt. Schon als kleines Kind habe ich jeden Sonntag die blauen Dosen geholt und auch leer gemacht. (Zeitzeugenbericht Vicky Grüneberg)

Die Zionistische Ortsgruppe Elberfeld-Barmen vertrat zwar innerhalb der im Wuppertal lebenden Juden nur eine Minderheit, trug aber maßgeblich zur Diskussion über das jüdische Selbstverständnis bei.

Es ist wohl nicht übertrieben, wenn man sagt, daß das jüdische Leben Elberfelds in diesem Winter unter dem Zeichen des Zionismus steht. Nicht sowohl darin drückt sich diese Tatsache aus, daß 3 imposante öffentliche Versammlungen von der Zionistischen Ortsgruppe Ivria abgehalten wurden als darin, daß die zionistische Bewegung im Mittelpunkt jüdischer Debatten steht, daß unsere Stammesgenossen gezwungen sind, über die Judenfrage nachzudenken und daß auf diese Weise notgedrungen mancher zu der allein möglichen Lösung des Problems durch den Zionismus gelangt. Unsere Gesinnungsgenossen im Westen Deutschlands haben von jeher einen schweren Stand gehabt.

Die Eltern Erich Neys, Joseph und Thekla, geb. Reinstein

▶ Erich Ney als Schüler des Realgymnasiums Elberfeld

Die körperliche Judennot macht sich den in Westdeutschland wohnenden Juden höchstens in Gestalt unserer russischen Auswanderer, die die große Heerstraße nach England ziehen und bei uns mehr oder weniger nur vorübergehend Zuflucht suchen, bemerkbar. Noch weniger verspürt man die völlige Isolierung in geistiger und gesellschaftlicher Beziehung; man bleibt unter sich und hält den Antisemitismus für erloschenen Antisemitismus.

So war es vor zehn Jahren und so ist es heute. Und doch, gar manches hat sich in dieser Zeit geändert. Wagte man es damals, Männer wie unsere Führer, Wolffson und Bodenheimer, mit dem Liede „Deutschland, Deutschland über alles" niederzuschreien, so sprach nunmehr unser Parteisekretär Herr Kurt Blumenfeld vor vielhundertköpfigen Auditorien, die seine zwingende Logik und sein reiches universelles Wissen stundenlang in atemloser Spannung hielt.

(Jüdische Rundschau vom 3.2.1911)

Der Elberfelder Erich Ney, geboren 1896, der in der Bahnhofstraße 12 wohnte, hatte sich schon als Jugendlicher der zionistischen Bewegung angeschlossen. Er war auch für eine Veranstaltung verantwortlich gewesen, mit der um die Gründung einer Wuppertaler Ortsgruppe des „Jüdischen Wanderbundes Blau-Weiß" geworben werden sollte, dessen Dachorganisation am Rande des Zionistentages in Posen 1912 gegründet worden war. Zwar bestritt der Verband „Blau-Weiß" mitunter, eine zionistische Organisation zu sein, verfolgte aber auch jüdisch-nationale Ziele. Überhaupt entsprach die zionistische Bewegung im Unterschied zu den Angeboten des „Bne Briss" und des „Centralvereins" in vielerlei Hinsicht den Interessen von Jugendlichen, vor allem denen aus einfacheren Verhältnissen.

Erich Ney ging als „Chaluz", als landwirtschaftlicher Pionier, schon im Dezember 1920 nach Palästina, um voller Idealismus zum Aufbau des Landes beizutragen. Dass er mit seiner „Alijah" (wörtlich „Aufstieg" – gemeint ist die Einwanderung von Juden nach Palästina) ein anderer Mensch werden wollte, demonstrierte er u.a., indem er seinem ersten Sohn den explizit hebräischen Namen Raphael Eli gab. Nichts kann die Kluft, die sich zwischen den sich als Deutsche verstehenden, konservativen, auch ein wenig ängstlichen deutschen und den „neuen", hebräischen Juden anschaulicher machen als die befremdete Reaktion der Großeltern in Elberfeld. Sie freuten sich zwar sehr über die Geburt des Enkels, aber Verständnis für die Namenswahl, für die Suche ihres Sohnes nach einer neuen nationalen Identität, hatten sie nicht. Im Gegenteil, sie machten sich große Sorgen:

Was seinen Namen angeht, so werden hier andauernd Debatten darüber geführt. Offen gestanden findet man ihn allgemein zu ausgefallen und alttestamentarisch. Gewiss im Hinblick auf Eure Umgebung ist er passend und sogar geschmackvoll, aber Ihr müsst bedenken, für europäische Verhältnisse ist er nicht zugeschnitten. Das Kind kann doch später einmal eine deutsche Schule besuchen, und aus der Erfahrung müsstest Du, lb. Erich, doch wissen, wie scharf und beissend oft Kinder, bezw. Schülerspott im Hinblick auf den Namen sein können. Ihr könntet dem Kinde ausser dem palästinensischen doch noch einen hübschen deutschen Namen wie Alfred, Walter, Heinz oder ähnlich geben.

Ein Name, bei dem man schon so viel verändern kann, wie Ihr jetzt mit Raffi beweist, ist schon nicht richtig. In der Schule machen sie „Raffke“ und alles mögliche daraus und aus Eli einen Mädchennamen Elli usw. Es ist doch nicht nötig, einem Kind dadurch vielleicht Leid zu schaffen, und muss man wirklich darin weiter denken. Ihr müsst mir nicht böse sein, wenn ich so often schreibe, aber es ist nur innige Liebe zum Kinde, die mich dazu veranlasst. Wenn Ihr Raphael schon nicht ändert, dann nennt den Kleinen doch Ralph. Das ist ein hübscher wenn auch englischer Name. Wenn Ihr das noch ändern könnt, dann lasst ihn direkt auf Ralph umschreiben und gebt statt Eli noch einen deutschen Namen dazu. Es ist […] wirklich mit dem Namen keine so gleichgültige Sache. Wenn Ihr nachdenkt, werdet Ihr mir recht geben. Ich wurde auch von allen Seiten darauf aufmerksam gemacht.

(Brief von Thekla Ney vom 27.4.1929, in: Erich Ney, S. 21f.)

Für viele Familien bedeutete die Idee eines neuen, jüdischen Staates, der ganz andere Lebensentwurf und das stolze Selbstverständnis der jüngeren Generation eine harte Zerreißprobe, die nur in gegenseitigem Vertrauen und einem großen Zusammengehörigkeitsgefühl zu bestehen war.

Wie modern sich die Vision des jüdischen Staates im alten Land Palästina gestalten sollte, hatte der Begründer des Zionismus, Theodor Herzl, in seinem utopischen Roman „Altneuland“ (1902) beschrieben. Dort stand sogar die Wuppertaler Schwebebahn, die erst im Jahr vor der Veröffentlichung fertig gestellt worden war, als Beweis technischer Innovation Modell:

Der Zionismus erstrebt für das jüdische Volk die Schaffung einer rechtlich gesicherten Heimstätte in Palästina.
Zur Erreichung dieses Zieles nimmt der Congress folgende Mittel in Aussicht:
I. Die zweckdienliche Förderung der Besiedlung Palästinas mit jüdischen Ackerbauern, Handwerkern und Gewerbetreibenden
II. Die Gliederung und Zusammenfassung der gesammten Judenschaft durch geeignete örtliche und allgemeine Veranstaltungen nach den Landesgesetzen.
III Die Stärkung des jüdischen Volksgefühls und Volksbewußtseins
IV Vorbereitende Schritte zur Erlangung der Regierungszustimmung, die nötig sind, um das Ziel des Zionismus zu erreichen.

Theodor Herzl (1869-1904) und die „Magna Charta“ des Zionismus

„Alle Deibel, was ist das?“ schrie Kingscourt, indem er nach einem über den Palmenwipfeln vorbeisausenden großen Eisenwagen wies, aus dessen Fenstern Fahrgäste herunterblickten. Der Wagen hatte die Räder nicht unten, sondern oben, über dem Dach. Er hing und schwebte an einem mächtigen, eisernen Brückengeleise. David Litwak erklärte: „Das ist die elektrische Schwebebahn. Die müssen Sie doch auch in Europa gesehen haben.“ „Wir waren zwanzig Jahre nicht in Europa.“ „Die Schwebebahn ist ja nichts Neues. Sie war schon in den neunziger Jahren des vorigen Jahrhunderts zwischen Barmen und Elberfeld im Betriebe. Wir haben sie in unseren Städten gleich von vornherein eingerichtet, weil der Massenverkehr so leichter und gefahrloser bewältigt werden kann. Der Bau war auch billiger als der von Straßen- oder Hochbahnen.“ (Herzl, S. 48f)

Ruth Peled, geb. 1930 in Tel Aviv, am Grab ihrer Großmutter Thekla Ney, Mai 2003

Der „Jugendverein Elberfeld-Barmen“

Vor dem Hintergrund der in Mode gekommenen deutschen Jugend- und Wanderbewegung entstanden seit 1907 überall in Deutschland auch jüdische Jugendvereine, die unterschiedliche Programme und Ziele entwickelten. Selbst wenn jüdische Jugendliche sich in ihrem Anderssein gegenüber der Welt der Erwachsenen einig waren, behielten auch sie die ideologische Ausdifferenzierung, besonders zwischen dem Zionismus und einem „deutsch-jüdischen“ Selbstverständnis bei. Es gab verschiedene studentische Organisationen, Bewegungen ähnlich dem deutschen „Wandervogel“ wie z. B. der „Blau-Weiß“, zionistische Jugendgruppen, orthodoxe und nicht zuletzt die größte der jüdischen Jugendgruppen, der neutrale Verband der jüdischen Jugendvereine Deutschlands, der 1909 mit Unterstützung des „Bne Briss-Ordens“, des „Centralvereins deutscher Staatsbürger jüdischen Glaubens“ und des „Deutsch-Israelitischen Gemeindebundes“ (DIGB) gegründet worden war.

Auf Initiative der Bergischen Loge wurde 1909 auch im Wuppertal eine Ortsgruppe, der „Jüdische Jugendverein Elberfeld-Barmen“, mit Sitz in der Gesundheitstraße in Elberfeld etabliert:

Auch im Wuppertale hat sich jetzt ein jüdischer Jugendverein gebildet. Dieser neue „jüdische Jugendverein Elberfeld-Barmen“ zählt schon hundert jüdische junge Mädchen und Männer zu seinen Mitgliedern. Dies ist ein erfreulicher Beweis dafür, dass die Idee, welche zur Gründung solcher Vereine geführt hat, in immer größeren Kreisen Anklang findet. Vorsitzender des Vereins ist Herr Rechtsanwalt Brück in Elberfeld. Die bergische Loge U.O.B.B. hat dem jungen Verein ihre Räumlichkeiten in hochherziger Weise zur Verfügung gestellt. (Allgemeine Zeitung des Judentums vom 16.4.1909)

Wie anderswo auch, wurde der Wuppertaler Jugendverein vor allem von Erwachsenen des gebildeten Mittelstands, die meisten aus der Gemeindeleitung, getragen und begleitet, nicht von den Jugendlichen selbst, die fast alle zwischen 18 und 25 Jahre alt und Handelsgehilfen und Angestellte waren. Zum Ziel setzte sich der Verein in erster Linie, junge jüdische Männer und Frauen zusammenzubringen und durch Vorträge im Judentum zu unterrichten. Mit seiner liberalen Ausrichtung war er offen für alle, so dass hier sowohl zionistisch eingestellte als auch indifferente Jugendliche Mitglied wurden. Allen gemeinsam war die Absicht, sich einerseits gegen Antisemitismus zu behaupten, andererseits sich selbst so zu disziplinieren, dass kein Anlass zu antisemitischen Angriffen gegeben war.

Der „Jüdische Jugendverein Elberfeld-Barmen“ durfte vor einiger Zeit den ersten Jahresbericht an seine Mitglieder versenden. Aus diesem Bericht ist zu ersehen, daß die Jugendbewegung in den jüdischen Gemeinden des Wuppertals kräftig eingesetzt und dort schon schöne Erfolge erzielt hat. Nicht weniger als 17 Vorträge teils jüdischen, teils allgemeinen Inhalts sind im ersten Vereinsjahre gehalten worden; dem jungen Vereine wurde von den älteren Gemeindeangehörigen solch lebhaftes Interesse entgegengebracht, daß auswärtige Redner überhaupt nicht herangezogen zu werden brauchten. Auch gesellige Veranstaltungen fanden großen Anklang. Der Besuch der Vereinsabende war sehr rege; Räumlichkeiten waren uns von der Bergischen Loge U.O.B.B., auf deren Initiative auch die Gründung unseres Vereins zurückzuführen ist, in äußerst dankenswerter Weise zur Verfügung gestellt worden. Im neuen Vereinsjahre sind neben den allgemeinen Vortrags- und Diskussionsabenden wissenschaftliche Sonderkurse (insbesondere Sprachkurse) sowie Sportabteilungen eingerichtet worden, welche sehr gut besucht sind, obwohl der Verein bis jetzt nur 120 Mitglieder zählt. (Israelitisches Familienblatt vom 9.6.1910)

1923 entstand eine „Jüdische Jugendgemeinschaft Elberfeld-Barmen“, eine lose Gruppe ohne Statuten mit rund dreißig jungen Frauen und Männern, die sich ebenfalls in den Räumen der Loge trafen und sich vor allem mit jüdischer Literatur und Philosophie, mit Politik, öffentlicher Meinung, wirtschaftlichen und sozialen Themen befassten.

Es handelt sich um ein gemeinsames Arbeiten und Diskutieren der Jugendlichen über Fragen, die sie interessieren, ohne Anleitung und Bevormundung erwachsener Personen. Es ist Arbeit d e r Jugend und nicht Arbeit a n d e r Jugend, ganz im Sinne der Jugendbewegung. In gleichem Sinn entstand auch die Idee zur Bildung einer solchen Vereinigung in dem jugendlichen Kreis selbst. (Jüdischer Wohlfahrtsverband, S. 550)

„Ein Mensch von durchaus lauterem Charakter."
Rabbiner Dr. Joseph Norden

Rabbiner Dr. Joseph Norden (1870-1943) als junger Mann

Nachdem Rabbiner Dr. Zacharias Auerbach nach vierzig Jahren Amtszeit in den Ruhestand getreten war, kam der 37jährige Rabbiner Dr. Joseph Norden mit seiner Familie nach Elberfeld, um am 6. September 1907 die Arbeit als Gemeinderabbiner aufzunehmen.

Norden war 1870 in Hamburg geboren worden und in einem gebildeten und traditionell religiösen Elternhaus aufgewachsen. Er hatte die bekannte Hamburger Talmud-Tora-Schule und, um das Abitur zu machen, die Oberklassen des Johannäums, eines humanistischen Gymnasiums besucht. Danach studierte er an der Universität und am angesehenen Hildesheimerschen Rabbiner-Seminar in Berlin, promovierte 1895 in Halle an der Saale mit einer Arbeit über den Philosophen Henry Home und bestand kurz darauf das Rabbinerexamen. Seine erste Stelle hatte er von 1897 bis 1899 in Neustettin, danach war er Rabbiner in Myslowitz (Oberschlesien), wo er eine Arbeit über einen seiner Vorgänger dort, Rabbiner David Deutsch, veröffentlichte.

Durch seine intellektuelle Beschäftigung mit den Biografien bedeutender Rabbiner und mit den virulenten unterschiedlichen Richtungen im Judentum entwickelte sich Joseph Norden zu einer profilierten Rabbinerpersönlichkeit. Orthodox erzogen und ausgebildet, wurde er zu einem bekennenden Liberalen mit ziemlich genauen Vorstellungen von dem, was „jüdisches Leben" und „jüdische Ethik" bestimmte.

Die Gemeinde, die über vier Jahrzehnte den Stil Dr. Zacharias Auerbachs gewohnt war, musste sich erst an den neuen, aber nicht unerfahrenen Rabbiner gewöhnen:

Selbst dort ging es nicht ohne Kämpfe ab, aber er setzte sich durch. Alle Kreise der Gemeinde, auch diejenigen, die sich weder mit seinem Standpunkt noch mit seiner Lebensweise identifizieren konnten, lernten ihn schätzen und lieben. [...] Seine schlichte Art, die sich auch in Kanzelreden und Vorträgen ausdrückte, gewann die Menschen. Wer ihn vorbeten oder Thora lesen hörte, und er tat beides besonders gern und gut, spürte die tiefe Religiosität, die ihm innewohnte. Trotz aller Radikalität seiner Denkweise und der Ablehnung von jedem Ritualismus blieben ihm das traditionelle Gebet und die traditionelle Lesung, die er von Jugend an mit der berühmten Exaktheit der Hamburger Talmud-Thora-Schule in sich aufgenommen hatte, Herzenssache. Wer ihm beim Kiddusch oder am Sederabend sah und hörte, konnte sich kaum vorstellen, daß hier der radikale Vorkämpfer für Fortschritt und Freiheit vor ihm stand.
(Lowenthal, S. 138)

Wie viele deutsche Juden seiner Generation war er – nicht nur aus heutiger Sicht – politisch unbegreiflich naiv, vor allem in seiner geradezu grotesken Verehrung des deutschen Kaisers Wilhelm II. Schon in Myslowitz hatte Norden damit begonnen, alljährlich zu „Kaisers Geburtstag" am 20. Januar Kanzelreden zu verfassen, die er sammelte und schließlich, 1913, auch veröffentlichte. Selbst äußerst fragwürdige politische Haltungen und Entscheidungen des Kaisers interpretierte Norden in einer Weise, dass der (durchaus als Antisemit bekannte) Monarch stets unbeschädigter Gegenstand der Huldigung blieb. Nordens Sohn Albert erinnerte sich in seinen Memoiren:

Im Elternhaus herrschte eine Atmosphäre des liberalen Monarchismus, dessen Glaubensartikel den allwöchentlichen Aufsätzen entnommen wurden, die Chefredakteur Theodor Wolff im „Berliner Tageblatt" niederlegte, der tonangebenden Zeitung der „linken" Bourgeoisie in den ersten Dezennien unseres Jahrhunderts: Monarchie – aber temperiert durch Konstitution, allgemeines und gleiches Wahlrecht, Aufklärung und Toleranz, Ausschaltung der Antisemiten und Einschränkung des Einflusses der Junker. Liberalismus – aber mit Monarchie, die nun freilich nicht von Gottes Gnaden, sondern verfassungsmäßig regieren sollte.

Dr. Joseph Norden und seine Braut Emilie, geb. Meseritz

Der Vater war in humanistischer Tradition erzogen und gleicherweise im Lateinischen, Griechischen und Hebräischen wie in den deutschen Klassikern zu Haus – aus Schiller, Goethe, Heine wurde abends in der Familie vorgelesen –, aber nach Art so vieler deutscher Intellektueller vollkommen blind, ahnungs- und hilflos gegenüber allen politisch-ökonomischen Zusammenhängen und Erscheinungen des Imperialismus. So konnte es geschehen, daß er noch im ersten Weltkrieg eine Broschüre über „Unseren Friedenskaiser“ Wilhelm II schrieb und veröffentlichte. Der Kronenorden kam postwendend... (Norden, Albert, S. 10f.)

Ganz anders präsentierte sich Norden als Theologe und Rabbiner. 1918 veröffentlichte er eine kleine, aber beachtliche Schrift über „Die Grundlagen und Ziele des religiös-liberalen Judentums“, die äußerst moderne Ansichten darüber vertritt, wie vor dem Hintergrund einer zunehmenden Säkularisation ein lebendiges, erfülltes Judentum gelebt werden kann.

Nicht Wissenschaft will das Schriftchen bringen; sondern in schlichten, allgemein verständlichen Worten will es zeigen, dass der jüdisch-religiöse Liberalismus eine Notwendigkeit für die Erhaltung der jüdischen Religion ist. (Norden, Grundlagen, S. 4)

Neben vielen anderen Streitfragen wie der Glaube an die Offenbarung, an Auferstehung und messianische Zeit, wie die Einführung der deutschen Sprache, der Mädchenkonfirmation und anderem berührt Norden auch die nach der Einhaltung des Schabbats, die für die Juden im Wuppertal wegen ihrer Einbindung in das städtische Geschäftsleben von besonderer Bedeutung sein musste. Selbst hier war er bereit, Kompromisse einzugehen:

Wenn es nun aber durch die Macht der wirtschaftlichen Verhältnisse sehr vielen Juden wirklich nicht möglich ist, den ganzen Sabbat als einen Tag der religiösen Sammlung und Weihe zu begehen, können wir dem geheiligten Tage dann nicht wenigstens regelmäßig einige Stunden abgewinnen, um sie als Weihestunden zu begehen? Auch diejenigen unter uns, die bezweifeln, daß uns der Sabbat dadurch für alle Zukunft auch nur als Bruchstück wird erhalten bleiben können, und die deshalb eine Verlegung des Sabbats vom Sonnabend (Samstag) auf den Sonntag das Wort reden, werden zugeben müssen, daß es auch von ihrem Standpunkt aus unverantwortlich wäre, wollten sie dem Verfall des Sabbats solange mit verschränkten Armen zusehen, bis das Bedürfnis nach einer religiösen Sabbatfeier schließlich ganz und gar geschwunden ist. (Norden, Grundlagen, S. 28)

Norden stand in regem Austausch mit Rabbinerkollegen und engagierte sich in der „World Union for Progressive Judaism“. Er interessierte sich überhaupt nicht für den Zionismus, dafür aber umso vehementer für neutestamentliche Studien und das Christentum, hielt sogar Vorträge aus jüdischer Sicht darüber.

Er zeigte, wie es bis in unsere Tage hinein fast unmöglich gewesen sei, in jüdischen Kreisen über das Jesusproblem zu sprechen [und gab] eine eingehende Darstellung vom Leben und Wirken des großen Naza-

Familie Norden mit ihren fünf Kindern und einer Nichte, Sommer 1916

▲ Hans, Albert, Elfriede und Bertha Norden

reners, der nach Meinung des Referenten wirklich gelebt hat. Im Mittelpunkt des Vortrags stand die Frage, ob Jesus Stifter einer neuen Religion gewesen sei und ob seine Lehre aus dem Judentum herausführe. Beide Fragen wurden vom Referenten verneint. Unter Anführung zahlreicher Belege wies Dr. Norden nach, wie die Lehre Christi weitgehend übereinstimme mit den ethischen Lehren und Forderungen des jüdischen Prophetismus; Jesus war ein echter, würdiger Nachfolger unserer großen Propheten, in deren Geist er wirkte. Erst Paulus bedeutet den Bruch mit der Ideenwelt des Judentums. Wir dürfen – so erklärte der Referent – stolz darauf sein, daß Jesus unserem Kreise entsprossen ist. (CV-Zeitung vom 9.5.1930)

Nordens dritte „Elberfelder Schrift" besitzt Gültigkeit bis in die Gegenwart. Unter dem Titel "Auge um Auge – Zahn um Zahn. Eine vielumstrittene Bibelstelle" erschien sie 1926 im renommierten jüdischen Philo-Verlag. Dabei handelt es sich um eine immer noch brennend aktuelle Erläuterung dieses so oft und immer wieder antijüdisch gewendeten Bibelworts. Mit profunder Kenntnis der jüdischen und christlichen Literatur gelang es dem Rabbiner, das bis heute übliche Argumentationsmuster, der jüdische Gott sei ein eifernder Rachegott, der christliche dagegen der Gott der barmherzigen Liebe, zu zerbrechen.

Norden bewohnte mit seiner Familie zunächst zwei Etagen im Nachbarhaus der Synagoge in der Genügsamkeitstraße 7. Mit seiner Frau Emilie, geb. Meseritz hatte er fünf Kinder. Der älteste Sohn Hans, 1899 geboren, firmierte als „Privatgelehrter" im Adressbuch und scheint dem Vater ein ebenbürtiger Diskussionspartner gewesen zu sein. Nachdem Hans Norden 1926 an den Folgen seiner Kriegsverwundungen gestorben war, druckte die „Jüdische Rundschau" einen seiner Texte über „Liberalismus und Zionismus" als Nachruf ab.

Albert Norden, 1904 geboren, entwickelte sich unter dem Eindruck des Ersten Weltkriegs, der tödlichen Verwundung seines Bruders und des reaktionären Kapp-Putsches im Wuppertal in eine ganz andere Richtung: Er, der in der späteren DDR als ZK-Mitglied der SED und einflussreicher „Chefideologe" Karriere machte, wurde schon als Schüler des Realgymnasiums an der Aue ein politischer, linker Aktivist. Ende Oktober 1918 trat er der von Karl Liebknecht mitinitiierten „Freien Sozialistischen Jugend Deutschlands" bei. Als die deutschvölkische Jugend auf dem Schulhof eine „nationale Manifestation" plante, kam es zu einer großen Schlägerei mit den kommunistischen Jugendlichen unter Führung des Rabbinersohns. Die Eltern standen dieser Entwicklung – offenbar in großem Kummer – machtlos gegenüber.

Meine erste Verhaftung erfolgte entweder in der zweiten Jahreshälfte 1920 oder Anfang 1921. Ich hatte aus dem Fenster der Elberfelder Stadtbibliothek, die im ersten Stock eines Hauses am Marktplatz lag, politische Flugblätter auf die Straße geworfen und mich dummerweise dabei erwischen lassen. Nach einigen Stunden wurde ich von der Polizeiwache nach Hause entlassen, aber das dicke Ende kam nach: der Antrag, mich in Fürsorgeerziehung zu stekken. Mein Vater, der mein Verhalten abscheulich fand, aber doch gut wußte, daß die preußisch-deutsche Fürsorgeerziehung geradezu eine Schule des kriminellen Verbrechens war, bot seinen Einfluß auf mit dem Ergebnis, daß mir der Eintritt in die berüchtigte Institution erspart blieb.

Ich lebte danach sozusagen in zwei Welten: zu Hause und in der Schule die gehaßte bürgerliche Atmosphäre, in der Kommunistischen Jugend die Jungarbeiter und -arbeiterinnen, mit denen man die Erlebnisse gemeinsamer politischer Aktionen, der Wanderungen, Veranstaltungen und Aussprachen mit den Genossen der Partei teilte.

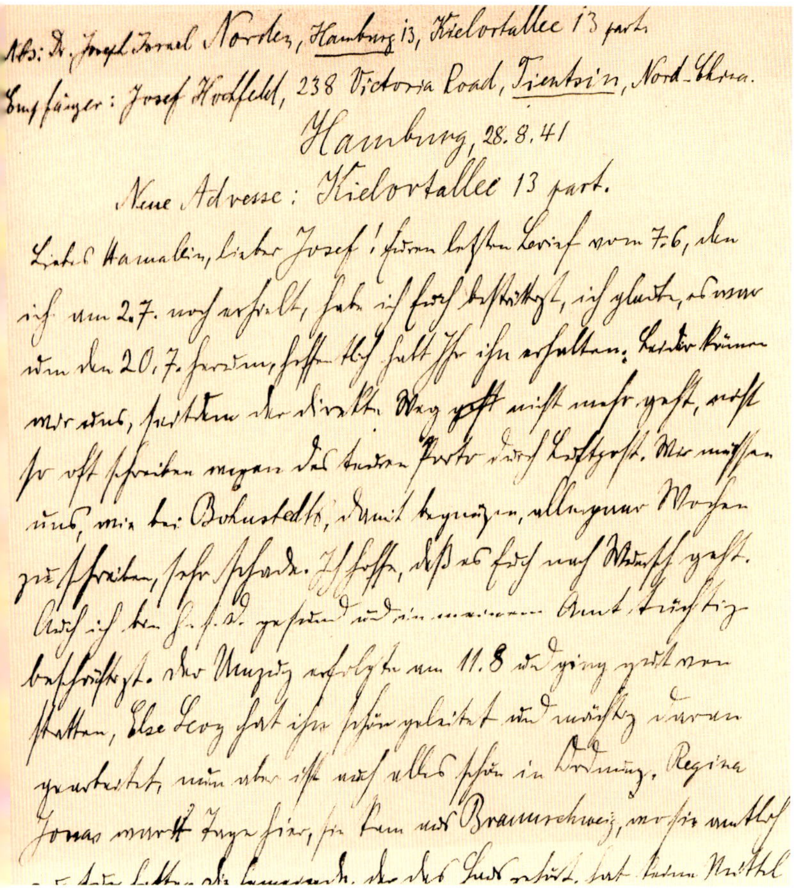
Abs: Dr. Joseph Israel Norden, Hamburg 13, Kielortallee 13 part.
Empfänger: Josef Hochfeld, 238 Victoria Road, Tientsin, Nord-China.
Hamburg, 28.8.41
Neue Adresse: Kielortallee 13 part.

Brief des Rabbiners an seine Tochter Hanna und den Schwiegersohn Josef Hochfeld vom 28.8.1941

So weiterzuleben schien dem Jungkommunisten eine Heuchelei. In erregten, durch einige elterliche Ohrfeigen gewürzten Auseinandersetzungen bestand ich darauf, so wie meine Jugendgenossen zu arbeiten. […] Wenn ich im Holzarbeiterkittel die Karre durch das Elberfelder Stadtzentrum zum Sägewerk schob, wandten sich die Bekannten meiner Eltern und Geschwister und meine früheren Mitschüler verlegen und indigniert ab und sahen mich nicht. (Norden, Albert, S. 16)

Die beiden Söhne hatten noch zwei fast gleichaltrige Schwestern, Bertha und Elfriede. Mit großem Abstand, erst 1919, wurde der Nachkömmling Hanna in Elberfeld geboren. Ende der 1920er Jahre, als die Töchter verheiratet waren, zog die Familie Norden in die Zietenstraße 11, kurz darauf ins Nachbarhaus, Zietenstraße 9, heute Stephanstraße. Albert Norden musste wegen seiner politischen Tätigkeit Deutschland sofort nach der Machtübernahme der Nationalsozialisten verlassen. Auch die Töchter emigrierten mit ihren Familien: nach Palästina, China und Panama.

Der Rabbiner, seit vier Jahren verwitwet, trat 1935 in den Ruhestand, ging zurück in seine Heimatstadt Hamburg und übernahm dort wiederum die Aufgaben eines Rabbiners. Dort lernte er die halb so alte Regina Jonas kennen und lieben, die 1935 als erste Frau zur Rabbinerin ordiniert worden war. Hunderte von Briefen bezeugen den lebendigen intellektuellen Austausch dieser beiden Rabbinerpersönlichkeiten.

Die letzte Lebensphase Joseph Nordens war mit der Sorge um seine im Exil lebenden Kinder, der Arbeit in der Hamburger Gemeinde und der Liebe zu der jungen Kollegin ausgefüllt. Gerade jetzt bewiesen sich seine enorme geistige Frische und Beweglichkeit, seine Bescheidenheit und seine Großherzigkeit, im beharrlichen Kampf für die Gemeinde und für das Judentum.

Joseph Norden wurde am 15. Juli 1942 von Hamburg nach Theresienstadt deportiert und kam dort am 7. Februar 1943 um. Rabbinerin Regina Jonas, seine Gefährtin der letzten Jahre, wurde 1944 in Auschwitz ermordet.

Die Drei-Jahrhundert-Feier der Stadt Elberfeld

Hermann Zivi (1867-1943) und Otto Hausmann (1837-1916)

Drei Jahre nach dem Amtsantritt Rabbiner Dr. Nordens, im August 1910, feierte die Stadt Elberfeld den 300. Jahrestag der Stadtgründung mit einem mehrtägigen Jubelfest. Anlässlich dieses großartigen Ereignisses erschien eine opulente Festschrift, zu der mit einem eigenen historischen Rückblick beizutragen auch der Rabbiner der jüdischen Gemeinde eingeladen wurde. Erfüllt von Vertrauen und Zuversicht in die friedliche Zukunft von Juden und Christen in der Stadt zeichnete Rabbiner Dr. Joseph Norden die Geschichte der Juden von den ersten Quellen bis in seine Gegenwart nach, beschrieb die Aktivitäten der Vereine und Organisationen, würdigte die herausragenden Persönlichkeiten und kam zu einem optimistischen Schluss.

So bietet uns die kurze Geschichte der Elberfelder jüdischen Gemeinde ein erfreuliches Bild äußeren und inneren Emporblühens. Und wenn der Elberfelder Chronist Johann Merken gegen Ende des 18. Jahrhunderts von den jüdischen Einwohnern berichtet, ihnen sei von der christlichen Bevölkerung kein Vertrauen entgegengebracht worden und am Ende nichts anderes übriggeblieben, als wieder von dannen zu ziehen, so sehen wir ein Jahrhundert später christliche und jüdische Bürger in Eintracht und gegenseitigem Vertrauen nebeneinander leben. In der Stadtverordnetenversammlung, der Handelskammer, der städtischen Armenpflege usw., sowie in vielen Vereinen arbeiten Juden Hand in Hand mit ihren christlichen Mitbürgern, von denen sie sich lediglich in ihren religiösen Überzeugungen unterscheiden, mit denen sie aber eins sind in dem eifrigen Bestreben, das Wohl unserer Stadt mit allen Kräften zu fördern.

(Norden, Die jüdische Gemeinde, 1910, S. 333)

▲ *Der Döppersberg in Elberfeld, um 1910*

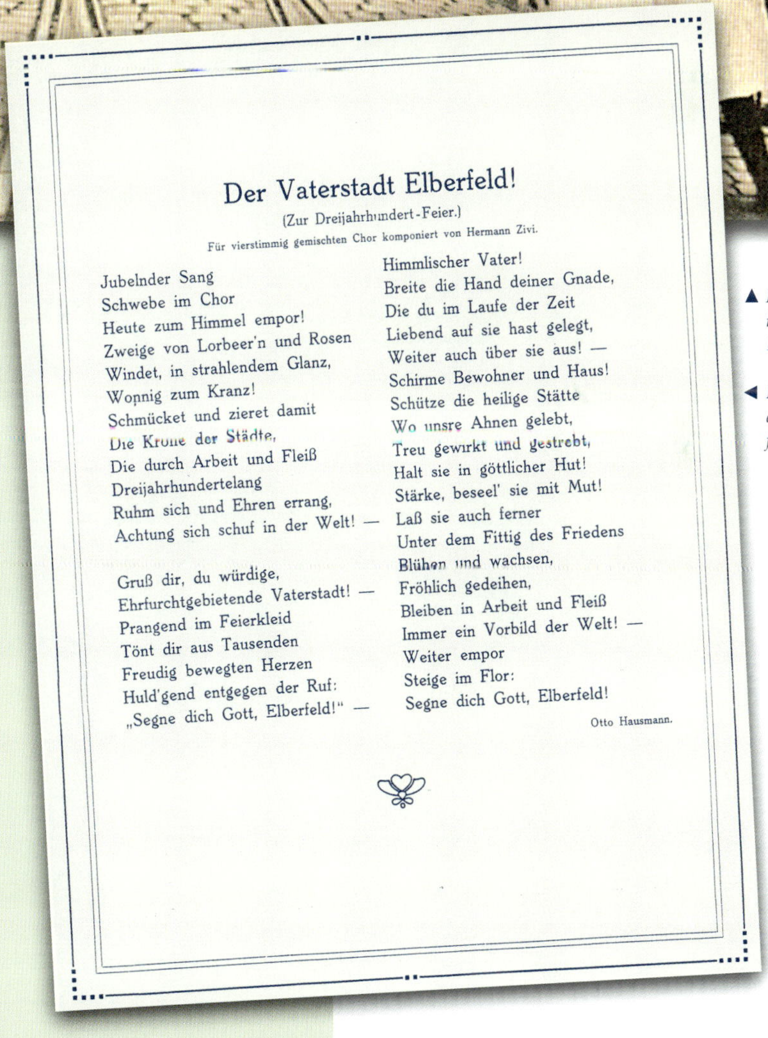

Der Vaterstadt Elberfeld!

(Zur Dreijahrhundert-Feier.)

Für vierstimmig gemischten Chor komponiert von Hermann Zivi.

Jubelnder Sang
Schwebe im Chor
Heute zum Himmel empor!
Zweige von Lorbeer'n und Rosen
Windet, in strahlendem Glanz,
Wonnig zum Kranz!
Schmücket und zieret damit
Die Krone der Städte,
Die durch Arbeit und Fleiß
Dreijahrhundertelang
Ruhm sich und Ehren errang,
Achtung sich schuf in der Welt! —

Gruß dir, du würdige,
Ehrfurchtgebietende Vaterstadt! —
Prangend im Feierkleid
Tönt dir aus Tausenden
Freudig bewegten Herzen
Huld'gend entgegen der Ruf:
„Segne dich Gott, Elberfeld!" —

Himmlischer Vater!
Breite die Hand deiner Gnade,
Die du im Laufe der Zeit
Liebend auf sie hast gelegt,
Weiter auch über sie aus! —
Schirme Bewohner und Haus!
Schütze die heilige Stätte
Wo unsre Ahnen gelebt,
Treu gewirkt und gestrebt,
Halt sie in göttlicher Hut!
Stärke, beseel' sie mit Mut!
Laß sie auch ferner
Unter dem Fittig des Friedens
Blühen und wachsen,
Fröhlich gedeihen,
Bleiben in Arbeit und Fleiß
Immer ein Vorbild der Welt! —
Weiter empor
Steige im Flor:
Segne dich Gott, Elberfeld!

Otto Hausmann.

◄ *Festhymne für die Stadt Elberfeld*

Auch eine festliche Hymne sollte es geben. Den Text dazu verfasste der bekannte Elberfelder Dichter und Schöpfer der „Mina Knallenfalls", Otto Hausmann (1837-1916), und um die Komposition der Musik wurde Hermann Zivi (1867-1943), der Kantor der jüdischen Gemeinde, gebeten. Dass das Festkomitee des Elberfelder Stadtjubiläums den prominenten Auftrag einer Fest-Hymne an einen jüdischen Komponisten vergeben hatte, wurde von den Juden trotz ihrer fortgeschrittenen Akkulturation immer noch als besondere Ehre empfunden, wofür sie sich über die Maßen dankbar erwiesen.

Unserm Kantor Hermann Zivi ist die äußerst ehrenvolle Aufgabe zuteil geworden, für die „Drei-Jahrhundert-Feier der Stadt Elberfeld" die von dem Dichter Otto Hausmann verfaßte Festhymne in Musik zu setzen und am Festabend persönlich zu dirigieren. Das umfangreiche Werk gelangte am 30. Juli vor einem Publikum von mehr als 10000 Menschen unter Leitung des Herrn Zivi in der Stadthalle sehr wirkungsvoll zur Aufführung. Die „Elberfelder Zeitung" berichtete darüber folgendes: „Hierauf (nach der Festrede des Landtagsabgeordneten Dr. Hintzmann) sang ein besonders zusammengestellter gemischter Chor die „Festhymne zur Drei-Jahrhundert-Feier der Stadt Elberfeld" von unserem geschätzten Mitbürger Hermann Zivi unter persönlicher Leitung des Komponisten. Rauschender Beifall ertönte, als der von den einzelnen Stimmen begonnene und dann machtvoll zusammenklingende Segenswunsch: „Schirme dich Gott, Elberfeld!" verhallte. Der Komponist sowie der Dichter Otto Hausmann empfingen als weiteres Zeichen der Anerkennung je einen prächtigen Lorbeerkranz." (Israelitisches Familienblatt vom 11.8.1910)

„Schirme dich Gott, Elberfeld!" Oberkantor Hermann Zivi

Hermann Zivi auf dem Balkon des Hauses Briller Straße 16, fotografiert von seinem Enkel Walter Levin. Die Kamera war dessen Bar Mitzwa-Geschenk.

Hermann Zivi, 1867 in Müllheim (Baden) geboren, hatte 1898 sein Amt als Kantor der jüdischen Gemeinde in Elberfeld angetreten und wohnte mit seiner Frau Rosa und den vier Kindern in der Elisenstraße 24. Nachdem das fromme Gemeindemitglied Samuel Steilberger den neuen „Chasan" einige Male in der Synagoge gehört hatte, schrieb er ganz begeistert seinen in der Schweiz lebenden Kindern:

Wir haben jetzt zwei Chasonot. Der neue Chason singt so schön wie ein Opernsänger. Es ist ein Genuß, in der Synagoge zu sein. Ich freue mich auf Jom Tov und die Chorsänger singen so schön an die Festtage, daß ich mich wie in der Jugendjahre fühle. Nur schade, daß es Euch nicht vergönnt ist, bei uns zu sein.
(Samuel Steilberger, Brief vom 17.7.1898, Archiv Begegnungsstätte Alte Synagoge)

Je komplizierter und individueller die jüdische Liturgie in Melodien, Gebeten und Gedichten, „Pijutim", sich entwickelten, und je fremder den Gemeindemitgliedern die hebräische Sprache und das Wissen um den jüdischen „Siddur", um die Ordnung im Gottesdienst wurde, desto größere Bedeutung erhielt die Position und die Funktion des Kantors. Er hat das Gebet und die Gesänge zu leiten, oft im Wechselgesang mit einem Chor, der eine neue Einrichtung des 19. Jahrhunderts war. Vor dem Hintergrund einer zunehmenden Ästhetisierung des Gottesdienstes, einer (fast protestantisch wirkenden) geschmackvollen Ausgestaltung und Abstimmung der Musik und der Wortbeiträge, der Ausstattung des Synagogenraums und der Kleidung verlangte die Gemeinde vom Kantor eine tragende Stimme, eine imposante, würdige Erscheinung, oftmals einen schönen Bart, einen tiefschwarzen Talar und eine Samtmütze als Kopfbedekkung.

Zivi unterrichtete an den Höheren Schulen Elberfelds jüdische Religion, war aber hauptsächlich für das Musikleben der Gemeinde zuständig. Zu seiner eigenen Vervollkommnung nahm er sogar Kompositionsunterricht bei Georg Rauchenecker, der seit 1885 Dirigent des Orchestervereins in Barmen war.

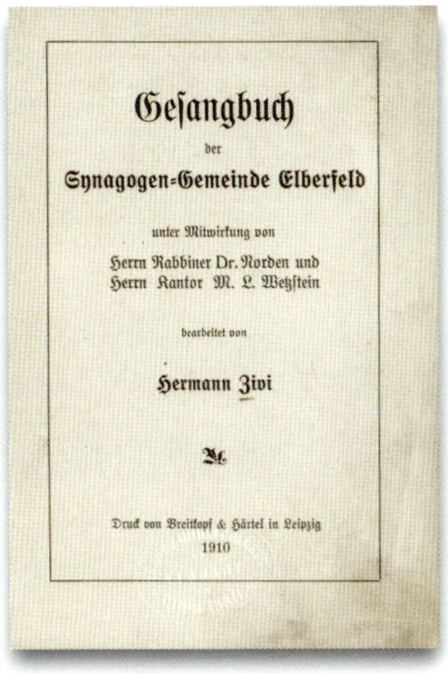
Gesangbuch
der
Synagogen-Gemeinde Elberfeld
unter Mitwirkung von
Herrn Rabbiner Dr. Norden und
Herrn Kantor M. L. Wetzstein
bearbeitet von
Hermann Zivi
Druck von Breitkopf & Härtel in Leipzig
1910

Unter Zivis Leitung wurden einige Neuerungen im Gottesdienst eingeführt: Die Liturgie wurde gekürzt, die Kantillation (der synagogale Sprechgesang) abgeschafft und die deutsche Sprache neben der hebräischen eingeführt. Der damalige Gemeindevorsitzende, Julio Bernthal (1847-1928), hatte schon früher einen Synagogenchor gegründet, den er von 1876 bis 1909 auch dirigierte. Der neue Kantor Hermann Zivi erhöhte seine Qualität mit der Gründung eines Chorvereins 1898 und der Einbeziehung der Sänger in die Gottesdienstgestaltung.

Im selben Jahr veröffentlichte Zivi ein für die Synagogen-Gemeinde Elberfeld eigens zusammengestelltes Gesangbuch. Gemeinsam mit Rabbiner Dr. Joseph Norden und dem Lehrer Magnus L. Wetzstein hatte Zivi vierzig einstimmige Lieder mit Text und Noten sowie 26 vierstimmige Lieder, nur mit Text, ausgewählt. Alle Lieder waren in deutscher Sprache, darunter Kompositionen von Beethoven, Gluck, Mendelssohn und Mozart sowie von Zivi selbst und anderen. Dieses Gesangbuch war eine besondere Errungenschaft und Weiterentwicklung des jüdischen Gottesdienstes, der mehr und mehr die deutsche Sprache in die Liturgie integrieren wollte.

Im Jahr 1912 wurde Hermann Zivi zum Oberkantor der Gemeinde ernannt. Durch seine verschiedenen Kompositionen, die auf die Bedürfnisse der Gemeinde zugeschnitten waren, aber auch durch seine Tätigkeit als musikalischer Leiter von Konzerten und als Mitglied in anderen kulturellen Einrichtungen hatte er sich großen Respekt erworben.

Es war im August 1901, als ich in Wien auf dem „Allgemeinen Kantorentag" die Bekanntschaft des Kollegen Hermann Zivi machte. In der ersten Versammlung sprach derselbe über „Religion und Kunst" und betonte dabei die doppelte Stellung des Kantors innerhalb seines Berufes: Als Sänger steht er im Dienst der Kunst und als Gottessänger hebe er das religiöse Gefühl. – Am 2. Versammlungstag, als die Teilnehmer des Kantorentages die Gräber Sulzers und Goldsteins besuchten, würdigte Zivi am Grabe des letzteren die Verdienste des Heimgegangenen mit geistreichen und tiefempfundenen Worten. – Aus dieser Rede gewann ich den Eindruck, dass Hermann Zivi zu den besten Vertretern der Kantoren Deutschlands gehört.
(Friedmann, S. 240)

Rosa Zivi mit den vier Kindern Erna, Ernst, Fritz und Paul, um 1900

Von Anfang an war in der Elberfelder Synagoge eine Orgel eingebaut, vermutlich auf der Empore über dem Eingang, und zwar ein Instrument der Firma Ad. Ibach & Söhne, Barmen, Nr. 72 mit zehn Registern. Nachdem man dieses Instrument im Jahr 1906 durch eine neue Orgel, eine weitaus größere der Firma Paul Faust in Barmen mit zwei Manualen und 20 Registern ausgetauscht hatte, wurde die Synagoge hin und wieder auch als Konzertsaal genutzt. Im Juni 1918 fand dort z.B. ein Wohltätigkeitskonzert statt, in dem auch die Organistin Erna Zivi, die Tochter Hermann Zivis, auftrat.

Zugunsten notleidender Elberfelder Kriegerfamilien fand jüngst in der hiesigen Synagoge ein Wohltätigkeitskonzert statt, das bei sehr gutem Besuch einen erfreulichen Verlauf nahm. Oberkantor Hermann Zivi hatte für eine reichhaltige, nach streng künstlerischen Gesichtspunkten geordnete, wenn auch etwas zu lange Vortragsfolge gesorgt. Den Ein- und Ausklang bildeten Orgelvorträge Erna Zivis, die in der Fantasie und Fuge A-moll und dem ersten Satz des G-dur-Konzerts von Joh. Seb. Bach außer guter technischer Fertigkeit eine bemerkenswerte Musikalität entwikkelte. Allerdings hätte man der Interpretation ein Instrument von weniger beschränkten Mitteln gewünscht, das ihr ermöglicht hatte, sich in volleren Akkorden auszuströmen. An Instrumentalmusik hörte man die schwierige Ciaconna für Violine von Bach und Tartinis

Anzeige der 1919 gegründeten Elberfelder Besteckfabrik Gebrüder Zivi

Sonate G-moll für Violine und Orgel. Hierbei hatte man Gelegenheit, die reife Künstlerschaft Julian Gumperts zu bewundern, dessen Spiel den Wesenskern der klassischen Werke souverän herausschälte, besonders aber in den lyrischen Gängen den inneren Beruf erwies. Hennie Herz, Erna Bernthal, Lotte Gottgetreu und Alfred Strauß brachten Sologesänge zu Gehör. Der tiefe Alt war durch Hennie Herz vertreten. Ihr stimmliches Gut, das bereits von nennenswerter Technik zeugt, ist von nicht alltäglicher Farbe, der Wechsel der Register ist bruchlos, nur kommt alles noch zu gaumig und entbehrt bisweilen der Festigkeit. Eine weitere strenge Schulung, auch im Rhythmischen, wird lohnend sein. Der Mezzosopran der begabten Erna Bernthal hat durch das ersichtlich eifrige Studium beträchtlich gewonnen. Ihr sicheres musikalisches Ausdrucksvermögen brachte die Arie „Jehova sieh" (Händel) zu trefflicher Gestaltung. Hoffentlich tritt die junge Künstlerin im nächsten Konzertwinter häufiger vor die Öffentlichkeit, sie hat die Berechtigung dazu mit schönem Fleiß errungen. Lotte Gottgetreu erprobt ihren kräftigen Sopran neuerdings ab und zu im Liedvortrag: ein Unternehmen, das in jedem Falle ersprießlich zu nennen ist. Sie war in vorzüglicher Verfassung und sang ihr „Sei getreu" (Mendelssohn) schlackenrein und mit edler Empfindung. Sie und Erna Bernthal vereinigten ihre sich trefflich zusammenfügenden Stimmen im Elias-Duett „Zion streckt seine Hände aus". Alfred Strauß sang Mendelssohns „Es ist genug" mit warmer Beseelung: sein gut ansprechender Bariton ist von einprägsamem Timbre, der Ton muß nur etwas freier werden, sonst sind alle guten Vorbedingungen zum einwandfreien Kunstgesang erfüllt. Der verstärkte Synagogenchor sang die vierstimmigen Chöre „Die Himmel erzählen die Ehre Gottes" (Haydn). – Die Begleitung sämtlicher Gesänge und Violinvorträge wurde durch Erna Zivi aufs geschmackvollste besorgt. *(Allgemeine Zeitung des Judentums vom 28.6.1918)*

Als Hermann Zivi im Juli 1928 nach 30jähriger Amtszeit in den Ruhestand ging, wurde ihm zu Ehren ein großer Abschiedsgottesdienst in der Synagoge gefeiert.

Groß war die Menge seiner jetzigen Schüler, die ihrem Lehrer zu Ehren erschienen waren, größer bei weitem die der anwesenden ehemaligen Schüler, ein Beweis für die Beliebtheit, deren sich der Scheidende erfreut. Es erklangen die Zivischen Weisen beim Aus- und Einheben der Thora. An der Orgel saß Frau Erna Zivi-Lewin, die eigens aus Berlin herbeigeeilte Tochter Zivis. In seiner Predigt, die Rabbiner Dr. Norden an den Scheidenden richtete, betonte er die Verdienste, die er sich um die Gemeinde Elberfeld erworben hat. Verdienste als Lehrer und Kantor, Verdienste als Vorstandsmitglied der liberalen Vereinigung und des Mendelssohnvereins, sowie des Kantorenverbandes. [...] Der Geist Hermann Zivis, der so ungemein befruchtend auf das geistige Leben unserer Gemeinde gewirkt hat, wird von seinem Nachfolger gepflegt werden, und Hermann Zivi selbst wird hoffentlich noch viele Jahre der Gemeinde mit Rat und Tat zur Seite stehen. *(Jüdisch-liberale Zeitung vom 3.8.1928)*

Die Söhne Fritz und Ernst starben bereits 1919 bzw. 1920. Paul machte in Brasilien als Unternehmer Karriere. „Zivi-Bestecke" sind dort bis heute im ganzen Land bekannt. Seine Schwester, die Organistin Erna Zivi hatte nach Berlin geheiratet und wurde die Mutter des Violinisten und Gründers des weltberühmten LaSalle-Quartetts, Walter Levin.

Hermann Zivi und seiner Frau gelang es 1939, noch rechtzeitig vor den Nationalsozialisten über Triest nach Palästina zu emigrieren. 1943 starb er in Tel Aviv und wurde dort unter seinem jüdischen Namen Naphtali Zivi beerdigt.

"Segensreiche Bestrebungen."
Jüdische Wohlfahrt

Familie Alpern, Kleine Bleichstraße (heute Wesendonkstraße), Ende Mai 1915

◀ Theophil und Louise Alpern mit ihren Kindern Alexa und Hella, ca. 1915

Auch nach der Jahrhundertwende wuchsen die beiden Wupperstädte und mit ihnen die Zahl der dort lebenden Juden. Gab es im Jahr 1905 in Barmen allerdings nur 592 Juden unter 141.944 Einwohnern, so lebten in Elberfeld zur selben Zeit fast dreimal so viele, nämlich 1.664 unter 156.966 Einwohnern. 1913 war die Kluft noch größer geworden: 1905 lebten in Barmen nur 643 Juden unter 169.214 Einwohnern, während es in Elberfeld 1.919 Juden unter 170.195 Einwohnern gab. In Barmen besuchten 1905 19 Kinder den jüdischen Religionsunterricht, in Elberfeld 50, 1913 waren es in Barmen immer noch 19 Kinder, in Elberfeld 67.

In den Filialgemeinden Elberfelds lebten 1905 in Hardenberg 34 Juden unter 12.436 Einwohnern, in Lennep 36 unter 9.704, in Mettmann 16 unter 8.615 und in Ronsdorf 30 unter 13.500. Im Jahr 1913 hatte sich das Bild stark verändert, da nur mehr in Lennep 15 Juden unter 13.123 Einwohnern wohnten, und in Ronsdorf 26 Juden unter 15.365 Einwohnern.

Mit der Zunahme und Veränderung der jüdischen Bevölkerung wuchsen auch die sozialen und kulturellen Aufgaben, die u.a. durch die Gründung einiger Vereine und Initiativen bewältigt werden sollten. Zum Beispiel unterhielten die beiden jüdischen Gemeinden Elberfeld und Barmen einen gemeinsamen Verein für jüdische Krankenpflegerinnen, den Jüdischen Jugendverein Elberfeld-Barmen und die Ortsgruppe des Vereins für das Liberale Judentum.

In der Untergrünewalder Straße 4 gab es seit 1906 ein „Israelitisches Pensions- und Gesellschaftshaus für weibliche kaufmännische Angestellte", das von Henriette Rindskopf geleitet wurde. Der Verein mit seinen immerhin 890 Mitgliedern, der dieses Unternehmen verantwortete, wollte jungen jüdischen Frauen, die ohne Familie neu in die Stadt zugezogen waren und niemanden kannten, „das Elternhaus ersetzen", wie es in § 2 der Satzung hieß. Bis zu zwanzig junge Frauen konnten in diesem Pensionshaus wohnen, das von einer „Hausdame" geleitet wurde. Den Bewohnerinnen standen Gemeinschaftsräume zur Verfügung, eine Bibliothek und ein Musikzimmer. Außerdem wurden Programme mit Fortbildungsveranstaltungen angeboten und hin und wieder kulturelle oder nur unterhaltsame Abende wie ein „gemütliches Beisammensein": *In welch dankens- und nachahmenswerter Weise die Damen des Vorstandes sich um das Wohl und Wehe der jungen Damen bemühen, geht wieder aus einem gemütlichen Abend hervor, wie solche des öfteren gefeiert werden. Vor einigen Wochen veranstalteten diese mit den jungen Damen im eigenen Heim ein gemütliches Beisammensein. Die Stunden verflogen bei Vorträgen und Gesang in angeregtester Weise und hielten die Gesellschaft bis über Mitternacht zusammen. Der Hauptwunsch des Vorstandes, den jungen Mädchen immer mehr die Heimat in der Fremde zu ersetzen und ihnen auch persönlich nahe zu kommen, ging dabei in schönste Erfüllung.* (Israelitisches Familienblatt vom 15.1.1914)

Im zweiten Stock des jüdischen Gemeindehauses an der Genügsamkeitstraße 7 richtete Sofie Goldberg im Oktober 1913 einen Jüdischen Kindergarten und Kinderhort mit insgesamt 12 Kindern ein. Bis zum Mai 1915 war die Zahl der Kinder durch ihr Engagement schon auf 38 angewachsen. Während der Kriegsjahre stieg die Zahl der Kinder erneut, wie aus einer Meldung vom Februar 1918 hervorgeht:

Frau Max Goldberg begründete hier einen jüdischen Kinderhort und unterhält das Heim aus eigenen Mitteln. Sie widmet sich täglich den Kindern, bewirtet diese und erzieht sie zu brauchbaren Menschen. Gegenwärtig sind etwa 40 Kinder im Hort. Die Stadt Elberfeld erkennt die segensreichen Bestrebungen der Frau Goldberg an und gewährte derselben Karten für Milch, welche den Kindern täglich verabreicht wird, sowie Brotkarten und zu Chanukka auch Mehl, welches es Frau Goldberg ermöglichte, zu diesem Feste Kuchen zu backen. Kürzlich wurde im Hort eine stimmungsvolle Jahresfeier, verbunden mit einer Ausstellung von Handarbeiten der Zöglinge, die vielen Beifall und zahlreiche Kauflustige fanden, veranstaltet. (Allgemeine Zeitung des Judentums vom 1.2.1918)

Das Jüdische Altersheim in der Königstraße

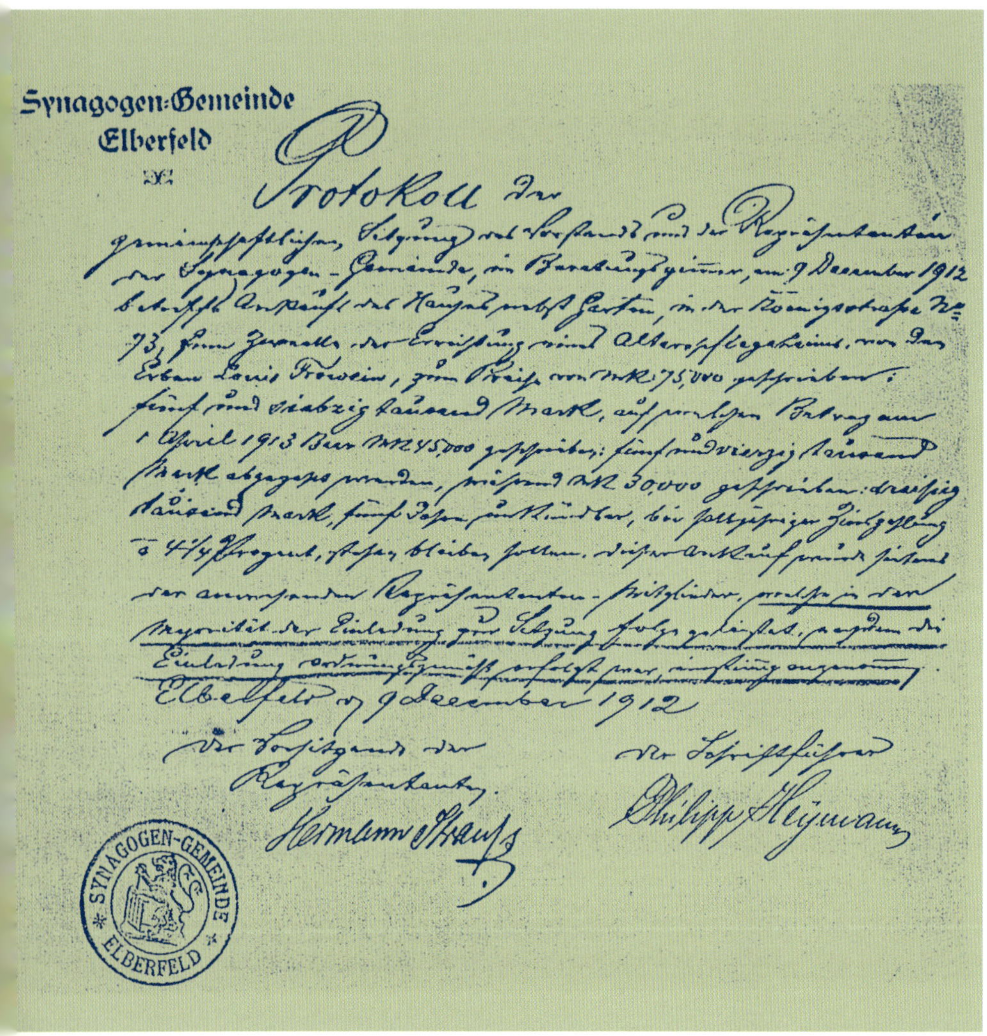

Synagogen-Gemeinde
Elberfeld

Protokoll der gemeinschaftlichen Sitzung des Vorstands und der Repräsentanten der Synagogen-Gemeinde, im Beratungszimmer, am 9 Dezember 1912 beschließt Ankauf des Hauses nebst Garten, in der Königstraße No. 73, zum Zwecke der Errichtung eines Alterspflegeheims, von den Erben Louis Frowein, zum Preise von Mk. 75.000 geschrieben: fünf und siebzig tausend Mark, auf welchen Betrag am 1 April 1913 bar Mk 45.000 geschrieben: fünf und vierzig tausend Mark abgezahlt werden, während Mk 30.000 geschrieben: dreißig tausend Mark, fünf Jahre unkündbar, bei halbjähriger Zinszahlung à 4 1/4 Prozent, stehen bleiben sollen. Dieser Ankauf wurde seitens der anwesenden Repräsentanten-Mitglieder, welche in der Majorität der Einladung zur Sitzung Folge geleistet, nachdem die Einladung ordnungsgemäß erfolgt war, einstimmig angenommen.

Elberfeld, 9 Dezember 1912

Der Vorsitzende der Repräsentanten. Hermann Strauß

Der Schriftführer Philipp Heymann

SYNAGOGEN-GEMEINDE ELBERFELD

Vorstand und Repräsentanten der Synagogengemeinde Elberfeld beschließen den Ankauf des Hauses Königstraße 73 zwecks Einrichtung eines Altersheims, 9.12.1912

1912 entstand die Idee, ein jüdisches Altersheim einzurichten, das unter Beachtung der rituellen Regeln des Judentums und mit Rücksicht auf die religiösen Bedürfnisse der Bewohner vor allem mittellosen und alleinstehenden Elberfelder Juden ab dem 50. Lebensjahr ein Zuhause sein sollte.

Die Gemeinde erwarb dazu im Jahr 1913 ein altes Patrizierhaus in der Königstraße 73 (heute Friedrich-Ebert-Straße) und richtete es als Altersheim ein: Im Erdgeschoss gab es einen Andachtsraum, das Büro der Oberin, einen Speisesaal, eine Küche und Nebenräume. In den übrigen drei Etagen des Hauses befanden sich 17 Zimmer und zwei Badezimmer für die Heimbewohner. Ein Garten mit Sommerhaus und Veranda erstreckte sich bis zur Aue. Zur Oberin wurde die Krankenschwester Friederike Pels berufen, der drei Helferinnen zur Seite standen. Sofort nach der Gründung des Heims 1913 zogen sieben ältere Gemeindemitglieder ein, 1928 waren es drei Männer und 15 Frauen. Das Heim wurde von einem Kuratorium unter dem Vorsitz zunächst von Albert Weyl getragen und beaufsichtigt, bis nach seinem Tod 1926 Hugo Jacoby sein Nachfolger wurde. Über die Einweihung berichtete die „Allgemeine Zeitung des Judentums“:

Am Mittwoch, den 24. September, fand nun die Einweihung statt. Um 10 Uhr vormittags versammelte sich die Gemeinde in der festlich geschmückten Synagoge zum Festgottesdienst. [...] Zu Beginn des Gottesdienstes brauste ein mächtiges Präludium von den Emporen der Orgel hinab zum festlich gestimmten Publikum. Ihres Amtes waltete da eine junge Dame –

Jüdisches Altersheim: Innenansicht

Jüdisches Altersheim: Speisesaal

Gesellschaftsraum und Speisesaal des jüdischen Altersheims

und zwar eine jüdische – Fräulein Erna Zivi, die seit 1 1/2 Jahren in der Synagoge die Organistenstelle bekleidet. Sie ist die Tochter des Oberkantors Zivi. Im Verlauf des Gottesdienstes, bei dem Herr Zivi und der Chor mitwirkten, begrüßte Herr Stadtverordneter Max Simon als Vorsitzender des Gemeindevorstandes die zahlreich erschienenen Gemeindemitglieder und Gäste mit dem Ausdruck des Bedauerns, daß der Herr Oberbürgermeister nicht persönlich anwesend sein könne. Er pries dann den vorbildlichen konfessionellen Frieden innerhalb der Stadt und gab der Hoffnung Ausdruck, daß es immer so bleiben möge. In den Becher der freudigen Stimmung goß Herr Simon aber Tropfen bitterer Wehmut, als er mitteilte, wegen seines vorgerückten Alters vom Amte des Vorsitzenden nunmehr zurücktreten zu wollen. Herr Simon gehört der Gemeindeverwaltung seit bereits 36 Jahren ununterbrochen an, und sein Name bedeutet im Leben der Gemeinde ein ganzes und umfangreiches Programm. Zum Schluß seiner Ansprache übergab er dem Vorsitzenden des Kuratoriums, Herrn Albert Weyl, den Schlüssel zum Altersheim. Die Festpredigt hielt Herr Rabbiner Dr. Norden entsprechend der Bedeutung des Tages inhaltlich sowohl wie auch hinsichtlich der Form in ganz vorzüglicher Weise, so daß alles geschehen war, um einen in jeder Beziehung schönen Gottesdienst zu gestalten. Mit Chorgesang und einem Orgelnachspiel fand die synagogale Feier ihren würdigen Abschluß. Hierauf begab man sich zum Altersheim selbst, um dem Festakt der feierlichen Übergabe beizuwohnen. Die Gäste versammelten sich in dem prächtig ausgeschmückten Speisesaal. Hier ergriff Herr Albert Weyl das Wort und dankte als Vorsitzender des Kuratoriums allen Erschienenen und denen, die ihm behilflich waren, das nunmehr fertiggestellte Werk ins Leben zu rufen. Er übergab es dann offiziell der Obhut der Schwesteroberin Friederike und führte aus, daß die Absicht bestanden habe, die Einweihung schon zum Kaiserjubiläum zu bewerkstelligen; allein es sei auch beim besten Willen nicht möglich geworden. Die Rede klang aus in ein begeistert aufgenommenes Hoch auf den Kaiser. Hierauf sprach der zu diesem Teil der festlichen Veranstaltungen eingetroffene Oberbürgermeister Funck. Er bedauerte zunächst, daß er dem Festgottesdienst nicht habe beiwohnen können. Er habe allerdings vor einigen Jahren schon Gelegenheit gehabt, die Schönheiten des jüdischen Gottesdienstes und die wundervolle Musik, die diesen Gottesdienst auszeichne, kennen zu lernen, und er benutze gern die Gelegenheit, herzliche Worte des Glückwunsches namens der Stadt und im eigenen Namen auszusprechen. Im Anschluß daran überbrachte Dr. Ollendorf, Barmen, die Glückwünsche der Bergischen Loge, Sanitätsrat Dr. Wertheim, Barmen, diejenigen des Krankenpflegevereins. Die Schwesteroberin Friedrike übernahm alsdann das Altersheim mit dem Versprechen, daß sie es als ihre Lebensaufgabe ansehen werde, den Insassen einen angenehmen Lebensabend zu bereiten. Im Namen der protestantischen Gemeinden gratulierte der Superintendent Pastor Dr. Hafner. Ein kleines Frühstück vereinte dann die Anwesenden noch für ganz kurze Zeit.

(Allgemeine Zeitung des Judentums vom 10.10.1913)

Clara Samuel, der Jüdische Frauenbund und die Zentralstelle für jüdische Adoptionsvermittlung

Ebenfalls 1913 gründete die engagierte Elberfelderin Clara Samuel (1878-1962) die Wuppertaler Ortsgruppe des Jüdischen Frauenbundes. Jüdische bürgerliche Frauen betätigten sich traditionellerweise vor allem in der Wohltätigkeit und übernahmen damit Aufgaben, die im Zentrum eines intakten jüdischen Gemeindelebens stehen. Gegen Ende des 19. Jahrhunderts trat aber neben dieses klassisch-weibliche Rollenverständnis ein politisches Selbstbewusstsein, das sich zunehmend feministisch äußerte, ohne indes jemals radikal zu werden. Vor diesem Hintergrund hatte Bertha Pappenheim 1904 in Berlin den „Jüdischen Frauenbund" gegründet. Er stellte die moderne Sozialfürsorge weiterhin in den Mittelpunkt seiner Aufgabenbereiche und verstand sie als „Mizwa", als religiöse Pflicht, wollte daneben aber kulturell, pädagogisch und aufklärerisch tätig sein, und dies immer in ausdrücklich jüdischem Selbstverständnis. Die Ziele des Jüdischen Frauenbundes waren die Abschaffung des Mädchenhandels, die Durchsetzung des Frauenwahlrechts und des Rechts auf Ausbildung, bessere Ausbildungschancen und die Hilfeleistung für unverheiratete Mütter. Dreißig Jahre nach seiner Gründung war der Frauenbund auf 450 Ortsgruppen mit etwa 52.000 Mitgliedern angewachsen. 1938 wurde er zwangsweise aufgelöst, gründete sich aber 1953 erneut und ist bis heute aktiv.

Spielende Kinder im Garten hinter der Synagoge, Anfang der 1930er Jahre

Clara Samuel, die mit ihrer Familie in der Platanenstraße 3 in der Elberfelder Südstadt wohnte, gab als Arbeitsbereiche der Wuppertaler Ortsgruppe des Frauenbundes die Jugendpflege, die Unterhaltung eines Mädchenklubs, eines Kindergartens und Kinderhorts und die Bahnhofshilfe an. Der Frauenbund versuchte außerdem, Mädchen und Frauen bei beruflichen Schwierigkeiten zu helfen, indem er bereits im Gründungsjahr eine Vermittlung für weibliche Arbeitskräfte ins Leben rief.

Die Frauen stellten sich daneben ein umfangreiches, vielfältiges kulturelles Programm zusammen: Sie diskutierten lebhaft über das jüdische Selbstverständnis und luden zu diesem Thema Referentinnen ein, sie besprachen literarische Neuerscheinungen, informierten sich über die Gemeindeaktivitäten wie z.B. den Synagogenchor, nahmen Stellung zur Frage der Mädchenkonfirmation und baten Referenten um Vorträge. Noch im November 1913 berichtete die „Allgemeine Zeitung des Judentums":

Die sehr rührige Ortsgruppe Elberfeld des Jüdischen Frauenbundes hat wieder einen Teil ihres Programms der Verwirklichung näher geführt. Die in der letzten Mitgliederversammlung geplante Gründung eines jüdischen weiblichen Stellennachweises ist inzwischen zur Tat geworden, und hoffen wir, daß diese Einrichtung wie in vielen anderen Städten, so auch hier, durch rege Inanspruchnahme segensreich wirken wird. -- Um die Mitglieder einander noch näher zu bringen und in den jüdischen Frauen mehr als bisher die Freude zur Natur zu wecken, unternimmt der Jüdische Frauenbund von Zeit zu Zeit kleine Wanderungen in die Umgebung. Eine große Teilnehmerzahl vereinigte die Fahrt nach Essen, wo unter der belehrenden Führung des Herrn Rabbiner Dr. Samuel eine Besichtigung der vollendet schönen neuen Synagoge stattfand. Es war ein erhebender Augenblick, als unsere jugendliche Elberfelder Organistin Fräulein Erna Zivi die mächtigen Klänge der Orgel erschallen ließ, um sich späterhin mit Fräulein Mirjam Epstein zu Mendelssohns Arie „Höre Israel" zu vereinigen. Sehr anregend verlief ein Toranachmittag, an welchem Josefa Metz einige ihrer Dichtungen den zahlreichen Zuhörerinnen meisterhaft vortrug. Wie immer, entzückte die Dichterin durch ihre humorvollen Kindergedichte, von einer ganz neuen Seite lernten wir sie in ihrer biblischen Novelle „Vasti" kennen. Tief ergrif-

fen lauschten wir ihrer Erzählung, in welcher sie uns mit leuchtenden Farben orientalische Stimmungen hervorzauberte. Die vielfach mangelnde Kenntnis der jüdischen Geschichte hat den hiesigen Verein bestimmt, Herrn Rabbiner Dr. Norden für eine Reihe von Vorträgen zu verpflichten, welche Mitte November beginnen werden. Der Vortragende wird über die Propheten als Begründer der jüdischen Sittenlehre sprechen, und liegen schon zahlreiche Anmeldungen zu diesem Vortragszyklus vor. Die Ortsgruppe Elberfeld hat sich auch der interconfessionellen Frauenbewegung angeschlossen, indem sie dem Stadtverband Elberfelder Frauenvereine beigetreten ist, zu dessen Sitzungen sie zwei Delegierte entsendet. (Allgemeine Zeitung des Judentums vom 14.11.1913)

Die Übernahme sozialer Aufgaben blieb aber das zentrale Anliegen der Vereinigung:

Um der Not der Zeit durch vorbeugende soziale Arbeit zu begegnen, gründeten wir einen Stellennachweis für jüdische Frauen und Mädchen, der zuerst nur von freiwilligen Hilfskräften geleitet wurde. Im Laufe der Jahre zeigte es sich, daß ein so wichtiges und verantwortungsvolles Gebiet nur durch berufsmäßig ausgebildete Kräfte sachgemäß bearbeitet werden kann, und wir übergaben unsere Arbeit dem jüdischen Wohlfahrtsverband. Durch die Errichtung einer Nähstube, die den Bedürfnissen unserer Gemeinde entsprach, konnten wir einer Anzahl von Frauen und Mädchen Gelegenheit geben sich ihre Kleidungs- und Wäschestücke selbst anzufertigen und sie auch in der Ausbesserung alter Sachen anleiten. Mit der Errichtung eines Kindergartens ging ein langgehegter Wunsch des jüdischen Frauenbundes in Erfüllung. [...] Einige unserer Frauen stellten sich sogleich bei Ausbruch des Krieges dem Nationalen Frauendienst und der Bahnhofsmission zur Verfügung, andere wieder stellten sich in den Dienst unserer jüdischen Kriegshilfe. [...] Getreu dem Programmpunkt uns für die Gleichberechtigung der Frau einzusetzen, waren wir bemüht, die Interessen der Frau in der Gemeinde zu vertreten. Unsere verschiedenen Anträge bewirkten, daß der Frauenbund nunmehr im Vorstand fast aller jüdischen Organisationen vertreten ist. (Jüdischer Wohlfahrtsverband, S. 35f.)

Clara Samuel (1878-1962), links, 1950er Jahre

Um die Aktivitäten des Frauenbundes und die Aufgaben der anderen Vereine besser koordinieren zu können, rief Clara Samuel 1917 den jüdischen Wohlfahrtsverband ins Leben, unter dessen Dach im Gemeindehaus an der Genügsamkeitstraße 7 alle sozialen Einrichtungen der Gemeinde organisiert wurden. Die Wohlfahrtsarbeit nahm vor allem durch die Notlage des Ersten Weltkriegs derart zu, dass 1920 eine bezahlte Gemeindefürsorgerin eingestellt werden musste.

Schließlich richtete Clara Samuel 1926, auch im Gemeindehaus, die „Zentralstelle für jüdische Adoptionsvermittlung und Pflegestellenwesen" für ganz Deutschland ein, die sie zusammen mit den Berlinerinnen Bertha Pappenheim und Hannah Karminski betreute. Die Arbeitsgebiete dieser Einrichtung waren die Vermittlung von Adoptiv- und Pflegeeltern und die Entwicklung von Richtlinien für andere Adoptionsstellen in Deutschland.

Clara Samuel, verheiratet mit dem Tabakwarenhändler Ernst Samuel und Mutter von zwei Kindern, war wegen ihres außergewöhnlichen sozialen und politischen Engagements eine damals nicht nur in Elberfeld sehr bekannte und hoch geachtete Persönlichkeit. Sie überlebte die Verfolgungszeit im Nationalsozialismus und starb am 16. Januar 1962. Ihr Grabstein befindet sich auf dem jüdischen Friedhof am Weinberg.

Die Eheleute Max und Jeanette Simon

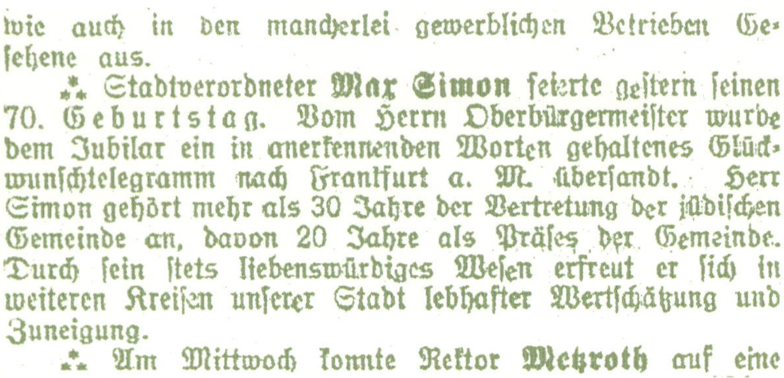
wie auch in den mancherlei gewerblichen Betrieben Gesehene aus.

⁂ Stadtverordneter **Max Simon** feierte gestern seinen 70. Geburtstag. Vom Herrn Oberbürgermeister wurde dem Jubilar ein in anerkennenden Worten gehaltenes Glückwunschtelegramm nach Frankfurt a. M. übersandt. Herr Simon gehört mehr als 30 Jahre der Vertretung der jüdischen Gemeinde an, davon 20 Jahre als Präses der Gemeinde. Durch sein stets liebenswürdiges Wesen erfreut er sich in weiteren Kreisen unserer Stadt lebhafter Wertschätzung und Zuneigung.

⁂ Am Mittwoch konnte Rektor **Metzroth** auf eine

▲ *„Täglicher Anzeiger" vom 3.5.1912*

Max Simon ▲ *(1842-1919)*

An der Einrichtung des jüdischen Altersheims hatte Max Simon (1842-1919), der fast dreißig Jahre lang Vorsitzender der jüdischen Gemeinde war, maßgeblich mitgewirkt. Er war der Gründer der Firma „Max Simon Tuch Engros und Export" in der Elberfelder Brausenwerther Straße 17 und und lebte mit seiner Frau Jeanette in der Bembergstraße 4. Der wohlhabende Geschäftsmann war 1878 in den Vorstand der jüdischen Gemeinde gewählt worden, sieben Jahre lang ihr Repräsentant und, von 1885 bis zum 1. Oktober 1913, Vorsteher der Gemeinde.

Neben seinen gemeindlichen Verpflichtungen engagierte sich Simon auch politisch und kulturell: Von Januar 1904 bis 1914 saß er als Stadtverordneter für die „Freisinnige Partei" im Rat der Stadt Elberfeld. Wegen seiner patriotischen Verdienste wurde er 1911 mit dem Königlichen Kronenorden 4. Klasse ausgezeichnet. In zahllosen Gremien war Max Simon vertreten, wie z. B. in den Kommissionen zur Prüfung von städtischen Jahreseinkommen, im Kuratorium der Realschule, im Kuratorium der Handwerks- und Kaufgewerbeschule, in der Verwaltung der Sparkasse, im Vorstand des Neviandtstiftes, im Vorstand des Erbschloer Stiftes und im Verwaltungsrat des Altenpflegeheims.

Seine Personalakte im Stadtarchiv Wuppertal weist eine lange Reihe von Stiftungen und Geschenken auf, die er der Stadt gemacht hat, darunter mehrmals größere Geldsummen und eine Kassette mit 24 Münzen für die Münzsammlung des Städtischen Museums. Als seine Frau Jeanette, mit der er seit 1870 verheiratet gewesen war, im November 1917 67jährig starb, würdigte Rabbiner Dr. Joseph Norden das nicht alltägliche gesellschaftliche Engagement der arrivierten und offensichtlich sehr beliebten Elberfelder Eheleute Simon.

Geehrte Leidtragende! Andächtige Trauerversammlung!

Als wir am letzten Sabbat die Trauerbotschaft vernahmen, dass die Gattin unseres langjährigen Gemeindevorsitzenden aus dem Leben geschieden sei, da waren wir Alle erstaunt und bestürzt. Kannten wir doch die Verewigte in den letzten Jahren nur in der einen Rolle, der Rolle der hingebungsvollen Pflegerin ihres hilfsbedürftigen Gatten. Schien es doch, als könne sie gar keine Zeit haben, müde zu werden und krank zu sein. Und nun ist sie so unerwartet schnell von uns gegangen und hat den Lebensgefährten einsam zurückgelassen. Ein großes Glück ist damit für immer zerstört. Denn ein vorbildlich inniges Eheleben haben die beiden geführt; es war ein zärtliches, unzertrennliches Verhältnis, es war ein echtes Füreinanderleben, ein echtes Füreinandersichopfern.

Ein Glück freilich ist der Entschlafenen versagt geblieben, wir nennen es das höchste Glück. Die Freude der Mutter sollte sie nie kennen lernen [...]. In den ersten Jahren der Ehe hat sie das schmerzlich genug empfunden. Später hat sie sich dann in das Geschick gefügt und hat sich gesagt: „Wenn es mir denn nicht beschieden ist, Kinder zu besitzen und sie liebevoll aufzuziehen, so will ich all die Liebe und Güte, die in meinem Herzen aufgespeichert sind, auf meinen Gatten übertragen. Ihn zu beglücken und zu erfreuen, ihm in allen Dingen zur Seite zu stehen, soll meine Lebensaufgabe sein." Das hat sie sich vorgenommen, und sie hat es treu gehalten. [...] Die wahrhaft tüchtige und einsichtsvolle Frau wird ihren Mann nicht hindern, sich in den Dienst der Öffentlichkeit zu stellen, wenn er die Kraft und die Fähigkeit hierzu in sich verspürt. Auch die Entschlafene hat so gehandelt: sie hat nichts dagegen eingewandt, dass ihr Gatte sich so manche Stunde dem behaglichen Familienleben entzog, um seine Kraft in den Dienst der Allgemeinheit zu stellen; ja, sie hat es gern gesehen, hat sich darüber gefreut, ist stolz darauf gewesen, dass er seine Ehrenämter so gewissenhaft und so erfolgreich versah. Darum gebührt ihr an ihrer Bahre unser Dank dafür, dass sie es dem Gatten ermöglicht hat, so viel Gutes und Ersprießliches zu leisten für das Wohl unserer jüdischen Gemeinde und das der Stadtgemeinde. [...]

(Scherkenbach, Dokumente, Anhang 52)

Der Erste Weltkrieg und der *„Reichsbund jüdischer Frontsoldaten"*

Ihr sozialer Aufstieg und wirtschaftlicher Erfolg im Kaiserreich schienen die gesellschaftliche Integration der Juden vor dem Ersten Weltkrieg gesichert zu haben. Die meisten der deutschen Juden waren zuversichtlich und mit ihren Lebensverhältnissen durchaus zufrieden. Sie fühlten sich als integrierte Angehörige einer jungen deutschen Nation und waren, als der Krieg ausbrach, zu jedem Opfer bereit. So schrieb der 1887 in Vohwinkel geborene Alfred Meyer, Offizier-Stellvertreter des Reserve-Jäger-Bataillons 14, kurz vor Weihnachten 1914 an seine Eltern:

21.12.14
Vor dem Auszug ins Feld.
Es ist ja möglich, daß wir uns, wenn Ihr diesen Brief erhaltet, vielleicht noch mal gesehen und gesprochen haben. Aber es ist doch unbestimmt. So will ich Euch denn auf diesem Wege ein letztes Lebewohl sagen. Ihr wißt es, meine Lieben, daß ich mit frohem Mut und Herzen ins Feld ziehe und daß ich zuversichtlich hoffe, mit all den andern als stolze, freudige Sieger dereinst wieder heimzukehren. Wenn man die Begeisterung der jungen Mannschaft, die einen Teil des Transportes bildet, sieht, so lacht einem das Herz. Aber das eine wißt Ihr auch, geliebte Eltern, daß es ein Weg ins Ungewisse ist, und so sichern Fußes ich mich anschicke, diesen Weg zu gehen, wer weiß, was mir beschieden?! Unser aller Leben steht in Gottes Hand. Wir sind nicht Herr über uns selbst und müssen uns fügen, wie Gott es bestimmt. Seid gewiß, daß ich meine Pflicht dem Vaterland gegenüber, für Kaiser und Reich und unsern heimatlichen Herd bis zum letzten Atemzug und dem letzten Blutstropfen tun werde. Treue Pflichterfüllung bis zum Äußersten, das ist es, was das Vaterland von uns verlangt. Und sollte ich auf dem Felde der Ehre fallen, so dürft Ihr stolz sagen: Auch wir haben das bittere notwendige Opfer bringen müssen, und, so möge Gott der Allmächtige es fügen, das Opfer soll nicht umsonst gewesen sein. Und nun laßt mich diesen schweren Brief schließen mit den herrlichen, in diesen Tagen so oft gesungenen Worten: „Nun so will ich wacker streiten, und soll ich den Tod erleiden, stirbt ein braver Kriegersmann." *(Reichsbund, Kriegsbriefe, S. 91f.)*

Der Gefreite Erich Loewenstein und Leutnant Julius Heilbronn auf Urlaub, 1917

Wie die große Mehrheit der Bevölkerung begrüßten auch die meisten jüdischen Deutschen diesen Krieg enthusiastisch: Sie wollten den Kampf gegen das wegen seiner Judenverfolgungen verhasste Russland unterstützen, sich in der christlichen Mehrheitsgesellschaft als treue und zuverlässige deutsche Patrioten beweisen und damit ihre soziale Integration bestätigt wissen.

428 Elberfelder Juden waren deutsche Soldaten des Ersten Weltkriegs, 54 von ihnen fielen. Aus Barmen wurden 41 jüdische Männer eingezogen, von denen neun starben. Alfred Meyer fiel am 20. Oktober 1916 am Roten-Turm-Pass in Rumänien. *„Ehrenvoll ist es, fürs Vaterland zu sterben"*, steht auf dem Grabstein des gefallenen jungen Ernst Block auf dem jüdischen Friedhof am Weinberg. In der Tat empfanden es die jüdischen Familien als „Ehre", sich durch Kriegsbegeisterung und Kriegsbeteiligung für das Vaterland einzusetzen. Im „Israelitischen Familienblatt" der Jahre 1915 und 1916 finden sich zahllose stolze Anzeigen über die Auszeichnungen – auch eine Frau war darunter, die Krankenschwester Hanna Liebmann. Zehn der heimgekehrten jüdischen Soldaten aus Elberfeld waren zu Offizieren befördert worden, 115 trugen das Eiserne Kreuz Zweiter Klasse, vier das Eiserne Kreuz Erster Klasse, darunter Erich Nathan. Josef Dahl, der im Krieg durch eine Verwundung erblindet und Träger beider Eiserner Kreuze war, erhielt von der Stadt Elberfeld als Anerkennung ein Tabakwarengeschäft im Pavillon am Döppersberg.

Grabstein von Ernst Block auf dem jüdischen Friedhof am Weinberg

▲ *Die Brüder Julius, Oskar, Alfred und Richard Plaut*

▶ *Arthur Amberg (1872-1942)*

Gedenktafel für die Gefallenen des Ersten Weltkriegs aus Solingen. Im Unterschied zu den Wuppertaler Gedenktafeln konnte sie während der Novemberpogrome 1938 aus dem Feuer gerettet werden und befindet sich heute auf dem jüdischen Friedhof am Estherweg.

Albert Norden, der Sohn des Rabbiners, erinnerte sich an seinen älteren Bruder Hans, der als Soldat in den Krieg zog:

Als der erste Weltkrieg ausbrach, war ich noch nicht zehn Jahre alt, gab begeistert die den Eltern abgebettelten paar Goldstücke für den Kaiser, grüßte 1914 nicht mehr mit „Guten Morgen", sondern mit „Gott strafe England!" (der so Angesprochene hatte zu antworten: „Er strafe es!"), animierte mit jugendlichem Eifer alle Welt zum Kriegsanleihezeichnen und verfolgte fiebernd vor Aufregung mit Stecknadeln auf den Landkarten den Vormarsch der deutschen Armee. Aber der Vormarsch kam ins Stocken und die Nahrungsmittelzufuhr auch. Jedenfalls begann es 1916 bei uns zu Hause knapp zu werden. Unsere Gesichter wurden schmaler, die Eltern stritten sich, weil mein Vater es für unvereinbar mit seiner Pflichtauffassung als Beamter erklärte, daß Mitglieder seiner Familie aufs Land fuhren, um zusätzlich zu den immer kleiner werdenden Lebensmittelrationen bei den Bauern Kartoffeln, Fett und Gemüse einzuhandeln. Ich ging jetzt barfuß in die Schule, weil ich in der Zeitung von Lederknappheit gelesen hatte. [...] Im vorletzten Kriegssommer war mein Bruder Hans, siebzehnjährig, eingezogen worden, und bei den sonntäglichen Besuchen in der Kaserne von Neuß wurde ich mit der Kehrseite des Militarismus konfrontiert. [...] Abends fuhren wir zurück, ich ernüchtert, meine Mutter tränenüberströmt. Sie sollte bald noch mehr Grund zum Weinen bekommen. Im Frühjahr 1918 ging mein Bruder an die französische Front, er kam mit den anderen Achtzehnjährigen noch gerade recht zu Hindenburgs und Ludendorffs letzten Offensiven. An der Aisne wurde er durch mehrere Schüsse schwer verwundet, eine Kugel riß ihm die Nase weg. Lange Jahre dauerte seine Matratzengruft, bis er starb.

▼ *Feldpostkarte aus Köln vom 27.3.1918, unten rechts Rudolf Auerbach*

In den letzten Oktoberwochen 1918 schlugen auch die Zeitungen, die vorher alldeutsche Eroberungsziele propagiert hatten, einen pessimistischen Ton an. Ich erinnere mich an die letzte Versammlung der chauvinistischen Vaterlandspartei in der Stadthalle – es war um den Herbstanfang –, wo den im westfälischen Akzent gerufenen Schlußworten der zum Weiterkämpfen auffordernden Rede eines bekannten evangelischen Pfarrers: „Dorchhalten! Dorchhalten! Dorchhalten!" eisiges Schweigen folgte, das noch fast eindrucksvoller war, als wenn gezischt worden wäre. Die Zeit der Durchhaltepolitiker ging zu Ende. Soldaten, die nach abgelaufenem Urlaub nicht mehr an die Front zurückkehrten, zeigten sich offen auf den Straßen. (Norden, Albert, S. 9-13)

Im Verlauf des Krieges schlug die Stimmung um, die Juden und Christen anfangs noch in einer gemeinsamen Euphorie geeint hatte. Spätestens beim Ausbleiben eines schnellen Sieges und mit der Aussicht auf Ernährungsnotstand und Wirtschaftskrise wurden die Juden erneut zum Opfer massiver antisemitischer Vorwürfe. Sie wurden für die militärischen Rückschläge verantwortlich gemacht und als Pazifisten, „Drückeberger" und Profiteure angeprangert. Um diese ungeheuerliche Behauptung zu beweisen und propagandistisch zu verbreiten, wurde 1916 eine für die jüdischen Soldaten und ihre Familien demütigende und infame „Judenzählung" durchgeführt. Das Ergebnis strafte die Propagandisten allerdings Lügen und konnte daher nicht veröffentlicht werden: Von etwa 550.000 deutschen Juden waren 100.000 im Krieg. Vier Fünftel dienten an der Front, mindestens 12.000 fielen im Kampf. Von der behaupteten Unterrepräsentation konnte bei diesen Zahlenverhältnissen keine Rede sein.

Die Namen der jüdischen Gefallenen aus dem Wuppertal wurden auf Gedenktafeln in den beiden Synagogen angebracht. Einige der Soldaten starben erst Jahre später an den Folgen ihrer Verwundungen, wie z.B. der Sohn des Rabbiners, Hans Norden.

Frontkämpfer-Ehrenkreuz (wurde auf Anregung Paul v. Hindenburgs 1934 von der Reichsregierung gestiftet) und Erkennungsmarke aus dem Besitz der Elberfelder Familie Cohnen

Max Archenhold, 16.4.1883 in Lichtenau - 1.8.1916
Kurt Arronge, 27.3.1891 in Elberfeld - 1.8.1916
Franz Emanuel Auerbach, 24.3.1895 in Elberfeld - 17.10.1916
Ernst Block, 4.10.1893 in Elberfeld - 1.10.1914
Jakob Bouscher, 22.11.1872 in Issum - 21.5.1916
Leo Cappel, 27.5.1879 in Rheindahlen - 2.8.1918
Emil Carsch, 17.8.1887 in Gelsenkirchen - 26.5.1915
Oskar Cohn, 22.4.1894 in Gescke - 3.4.1918
Fritz Elkan, 28.7.1897 in Berlin - 14.10.1918
Paul Epstein, 11.9.1888 in Riga - 25.9.1915
Alfred Friedenberg, 24.12.1896 in Elberfeld - 30.5.1918
Nathan Fucks, 16.2.1886 in Rogowo - 15.7.1918
Alfred Goldbach, 9.7.1881 in Köln - 3.9.1917
Walter Grünewald, 8.5.1899 in Paderborn - 16.5.1918
Karl Hecht, 8.7.1873 in Neuhaus - 4.8.1919
Paul Hirsch, 23.2.1898 in Elberfeld - 23.10.1917
Max Illfelder, 14.5.1883 in Iserlohn - 22.7.1918
Dr. Hans Jacoby, 28.1.1890 in Elberfeld - 7.6.1915
Hermann Katz, 11.5.1891 in Elberfeld - 21.10.1914
Max Kohn, 23.5.1895 in Barmen - 8.1.1915
Walter Lenneberg, 9.6.1888 in Iserlohn - 17.9.1914
Hans Levi, 2.5.1895 in Elberfeld - 20.3.1915
Hugo Levi, 12.1.1890 in Königsberg/Pr. - 20.10.1914
Alfred Levy, 6.3.1896 in Quakenbrück - 10.1.1920
Carl Loewe, 5.7.1890 in Peckelheim - 16.10.1914
Walter Löwenstein, 3.5.1893 in Elberfeld - 24.9.1918
Moritz Löwenthal, 3.7.1877 in Elberfeld - 18.5.1917
Moritz Löwenthal, 12.2.1883 in Ronsdorf - 5.7.1918
Siegmund Marchand, 23.12.1889 in Wesel - 24.4.1918
Adolf Mendels, 14.3.1882 in Münster - 29.2.1916
Alfred Meyer, 1.8.1887 – 20.10.1916
Kurt Meyer, 2.9.1897 in Elberfeld - 23.10.1917
Erich Nathan, 2.5.1892 in Elberfeld - 3.12.1918
Hans Norden, 13.7.1899 in Neustettin - 13.10.1926
Erich Plaut, 2.9.1889 in Göttingen - 1.10.1914
Fritz Rosenberg, 7.12.1896 in Barmen - 9.7.1916
Moritz Rosenblatt, 17.2.1872 in Falkenberg - 15.12.1916
Walter Rosendahl, 24.12.1894 in Aachen - 5.7.1916 (vermisst)
Ernst Rotschild, 20.5.1883 in Barmen - 16.5.1916
Richard Salomon, 12.12.1892 in Elberfeld - 20.12.1914
Fritz Scheideberg, 26.7.1896 in Brakel - 1.1.1917
Salomon Simon, 25.1.1890 - 3.11.1914
Willy Nathan Speier, 15.12.1872 in Züschen/Waldeck - 16.4.1915
Julius Wertheim, 21.4.1893 in Nottuln - 13.7.1915 Elberfeld
Felix Wollenberg, 11.6.1883 in Bromberg - 4.6.1918

Werner Culp mit seinen Eltern Sally und Ida, geb. Meinzer, ca. 1915

Die infame „Judenzählung“ überschattete alle späteren sozialen und politischen Leistungen der Juden während der Weimarer Republik. Vergeblich wehrten sich die jüdischen Kämpfer gegen die Vorwürfe, Verursacher des verlorenen Krieges und seiner „Schmach“ zu sein, und ganz umsonst waren die Appelle an Politik und Gesellschaft, den im neu gegründeten Polen von Pogromen bedrohten Juden zu Hilfe zu kommen. Der gewünschte Beistand blieb hier wie auch anderswo aus. Wegen des hartnäckigen Schweigens der neuen Regierung zu den unhaltbaren antisemitischen Vorwürfen und dem Ausbleiben jeglicher Anerkennung ihrer patriotischen Opfer gründete der ehemalige Hauptmann Leo Löwenstein 1919 in Berlin den „Vaterländischen Bund jüdischer Frontsoldaten“, später umbenannt in „Reichsbund jüdischer Frontsoldaten“. Der Bund, dem sich die Barmer und Elberfelder Juden durch eine Ortsgruppe mit Sitz in der Hofaue 21 fünf Jahre später anschließen sollten, verstand sich als Abwehrinstrument gegen den Antisemitismus und gegen die ständige herabwürdigende Unterstellung, die Juden Deutschlands seien im Weltkrieg ihrer Pflicht nicht nachgekommen. Mit 40.000 Mitgliedern war der „Reichsbund“, der die Wochenzeitung „Der Schild“ herausgab, nach dem „Centralverein deutscher Staatsbürger jüdischen Glaubens“ (CV) die zweitstärkste jüdische Organisation der Weimarer Republik.

Aufruf!

An die deutschen Juden!

In schicksalsernster Stunde ruft das Vaterland seine Söhne unter die Fahnen.

Daß jeder deutsche Jude zu den Opfern an Gut und Blut bereit ist, die die Pflicht erheischt, ist selbstverständlich.

Glaubensgenossen! Wir rufen Euch auf, **über das Maß der Pflicht hinaus** Eure Kräfte dem Vaterlande zu widmen! Eilet freiwillig zu den Fahnen! Ihr alle — Männer und Frauen — stellet Euch durch persönliche Hilfeleistung jeder Art und durch Hergabe von Geld und Gut in den Dienst des Vaterlandes!

Berlin, den 1. **August** 1914.

Verband der Deutschen Juden.
Centralverein deutscher Staatsbürger jüdischen Glaubens.

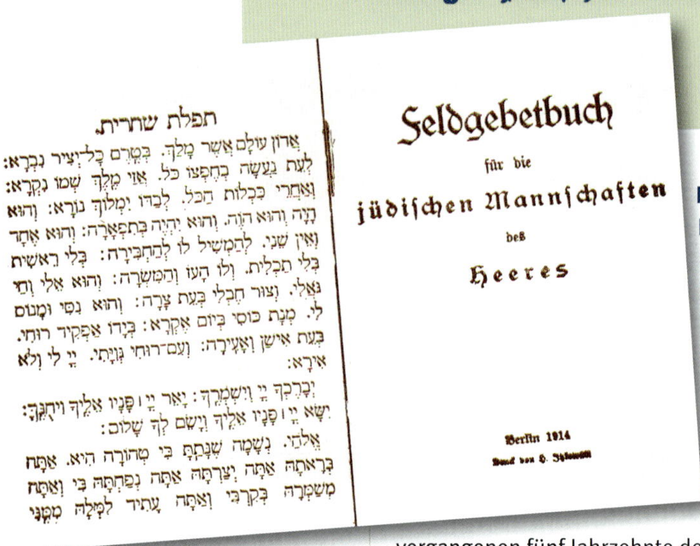

תפלת שחרית
אדון עולם אשר מלך. בטרם כל־יציר נברא:
לעת נעשה בחפצו כל. אזי מלך שמו נקרא:
ואחרי ככלות הכל. לבדו ימלוך נורא: והוא
היה והוא הוה. והוא יהיה בתפארה: והוא אחד
ואין שני. להמשיל לו להחבירה: בלי ראשית
בלי תכלית. ולו העז והמשרה: והוא אלי וחי
גאלי. וצור חבלי בעת צרה: והוא נסי ומנוס
לי. מנת כוסי ביום אקרא: בידו אפקיד רוחי.
בעת אישן ואעירה: ועם־רוחי גויתי. יי לי ולא
אירא:
יברכך יי וישמרך: יאר יי פניו אליך ויחנך:
ישא יי פניו אליך וישם לך שלום:
אלהי. נשמה שנתת בי טהורה היא. אתה
בראתה אתה יצרתה אתה נפחתה בי ואתה
משמרה בקרבי ואתה עתיד ליטלה ממני

Feldgebetbuch
für die
jüdischen Mannschaften
des
Heeres

Berlin 1914
Druck von H. [illegible]

Aufruf im „Israelitischen Gemeindeblatt Köln" vom 7. August 1914 und Titelseite des jüdischen „Feldgebetbuchs"

Noch während des Krieges, im September 1915, beging die jüdische Gemeinde Elberfeld das 50jährige Bestehen ihrer Synagoge. Rabbiner Dr. Joseph Norden nutzte diese Gelegenheit zu einem Rückblick auf die vergangenen fünf Jahrzehnte des Gemeindelebens, über den der „Tägliche Anzeiger" am 5. September detailliert berichtete:

Unsere jüdischen Mitbürger begingen am gestrigen Samstag in feierlicher Weise das Jubiläum des fünfzigjährigen Bestehens der Synagoge durch einen Festgottesdienst. (Von einer größeren Feier hatte man mit Rücksicht auf die Kriegszeit Abstand genommen.) In dem mit hohen Lorbeeren und vielen Girlanden festlich geschmückten und erleuchteten Gotteshause in der Genügsamkeitsstraße hatten sich vormittags gegen 9 1/2 Uhr zahlreiche Gemeindemitglieder eingefunden. Rabbiner Dr. Norden, der zunächst über Jesajas 61-63 sprach, gedachte inmitten des feierlichen Gottesdienstes des Jubiläums und führte aus, daß vor 50 Jahren, gleichfalls kurz vor dem jüdischen Neujahrsfeste, das jetzige Gotteshaus der jüdischen Gemeinde – wenn auch in etwas anderer Form – der Benutzung übergeben worden sei. Trotz des Ernstes der heutigen Zeit sei es doch wohl angebracht, des Tages zu gedenken. Damals sei die jüdische Gemeinde noch sehr klein und wenig leistungsfähig gewesen. Man hätte nicht voraussehen können, daß sie in den darauffolgenden Jahrzehnten einen so ungeahnten Aufschwung nahm. Deshalb sei mit bescheidenen Mitteln eine Synagoge in bescheidenem Umfange errichtet worden. Dann habe man, als das Haus den immer stärker auftretenden Ansprüchen der Gemeinde nicht mehr gerecht werden konnte, die Galerien gebaut und eine Vergrößerung des Hauses vorgenommen, und schließlich habe sich vor 20 Jahren die Barmer Gemeinde abgetrennt und eine eigene Synagoge gebaut. Schon sei der Plan für den Neubau einer Synagoge, für die schon das Grundstück angeschafft gewesen sei, aufgestellt worden, als dann doch in zwölfter Stunde der Gedanke daran aufgegeben worden bezw. einer späteren Zeit überlassen worden sei. Nach dem vor acht Jahren unternommenen Bau einer neuen Orgel und des vor vier Jahren vorgenommenen Umbaues der Synagoge sei eine Verschönerung zustande gebracht zur Freude und Genugtuung aller Besucher. Wohl könne sich die Elberfelder Synagoge nicht mit manchen anderen Synagogen der Umgegend messen, aber sie erfülle ihre Hauptaufgabe. Die weiteren umfangreichen Ausführungen des Herrn Rabbiners waren der Besprechung des Zweckes und der Aufgaben eines jüdischen Gotteshauses gewidmet. – Die Gemeindevertretung beschloß, wie schon mitgeteilt, anlässlich des Jubiläums am Jubeltage die Armen ihrer Gemeinde zu erfreuen und 500 Mark für die erblindeten Elberfelder Krieger zu spenden. – Aus Anlaß des Jubiläums ließ Oberbürgermeister Funck der Elberfelder Synagogen-Gemeinde ein in herzlichen Worten gehaltenes Schreiben zugehen, in dem der Gemeinde im Namen der Stadt die Glückwünsche zu ihrem Festtage ausgesprochen werden.

Die ostjüdische Synagoge in der Luisenstraße

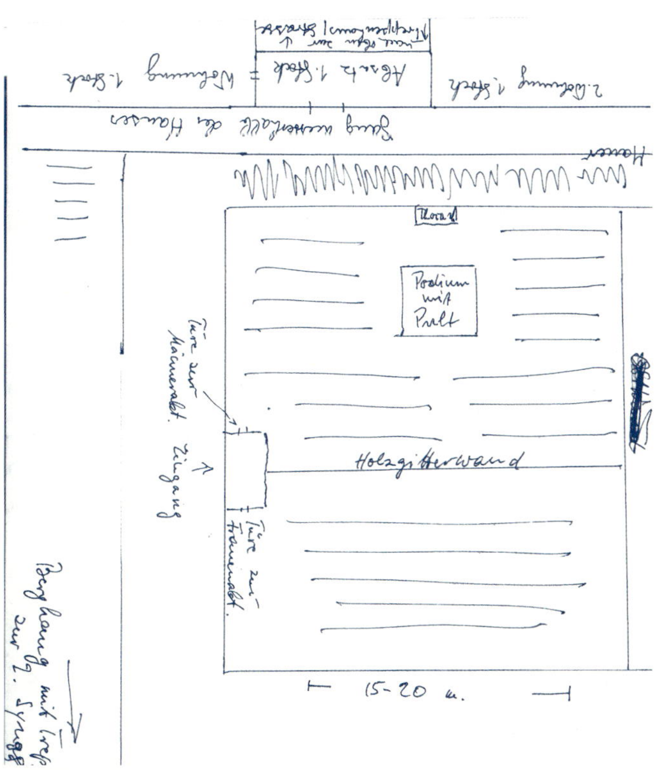

▲ *Abraham und Thekla Kaplan, April 1922*

◀ *Familienfest bei Kaplans*

◀ *Grundriss der kleinen Betstube in der Luisenstraße, aus der Erinnerung gezeichnet von Arie Efrat (Israel)*

▼ *Dora, Siegfried und Moritz Kaplan, 1936*

Ausgelöst durch blutige Pogrome in Russland hatte seit den 1880er Jahren, verstärkt in den Jahren nach dem Ersten Weltkrieg, eine Zuwanderung von jüdischen Flüchtlingen aus Osteuropa eingesetzt, die um 1925 ihren Höhepunkt erreichte. Bis zum Ersten Weltkrieg wanderten fast drei Millionen Juden nach Amerika und 51.000 nach Deutschland aus. Im Wuppertal wurden 215 Zuwanderer registriert, und in den Jahren 1918-1920 kamen noch einmal 595 hinzu. Daraufhin gründete Aaron Mendel Banker 1919 eine kleine „ostjüdische" Gemeinde unter dem Dach des Vereins „Machsiko Hadass", der seit Anfang der 1920er Jahre zunächst in der Hochstraße, dann in der Luisenstraße 60 a in direkter Nachbarschaft der Gemeinde „Adass Israel" eine kleine Synagoge unterhielt.

Arie Efrat, der als Leo Ferda 1918 in Elberfeld geboren wurde und heute in Israel lebt, erinnerte sich genau an die Lage und Einrichtung der Betstuben, an seine Großväter, die sich vor dem Gebet in den Gebetsmantel, den „Tallit", hüllten und die Gebetsriemen, die „Tefillin", um Arm und Kopf legten.

Die beiden „kleinen" Synagogen waren nicht zusammen in einem Haus [...]. Um zu ihnen zu kommen, mußte man in ein Haus auf der linken Seite (von der

Ostjüdisches Sommer-Ferienlager in Remscheid. Moritz Kaplan in der 2. Reihe, 4. von rechts.

Sophienstraße kommend) treten und bis zum ersten Stock hinaufsteigen. Dort war eine Türe, die auf eine Art Hof führte, hinter dem der Berghang in der Richtung zur Nordstadt aufstieg. Auf dem Hof stand ein viereckiges Gebäude, das nur einen Raum, die Synagoge, umfaßte. Ein Holzgitter trennte die Männer von den Frauen. Ich schätze, daß höchstens 15 bis 20 Stuhlreihen alle Beter und Beterinnen akkomodierten. Die ersten Reihen an der Ostwand waren nicht durchlaufend, sondern ließen einen Platz für den Toraschrank und den Tisch zum Vorlesen der Tora frei. Rechts von der Synagoge führte eine primitive Treppe den Berghang hinauf, der zu dem Betsaal der zweiten Synagoge führte, die ungefähr 15 Meter höher lag. Es muß aber auch einen Zugang von oben, höchstwahrscheinlich von der Nordstadt her, gegeben haben. Ich war dort nur zu den Stunden, die mir Herr Rabbiner Findling gab, bevor ich Bar Mitzwa wurde.

Schon meine Großeltern waren sehr fromm. Beide Großväter hatten rituelle Schlachtungen durchgeführt, und der Vater meines Vaters war außerdem Synagogendiener gewesen. Jeden Morgen wurden die Gebetsriemen angelegt. Ich wollte das auch tun, aber mein Großvater erklärte mir, dass ich dafür noch zu jung sei und später noch genug Zeit für solche Dinge hätte. Viel wichtiger sei es, ein guter Mensch zu sein. Und diesen Worten versuchte ich zu folgen. Der Gebetsmantel und all die anderen Sachen liegen heute in meinem Schrank, aber ich benutze sie eher selten.
(Zeitzeugenbericht Arie Efrat)

Viele der Zuwanderer hatten die Vorstellung, weiter nach Westen bis nach Amerika auszuwandern. Die westeuropäischen Juden, meistens längst in hohem Maße angepasst, standen den Ostjuden mit ihrer eigenen Kulturtradition skeptisch gegenüber, häufig auch mit Geringschätzung oder sogar Verachtung. Trotzdem leistete man eine umfassende Fürsorge, förderte aber hauptsächlich die schnelle Weiterwanderung der Ostjuden in andere Länder.

Froim Krakowski und seine Familie

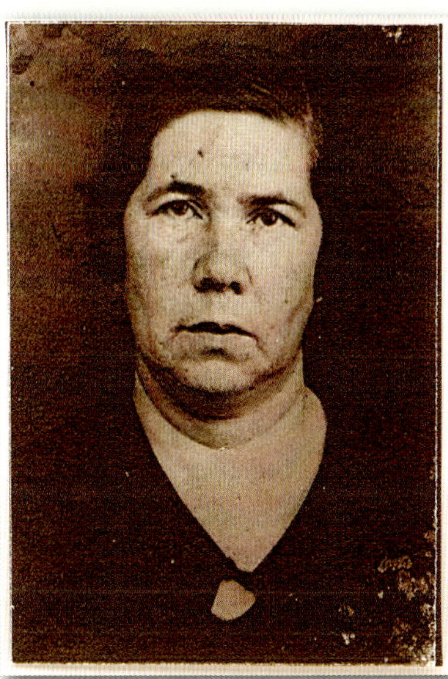

Die Eheleute Froim und Frumet Krakowski

Auch Froim Krakowski, geboren 1895 in Gilga in Polen, hatte sich nach dem Ersten Weltkrieg entschlossen, in den Westen zu kommen. In Lodz hatte er als Weber in einer Fabrik gearbeitet. Nachdem er 1920 nach Deutschland übergesiedelt war, hatte er sich zunächst in Elberfeld selbständig gemacht, verlagerte sein Geschäft aber später nach Barmen in die frühere Wilhelmstraße 4 (heute Wikingerstraße), wo er sich mit einem Altwarenhandel eine kleine Existenz aufbaute. Er leitete die Ortsgruppe Wuppertal-Barmen des „Verbands ostjüdischer Organisationen in Deutschland" und war deren Kulturreferent. Krakowski war ein chassidisch gebildeter Jude mit zionistischer Einstellung. An den Türen seiner Wohnung hingen die „Mesusot", Kapseln, die Pergamentstreifen mit dem heiligen „Schma Israel" (das „Höre Israel...") enthalten, und auf dem Hof seiner Wohnung baute er sich zum Laubhüttenfest „Sukkot" eine Laubhütte, in der er – als frommer Jude – während der sieben Festtage lebte, betete und aß. Im Mai 1933 verließ er Deutschland mit seiner Familie und entkam über Belgien rechtzeitig nach Südamerika.

Der Herr Krakowski hatte damals in Barmen in der Färberstraße einen Antiquitätenladen, da hab ich für mein Leben gern gespielt, die hatten vier, fünf Kinder. Das war so ein richtiger deutsch-jüdischer Mischwarenhandel, der hatte auch die Gebetrolle Mesusa an der Türe, das hatten die anderen nicht. [...] Der war ganz orthodox. [...] Wenn der in der Synagoge war, dann stand er keine Minute still; es ist ja Vorschrift, dass die jüdischen Leute sich im Gebet immer verneigen, daher auch die Bewegung in der Synagoge [...]. Aber das machten nur die orthodoxen Juden, der Krakowski. Die anderen machten das nicht mit.
(Zeitzeugenbericht Manfred Lichtwitz)

Eine der Töchter Froim Krakowskis, Fayga Perla Ostrower, geboren 1920 in Lodz, wurde später als sehr erfolgreiche Künstlerin bekannt. Sie war äußerst produktiv, arbeitete unablässig als Malerin, Illustratorin, Bildhauerin und als Theoretikerin. Sie hatte zahlreiche Ausstellungen in den großen Städten Süd- und Nordamerikas, aber auch in Galerien und Museen in Europa, sogar in Deutschland, wo seit 1957 immer wieder Werke von ihr gezeigt wurden – 1987 auch in Wuppertal, der Stadt ihrer Kindheit, in der Galerie Epikur. Im Jahr 2001 starb sie in Rio de Janeiro.

Fayga Perla Ostrower, geb. Krakowski

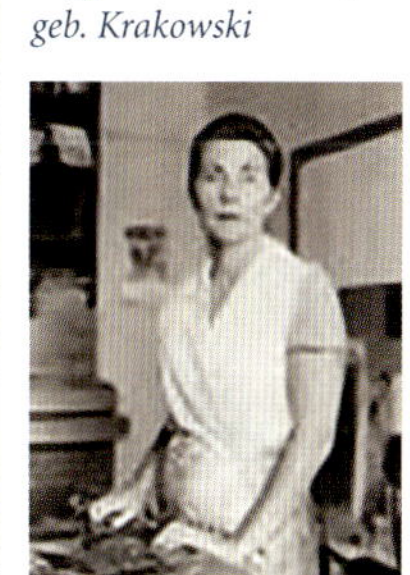

„Erstklassige Materialkenner." Jüdische Textilunternehmer in der Hofaue

Die Hofaue hatte sich in der Folge der Industrialisierung und des Eisenbahnanschlusses seit den Gründerjahren bis in die Zeit nach dem Ersten Weltkrieg zur Hauptstraße des deutschen Konfektionsgewerbes entwickelt. Allein in dieser Straße gab es so viele Textilgroßhandelshäuser wie sonst nirgendwo in Deutschland, und unvergleichlich war das Angebot. In den 1920er Jahren waren es rund 200 Firmen der Textilbranche, die im internationalen Handel mit Stoffen aus Afrika, Griechenland, der Türkei und England tätig waren, und aus China importierte man Seide.

Diese Straße mit ihren Nebenstraßen war eine einzigartige Institution, die nur mit dem Berliner Hausvogteiplatz zu vergleichen war. [...] Sie ist eine ungefähr eineinhalb Kilometer lange Straße, im Zentrum der Stadt beginnend und an beiden Seiten von Häusern begrenzt, die vom Erdgeschoß bis zum Dach nur mit Textil-Großhandelsfirmen und Konfektionsfabriken angefüllt waren. Die Hofaue bediente mit ihrem Zwischenhandel die nähere und weitere Umgebung der Stadt, das Rheinland und Ruhrgebiet, lieferte darüber hinaus aber auch praktisch in die gesamte Welt. Die Hofaue war für den Textilhandel ein Begriff wie die "Bondstreet" in London; ihre Bedeutung ist nur aus der historischen Entwicklung der Elberfelder Textilindustrie zu erklären. (Rohlén-Wohlgemuth, S. 117)

Vor dem Ersten Weltkrieg wurden so genannte „Sonderverkaufsetagen" geöffnet, messeähnliche Großveranstaltungen, zu denen bis zu 15.000 Menschen aus dem In- und Ausland herbeiströmten. Die Hofaue war zur Kaiserzeit eine Lebensader des Wuppertals, wurde hier doch der Reichtum erwirtschaftet, der Elberfeld zu einer der Städte mit dem höchsten Steueraufkommen des Reichs machte. Vom Wohlstand sprechen heute noch die Villen des Briller und des Zoo-Viertels. Zugleich erblühte das kulturelle und gesellschaftliche Leben der Stadt – mit ihren weit gespannten geschäftlichen Kontakten brachten die Unternehmer auch einen Hauch von Weltläufigkeit ins Tal. Der Textilhandel forderte und ermöglichte zugleich die Erfindung und Umsetzung des „sozialen Wohnungsbaus" für die vielen Arbeiter und Angestellten der Branche: In der Nordstadt Elberfelds entstanden um die Jahrhundertwende zahlreiche Mietshäuser mit einem für die damalige Zeit vorbildlichen Komfort. Die wirtschaftliche Anziehungskraft durch Textilindustrie und -handel wirkte sich auch auf den Gründungseifer jüdischer Kaufleute und Unternehmer aus, die nach wie vor in die attraktiven aufstrebenden Wupperstädte zogen und dort in enger Nachbarschaft mit christlichen Kaufleuten ihre Fabriken und Handelshäuser betrieben.

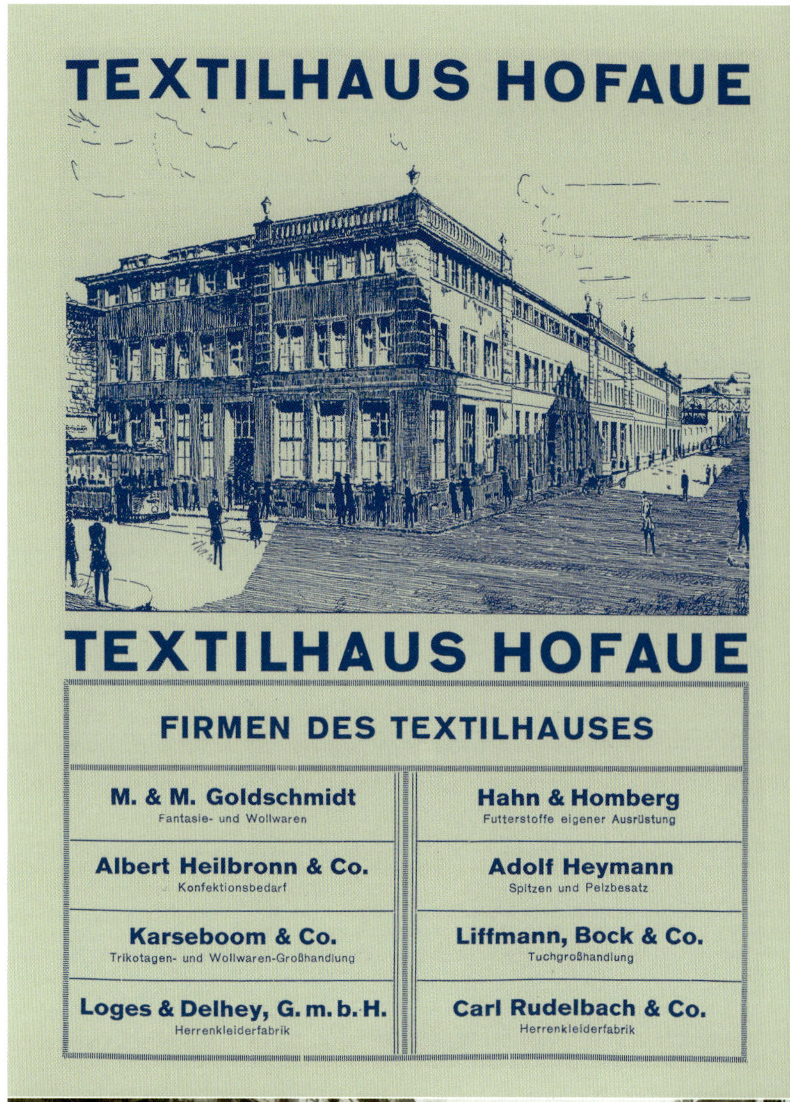

Die Hofaue in den 1920er Jahren

Ich, George (Gert) Meyerson bin am 18.12.21 in der Kasinogartenstr. 11 zur Welt gekommen. Auch meine Schwester Lore ist am 15.9.26 in derselben Wohnung zur Welt gekommen. Meine Eltern hatten Hebammen und Küchenmädel zur Hilfe. Mein Vater war Mitbesitzer im D. Guthmann Nachf. Damenmäntel Eng. an der Hofaue 58/Ecke Mohrenstr. in der Nähe vom Brausenwerth. Es war ein Damenkonfektionsgeschäft,

Hirsch & Wistinetzki

hauptsächlich für Mäntel. Meine Mutter war das Herz der Firma, mein Vater ein erstklassiger Materialkenner. Beide haben sich sehr gut ergänzt. Das Geschäftshaus war von meines Vaters Onkel Dietrich Guthmann vor dem ersten Weltkrieg gebaut worden. Zu der Zeit war es das erste sogenannte bombenfeste Gebäude mit Glasfahrstuhl und Lastenfahrstuhl. Der Keller und der erste Stock waren das Geschäft. Alle Waren wurden in Berlin hergestellt und meine Tante Kathinka war die Einkäuferin bis mein Onkel starb und meine Mutter Mitinhaberin und Einkäuferin wurde. Unser Personal bestand aus zehn Personen.

Mein Onkel und meine Tante waren sehr wohlhabend und lebten am Zoo. Ihr einziges Kind, ihre Tochter, starb sehr früh, ich glaube an Krebs. Die Autos meines Onkels waren Minervas, mit Chauffeur natürlich. Vater ging oft auf Einkaufsreisen und wir hatten auch einen Vertreter. Kunden waren meistens große Kaufhäuser. Von der Kasinogartenstr. zogen wir in die Erlenstraße ins Schliepersche Haus. Dies war einmal ein Einfamilienhaus, das zu drei vermieteten Wohnungen umgebaut worden war. [...] Der Grund für den Umzug waren Lore und ich, da meine Eltern einen großen Garten für uns gesucht hatten. [...] Frau Schlieper war eine ältere Dame, die im dritten Stock wohnte. Es war eine sehr große Wohnung, aber leider nicht sehr bequem, da die Küche außerhalb der regulären Wohnung war. Wir zogen dann in die Viktoriastraße 35 am Brill, Ecke Roonstr. [...] Auch diese Wohnung war wunderschön. (Zeitzeugenbericht George Meyerson)

Es war ein jüdischer Textilkaufmann aus der Hofaue gewesen, Jakob Cappel, der schon zu Beginn des Jahrhunderts die Initiative ergriffen hatte, gemeinsam gegen Missstände in der Abwicklung des Handels, besonders bei der Bezahlung und im Umgang mit Schuldnern, vorzugehen. Im Jahr 1907 trafen sich die Unternehmer im „Dortmunder Hof" in der Kirchstraße, wo traditionellerweise die Mitglieder des „Vereins reisender Kaufleute" abstiegen, und gründeten die Interessengemeinschaft „Vereinigung der Fabrikanten und Großhändler der Textil- und verwandten Branchen e.V." mit dem Sitz in Elberfeld. Sie richteten ihr Büro zunächst in der Hofaue 49 ein. Zum ersten Vorsitzenden wurde Albert Küppers von der Firma Garschagen

Gardinengeschäft von Fritz Ostwald in der Hofaue 25

& Co. gewählt, Jakob Cappel war eins der Vorstandsmitglieder, und neben ihm gab es weitere jüdische Geschäftsleute wie Otto Daniel, Leo Gumperts und Max Ferber. Erster Geschäftsführer wurde Moritz Salomon. Hugo Jacoby, der eine Damenmantelfabrik in der Hofaue besaß, war Nachfolger von Albert Küppers und bis 1933 viele Jahre lang Vorsitzender dieser „Vereinigung".

Als im Jahr 1957 das 50jährige Bestehen begangen wurde, sprachen die Mitglieder in ihrer Festschrift auch die Auswirkungen der nationalsozialistischen Eingriffe ins Wirtschaftsleben und den wirtschaftlichen Ruin der ehemaligen jüdischen Nachbarn und Geschäftspartner an:

Nach der Machtergreifung durch die Nationalsozialisten 1933 geriet die Vereinigung, die bis zu 400 Mitglieder gehabt hatte, in schwerste Bedrängnis dadurch, daß im Zuge des sog. standischen Aufbaues alle möglichen und unmöglichen Fachverbände und Wirtschaftsgruppen mit Zwangsmitgliedschaften gegründet wurden. So kam es, daß viele Firmen einem Dutzend und mehr Verbänden mit Beitragspflichten angehören mußten und versuchten, sich freiwilliger Mitgliedschaften bei anderen Verbänden zu ihrer finanziellen Entlastung zu entledigen.

[...] Hinzu kam noch, daß im Sinne der neuen Machthaber die leitenden Herren zum großen Teil nicht die politischen Voraussetzungen erfüllten. Auch die Umbesetzung des Vorstandes konnte daran wenig ändern. Die Zwangswirtschaft, die man Autarkie nannte, tat das übrige dazu. Viele jüdische Mitglieder wanderten aus oder wurden gezwungen, ihre Geschäfte zu verkaufen. Die VEREINIGUNG hat sich aber stets mit Erfolg geweigert, an Arisierungen mitzuwirken.

Die letzten jüdischen Mitglieder mußten im März 1939 ausscheiden, nachdem ihnen jede geschäftliche Tätigkeit untersagt war.
(Festschrift, S. 12f)

Es ist für eine offizielle Verlautbarung in den 1950er Jahren durchaus bemerkenswert, dass überhaupt auf die Verfolgungsgeschichte der Juden hingewiesen wird. Aber sich dazu durchzuringen, mögliches eigenes Versagen, unterlassene Hilfe und mangelndes Mitgefühl selbstkritisch zu bekennen, scheint der „Vereinigung" nicht möglich gewesen zu sein – im Gegenteil: Man fühlte sich vor allem selbst als Opfer der NS-Wirtschaftspolitik und an der ökonomischen Verdrängung der Juden vollkommen schuldlos.

Jüdische Firmen und Gewerbetreibende in Elberfeld um 1916

Firma	*Gewerbe*	*Adresse*
S. Adler & Co	*Möbel*	*Hofaue 53*
N. Adlerstein & Co	*Warenkreditgeschäft*	*Kleine Klotzbahn 12*
Alsberg, Alfred	*Inhaber Fa. Siegmund Alsberg*	*Roonstraße 22*
Gebr. Alsberg	*Manufaktur, Mode, Kurzwaren, Betten, Möbel, Damenputz*	*Wall 19 bzw. 36/40; Wirmhof 13*
Siegmund Alsberg	*Betten u. Schlafzimmer*	*Erholungstraße 15*
Louis Amberg	*Kurzwaren, Knöpfe*	*Hofaue/Wertherstr. 19-21*
Gebr. Appel	*Weiß- u. Wollwaren*	*Herzogstraße 10*
Archenhold & Co	*Futterstoffe*	*Hofkamp 46*
Aronowitsch, Abraham	*Altwarenhandlung*	*Bachstraße 23a*
Auerbach, Max	*Kaufmann*	*Aue 98*
Auerbach, Dr. Zacharias	*Rabbiner*	*Briller Straße 16-18*
Barmé, Siegfried	*Metallgroßhandlung*	*Johannisstraße 21/23*
Baruch, Benjamin	*Tagelöhner*	*Wülfingstraße 23*
Gebr. Baum	*Margarinefabrik*	*Sedanstraße 16-20*
Beer, Louis	*Kurz- u. Weißwarenfabrik*	*Hofaue 38-40 u. 64-66*
Beermann, Hermann	*Inhaber Fa. M. Simon*	*Brausenwerther Straße 17*
Benjamin, Albert	*Teilhaber Fa. Jungmann & Strauß*	*Neue Kastanienstraße 14*
Benjamin, Oskar	*Teilhaber Fa. Grünewald*	*Bleichstraße 18*
Blumenthal & Kahn	*Kleiderfabrik*	*Hofaue 46*
Bondy, Julius	*Teilhaber Fa. Michel*	*Kaiser-Wilhelm-Allee 16*
Bornstein, Jacob	*Schuhmacher*	*Ludwigstraße 60*
Cahn, Hugo	*Agentur und Kommissionen*	*Eichenstraße 12*
Cahn, Nathan	*Rohproduktenhandlung*	*Steinstraße 7*
Cahnfeld, Artur	*Korsettgeschäft*	*Robertstraße 7*
Caminer, Dr. Bernhard	*Arzt*	*Bergstraße 13*
Cappel, Jacob	*Manufakturwarengroßhandlung*	*Hofaue 51*
Cappel, Oskar	*Inhaber Fa. Kaufmann & Cappel*	*Hofaue 63*
Chambré, Karl	*Vertreter*	*Lischkestraße 3*
Cleffmann, Alex	*Kommis*	*Bachstraße 7*
Cohnen, Albert	*Prokurist*	*Herzogstraße 31*
Cohnen, Alex	*Reisender*	*Herzogstraße 31*
Coppel, Dr. Fritz	*Rechtsanwalt*	*Wall 15*
Dahl, David	*Teilhaber Fa. Wolff & Bamberger*	*Schlieperstraße 15*
Dahl, Salomon	*Teilhaber Fa. Herz & Dahl*	*Oststraße 4*
Dahler, Abraham	*Fuhrmann*	*Birkenstraße 32*

◀ Die Firma Louis Weinberg in der Aderstraße 32. Auf der Rückseite des Fotos ist zu lesen: „Das war unser Geschäft. Es hatte sieben Stockwerke, vier waren ausgebaut, die anderen drei dienten als Abstellräume. Im Parterre wurden Stoffe verkauft. Dort war der Vetter meines Vaters, Max Simmons, tätig. [...] Im ersten Stock Wäsche (mein Onkel), im zweiten Stock war das Änderungsatelier."

▶ Das Ehepaar Simche Simon und Dora Glass vor seiner Eierhandlung in der Grünstraße, ca. 1908

Firma	Gewerbe	Adresse
Daniel, Albert	Inhaber Fa. Max Daniel	Hofaue 50
Daniel, Dr. Berthold	Gynäkologe	Aue 104
Daniel, Bruno	Teilhaber Fa. Leo Sonnenfeld & Co	Markgrafenstraße 16
Daniel, Julius	Kurzwarenhandlung	Wupperstraße 9
Daniel, Max	Herrenartikel, Wollwaren	Hofaue 50
Daniel, Otto	Inhaber Fa. Max Daniel	Hofaue 50
Dannenberg, Julius	Damenkonfektionshandlung	Kolk 20
Dannenberg, Max	Metzgerei	Nordstraße 56
David, Moses	Händler	Luisenstraße 7
David, Emil	Agent	Zollstraße 2
Dosmar, Arthur	Möbelgroßhändler	Breitestraße 52
Dreyfus, Wilhelm	Metallgroßhandlung	Wiesenstraße 39a
Eichengrün & Dreyfus	Schneiderartikel	Königstraße 114
Elsbach, Siegfried	Prokurist	Bahnhofstraße 14
Emmerich, Sally	Vertreter	Erholungstraße 9
Gebr. Erbslöh	Manufakturwarengroßhandel, Stapelartikel, Wäsche, Konfektion	Hofaue 47/49
Falk, Amalie	Damenkonfektion	Morianstraße 24-26
Falkenheim, Leopold	Putz- und Modewaren	Kaiserstraße 10
Feiber, Abraham	Kohlenhandlung	Untergrünewalder Str. 303
Feidelberg	Großhandlung	Aue 60
Feist, Dr. Gustav	Rechtsanwalt	Königstraße 59
Figge, Heinrich	Schneider	Seilerstraße 17
Fischel, Viktor	Agent	Hansastraße 60
Fisch, Ludwig	Klempner	Königstraße 226
Fleischhacker, Liebmann	Damen- u. Kinderhüte, Trauerhüte	Herzogstraße 25
Fleischhacker, Max	Inhaber Fa. L. Fleischhacker	Herzogstraße 25
Carl Frank & Cie.	Manufaktur und Kurzwaren	Schlossbleiche 14
Freudenberg, Philipp	Seide, Mode, Webereien, Teppiche, Möbelstoffe, Gardinen, Herren-, Damen- und Kinderbekleidung	Wall 18-22; Herzogstraße 2-4
Fried, Adolf	Viehhändler	Albrechtstraße 54
Frogel, Moritz	Rohprodukte	Friedrichschulstraße 3
Gebr. Fuchs	Kleiderfabrik	Hofaue 53 a
Gans, Jacob	Reisender	Vereinstraße 3
Gans, Moritz	Kurzwaren-Großhandlung	Morianstraße 34
Gans, Moses	Bäcker	Nevigeser Straße 79
Gans und Sternberg	Herrenkleiderfabrik	Hofaue 73

Eduard Gordon (1841-1904), Gründer der Bekleidungsfabrik am Brausenwerth

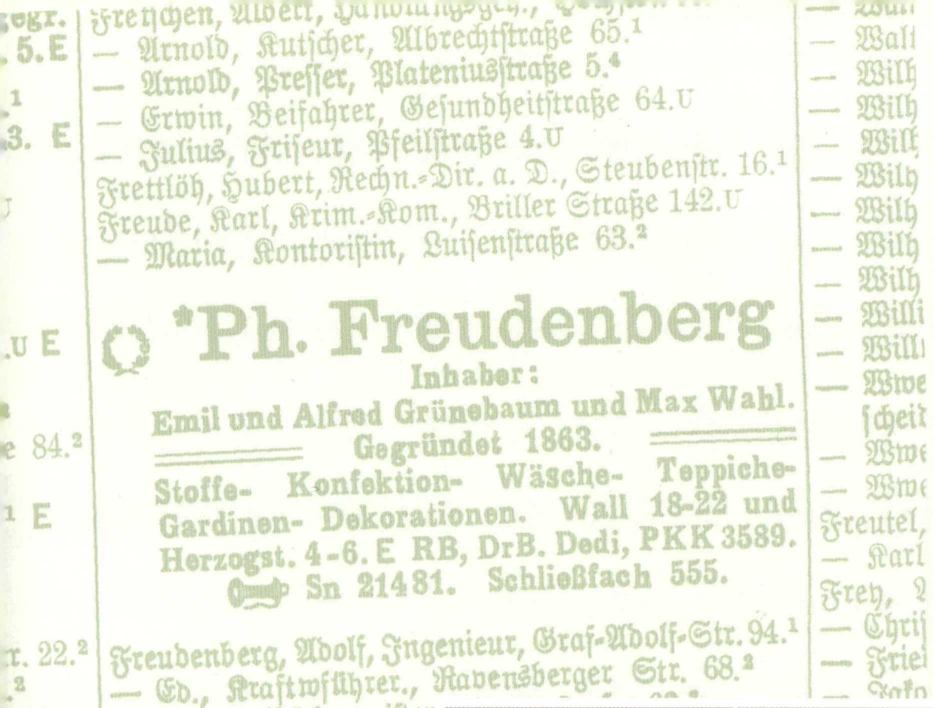
— Arnold, Kutscher, Albrechtstraße 65.1
— Arnold, Presser, Plateniusstraße 5.4
— Erwin, Beifahrer, Gesundheitstraße 64.U
— Julius, Friseur, Pfeilstraße 4.U
Frettlöh, Hubert, Rechn.-Dir. a. D., Steubenstr. 16.1
Freude, Karl, Krim.-Kom., Briller Straße 142.U
— Maria, Kontoristin, Luisenstraße 63.2

*Ph. Freudenberg
Inhaber:
Emil und Alfred Grünebaum und Max Wahl.
Gegründet 1863.
Stoffe- Konfektion- Wäsche- Teppiche- Gardinen- Dekorationen. Wall 18-22 und Herzogst. 4-6.E RB, DrB. Dedi, PKK 3589. Sn 21481. Schließfach 555.

Freudenberg, Adolf, Ingenieur, Graf-Adolf-Str. 94.1
— Ed., Kraftwfühbrer., Ravensberger Str. 68.2

▲ *Das Kaufhaus Philipp Freudenberg, gegründet 1863 und der Eintrag im Wuppertaler Adressbuch von 1934*

Firma	Gewerbe	Adresse
Gehlkopf, Abel	Händler	Pfeilstraße 1
Gehlkopf, Simon	Handelsmann	Hochstraße 103
Goldberg, Felix	Zahnarzt	Alter Markt 7
Goldberg, Max	Manufakturen	Hofaue 31-33
Goldberg, H.	Kurzwaren-Großhandlung	Kipdorf 91
Goldschmidt, Fritz	Schneider	Gesundheitstraße 71
Goldschmidt, Hans	Rechtsanwalt	Bembergstraße 14
Goldschmidt, Jacob	Seidenwarenfabrik	Aue 10
Goldschmidt, Leo	Inhaber F. Jacob Goldschmidt	Aue 10
Goldschmidt, Meta	Verkäuferin	Adersstr.
Gordon, Wwe. Eduard	Inhaberin Fa. Eduard Gordon	Aue 94
Grünebaum, Emil	Teilhaber Fa. Freudenberg	Mozartstraße 7
Grüneberg, Frau Louis	Inhaberin Fa. Grüneberg & Mendel	Mozartstraße 7
Grüneberg, Dr. Levy	Arzt	Aue 93
Grüneberg & Mendel	Preisschilder	Adersstraße 31
Grünewald, Ludwig	Klischeefabrik	Bleichstraße 18
Gumperts, Daniel	Teilhaber Fa. Nathan & Gumperts	Wotanstraße 1
Gumperts, Mortz	Inhaber Fa. Samson & Co	Islandufer 5
Gurau, Hermann	Inhaber Fa. Hermanns & Froitzheim	Sadowastraße 32
Guthmann, David	Damenmäntelfabrik	Hofaue 85
Haftel, Leo	Nähmaschinenhandlung	Kleine Klotzbahn 12
Hamm, Albert	Teilhaber Fa. Hamm & Co	Aue 71
Hamm & Co	Konfektion	Wall 34
Herfeld, Emil	Frisör	Wolkenburg 104
Heimann, Bernhard	Teilhaber Fa. Kaufmann	Mäuerchen 10
Heimann, Hermann	Teilhaber Fa. Kaufmann	Sophienstraße 12
Heimann, Moritz	Teilhaber Fa. Kaufmann	Königstraße 85
Heimann, Dr. Alfred	Kinderarzt	Königstraße 5-7
Hein, Karl	Handlungsgehilfe	Holsteinstraße 19
Heinemann, Josef	Reisender	Kölner Straße 12
Hermanns & Froitzheim	Handschuhe und Krawatten	Herzogstraße 20-22
Herz & Dahl	Herrenkleiderfabrik	Hofaue 85
Herz, Bernhard	Inhaber F. Herz & Dahl	Sophienstraße 16
Herzberg & Co	Chemische Fabrik	Königstraße 403
Herzberg, Dr. Max	Inhaber Fa. Herzberg & Co	Königstraße 403
Heymann	Unterröcke, Vorhemden	Hofaue 47-49
Hirsch, Hermann W.	Inhaber Fa. Hirsch & Wistinetsky	Hofaue 68-72
Hirsch, Josef	Inhaber Fa. Hirsch & Wistinetsky	Hofaue 68-72

Alex Berger, Inhaber des Geschäfts „Betten Berger“ in der Erholungstraße

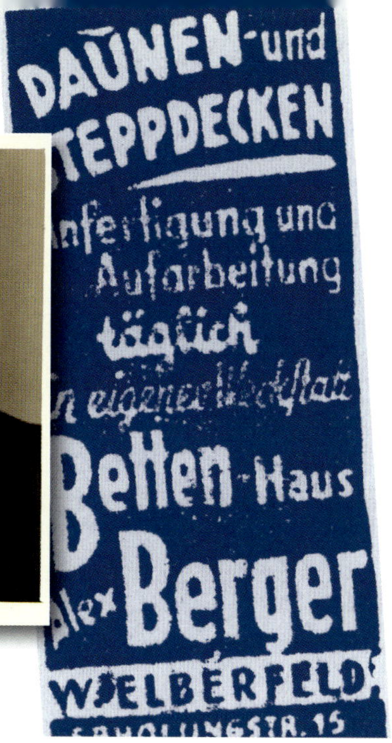

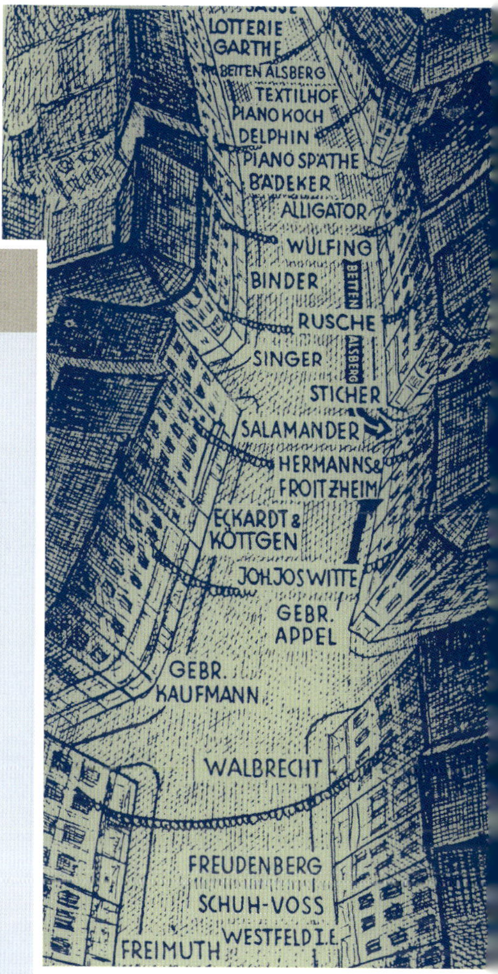

Neben der berühmten Hofaue gab es mit der Herzogstraße, dem Wall und der Neumarktstraße weitere wichtige und attraktive Geschäftsgegenden in Elberfeld. In dieser Anzeige werben jüdische und nichtjüdische Firmen der Herzogstraße. (Bergisch-Märkische Zeitung vom 13.12.1931)

Firma	Gewerbe	Adresse
Hirsch, Max	Teilhaber Fa. Leopold Simon	Königstraße 91
Hirsch, Max	Teilhaber Fa. P. & M. Hirsch	Barmer Straße 90
Hirsch, Simon	Konfektionsgeschäft	Hofkamp 50
P. & M. Hirsch	Schneiderartikel-Großhandlung	Barmer Straße 90
Hirsch & Wistinetsky	Konfektionsgroßhandel	Hofaue 68-72
Jacob & Franken	Wäschebesatz	Markusstraße 33
Kahn, Jacob	Tuch und Buxkin Großhandel	Hofaue 93
Kamp, Gustav	Reisender	Gerstenstraße 8
Kamp & Co	Elektrische Artikel	Neue Gerstenstraße 7
Kann, Julius	Teilhaber Fa. Kann, Willenius & Co	Gustavstraße 1
Karfiol, Karl	Kaufmann	Wall 29
Katzenstein, Albert	Kommis	Sedanstraße 41
Katzenstein, Gustav	Herrenkleiderfabrik	Hofaue 46
Kaufmann & Cappel	Kurz- und Weißwaren-Großhandel	Hofaue 63
Gebr. Kaufmann	Manufakturwaren	Herzogstraße 9-17
Kaufmann, Abraham	Manufakturwarengeschäft	Wilhelmstraße 14
Kaufmann, Charlotte	Kinderkonfektion	Herzogstr. 42; Kaiserstr. 43
Kaufmann, Isaak	Inhaber Fa. L. Kaufmann	Berliner Straße 126
Kaufmann, Jacob	Inhaber Fa. Kaufmann & Cappel	Hofaue 63
Kaufmann, Karl	Inhaber Fa. L. Kaufmann Söhne	Hofaue 66
L. Kaufmann	Besatzwaren	Berliner Straße 126
L. Kaufmann Söhne	Konfektion	Hofaue 66
Kaufmann, Richard	Inhaber Fa. L. Kaufmann Söhne	Hofaue 66
Kirschbaum, Hedwig	Kostümkonfektion	Reformierter Kirchplatz 15
Kupfermann, Frau Josef	Möbelhandlung	Albrechtstraße 4
Levi, Dr. Julius	Arzt	Bankstraße 8
Levy, Wilhelm	Synagogendiener	Schwanenstraße 26
Lewin & Co	Stickerei-Großhandlung	Hofaue 85
Lewin, Hugo	Inhaber Fa. Lewin & Co	Hofaue 85
Lewin, Hans	Inhaber Fa. Lewin & Co	Hofaue 85
Löw, Sally	Inhaber Fa. Neu's Kaufhaus	Friedrichstraße 32
Löwenthal & Co	Großhandlung für Babyartikel	Hofaue 46
Loewenstein, Adolf	Besatzartikel	Kaiserstraße 33
Marcus, Moritz	Manufakturwarengroßhandlung	Hofaue 69
Mayer, Jakob	Schneidermeister	Wülfingstraße 26
Mehl, Nathan	Eier	Spichernstraße 5
Gebr. Menko	Rohproduktenhandlung, Abfälle	Haspeler Schulstraße
Mendel, Salomon	Agenturgeschäft	Distelbecker Straße 19

Firma	Gewerbe	Adresse
Mendels, Arthur	Teilhaber Fa. Windmüller & Mendels	Hofaue 79-81
Mendels, Sally	Teilhaber Fa. Windmüller & Mendels	Hofaue 79-81
Mendels, Theodor	Teilhaber Fa. Windmüller & Mendels	Vereinsstraße 14
Meyerstein, Max	Teilhaber Fa. Blumenthal & Co	Königstraße 123
Michel, Jacob	Maßgeschäft für Herrenkleidung	Schwanenstraße 27
Michowski, Moritz	Händler	Albrechtstraße
Morgenroth, Wilhelm	Stückfärberei u. Appreturanstalt	Färberstraße 1
Nathan & Gumperts	Knabenkleiderfabrik	Brausenwerther Straße 1 Hofaue 71
Plaut & Reuter	Klöppeldeckenfabrik	Adlerstraße 34a
Plaut, Julius	Inhaber Fa. Plaut & Reuter	Adlerstraße 34a
Reuter, Jacob	Inhaber Fa. Plaut & Reuter	Adlerstraße 34a
Röttgen, N.	Korsettfabrik	Burgstraße 1
Rosendahl, Emil	Viehhandlung	Uellendahler Straße 90a
Rosendahl, Edwin	Milchhandlung	Nützenberger Straße 182
Gebr. Rothschild & Co	Fabrik für gummielastische Waren	Siegstraße 34
Samson & Co	Fotograf	Islandufer 5
Schaierwitz, Jacob	Schneidermeister	Carnapstraße 34
Schickler & Co	Matratzen	Königstraße 137a
Alfred Schnock & Co	Kurzwarengroßhandlung	Hofaue 67
Schnock, Felix	Teilhaber Fa. Alfred Schnock & Co	Hofaue 67
Schwarz, Moritz	Reisender	Paradestraße
Simon, M.	Tuchgroßhandlung	Brausenwerther Straße 17
Simon, Abraham	Rohproduktenhandlung	Simonsstraße 8
Simon, Karl	Inhaber Fa. Moritz Marcus	Hofaue 69
Simon, Leopold	Inhaber Fa. Max Hirsch	Wall 1-13
Simon, Samuel	Damen-, Putzgroß- u. Kleinhandel	Hofaue 91
Simon, Sigmund	Herrengarderobe-Geschäft	Turmhof 17; Schwanenstr. 18
Singer, Elias	Althandlung	Wilhelmstraße 30
Leo Sonnenfeld & Co	Bergische Feilen- und Stahlgesellschaft	Grifflenberg 5
Stein, Gustav	Handlungsgehilfe	Uellendahler Straße 434
Stern, Salomon	Trikotagen- und Strumpfwarenfabrik	Hofaue 85
Stern, Arthur	Inhaber Fa. Salomon Stern	Hofaue 85
Sternberg, Max	Teilhaber Fa. Ganz und Sternberg	Barmer Straße
Strauß, Alfred	Schneidereibedarf	Kölner Straße 70
Taub, Dr. Ludwig	Chemiker	Talstraße 9
Leonhard Tietz AG	Kaufhaus	Kaiserstraße 1
Udewald, Julius	Agenturen	Königstraße 163
Ulmann, Dr. Eduard	Arzt	Hofkamp 44
Wagner, Emil	Betten und Bettstellen	Burgstraße 2
Wahl, Max	Inhaber Fa. Freudenberg	Nützenberger Straße 29
Walter, Albert	Bäckerei und Konditorei	Grünstraße 22
Wertheim & Co	Schneiderartikel	Oststraße 76
S.A. Weyl & Sohn	Leinenhandlung	Hofaue 76
Windmüller & Fischer	Manufakturwaren	Hofaue 66
Windmüller & Mendels	Manufakturwarengroßhandlung	Hofaue 79-81
Wistinetzky, Hermann	Teilhaber Fa. Hirsch & Wistinetzky	Jägerstraße 4
Wohlgemuth, Salomon	Manufaktur	Erholungstraße 7
Wolff, Paul	Herrenmodeartikel	Neues Rathaus
Wolff, Willy	Inhaber Fa. Moritz Marcus	Hofaue 69
Zander, Fritz	Reisender	Wolkenburgstraße 6
Zander, Jacob	Althandlung	Wilhelmstraße 8
Zivi, Hermann	Oberkantor und Lehrer der Synagogengemeinde	Elisenstraße 24

(nach Pracht-Jörns, S. 294-296)

Das Geschäftshaus Hermanns & Froitzheim in der Herzogstraße 20/22

Jüdische Mittagstische, Pensionen und Restaurants

Die Zunahme jüdischer Firmengründungen zog viele junge Menschen ins Wuppertal, darunter auch Juden, die hier ihre Ausbildung machen und arbeiten wollten.

Eine solch große Anzahl jüdischer junger Männer war allerdings eine große Freude für die jüdischen jungen Mädchen Elberfelds, die dadurch viele Tanzkavaliere zur Auswahl hatten. (Rohlén-Wohlgemuth, S. 128)

Da die Lehrlinge aber nicht mehr, wie früher, zur Familie des Ausbildungsbetriebs gezählt und daher dort auch nicht beherbergt und verpflegt wurden, entstanden jüdische Mittagstische und Pensionen, z. B. die Speisewirtschaft der Metzgerei Richard Mattes in der Brausenwerther Straße 15, die Pension Berta Walter in der Bahnhofstraße 12, die Pension Ruloff in der Hofaue, das „Hotel Zentral" von Julius Kirschbaum in der Bahnhofstraße 18, die Mittagstische von Karfiol und von Emilie Schönfeld und ihrer Schwester in der Bankstraße 4.

Frau Karfiol war für ihre gute Küche berühmt. Einer ihrer Gäste war der junge Rabbiner Philipp, ein anderer, Hans Schwarz, ging in den ersten Jahren der Nazizeit bei ihr in die Lehre und hat später großen Erfolg als Koch in den Vereinigten Staaten gehabt. Der jüdische Mittagstisch der Schönfelds war weit über Elberfelds Grenzen hinaus bekannt. Es aßen dort außer den Lehrlingen viele jüdische Geschäftsreisende und Junggesellen. Alle bekamen nährende und gute Hausmannskost und standen unter der Obhut der beiden Schwestern. Die Schwester Friedchen starb schon Ende der zwanziger Jahre, die ältere Schwester Emilie führte den Mittagstisch dann weiter bis in die Hitlerzeit. Im Jahre 1938 kam sie in das jüdische Altersheim, von wo sie schwerbehindert auf einem Lastwagen verladen in das Konzentrationslager gebracht wurde. Diese Mittagstische gehörten genauso wie der jüdische Einzelhandel und die „Hofaue" zum Bild des jüdischen Lebens in Elberfeld. (Rohlén-Wohlgemuth, S. 128f)

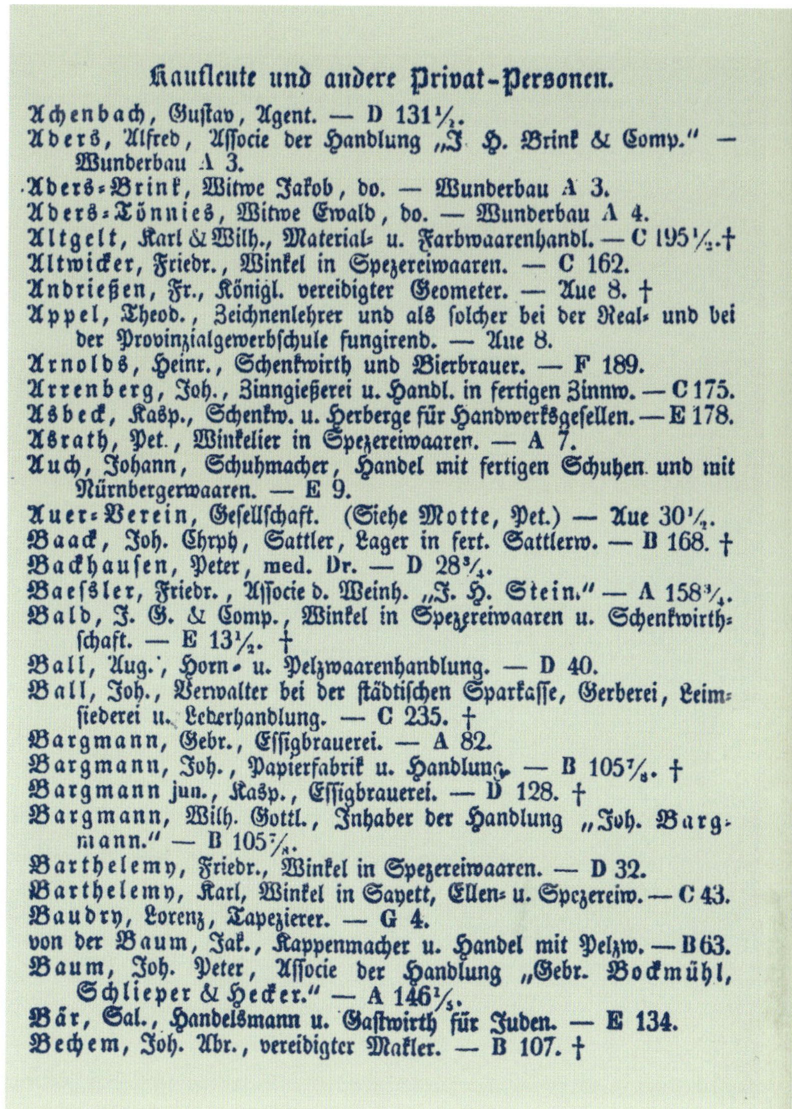
Kaufleute und andere Privat-Personen.

Achenbach, Gustav, Agent. — D 131 1/2.
Aders, Alfred, Associe der Handlung „J. H. Brink & Comp." — Wunderbau A 3.
Aders-Brink, Witwe Jakob, do. — Wunderbau A 3.
Aders-Tönnies, Witwe Ewald, do. — Wunderbau A 4.
Altgelt, Karl & Wilh., Material- u. Farbwaarenhandl. — C 195 1/2. †
Altwicker, Friedr., Winkel in Spezereiwaaren. — C 162.
Andrießen, Fr., Königl. vereidigter Geometer. — Aue 8. †
Appel, Theod., Zeichnenlehrer und als solcher bei der Real- und bei der Provinzialgewerbschule fungirend. — Aue 8.
Arnolds, Heinr., Schenkwirth und Bierbrauer. — F 189.
Arrenberg, Joh., Zinngießerei u. Handl. in fertigen Zinnw. — C 175.
Asbeck, Kasp., Schenkw. u. Herberge für Handwerksgesellen. — E 178.
Asrath, Pet., Winkelier in Spezereiwaaren. — A 7.
Auch, Johann, Schuhmacher, Handel mit fertigen Schuhen und mit Nürnbergerwaaren. — E 9.
Auer-Verein, Gesellschaft. (Siehe Motte, Pet.) — Aue 30 1/2.
Baack, Joh. Chrph, Sattler, Lager in fert. Sattlerw. — B 168. †
Backhausen, Peter, med. Dr. — D 28 3/4.
Baeßler, Friedr., Associe d. Weinh. „J. H. Stein." — A 158 3/4.
Bald, J. G. & Comp., Winkel in Spezereiwaaren u. Schenkwirthschaft. — E 13 1/2. †
Ball, Aug., Horn- u. Pelzwaarenhandlung. — D 40.
Ball, Joh., Verwalter bei der städtischen Sparkasse, Gerberei, Leimsiederei u. Lederhandlung. — C 235. †
Bargmann, Gebr., Essigbrauerei. — A 82.
Bargmann, Joh., Papierfabrik u. Handlung. — B 105 7/8. †
Bargmann jun., Kasp., Essigbrauerei. — D 128. †
Bargmann, Wilh. Gottl., Inhaber der Handlung „Joh. Bargmann." — B 105 7/8.
Barthelemy, Friedr., Winkel in Spezereiwaaren. — D 32.
Barthelemy, Karl, Winkel in Sayett, Ellen- u. Spezereiw. — C 43.
Baudry, Lorenz, Tapezierer. — G 4.
von der Baum, Jak., Kappenmacher u. Handel mit Pelzw. — B 63.
Baum, Joh. Peter, Associe der Handlung „Gebr. Bockmühl, Schlieper & Hecker." — A 146 2/5.
Bär, Sal., Handelsmann u. Gastwirth für Juden. — E 134.
Bechem, Joh. Abr., vereidigter Makler. — B 107. †

Eintragung der koscheren Speisewirtschaft Bär im Elberfelder Adressbuch von 1834

Meine Eltern lebten seit 1908 in Elberfeld. Meine Mutter war im Kaufhaus Michel am Wall angestellt, mein Vater bei Betten Alsberg in der Gesundheitstraße. Beide aßen bei einer Frau Buschhoff, die einen koscheren Mittagstisch führte. Dort lernten sich die beiden kennen und lieben und heirateten im Jahre 1912. (Zeitzeugenbericht Arie Efrat)

Dann gab es noch ein paar jüdische Restaurants in Elberfeld, in denen auch getanzt wurde. In der Hofaue, da war die Pension Hartog und später noch eine andere […]. Bei Hartogs habe ich am meisten verkehrt. Abends, so als Junge mit siebzehn Jahren, musste ich zu der Zeit schon um 9 Uhr zu Hause sein oder um halb zehn. (Zeitzeugenbericht Manfred Lichtwitz)

Fromme Juden beachten die Regeln der „Kaschrut" (die jüdischen Speisegesetze), führen eine koschere Küche und essen koscher. Einige dieser Regeln sind die Trennung von fleischigen und milchigen Speisen (inklusive Geschirr), der Verzicht auf so genannte „trefe" Tiere (meistens etwas missverständlich übersetzt mit „unrein") wie z.B. Schalentiere, Schweinefleisch und Wild, die vorschriftsmäßige Schlachtung von Tieren (Schächten) und die spezielle Vor- und Zubereitung von Fleisch.

Privates und Geselligkeit

Die Brüder Max und Gustav Inow auf einem Ausflug an den Rhein, 1928

Für das gesellschaftliche und gesellige Leben schufen sich die Juden im Wuppertal eigene Vereine, zum einen weil der Zutritt zum allgemeinen Vereinsleben zuweilen immer noch schwierig war, zum anderen weil sie es selbst so wünschten. So gab es zum Beispiel den jüdischen Kegelverein „Kol Tess" (Alle Neune) und einen jüdischen Skatklub.

Mein Vater war leider in einem Skatclub. Deshalb habe ich nie Karten angerührt, weil er vom Mittagbrot aufgestanden ist, hat sich eine Zigarre genommen, „Mahlzeit" gesagt, Hut aufgesetzt und dann ist er zum Skatclub gegangen. [...] Wenn er nicht auf Reisen war, jeden Tag. (Zeitzeugenbericht Erika Scharon)

Jüdischer Kegelclub „Kol Tess" (Alle Neune), u.a. mit Richard Robens, Moritz und Sally Holstein, Alfred Süssmann, Karl Ulrich, Bernhard Rosenbaum und Hermann Kamp, 1930

In viel höherem Maß als heute waren bestimmte Sportarten früher eine Frage des Milieus, der finanziellen Möglichkeiten und des gesellschaftlichen Status. Reiten, Segeln, Golf und Tennis als traditionelle Vergnügungen der Aristokratie galten als exklusive Sportarten der höheren Schichten und waren den Reichen und Wohlhabenden vorbehalten. Auch die jüdische Gesellschaft kannte solche Unterschiede, und vermutlich blieben die vermögenden Juden weitgehend unter sich, wenn sie sich zum Tennis „auf Lichtscheid" trafen, während andere sich zum Turnen, Boxen oder Fußballspielen verabredeten – in den meisten Fällen in den jeweiligen jüdischen Vereinen.

Der jüdische Tennisclub hatte seinen Platz an der Oberbergischen Straße 214. Viktoria Treistmann war dort Mitglied und amüsierte sich beim „Sehen und Gesehenwerden". Schwarm aller jungen Mädchen war Paul Zivi (geb. 1899), der Sohn des Elberfelder Oberkantors, der eine erfolgreiche Besteckfabrik zunächst in der Hofaue 23 gegründet hatte. Im Jahr 1931 expandierte das Unternehmen: Zivi etablierte eine weitere Niederlassung seiner Firma in Porto Alegre in Brasilien. „Zivi-Bestecke" sind in ganz Brasilien bis heute so bekannt wie Klingen aus Solingen in Europa.

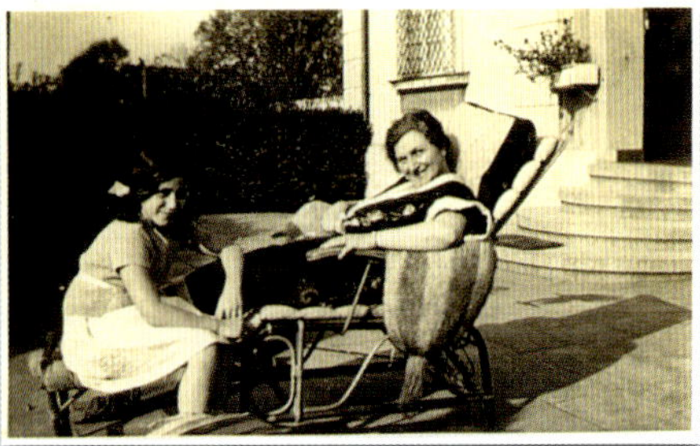

Familienszene im Garten des Hauses Ferdinand-Schrey-Straße 48. Die Wohnung im Erdgeschoss hatten Arthur und Julie Inow gemietet. Auf dem Liegestuhl Julie Inow mit ihrer Tochter Erika. ▶

Erika Scharon, geb. Inow, im Mai 2003 im Garten des Hauses ihrer Kindheit

◄ Verlobung von Grete Glass, 1927

▼ Georg Dreyfus, geb. 1928, (links) mit einem Spielkameraden vor seinem Elternhaus in der Platzhoffstraße, Elberfeld, Anfang der 1930er Jahre

Paul Zivi spielte hier in Elberfeld eine wichtige Rolle. Er war schwerreich, hatte ein Unternehmen in Südamerika und flog mit dem Zeppelin hin und her, das war eine Sensation. Alle Mädchen verliebten sich in ihn. Im Tennisclub auf Lichtscheid ging es deshalb heiß her. Ich war dort auch aktiv, genauso wie der Rest der Familie. Wir waren eine geschlossene Gesellschaft. In meiner Jugend war der Tennisclub für mich alles. *(Zeitzeugenbericht Vicky Grüneberg)*

In den 1930er Jahren bekamen Sport- und auch andere Vereine eine ganz andere Bedeutung: Unter dem Druck der Nationalsozialisten legten insbesondere jüdische Jugendliche Wert auf eine körperliche Ertüchtigung – auch, um gewalttätige Angriffe abwehren zu können. Außerdem war man durch den Zwangsausschluss aus dem allgemeinen Vereinsleben auf eigene vorhandene Vereine oder neu zu gründende angewiesen.

Soziales, politisches und kulturelles Engagement: Die Familie Landé, der Politiker Emil Hirsch und der Arzt Dr. Theodor Hoffa

Unter den Wuppertaler Persönlichkeiten, die wegen ihres außergewöhnlichen Einsatzes für die Stadt im Gedächtnis blieben, sind auch einige Menschen jüdischer Herkunft zu finden, z. B. das Elberfelder Politiker-Ehepaar Hugo und Thekla Landé, der Barmer Stadtverordnete Emil Hirsch und der Barmer Kinderarzt Dr. Theodor Hoffa.

Zwar mochten sie sich selbst aus unterschiedlichen Gründen nicht mehr mit ihrer jüdischen Herkunft identifizieren und waren daher auch nicht Mitglieder der Gemeinde, freilich aber war ihre Herkunft für ihre Entscheidungen und Lebensplanung durchaus von Bedeutung. In der Zeit des Nationalsozialismus wurde sie ihnen – wie allen Juden – zum Verhängnis.

Hugo Landé, 1859 in Ostrowo in Schlesien geboren, studierte in Berlin, Leipzig, Breslau und Heidelberg Rechtswissenschaften und eröffnete mit 27 Jahren in der Elberfelder Zollstraße eine Rechtsanwaltskanzlei. 1887 heiratete er seine fünf Jahre jüngere Kusine Thekla Landé, ebenfalls aus Ostrowo. Das Paar ließ sich in der Luisenstraße 85 nieder, wo in den nächsten Jahren ihre vier Kinder zur Welt kamen.

Unter dem Eindruck des „Sozialistengesetzes“, das von 1879 bis 1890 in Kraft war, und des damals in ganz Deutschland bekannten „Elberfelder Geheimbundprozesses“, bei dem im Jahr 1898 91 Sozialdemokraten vor Gericht gestellt wurden, begannen Hugo und Thekla Landé, sich für die Idee der Sozialdemokratie zu interessieren. Schon in den 1840er Jahren hatte es im Wuppertal politische Aktivisten jüdischer Herkunft gegeben, die sich für den Sozialismus begeisterten: Der Journalist und spätere Vorkämpfer für die zionistische Bewegung Moses Hess (1812-1875) redigierte in Barmen die Zeitschrift „Gesellschaftsspiegel. Organ zur Vertretung der besitzlosen Volksklassen und der Beleuchtung der gesellschaftlichen Zustände der Gegenwart“ (1845/46) und organisierte gemeinsam mit Friedrich Engels (1820-1895) erste sozialistische Versammlungen. Und im Mai 1864 kam Ferdinand Lassalle (1825-1864) nach Ronsdorf, um hier vor dem Allgemeinen Deutschen Arbeiterverein zu sprechen.

Hugo und Thekla Landé wurden engagierte Gründungsmitglieder des „Volksbildungsvereins zu Elber-

Hugo Landé (1859-1936)

Thekla Landé (1864-1932) ▲ mit ihrem Mann und den Kindern Franz, Charlotte und Alfred, ca.1894

feld" und traten bei Vortragsveranstaltungen als Dozenten auf. Hugo Landé unterstützte die Erarbeitung des neuen SPD-Programms, das auf dem Parteitag 1891 in Erfurt verabschiedet wurde. Bei den Elberfelder Kommunalwahlen 1909 zogen die Sozialdemokraten zum ersten Mal in das Stadtparlament ein – Hugo Landé hatte das Spitzenergebnis errungen. Thekla Landé, ebenfalls Mitglied der SPD, setzte sich schon bald für die Verbesserung der Situation von Mädchen und Frauen ein, indem sie vor allem eine den Jungen gleichberechtigte Bildung und Ausbildung der Mädchen bis zum Abitur forderte. Mangels entsprechender Schulen bot der „Verein für Frauenbestrebungen", dessen Vorsitzende Thekla Landé war, spezielle Kurse an, die die Schülerinnen auf die Abiturprüfung vorbereiteten.

Meine Mutter [...] hat mir später immer erzählt, dass sie bei meiner Geburt erst geweint hat. Sie wollte eigentlich kein Mädchen haben, weil Mädchen doch nichts lernen durften [...] und dann hat sie sich was vorgenommen, „so ein Blödsinn, dieses Mädel darf studieren, wenn sie begabt genug ist, sie darf alles lernen, was sie will, das wird schon in Ordnung gebracht werden", und so kam es dann. Es gab noch kein Mädchen-Gymnasium [...] in Wuppertal. Wenn die Mädels studieren wollten, dann mussten sie in die Schweiz gehen. Meine Mutter [...] hat sich gedacht, dass ich nicht die einzige bin, und nachdem ich statt zehn Jahre acht Jahre in die Töchterschule gegangen war, wurde ich aus der Töchterschule herausgenommen und meine Mutter hat in der ganzen Umgebung [...] nachgefragt, ob da noch andere Mädels sind, die gerne studieren möchten und da kamen schließlich zehn sehr begabte und strebsame junge Mädels zusammen und für die hat meine Mutter dann einen Privatkurs zusammengebracht. *(Charlotte Landé, in: Brychta, S. 100)*

Nach dem Sturz des Kaiserreichs konnte ein weiteres wichtiges Ziel verwirklicht werden: das Frauenwahlrecht. Nach den Kommunalwahlen vom 3./4. März 1919 wurde Thekla Landé eine von zehn Frauen unter den 66 Stadtverordneten im Elberfelder Rathaus und damit eine der ersten Frauen in Deutschland mit einem politischen Amt, das sie als Mitglied der Sozialkommission sogar in den Landtag nach Düsseldorf führen sollte.

Aus der jüdischen Gemeinde waren Thekla und Hugo Landé längst ausgetreten. Ihre „Religion" war ihr berufliches, soziales und politisches Engagement. So hatten sie schon zur Gründungsidee des „Volksbildungsvereins" geschrieben: *In der heutigen bewegten Zeit, welche dem hehren Befreiungskampfe der unteren Volksschichten aus materieller und geistiger Knechtschaft geweiht ist, steht der Volksbildungsverein zu Elberfeld als Pionier der Neuzeit und Verfechter der modernen Weltanschauung mit in der ersten Reihe.* *(Brychta, S. 23)*

Genau wie das alle Sozialisten in jeder Zeit gemacht haben, traten auch meine Eltern aus ihrer Kirche aus, das war die Synagoge... Aber das bedeutet nicht etwa unreligiös, sondern meinem Gefühl nach sind wir besonders religiös erzogen worden. Wir sind dazu erzogen worden, duldsam zu sein, anderen Menschen zu helfen und immer die Wahrheit zu sagen und nichts Schlechtes über andere Menschen zu reden. Und das hat mehr mit Religion zu tun als das übliche Dogma. *(Charlotte Landé, in: Brychta, S. 99)*

Selbstverständlich besaß die umfassende Bildung und Ausbildung ihrer eigenen Kinder oberste Priorität bei den Eltern Landé, und so erhielten alle auch eine gründliche musikalische Erziehung. Der älteste Sohn, Alfred, studierte Physik und lehrte seit 1929 als bekannter, exzellenter Atomphysiker an der Ohio State University in Columbus bis zu seiner Pensionierung 1960. Verheiratet war Alfred Landé seit 1922 mit einer Elberfelder Jugendfreundin, der Kinderärztin Elisabeth Grünewald.

Sein jüngerer Bruder Franz studierte Musik und arbeitete als Opernkapellmeister, Musik- und Gesangspädagoge, Musiktheoretiker und Vortragender. Nach der Machtübernahme 1933 musste er sofort, wie seine Geschwister auch, aus Deutschland flüchten, denn als Sozialdemokraten und Moderne gehörten die Landés zu den erklärten Gegnern und Feinden der Nationalsozialisten. Franz emigrierte nach Paris, von wo aus er nach der Besetzung Frankreichs über Drancy nach Auschwitz deportiert wurde. Dort wurde er am 30. September 1942 ermordet.

Den beiden Schwestern, Charlotte und Eva, gelang es, rechtzeitig aus Deutschland zu entkommen. Charlotte war in Berlin und Frankfurt als Ärztin und Sexualreformerin tätig gewesen, Eva Lehrerin in Chemnitz. Beide überlebten die NS-Zeit im Exil.

Thekla Landé, die Mutter, war wenige Wochen vor der Machtübernahme im November 1932 gestorben. In einem Nachruf der Stadt Wuppertal hatte es noch anerkennend geheißen:

Die bei aller Entschiedenheit ruhige vornehme Art ihres Auftretens trug der Verstorbenen Sympathien weit über den Kreis ihrer Parteifreunde hinaus ein. *(Bergisch-Märkische Zeitung vom 22.11.1932)*

Hugo Landé geriet 1933 sofort ins Visier der neuen Regierung und musste Hals über Kopf aus seinem Haus in der Luisenstraße flüchten. In Montreux am Genfer See suchte er Unterschlupf. An der politischen Situation verzweifelnd, völlig vereinsamt und ohne Hoffnung, ruderte er am 14. September 1936 auf den See und kehrte nicht wieder zurück.

Wie Hugo und Thekla Landé engagierte sich der Barmer Kaufmann Emil Hirsch in der Politik und gehörte dem Rat der Stadt Barmen seit 1919 an. 1876 in Berlin geboren, absolvierte er zunächst eine kaufmännische Ausbildung und kam 1896 nach Elberfeld. 1901 heiratete er Hedwig Fleischhacker, die älteste Tochter von Liebmann Fleischhacker, dem Mitbegründer der orthodoxen Gemeinde in der Luisenstraße. Dass Fleischhackers die Religion vermutlich aber doch nicht in allen Punkten so ganz genau genommen haben, ist der kindlichen Erinnerung des Enkels, Helmut Hirsch, zu entnehmen:

Wenn der wohlhabende Liebmann, der in der orthodoxen Gemeinde vorbetete, dem Barmer Enkel samstags zu seinem Geburtstag ein 20-Mark-Goldstück brachte, hat er den Fußweg zum Loh, wo man sich traf, nicht gescheut. *(Hirsch, Familie, S. 170)*

Zwar stimmt, dass fromme Juden am Schabbat nicht fahren und ihre Wege zu Fuß machen, aber sie tragen an diesem Tag auch kein Geld mit sich. Hinzu stellt sich natürlich die nicht ganz erst gemeinte Frage, ob der kleine Helmut seinen Geburtstag denn immer Samstags hatte...

Emil Hirsch und seine junge Frau zogen kurz nach ihrer Hochzeit nach Barmen in die Wertherstraße 17. Hier wurden 1903 der erste Sohn Werner, 1907 sein Bruder Helmut geboren – Werner kam tragischerweise im September 1918 unter ungeklärten Umständen in der Barmer Badeanstalt ums Leben. 1914 bezog die Familie eine Wohnung an der Wertherstraße/ Ecke Werther Hofstraße und betrieb wie Hedwigs Eltern Liebmann und Jenny Fleischhacker ein Geschäft für Hüte.

Emil Hirsch (1876-1947) und seine Frau Hedwig, geb. Fleischhacker (1877-1962)

Der Erste Weltkrieg machte Emil Hirsch zu einem entschiedenen Kriegsgegner, Freidenker und Marxisten. Da er sieben Fremdsprachen beherrschte, setzte man ihn in einem Dortmunder Krankenhaus als Dolmetscher für die dort eingewiesenen, meist russischen Kriegsgefangenen ein. Schon während seiner Zeit als kaufmännischer Lehrling in Berlin war Hirsch Mitglied der SPD geworden, wechselte aber 1917 wegen der Haltung der Sozialdemokraten zum Krieg zur USPD. Hirsch agitierte als Festredner bei Mai-Feiern, als Journalist für die „Freie Presse" und als Dozent in Volksbildungskursen. 1919 rückte er als Unabhängiger in die Stadtverordnetenversammlung nach, seit der Wiedervereinigung von SPD und USPD als SPD-Stadtverordneter. Bis 1924 war er u.a. im Kassenausschuss, im Hauptausschuss des Kinderfürsorgeamtes und in der Sparkassenverwaltung tätig. Beim rechtsradikalen Kapp-Putsch war Emil Hirsch Zahlmeister der vom Aktionsausschuss der Wuppertaler SPD, USPD und KPD gegen die Putschisten eingesetzten republikanischen Kampftruppe.

Hirsch war aber nicht allein nach alter sozialdemokratischer Tradition gewillt, auf die Barrikaden zu steigen, wenn die Feinde des Volkes zum Verfassungsbruch schritten. Wie manche frühere Unabhängige bezeugte er auch ein wachsendes Interesse für die Entwicklung der russischen Revolution und war begreiflicherweise geneigt, ihr umso mehr Fehler nachzusehen, je stärker und dreister die reaktionären Kreise in Deutschland wurden. *(Helmut Hirsch, in: Wunder, S. 12)*

Helmut Hirsch und Johannes Rau gratulieren Friedrich Engels zum 150. Geburtstag, 1970

Nach der Niederschlagung des Putsches trafen sich engagierte Sozialdemokraten, um eine Wuppertaler Volksbühne zu schaffen. Am 18. Juni 1921 wurde im Hotel Hegelich in Unterbarmen die „Freie Volksbühne des Wuppertals" gegründet. Gab es zuvor in Barmen nur rund 75 Abonnenten, so waren es am Ende des Jahres bereits 1500 Volksbühnenmitglieder, mit denen die Städtischen Bühnen rechnen konnten, und in Elberfeld sogar 2500. Die Idee, auch weniger gut situierten Bevölkerungsschichten den Theaterbesuch zu ermöglichen, hatte einen enormen Erfolg. In nur drei Jahren wuchs die Mitgliederzahl auf 11.800 an. 1925 wurde der Verein eingetragen und Emil Hirsch zum Vorsitzenden gewählt. Unter den maßgeblichen Aktivisten des Unternehmens „Volksbühne" waren auch viele Bürger jüdischer Herkunft, von denen sich einige längst vom Judentum distanziert hatten, andere sich aber sehr wohl dazu bekannten und sich als religiös empfanden: Max Löwenstein, der Redakteur der USPD-„Volks-Tribüne", die SPD-Stadtverordnete Thekla Landé aus Elberfeld, der Sanitätsrat Dr. Gustav Ollendorf, Vorsitzender der jüdischen Gemeinde in Barmen, und der Zahnarzt Dr. Erich Schottländer. Als sich die „Volksbühne" im Juli 1933 auflösen musste, war es Emil Hirsch, der die Vereinsschulden tilgte.

1932 wechselte der überzeugte Marxist offiziell vom linken Flügel der SPD zur KPD. Nach der Machtübernahme der Nationalsozialisten wurde Emil Hirsch weniger wegen seiner Abstammung verfolgt, sondern als entschiedener politischer Gegner des NS-Regimes.

Zwar wurde der von Emil Hirsch und seiner Frau Hedwig Hirsch geborene Fleischhacker in jahrzehntelanger Arbeit aufgebaute Betrieb (mit zeitweilig 40 Angestellten das wahrscheinlich größte Spezialputzgeschäft Deutschlands) schon vor der „Machtergreifung" durch private Boykottmaßnahmen geschädigt, und Schaufensterscheiben wurden nächtlich mit Pflastersteinen zertrümmert [...]. Kurz nach der Etablierung des NS-Regimes beobachteten wir am Fenster unserer Wohnung Wertherstraße/Ecke Wertherhofstraße, wie ein einzelner SS-Typ vom gegenüberliegenden Trottoir aus in einen musizierenden vorbeikommenden Trupp Arbeiterjugend hineinschoß, der daraufhin auseinanderstob [...]. Vater hatte sich so etwas nicht vorzustellen vermocht – trotz vorhergehender Zeitungsmeldungen. Man müsse es mit eigenen Augen gesehen haben, schrie er und griff nach einem Blumenkübel. Ehe seine Geste eine Tat wurde, richtete der Angreifer seine Pistole nach oben und schoß. Die Kugel drang dicht neben Vater in die Zimmerdecke ein. (Helmut Hirsch, in: Wunder, S. 12)

Wenig später wurde Emil Hirsch als einer der ersten Wuppertaler in so genannte „Schutzhaft" genommen und zuerst im Amtsgericht, dann im Polizeigefängnis Barmen, im Justizgefängnis Bendahl, im Zuchthaus Lüttringhausen, im Konzentrationslager Kemna und im Oktober 1933 in Neusustrum inhaftiert.

1934 gelang es der Familie Fleischhacker, ihn freizukaufen. Mit Hilfe der Quäker konnte er 1937 nach Großbritannien emigrieren, wo er als Zigarettenvertreter arbeitete. 1947 starb Emil Hirsch 70jährig in London. Seine Frau Hedwig siedelte zu ihrem Sohn Helmut nach Chicago über, wo sie 1962 kurz vor ihrem 86. Geburtstag in einem jüdischen Altersheim starb.

Helmut Hirsch, der Geschichte, Kunstgeschichte und Zeitungswissenschaften studierte, ist heute ein weit bekannter und geachteter Historiker, der vor allem zur Geschichte der Arbeiterbewegung geforscht und veröffentlicht hat. Er war Mitbegründer des Roosevelt-Colleges in Chicago, einer der ersten Universitäten ohne rassistische Diskriminierung. 1957 kehrte er aus den USA nach Deutschland zurück und lebt heute, nun 100 Jahre alt, mit seiner Frau Marianne in Düsseldorf.

Der Barmer Kinderarzt, engagierte Sozialfürsorger und bekennende Christ Dr. Theodor Hoffa war 1872 in Victoria West in Südafrika als Sohn des in Riga geborenen jüdischen Arztes Dr. Jacob Cohn (1822-1897) geboren worden. (Dieser hatte nach seinen Studienjahren gemeinsam mit seinem Freund August von Haxthausen noch dessen früheren Düsseldorfer Schulkameraden Heinrich Heine in Paris besucht.) 1879 kehrte die Familie nach Deutschland zurück, weil der Vater erkrankt war. In Kassel besuchte Theodor die Schule und studierte später, wie der Vater, Medizin.

Familienbiografie der Hoffas.
Auf dem Umschlag: Theodor Hoffa mit seiner Frau Hanni, geb. Erb und den Kindern Grete, Hanna, Lotte und Hilde

Theodor Hoffa (1872-1946), 1929

Als Kinderarzt ließ er sich in der Kleinen Flurstraße 9a in Barmen nieder und erlangte bald große Anerkennung und Beliebtheit. Verheiratet war Theodor mit Hanni Erb, einer Tochter aus protestantischer Familie.

Vater hatte sich als „Praktischer Arzt" 1897 in Barmen niedergelassen. 1900 mit eigener Praxis. Anlässlich einer Gesellschaft bei Freunden lernten Vater und Mutter sich kennen. Sie hätten sich zusammen über den Säugling in der Wiege der Gastfamilie gebeugt, so erzählte mir Mutter einmal, als der „Funken übersprang" und sie sich verlobten. Nach der Verlobung kam das Problem mit der Familie Erb wegen Vaters Namen: Cohn, der natürlich darauf schliessen liess, dass Vater Jude wäre, denn der ewig und überall latente Antisemitismus hatte auch Barmen nicht verschont. Die Erbs waren stockreformiert. Der Stammbaum der Familie Erb, der sich bis zum Dreissigjährigen Krieg zurückverfolgen lässt, wies keinen einzigen Katholiken auf, geschweige denn einen Juden.

Vater und seine Geschwister hatten zu der Zeit schon lange dem Judentum abgeschworen, Vater mit 15 Jahren 1887, und waren getauft, aber durch den Namen Cohn doch gewissermaßen stigmatisiert. Dazu kam noch, dass zur selben Zeit ein beliebter Schlager „Habt Ihr nicht den kleinen Cohn gesehen?" en vogue war. Das war dann ausschlaggebend für Vaters Wunsch, den Mädchennamen seiner Mutter, unserer Grossmutter Sophie Hoffa, anzunehmen. (Zelger, S. 104)

Hoffa engagierte sich in der Förderung des Säuglingsschutzes und im Aufbau der städtischen Säuglings- und Kinderfürsorge. Nach seinen Plänen wurde 1907 das Barmer Säuglingsheim als eines der ersten Säuglingskrankenhäuser Deutschlands eröffnet. Er wurde zum städtischen Kinderarzt berufen und zum Sanitätsrat ernannt. Auf seine Initiative ging die Einrichtung der ersten Mütterberatungsstelle 1908 und des städtischen Mütter- und Säuglingsheims in Barmen 1920 zurück, das bis zu 15 Frauen und 36 Säuglinge aufnehmen konnte.

Für die im Auftrag des Oberbürgermeisters 1926 herausgegebene Aufsatzsammlung „Aus Barmens Wirtschaft und Kultur" verfasste Theodor Hoffa zwei Beiträge über den Mutter- und Kinderschutz und über die Krankenanstalten der Stadt Barmen. Darin äußerte er sich auch über seine Aufgaben:

Dem städtischen Kinderarzt, als hauptamtlich angestelltem Fürsorgearzt, obliegt die ärztliche Leitung der gesamten Säuglings- und Kleinkinderfürsorge, des städt. Mutter- und Säuglingsheims, des städt. Kinderkrankenhauses, des Marper Kinderheims, der städtischen Kindertagesheime, ferner des ärztlichen Dienstes der gesamten Erholungsfürsorge einschl. der städt. Sommerkolonien, die ärztlich-hygienische Überwachung der kirchlichen Waisenhäuser und der Kleinkinderschulen. Er ist Mitglied des Vorstandes des Wohlfahrtsamtes, des Jugendamtes und des Tuberkulosefürsorgeausschusses. Ihm unterstehen 1 Sekundärarzt, 3 Assistenzärzte, 1 besoldeter Volontärarzt und eine wechselnde Zahl unbesoldeter Volontärärzte und Medizinalpraktikanten. Die einheitliche ärztliche Leitung der gesamten offenen und geschlossenen (Anstalts-) Fürsorge für Säugling und Kleinkind hat sich in jeder Hinsicht als zweckmäßig erwiesen. Vor allem wird dadurch die rechtzeitige Einweisung anstaltspflegebedürftiger Kinder in die Anstalten und andererseits ihre rechtzeitige Entlassung am besten gewährleistet. (Haacke, S. 37)

Im Mai 1934 nahm Hoffa an der ersten Bekenntnissynode teil, und am 7. Juli 1934 war er einer der Unterzeichner einer an den Reichsinnenminister Wilhelm Frick gerichteten Resolution, die gegen die Einführung einer neuen Kirchenordnung protestierte.

Aber nicht wegen seiner Zugehörigkeit zur Bekennenden Kirche musste Theodor Hoffa die Verfolgung durch den nationalsozialistischen Staat fürchten, den die Taufe eines Juden überhaupt nicht beeindruckte, sondern eben wegen seiner jüdischen Abstammung, und so verließ er im Jahr 1939 Deutschland.

Dadurch, dass er in Südafrika geboren worden war, konnte er dort nicht nur ohne Schwierigkeiten einwandern, sondern auch ohne weiteres als Arzt praktizieren, was in keinem anderen Land möglich gewesen wäre. Das war bei aller Tragik des Schicksals doch ein Glück, durfte er doch außer seinen medizinischen Instrumenten nur 10 Mark mitnehmen. [...] Unser Vater war am 22. Januar 1946 seinem Herzleiden, auch im übertragenen Sinne, erlegen. Kurze Zeit vorher war ich von Tansania aus, wo mein Mann und ich damals noch lebten, bei ihm in Südafrika gewesen. Er hat nie geklagt, obwohl es ihm gesundheitlich schlecht ging und er unter der Einsamkeit im fremden Land litt, sondern sein Schicksal, die Trennung von Familie und Heimat tapfer und würdig getragen. Er konnte zwar noch das Kriegsende, aber nicht mehr die Wiedervereinigung mit der Familie oder eine Heimkehr erleben. (Zelger, S. 54 und 56)

Legenden, Vergessene und große Kunst.

Jüdisches Kulturleben in den 1920er Jahren

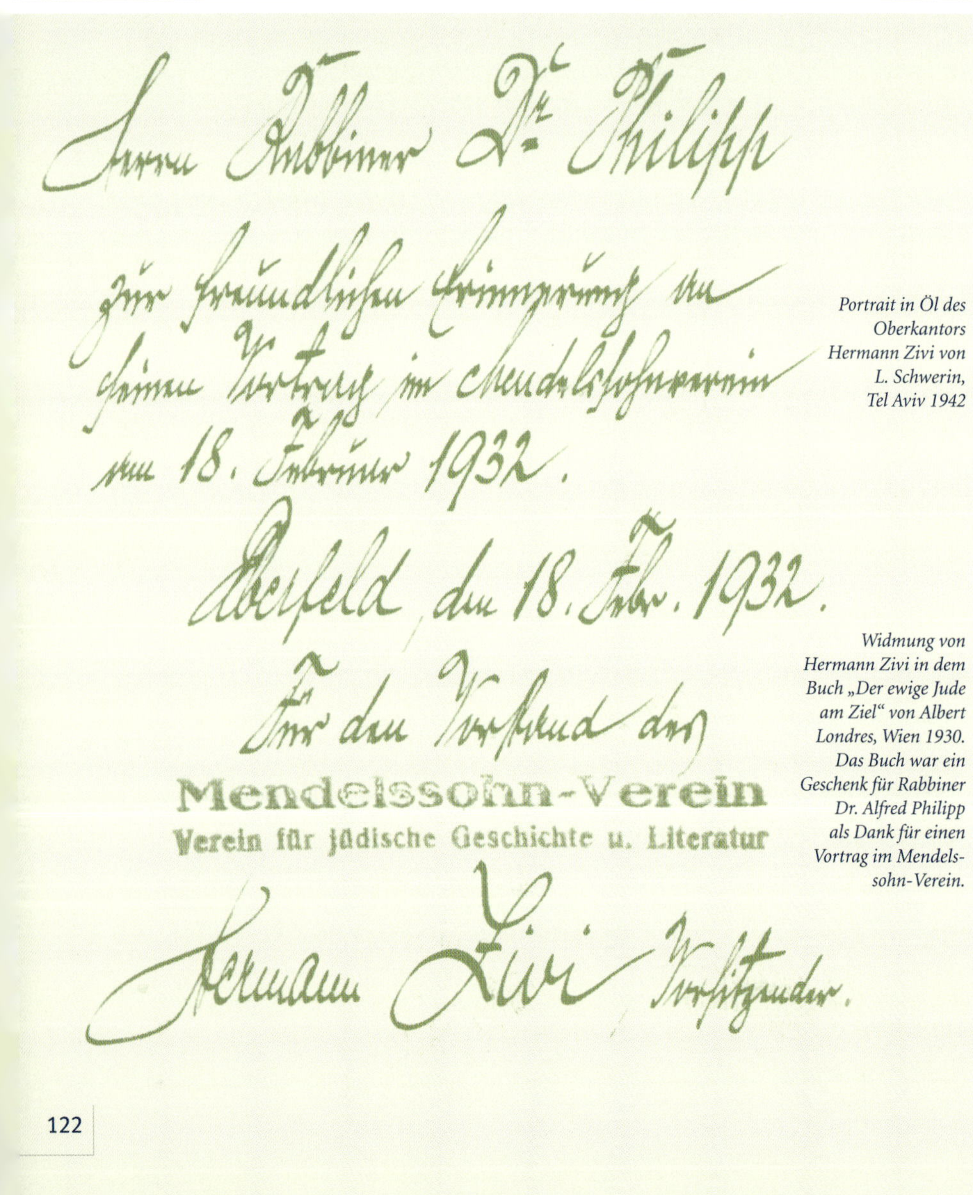
Herrn Rabbiner Dr. Philipp
zur freundlichen Erinnerung an
seinen Vortrag im Mendelssohnverein
am 18. Februar 1932.
Elberfeld, den 18. Febr. 1932.
Für den Vorstand des
Mendelssohn-Verein
Verein für jüdische Geschichte u. Literatur
Hermann Zivi Vorsitzender.

Widmung von Hermann Zivi in dem Buch „Der ewige Jude am Ziel" von Albert Londres, Wien 1930. Das Buch war ein Geschenk für Rabbiner Dr. Alfred Philipp als Dank für einen Vortrag im Mendelssohn-Verein.

Portrait in Öl des Oberkantors Hermann Zivi von L. Schwerin, Tel Aviv 1942

Das Bildungsbürgertum im Wuppertal, Christen und Juden, hat am Kulturleben lebhaften Anteil genommen. Die hier lebenden Juden interessierten sich für Kunst, Literatur und Theater, Musik und Architektur ebenso wie die Angehörigen des bürgerlichen Milieus in der nichtjüdischen Mehrheitsgesellschaft. Vermutlich nicht ganz wahrheitsgemäß, dafür umso liebevoller hat die Dichterin Else Lasker-Schüler das Verhältnis ihrer Familie zum Theater und die privaten Lesekränzchen mit verteilten Rollen geschildert, zu denen ihre Eltern nach Hause in die Sadowastraße 7 eingeladen hatten:

Theater hab' ich von meinem Vater geerbt, er saß meist in der ersten Reihe im Parterre und sprach einfach mit. Das heißt, er deklamierte die Rollen zum Gaudium der Schauspieler und Schauspielerinnen, die sich nach der Aufführung besonders in unserem Hause wohlfühlten. Mein Vater sprach sofort einen ganzen Chor; ein Ton seines Baritons reichte bis zum andern Ende der Stadt aus. Darum erhielt er auch

Else Lasker-Schüler, um 1920

immer die sogenannten Schreirollen des Lesekränzchens zuerteilt, das meine Mutter gegründet hatte. Seine Häuser und seine Türme vergaß mein Vater, kein Pferd brachte ihn in sein Bureau, wenn er den Franz zu lesen hatte. Mit dem Buche „Die Räuber" in der Hand (oft hielt er es umgekehrt) eilte er mordschreiend durch seine Räume, sein Regiment blankgeputzter Stiefel flog nur so in alle Ecken, und das Haus bebte in seiner starken Wurzel. *(Lasker-Schüler: Das Theater, KA 4.1., S. 37-39)*

Unter dem Dach der jüdischen Gemeinde waren seit dem Ende des 19. Jahrhunderts einige Vereine entstanden, die den kulturellen Bedürfnissen mit spezifisch jüdischer Ausprägung Rechnung trugen: 1890 wurde der „Mendelssohn-Verein zur Förderung der Kenntnis jüdischer Geschichte und Literatur" gegründet, 1898 ein Synagogenchorverein unter der Leitung des Kantors Magnus Wetzstein. Seit 1892 gab es den Geselligkeitsverein „Einigkeit e.V." mit Sitz in der Bergstraße, daneben die Gesellschaft „Harmonie", über die das Sprichwort kursierte: „In der Einigkeit gibt es keine Harmonie und in der Harmonie keine Einigkeit." (Hilde Rohlén-Wohlgemuth, nach Scherkenbach S. 122).

1894 entstand der „Literarische Verein Lesegesellschaft" und gut zehn Jahre später, 1905, der „Verein für jüdische Geschichte und Literatur", der sogar eine eigene Bibliothek unterhielt. Hier wurden verschiedene Vorträge gehalten, z. B. über Heinrich Heine und Friedrich Schiller. Der Barmer Rabbiner Dr. Viktor Grabowski sprach über „Menschenwohl und Menschenwehe im Lichte des Judentums", sein Elberfelder Kollege Dr. Zacharias Auerbach über „Moses Mendelssohn und Moses Maimonides".

Außerhalb des jüdischen Milieus wurden die städtischen Kulturangebote wahrgenommen. Man hatte ein Abonnement für die Oper, ging ins Theater und ins Konzert, besuchte das Museum und Kunstgalerien. Es gehörte zum guten Ton, über eine Bibliothek mit den Klassikern, oft auch französischen und englischen, zu verfügen, und manche Familien sammelten moderne Kunst und waren mit Künstlern befreundet.

Die Kinder erhielten Unterricht auf einem Musikinstrument, es gab Hausmusikabende oder regelrechte kleine Konzerte im privaten Rahmen, die zuweilen sogar von der Presse beachtet wurden:

◀ *Jiddisches Theater im Wuppertal unter der Leitung von Max Meier Adler. Es spielten mit u.a. seine Tochter Adele (mit Stirnband), Moschek Potasnik, Aaron und Alfred Kirsch und Alfred Soyka*

Im Hause Hermann Wistinetzki legten Professor Michael Wittels (Klavier) und Siegfried Urias (Bariton) Proben ihrer hohen Kunst ab. Das Niveau des Abends hätte jedem öffentlichen Konzert Ehre gemacht. Wittels trug Bachs B-dur-Partita mit der strengen Sauberkeit vor, die dieses Werk erfordert, ohne jede Virtuosen-Eigenwilligkeit, die manche Bach-Interpretationen so unleidlich stört. Vielleicht die schönste Leistung Wittels' an diesem Abend war der letzte Satz, der in wundervoller Transparenz aufleuchtete. Im zweiten Teil gab Wittels Chopin, ein Impromptu, eine Berceuse, eine Nocturne und schließlich die G-moll-Ballade. Er zeigte sich als einfühlender und leidenschaftlicher Chopin-Spieler, der der perlenden Leichtigkeit und der dramatischen Wucht dieses für den Pianisten ergiebigsten Tonschöpfers in gleicher Weise gerecht wurde. Urias ist ein Heldenbariton, wie er sich in Deutschland sicherlich selten findet. Eine Stimme, deren überraschend mächtiges Volumen mit höchster Kultur der Technik und des Vortrages gemeistert wird. Loewes Ballade vom Archibald Douglas wurde in der Wiedergabe dieses begnadeten Sängers ein kleines, aber im besten Sinne aufwühlendes Musikdrama, und der schlechthin vollkommen dargebotene Prolog aus dem „Bajazzo" und das erschütternde Credo aus Verdis „Otello" wurden ebenso hinreißend lebendig wie die zugegebene Arie aus Puccinis „Mantel".
(CV-Zeitung vom 8. März 1934)

Holzschnitt von Frans Masereel (1889-1972) aus dem Besitz der Elberfelder Familie Hugo und Else Lewin

Das „Haus Wistinetzki" lag am Selmaweg 11 in dem von großbürgerlichen Gründerzeitvillen geprägten Zooviertel. Hermann und Irma Wistinetzki, leidenschaftliche Musikliebhaber, hatten sich ein elegantes Musikzimmer eingerichtet und besaßen wertvolle Gemälde, darunter einige von Düsseldorfer Künstlern.

Hermann Wistinetzki war Teilhaber der 1903 gegründeten renommierten Firma Hirsch & Wistinetzki, eine Großhandelsfirma für Wäsche und Kleider mit eigener Anfertigung in der Hofaue. Mit der Wirtschaftskrise musste Wistinetzki Konkurs anmelden, gründete jedoch wieder ein neues Geschäft, das aber keinen Erfolg hatte; in der Hauptsache lebte man nun von Ersparnissen. Ende 1938 musste Wistinetzki das Geschäft endgültig schließen. Seine beiden Töchter emigrierten in die USA. Nach dem Tod seiner Frau im Juni 1941 verkaufte der Witwer seinen restlichen Besitz und mietete sich in einer Pension in der Königstraße 187 ein. Am 21. April 1942 wurde er nach Izbica bei Lublin deportiert.

Die Galerie Walter Westfeld

Walter Westfeld (1889-1943), gezeichnet von seinem Bruder, dem bekannten Düsseldorfer Künstler Max Westfeld

Für Kunstsammler gab es in Elberfeld eine feste Adresse: In der Herzogstraße 2 betrieb der Kunst- und Antiquitätenhändler Walter Westfeld in den 1920er Jahren eine Galerie für moderne Malerei und Skulptur. Westfeld verkaufte Liebermann, Courbet, Spitzweg, Constable, Maler der Düsseldorfer Schule und auch alte Meister, darunter Brueghel und Wouvermann. Er führte keine Kommissionsware, sondern kaufte die Kunstwerke fest ein, so dass die Galerie zugleich seine Sammlung war.
Offensichtlich bemühte er sich auch um interessante Nachlässe. Am 2. Februar 1935 berichtete der „General-Anzeiger" von einem spektakulären Fund von 46 Zeichnungen Adolph von Menzels, die Westfeld in seiner Galerie präsentierte.

Der Kern der Sammlung dreht sich um die Zeichnungen zum „Feldzug gegen Russland 1812"; es gibt darunter Blätter mit Darstellungen Napoleons, mit württembergischer Infanterie und Artillerie, von Borodino, Moskau, Wilna u. dergl. Auch Karikaturen (Berliner Tunnelgesellschaft von 1852, Vermählungsanzeigen mit witzigen Notizen von 1861), Figurenstudien (1902) zu Gesellschafts- und Theaterbildern, Kartons und Gemälden finden sich in der Sammlung, die bisher im Besitz von Menzels Verwandten gewesen ist und von morgen, Sonntag, an zum ersten Male in Deutschland in Elberfeld ausgestellt wird.

1935 wurde Walter Westfeld, weil er Jude war, Berufsverbot erteilt. Am 27. Mai 1936 meldete er sein Gewerbe ab. An der Tür der Galerie befestigte er ein Schild mit der Aufschrift: *Galerie geschlossen. Besichtigung und Verkauf findet nicht mehr statt.*

Ein Jahr später wollte die Reichskulturkammer in einem vertraulichen Schreiben an die Geheime Staatspolizei in Düsseldorf wissen, wohin Westfeld inzwischen umgezogen war, *ob er in seiner Wohnung oder sonst wo nationalwertvolles Kulturgut aufbewahrt. In seiner Wohnung soll sich ein Gemälde von Franz [sic] Hals befinden.* (HStADüsseldorf RW 58-20737)

Den nationalsozialistischen Kulturverwaltern war klar, dass sich in Westfelds Besitz noch zahlreiche wertvolle Gemälde befinden mussten. Er, mittlerweile in Düsseldorf, wurde gezwungen, davon eine Aufstellung unter Angabe ihrer Werte zu machen, denn der NS-Staat hatte vor, sich an diesen Kulturgütern zu bereichern. Um sich zu retten, brachte Westfeld 1938 einige seiner rund 600 Bilder und Plastiken vorsorglich nach Paris – unter falschen Deklarierungen. Wegen dieses so genannten Devisenvergehens wurde der Kunsthändler verhaftet und angeklagt, seine Sammlung im Wert von mindestens 500.000 Reichsmark im Dezember 1939 im Auktionshaus Lempertz in Köln versteigert. Westfelds nichtjüdische Verlobte Emilie Scheulen hielt in dieser äußerst bedrohlichen Zeit stets zu ihm, wurde sogar selbst inhaftiert, konnte aber letztlich nicht helfen. 1940 wurde Walter Westfeld zu dreieinhalb Jahren Zuchthaus verurteilt und schließlich, am 1. Oktober 1942 mit dem dritten Transport von Köln nach Theresienstadt, von dort am 23. Januar 1943 nach Auschwitz deportiert, wo er vermutlich ermordet wurde. Seine Witwe, die 1990 starb, bekam nach dem Krieg einige Kunstwerke aus der Sammlung zurück, aber die meisten sind verschollen.

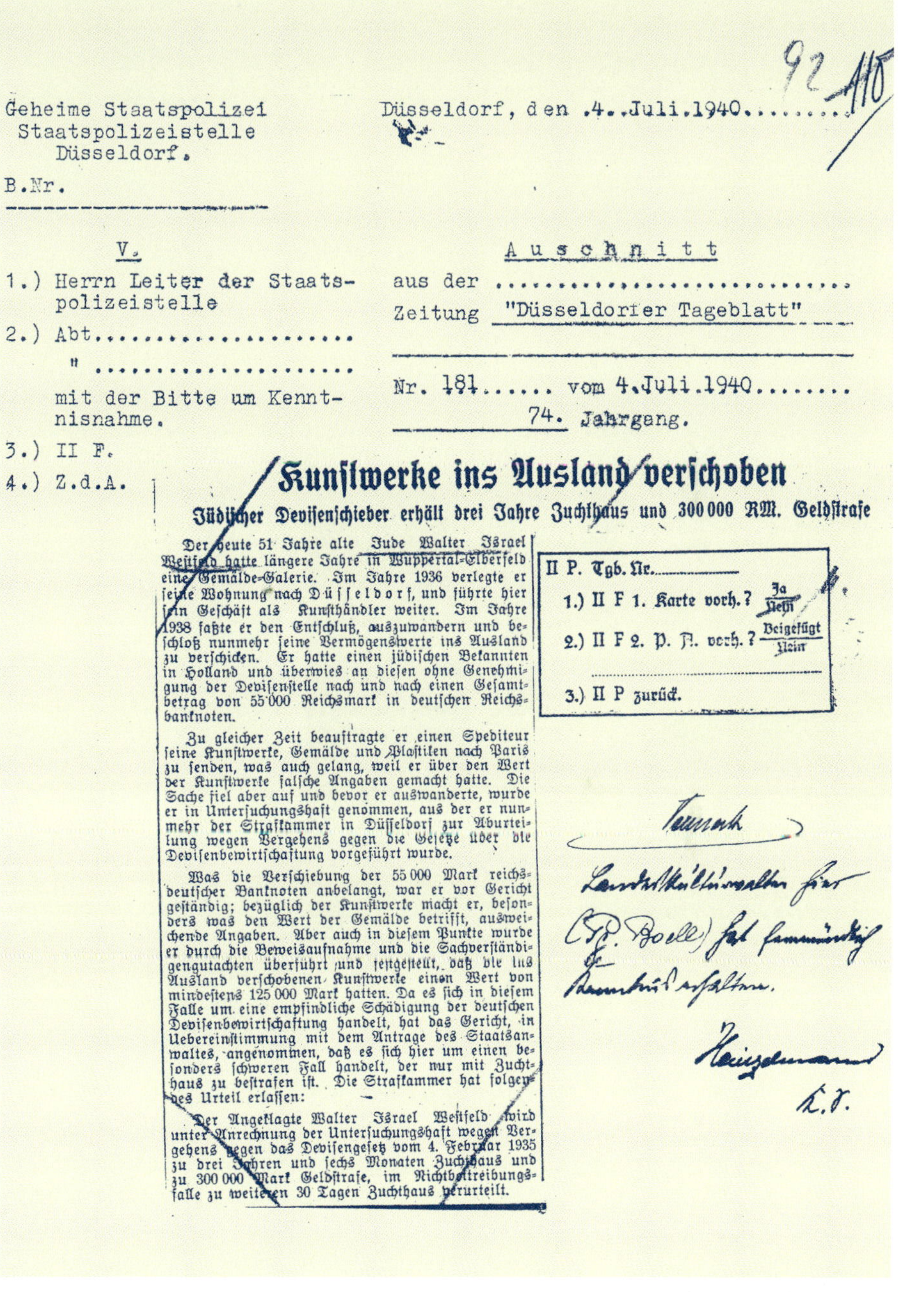

Geheime Staatspolizei
Staatspolizeistelle
Düsseldorf.

Düsseldorf, den .4..Juli.1940........

B.Nr.

V.
1.) Herrn Leiter der Staatspolizeistelle
2.) Abt...................
" ....
mit der Bitte um Kenntnisnahme.
3.) II F.
4.) Z.d.A.

Ausschnitt
aus der ....
Zeitung "Düsseldorfer Tageblatt"
Nr. 181...... vom 4.Juli.1940........
74. Jahrgang.

Kunstwerke ins Ausland verschoben

Jüdischer Devisenschieber erhält drei Jahre Zuchthaus und 300000 RM. Geldstrafe

Der heute 51 Jahre alte Jude Walter Israel Westfeld hatte längere Jahre in Wuppertal-Elberfeld eine Gemälde-Galerie. Im Jahre 1936 verlegte er seine Wohnung nach Düsseldorf, und führte hier sein Geschäft als Kunsthändler weiter. Im Jahre 1938 faßte er den Entschluß, auszuwandern und beschloß nunmehr seine Vermögenswerte ins Ausland zu verschicken. Er hatte einen jüdischen Bekannten in Holland und überwies an diesen ohne Genehmigung der Devisenstelle nach und nach einen Gesamtbetrag von 55 000 Reichsmark in deutschen Reichsbanknoten.

Zu gleicher Zeit beauftragte er einen Spediteur seine Kunstwerke, Gemälde und Plastiken nach Paris zu senden, was auch gelang, weil er über den Wert der Kunstwerke falsche Angaben gemacht hatte. Die Sache fiel aber auf und bevor er auswanderte, wurde er in Untersuchungshaft genommen, aus der er nunmehr der Strafkammer in Düsseldorf zur Aburteilung wegen Vergehens gegen die Gesetze über die Devisenbewirtschaftung vorgeführt wurde.

Was die Verschiebung der 55 000 Mark reichsdeutscher Banknoten anbelangt, war er vor Gericht geständig; bezüglich der Kunstwerke macht er, besonders was den Wert der Gemälde betrifft, ausweichende Angaben. Aber auch in diesem Punkte wurde er durch die Beweisaufnahme und die Sachverständigengutachten überführt und festgestellt, daß die ins Ausland verschobenen Kunstwerke einen Wert von mindestens 125 000 Mark hatten. Da es sich in diesem Falle um eine empfindliche Schädigung der deutschen Devisenbewirtschaftung handelt, hat das Gericht, in Uebereinstimmung mit dem Antrage des Staatsanwaltes, angenommen, daß es sich hier um einen besonders schweren Fall handelt, der nur mit Zuchthaus zu bestrafen ist. Die Strafkammer hat folgendes Urteil erlassen:

Der Angeklagte Walter Israel Westfeld wird unter Anrechnung der Untersuchungshaft wegen Vergehens gegen das Devisengesetz vom 4. Februar 1935 zu drei Jahren und sechs Monaten Zuchthaus und zu 300 000 Mark Geldstrafe, im Nichtbeitreibungsfalle zu weiteren 30 Tagen Zuchthaus verurteilt.

II P. Tgb. Nr. ......
1.) II F 1. Karte vorh.? Ja / Nein
2.) II F 2. P. A. vorh.? Beigefügt / Nein
3.) II P zurück.

In der Gestapo-Akte von Walter Westfeld befindet sich auch ein Artikel aus dem „Düsseldorfer Tageblatt" vom 4.7.1940 über angebliche Devisenschieberei.

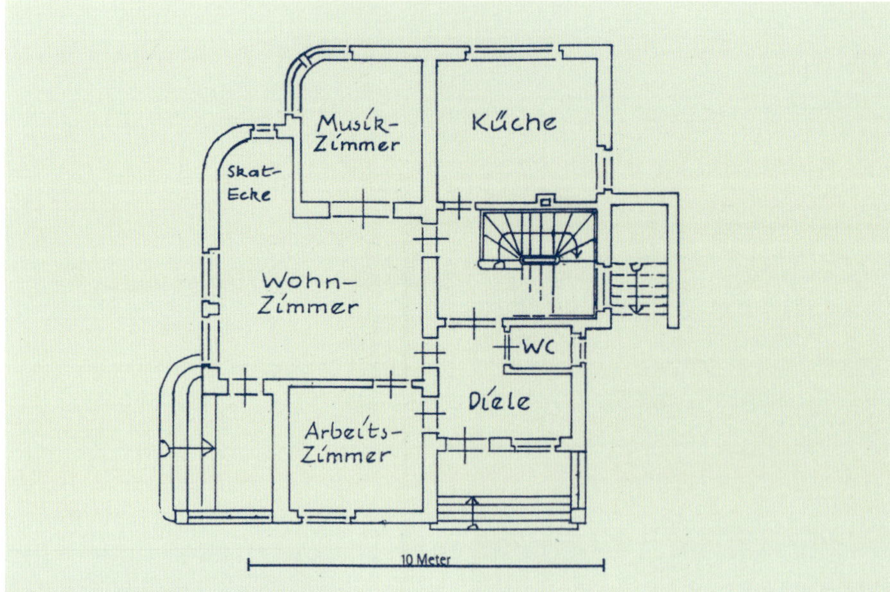

Grundriss des Erdgeschosses des Hauses Schlieffenstraße 61

Bauen im „Bauhaus-Stil"

„Bauhaus Fischer", 1929

Drei der Wuppertaler „Bauhäuser" von Hans Heinz Lüttgen (1898-1976?), bemerkenswerte Beispiele für den mutigen Stil des „Neuen Bauens", sind jüdischen Bauherren zu verdanken. Der Rechtsanwalt Dr. Hugo Heineberg, geb. 1884, beauftragte 1926 den Kölner Bauhaus-Architekten aus dem Kreis um Max Ernst und August Sander mit dem Entwurf eines Wohnhauses für sich und seine Familie, das in der Schlieffenstraße 61 erbaut wurde. Es setzt sich aus einfachen, flach gedeckten Kuben zusammen, die einen Baukörper mit drei Etagen bilden. Hugo Heineberg war nach seinem Jurastudium zunächst Assessor in Ohligs, Düsseldorf, Elberfeld, Ratingen und Duisburg und kämpfte als Frontsoldat im Ersten Weltkrieg. 1921 kam er nach Elberfeld, wo er gemeinsam mit dem Kollegen Dr. Emil Grobel eine Rechtsanwaltskanzlei im Turmhof 4 eröffnete. Im September 1933 wurde ihm, wie anderen jüdischen Rechtsanwälten und Ärzten schon zuvor, Berufsverbot erteilt. Bis 1937 blieb Heineberg mit seiner Familie in der Vohwinkeler Schlieffenstraße wohnen, vermietete aber schließlich das Haus und zog nach Weil am Rhein. Nach der „Reichskristallnacht" wurde er nach Dachau verschleppt, geschlagen und gedemütigt, und nur seiner Teilnahme am Weltkrieg als Frontoffizier verdankte er die Entlassung im Dezember 1938. Heineberg überlebte unter falschem Namen in den Niederlanden.

Nach der Befreiung kehrte er nach Wuppertal zurück und bezog wieder sein Haus in der Schlieffenstraße. Die Militärregierung bot ihm an, in den Justizdienst einzutreten, denn der hohen politischen Belastung vieler Richter und Staatsanwälte wegen wurden unverdächtige Juristen gebraucht. Im November 1950 wurde Dr. Hugo Heineberg zum Landgerichtspräsidenten befördert.

Heineberg hatte 1948 das „Kemna-Verfahren" geleitet, das erste große Strafverfahren eines deutschen Gerichts wegen NS-Gewaltverbrechen an politischen Gefangenen überhaupt. 1952 trat er in den Ruhestand. Zwei Jahre später, zu seinem 70. Geburtstag, verlieh ihm Bundespräsident Theodor Heuss das Bundesverdienstkreuz. 1965 starb Dr. Hugo Heineberg und wurde auf dem evangelischen Friedhof an der Ehrenhainstraße in Vohwinkel beigesetzt.

Auch der jüdische Rechtsanwalt Dr. Walter Fischer (geb. 1889) beauftragte den Architekten Hans Heinz Lüttgen mit dem Entwurf eines Hauses, und zwar in der damaligen Hansastraße 3 (heute Rudolf-Ziersch-Straße). Der Bau in der vornehmen Gegend des Toelleturms setzt sich durch seine funktionale Ästhetik, mit seinen schlichten kubischen Formen, klaren Konturen und Farben deutlich von der pompösen Gründerzeit-Architektur in der Nachbarschaft ab.

Das „Bauhaus Fischer" ist erst vor wenigen Jahren wieder weitgehend in seinen Originalzustand zurückversetzt worden. Denn nach der Machtübernahme 1933 musste die Familie Fischer ihr Haus verlassen, und andere Eigentümer und Mieter veränderten den Bau im Inneren und auch außen entscheidend. Zunächst zog die jüdische Familie Barmé in das Haus, und nachdem auch diese emigrieren musste, wohnte dort der Langerfelder Flugzeugbauer Gottlob Espenlaub bis in die 1960er Jahre; danach wurde es als Tier-

▶ Erna Fischer, geb. Katzenstein, mit ihren Söhnen Herbert Simon und Erich Rafael

Das Haus von Georg Friedländer in der Waldemarstraße 3, 1929

◄ *Familienfest im Garten*

asyl genutzt. Die heutigen Eigentümer haben das ursprüngliche Äußere und Innere restauriert, z. B. die interessante Farbgebung der Innenräume in blassem Rosa, Blau und Grau und die hebräische Inschrift „Mene tekel upharsin" – umgangssprachlich übersetzt als „gewogen und zu leicht befunden". Diesen Satz aus der Geschichte vom Gastmahl des Belsazar im Buch Daniel hat der erste Hausherr womöglich als Vorausdeutung auf die kommende verheerende Politik der neuen Regierung an die Wand geschrieben oder schreiben lassen, bevor er sich entschloss, mit seiner Familie in Haifa eine neue Existenz aufzubauen. Dr. Walter Fischer, seit 1919 Rechtsanwalt in Wuppertal, war Mitglied der SPD und hatte auch Gewerkschafter vor Gericht vertreten. Sofort nach der NS-Machtübernahme musste er mit seiner Frau Erna und den beiden Söhnen emigrieren. Im Ausland versuchte er mehr schlecht als recht, eine neue Kanzlei vor allem für deutsche Juden vor Ort aufzubauen, was ihm wegen eines Ohrenleidens und der problematischen Situation in Palästina nicht recht gelingen wollte. Seine Frau war es, die die Familie im Wesentlichen über Wasser hielt. Mitte der 1950er Jahre kehrte Fischer nach Wuppertal zurück und beantragte die Neugründung einer Kanzlei mit dem Plan, von hier aus Emigranten und Überlebende als Rechtsanwalt in ihren Prozessen für Wiedergutmachung zu vertreten. Dieser Plan scheiterte, vermutlich an der Verweigerung eines Darlehens, so dass Fischer wieder nach Haifa zog.

Das Haus Waldemarstraße 3 ist das dritte Haus im Bauhaus-Stil, das 1929, ebenfalls nach Plänen Hans Heinz Lüttgens im Auftrag eines jüdischen Bürgers erbaut wurde. Hier wohnten Georg und Martha Friedländer mit ihrer Tochter. In unmittelbarer Nachbarschaft zu den Barmer Anlagen gelegen, zeichnet sich diese Villa durch die weichen Rundungen der kubischen Formen aus. Sämtliche Ecken des Hauses, die Terrassen, Balkone und das Dach sind gerundet, es gibt überhaupt keine harten Kanten mehr, wie sie noch für die früheren Bauten Lüttgens in Wuppertal typisch waren.

Georg Friedländer war Eigentümer und Geschäftsführer der Firma L. Hirsch, „Wuppertals größtes Schuhgeschäft" am Werth, seine Frau Martha Vorsitzende des Israelitischen Frauenvereins in Barmen. Mit dem Boykott jüdischer Geschäfte nach 1933 verlor der Betrieb zusehends an Einnahmen, so dass Friedländer ihn 1935 aufgeben musste. 1938 wurde sein sämtliches Vermögen gesperrt, aber 1939 gelang es der Familie noch rechtzeitig, in die USA zu emigrieren.

Die drei im Stil des „Neuen Bauens" von Hans Heinz Lüttgen geschaffenen Wohnhäuser – ein viertes, das des (nichtjüdischen) Rechtsanwalts Dr. Emil Grobel in der Jägerhofstraße 129 müsste noch hinzugezählt werden – dokumentieren nicht nur den hohen ästhetischen Anspruch ihrer jüdischen Auftraggeber, sondern auch die Aufgeschlossenheit gegenüber der zeitgenössischen avantgardistischen Kunst und Architektur der 1920er Jahre, die für die jüdischen Familien Heineberg, Fischer und Friedländer selbstverständlich waren.

Leopold Fleischhacker (1882-1946), ca. 1912

Der Bildhauer Leopold Fleischhacker

Während der Architekt Hans Heinz Lüttgen nicht jüdisch war, sondern von jüdischen Bauherren beauftragt wurde, gab es freilich andererseits jüdische Künstler und Künstlerinnen im Wuppertal, die für ein nichtjüdisches (und jüdisches) Publikum arbeiteten. So wurde z.B. der Düsseldorfer Bildhauer Leopold Fleischhacker beauftragt, den Figurenschmuck und die Reliefs für die am 3. Februar 1929 eingeweihte neue Stadtbücherei an der Kasinogartenstraße (heute Kolpingstraße) zu gestalten. Der damalige Leiter der Bibliothek, Dr. Wolfgang van der Briele, gab zu diesem Anlass eine Festschrift heraus, in der Rudolf Koch den Neubau und seine Ausstattung beschrieben hat: *Reichere Ausbildung erfuhr der Haupteingang in der Kasinogartenstraße mit bildnerischem Schmuck in Gestalt zweier Figuren, die die geistigen Pole einer Bücherei symbolisch umschreiben und Dichtung und Wissen darstellen. In den schräggestellten Türleibungen befinden sich acht verschiedene Reliefs mit humorvollen Sinnbildern, die mit Beispielen aus der Tierwelt menschliche Züge und Schwächen der Herren Gelehrten und Literaten verspotten. Glauben wir nicht hie und da sogar Bekannte in den Tiersymbolen zu erblicken: Da sitzt auf einsamem Horst der Adler als Philosoph, erhaben über Erde und Menschheit; und dort spreizt sich selbstbewußt und eitel der Pfau; der Fuchs, der listige Streber, dem die Trauben aber zu hoch hängen, ist uns auch ebenso wenig unbekannt wie der aufgeblasene Frosch, der noch dazu gern alles aus der Sumpfperspektive beurteilt. Auch der Affe fehlt nicht, der erst im Spiegel sein unschönes Eigenbild erkennen muß, und der naschhafte Bär, der den fleißigen Bienen den Honig stiehlt. Dort tummelt sich gar ein junger Esel und kommt in seinem Übermut fast zu Fall, und da läßt es sich der Hamster wohl sein bei gutem Korn, das er nicht gesät, aber emsig eingeheimst hat.* (Festschrift Stadtbücherei, S. 13f.)

Details vom Eingangsportal der Stadtbücherei

Die Kunstwerke an der Bibliothek haben die Zeit des Nationalsozialismus unbeschadet überstanden, vermutlich, weil die bilderstürmenden Kunstfeinde nicht ahnten, dass der Urheber Jude war. Leopold Fleischhacker hatte in Düsseldorf von 1897 bis 1902 an der Kunstgewerbeschule studiert; anschließend arbeitete er als wandernder Stukkateur und Gipsergeselle. Von 1903 bis 1905 war er an der Kunstakademie in Berlin eingeschrieben und erhielt 1905 den Rom-Preis der Michael-Beer-Stiftung, so dass er ein Jahr in Italien verbringen konnte. 1906 ließ er sich mit einem eigenen Atelier in Düsseldorf nieder. Seit 1933 durfte er keine öffentlichen Aufträge mehr annehmen und musste sich auf private Aufträge von Juden beschränken, z.B. für Grabmäler auf jüdischen Friedhöfen. 1940 flüchtete Fleischhacker nach Belgien, wo er im Untergrund überlebte. Er starb kurz nach Kriegsende in Uccle, Belgien.

Auch die Wuppertaler Theatergeschichte kennt jüdische Künstler in den 1920er Jahren: Am „Vereinigten Stadttheater Barmen-Elberfeld" waren, allerdings nur für kurze Zeit, Georg Salter (1897-1967), einer der kreativsten Grafiker der Weimarer Republik, der Schauspieler und Regisseur Max Ophüls (1902-1956) und der Dirigent Franz Allers (1905-1995) tätig.

Die Altistin Erna Liebenthal (1889-1946), die Gattin des ersten Wuppertaler Generalmusikdirektors Franz von Hoeßlin (1885-1946), war ebenfalls jüdischer Herkunft. Das Publikum schätzte ihre Stimme sehr und war dankbar, dass sie stets bereit war, für erkrankte Kolleginnen einzuspringen. Außerdem war sie einige Jahre lang die Vorsitzende des Richard Wagner-Verbands in Wuppertal, denn die Hoeßlins waren mit der Familie Wagner eng befreundet, Winifred Wagner war sogar Patin ihrer Tochter. Franz von Hoeßlin galt als einer der großen „Ring"-Interpreten, der in Bayreuth ein- und ausging. Hoeßlin, der 1932 als Generalmusikdirektor nach Breslau wechselte, konnte seine Frau und seine Tochter 1936 nach Italien in Sicherheit bringen. Nach Kriegsende kamen Franz und Erna von Hoeßlin bei einem Flugzeugunglück auf dem Weg in die Schweiz zu ihrer Tochter ums Leben.

Der Bühnenbildner und Illustrator Georg Salter

▲ Buchumschlag zur Erstausgabe von Alfred Döblins Romans „Berlin Alexanderplatz", 1929

Georg Salter kam im Herbst 1925 ans Theater in Barmen, um hier die Leitung des „Ausstattungswesens" zu übernehmen. Zuvor war er Bühnenbildner am Deutschen Opernhaus in Charlottenburg und an der Großen Volksoper in Berlin gewesen. Die aufregende Hauptstadt der 1920er Jahre bot gerade bildenden Künstlern und Theaterleuten eine ideale, inspirierende Umgebung für interessante kreative Impulse. So brachte der hochtalentierte Salter viele Ideen für die Gestaltung der Wuppertaler Produktionen mit. Unter der neuen Intendanz von Otto Henning realisierte er in zwei Spielzeiten die Ausstattung für mehr als 100 Aufführungen des Schauspiels, der Oper und der Operette. Schnell galt Salter als Modernisierer. So rezensierte, noch etwas skeptisch, der „General-Anzeiger" eine Aufführung von Wagners „Tannhäuser" im September 1925:

[...] für das Bühnenbild zeichnete Georg Salter. Man modernisierte und vereinfachte die Szenen, ohne ins überstiegen Stilisierte und Primitive zu verfallen, das die in allem veranschaulichende Musik Wagners gar nicht verträgt. Unserem Geschmack entsprechen aber trotzdem die bisherigen Szenen ihrer stärkeren Bildhaftigkeit wegen besser.
(General-Anzeiger vom 7.9.1925)

◀ Georg Salter (1897-1967)

1927 kehrte Salter nach Berlin zurück und arbeitete von nun an ausschließlich überaus erfolgreich als Gestalter für Buchumschläge, u.a. für Bücher von Armin T. Wegner, Joseph Roth, Lion Feuchtwanger, Thomas und Heinrich Mann, Franz Kafka, Hermann Hesse und Egon Erwin Kisch. Seine Buchumschläge, die heute in Sammlerkreisen hoch gehandelt werden, zeichnen sich neben dem ansprechenden Erscheinungsbild vor allem durch das Zusammenspiel werbewirksamer Aufmachung und inhaltlicher Botschaft aus. Zu seinen Meisterwerken zählen die Erstausgabe von Alfred Döblins Großstadtroman „Berlin Alexanderplatz" (1929) und der Almanach des S. Fischer-Verlags für das Jahr 1934. Wegen seiner jüdischen Herkunft musste Salter 1934 Deutschland verlassen. In den USA, wo er sich in New York niederließ, konnte er sich in kurzer Zeit als gefragter Buchkünstler etablieren.

Max Ophüls (1902-1956) stellt sich zu Beginn der Spielzeit 1924/25 seinem Publikum vor.

Max Ophüls.

Geboren und groß geworden bin ich in Saarbrücken. Wenn man von einer künstlerischen Laufbahn vor der eigentlichen Berufsausbildung spricht, so stand sie bei mir als einzigem Sohn eines Kaufmanns sehr unter dem Energiedruck kontrastierender Einwirkungen. Industrie und Zahlen, möglichst phantasielose Schulerziehung riefen Sehnsucht nach Kunst hervor. Instinktiv ließ ich mich bei allen möglichen und unmöglichen Liebhaberbühnen los, statierte am Stadttheater und nahm sehr landläufigen Unterricht bei einem Schauspieler. In Unterprima verließ ich zur beiderseitigen Freude von Lehrer und Schüler die Oberrealschule und wurde Zeitungsredakteur („Saarkurier"). Dann — endlich — siedelte ich nach Stuttgart über, widmete mich ganz der Bühne, wurde Privatschüler bei dem damaligen Oberregisseur Fritz Moll und Volontär am Landestheater. Nebenstudium: Kunstgeschichte, ryhtmische Gymnastik. Meinem

Der Regisseur Max Ophüls

1924 kam der Schauspieler und spätere berühmte Filmregisseur Max Ophüls (eigentlich Max Oppenheimer) als Spielleiter für Schauspiel und Oper an das „Vereinigte Stadtheater Barmen-Elberfeld". Hier spielte er u.a. in Schillers „Verschwörung des Fiesco" und in Kleists „Prinz Friedrich von Homburg", entwarf das Bühnenbild und führte Regie bei den Operetten „Die Fledermaus" von Johann Strauß und „Die Schöne Helena" von Jacques Offenbach und in dem zeitgenössischen Theaterstück von Luigi Pirandello „Sechs Personen suchen einen Autor". Das Publikum schätzte seine Rezitationen, deren Texte er selbst zusammenstellte, und auch als charmanter Conférencier des Bühnenballs im Februar 1925 hatte er großen Erfolg. 1925/26 wurde Ophüls nach Wien verpflichtet.

Schon in den 1920er Jahren hatte Ophüls hin und wieder für den Hörfunk gearbeitet, um sein Einkommen aufzubessern. Anfang der 1930er Jahre wandte er sich mehr und mehr dem Film zu, und mit der Schnitzler-Verfilmung „Liebelei" hatte er seinen künstlerischen Durchbruch als Filmregisseur. Nach der nationalsozialistischen Machtübernahme konnte Ophüls in Deutschland nicht bleiben, emigrierte nach Frankreich, nahm die französische Staatsbürgerschaft an und wurde sogar Soldat der französischen Armee. 1956, anlässlich der Einweihung des neuen Opernhauses in Wuppertal-Barmen, erinnerte sich Max Ophüls an seine kurze, aber folgenreiche Zeit in Wuppertal: *Barmen-Elberfeld war mein Anfang als Regisseur und dort war ein guter Beginn. Alle, die von dort her kamen, haben es erfahren.* (*Hackenberg, S. 83*)

Nur wenig später starb er in Hamburg und wurde auf dem Friedhof Père Lachaise in Paris beerdigt. Ophüls war ein unermüdlicher Arbeiter und hinterließ zahlreiche berühmte Filme. Mit seinem letzten, „Lola Montez" (1955), hatte seine Kunst einen weiteren Höhepunkt ereicht.

„Barmer Zeitung" vom 10.3.1933

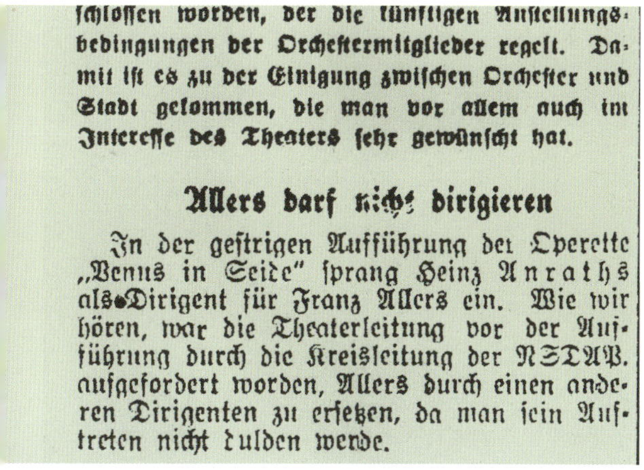

schlossen worden, der die künftigen Anstellungsbedingungen der Orchestermitglieder regelt. Damit ist es zu der Einigung zwischen Orchester und Stadt gekommen, die man vor allem auch im Interesse des Theaters sehr gewünscht hat.

Allers darf nicht dirigieren

In der gestrigen Aufführung der Operette „Venus in Seide" sprang Heinz Anraths als Dirigent für Franz Allers ein. Wie wir hören, war die Theaterleitung vor der Aufführung durch die Kreisleitung der NSDAP. aufgefordert worden, Allers durch einen anderen Dirigenten zu ersetzen, da man sein Auftreten nicht dulden werde.

Der Dirigent Franz Allers

Franz Allers, 1905 in Karlsbad geboren, kam 1926 als Erster Kapellmeister an das „Vereinigte Stadttheater Barmen-Elberfeld" und war im Sommer zugleich Assistent der Bayreuther Festspiele. Das Publikum schätzte Allers vor allem für die Operetten unter seiner Leitung – auch die Familie Hoffa gehörte zu seinen Bewunderern:

Franz Allers kam oft zu uns zu Besuch, meistens sonntags. Wenn die Eltern sich zu einer Ruhestunde zurückzogen, spielte er uns am Klavier Operettenmusik vor und amüsierte uns mit lustigen Episoden aus dem Theaterleben. (Zelger, S. 39)

Die Zeitungsmeldung vom März 1933, die das entwürdigende Dirigierverbot verkündete, mit dem die NSDAP Allers belegte, dürfte für viele Freunde der Opern- und Operettenmusik ein Schock gewesen sein. Allers ging zurück in die Tschechoslowakei und war bis 1938 in Aussig an der Elbe Generalmusikdirektor, danach musikalischer Leiter des Ballets Russes de Monte-Carlo, mit dem er in den folgenden Jahren viele Tourneen durch Kanada, Amerika und England unternahm. 1945 ließ sich Allers in New York nieder und machte sich am Broadway mit den Aufführungen zahlreicher Musicals einen Namen. In die Musikgeschichte eingeschrieben hat er sich durch die Uraufführung von „My Fair Lady" im Jahr 1956. 1973 kam Allers wieder nach Europa zurück und wurde Generalmusikdirektor am Gärtnerplatztheater in München. Nach vielen weiteren Engagements als freiberuflicher Dirigent in Chicago, Los Angeles, London, New York und Tokio mit verschiedenen Ensembles und Orchestern starb Allers 1995 in Las Vegas.

Die Theaterdirektoren Martin Stein und Robert Riemer

Postkarte vom Thalia-Theater am Island in Elberfeld, eröffnet 1906

Das damals weithin bekannte Thalia-Theater am Island verdankte seinen Ruhm nicht zuletzt seinem jüdischen Direktor Robert Riemer (1894-1977). Aber auch schon ganz zu Beginn seiner Existenz spielte ein Jude eine wegweisende Rolle für diesen Tempel der leichten Muse, der als ein Ergebnis einschneidender baulicher Veränderungen der verrufenen Gegend im Dezember 1906, von der Bevölkerung sehnlichst erwartet, eröffnet worden war. Als erster Direktor konnte Martin Stein (1864-1909) gewonnen werden, ein erfahrener Theatermann, der aus einer Hamburger jüdischen Schauspielerfamilie stammte. Zwei der größten Schauspielerinnen der Zeit holte er an sein junges Theater: Sarah Bernhardt war im September 1907 in Elberfeld, und Eleonora Duse kam im November 1908 zu einem einmaligen Gastspiel. Doch die Amtszeit des Direktors war kurz: Erst 45 Jahre alt, starb er im Juni 1909 in Berlin, noch bevor er mit dem Thalia eine Erfolgsgeschichte hätte schreiben können.

Der Verstorbene hat das Verdienst, das Thalia-Theater, dessen künstlerische Leitung er seit Bestehen des Unternehmens führte, auf ein großstädtisches Niveau gestellt und darauf gehalten zu haben. Seiner Initiative ist es großenteils zu verdanken, wenn das Thalia-Theater einen lebhaften Faktor im Elberfelder Verkehrsleben bildet. Durch gediegene und künstlerisch hochstehende Operetten- und Lustspielaufführungen hat er das Theaterleben des Wuppertals sehr gefördert. (General-Anzeiger vom 21.6.1909)

Im Herbst 1925 trat für mehrere Wochen eine Jazz-Kapelle im Teeraum des Thalia-Theaters auf. Unter den Musikern war auch Rudi Anrat, der als Sohn jüdischer Eltern 1905 in Berlin geboren worden war und sich in Wuppertal zu einem gefragten Banjospieler entwickelte. Er hatte zahlreiche Engagements in verschiedenen Orchestern, trat auf Gastspielreisen und vor allem in Nordseebädern auf. Anrat, dem sofort nach der nationalsozialistischen Machtübernahme die Arbeitserlaubnis entzogen worden

Mitglieder des Habima-Ensembles: Z. Friedland in der Rolle des Chanan (Dybuk) und B. Tschemerinsky in der Rolle des Maharal (Der Golem)

war, floh nach London, wohin ihm seine Braut, die Elberfelder Metzgerstochter Grete Brassel, bald folgte. Anrat emigrierte 1936 nach Argentinien, gab die Musik nach dem Krieg aber auf und betrieb stattdessen ein Lokal in Buenos Aires, wo er 1997 starb.

Weithin sichtbaren Glanz und grandiosen Erfolg erhielt das Thalia-Theater unter der Leitung von Robert Riemer, der das Haus im Mai 1929 übernahm. Er reduzierte die Zahl der teuren Operettenaufführungen zugunsten des Varietés und des Films, und die Namen, die sich auf den Annoncen der nächsten Jahre fanden, bescherten dem Theater einen erstklassigen Ruf: Emil Jannings, Ernst Kubitsch, Joe May, Luis Trenker, Harry Liedtke, Brigitte Helm, Louise Brooks und Henny Porten. Drei Millionen Besucher wurden nach zwei Jahren gezählt. Das Theater gehörte zu den schönsten in Deutschland und galt als eins der führenden Häuser.

Robert Riemer (1894-1977)

Mit seinen 2000 Plätzen ist es 14 mal wöchentlich ausverkauft, am Montag Nachmittag so gut wie am Sonntag abend. Es ist ein gewohntes Bild, dass am Alexanderplatz, vor dem Schwebebahnhof, 100 und mehr Autos parken. Die Vergnügungslustigen aus Solingen, Ohligs usw., die früher mit Vorliebe nach Düsseldorf kamen, sind heute ständige Gäste im Wuppertal. Die Bergischen Kleinbahner kalkulieren, dass mehr als die Hälfte ihres Abendverkehrs den Attraktionen der Thaliabühne zuzuschreiben ist. [...] Der Stadt Elberfeld hat Riemer im ersten Jahr seiner Tätigkeit an Pacht und Lustbarkeitssteuer etwa 300.000 Mark eingebracht. (Der Mittag, Düsseldorf, 1931. Zit. nach Koep, S. 59)

Für die jüdische Bevölkerung werden die Vorstellungen des berühmten hebräischen Theaterensembles „Habima" (hebr. Bühne) von besonderem Interesse gewesen sein. Die Truppe, 1917 in Moskau von Naum Zemach gegründet, gab im Thalia die Stücke „Der Dybuk" von S. An-Ski (1922) und „Der Golem" von H. Leiwick (1924), die heute zu den jüdischen Klassikern zählen. Die zionistische „Jüdische Rundschau" warb unter den Juden Wuppertals mit Nachdruck, diese Vorstellungen zu besuchen:

Habimah in Elberfeld. Habimah gastiert vom 2.-5. Dezember im Elberfelder Thaliatheater. Wir bitten unsere Freunde dringend, die Veranstaltungen zu besuchen und in den Städten eine intensive Propaganda zu entfalten. Freitag, den 2. Dezember: „Dybuk", Beginn 8 Uhr; Sonntag, den 4. Dezember, nachm.: „Dybuk", Beginn 1/2 4 Uhr; Sonnabend, den 3. und Montag, den 5. Dezember: „Golem", Beginn 8 Uhr. (Jüdische Rundschau vom 29.11.1927)

Leidenschaftliche Thalia-Besucher waren z.B. Max Inow und seine Kinder. Musik, Literatur und das Theater spielten eine große Rolle in dieser Familie, wobei auch der Unterhaltungscharakter geschätzt wurde und die Freude am eigenen Spiel.

Mein Vater war sehr musikalisch, er spielte mit Begeisterung Cello. [...] Die besondere Fähigkeit meines Vaters war die schöpferische Fantasie, die er in seinem Verhältnis zu uns Kindern an den Tag legte. Mein Vater und wir Kinder spielten zusammen Theater (selbst erfunden) sangen zusammen mehrstimmig, unter anderem, mit viel Vergnügen, Gassenhauer.
Er machte interessante belehrende Experimente mit uns auf unseren Ausflügen. Er erzählte uns Ereignisse aus seiner Kindheit in Elberfeld [...]. Er und seine drei Brüder spielten Theater an einem der Wupper-Ufer. Dazu trugen sie Kisten zusammen, die teilweise zum Bauen der Bühne, teils als Sitzgelegenheit für die Zuschauer dienten. Sie spielten Theater für ein Entgelt von einem Pfennig „Eintritts-Beitrag". [...] Eines Tages, als unsere Mutter in Bochum war, nahm der Vater meinen Bruder Alfred und mich mit ins Thalia-Theater zu einer Aufführung. Vielleicht waren wir damals 6 bis 7 Jahre alt. Vater sagte: „Aber erzählt Mutti nicht, dass wir im Thalia waren." Kaum war meine Mutter wieder zu Hause, sagte Alfred zu ihr: „Wir sollen dir aber nicht erzählen, wo wir waren." (Zeitzeugenbericht Margalit Harlev)

Auf die Machtübernahme der Nationalsozialisten reagierte Direktor Robert Riemer pragmatisch, in der Hoffnung, das Theater retten zu können: NS-Propagandafilme wurden in Maßen gezeigt, den „arischen" Mitarbeitern empfahl er den Parteieintritt, und in allem bemühte er sich, den Nazis so wenig wie möglich Anlass zu geben, den Theaterbetrieb zu stören. Bei seinem Publikum bekannt und beliebt, schwebte Riemer ein Arrangement mit den neuen Machthabern vor, das ihm die Fortführung des Unternehmens ermöglichen würde. Aber er täuschte sich in seinen Möglichkeiten. Die Zeitungen nahmen plötzlich viel höhere Preise für die Inserate oder gestatteten überhaupt keine Werbung eines „jüdischen Theaters" mehr. Hakenkreuzplakate wurden auf die Werbeflächen des Theaters geklebt. Es gab Pöbeleien und Handgreiflichkeiten im Foyer.

Im August 1933 löste Riemer, acht Jahre vor dem Ablauf, den Pachtvertrag mit der Stadt, ohne dass er einen reellen Gewinn aus seinem Unternehmen hätte erzielen können. Wie sein Mitarbeiter Emil Weißmann, der nach Paris emigrierte, verließ auch Riemer Deutschland und kehrte nach Wien, in seine Heimatstadt, zurück – die Kinder Gert und Karin blieben zunächst in Wuppertal. 1936 kam seine Frau bei einem Unfall ums Leben. Nach der Annexion Österreichs im März 1938 versuchte Riemer zunächst, in Prag und in Brüssel ein Theater aufzubauen. Aber ein halbes Jahr später, nach der „Reichskristallnacht" im November, war klar, dass er seine Kinder sofort aus Deutschland herausholen und mit ihnen Europa verlassen musste. In den USA betrieb er in New York zunächst eine Wäscherei, bis er auch dort wieder einige Kinos übernahm. 1977 starb er in Miami Beach, Florida.

Der Maler Jankel Adler

Im Alter von erst 18 Jahren kam der später berühmte Maler Jankel Adler 1913 ins Wuppertal, wo er zunächst bei seinen Geschwistern in Barmen lebte, die hier als Textilarbeiter und Kaufleute tätig waren. Adler war 1895 in Tuszyn, einem Vorort der polnischen Textilstadt Lodz als achtes von zwölf Kindern in eine chassidisch geprägte orthodoxe jüdische Familie geboren worden. Bevor er nach Deutschland kam, machte er eine Lehre als Graveur und begann 1916, mitten im Krieg, an der Barmer Kunstgewerbeschule mit dem Studium bei Prof. Gustav Wiethüchter.

Obwohl damals Krieg war, Jankel Adler mindestens „verdächtiger Ausländer" war, der sich wöchentlich auf der Polizei melden mußte, gebrochen Deutsch sprach und bewußter Jude war, gewann er sich schnell – durch seine Intelligenz und Belesenheit, vor allem auch durch sein zurückhaltendes, jedoch geheimnisvolle Untiefen verratendes Wesen – zuerst Interesse, dann immer größer werdende Sympathien und wurde manchem von uns […] eine Art Vorbild und Führer aus Leichtigkeit und Oberflächlichkeit heraus, in der wir jungen Dachse in jener Zeit befangen waren. (Walter Gerber: Erinnerungen an Jankel Adler, Ms. o.J.; zit. nach: Jankel Adler, S. 13)

Jankel Adler (1895-1949), fotografiert 1924 von August Sander

Adler wohnte in dieser Zeit mit seinem Bruder, dem Kaufmann Moritz Adler, in der Lutherischen Kirchstraße 10 (heute Harmoniestraße) zur Untermiete. Im Nebenhaus Nr. 12 war die Altwarenhandlung einer Maria Adler, möglicherweise eine Schwester. Die Brüder waren ziemlich arm, so dass die Ankündigung, das Schulgeld für die Kunstgewerbeschule werde für Ausländer auf das Fünffache erhöht, eine Katastrophe für den jungen Künstler bedeutete. Stil und Orthografie des leidenschaftlichen Bittbriefs, mit dem er um Ermäßigung ersuchte, sprechen von der Herkunft und dem Temperament des Künstlers:

Gesuch von Jacob Adler, Kunstgewerbeschüler in Barmen betrefs Ermäsigung des Schulgeldes für einen „Reichsausländer".
Sehr geerter Herr Präsident,
Auf Anrat meines Direktors Prof. Werdelmann von der Kunstgewerbeschule zu Barmen wende ich mich vertrauensvoll an Sie um mir Ihre Hilfe zu erbitten.

Ich besuche seit einem halben Jahr als Ausländer die Kunstgewerbeschule zu Barmen. Da ich ganz und gar unbemittelt bin und doch die große Sehnsucht habe Maler zu werden, sind meine deutsche Freunde

und Verwandte für mich eingetreten mir diese Vergünstigung die Schule besuchen zu können, zu erteilen.

Nach dem ich für das erste halbe Jahr den normalen Schulgeldpreis vom 30 M. bezahlte, wurde ich jetzt darauf aufmerksam gemacht, dass ich als „Ausländer" von jetzt an den Preis von 300 M. jährlich zu bezahlen habe. Diesen hohen Betrag würde nun meinen Freunden die ja auch noch meiner Mittellosigkeit wegen für meinen vollstendigen Unterhalt aufkommen, zu viel werden so dass ich ohne Ihre werte Hülfe, sehr geerter Herr Präsident vor der traurigen Thatsache stände die Schule verlassen zu müssen. Deshalb bitte ich ergebenst hoch geerter Herr Präsident mir als zukünftiger Deutschen (da meine Heimat „Lodz" von deutschen Truppen bestzt [sic] ist.) und meiner Mittellosigkeit wegen das Schulgeld noch wie vor zu 60 M. reduzieren zu wollen. Ich wäre dan zu ewigen Dank verpflichtet.

Es zeichnet mit Hochachtung ergebenst Jacob Adler
Barmen Luthr. Kirchst. 10
den 30.9.1916 *(Mahlberg, S. 67)*

„Else Lasker-Schüler" von Jankel Adler, 1924

Das Gesuch wurde abgelehnt, so dass sich Gustav Wiethüchter selbst für den begabten Künstler engagierte, indem er ihn zeitweilig bei sich zu Hause, Am Gelben Sprung, wohnen ließ. Nach der Neugründung Polens im November 1918 reiste Adler in seine Heimat und wurde dort einer der Gründer der Künstlergruppe „Jung Jiddisch", nahm an Ausstellungen teil, publizierte und sprach über künstlerische Themen. 1920 kam er wieder nach Deutschland und traf u.a. in Berlin mit Else Lasker-Schüler zusammen. 1924 malte er das berühmte Bild, das sie am Kaffeehaustisch lehnend zeigt. Seit 1986 befindet sich das Gemälde im Von der Heydt-Museum der Stadt Wuppertal.

1921 kehrte Adler nach Barmen zurück und stand in engem Kontakt zu jenen Wuppertaler Künstlern, die an den Aktivitäten des „Jungen Rheinland" beteiligt waren: Gustav Wiethüchter, Richard Paling und Kurt Nantke, die gemeinsam die Gruppe „Die Wupper" gründeten. Adler zog nach Düsseldorf, wo er sich dem berühmten Künstlerkreis der Mutter Ey anschloss und die Bekanntschaft u.a. mit Otto Dix und Gerd Wollheim machte. Er arbeitete mit der „Rheingruppe" und der „Rheinischen Sezession", und durch seine Kontakte nach Berlin und Köln war er befreundet u.a. mit Alexander Granach, Valeska Gert, Anita Berber und den Künstlern der Kölner Progressiven. Zu Beginn der 1930er Jahre lernte er Paul Klee kennen, der 1931 an die Kunstakademie Düsseldorf berufen worden war und ein benachbartes Atelier benutzte.

Trotz seines Umgangs mit Künstlern der Avantgarde, seiner Experimentierfreude und Aufgeschlossenheit auch gegenüber der abstrakten Malerei und der absurden Kunst ist das Werk Jankel Adlers unübersehbar geprägt durch seine ostjüdische Herkunft. Über seine Ansichten zum Auftrag und zur Notwendigkeit spezifisch jüdischer Kunst äußerte er sich auch theoretisch, z.B. in der jiddischen Zeitschrift „Literarische Bleter":

Aber jüdische Künstler gibt es dennoch leider wenige. Zu ihnen gehören Marc Chagall, Segal, Marec Szwarc, J.B. Ribak und ich. Es gibt noch andere, die auf dem Wege sind zum jüdischen Schaffen, dazu gehören solche Künstler wie Bartschinski, J. Brauner usw. Es wäre sehr wünschenswert, wenn man Mittel fände, alle Kräfte bei uns zu konzentrieren, die zerstreut sind. Man müsste vielleicht ein Kulturinstitut gründen zusammen mit einem Museum. Dort sollten sich alle jüdischen Künstler konzentrieren. *(Literarische Bleter 1926, S. 528f., zit. nach Jankel Adler, S. 24)*

Schon im Klang seines Namens – Jankel Adler – ist ein Programm, eine Betonung seiner Volkstümlichkeit. Exakt so wie Chagall von Scholem Alejchem abstammt, stammt Jankel Adler von Perez; volkstümliche Einfachheit und chassidischer Schwung – das ist ein Weg. [...] Ich bin überzeugt, sagt Jankel Adler im Gespräch weiter, dass die Zeit nicht weit ist, in der man einsieht, dass die politischen Errungenschaften nicht glücklich machen und nicht von bleibendem Wert sind. Der geistige Fortschritt eines Volkes muß erhalten bleiben. Die geistlosen und flachen Menschen glauben irrtümlich, dass es ihre Zeit ist, und sie machen sich breit. Sie schreien, dass wir in einem technischen Jahrhundert leben. Sie vergessen, dass technischer Fortschritt kein Ziel ist, nur ein Mittel. Das Ziel ist die geistige Potenz, die geistige Weite. *(Literarische Bleter, 1929, S. 582, zit. nach Jankel Adler, S. 25)*

1933 emigrierte Jankel Adler sofort – sein Bruder Emil wurde 1934 von der SA in seinem Haus in Barmen brutal misshandelt. 1937 sollen Gemälde, die sich in Privatsammlungen befanden, aus Angst vor der Gestapo von ihren Besitzern zerstört worden sein, z.B. das Bild „Familie", das einem Wuppertaler Sammler gehörte. Adler ging zunächst nach Frankreich, später nach Polen, wo er in die polnische Armee eintrat, mit der er 1940 nach England kam. Aus gesundheitlichen Gründen aus der Armee entlassen, gelang es ihm, auch dort weiter zu arbeiten. Nach dem Krieg erfuhr er, dass von seinen Geschwistern und ihren Kindern nur eine Nichte und ein Neffe den Holocaust überlebt hatten. Am 25. April 1949 starb Adler in London, nachdem er noch einige namhafte Ausstellungen in London, Paris, Dublin und New York realisieren konnte.

Die Fotografin Grete Stern

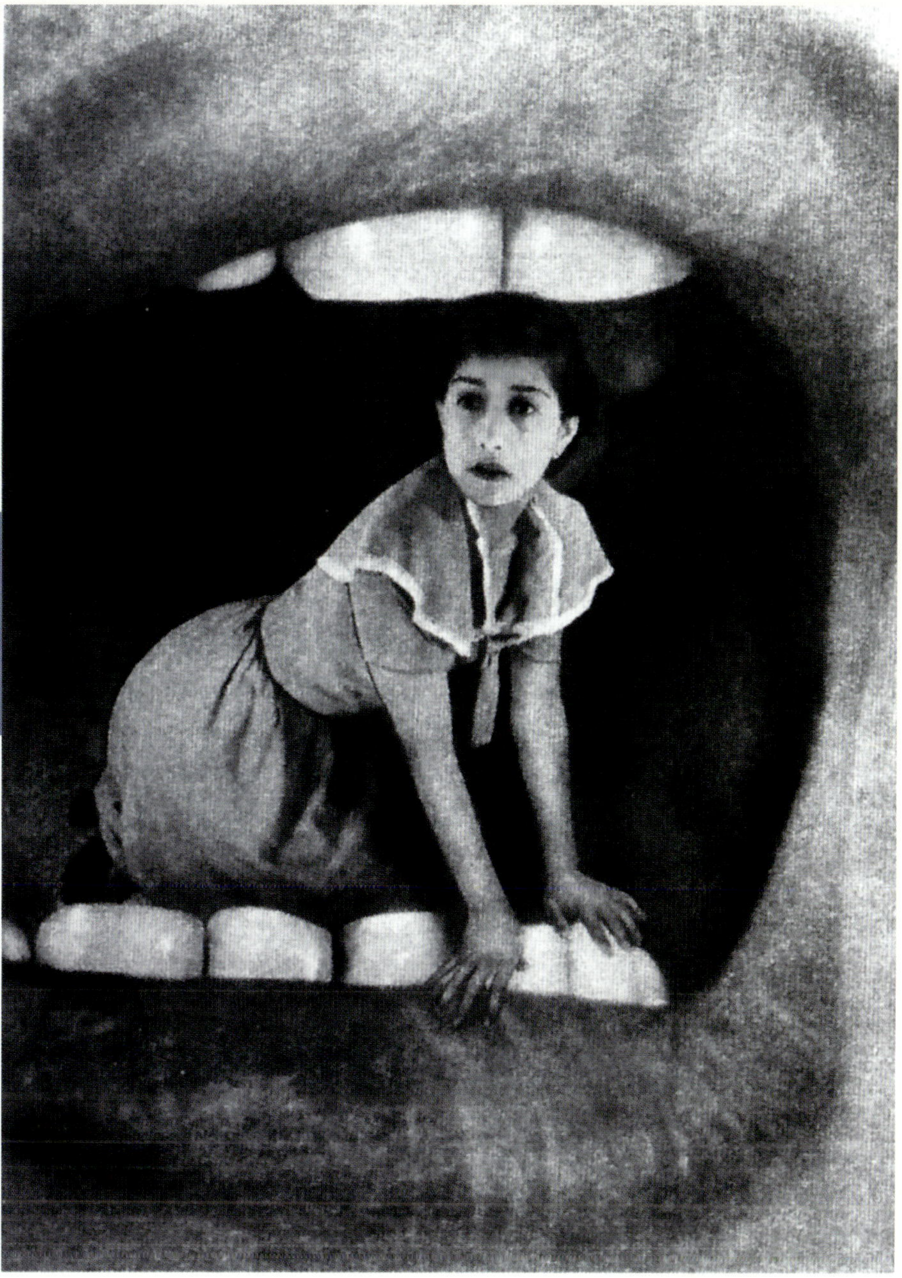

Collage von Grete Stern

Grete Stern (1904-1999), Selbstportrait

Wie Else Lasker-Schüler, die erst nach ihrem Weggang aus Elberfeld jene Dichterin wurde, als die sie heute berühmt ist, haben auch andere zwar hier ihre Wurzeln, den Erfolg aber später und anderswo gehabt. Zu ihnen zählt die Fotografin Grete Stern, die 1904 in Elberfeld geboren wurde und sich gemeinsam mit Ellen Auerbach (1906-2004) als „ringl + pit" einen Namen machte. Von 1923 bis 1925 studierte Grete Stern an der Kunstgewerbeschule in Stuttgart Gebrauchsgrafik. 1926 kehrte sie nach Elberfeld zurück, um sich als freiberufliche Werbegrafikerin selbständig zu machen. Unter dem Einfluss der streng formal aufgebauten und präzisen Aufnahmen der Fotografen Edward Weston und Paul Outerbridge entschloss sie sich aber bereits 1927, als Privatschülerin bei Walter Peterhans (1897-1960) in Berlin eine Ausbildung zur Fotografin zu beginnen. Nach einem Jahr kam als zweite Schülerin die Fotografin Ellen Auerbach (damals: Rosenberg) hinzu, mit der sie sich sofort anfreundete und nach der Berufung ihres Lehrers ans Bauhaus 1929 ein gemeinsames Werbestudio eröffnete: Mit dem Firmennamen „ringl + pit" griffen Grete Stern und Ellen Auerbach ihre Kinderspitznamen auf und experimentierten, finanziell weitgehend unabhängig, mit neuen und originellen Sehweisen. Ihre eigenartigen Arrangements für die Werbefotografie sprachen sich herum, sie erhielten zahlreiche Aufträge, und ihre Arbeiten wurden bei Wettbewerben ausgezeichnet. Trotz dieser bereits einsetzenden Erfolge sahen sie sich gezwungen, Deutschland 1933 mit der Machtübernahme durch die Nationalsozialisten zu verlassen, denn sie waren beide jüdischer Abstammung.

Grete Stern emigrierte zuerst nach London und arbeitete dort bis 1936 als freie Grafikerin und Reklamefotografin, machte Portraits, z.B. von Bertolt Brecht, Helene Weigel und Karl Korsch. 1935 heiratete sie den Argentinier Horacio Coppola (geb. 1906), der eben-

Selbstportrait mit Kamera, 1970

falls Student bei Peterhans gewesen war. 1936 emigrierte das Paar nach Argentinien und eröffnete in Buenos Aires 1937 gemeinsam ein Foto- und Werbestudio. Grete Stern spezialisierte sich nun auf Portraitfotografie. In den 1940er und 1950er Jahren fotografierte sie zahlreiche Motive aus der Stadtlandschaft von Buenos Aires, die 1953 als ihr erstes Buch „Buenos Aires“ erschienen. Zehn Jahre später nutzte sie ein dreimonatiges Stipendium, um die Indios des Gran Chaco-Gebiets zu fotografieren, und 1967 veröffentlichte sie eine weitere Arbeit unter dem Titel „Los Patios“. Schließlich übernahm sie die Leitung der Fotowerkstatt des Museo Nacional de Bellas Artes in Buenos Aires.

Wie bei vielen jüdischen Künstlern verhinderte die Emigration lange Zeit, dass das Werk Grete Sterns in Deutschland angemessen bekannt wurde. Bisher hat man sich bei Ausstellungen – darunter auch eine in der Zentralbibliothek Wuppertal im Jahr 1988 – vor allem auf ihre Berliner Schaffenszeit in Zusammenarbeit mit Ellen Auerbach konzentriert, obwohl Grete Stern über 50 Jahre lang in Argentinien gearbeitet und dort ihren Lebensmittelpunkt hatte. Erst 1985 gab die Künstlerin die Fotografie auf, 1999 starb sie in Buenos Aires.

Der Schriftsteller Gerson Stern

Im Unterschied zu Grete Stern ist ihr Namensvetter, der Schriftsteller Gerson Stern, heute so gut wie vergessen, obwohl er mit seinen Romanen zu Beginn der 1930er Jahre allergrößte Popularität unter deutschen Juden genoss.

Gerson Stern war 1874 als zweites Kind des jüdischen Kaufmanns Joel Stern und seiner Frau Johanne Klestadt in Holzminden geboren worden. 1884 verlegte der Vater sein Geschäft, das er bereits in der fünften Generation in Holzminden geführt hatte, nach Elberfeld, wo sein Bruder Abraham ein „Engrosgeschäft in Spitzen und Samt“ eröffnet hatte. Die Familie führte einen gastfreundlichen, kulturell ambitionierten Haushalt in der Berliner Straße 25 (heute Hofkamp) und war zugleich religiös und traditionsbewusst. Gerson – wie auch sein älterer Bruder Immanuel – besuchte das Realgymnasium an der Aue bis zur Untersekunda. Nach seiner Ausbildung zum Kaufmann beteiligte er sich jedoch nicht an der Geschäftsführung der „Fa. Gebrüder Stern“ in der Bembergstraße bzw. Krappstraße, sondern war zunächst Direktor der Elberfelder Wach- und Schließgesellschaft. Im Ersten Weltkrieg, nun schon vierzig Jahre alt, wurde er nach Berlin verpflichtet, wo er die zwanzig Jahre jüngere Erna Schwarz aus Metz kennen lernte, die er 1917 heiratete. 1920 ließen sich Gerson und Erna Stern in Kiedrich im Rheingau nieder.

Gerson Stern (1874-1956), fotografiert von Abraham Pisarek

Erst jetzt beschloss Stern, aus seiner Neigung zur Literatur einen Beruf zu machen und Schriftsteller zu werden. Tatsächlich hatte er schon früher nebenher Gedichte und andere Texte geschrieben, u.a. eine Hymne auf die Stadt Elberfeld, für die er mit dem 1. Preis auf dem „Poetischen Tournier für vaterländische Gedichte“ des „litterarischen Vereins Lesegesellschaft Elberfeld“ im März 1906 ausgezeichnet worden war:

Mein Elberfeld!
Es sausen und surren und schnurren die Räder.
Es hebt sich der Hammer zum formenden Schlag.
Es greift in die Speichen der Arbeit ein Jeder
Und zwingt den Tribut von dem flüchtigen Tag.
Es lohen die Feuer, es rauchen die Schlote,
Es zittert die Luft von der treibenden Kraft,
Die ächzend sich beuget dem hohen Gebote
Des Menschenverstandes, der Wunder erschafft.
So spiegelt sich in dir das Werk einer Welt,
Die Stadt der Arbeit – mein Elberfeld.

Die Stadt, deren eigenartiges Wesen
Erzählt von den Sorgen vergangener Zeit,
Die Stadt, die zum friedlichen Streben erlesen,
Dem Schutze der Freiheit sich stets hat geweiht.
Du stähltest die Menschen zum Kampf für das Leben
Und lehrest den Wert wohl von Ordnung und Pflicht,
Du hast ihnen aber den Mut auch gegeben,
Zu fordern, wenn es am Rechten gebricht.
So bargen die Mauern manch männlichen Held
So schufst Du Geschlechter – mein Elberfeld.

Im Thale die Mühen, jedoch auf den Höhen
Wohl würzig die Luft, es klingt fröhlich der Sang.
Da müssen die Sorgen des Alltags vergehen,
Da schwillet die Brust in frisch freudigem Drang.
Dort locken gar lustig des Sonntags die Geigen
Und schüren die Lust nach den Tagen der Last,
Dass Jüngling und Mädchen sich einen im Reigen
Und rheinischer Frohsinn die Herzen erfasst.
Du Stadt, wo der Ernst sich zum Ernste gesellt,
Du birgst auch die Freude – mein Elberfeld.

Du bergische Arbeit! Ihr bergischen Frauen!
Du bergischer Ruhm und Du bergischer Glanz!
Ihr seid unser Stolz und unser Erbauen,
Ihr reichet versöhnend der Stirne den Kranz.
Den Kranz des Erfolges nach stetigem Streben,
Den Kranz stillen Glückes nach Kämpfen und Mühn
Und lasset die Hoffnung auf besseres Leben
Für unsere Enkel die Seele durchziehn.
So ist meine Heimat, die mich erhält.
So blühe weiter – mein Elberfeld!

Gerson Stern, der gleichnamige Onkel des Schriftstellers, nach einer Zeichnung des befreundeten Elberfelder Kunstmalers Hugo Schoneck vom 26.8.1912. Stern trägt Gebetsmantel und Tefillin (Gebetsriemen um Arm und Stirn) und schlägt sich mit der Faust an die Brust – eine Geste zum „Avinu Malkenu"-Gebet an Jom Kippur.

Sterns Gedichte und szenischen Texte fanden zunächst kaum Beachtung. Erst der Nationalsozialismus löste bei ihm eine ernsthaftere literarische Produktivität mit entsprechendem Echo aus. Unmittelbar als Reaktion auf die Machtübernahme schrieb Stern den Roman „Weg ohne Ende“, der 1934 im Erich Reiss-Verlag in Berlin erschien. Dieser „jüdische Roman“, so der Untertitel, sollte demonstrieren, was sein Autor von jüdischer Literatur in dieser politisch beunruhigenden Lage erwartete: eine Orientierung zu geben und eine neue Bindung an das Judentum zu vermitteln:

Dieses Buch ist nicht politisch, nicht polemisch.
Es ist Geschichte aus dem Winkel eines Schicksals.
Das Geschichtliche ist durch die Tatsachen erhärtet,
die für jeden greifbar dastehn.

Das Geschehen hat seine Gesetze, die unabänderlich sind.
Und gerade deshalb wirst Du vielleicht erkennen, dass
Du, mein Freund, und ich auf der Anklagebank sitzen.
Du und ich und alle die, welche sich verloren haben.

Tatsächlich thematisiert der Roman, der im 18. Jahrhundert angesiedelt ist, die unterschiedlichen Beziehungen zwischen Juden und Nicht-Juden. Anhand einer jüdischen Familiengeschichte schildert Stern im ersten Teil die positive Entwicklung und den beginnenden Aufstieg der jüdischen Minderheit in einer weitgehend toleranten Gesellschaft im Stadium zaghaft beginnender Emanzipation. Der zweite Teil dagegen zeigt die jüdische Ghettobevölkerung einer mittelalterlich anmutenden Kleinstadt, die sich unter dem Druck des Hasses und der Verfolgung durch die Christen von einer Glaubens- zu einer solidarischen Schicksalsgemeinschaft entwickelt.

Der Roman, der die aktuelle Verfolgungssituation im Jahr 1933 mit dem „Verlorensein“ in Akkulturation und Anpassung erklären will, appellierte an die Wiederentdeckung der jüdischen Identität und hatte damit einen unerwarteten Erfolg: Bereits 1936 waren 10.000 Exemplare in mehreren Auflagen erschienen, es gab Übersetzungen ins Polnische und Hebräische. Rund 50 deutsche und ausländische Zeitschriften würdigten den Autor und sein Werk. Obwohl dieser Erstling keine zionistischen Absichten hegte, erhielt Stern den Auftrag, für die Zeitschrift „Jüdische Rundschau“ ein zweites Buch zu verfassen. „Auf drei Dingen steht die Welt“ erschien in Fortsetzungen vom 19. März bis zum 16. August 1936. Die Handlung dieses Romans spielt vom Ende des 19. Jahrhunderts bis zum Ausbruch des Ersten Weltkriegs im gehobenen jüdischen Bürgertum einer mittelgroßen Stadt im Westen Deutschlands. Die Kulisse dafür gab Elberfeld, wo Gerson Stern immerhin von seinem zehnten bis zu seinem 43. Lebensjahr gelebt hatte. Wieder nimmt Stern eine entschieden jüdische Perspektive ein, aus der heraus er die Frage aufwirft, in welcher Situation die deutschen Juden sich am Ausgang des 19. Jahrhunderts befinden: Die Emanzipation scheint vollendet und mit dem Deutschen Kaiserreich sind auch die Juden in den Genuss aller politischen und staatsbürgerlichen Rechte gekommen, aber ist der Prozess ihrer Akkulturation oder sogar Integration positiv verlaufen, und wie ist die spezifisch jüdische Identität und Lebensgestaltung nun zu beschreiben? Um diese Fragen zu beantworten, entwirft Stern ein breites Spektrum unterschiedlicher Haltungen, verkörpert durch eine große Vielfalt jüdischer Figuren, die ihre Positionen spannungsreich und durchaus einander widersprechend in Rede und Handlung vertreten.

Gerson Stern emigrierte im Januar 1939 mit seiner Frau und dem Sohn Joel über Triest nach Palästina und ließ sich in Jerusalem nieder. Dort setzte er sich, gemeinsam mit Schalom Ben Chorin, für eine deutschsprachige Literatur in Palästina ein, indem er z.B. die erlesene Sammlung „Menora. Eine Auswahl literarischen Schaffens in Erez Israel“ (Tel Aviv 1941) mit herausgab – heute eine kleine Kostbarkeit. Auch Else Lasker-Schülers Gedichte „Herbst“ und „Mein blaues Klavier“, Gerson Stern gewidmet, sind in dem kleinen Büchlein abgedruckt *(meinem lieben Heimatfreunde G. St. gewidmet)*. Über die Dichterin schrieben die Herausgeber in der Einleitung: *Else Lasker-Schüler ist die Dichterin der jüdischen Seele. Heute lebt sie in Jerusalem, der heiligen Stadt ihrer Lieder. In ihrem Palästinabuch „Das Hebräerland“ hat sie eine farbenprächtige, von biblischer Schönheit erfüllte Schilderung Erez-Israels gegeben. Der Klang ihres Liedes ist aus den Stimmen der Völker nicht*

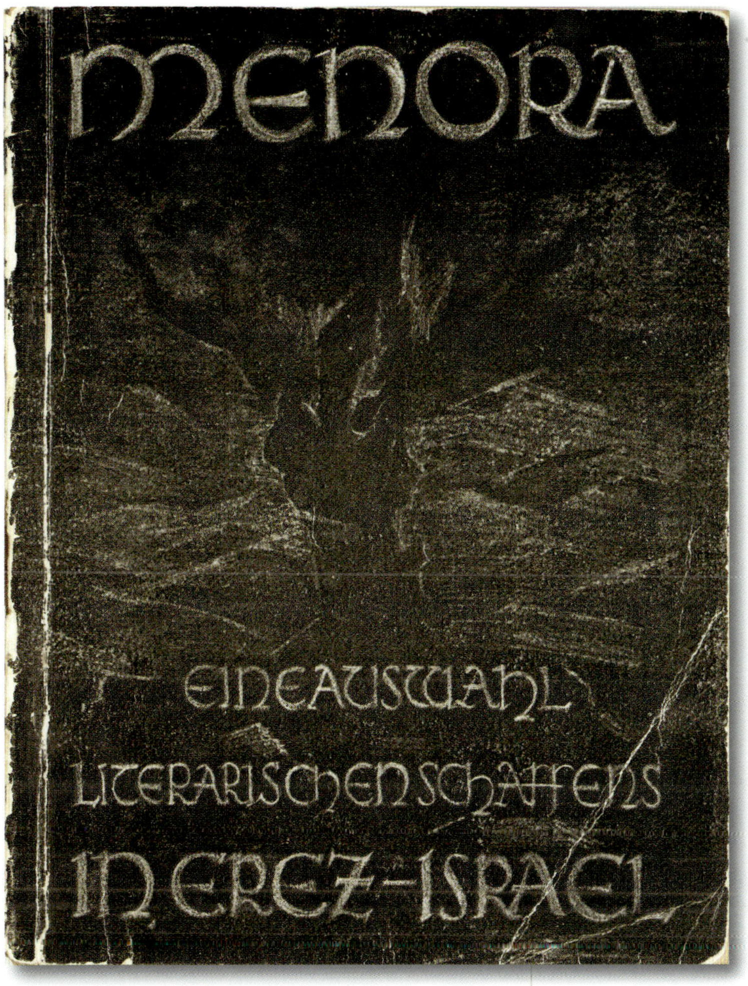

In dem 1941 in Tel Aviv erschienenen Bändchen veröffentlichten Gerson Stern und Schalom Ben Chorin Gedichte und Prosa u. a. von Else Lasker-Schüler, S. J. Agnon, Theodor Herzl, Franz Kafka, Arnold Zweig und Felix Weltsch.

mehr wegzudenken. Auch mit Prosadichtung und Dramen trat sie hervor. (Menora, S. 54)

Stern war häufiger Besucher des von Lasker-Schüler gegründeten Künstlerzirkels „Der Kraal“. Auf einer seiner Einladungen hatte sie notiert: *Frische Eier statt 10 Piaster Eintritt willkommen.* (Bauschinger, S. 444) Im Januar 1945 sprach er am Grab der Dichterin gemeinsam mit Samuel Josef Agnon das „Kaddisch“, den traditionellen Gebetshymnus der Trauernden.

In Palästina betätigte sich Gerson Stern als Dichter und Schriftsteller, konnte aber den Erfolg seines Erstlings mit seinen weiteren Werken, der Gedichtsammlung „Stille Wege“ (1945) und dem Roman „Die Waage der Welt“ (1948), nicht mehr einholen, selbst nachdem sie ins Hebräische übersetzt worden waren. 1956 starb Gerson Stern in Jerusalem.

Wuppertal
(Unterschrift des Kennk
Gebühr
Geb. Buch Nr.
rente und Unfallrente am Freitag, 30. Dezember, gezahlt.
Der Angeklagte ha
betont, daß er von
bemerkt habe, un
Dienststempel
In 20 Jahren werden Sie eher enttäuscht sein, bestimmte Dinge nicht getan zu haben, als bestimmte Dinge getan zu haben. Werfen Sie die Bugleinen ab. Verlassen Sie den sicheren Hafen. Nutzen Sie den Wind in Ihren Segeln. Erforschen. Träumen. Entdecken. Mark
Entjudung des Einzelh
Erfreuliche Säuberung des Wuppertaler Ges
Nachstehende Ausführungen entnehmen wir dem Bergischen Wirtschaftsblatt:
von etwa 7 Mill. M
ordnung des Beauftr

3. Teil

„Dass ich eigentlich rechtlos bin".

Jüdisches Leben im Nationalsozialismus

Im Januar 1933 wurde Adolf Hitler und den Nationalsozialisten die Regierungsverantwortung übertragen. Im wachsenden Konsens mit der „Volksgemeinschaft" setzten sie ihr menschenverachtendes Programm um, dessen Kern der Hass auf die Juden war. Wirtschaftliche Ausbeutung, Vertreibung und schliesslich Ermordung waren die Ziele ihrer antijüdischen Politik, denen die Juden zunehmend schutzlos ausgeliefert waren.

n vornherein immer
Unfall nichts
deshalb vor allem
ndels
slebens
Bevor durch die An=
für den Vierjahres=

Ein antisemitischer Überfall vor dem „Elberfelder Hof“ von Wilhelm Catwinkel, 1928

Holzschnitt der früheren Berliner Straße mit dem „Elberfelder Hof“

Mit der zunehmenden Verschlechterung der wirtschaftlichen Lage, dem virulenten Argwohn gegenüber der jungen Demokratie von Weimar und dem Erstarken politischer radikaler Kräfte wuchsen auch wieder erneut antijüdische Ressentiments am Ende der 1920 Jahre. Nachdem das Verbot der Nationalsozialistischen Deutschen Arbeiterpartei (NSDAP) 1925 aufgehoben worden war, versuchten ihre Mitglieder, auch im Wuppertal wieder Fuß zu fassen. Dabei spielten Handgreiflichkeiten bis hin zu Straßenschlachten gerade hier eine große Rolle. Obwohl in dieser Phase der Reorganisation in der Regel vor allem Gewerkschafter, Sozialdemokraten und Kommunisten im Visier aggressiver Naziüberfälle standen, entlud sich der Hass der fanatischen Antisemiten immer wieder gegen Juden. Die CV-Zeitung, das Vereinsorgan des „Centralvereins deutscher Staatsbürger jüdischen Glaubens“ zur Abwehr der Judenfeindschaft, berichtete im März 1928 von einer Schlägerei vor einer Gastwirtschaft in der damaligen Berliner Straße 67, dem heutigen Hofkamp:

Möge es allen zur Warnung dienen!

In der Nacht vom 1. zum 2. Januar d. J. wurde vor dem „Elberfelder Hof“ in Elberfeld, dem Versammlungslokal der Nationalsozialistischen Arbeiterpartei, der jüdische Kaufmann Abraham de Jongh von einem Trupp aus der Wirtschaft herauskommender Nationalsozialisten ohne jede Veranlassung belästigt und mißhandelt. An der Mißhandlung beteiligten sich zwei junge Leute, von denen der eine in der Person eines gewissen vom Wege ermittelt wurde. Die Nachforschungen nach der Person des anderen schweben noch.

Gegen vom Wege wurde am 22. d. M. vor dem Schöffengericht unter dem Vorsitz des Landgerichtsrats Müller verhandelt. Dem Verletzten de Jongh, der als Nebenkläger auftrat, war durch den C.V. Rechtsschutz gewährt worden. Der Staatsanwalt geißelte mit scharfen Worten das Vorgehen des Angeklagten und beantragte eine Gesamtgefängnisstrafe von einem

Monat. Das Gericht hat dementsprechend erkannt. Beachtenswert erscheinen die Gründe des Urteils. Der Vorsitzende führte im Wesentlichen aus:

„Was das Strafmaß anbetreffe, so lasse das Gesetz an sich auch Geldstrafen zu. Das Gericht sei aber nicht einen Augenblick im Zweifel gewesen, daß in diesem Falle nur eine Gefängnisstrafe in Frage kommen könne, und zwar wegen der außerordentlichen Roheit und des außerordentlichen Verstoßes gegen die öffentliche Ordnung, ganz abgesehen davon, daß die Tat auch richtig als große Feigheit charakterisiert worden sei. Es sei schon unangebracht, wenn jemand bei dem Streit der Meinungen persönlich oder gar tätlich werde. Der Angeklagte sei aber noch viel weiter gegangen. Denn hier handele es sich nicht um einen Streit der Meinungen. Der Angegriffene habe dem Angeklagten nicht das geringste getan, er habe im Gegenteil in ruhiger Weise zu verstehen gegeben, daß er mit ihm nichts zu tun haben wolle. Lediglich deshalb, weil der Angeklagte in dem Angegriffenen einen Gegner erkannt habe, habe er sich nicht nur zu Beleidigungen hinreißen lassen, sondern auch zu Mißhandlungen. Dies sei eine solche Gesinnungsroheit, daß nach Ansicht des Gerichtes nur eine Freiheitsstrafe in Betracht kommen könne. Es möchten sich diese Auffassung des Gerichtes alle diejenigen merken, die keinen ruhigen Bürger über die Straße gehen lassen können. [...] (CV-Zeitung vom 30.3.1928)

Abraham de Jongh musste wenige Jahre später sein Geschäft in der Königstraße 70 aufgeben und emigrierte in die Niederlande. Dort wurde er im August 1943 verhaftet und über Westerbork nach Auschwitz deportiert, wo er am 27. August 1943 ermordet wurde.

„Der demokratische Volksstaat ist bedroht.“ Gustav Brück

1930, zwei Jahre nach der Attacke gegen den Kaufmann Abraham de Jongh, hielt der Vorsitzende der jüdischen Gemeinde Elberfeld, Rechtsanwalt Gustav Brück, eine Rede anlässlich der Amtseinführung neu gewählter Repräsentanten. Brück behandelte darin die brennenden Themen, die die Juden in dieser Zeit beschäftigten: die hitzigen innerjüdischen Debatten, das Verhalten und die Aufgaben der Gemeindemitglieder, die neue Stellung der Frauen in der Gemeinde, die Palästinafrage, die Wirtschaftskrise, die sich für die Juden in noch dramatischerer Weise auswirkte als für die Mehrheitsbevölkerung, und die Bedrohung durch den erstarkenden Antisemitismus. Gustav Brück erwies sich nicht nur mit dieser Rede als ausgesprochen kluger und besonnener Gemeindevertreter, sondern als überzeugter Demokrat und wacher Staatsbürger, der die politischen Ereignisse aufmerksam und mit großer Sorge beobachtete – nicht zuletzt nahm seine Rede Bezug auf die Reichstagswahlen vom 14. September 1930, bei der die NSDAP bereits über 18 % der Stimmen erhalten hatte und damit zur zweitstärksten Fraktion im Parlament geworden war.

Die neue Repräsentanz zeigt in zweifacher Hinsicht ein grundsätzlich neues Gesicht gegenüber allen früheren. Wir begrüßen zunächst eine neue Parteirichtung, die konservative. Meine Herren von der konservativen Vereinigung! Die Gemeinde hat auch bereits in ihrer früheren Zusammensetzung die Interessen des konservativ gerichteten Teiles ihrer Mitglieder durch finanzielle und ideelle Unterstützung ihrer Kultus- und ihrer Schuleinrichtungen anerkannt und beachtet. Wenn Sie nichtsdestoweniger auch das Bedürfnis empfunden haben, parteimäßig in der Gemeindevertretung vertreten zu sein, so erblicken wir darin gern ein Bekenntnis zur praktischen Mitarbeit in der Einheitsgemeinde im Interesse des Ganzen. Wir geben uns der Hoffnung und dem Wunsche hin, daß durch Achtung und Beachtung

Blick auf Elberfeld, ca. 1928. Am oberen Rand ist die Synagoge zu erkennen.

Gustav Brück (1877-1956), Gemälde von Wassili Vorontsov, 2002 (nach einem Foto)

dieser gegenseitigen Überzeugungen unsrer Gemeinde neuer Vorteil ersprießen wird. Sodann ist durch den Eintritt der Frauen eine grundsätzlich neue Zusammensetzung unserer Körperschaften erfolgt.

Meine Damen!
Von Ihrem Eintritt in die Gemeindestube erwartet die Gemeinde eine ganz besondere Belebung jüdischen Gemeindelebens. Seit 10 Jahren hat Ihnen die Gemeindesatzung die Pforten zur Gemeindestube geöffnet. Heute ist für Ihre Bestrebungen der Tag der Erfüllung. Wenn irgendwo und irgendwann, so ist in unserer Gemeinde heute das Frauenwahlrecht eine Selbstverständlichkeit. Die praktische und eifrige Betätigung der Frauen bei den Werken der Wohlfahrtspflege jeder Art haben wir stets in hohem Maße anerkannt; aber auch ihre ideelle und geistige Arbeit innerhalb der Gemeinde verdient höchste Anerkennung und Bewunderung. Wir sind überzeugt, daß Ihre Beteiligung an der Gemeindearbeit in verantwortlicher Stellung der bisherigen Gemeindearbeit der Frauen einen frischen und starken Impuls geben wird. Zweifellos ist Ihr heutiger Eintritt dasjenige Moment, welches diesem Tage in der Geschichte der Gemeinde seine besondere Bedeutung gibt.

Meine Damen und Herren! Wenn ich gesagt habe, daß die neugewählte Repräsentantenversammlung ein grundsätzlich neues Gesicht zeigt, so ist es um so erfreulicher, festzustellen, daß dieses Ergebnis nicht im trennenden Wahlkampf, sondern in gegenseitigen Verhandlungen der Parteien und ihrer Führer erreicht worden ist, die, von gegenseitigem Vertrauen und von der gegenseitigen Achtung vor der Meinung des anderen getragen, den Frieden in der Gemeinde gewollt und erreicht haben. [...]

So möchte es scheinen, daß die neue Repräsentanz unter günstigen Auspizien ihre Arbeiten beginnt, wenn nicht schwere äußere Gefahren die Judenheit bedrohten. Es wäre meines Erachtens verfehlt, wenn wir in diesem Augenblick sie nicht erwähnen würden. Wird doch durch sie die Arbeit und der äußere Bestand der Gemeinde wesentlich mit beeinflußt.

Nicht mit „Judenangst“ – wie geschmackloser Weise es im Reichstag heißt –, aber mit ernstester Sorge erfüllt uns der Ausgang des 14. September und ziemliche Ratlosigkeit herrscht, wie dieser rasenden Sturmflut gegen den heutigen Staat und die deutschen Juden zu begegnen sei. Der demokratische Volksstaat ist bedroht. Die staatsbürgerliche Gleichstellung der deutschen Juden ist bedroht. Beides belastet unsre Existenz.

Mit starker innerer Teilnahme haben wir in den letzten Wochen die Nachrichten von den Maßnahmen der englischen Regierung aufgenommen, durch welche die Hoffnungen der Zionistischen Weltorganisation und der nichtzionistischen Freunde des Palästinawerks aufs äußerste enttäuscht worden sind. Auch wer glaubt, sich dem Palästinawerk versagen zu müssen, wird sich dem niederdrückenden Eindruck dieser Nachrichten nicht entziehen können. Denn jeder Jude in jedem Lande hat darunter zu leiden, wenn ehrliche und begeisterte jüdische Arbeit verkannt und gehemmt wird.

Ganz besonders aber lastet auf unseren Gemeindemitgliedern, und damit auch auf der Gemeinde, die wirtschaftliche Not unserer Zeit. Die Entwicklung der Nachkriegszeit hat die wirtschaftliche und soziale Stellung des deutschen Bürgertums ausgehöhlt und den Boden unter ihm zum Einsturz gebracht. Die Angehörigen der deutschen Judenheit, zumeist den bürgerlichen Mittelschichten angehörend, haben darunter ganz besonders zu klagen, denn zu der allgemeinen Wirtschaftslage tritt bei ihnen der ausgesprochene oder stillschweigend geübte Wirtschaftsboykott noch hinzu. Wir befinden uns klar in einer Entwicklung, deren Ende noch gar nicht abzusehen ist, und die daher auch speziell für unsere Gemeinde in finanzieller Beziehung, aber auch durch den begreiflicherweise sich einstellenden Pessimismus in ideeller Beziehung zu einer ernsten Gefahr wird und zum Teil schon geworden ist.

Sie treten daher im ernstesten Augenblick in die Verwaltung der Gemeinde ein, und es wird Ihres stärksten Verantwortungsbewußtseins bedürfen, um ihr die schweren bevorstehenden Zeiten überwinden zu helfen.

Es handelt sich augenblicklich um das nackte Leben der Gemeinde, und wir werden, vor allem unter Anwendung der allergrößten Sparsamkeit, manche lieben und auch berechtigten Wünsche zurückstecken müssen.

Wir werden aber – das ist meine feste Überzeugung – diese Krisenzeit überwinden, wenn wir in altjüdischem Optimismus uns selbst nicht aufgeben und unsere Pflicht als Juden erfüllen. Dieses verbürgt die Geschichte der Gemeinde in den letzten 30 Jahren. Die Gemeindevereine und Organisationen, die um die Wende des 20. Jahrhunderts entstanden sind, haben in emsiger Arbeit an dem Aufblühen unserer Gemeinde so gearbeitet, daß lebendiges Judentum darin pulsiert. Daß Sie, meine Damen und Herren, diese Auffassung teilen und die Absicht auch haben, dessen bin ich gewiß. Sorgen Sie aber auch dafür, daß diese Auffassung in die Gemeinde dringt, damit keine gefährliche Verzagtheit eintritt, die den Untergang der Gemeinde bedeuten könnte. Wir wenden uns an diejenigen in der Gemeinde, die unter dem Druck der heutigen Zeit leiden, und rufen ihnen zu: Haltet aus, wie eure Väter in noch viel schlimmeren Zeitläuften es getan haben, und haltet der Gemeinde die Treue; sie wird euch

Firmierung des Rechtsanwalts Gustav Brück, der sich in der NS-Zeit nur als „Konsulent“ bezeichnen durfte.

stützen, so weit es in ihren Kräften steht. Wir wenden uns aber ganz besonders an diejenigen, die das Schicksal bis jetzt noch begünstigt hat und die ein auskömmliches Dasein zu führen noch in der glücklichen Lage sind. Leider finden wir, daß gerade in diesen Kreisen die allgemeine Verdrossenheit, die sich nach anderer Richtung nicht auszulassen getraut, gegen die Gemeinde zum Ausdruck gebracht wird, als dem Orte des geringsten Widerstands. Wir müssen aber gerade von ihnen in der jetzigen Notzeit Treue und Opferwilligkeit verlangen, und ich hoffe, daß es hierzu nur dieses Hinweises bedarf.

Wir wenden uns vor allem an die Jugend und rufen sie zur praktischen Mitarbeit in der Gemeinde und ihren Vereinen und Organisationen auf. Wir anerkennen das Bestreben der jüdischen Jugend nach jüdischem Wissen und jüdischem Geist. Aber der „jüdische Mensch“ ist ein verlorener Posten ohne die jüdische Gemeinde, und die jüdische Gemeinde lebt nicht allein von Geist und Wissen. Sie kann nur erhalten werden, wenn sich immer neue Männer und Frauen finden, die bereit sind, in kleiner und – sagen wir selbst – oft kleinlicher Tagesarbeit nach des Dienstes ewig gleichgestellter Uhr zu arbeiten.

Wenn Sie sich diese Auffassung aneignen und sie hinaustragen in die Gemeinde, dann, meine Damen und Herren, wird Ihre Arbeit für die Gemeinde, in deren Verwaltung Sie nunmehr eintreten, eine gesegnete sein, damit auch unsere Gemeinde ein Segen werde im reichen Kranze der Gemeinden Israels.

Mit diesen Wünschen seien Sie herzlichst willkommen und in Ihr Amt eingeführt.
(Gemeindezeitung Elberfeld vom 15.11.1930)

Brück, der in der Wortmannstraße in Elberfeld wohnte, war einer der bedeutendsten Männer in der Geschichte des jüdischen Gemeindelebens im Wuppertal. Seit 1909 war er im Vorstand der Synagogengemeinde Elberfeld und von 1929 bis 1950 deren Vorsitzender – unterbrochen nur von der Zeit, in der keine Gemeinde mehr bestand.

Schon 1902 war er zum Gründungsvorsitzenden der jüdischen Loge „Unabhängiger Orden Bne Briss“ gewählt worden und blieb es bis 1910. Über zwanzig Jahre lang war er ehrenamtlich für den Landesverband Rheinland-Westfalen des „Centralvereins deutscher Staatsbürger jüdischen Glaubens“ tätig gewesen, seit Kriegsende 1918 sogar im Vorstand. Er hatte als Offizier und Kompanieführer am Ersten Weltkrieg teilgenommen und war mit dem Eisernen Kreuz Erster Klasse ausgezeichnet worden. In außerordentlicher Weise engagierte er sich für jüdische Belange nicht nur innerhalb der Gemeinde. Die Zahl der Ehrenämter und die Art, wie er sie ausfüllte, trugen zu höchster Wertschätzung und aufrichtiger Sympathie bei. Brück darf als typischer Vertreter der Mehrheit der deutschen Juden in der Weimarer Republik bezeichnet werden, die in verhaltenem Optimismus, gestützt durch eigene Tatkraft, trotz schleichender Verunsicherung sich letztlich den Glauben an eine jüdische Zukunft in Deutschland nicht rauben lassen wollten.

Nachdem die Nationalsozialisten Gustav Brück die Zulassung zum Rechtsanwalt entzogen hatten, durfte er als so genannter „Konsulent“ nur noch jüdische Mandanten in nun praktisch aussichtslosen Prozessen vertreten, wie z. B. den „Rasseschandefall“ des Elberfelders Lothar Goldschmidt. Auch durch diese in hohem Maß verantwortungsvolle und zugleich so frustrierende Tätigkeit, in der er alles versuchte, um die Angeklagten zu retten, erwarb er sich trotz der Vergeblichkeit eine ungewöhnliche Reputation, wie aus einem der Glückwünsche zu seinem 60. Geburtstag hervorgeht: *In schweren und bewegten Stunden hat die unbeirrbare Ruhe und Sachlichkeit des Jubilars auf seine Freunde stets ausgestrahlt; die Güte seines Wesens und die ständige Bereitschaft, zu raten und zu helfen, hat ihm die Herzen aller gewonnen, die mit ihm in engere Berührung traten.* *(CV-Zeitung vom 7.1.1937)*

Verheiratet mit einer Nichtjüdin, war Gustav Brück wie alle „Mischehenpartner“ zunächst etwas besser gestellt und geschützt als die Juden, die keine „arische“ Verwandtschaft hatten. Aber am 17. September 1944 wurde auch er mit vielen anderen Menschen deportiert. Er kam in das Jüdische Krankenhaus Iranische Straße in Berlin, ein Ghetto-Haus, das der Aufsicht der Gestapo unterstand. Wieder einmal wurde er, nun von den Mitgefangenen, zum Leiter und Sprecher bestimmt, organisierte den Häftlingsalltag und versuchte, die besten Lebensbedingungen für die Menschen in dieser bedrohlichen Situation zu schaffen. Brück überlebte in Berlin, kam zurück nach Wuppertal und engagierte sich sofort aufs Neue für die schwierige Aufgabe, die Überlebenden des Holocaust, die jüdischen Flüchtlinge aus Osteuropa und die Untergetauchten zu versammeln und mit ihnen eine neue Gemeinde zu gründen.

Das Jüdische Krankenhaus Iranische Straße

„In jedem Menschen ist ein Teil Gottes.“
Rabbiner Dr. Alfred Philipp

Rabbiner Dr. Alfred Philipp (1904-1970)

1928 kam ein zweiter Rabbiner nach Elberfeld, der besonders für die Jugendarbeit verpflichtet wurde. Dr. Alfred Philipp, geboren 1904 in Bochum, hatte an der Hochschule für die Wissenschaft des Judentums in Berlin studiert und dort in der Wohlfahrtsarbeit der Gemeinde mitgearbeitet, war Mitglied im Jung-Jüdischen Wanderbund und im Bne Brith. In Elberfeld, in der Briller Straße 50, baute er eine moderne Gemeindejugend zionistischer Prägung auf, die für seine Schüler unvergesslich bleiben sollte, wie einer von ihnen, Paul Alsberg, später bekannte.

Für den jungen 24jährigen Rabbiner war es sicherlich nicht leicht, die Aufgabe zu übernehmen. Er selbst war Zionist, und die Gemeinde war in ihrer Majorität damals entweder nicht- oder vielleicht sogar antizionistisch; der erste Rabbiner der Gemeinde, Dr. Norden, ein Mann von tiefem jüdischen Wissen, neigte zur stärksten Assimilation und Reform; die Juden Elberfelds gehörten zum saturierten assimilierten Bürgertum, das von seinem Judentum nicht allzuviel Gebrauch machte, nicht allzuviel wissen wollte. In dieser recht ruhigen Gemeinde, in der man von Judentum wenig lernte und hörte, in der ein Junge, der zur Bar Mizwa vorbereitet wurde, nicht lernte, Tefillin zu legen oder seine Parascha in hebräisch zu lesen, sondern sie in lateinischen Lettern aufgeschrieben erhielt, um sie auswendig zu lernen, bedeutete die Ernennung von einem Zionisten und Hebraisten wie Dr. Philipp fast eine Revolution. Ich war 9 Jahre als er 1928 nach Elberfeld kam, er war mein Lehrer im Religionsunterricht von der Sexta bis zum Abitur, und bei ihm wurde ich Bar Mizwa; er lenkte mich – zusammen mit meiner Frau – zu Beginn unseres Studiums 1937 nach Breslau, und auch nach unse-

Das Lehrerkollegium des Städtischen Realgymnasiums an der Aue, 1930

Die Geschwister Otto, Lore und Paul Alsberg, Mitte 1930er Jahre

◀ Prof. Paul Alsberg (1919-2006), Mai 2003. Der Historiker war u.a. Leiter des israelischen Staatsarchivs und Verwalter des Else-Lasker-Schüler-Nachlasses in Jerusalem.

rer Alijah blieben wir in Jerusalem in enger Beziehung. [...]

Das Jahr 1933 war natürlich für uns alle ein Wendepunkt. Ich war damals 14 Jahre alt und in dem Alter, in dem man wohl am stärksten einem Lehreinfluss zugänglich ist. Meine Freunde und ich wurden, fast über Nacht, jüdisch oder wollten es werden und Dr. Philipp wusste, wie sehr wir alle seine leitende Hand brauchten. Er war damals ein faszinierender Redner, und er versuchte, den Freitag-Abend-Gottesdienst für die Jugend in einer ganz neuen Form zu gestalten. Seine Predigten waren selten länger als 5 oder 10 Minuten und häufig nichts anderes als das Erzählen einer chassidischen Geschichte. Für die meisten von uns war das Hören dieser Geschichten von der Kanzel aus ein unvergessliches Erlebnis; denn es eröffnete uns – den Nichts-Wissenden und Nicht-Gesetze-Haltenden – die Tür zu einem vielleicht möglichen Judesein. Das Entscheidende sei das Tun jedes Einzelnen; der Wert der menschlichen Handlung und der Einfluss des handelnden Menschen auf das All. Die Welt – ist die Welt des Menschen, aber in allem in der Welt und in jedem Menschen ist ein Teil Gottes. [...]

Neben dem Rabbinerstudium hatte er Soziologie studiert und war Sombartschüler. Er war nationalökonomisch, juristisch und historisch geschult, und er sah Probleme und Erscheinungen in ihrer historischen evolutionären Beleuchtung. Für einen Rabbiner war diese Kombination von Theologie und Soziologie und Nationalökonomie vielleicht aussergewöhnlich, aber sie lag in Dr. Philipps Charakter. Ein Seelsorger im normalen Sinn war er, glaube ich, nicht. Er war Helfer und Berater, und er wusste genau die Bedeutung der materiellen Fragen und Probleme, und dass sein Rat und das Sich-Kümmern häufig die beste und notwendigste Seelsorge ist. [...]

Dr. Philipp war aktiver und recht kämpferischer Zionist, und auch in der assimilierten Gemeinde machte er aus seiner Anschauung keinen Hehl. Zuweilen hatte man überhaupt das Gefühl, als sähe er es als seine Aufgabe an, etwas Unpopuläres zu sagen. Er hat immer das gesagt, was er sagen wollte, manchmal sogar in einer sehr scharfen Form, aber für ihn war immer die Sache wichtiger als die Form, und er meinte, dass nur eine scharfe Formulierung einschneidet und verstanden wird. (Paul Alsberg: Worte des Gedenkens, Typoskript 17.8.1970, Archiv BAS)

1938 emigrierte er nach Palästina. Dort studierte er Rechtswissenschaften und arbeitete als Angestellter in Versicherungsgesellschaften und Rechtsanwaltsbüros, außerdem stellte er seine Dienste als Übersetzer der „Haganah“, der militärischen Untergrundbewegung der Zionisten, zur Verfügung. Von 1948 bis zu seinem Tod war er Rabbiner der ersten konservativen jüdischen Gemeinde Israels in Jerusalem. Philipp war in zahlreichen Organisationen aktiv, darunter auch für die Abteilung für Tourismus der israelischen Regierung, in deren Auftrag er u.a. Studienreisen für Ausländer in Israel organisierte.

„Das Judentum ist Gemeingut aller.“ Rabbiner Dr. Lothar Lubasch

Im April 1929 trat Rabbiner Dr. Viktor Grabowski nach 30 Jahren Tätigkeit in den Ruhestand, und nach einer kurzen Krankheit starb er bereits im Dezember 1931. Noch 1926 hatte er eine kurze Geschichte seiner „Synagogen-Gemeinde“ in einem Buch über Barmens Wirtschaft und Kultur veröffentlicht.

Grabowskis Nachfolger wurde im Oktober 1931 Dr. Lothar Lubasch, der eine Wohnung in der damaligen Oberwallstraße 55 (heute Oberwall) bezog. Er war 1896 in Berlin geboren worden, hatte dort an der Hochschule für die Wissenschaft des Judentums studiert und seine Dissertation über „Die Askese in der jüdischen Religionsphilosophie“ geschrieben. Von 1924 bis 1930 Hilfsrabbiner der Israelitischen Tempelverbindung in Hamburg, arbeitete er ein Jahr als Rabbiner in Oppeln, bevor er nach Barmen kam. Lubasch wurde in seiner Arbeit von dem Lehrer Friedrich Samuel Jonas (1890-1941) unterstützt, der in der Emilstraße 3 wohnte und den jüdischen Kindern Religionsunterricht erteilte.

1932 lud das reformierte Predigerseminar Rabbiner Lubasch als Referent zu einer Art Fortbildung ein, über die das „Israelitische Familienblatt“ auch berichtete. Verständlicherweise konnten die Theologen der beiden Konfessionen nicht zu einem Konsens über grundsätzliche Fragen kommen, aber die Aufgeschlossenheit und intellektuelle Neugier der Protestanten auf „das Andere“ muss doch überraschen – zumal zu dieser Zeit, als die Nationalsozialisten sich bereits eine unübersehbare Position ausgebaut hatten.

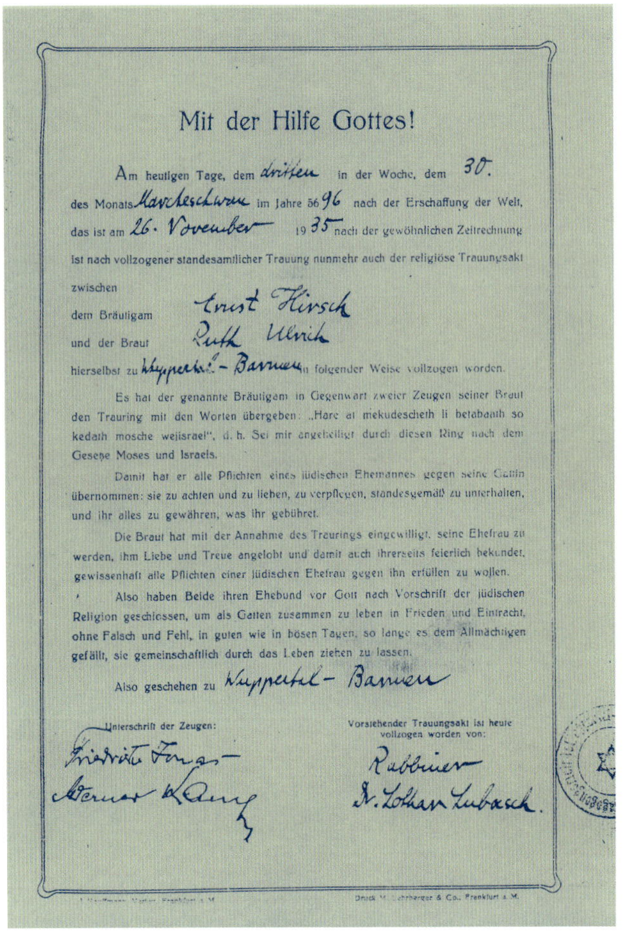

Mit der Hilfe Gottes!

Am heutigen Tage, dem dritten in der Woche, dem 30. des Monats Marcheschwan im Jahre 5696 nach der Erschaffung der Welt, das ist am 26. November 1935 nach der gewöhnlichen Zeitrechnung ist nach vollzogener standesamtlicher Trauung nunmehr auch der religiöse Trauungsakt zwischen

dem Bräutigam Ernst Hirsch

und der Braut Ruth Ulrich

hierselbst zu Wuppertal-Barmen in folgender Weise vollzogen worden.

Es hat der genannte Bräutigam in Gegenwart zweier Zeugen seiner Braut den Trauring mit den Worten übergeben: „Hare at mekudescheth li betabaath so kedath mosche wejisrael“, d. h. Sei mir angeheiligt durch diesen Ring nach dem Gesetze Moses und Israels.

Damit hat er alle Pflichten eines jüdischen Ehemannes gegen seine Gattin übernommen: sie zu achten und zu lieben, zu verpflegen, standesgemäß zu unterhalten, und ihr alles zu gewähren, was ihr gebühret.

Die Braut hat mit der Annahme des Traurings eingewilligt, seine Ehefrau zu werden, ihm Liebe und Treue angelobt und damit auch ihrerseits feierlich bekundet, gewissenhaft alle Pflichten einer jüdischen Ehefrau gegen ihn erfüllen zu wollen.

Also haben Beide ihren Ehebund vor Gott nach Vorschrift der jüdischen Religion geschlossen, um als Gatten zusammen zu leben in Frieden und Eintracht, ohne Falsch und Fehl, in guten wie in bösen Tagen, so lange es dem Allmächtigen gefällt, sie gemeinschaftlich durch das Leben ziehen zu lassen.

Also geschehen zu Wuppertal-Barmen

Unterschrift der Zeugen:

Vorstehender Trauungsakt ist heute vollzogen worden von:
Rabbiner
Dr. Lothar Lubasch.

Druck M. Lehrberger & Co., Frankfurt a. M.

Ketuba (jüdischer Ehevertrag) von Ernst und Ruth Hirsch, geb. Ulrich, unterzeichnet von Rabbiner Dr. Lothar Lubasch, 26.11.1935

Im Predigerseminar der evangelisch-reformierten Gemeinde zu Elberfeld sprach Herr Rabbiner Dr. Lubasch über das Thema: „Opfer und Versöhnung im Judentum.“ Dem Vortrage wohnten etwa 20 reformierte Geistliche bei, die die Stellung des modernen Judentums zum Gedanken des Opfers und der Versöhnung kennen lernen wollten. Die an den Vortrag sich anschließende Diskussion war sehr interessant und berührte viele religiöse Fragen, in denen das Christentum den dem Judentum entgegengesetzten Standpunkt einnimmt. Zum Schluß wandte sich die Diskussion zu der modernen protestantischen Schule, die durch Karl Barth repräsentiert wird. Hier trat naturgemäß die Unvereinbarkeit beider religiöser Weltanschauungen klar zutage. Zu begrüßen ist an dieser Aussprache das Interesse, das die protestantische Theologie an den Fragen des Judentums nimmt und die Erkenntnis, wie fest die christlichen Gedankengänge im Alten Testament wurzeln. (Israelitisches Familienblatt vom 20.4.1932)

Freilich konnten Juden auf derartig freundliche Beziehungen nicht bauen. Wie sein Elberfelder Kollege Dr. Philipp entschloss sich auch Rabbiner Dr. Lothar Lubasch 1938 zur Emigration und wanderte in die USA aus. Nach einer langen Amtszeit als Rabbiner und als Professsor für Germanistik und Philosophie starb er 1976 in Selma, USA.

"Jedem eine Scheibe Orange." Der Zionismus in den 1930er Jahren

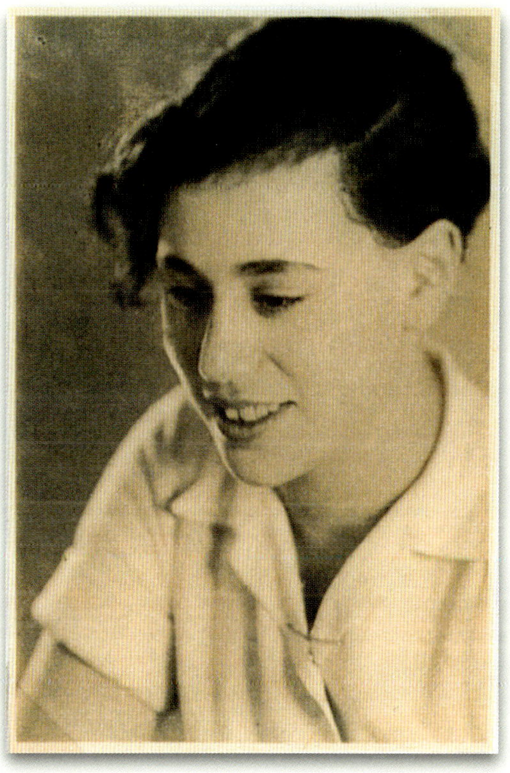

Erika Inow (heute Scharon), geb. 1920, 1930er Jahre

Mit der zunehmenden Einschränkung der aktuellen Lebensbedingungen und der Verdüsterung der Zukunftsperspektiven durch die sich anbahnende nationalsozialistische Repression wurde der Zionismus mit Gruppenabenden, Schulungen – 1932 hatte man in Wuppertal einen „hebräischen Schulverein" gegründet – und den Angeboten einer praktischen Ausbildung gerade für Jugendliche eine echte Alternative. Zusätzlich lud man hin und wieder herausragende Persönlichkeiten zu Vorträgen ein, die die Idee des Zionismus aus der Geschichte des jüdischen Volkes ableiteten:

Vor einem aus allen Kreisen der jüdischen Bevölkerung zusammengesetzten Publikum sprach Herr Dr. Nachum Goldmann über das Thema: „Realität und Idee in der jüdischen Geschichte". Ausgehend von den zwei extremen Volkstypen, dem in der Realität wurzelnden (Griechen, Römer, Engländer) und dem in der Idee wurzelnden (Vorderasiaten, Russen) führte er aus, dass die Juden einen Zwischentypus darstellen, wohl fest in der Idee verwurzelt, und dennoch nie der Realität entsagen könnend. Ein Volk des Geistes mit einer unglücklichen Liebe zum Leben, das es stets als seine Aufgabe in der Welt empfand, die Idee im realen Leben zu verwirklichen. Zwei gewaltige Versuche der Verwirklichung haben die Juden unternommen: im Prophetismus durch das lebendige Wort und im Talmud durch das Einfangen der Idee in einem dichten Netz von Vorschriften. Beide Versuche sind fehlgeschlagen, weder durch Überredung, noch durch Zwang ließ sich die Idee verwirklichen, und so zog das Volk zur Rettung der Idee vor der allmächtigen Realität des römischen Weltreiches freiwillig ins Galuth. Fast 2000 Jahre blieb es im Ghetto der Idee treu, bis eine neue Welle der Realität, die Emanzipation, die Schranken des Ghettos fortspülte. Die so lange zurückgehaltene Liebe zur Realität brach so gewaltig in der Judenheit durch, dass die Befreiten sich schrankenlos dem Leben in die Arme warfen von dem Wunsche beseelt, einmal zu sein wie die andern Völker. Das ist der wahre Charakter der Assimilation, im tiefsten Sinne eine Treulosigkeit gegen die Aufgabe des Judentums, die Preisgabe der Idee und ihrer Verwirklichung zugunsten der Realität der umgebenden Welt. Aber selbst in der Assimilation konnten die Juden ihr innerstes Wesen nicht verleugnen, statt in Naivität das Leben zu ergreifen wie die anderen Völker, wurde ihnen selbst die Assimilation wieder zur Idee, zur Theorie statt zur Wirklichkeit. Und so ist dieser Versuch durch die innere Unmöglichkeit heute bereits als mißlungen anzusehen. Im Zionismus, und besonders in seinen edelsten Zielen, der Chaluziuth und dem Maasser, beginnt die Idee der Verwirklichung wieder ihren Siegeszug. – Der Zionismus ist nach Prophetismus und Talmud der dritte große Versuch der Verwirklichung der Idee in der realen Welt.

Von der zwingenden Form und dem tiefen Gedankeninhalt dieses hier kurz wiedergegebenen Vortrags war die Versammlung stark ergriffen und verzichtete einmütig auf eine Diskussion. (Jüdische Rundschau vom 14.2.1932)

◀ *„Alijah-Spiel", Gesellschaftsspiel mit dem Ziel, nach Palästina auszuwandern.*

▶ *Jüdische Pioniere in Palästina beim Aufbau des Landes: Landwirtschaft, hebräische Sprache und Kibbutzbewegung*

Die „Chaluz"-Bewegung wollte das Ideal des sich für die Urbarmachung und Besiedlung Palästinas aufopfernden Pioniers verwirklichen. Durch Sport („Makkabi"-Vereine), aber vor allem durch die Ausbildung und Arbeit in landwirtschaftlichen und handwerklichen Berufen in eigens dazu eingerichteten jüdischen Ausbildungsstätten („Hachschara"-Heimen) und durch die Hin- bzw. Rückführung der jüdischen Jugend zu hebräischen und jüdischen Werten sollten junge Menschen befähigt werden, diese Aufgabe zu übernehmen. Im Dezember 1933 berichtete die „Jüdische Rundschau" aus Elberfeld:

Rita Strauss (heute Wollenberg), geb. 1920, 1930er Jahre

Das Leben in der hiesigen Gemeinde ist sehr rege. Georg Pape vom „Hechaluz" sprach über die geistig-seelische Haltung des Chaluz. Die Elberfelder Gemeinde veranstaltete einen Jugendabend über die Frage „Was ist unser Judentum?" Die Ausspracheabende werden in zwangloser Folge fortgesetzt. Der nächste Abend wird das Thema: „Die jüdische Religion" zum Gegenstand haben. Die Gemeinden Elberfeld und Barmen veranstalten monatlich am Samstagabend Lehrvorträge, die von den Gemeinde-rabbinern gehalten werden. In Barmen sprach Rabb. Dr. Lubasch über: „Die Unsterblichkeit der Seele", in Elberfeld Rabb. Dr. Norden über: „Bereschith". Es wurden die ersten vier Kapitel eingehend erläutert. Es folgt am Schabbat Chanukkah ein Lehrvortrag von Rabb. Dr. Philipp über: „Der Kampf der Makkabäer". Die Kurse in den verschiedenen Organisationen nehmen unter lebhafter Teilnahme ihren Fortgang.

Die Elberfelder Gemeinde richtet am Schabbat Nachmittag einen zusätzlichen Religionsunterricht ein, der in drei Gruppen erteilt wird; sein Ziel ist es, die Jugend in den Geist der hebräischen Bibel einzuführen. Der Jüdische Kulturbund hat seine Tätigkeit mit einer Rezitationsveranstaltung, die Ludwig Hardt bestritt, begonnen und mit einem außerordentlich gelungenen Vortrag von Rabb. Dr. Max Wiener (Berlin) fortgesetzt. Der Jüdische Frauenbund veranstaltete als Vorbereitung zu Chanukkah einen ausgezeichneten Nachmittag mit Darstellung biblischer Szenen und Vortrag hebräischer Lieder durch eine Jugendgruppe sowie Rezitationen aus den Werken von Else Lasker-Schüler. Handarbeiten und Handfertigkeitserzeugnisse des Kindergartens und -horts wurden gezeigt, Chanukkahspiele, hebräisches Lotto, jüdische Bücher waren ausgestellt. – In allernächster Zeit ist die Gründung einer Makkabigruppe zu erwarten. (Jüdische Rundschau vom 8.12.1933)

In der Tat eröffneten die zionistischen Aktivitäten den Kindern und Jugendlichen Perspektiven zur Entwicklung einer eigenen Identität. Sie lernten etwas über das Land Palästina, seine Geschichte und Geografie, wurden allmählich mit jüdischer Geschichte und hebräischer Sprache vertraut gemacht und bereiteten sich in wenigen Jahren bis zu ihrer Emigration auf ein neues Leben vor – meistens ohne die Eltern.

Da hat jeder von uns eine Scheibe Orange bekommen und wir haben die Lieder gesungen, von denen wir kein Wort verstanden haben, die übrigens bis heute in Israel gesungen werden. [...] Auch jiddische Lieder haben wir gesungen, da haben wir auch nichts von verstanden. So haben wir die drei Jahre in der Nazizeit überstanden, weil wir wirklich etwas anderes hatten, was eigenes. (Zeitzeugenbericht Erika Scharon)

Die Eheleute Moses und Berta Findling

Als im März 1930 Moses Findling seine Ämter als Rabbiner der orthodoxen Gemeinde „Adass Israel" und als Vorbeter der ostjüdischen Gemeinde in Elberfeld antrat, kam nach Dr. Alfred Philipp ein weiterer überzeugter Zionist nach Wuppertal.

Zwei Erfahrungen des Ersten Weltkriegs bewirkten bei vielen, eigentlich schon sehr weit akkulturierten und ihrer Religion fern stehenden deutschen Juden eine Neubesinnung auf das Judentum: die demütigende Erfahrung des Antisemitismus im Militär, besonders die „Judenzählung" von 1916, und die Begegnung mit dem Ostjudentum in Polen und Russland, die einige von ihnen zu romantisierenden, begeisterten Huldigungen eines „ursprünglichen" Judentums veranlasste. In den 1920er Jahren nahm die Zahl der Ostjuden deutlich zu, und auch die orthodoxe Gemeinde meldete erhöhten Bedarf an einer verlässlichen Betreuung durch einen Rabbiner und Lehrer an. Denn nach orthodoxer Auffassung gehört es zu den zentralen Pflichten im Judentum, den Talmud, seine Kommentare und Kodifikationen beständig zu studieren und dieses „Lernen" eigentlich nur zu unterbrechen, um eine „Zedaka", eine Wohltätigkeit, zu tun. Die Talmud-Tora-Schulen waren in der Regel Elementarschulen, die mitunter versuchten, eine Anerkennung als Höhere Schule zu erlangen und auch weltliche Fächer in den Stundenplan aufnahmen.

Rabbiner Findling wurde die Einrichtung und Leitung einer Talmud-Tora-Schule in der Briller Straße 32 übertragen. Er war 1906 in Noysanz in Polen geboren worden und hatte an der Breuer-Jeschiwa in Frankfurt am Main studiert. Erst als Rabbiner in Wuppertal heiratete er 1931 die 1907 in Hamburg geborene Berta Ullmann und wohnte mit ihr und der bald geborenen Tochter Lea Esther in der Gesundheitstraße 104.

Berta Findling war eine ausgebildete und erfahrene Pädagogin: Sie hatte nach der Höheren Töchterschule das Staatliche Fröbelseminar besucht, im jüdischen Volksheim in Hamburg-Altona gearbeitet, um anschließend für sechs Monate nach England in eine jüdische Familie zu gehen. Nach der Rückkehr besuchte sie die jüdische Kochschule der Gemeinde zu Berlin, um sich als Jugendleiterin ausbilden zu lassen. 1929 arbeitete sie im Kinderhort der Deutsch-Israelitischen Gemeinde in Hamburg, im Israelitischen Kinderheim in Köln und im Kindererholungsheim Wilhelminenhöhe für schwer erziehbare Kinder in Hamburg.

Rabbiner Moses Findling (1906-1973), 1970er Jahre

Als sie nach Elberfeld kam, widmete sie sich ehrenamtlich der jüdischen Sozialfürsorge in der orthodoxen Gemeinde, vor allem durch die Einrichtung eines jüdischen Krankenpflegevereins unter dem Namen „Bikur-Cholim" („Besuch der Kranken"). Der Verein unter dem Vorsitz von Leo Günzberg hatte innerhalb kurzer Zeit immerhin 200 Mitglieder. Aber nach nur fünf Jahren, 1936, emigrierte Berta Findling mit ihrer Tochter zu ihrem bereits ausgewanderten Mann nach Palästina.

Sie hatte ihre Kompetenzen mit großer Professionalität und viel Ehrgeiz in der Gemeinde eingesetzt, aber als sie nach dem Krieg wenigstens eine finanzielle Entschädigung für die Verluste durch die Verfolgung in der NS-Zeit forderte, fertigte man sie mit nichts ab – als ob die ehrenamtliche Sozialarbeit eine Selbstverständlichkeit für Frauen, besonders für Ehefrauen, sei:

Im Übrigen ist es mehr als zweifelhaft, ob die Antragstellerin als Ehefrau eines Rabbiners, die noch ein Kind hatte, berufstätig gegen Entgelt werden wollte, oder ob nicht die Sozialarbeit in der jüdischen Gemeinde der Ehefrau eines Rabbiners ihrer gesellschaftlichen Stellung gemäß war, wie etwa den Ehefrauen der evangelischen Pfarrer.

(Bescheid des Regierungspräsidenten Düsseldorf vom 29.1.1958, in: StAWuppertal, AfW 250130)

Die jüdischen Gemeinde-einrichtungen am Vorabend der nationalsozialistischen Machtübernahme

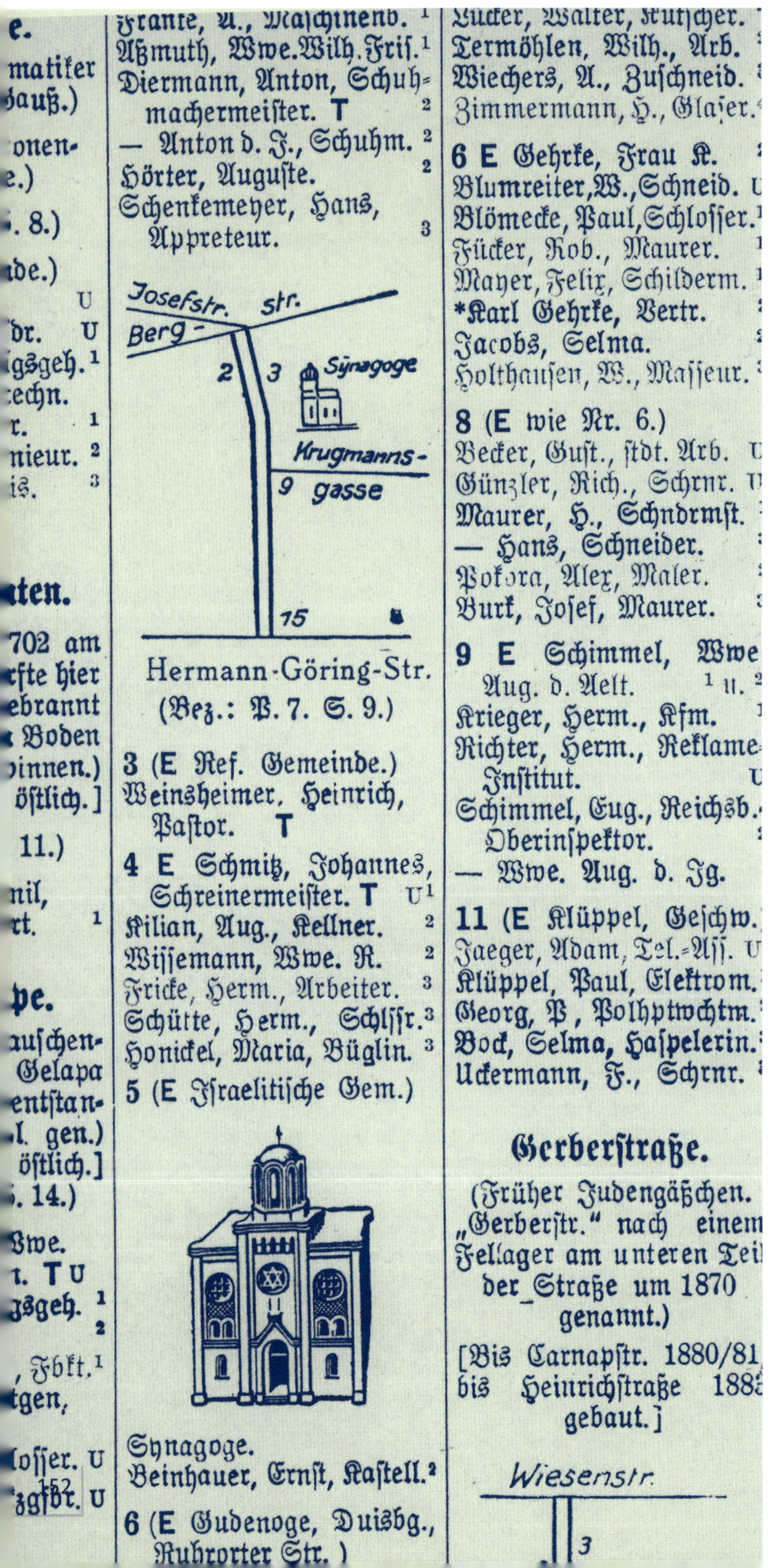
Franke, A., Maschinenb. 1
Aßmuth, Wwe. Wilh. Fris. 1
Diermann, Anton, Schuhmachermeister. T 2
— Anton d. J., Schuhm. 2
Hörter, Auguste. 2
Schenkemeyer, Hans, Appreteur. 3

Hermann-Göring-Str. (Bez.: B. 7. S. 9.)
3 (E Ref. Gemeinde.)
Weinsheimer, Heinrich, Pastor. T
4 E Schmitz, Johannes, Schreinermeister. T U1
Kilian, Aug., Kellner. 2
Wissemann, Wwe. R. 2
Fricke, Herm., Arbeiter. 3
Schütte, Herm., Schlssr. 3
Honickel, Maria, Büglin. 3
5 (E Israelitische Gem.)
Synagoge.
Beinhauer, Ernst, Kastell. 2
6 (E Gudenoge, Duisbg., Ruhrorter Str.)

Lucker, Walter, Kutscher.
Termöhlen, Wilh., Arb.
Wiechers, A., Zuschneid.
Zimmermann, H., Glaser.
6 E Gehrke, Frau K.
Blumreiter, W., Schneid. U
Blömecke, Paul, Schlosser. 1
Fücker, Rob., Maurer. 1
Mayer, Felix, Schilderm. 1
*Karl Gehrke, Vertr.
Jacobs, Selma.
Holthausen, W., Masseur.
8 (E wie Nr. 6.)
Becker, Gust., stdt. Arb. U
Günzler, Rich., Schrnr. U
Maurer, H., Schndrmst.
— Hans, Schneider.
Pokora, Alex, Maler.
Burk, Josef, Maurer.
9 E Schimmel, Wwe Aug. d. Aelt. 1 u. 2
Krieger, Herm., Kfm. 1
Richter, Herm., Reklame-Institut. U
Schimmel, Eug., Reichsb.-Oberinspektor.
— Wwe. Aug. d. Jg.
11 (E Klüppel, Geschw.)
Jaeger, Adam, Tel.-Ass. U
Klüppel, Paul, Elektrom.
Georg, P, Polhptwchtm.
Bock, Selma, Haspelerin.
Uckermann, F., Schrnr.

Gerberstraße.
(Früher Judengäßchen. „Gerberstr." nach einem Fellager am unteren Teil der Straße um 1870 genannt.)
[Bis Carnapstr. 1880/81, bis Heinrichstraße 188? gebaut.]

In einer Übersicht über die öffentliche und private Wohlfahrtspflege in Elberfeld von 1927 hatte der Jüdische Wohlfahrtsverband sein Selbstverständnis erläutert. Zu den wichtigsten Regeln der jüdischen „Zedaka" – der Wohltätigkeit im Sinn der Gerechtigkeit – zählt, den Armen mit der Unterstützung eine Hilfe zur Selbsthilfe anzubieten, die Höhe der Almosen auf ein vernünftiges Maß zu begrenzen und Spenden anonym zu entrichten.

„Nie wird es im Lande an Armen fehlen, darum gebiete ich dir: Öffne, öffne deine Hand deinem armen und bedürftigen Bruder in deinem Lande." (5. Buch Mose 15,11.) Mit diesen eindringlichen Worten schärft die Bibel das Gebot des Wohltuns ein. Und wenn der Jude am heiligsten Tage des Jahres, dem Versöhnungstage, vor seinem Gott steht, um durch aufrichtige Reue über begangenes Unrecht und durch edle Vorsätze für die Zukunft die Reinheit des Herzens wiederzuerlangen, dann vernimmt er den feierlichen Mahnruf des Propheten Jesaja: „Brich mit dem Hungrigen dein Brot, und heimatlose Arme bringe ins Haus; wenn du einen Nackten siehst, so kleide ihn, und entziehe dich nicht deinem Bruder." (Jesaja 58,7)

Allein das Wohltun soll nicht auf den Bruder im engeren Sinn des Wortes beschränkt bleiben, es soll vielmehr im weitesten Sinn auch dem „Ger", dem Fremdling zu gute kommen; denn „Gott liebt den Fremdling, dass er ihm Brot und Kleidung gibt. Drum sollt auch ihr den Fremdling lieben." (5. Buch Mose 10, 18-19.) Der Fremdling hat Teil an dem Segen der Sabbatruhe (2. Buch Mose 20,10); er gehört zu den Unterstützungsberechtigten und wird deshalb in einem Atemzuge mit den Waisen und mit den Witwen genannt (5. Buch Mose 24, 19.21). So spricht aus der sozialen Gesetzgebung der Thora (d. i. der fünf Bücher Mose) der Geist edelster Menschenliebe; sie steht als ein leuchtendes Vorbild für unsere modernen Kulturstaaten da, unübertroffen, unerreicht.

Nichts aber ist bezeichnender für den Geist der jüdischen Nächstenliebe und des jüdischen Wohltuns als die Tatsache, daß die hebräische Sprache sich dafür desselben Wortes bedient, das Gerechtigkeit bedeutet, des Wortes Zedokoh (Zedakah). Diese Tatsache spricht eine beredte Sprache; sie sagt mehr, als ganze Bücher über jüdische Wohlfahrtspflege sagen könnten. Sie sagt: Der Jude, der sich der Armen, der Verlassenen und der Schutzbedürftigen annimmt, hat sich nichts darauf zu gute zu tun, er hat keinen Anspruch auf Dank von Seiten der Unterstützten, noch auf die besondere Anerkennung von seiten seiner Gemeinschaft, übt er doch nichts Anderes als einen Akt der Gerechtigkeit, der selbstverständlichen ausgleichenden Gerechtigkeit. In diesem Sinne wird in den jüdischen Gemeinden seit Jahrtausenden Wohlfahrt gepflegt, „praktisches Judentum" geübt, in diesem Sinne arbeitet auch die jüdische Gemeinde unserer Stadt in ihren Vereinen und Einrichtungen.
(Jüdischer Wohlfahrtsverband, S. 535)

◄ ► *Ausschnitte aus dem Wuppertaler Adressbuch von 1934: Die jüdischen Wohlfahrtsvereine, die Synagogen-Gemeinde und die Genügsamkeitstraße mit der Zeichnung der Synagoge*

JÜDISCHES
GEMEINDEBLATT
FÜR DAS BERGISCHE LAND
MITTEILUNGSBLATT DER SYNAGOGENGEMEINDE
ELBERFELD

Verantwortlich für den lokalen Teil: Oberkantor Gustav Sussmann, Elberfeld, Gemeindebüro, Genügsamkeitstraße Nr. 7 Anfragen Inserate betreffend an Benno Wendriner, Elberfeld, Neue Fuhrstr. 15, I. • Verlag: S. Kaufmann, Kassel, Hohentorstr. 9

Nr. 21 — Elberfeld, den 15. November 1930 — 2. Jahrgang

KOHLEN / KOKS / BRIKETTS GUSTAV LEVY / Elberfeld
liefert jedes Quantum für jeden Zweck
Bahnanschlußlager Ottenbruch
Seilerstraße 26 • Ruf 32103 in Firma
KOHLENKONTOR MICHEL & Co. Ruf 36978

BAVARIA
Das erstklassige Kabarett-Programm
und die stimmungsvolle Tanz-Unterhaltung

Herr Syndikus Dr. Wiener-Berlin
spricht Mittwoch, den 19. November 1930 (Buß- und Bettag) abends 8½ Uhr, im Festsaal des Hotel Kaiserhof, Elberfeld, über:
„Unsere Stellung zur gegenwärtigen politischen Lage"

Im Salamander
Nur vom 16. bis 30. November:
Der berühmte Clown NONI mit seinen
18 Golden Serenaders und Varieté.
Besuchen Sie unsere Nachmittagsvorstellungen
Alles Nähere in ihrer Tageszeitung.

Barmizwah-Geschenke
Verlobungs-Geschenke

Rabbiner Dr. Joseph Norden stand dem Jüdischen Wohlfahrtsverband mit Sitz im Gemeindehaus an der Genügsamkeitstraße 7 vor. Im Jahr 1932 waren unter diesem Dach mittlerweile sieben Wohltätigkeitsvereine und -einrichtungen in Elberfeld organisiert: Die „Chewra Kaddischa" (Krankenpflege, Beerdigungen), der „Israelitische Frauenverein", der „Israelitische Wohltätigkeitsverein", die Ortsgruppe Wuppertal des Jüdischen Frauenbundes, der Verband der Ostjuden – Ortsgruppe Wuppertal, der „Bikur-Cholim-Verein" (Krankenpflege) und schließlich die Zentralstelle für jüdisches Pflegestellenwesen und jüdische Adoptionsvermittlung.

Für Barmen waren zur selben Zeit fünf Sozialvereine zu verzeichnen: eine „Chewra Kaddischa", der „Israelitische Frauenverein", die Ortsgruppe des Jüdischen Frauenbundes, der Verein für jüdische Krankenpflegerinnen Wuppertal und die Ortsgruppe Barmen des Verbands ostjüdischer Organisationen in Deutschland.

Zum sozialen System der beiden jüdischen Gemeinden zählten weiterhin das Jüdische Altersheim in der Königstraße 73 mit 20 Plätzen für über 50jährige vor allem unbemittelte Elberfelder und auch auswärtige Juden, der Jüdische Kindergarten und -hort in der Genügsamkeitstraße 7 mit 39 Plätzen und unter derselben Adresse ein Jüdischer Mädchenklub. Schließlich gab es eine Dr. Hans-Jacoby-Stiftung, die Stipendien für bedürftige Studierende vergab.

Neben den liberalen Hauptgemeinden in Barmen und Elberfeld gab es in der Luisenstraße 60a die beiden Religionsvereine „Adass Israel" (die orthodoxe Gemeinde) und „Machsiko Hadass" (die ostjüdische Gemeinde, eigentlich „Machsikei Adass").

Am jüdischen Religionsunterricht nahmen in Elberfeld 240 Kinder teil, in Barmen 91. Die Talmud-Tora-Schule von Rabbiner Moses Findling in der Briller Straße 32 besuchten 35 Kinder.

Seit 1928 gab es ein „Jüdisches Gemeindeblatt für das Bergische Land", das zweimal monatlich in einer Auflage von 950 Stück erschien, ab 1930 als amtliches Blatt für Elberfeld:

Ein bemerkenswertes Ereignis in der Geschichte der Synagogen-Gemeinde Elberfeld bildet das erstmalige Erscheinen des neuen Gemeindeblattes, das vorerst nur als amtliches Blatt der Gemeinde Elberfeld gilt, da Barmen einen Zuschuß zu den Unkosten vorläufig abgelehnt hat. Das „Jüdische Gemeindeblatt für das Bergische Land" wird bis auf weiteres allen Mitgliedern der Gemeinden Elberfeld und Barmen alle 14 Tage kostenlos zugeschickt. Es soll […] nicht irgend eine parteiliche oder neutrale jüdische Zeitung verdrängen, sondern ausschließlich dazu dienen, einen besseren Kontakt mit allen Mitgliedern der Gemeinde herzustellen und die lokalen Interessen zu fördern. (Jüdisches Gemeindeblatt vom 15. November 1930)

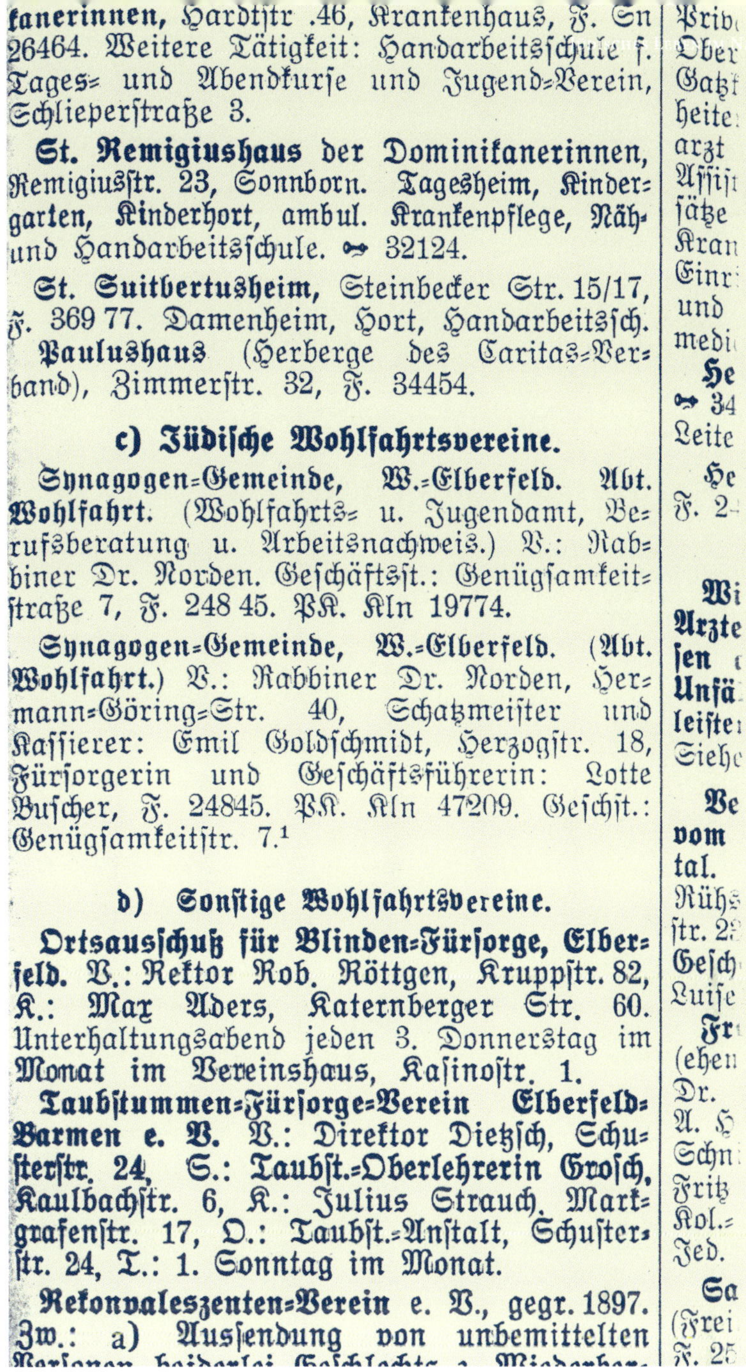

kanerinnen, Hardtstr. 46, Krankenhaus, F. Sn 26464. Weitere Tätigkeit: Handarbeitsschule f. Tages- und Abendkurse und Jugend-Verein, Schlieperstraße 3.

St. Remigiushaus der Dominikanerinnen, Remigiusstr. 23, Sonnborn. Tagesheim, Kindergarten, Kinderhort, ambul. Krankenpflege, Näh- und Handarbeitsschule. 32124.

St. Suitbertusheim, Steinbecker Str. 15/17, F. 369 77. Damenheim, Hort, Handarbeitssch.

Paulushaus (Herberge des Caritas-Verband), Zimmerstr. 32, F. 34454.

c) Jüdische Wohlfahrtsvereine.

Synagogen-Gemeinde, W.-Elberfeld. Abt. Wohlfahrt. (Wohlfahrts- u. Jugendamt, Berufsberatung u. Arbeitsnachweis.) V.: Rabbiner Dr. Norden. Geschäftsst.: Genügsamkeitstraße 7, F. 248 45. PK. Kln 19774.

Synagogen-Gemeinde, W.-Elberfeld. (Abt. Wohlfahrt.) V.: Rabbiner Dr. Norden, Hermann-Göring-Str. 40, Schatzmeister und Kassierer: Emil Goldschmidt, Herzogstr. 18, Fürsorgerin und Geschäftsführerin: Lotte Buscher, F. 24845. PK. Kln 47209. Geschst.: Genügsamkeitstr. 7.[1]

d) Sonstige Wohlfahrtsvereine.

Ortsausschuß für Blinden-Fürsorge, Elberfeld. V.: Rektor Rob. Röttgen, Kruppstr. 82, K.: Max Aders, Katernberger Str. 60. Unterhaltungsabend jeden 3. Donnerstag im Monat im Vereinshaus, Kasinostr. 1.

Taubstummen-Fürsorge-Verein Elberfeld-Barmen e. V. V.: Direktor Dietzsch, Schusterstr. 24, S.: Taubst.-Oberlehrerin Grosch, Kaulbachstr. 6, K.: Julius Strauch, Markgrafenstr. 17, O.: Taubst.-Anstalt, Schusterstr. 24, T.: 1. Sonntag im Monat.

Rekonvaleszenten-Verein e. V., gegr. 1897. Zw.: a) Aussendung von unbemittelten

Die Gemeindebibliothek Elberfeld war, wie die Redaktion des Gemeindeblatts, im Gemeindehaus in der Genügsamkeitstraße 7 untergebracht, die Barmer Bibliothek befand sich in der Heckinghauser Straße 23.

Außergemeindliche jüdische Organisationen in Wuppertal waren die „Bergische Loge des Unabhängigen Ordens Bne Bris", die Zionistische Ortsgruppe und die Ortsgruppe des „Centralvereins deutscher Staatsbürger jüdischen Glaubens". Angebote für Jugendliche machten die „Kameraden", die Ortsgruppe des „Reichsbundes jüdischer Frontsoldaten" und der „Liberale Gemeindeverein".

Es gab eine Reihe mehrerer jüdischer Sportvereine, die die breite ideologische Vielfalt im damaligen Judentum spiegelten. Die jüdische Jugendbewegung, vor allem die zionistische, formte und förderte das Interesse am Sport. Neben der körperlichen Ertüchtigung bedeutete der Sport vielen Juden, die lange Jahre von der deutschen Turnbewegung ausgeschlossen waren, die Entwicklung eines neuen, körperlichen Selbstbewusstseins („Muskeljuden"). Er sollte dazu beitragen, eins der tradierten antijüdischen Vorurteile, das von der körperlichen Minderwertigkeit, zu widerlegen.

Boykottaktionen und die wirtschaftliche Verdrängung der Juden

Boykott der Warenhäuser ▲ ▶ Woolworth und Tietz am 10. März 1933

Schon am 10. März 1933, kurz vor der Kommunalwahl in Preußen, wurden in Wuppertal jüdische Geschäfte in einer ersten, wilden Boykottaktion attackiert: Konkurrenzangst, Missgunst und Antisemitismus waren die Motive des „christlichen Mittelstands", Kunden vom Kauf in jüdischen Geschäften abzuhalten. Diese als „Notwehr des deutschen Volkes" gegen „jüdische Machenschaften" deklarierte Aktion war allerdings weniger populär als erwartet, so dass sie von der Polizei noch am selben Tag beendet wurde.

Anders war das beim offiziellen, von der NSDAP-Führung reichsweit organisierten Boykott-Tag am 1. April 1933, der nicht nur die jüdischen Geschäfte, sondern auch jüdische Arztpraxen und Anwaltskanzleien betraf. Die alltägliche Diskriminierung der Juden wurde nun staatlich gefördert und ließ die jüdische Bevölkerung auf drastische Weise fühlen, in Deutschland nicht mehr erwünscht zu sein.

Als Ursache für diese Aktion, die trotz des couragierten Verhaltens einiger „arischer" Kunden erheblichen wirtschaftlichen Schaden anrichtete, diente eine angebliche „Hetze" ausländischer Juden gegen die deutsche Politik. Am 31. März 1933 veröffentlichten alle Wuppertaler Zeitungen daher Aufrufe, die jüdischen Geschäfte, Ärzte und Anwälte zu boykottieren.

Hilde Rohlén-Wohlgemuth, die Tochter von Bernhard und Claire Heimann, den Eigentümern des Elberfelder Kaufhauses Gebr. Kaufmann, erinnerte sich an den Boykott des elterlichen Geschäfts:

Der erste offizielle Boykott-Tag war der 1. April 1933; vor den Haupteingang der Firma Gebr. Kaufmann wurden zwei SA-Männer aufgestellt. Ich kam gerade am Spätnachmittag dieses Tages zu den Osterferien nach einer sehr bedrückenden Eisenbahnfahrt von Berlin nach Elberfeld zurück. Ich kann mich nicht an beschmierte Schaufenster erinnern, nur an diese zwei SA-Männer. Ein Teil der alten Kundschaft der Firma benutzte die Gelegenheit, um ihre Anhänglichkeit zu demonstrieren, und besuchte an diesem Tage schon am frühen Morgen das Kaufhaus erst recht. Manche Kunden gingen mehrere Male ein und aus und kümmerten sich nicht um die SA-Männer. Nach einem Tage hörte die Bewachung auf, wurde aber später um so effektiver wiederholt. (Rohlén-Wohlgemuth, S. 134f)

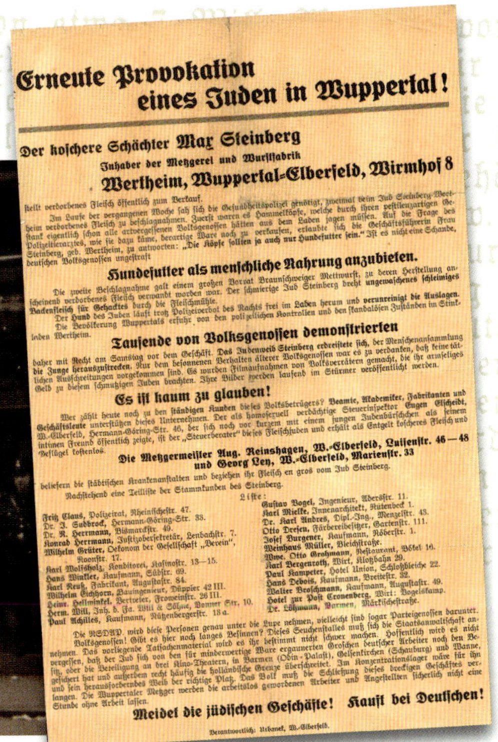

Erneute Provokation eines Juden in Wuppertal!

Der koschere Schächter Max Steinberg
Inhaber der Metzgerei und Wurstfabrik
Wertheim, Wuppertal-Elberfeld, Wirmhof 8

stellt verdorbenes Fleisch öffentlich zum Verkauf.

Im Laufe der vergangenen Woche sah sich die Gesundheitspolizei genötigt, zweimal beim Jud Steinberg-Wertheim verdorbenes Fleisch zu beschlagnahmen. Zuerst waren es Hammelköpfe, welche durch ihren pestilenzartigen Gestank eigentlich schon alle artvergessenen Volksgenossen hätten aus dem Laden jagen müssen. Auf die Frage des Polizeitierarztes, wie sie dazu käme, derartige Ware noch zu verkaufen, erlaubte sich die Geschäftsführerin Frau Steinberg, geb. Wertheim, zu antworten: „Die Köpfe sollten ja auch nur Hundefutter sein.“ Ist es nicht eine Schande, deutschen Volksgenossen ungestraft

Hundefutter als menschliche Nahrung anzubieten.

Die zweite Beschlagnahme galt einem großen Vorrat Braunschweiger Mettwurst, zu deren Herstellung anscheinend verdorbenes Fleisch verwandt worden war. Der schmierige Jud Steinberg dreht ungewaschenes schleimiges Backenfleisch für Gehacktes durch die Fleischmühle.

Der Hund des Juden läuft trotz Polizeiverbot des Nachts frei im Laden herum und verunreinigt die Auslagen.

Die Bevölkerung Wuppertals erfuhr von den polizeilichen Kontrollen und den skandalösen Zuständen im Stinkladen Wertheim.

Tausende von Volksgenossen demonstrierten

daher mit Recht am Samstag vor dem Geschäft. Das Judenweib Steinberg erdreistete sich, der Menschenansammlung die Zunge herauszustrecken. Nur dem besonnenen Verhalten älterer Volksgenossen war es zu verdanken, daß keine tätlichen Ausschreitungen vorgekommen sind. Es wurden Filmaufnahmen von Volksverrätern gemacht, die ihr armseliges Geld zu diesem schmutzigen Juden brachten. Ihre Bilder werden laufend im Stürmer veröffentlicht werden.

Es ist kaum zu glauben!

Wer zählt heute noch zu den ständigen Kunden dieses Volksbetrügers? Beamte, Akademiker, Fabrikanten und Geschäftsleute unterstützen dieses Unternehmen. Der als homosexuell verdächtige Steuerinspektor Eugen Elscheidt, W.-Elberfeld, Hermann-Göring-Str. 46, der sich noch vor kurzem mit einem jungen Judenbürschchen als seinem intimen Freund öffentlich zeigte, ist der „Steuerberater“ dieses Fleischjuden und erhält als Entgelt koscheres Fleisch und Geflügel kostenlos.

Die Metzgermeister Aug. Reinshagen, W.-Elberfeld, Luisenstr. 46—48
und Georg Ley, W.-Elberfeld, Marienstr. 33

beliefern die städtischen Krankenanstalten und beziehen ihr Fleisch en gros vom Jud Steinberg.

Nachstehend eine Teilliste der Stammkunden des Steinberg.

Liste:

Fritz Claus, Polizeirat, Rheinischestr. 47.
Dr. J. Sudbrock, Hermann-Göring-Str. 33.
Dr. R. Herrmann, Bismarckstr. 49.
Konrad Herrmann, Justizobersekretär, Lenbachstr. 7.
Wilhelm Grüter, Oekonom der Gesellschaft „Verein“, Roonstr. 17.
Karl Wolfsholz, Konditorei, Kasinostr. 13—15.
Hans Winkler, Kaufmann, Südstr. 69.
Karl Reuß, Fabrikant, Augustastr. 84.
Wilhelm Eichhorn, Bauingenieur, Düppler 42 III.
Heinr. Hellminkel, Vertreter, Froweinstr. 26 III.
Herm. Will, Inh. d. Fa. Will & Söhne, Bonner Str. 10.
Paul Achilles, Kaufmann, Nützenbergerstr. 18 a.
Gustav Vogel, Ingenieur, Aderstr. 11.
Karl Mielke, Innenarchitekt, Hütenbeck 1.
Dr. Karl Andres, Dipl.-Ing., Menzelstr. 43.
Otto Dresen, Färbereibesitzer, Gartenstr. 111.
Josef Burgener, Kaufmann, Röberstr. 1.
Weinhaus Müller, Bleichstraße.
Wwe. Otto Grohmann, Restaurant, Vöbel 16.
Karl Bergenroth, Wirt, Flotzbahn 29.
Paul Kampeter, Hotel Union, Schloßbleiche 22.
Hans Debois, Kaufmann, Breitestr. 32.
Walter Broschmann, Kaufmann, Augustastr. 49.
Hotel zur Post Cronenberg, Wirt: Vogelskamp.
Dr. Löhmann, Barmen, Märkischestraße.

Die NSDAP. wird diese Personen genau unter die Lupe nehmen, vielleicht sind sogar Parteigenossen darunter.

Volksgenossen! Gibt es hier noch langes Besinnen? Dieses Seuchenstalles muß sich die Staatsanwaltschaft annehmen. Das vorliegende Tatsachenmaterial wird es ihr bestimmt nicht schwer machen. Hoffentlich wird es nicht vergessen, daß der Jud sich von den für minderwertige Ware ergaunerten Groschen deutscher Arbeiter noch den Besitz, oder die Beteiligung an drei Kino-Theatern, in Barmen (Odin-Palast), Gelsenkirchen (Schauburg) und Wanne, gesichert hat und außerdem recht häufig die holländische Grenze überschreitet. Im Konzentrationslager wäre für ihn und sein herausforderndes Weib der richtige Platz. Das Volk muß die Schließung dieses dreckigen Geschäftes verlangen. Die Wuppertaler Metzger werden die arbeitslos gewordenen Arbeiter und Angestellten sicherlich nicht eine Stunde ohne Arbeit lassen.

Meidet die jüdischen Geschäfte! Kauft bei Deutschen!

Verantwortlich: Urbanek, W.-Elberfeld.

▲ *„Wuppertaler Zeitung“ vom 11. März 1933, der den Boykott jüdischer Geschäfte als „Notwehr“ bezeichnet*

◄ *Flugblattkampagne gegen die Metzgerei Wertheim am Wirmhof*

Der reichsweite Boykott vom 1. April 1933 wurde zwar bald wieder aufgehoben, die Juden setze man aber weiterhin durch viele unterschiedliche diskriminierende Gesetze unter wirtschaftlichen, sozialen und psychischen Druck. Der Barmer Manfred Lichtwitz berichtete:

Zuerst durfte mein Vater, der war ja damals bei der EHAPE, seine Firma nicht betreten, gleich 1933 und dann bin ich in die Stadt gegangen und hatte eine furchtbare Angst, denn irgendetwas hat man sich ja vorgestellt, dass die, die immer gegen das Judentum so sehr stark gehetzt hatten – man hatte das unterschwellig auch als Kind mitgekriegt –, dass die was tun würden. Und dann kam 1933 die Bewachung der jüdischen Geschäfte, der Boykott. Ich bin […] in Wichlinghausen groß geworden, in der Freiheitstraße, und dann immer sehr schnell in der Wichlinghauser und der Berliner Straße, und da waren sehr, sehr viele jüdische Geschäfte, ich möchte sagen: acht bis zehn rein jüdische Geschäfte; bis zum Alten Markt waren es noch mehr. […] Die waren alle bewacht, da stand die SA davor und hat jedem, der reinging, gesagt: „Das ist ein jüdisches Geschäft!“ und wenn einer sagte: „Ich geh aber trotzdem rein“, dann sind die fotografiert worden oder sind abgehalten worden. […] Gegenüber von uns war ein Lebensmittelgeschäft […] Bergmann hieß das, und der Junge war ein ganz fieser Kerl. Gerade diesen kleinen Lebensmittelgeschäften ging es zu der Zeit nicht gut, und denen hatte Hitler ja versprochen, dass es dem Mittelstand besser gehen sollte. Auf jeden Fall, die Nazis waren dran, da rief als Einziger dieser Junge an, der Sohn von dem Bergmann: „Oller Jud, oller Jud!“ und so weiter, und ich war ja nun bärenstark damals durch den Sport, und ich hab mir den genommen und hab den tüchtig vertrimmt. Daraufhin ist der reingelaufen schreiend und hat seinen Vater geholt, und der Vater kam raus: „Du Juden-Rotzlöffel, ich schlag dich tot!“ und da bin ich weggelaufen und bin zum Wichlinghauser Bahnhof gelaufen und inzwischen hatte er zwei SS-Leute mobil gemacht […]. Die hat er dann dahinbeordert, dass die vor unserem Haus in der Freiheitstraße Wache gestanden haben, bis ich nach Hause gekommen bin. Und, nun war ich natürlich raffiniert, wir wohnten an einer Ecke, und da bin ich von hinten über den damaligen Herzogplatz, Görlitzer Platz, herum über einen Hof, über das Tor geklettert und bin dann rauf und hab natürlich gezittert, meine Mutter sagte: „Was ist denn los? Die ganze Straße ist in Aufruhr!“ […] und dann hat meine Mutter heimlich am Fenster geguckt, wie ich schon oben war, und abends sind die dann abgezogen, die dachten, ich käm gar nicht nach Hause. […] Da wurde mir klar, dass ich gar nicht mehr der war, der ich vorher gewesen bin, dass ich eigentlich rechtlos bin. (Zeitzeugenbericht Manfred Lichtwitz)

Im Elberfelder Wirmhof 8 betrieb Wilhelmine Steinberg gemeinsam mit ihrem Mann Max eine koschere Metzgerei und Wurstfabrik. Das Geschäft, das sie von ihrem Vater Julius Wertheim 1924 übernommen hatte, genoss wegen der Qualität seiner Waren ein ausgezeichnetes Renommee – nicht nur bei Juden. Um es zu ruinieren, war fanatischen Nationalsozialisten und Judenhassern jedes Mittel recht. Vor der Metzgerei Wertheim – und vermutlich nicht nur vor diesem Geschäft – bezogen immer wieder SA-Leute Stellung, um Kunden am Betreten des Ladens zu hindern oder an-

Werbeanzeige des „arisierten“ Betriebs Fa. Speier. Weitere derartige Anzeigen, die vor allem in der Zeit von Oktober bis Dezember 1938 in den Tageszeitungen erschienen, sind auf S. 157 abgebildet.

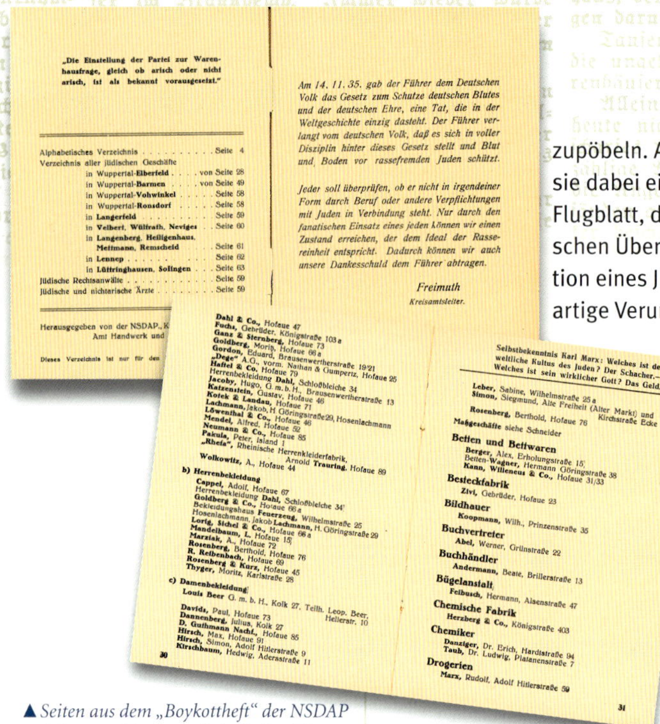

„Die Einstellung der Partei zur Warenhausfrage, gleich ob arisch oder nicht arisch, ist als bekannt vorausgesetzt."

Alphabetisches Verzeichnis		Seite 4
Verzeichnis aller jüdischen Geschäfte		
in Wuppertal-**Elberfeld**		von Seite 28
in Wuppertal-**Barmen**		von Seite 49
in Wuppertal-**Vohwinkel**		Seite 58
in Wuppertal-**Ronsdorf**		Seite 58
in **Langerfeld**		Seite 59
in **Velbert, Wülfrath, Neviges**		Seite 60
in **Langenberg, Heiligenhaus, Mettmann, Remscheid**		Seite 61
in **Lennep**		Seite 62
in **Lüttringhausen, Solingen**		Seite 63
Jüdische Rechtsanwälte		Seite 59
Jüdische und nichtarische Ärzte		Seite 59

Herausgegeben von der NSDAP., K
Amt Handwerk und

Dieses Verzeichnis ist nur für den

Am 14. 11. 35. gab der Führer dem Deutschen Volk das Gesetz zum Schutze deutschen Blutes und der deutschen Ehre, eine Tat, die in der Weltgeschichte einzig dasteht. Der Führer verlangt vom deutschen Volk, daß es sich in voller Disziplin hinter dieses Gesetz stellt und Blut und Boden vor rassefremden Juden schützt.

Jeder soll überprüfen, ob er nicht in irgendeiner Form durch Beruf oder andere Verpflichtungen mit Juden in Verbindung steht. Nur durch den fanatischen Einsatz eines jeden können wir einen Zustand erreichen, der dem Ideal der Rassereinheit entspricht. Dadurch können wir auch unsere Dankesschuld dem Führer abtragen.

Freimuth
Kreisamtsleiter.

Dahl & Co., Hofaue 47
Fuchs, Gebrüder, Königstraße 103 a
Ganz & Sternberg, Hofaue 73
Goldberg, Moritz, Hofaue 66 a
Gordon, Eduard, Brausenwertherstraße 19/21
„Dege" A.G., vorm. Nathan & Gumpertz, Hofaue 25
Haftel & Co. Hofaue 79
Herrenbekleidung **Dahl,** Schloßbleiche 34
Jacoby, Hugo, G. m. b. H., Brausenwertherstraße 13
Katzenstein, Gustav, Hofaue 46
Kotek & Landau, Hofaue 71
Lachmann, Jakob, H. Göringstraße 29, Hosenlachmann
Löwenthal & Co., Hofaue 46
Mendel, Alfred, Hofaue 52
Neumann & Co., Hofaue 85
Pakula, Peter, Island 1
„Rhefa", Rheinische Herrenkleiderfabrik, Arnold **Trauring,** Hofaue 89
Wolkowitz, A., Hofaue 44

b) Herrenbekleidung
Cappel, Adolf, Hofaue 67
Herrenbekleidung **Dahl,** Schloßbleiche 34
Goldberg & Co., Hofaue 66 a
Bekleidungshaus **Feuerzeug,** Wilhelmstraße 25
Hosenlachmann, Jakob **Lachmann,** H. Göringstraße 29
Lorig, Sichel & Co., Hofaue 66 a
Mandelbaum, L. Hofaue 15
Marziak, A., Hofaue 72
Rosenberg, Berthold, Hofaue 76
R. Reibenbach, Hofaue 69
Rosenberg & Kurz, Hofaue 45
Thyger, Moritz, Karlstraße 28

c) Damenbekleidung
Louis Beer G. m. b. H., Kolk 27, Teilh. Leop. Beer, Hellerstr. 10
Davids, Paul, Hofaue 73
Dannenberg, Julius, Kolk 27
D. Guthmann Nachf., Hofaue 85
Hirsch, Max, Hofaue 91
Hirsch, Simon, Adolf Hitlerstraße 9
Kirschbaum, Hedwig, Aderstraße 11

30

Selbstbekenntnis Karl Marx: Welches ist der weltliche Kultus des Juden? Der Schacher.— Welches ist sein wirklicher Gott? Das Geld.

Leber, Sabine, Wilhelmstraße 25 a
Simon, Siegmund, Alte Freiheit (Alter Markt) und Kirchstraße Ecke
Rosenberg, Berthold, Hofaue 76
Maßgeschäfte siehe Schneider

Betten und Bettwaren
Berger, Alex, Erholungstraße 15
Betten-**Wagner,** Hermann Göringstraße 38
Kann, Willeneus & Co., Hofaue 31/33

Besteckfabrik
Zivi, Gebrüder, Hofaue 23

Bildhauer
Koopmann, Wilh., Prinzenstraße 35

Buchvertreter
Abel, Werner, Grünstraße 22

Buchhändler
Andermann, Beate, Brillerstraße 13

Bügelanstalt
Feibusch, Hermann, Alsenstraße 47

Chemische Fabrik
Herzberg & Co., Königstraße 403

Chemiker
Danziger, Dr. Erich, Hardtstraße 94
Taub, Dr. Ludwig, Platanenstraße 7

Drogerien
Marx, Rudolf, Adolf Hitlerstraße 59

31

▲ *Seiten aus dem „Boykottheft" der NSDAP Wuppertal, in dem alle jüdischen Firmen nach ihrem Alphabet und nach Branchen aufgelistet waren. Auf jeder Doppelseite ist ein antisemitisches oder antisemitisch gedeutetes Zitat abgedruckt.*

▼ *Öffentliche Denunziation von Kundinnen des Barmer jüdischen Geschäfts M. Bär in der Rheinischen Landeszeitung vom 7.8.1935*

Sie kauften beim Juden

Da werden sich natürlich diese beiden Frauen wundern, wenn sie heute ihr Bild in der Zeitung wiederfinden. Daran hatten sie wohl

Foto Herbert Breker

sicherlich nicht gedacht, als sie — vielleicht gedankenlos — in das jüdische Geschäft Bär gingen und dort ihre Einkäufe tätigten,

zupöbeln. Am 1. Mai 1934 verteilten sie dabei ein besonders gehässiges Flugblatt, das unter der hetzerischen Überschrift „Erneute Provokation eines Juden in Wuppertal!" bösartige Verunglimpfungen des Inhabers verbreitete, um die „Volksseele zum Kochen zu bringen" (StAWuppertal, AfW 606320). Steinberg wurde darin vorgeworfen, verdorbenes Fleisch und Hundefutter anzubieten und die Hygienevorschriften nicht zu beachten. Diesen infamen Anschuldigungen wurde eine Liste mit den Namen und den Adressen der „arischen" Kunden angefügt, darunter auch die anderer Metzger, Hotelbesitzer und der städtischen Krankenanstalten. Der Druck auf die Verbraucher wurde dadurch immens erhöht. Auf diese Weise völlig eingeschüchtert, haben die Kunden die Parole „Meidet die jüdischen Geschäfte! Kauft bei Deutschen!" immer häufiger befolgt und damit zum Niedergang des Betriebs beigetragen.

Max Steinberg und seine Frau mussten Ende 1937 aufgeben. Sie verkauften ihr Geschäft und emigrierten Weihnachten 1938 in die Niederlande, ein Jahr später in die USA.

Die nationalsozialistische Politik kalkulierte mit der Zustimmung der „Volksgemeinschaft" und der Gewöhnung der Menschen an das Unrecht. Nach und nach wurden immer mehr antijüdische Gesetze und Verordnungen erlassen, und es zeigte sich, dass die Mehrheit bereit war, die Diskrimierung ihrer jüdischen Nachbarn zu tolerieren oder sogar zu begrüßen. Im September 1935 konnte das „Gesetz zum Schutze des deutschen Blutes und der deutschen Ehre" in Kraft treten, ohne nennenswerten Protest hervorzurufen. Das Gesetz beabsichtigten in erster Linie eine absolut strenge soziale Isolierung der Juden von der deutschen „Volksgemeinschaft", indem Liebesverhältnisse und Ehen zwischen Juden und Nichtjuden unter Strafe gestellt wurden.

Aber auch ökonomisch wirkten sich die Bestimmungen verschärfend aus. In Wuppertal gab die NSDAP-Kreisleitung eine Broschüre mit den Namen aller jüdischen Geschäfte, Ärzte und Rechtsanwälte heraus, versehen mit vielen zynischen antisemitischen Sprüchen auf jeder Seite. Paul Freimuth, Leiter des NSDAP-Kreisamts, beschwor in seinem Vorwort Käufer, Klienten, Kollegen und Patienten:

Jeder soll überprüfen, ob er nicht in irgendeiner Form durch Beruf oder andere Verpflichtungen mit Juden in Verbindung steht. Nur durch den fanatischen Einsatz eines jeden können wir einen Zustand erreichen, der dem Ideal der Rassereinheit entspricht.
(„Boykottheft", Archiv BAS)

Eine andere weitverbreitete Methode, „arische" Kunden davon abzuhalten, in jüdischen Geschäften einzukaufen, war die Denunziation. Eigens dazu bestellte „Bildredakteure" lauerten Käuferinnen und Käufern beim Verlassen der Geschäfte auf, fotografierten sie und veröffentlichten das Bild. Für das NSDAP-Organ „Rheinische Landeszeitung" vom 7. August 1935 fotografierte Herbert Breker zwei Frauen mit ihren Kindern vor dem traditionsreichen jüdischen Kaufhaus M.Bär im Werth 32 (heute Nr. 64). Dazu erschien die drohende Erläuterung:

Sie kauften beim Juden

Da werden sich natürlich diese beiden Frauen wundern, wenn sie heute ihr Bild in der Zeitung wiederfinden. Daran hätten sie wohl sicherlich nicht gedacht, als sie – vielleicht gedankenlos – in das jüdische Geschäft Bär gingen und dort ihre Einkäufe tätigten, obwohl doch genug Gelegenheit gegeben ist, in deutschen Geschäften zu kaufen. Zu ihrer Entschuldigung wollen wir annehmen, daß sie gedankenlos handelten, als sie ihr Geld dem Juden zutrugen. Aber auch diese Gedankenlosigkeit ist ein Vergehen am Volksganzen, ist ein Verrat an der nationalsozialistischen Idee. Um nun dieser Gedankenlosigkeit zu steuern, sei das Bild hier wiedergegeben, wobei vermerkt sei, daß dieser Schnappschuß unseres Photographen nicht der einzige ist. Hoffentlich werden in der nächsten Zeit nicht

B Brahmsstraße 2.¹
Bänsch, August, Schlosser, V Schröbersbusch 1.
Bäppler, Friedrich, Bundessekretär des Blauen Kreuzes, B Freiligrathstraße 25.¹
*M. Bär, ☎ 508 86.
Haus- und Küchengeräte, Galanterie-, Leder- und Spielwaren.
P-K: 109563 Köln. B Werth 30—32.
Bär, Adolf, Maurerpolier, B Ob. Sehlhofstr. 22.¹
— H. Aug., Bankangestellter, B Berliner Str. 46 A.¹
— *Julius Baer, P-K: 12283 Kln, E Königstr. 83.¹E ☎ 313 17.

▲ *Anzeige der Firma Bär im Adressbuch von 1935*

◄ *Helga Feldheim (Mitte) in ihrer Klasse des Lyzeums Sternstraße, 1935*

noch andere getroffen, wenn sie „gedankenlos“ in ein jüdisches Geschäft hineingehen und dann von unserem Photographen erwischt werden.

Bei der Firma Bär hatte die 16jährige Helga Feldheim eine Ausbildung machen sollen, aber dieser Plan scheiterte:

Ich wollte nach der Schule, das war 1936, auf eine [...] Handelsschule, ja. Sprachen lernen und Tippen und Steno, da wurde ich nicht aufgenommen, weil ich die Tochter von dem Juden Feldheim war. Wir waren relativ bekannt in Barmen, mein Vater jedenfalls, und dann war da noch ein Freund, ein jüdischer Freund, der hatte noch ein Warenhaus, und der wollte mich dann in die Lehre nehmen, da könnte ich aus der Praxis lernen. So haben die zwei Männer das verabredet.

Doch bis ich von der Schule runter war, da war das Warenhaus gerade schon „arisiert“ worden. [...] Bär hieß das. [...] Es war nicht so groß wie der Kaufhof, aber es war doch ein ganz gut sortiertes Warenhaus. Und nach einer Woche hat man dann Beschwerden gegen mich gemacht, jetzt wäre der Jude gerade raus und da käme so ein kleines jüdisches Mädchen da wieder rein und das ging nicht. Das war dann das Ende meiner Karriere. Meine Schwester und ich haben dann den Haushalt gemacht. (Zeitzeugenbericht Helga Samson)

Bis Ende 1938 hatte sich die wirtschaftliche Lage der noch in Deutschland lebenden Juden so zugespitzt, dass praktisch alle ihr Gewerbe aufgeben mussten. Ohne Einkommen und nach Erlass zahlreicher finanzieller Zwangsmaßnahmen wie die „Judenvermögensabgabe“ im April 1938 oder die so genannte „Sühneleistung“ nach den Novemberpogromen im November 1938 lebten die verbliebenen Juden vielfach deutlich unter der Armutsgrenze, so dass ihre Auswanderungschancen zusätzlich sanken. Mit der „Reichsfluchtsteuer“, die diejenigen zu entrichten hatten, denen die Emigration gelang, mit der wirtschaftlichen Ausbeutung durch jüdische Zwangsarbeit und mit der Ausplünderung jüdischen Hausrats nach den Deportationen bereicherte sich der NS-Staat in einem unvorstellbaren Maß. Auch die nach dem Krieg gezahlten Entschädigungen konnten die persönlichen materiellen Verluste der Überlebenden bei weitem nicht wieder ausgleichen.

Werbeanzeigen von Firmen, die jüdische Geschäfte übernommen haben. (Rheinische Landeszeitung und General-Anzeiger, Oktober bis Dezember 1938)

„Oh Gott, wat döt dat weh!“
Offener Terror und erste Todesopfer

Die Phase der nationalsozialistischen Machtdurchsetzung basierte auf der Außerkraftsetzung der Weimarer Verfassung durch die so genannte „Reichstagsbrandverordnung“ und das „Ermächtigungsgesetz“ und war gekennzeichnet durch Straßenterror und wilde Verhaftungsaktionen, so dass die Gefängnisse bald überfüllt waren. Sofort nach dem Reichstagsbrand vom 27. Februar 1933 wurde auch der Elberfelder Jude Oswald Laufer in „Schutzhaft“ genommen. Laufer war einer der führenden Aktivisten des „Reichsbanners Schwarz-Rot-Gold“, das 1924 zur Verteidigung der Republik gegen demokratiefeindliche Kräfte, vor allem gegen den immer populärer werdenden Rechtsradikalismus gegründet worden war. 1932 schloss sich der sozialdemokratisch geprägte Verband der „Eisernen Front“ an und widmete sich dem Kampf gegen die erstarkenden Nationalsozialisten. Oswald Laufer, geboren 1905 in Elberfeld, war durch sein politisches und kämpferisches Engagement allgemein bekannt und galt daher den Wuppertaler Nationalsozialisten als einer ihrer Hauptfeinde.

Im Gefängnis erhielt er Briefe mit Morddrohungen von SA-Mitgliedern. Trotzdem kehrte Laufer nach seiner Entlassung am 7. März 1933 mittags wieder in die Wohnung seiner Eltern Simon und Netty in der Elberfelder Wilhelmstraße 45 zurück, wo diese einen Altwarenhandel betrieben. Er hatte vor, sich später bei seiner in Hamburg verheirateten Schwester Rosa in Sicherheit zu bringen. Doch noch am selben Tag, nur wenige Stunden später, lauerten ihm fünf bewaffnete SA-Männer auf. Während zwei von ihnen die Straße sicherten, erschossen ihn die drei anderen, bevor er den schützenden Eingang zum Elternhaus erreichen konnte. Noch am Tatort verblutete Oswald Laufer an den Verletzungen durch drei Schüsse, wurde dabei noch von den Mördern mit Stiefeln getreten. „Oh Gott, wat döt dat weh!“ sollen seine letzten Worte gewesen sein. (Föhse, Erst Mensch, S. 68) Die Täter konnten, obwohl bereits ein Schupo hinzugekommen war, unbehelligt entkommen, und das Gerichtsverfahren, das noch im März stattfand, wurde im Rahmen der „Hindenburg-Amnestie“ für „Straftaten, die im Kampfe für die nationale Erhebung des deutschen Volkes“ begangen worden waren, eingestellt. (Erst nach dem Krieg wurden zwei der drei noch lebenden SA-Männer zu vier bzw. fünf Jahren Zuchthaus verurteilt.) Das NSDAP-Blatt „Wuppertaler Zeitung“ drückte unverhohlen seine Freude über die Ermordung des „bekannten kommunistischen Provokateurs“ aus, die als eine Warnung „an das bolschewistische Untermenschentum“ zu verstehen sei.

Oswald Laufer (1905-1933)

Oswald Laufer war damit das erste jüdische Todesopfer der Nationalsozialisten in Wuppertal. Lange bemühten sich seine in New York lebenden Neffen, Prof. Gerd und Manfred Korman, die Söhne seiner Schwester, vergeblich um eine öffentliche Ehrung in Wuppertal. Erst seit 1998 erinnert eine Gedenktafel in der Wilhelmstraße an diesen vorbildlichen Verteidiger der Demokratie.

Ein weiteres Mitglied des Reichsbanners jüdischer Herkunft war Siegmund Löwenstein. Unter dem Eindruck des Mordes an dem Genossen Oswald Laufer floh er mit seiner Verlobten nach Frankreich und war dort in der Résistance, der Widerstandsbewegung, aktiv. 1943 wurde er verhaftet, im Januar 1944 kam er in das Konzentrationslager „Neue Bremm“ in Saarbrücken, wo er am 21. Februar 1944 ermordet wurde. Sein Vater Max Löwenstein, der im Kipdorf 88 ein Konfektions-, Textil- und Schuhwarengeschäft betrieben hatte, war schon 1935 im Wuppertaler Justizgefängnis Bendahl unter mysteriösen Umstanden gestorben. Auch er hatte der politischen Linken angehört.

Max (1873-1935) und Siegmund Löwenstein (1910-1944)

Der Zahnarzt
Dr. Alfred Meyer (1878-1933)

Der jüdische Zahnarzt Dr. Alfred Meyer, der eine Praxis am Neuen Weg 42 (heute Friedrich-Engels-Allee) betrieben hatte, ist ebenfalls zu den ersten jüdischen Todesopfern der Nationalsozialisten zu zählen.

1933, und kurz darauf oder davor, das weiß ich nicht mehr, ist unser Zahnarzt ermordet worden. Der wurde auch so mitgenommen. [...] den hat man in einen Staudamm geworfen. Und dann kriegte ich auch gleich eine Karte so in dem Barmer Platt: „Dein Oller kommt auch noch in den Staudamm." Das ging natürlich gleich so. Und dann wurde mein Vater in Schutzhaft genommen, und meine Schwester und ich, wir saßen da mit 12 und 16 Jahren und waren mutterseelenallein in dem großen Haus. Und dann haben Freunde gesagt: „Kommt heute nacht zu uns." Das haben wir auch gemacht. Und dann ist mein Vater danach für ein paar Wochen nach Köln. (Zeitzeugenbericht Helga Samson)

Der „Manchester Guardian" vom 19. Juni 1933 berichtete: *Ein anderes Gebiet, wo der Terror gewütet hat und noch wütet, ist das Wuppertal, das einstige Wirkungsfeld des Vorkriegs-Antisemiten Stoecker. Das Schicksal des bekannten Zahnarztes Dr. Meyer ist typisch für die Vorgänge, die sich in dieser Gegend abspielen. Sein Leichnam wurde am 16. Mai im Beverdammtal bei Hückeswagen (Rhein-Wupperkreis) aufgefunden, mit Schusswunden im Kopf und Messerstichen in der Brust. Der Körper war in einen Sack eingenäht, der mit Steinen beschwert worden war. Im März hatte Dr. Meyer seine Ferien auf den kanarischen Inseln verbracht. Während seiner Abwesenheit waren Nazis in seine Wohnung eingedrungen und hatten alles kurz und klein geschlagen, die ganze Einrichtung seines Sprechzimmers war demoliert. Nach seiner Rückkehr ging er sofort zum Polizeipräsidenten für das Wuppertal – und zwar am 3. April - und verlangte eine Untersuchung der Angelegenheit. Der Polizeipräsident sagte, dass nichts gegen ihn vorläge, dass die Polizei ihm jedoch weder für sein Leben noch für das Leben seiner Frau Sicherheit garantieren könne, und riet ihm, unverzüglich ins Ausland zu gehen. Er bestand jedoch auf einer Untersuchung der Angelegenheit und verlangte, in „Schutzhaft" genommen zu werden, denn ausser im Ausland, sei das Gefängnis der einzige Ort, wo er vor den Nazis sicher wäre. Er blieb sechs Wochen lang im Gefängnis. Es wurde nichts unternommen, um die für den Schaden in seiner Wohnung verantwortlichen Personen festzustellen. An dem Tage, als er das Gefängnis verließ, traf er seine Frau und ging zu einem Freund nach Düsseldorf. Kaum hatte er das Haus seines Freundes betreten, als vier mit Revolvern bewaffnete Männer ankamen. Sie durchschnitten die Telephonleitungen, schlugen und stachen auf Dr. Meyer ein, zogen ihm einen Sack über den Kopf und schleiften ihn in ein Auto, das draußen wartete. All dies geschah am hellichten Tage. Zuletzt ist er in Benrath, einem Vorort von Düsseldorf, gesehen worden. Die Nachricht von seinem Verschwinden, eine Beschreibung seiner Person und eine Aufforderung, jegliche Information beizubringen, die zu seiner Auffindung führen könnte, wurde durch Rundfunk verbreitet. Es wurde jedoch nichts weiter von ihm gehört, als bis seine Leiche aufgefunden wurde. Seine Mörder sind Nazis und in Wuppertal-Barmen gut bekannt, aber die Polizei weist jeden Versuch, sie zur Verantwortung zu ziehen, zurück. Der Tod des Dr. Meyer wurde im „General-Anzeiger für Wuppertal" vom 29. Mai folgendermaßen bekanntgegeben: „Am 16. dieses Monats verschied sanft mein lieber Mann, Dr. Alfred Meyer. – Frau Mally Meyer-Goldschmidt. Die Beerdigung hat in aller Stille stattgefunden." Viele Todesanzeigen in ähnlich vorsichtiger Fassung wie diese sind heute in den deutschen Zeitungen alles, was öffentlich bekannt werden darf über Terrormorde, wie der Mord an Dr. Meyer.*
(Das Schwarzbuch, S. 505f)

Aus den Gestapo-Akten geht hervor, dass Dr. Alfred Meyer das Opfer der Intrige eines Kollegen, eines aktiven SA-Manns, geworden war, der sich der unliebsamen Konkurrenz entledigen wollte.

In der israelischen Gedenkstätte Yad VaShem in Jerusalem existiert heute eine kleine Gedenktafel für Dr. Alfred Meyer.

Todesanzeige im General-Anzeiger vom 29.5.1933

Am 16. ds. Mts. verschied mein lieber Mann, der

Zahnarzt

Dr. Alfred Meyer

Frau Dr. Mally Meyer-Goldschmidt.

Die Beisetzung hat in aller Stille stattgefunden.

Segeltuch

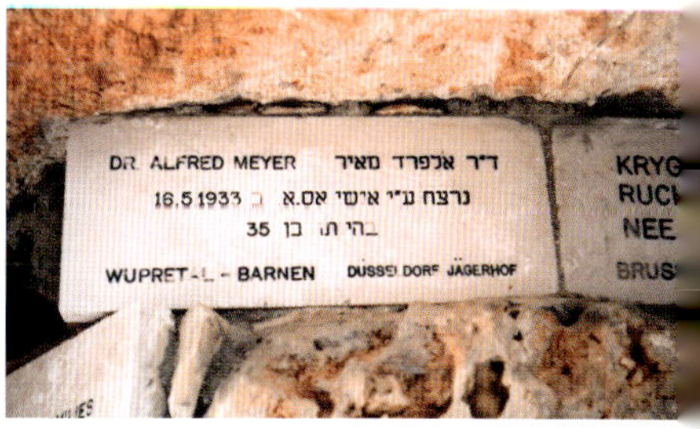

Gedenktafel für Dr. Alfred Meyer in Yad VaShem, Jerusalem

Hochzeit von Hans Singer und Ilse Lina Plaut, 24.3.1934

Auch für den Mediziner Dr. Heinrich Singer aus der Bahnstraße 15 (heute Hoeftstraße) am Steinbecker Bahnhof endete die Phase der nationalsozialistischen Machtdurchsetzung im Jahr 1933 tödlich. Singer und seine Frau Antonia, denen die Einhorn-Apotheke in der Elberfelder Weststraße gehörte, hatten drei Söhne, von denen einer, Josef Joachim, geistig behindert war und 1930 im Alter von erst 13 Jahren starb. (Sein Grab ist das einzige der Familie auf dem jüdischen Friedhof am Weinberg.)

Bald nach der Machtübernahme wurde Singer von einem Hitler-Jungen mit der Behauptung denunziert, er habe sich bei einer schulärztlichen Untersuchung den Kindern unsittlich genähert. Trotz des erstklassigen Leumunds, den der Arzt bei Eltern und Schülern genoss, wurde er verhaftet und zu einer mehrjährigen Zuchthausstrafe verurteilt. Aber schon am 17. Dezember 1933 starb Dr. Heinrich Singer im Zuchthaus Münster unter ungeklärten Umständen.

Sein hochbegabter Sohn Hans Singer war zu diesem Zeitpunkt schon emigriert. Geboren 1910, hatte er in Elberfeld das Wilhelm-Dörpfeld-Gymnasium besucht – „neun Jahre Latein und sechs Jahre Griechisch, wenig Mathematik, und Geschichte bis 1871", und nach seinem Studium im Alter von erst 21 Jahren sein Diplom in Nationalökonomie an der Universität Bonn erhalten. Durch eine Empfehlung seines Professors, Joseph Alois Schumpeter, wurde Singer ein Stipendium an der Universität Cambridge bewilligt, wo der auch in Deutschland berühmte Nationalökonom John Maynard Keynes lehrte.

1936 promovierte Singer bei Keynes mit der Arbeit „Materials for the Study of Urban Ground Rent". Zu Beginn des Krieges wurde er für einige Wochen, wie fast alle Flüchtlinge aus Deutschland, als „enemy alien" interniert, kam aber auf Intervention von Keynes wieder frei.

Nach dem Krieg arbeitete Hans Singer mehrere Jahrzehnte für die UNO, für die er Ernährungsprogramme, besonders für Afrika entwickelte. Berühmt wurde er für die gemeinsam mit Paul Prebisch entwikkelte so genannte „Prebisch-Singer-These", nach der später die internationale Entwicklungspolitik von Weltbank und Vereinten Nationen gestaltet wurde. 1969 verließ Singer die UNO und war von nun an für das Institute of Developement Studies tätig. Er verfasste über 100 Bücher, mehr als 80 Aufsätze und 260 Zeitschriftenartikel sowie eine unübersehbare Zahl an Buchbesprechungen und Zeitungsbeiträgen. Daneben war er ein begeisterter Schachspieler, musizierte als Geiger in einem Streichquartett, sang gern und liebte Geselligkeit. Sein Leben und sein Einsatz für die Randgruppen der Gesellschaft waren, so war er sicher, stets von den Erfahrungen als Verfolgter, Flüchtling und Internierter geprägt.

Prof. Dr. Hans Wolfgang Singer, der für sein Lebenswerk mehrere Auszeichnungen, akademische Grade honoris causa und 1994 auch den englischen Adelstitel erhielt, starb am 26. Februar 2006.

Adelung durch die englische Königin, 1994

Jüdische Reaktionen auf die Politik der Ausgrenzung

Das antijüdische Programm der nationalsozialistischen Regierung engte den Spielraum für persönliche und berufliche Entscheidungen der Juden zunehmend ein. Jüdische Familien wurden plötzlich mit dem Problem konfrontiert, dass ihre Kinder Schwierigkeiten in der Schule bekamen, sich die Aussichten auf eine höhere Ausbildung rapide verdüsterten und die Vorstellung einer späteren beruflichen Selbständigkeit bloße Illusion blieb. Vor diesem Hintergrund erkannte u. a. der Wuppertaler Rabbiner Moses Findling schon bald die Notwendigkeit, sich mit dem Gedanken an Auswanderung vertraut zu machen und entsprechende Vorbereitungen zu treffen. Den Kern seiner praktischen Erwägungen bildete die Idee einer – allerdings religiös motivierten – „Alijah", eines Aufstiegs durch die Einwanderung nach Palästina und seine Besiedlung.

In der jüdischen Zeitung „Der Israelit" vom 8. Februar 1934 publizierte Findling eine umfangreiche Arbeit zur „Berufsumschichtung und jüdischen Sozialethik", die – ein Jahr nach der Machtübernahme – ein drängendes Problem aufgriff:

Die Ereignisse des letzten Jahres haben einen großen Teil unserer Jugend gezwungen, eine Berufsumschichtung vorzunehmen, oder sich ernstlich mit diesem Gedanken zu befassen. Das abgeschlossene Schuljahr wird viele junge Menschen dem Ernst des Lebens zuführen und die Eltern beschäftigen sich mit dem quälenden Gedanken, welchen Beruf sie ihre Kinder erlernen lassen sollen. Die Entscheidung ist sehr schwer, denn einerseits sind die akademischen Berufe dem jungen Juden fast gänzlich verschlossen, und andererseits bietet der Handel kein genügend zukunftsreiches Betätigungsfeld mehr. Es bleibt der Jugend wenig anderes übrig, als sich dem Handwerk und der Landwirtschaft zuzuwenden, um so mehr, als es der Wunsch eines großen Teils der Jugend ist, in diesen Berufen in Erez-Jisroel später tätig zu sein. [...] Unter Vernachlässigung der Bauern- und Handarbeiterberufe, warfen wir uns hauptsächlich auf den Handel und die Berufe der Geisteswissenschaften. Allerdings war diese Einstellung beeinflußt durch die jahrhundertelange gewaltsame Fernhaltung der Juden von jenen Berufen seitens der Zünfte. Daß der natürliche Hang zum Bauern- und Handarbeiterberuf auch heute noch trotz der langen Unterbrechung, in uns vorhanden ist, beweist die bewundernswerte Umstellung unserer Jugend zu diesen Berufen, und damit in Zusammenhang stehend, der wirtschaftliche Aufbau Palästinas. Jüdische Hände und jüdischer Schweiß haben in kurzer Zeit aus einer öden Wüste ein aufblühendes Land geschaffen.

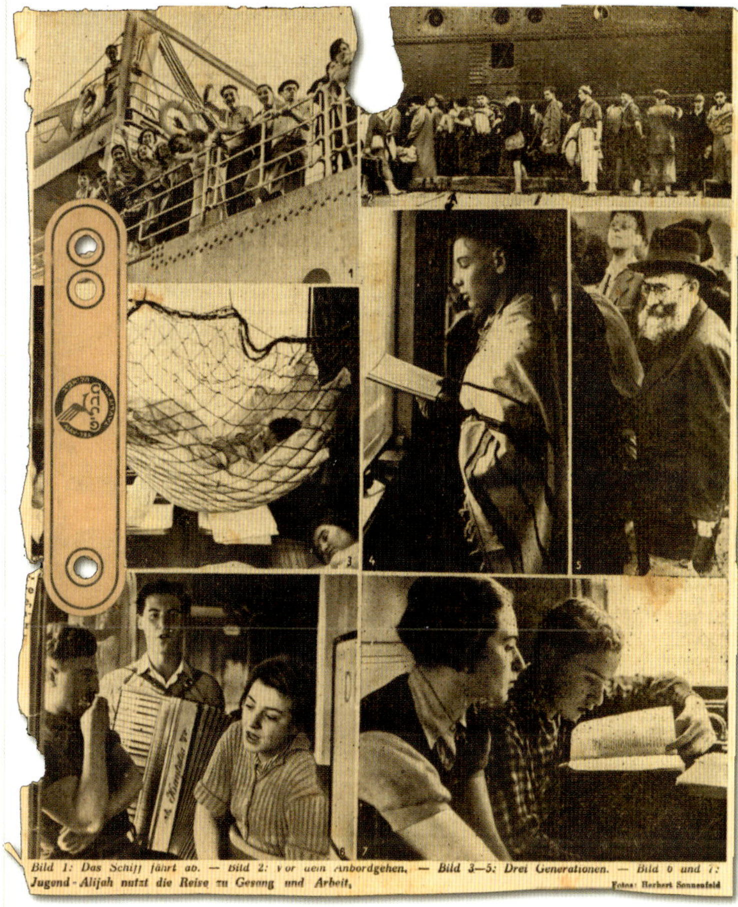
Bild 1: Das Schiff fährt ab. — Bild 2: Vor dem Anbordgehen. — Bild 3—5: Drei Generationen. — Bild 6 und 7: Jugend-Alijah nutzt die Reise zu Gesang und Arbeit.
Fotos: Herbert Sonnenfeld

▲ *Aus dem Archiv von Erika Scharon, geb. Inow. Ein Zeitungsartikel vom September 1936 beschreibt den Abschied der Jugendlichen, die „Alija machen" und nach Palästina emigrieren.*

◀ *Erinnerungsfoto vom 7. Oktober 1936: „Eine glückliche Zukunft im fernen Lande wünschen herzlichst Martha und Hans Fischel, Elberfeld, d. 7.10.1936"*

In seiner Wohnung in der Briller Straße 50 leitete Rabbiner Dr. Alfred Philipp die zionistische „Jüdische Jugendgemeinschaft". Bald nach der NS-Machtübernahme sah auch Philipp seine Aufgabe darin, die jüdischen Jugendlichen auf eine Auswanderung nach Palästina vorzubereiten, da er an eine Zukunft für sie in Deutschland nicht glauben konnte. Wie viele junge Juden in Deutschland versuchten auch Wuppertaler Jugendliche, einen Platz in einer der landwirtschaftli-

Dienstag morgen Berlin Anhalter Bahnhof

Eine bedeutungsschwere Alija

Als am vergangenen Donnerstag aus Jerusalem die Hiobspost von der drohenden Einwanderungssperre gekabelt wurde, entfalteten die Palästinaämter Europas eine fieberhafte Tätigkeit. Seit dem Empfang der Nachricht arbeiteten alle zuständigen Büros ohne Unterbrechung an der Zusammenstellung der letzten grossen Alija vor der erwarteten Einwanderungssperre. Am 3. September lichteten in Marseille drei grosse Schiffe ihre Anker, um über 2000 arbeitsfreudige junge Juden aus ihren Ländern mit schwerer Gegenwart in das Land ihrer Sehnsucht mit der ungewissen Zukunft zu bringen. —

Die zionistischen Organisationen Deutschlands hatten allein in den letzten vier Tagen über 800 Zertifikatsanwärter telegraphisch und telephonisch von ihren Hachscharahstellen geholt, die am Dienstag früh mit ihren in fliegender Eile gepackten Koffern die Sperre des Anhalter Bahnhofs passierten. Obwohl eine düstere Grundstimmung über dieser Alija liegt, ist die innere und äussere Haltung der Teilnehmer ein sprechender Beweis idealistischer Einsatzbereitschaft und Zielstrebigkeit. Schon eine Stunde vor Abgang des Zuges versammeln sich die ersten Gruppen auf dem Bahnhof. Die meisten Jungen und Mädel in der einfachen Tracht der Jugendbewegung: Sportbluse und kurze Hose oder Rock. Ihren Gesichtern ist kaum eine Spur von Erregung anzumerken. Sie alle haben sich fest vorgenommen, tapfer zu bleiben, um ihren Angehörigen den Abschied nicht noch schwerer zu machen. Die Kinder trösten die Eltern. Mit rührender Liebe umarmen und küssen sie sich zum letztenmal vor der grossen . . . ungewissen . . . Fahrt. Ich höre, wie ein 15jähriger Bub seine schluchzende Mutter damit tröstet, dass auch noch 14jährige auswandern. „Was sollen denn erst die Eltern sagen,“ fragt er immer wieder. Ein Knirps gibt seinem Vater das grosse Ehrenwort, dass er ihm regelmässig schreiben würde und sich daher niemand um ihn zu ängstigen brauche. Die Mädel wollen es ihren Kameraden gleichtun. Sie wechseln mit angespannt harmlosen Gesichtern die letzten Worte mit ihren Verwandten, nur von Zeit zu Zeit verschwinden sie im Innern des Coupés, damit niemand sieht, wenn sie das Taschentuch vorziehen. Die Verwandten behalten — von so viel Beherrschung in Bann geschlagen — auch ihre Fassung. Nur einige alte Elternpaare, die genau fühlen, dass sie ihre Kinder nie wiedersehen werden, können sich nicht stumm losreissen . . .

Viele frischgebackene Ehepaare besteigen den entscheidenden Zug, der sie vor dem gefürchteten Federstrich der britischen Mandatsregierung auf das Schiff bringen soll. Sie haben noch in den letzten Tagen neben dem hastigen Kofferpacken geheiratet. Die Schwiegereltern lernen sich zum erstenmal auf dem Bahnhof kennen... Eine Führerin der Jugendalija macht ein bekümmertes Gesicht. Um die Pfleglinge, die nach Kibbuz Rodges oder nach Tel-Jossef — zwei grossen jüdischen Zentren — kommen, macht sie sich keine Sorge, aber wie werden es die Kinder antreffen, die in der Nähe von arabischen Niederlassungen untergebracht werden?

Jetzt bildete die Bahnpolizei eine Sperrkette vor dem Zuge, hinter der sich die Verwandten und Freunde drängen, die ihren Nächsten die letzten Abschiedsgrüsse zurufen wollen. Um die vorgeschriebene Minute ziehen die Räder an. Ein Ruck geht durch die Menge; viele wenden sich ab. „Chasak, bleibt stark!“ rufen die Zurückbleibenden ihren scheidenden Kameraden zu. „Schalom!“ klingt es aus vielen bangen Herzen den Scheidenden nach. „Schalom!“ grüssen die Fahrenden zurück. Wagen um Wagen rollt aus dem Bahnhof. Aus jedem Fenster gucken gedrängt Köpfe mit ihren grossen fragenden Augen heraus. Schalom!, niemals habe ich diesen Grusswunsch inniger sprechen hören. Wir alle wollen den grossen und kleinen Pionieren bei ihrer bedeutungsschweren Alija aus ganzem Herzen Frieden für ihre Aufbauarbeit in Erez Israel wünschen.

Als ich die Treppen des Anhalter Bahnhofs herunterging, hatte ich das Gefühl, als ob ich die Strahlen des Judenschicksals in einem Brennspiegel aufgefangen hätte. Und immer wieder gingen mir die Verse, die Heine dem Leitmotiv jüdischer Leidensgeschichte gewidmet hat, durch den Kopf:

Wo wird einst des Wandermüden
letzte Ruhestätte sein
unter Palmen in dem Süden
unter Linden an dem Rhein?
Werd ich einst in fremder Erde
eingescharrt von fremder Hand?
Oder ruh ich an der Küste
eines Meeres in dem Sand.
Einerlei! Mich wird umgeben
Gottes Himmel dort wie hier.
Und als Totenlichter schweben
nachts die Sterne über mir.

Bruno Sommerfeld.

Aus dem Archiv von Erika Scharon, geb. Inow

chen Ausbildungsstellen innerhalb oder auch außerhalb Deutschlands zu bekommen, „auf Hachschara zu gehen“, um sich auf die Auswanderung nach Palästina und das Leben dort mit seinen großen praktischen Schwierigkeiten vorzubereiten. Über den aktuellen Stand der Gemeindeaktivitäten informierte Rabbiner Dr. Philipp die jüdische Öffentlichkeit am 7. Oktober 1933 in der zionistischen „Jüdischen Rundschau“:

Der veränderten Zeitlage ist gleich zu Anfang dadurch Rechnung getragen worden, dass die früheren und neuen Aufgabengebiete der Gemeinde an verschiedene ehrenamtliche Dezernenten verteilt wurden. [...] Das Jugenddezernat richtete verschiedene Kurse ein, die auch gleichzeitig die Barmer Jugend mitumfassen. Es laufen zwei Kurse für Neuhebräisch (Rabb. Dr. Lubasch-Barmen und Rabb. Dr. Philipp-Elberfeld), ein Kurs über jüdische Geschichte des letzten Jahrhunderts, ein Kurs über Wirtschaftsfragen. Nach den Feiertagen wird ein weiterer Kurs für Neuhebräisch für die jüngere Jugend an einem Nachmittag eingerichtet. Der Frauenbund hat für seine Mitglieder ebenfalls einen Hebräischkurs. Ein weiterer Erwachsenenkurs wird von der ZOG. [Zionistische Ortsgruppe] veranstaltet werden. Der Frauenbund hält außerdem einen Englischkurs sowie einen schon seit langem bestehenden Bibelkurs ab. Die ZOG. setzt nach den Feiertagen einen vor beinahe zwei Jahren begonnenen Geschichtskurs fort, der mit den Uranfängen Israels begonnen hat und jetzt mit der Geschichte des frühen Mittelalters seine Fortsetzung finden wird. Das Wohlfahrtsamt unserer Gemeinde besitzt seit vielen Jahren einen anerkannten Arbeitsnachweis, der naturgemäß stark in Anspruch genommen ist. Er ist sehr bemüht, mit Hilfe der bündischen Jugend Hachscharahstellen ausfindig zu machen. Im Bezirk unserer Gemeinde liegt die Stadt Remscheid. Auch dort laufen seit einigen Monaten 2 Kurse, einer für Neuhebräisch, ein zweiter für jüdische Geschichte von der Zeit der Emanzipation an. Der Besuch all dieser Kurse ist außerordentlich rege. Es steht zu hoffen, dass auch bald die sportlichen Interessen der Juden Wuppertals gepflegt werden können. Außer diesen bestehenden und geplanten Kursen, die naturgemäß immer nur einen kleineren Kreis der Gemeinde umfassen können, weil sie regelmäßige Teilnahme und intensive Mitarbeit erfordern, werden im Winter große Vortragsveranstaltungen hinzukommen. A. Ph. [Alfred Philipp]

„Makkabi“ und „Schild.“ Jüdische Jugendliche in Sport und Freizeit

Nebenbei . . .

Städt. Badeanstalten für Juden verboten!
Vor einigen Tagen machten wir darauf aufmerksam, daß das Treiben der Juden in unseren Badeanstalten für deutsche Volksgenossen allmählich unerträglich würde und nun erfahren wir durch einen Zufall, daß die Stadtverwaltung in Anerkennung dieser Tatsache, den Juden das Betreten der städtischen Badeanstalten verboten hat. Unsere Wuppertaler Volksgenossen können jetzt also wieder ungestört in den städtischen Badeanstalten ihr Bad nehmen und ihrer sportlichen Betätigung nachgehen. Hoffentlich schließen sich dem Vorgehen der städtischen Verwaltung nunmehr auch die privaten Strandbäder an.

◄ *Mitten im Sommer, am 5. August 1935, freut sich ein Artikel in der Rheinischen Landeszeitung über das Verbot für Juden, öffentliche Schwimmbäder zu besuchen.*

Nach 1933, als viele jüdische Jugendliche aus dem allgemeinen Vereinsleben ausgeschlossen worden waren und Alternativen für ihre Freizeitbeschäftigung finden mussten, stieß die Idee, jüdische Sportvereine zu gründen, bei jungen Leuten auf ein großes Echo. So wurde im Dezember 1933 ein „Hakoah“-Wuppertal gegründet, ein zionistischer Sportverein, der sich der überregionalen, zionistisch ausgerichteten „Makkabi“-Bewegung anschloss. Eine zentrale Figur des Wuppertaler Sports war der Leichtathlet Franz Orgler, der Sohn des Rechtsanwalts Kurt Orgler aus Wichlinghausen. Er gründete zwei Jahre später mit Liesel Kalkstein den „Makkabi Hazair“, eine sportliche Pfadfindervereinigung.

Wir hatten in der damaligen Zeit in Wuppertal ein paar Olympia-Kandidaten für 1936, das war der Sohn des Rechtsanwalts Orgler, den kannte ich gut, der lief damals schon die 100 Meter in 10,5 bis 10,6 Sekunden. Die waren damals im Olympia-Kader, das war die vorolympische Mannschaft, da waren die drin und sind [...] sofort herausgezogen worden, weil sie Juden waren. *(Zeitzeugenbericht Manfred Lichtwitz)*

Eins der ersten Turniere, das der „Hakoah“ ausrichtete, war ein Fußball- (oder Handball?)spiel, wie das „Kölner jüdische Gemeindeblatt“ – auch in anderer Hinsicht etwas ungenau – ankündigte:

Werbeturnen des Jüdischen Sportvereins und der Sportgruppe des „Schild“, 1937

Fußball in Wuppertal

Zum ersten Male tritt der junge Hakoah-Wuppertal am 11. März mit einem Handball-Werbespiel an die Öffentlichkeit. Er hat sich Hakoah-Köln zu einem Gesellschaftsspiel verpflichtet und sich damit eine schwere Aufgabe gestellt. Köln wird in bester Besetzung mit Hirsch, Abraham, Trepp, Dr. K. Dreyer, Andries, Reh, Lewinsohn, Emanuel, Cahn, Keßler antreten. Das Spiel findet in der Mönbeck (Elberfeld-Sonneborn) um 11 Uhr statt. *(9.3.1934)*

Anfang 1935 wurde in Wuppertal außerdem der „Jüdische Sportverein Wuppertal“ (JSVW) gegründet, der, wie der „Schild“ aus dem „Reichsbund jüdischer Frontsoldaten“ (RjF) hervorgegangen und nicht zionistisch ausgerichtet war, sondern eher dem „Centralverein deutscher Staatsbürger jüdischen Glaubens“ (CV) nahe stand. Der Fabrikant Fritz Grünewald, zugleich Mitglied im RjF, wurde Vorsitzender des neuen Klubs, der einen Sportplatz im Uellendahl und eine Turnhalle am Neuenteich benutzte.

Trotz der ideologischen Unterschiede gab es gemeinsame Aktivitäten zwischen dem „Jüdischen Sportverein Wuppertal“ bzw. „Schild“ und dem „Hakoah“, z. B. gemeinsames Training, Wettkämpfe und Freundschaften zwischen einzelnen Mitgliedern.

[...] bis 1935 habe ich sehr wenig [vom Antisemitismus] gespürt. Praktisch bin ich [...] nur gewandert, habe in meinem Verein gelebt, hab eben viel trainiert, zwei-, dreimal in der Woche. Damals in dem Jüdischen Sportverein war ich zweiter deutscher Jugendmeister als Boxer im Jugendfliegengewicht zu der Zeit. Die hatten ein paar ganz hervorragende Leute in Deutschland, die ganz bestimmt auch im allgemeinen Sport etwas geworden wären, wenn sie nicht Juden gewesen wären. Kölner Schwergewichtler waren einsame Spitze.

◄ Der zionistische Hakoah Wuppertal mit Erich Winter, Rudi Schwarz, Adele Heller, Max Banker und Rudi Zomber

▼ Mädchenturnriege, darunter Anita Dannenberg, Friedel Danziger, Gerda Mendels, Anneliese Jacoby und Ilse Brauer

Werbeturnen des Jüdischen Sportvereins und der Sportgruppe des „Schild", 1937

Und ich war eben auch als Jugendlicher im Jugendfliegengewicht – ich wog damals keine 100 Pfund – sehr schnell, nicht so stark, aber technisch sehr gut. Wir haben hart trainiert. Wir hatten eben Freude, unser gesamtes Freizeitleben spielte sich da ab.
(Zeitzeugenbericht Manfred Lichtwitz)

Am 3. Dezember 1936 war in der „CV-Zeitung" der interessante Bericht über einen regionalen Boxwettkampf in Elberfeld zu lesen, an dem mehrere junge Athleten aus Wuppertal teilgenommen hatten:

Der westdeutsche Landesverband des Sportbundes wickelte am 29. November in Wuppertal-Elberfeld seinen 2. diesjährigen Kampftag ab. Durch die augenblicklich herrschende Grippeepidemie stand die Veranstaltung unter einem besonders ungünstigen Stern, da eine grosse Anzahl der Funktionäre und Boxer z.T. noch in den letzten 24 Stunden erkrankten und so fast alle Paarungen umgestellt werden mussten.

Nach zwei einleitenden internen Kämpfen kam Mehr (Köln) gegen Salomon (Elberfeld) zu einem Punktsieg. Eine angenehme Überraschung war der 15jährige Leven (Elberfeld), der gegen Hirsch (Köln) nur äusserst knapp nach Punkten unterlag, aber gute Veranlagung verriet. Die zweite Überraschung war Krefelds Weltergewichtler Samuel I, der in der 2. Runde Goldstein (Köln) k.o. schlug. Eine wenig schöne Vorstellung gab Kessler (Köln) gegen Gasiorowski (Elberfeld). Schon am Ende der 1. Runde gab der Kölner wegen einer „Armverletzung" auf. In Grünberg (Elberfeld) und Stern (Dortmund) sah man eine interessante Paarung. Der stets spannende Kampf wurde bei leichten Vorteilen des Dortmunders Unentschieden gegeben. Mit dem gleichen Resultat trennten sich auch die beiden Elberfelder Lichtwitz und Appel. Bloch (Dortmund) brauchte gegen seinen Gegner Samuel II (Krefeld) nur eine Runde, dann wurde der Kampf zu seinen Gunsten wegen zu grosser Überlegenheit abgebrochen. Der schönste und erbittertste Kampf war der zwischen Rosenfeld (Düsseldorf) und Waldhorn I (Dortmund). Nur dank seiner besseren 1. Runde kam der Dortmunder trotz einer Verwarnung zu einem knappen aber verdienten Punktsieg.

Noch bis November 1938 durften sich jüdische Jugendliche in ihren eigenen Vereinen und damit auch im Sport organisieren und betätigen. Nach der so genannten Reichskristallnacht wurde ihnen auch das verboten. Die meisten Mitglieder der zionistischen Vereine waren zu diesem Zeitpunkt bereits emigriert.

„Zwei Stunden ihre Sorgen vergessen." Der Jüdische Kulturbund

Bald nach der Machtübernahme gründete sich im Sommer 1933, zunächst nur in Berlin, der „Jüdische Kulturbund". Damit sollten den jüdischen Berufsschauspielern und Berufsmusikern, die von den deutschen Bühnen und aus den deutschen Konzerthallen entfernt worden waren, neue Wirkungs- und Erwerbsmöglichkeiten geschaffen werden. Aus der Perspektive des jüdischen Publikums entstand damit ein eigenes Kulturangebot, um eben nicht zu „deutschen" Kulturveranstaltungen gehen zu müssen, wo man stets in eine judenfeindliche Atmosphäre geraten konnte. Allerdings stand der Kulturbund immer unter der Aufsicht der Gestapo. Es gab eine Zensur und unangemeldete Kontrollbesuche der Veranstaltungen durch Gestapobeamte. Aber gerade weil der Kulturbund seine Existenz der Genehmigung durch die staatlichen Behörden verdankte, war er auch stets im Fokus kritischer jüdischer Stimmen, die der Leitung des Kulturbundes Kollaboration und Willfährigkeit vorwarfen – schließlich unterstützte der NS-Staat das Projekt sogar durch finanzielle Zuschüsse. Doch trotz dieses in der Tat berechtigten Einwands entwickelte sich der Kulturbund zu einem enorm gefragten Unternehmen bei den kunstliebenden Juden im „Dritten Reich".

Nach dem Berliner Vorbild wurden im ganzen Reichsgebiet regionale und lokale Kulturbünde gegründet, darunter auch der zweitgrößte, der Jüdische Kulturbund Rhein-Ruhr. Die lokalen und regionalen Bünde hatten ihre Stärken in unterschiedlichen Sparten, so dass die Produktionen auf Tournee durch das ganze Land gingen und überall Theater, Konzerte, Opern, Vorträge, Lesungen und Kleinkunst angeboten werden konnten.

Seit Ende 1933 gab es auch in Wuppertal Veranstaltungen des Kulturbundes. Die erste war ein literarischer Abend mit dem damals überaus geschätzten Rezitator Ludwig Hardt (1886-1947) am 19. November im Gesellschaftshaus an der damaligen Hermann-Göring-Straße (Neumarktstraße).

Ludwig Hardt spricht Jüdische Dichtungen.

Damit betritt dieser beste Sprecher seit Kainz, der berühmte Künder von Goethe, Hölderlin, Novalis, Kleist, Johann Peter Hebel und Matthias Claudius Bezirke, die ihm seit langem vertraut sind. Hardt war einer der ersten Künstler, der jüdisches Wesen in seiner Totalität begriff und diese Erkenntnis in seiner Kunst fruchtbar werden ließ. Er wurde der Monumentalität und Menschlichkeit der Bibel und biblischer Gestalten gerecht; er reinigte für ein breites Publikum Heines Bild vom Odium der Sentimentalität und vertiefte es durch die Auswahl, die er aus den Werken des Dichters traf; vor allem aber hob er vor fast 30 Jahren als liebevoller Sammler und genialer Mittler die Schätze ostjüdischer Erzählungskunst. Viele von uns verdanken ihm die erste Bekanntschaft mit dem wunderbaren jüdischen Humor, wie er in den Geschichten des Scholem Aleichem, des Scholem Asch und des J.L. Perez lebendig ist. Hardt versteht es, jene ergreifende Heiterkeit zu interpretieren, jenes Lachen, das sublimiert und gedämpft scheint durch einen hauchdünnen Schleier der Wehmut.

(Mitteilungen des Kulturbundes Rhein-Ruhr, November 1933)

Zehn Tage später hielt der Berliner Rabbiner Dr. Max Wiener einen Vortrag über „Den jüdischen Weg". Im Februar konnte man Carlo Goldonis Lustspiel „Mirandolina" und ein vermutlich recht hochkarätiges Konzert mit drei Synagogen-Kantoren besuchen. Durchschnittlich zwei Abende im Monat wurden vom Kulturbund angeboten, manchmal auch drei.

Die Vorträge des Kulturbundes beschäftigten sich überwiegend mit jüdischen und religiösen Fragen; vielfach wurden Rabbiner dazu eingeladen. Aber die Resonanz auf Veranstaltungen mit spezifisch jüdischen Inhalten war von Anfang an nicht groß und nahm mit der Zeit noch ab. Erfolg hatten die Kammermusikabende und Komödien, und zu einer regelrechten Blüte kam es bei der Kleinkunst: Kabarett, Sketche, Couplets und Zauberei.

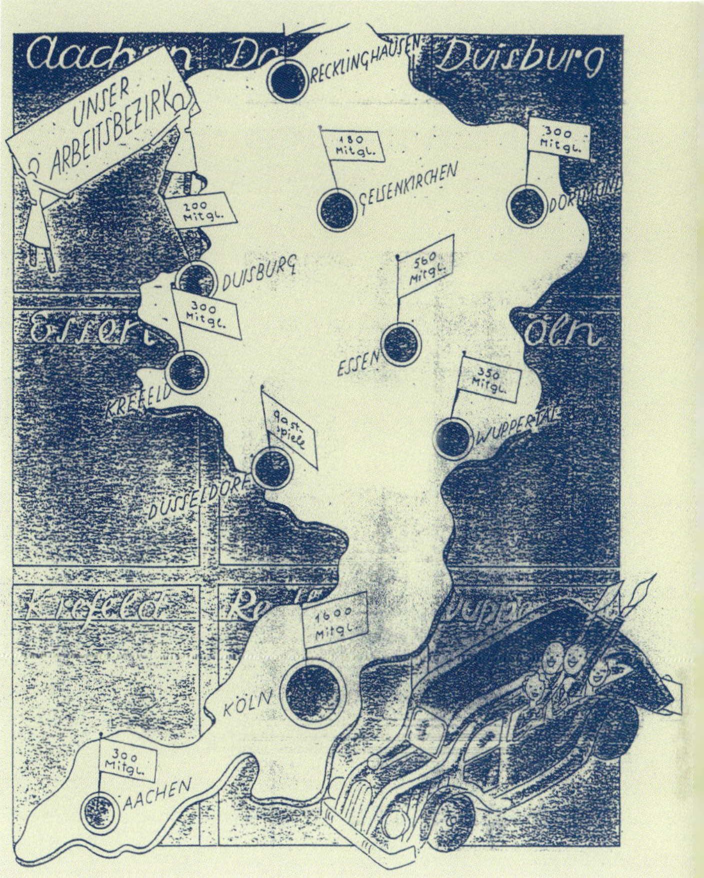

Aus einem Mitteilungsheft des Jüdischen Kulturbundes

Vignette zur Ankündigung des „ersten jüdischen Tonfilms" im Jüdischen Kulturbund, 1938

Unglaublich, aber wahr!

Unverschämtheit des Elberfelder Stadthallenpächters / Stelldichein der Jude

Oberkantor Hermann Zivi
(1867-1943)

Die Aktivitäten des Kulturbundes waren beherrscht von der Frage, was denn eigentlich unter „jüdischer Kultur“ zu verstehen sei. Wie konnte man „jüdische Kultur“ definieren, wenn eine Definition über die Abstammung des Künstlers (wie die Nazis es taten) wohl kaum möglich erschien? Gab es jüdische Kunst außerhalb von jiddischer Folklore und synagogaler Liturgie? Für die Praxis erledigten sich die Fragen von selbst zu dem Zeitpunkt, als das Programm des Kulturbundes die staatliche Zensur zu passieren hatte. 1936 waren Goethe und die ganze literarische Klassik auf die schwarze Liste gesetzt worden, Beethoven 1937. Mozart wurde erst nach dem „Anschluss“ Österreichs im März 1938 gestrichen, Händel war bis zur „Reichskristallnacht“ erlaubt. Danach waren „arisch“-deutsche Autoren und Komponisten für jüdische Kulturveranstaltungen generell tabu. So unfreiwillig und tragisch die Debatte über jüdische Kultur auch war – in Umfang und Niveau war sie selbst ein wesentliches Element des jüdischen Kulturlebens der NS-Zeit.

Auch der damals bereits pensionierte Elberfelder Oberkantor Hermann Zivi beteiligte sich an dieser Diskussion. Er war nicht der Meinung, dass es eine spezifisch „jüdische Musik“ gebe, wenigstens nicht in seinem Fach, der Synagogenmusik. Jüdische Kompositionen hätten, so Zivi, stets unter den Einflüssen der lebendigen musikalischen Stile in der Mehrheitsgesellschaft gestanden und sie absorbiert.

Es liegt in der Natur der musikalischen Substanzen, daß eine eigene Musik stets unter dem Gesichtswinkel des für bestimmte Himmelsstriche Eigentümlichen entstanden ist. Und so können wir ganz allgemein eine konsequente Anlehnung der Synagogen-Musik an die Musik der jeweiligen Länder und Epochen feststellen. Im Osten singt man schwermütig, wie die slawischen und orientalischen Völker das tun; im Westen singt man anders, auch in der Synagoge. Die Frage nach dem Vorhandensein einer "jüdischen Musik“ muß verneint werden. Wenn hingegen die Judenheit irgendwie einmal in kompakten Massen bodenständig geworden sein wird, unbehelligt von allem Drang und Zwang von außenher, dann wird sie mit der seelischen Ruhe auch die Kraft gewinnen, um auf eigener Scholle zu einer Musik zu gelangen, die auf dem Boden des Judentums gewachsen ist.
(Mitteilungen, Mai 1934)

Der rührige Vorsitzende der jüdischen Gemeinde Elberfeld, Gustav Brück, war zum Vorstandsmitglied des „Kulturbundes Rhein-Ruhr“ gewählt worden. Ihm war die Funktion des Bundes als kulturelle jüdische Selbsthilfeorganisation unter der Repression des NS-Staates sehr bewusst, und so mahnte er mit Nachdruck Verantwortung, Einigkeit und Solidarität unter den kunstliebenden Juden an:

Eine weitere soziale Verpflichtung aber hat der Kulturbund auch gegenüber den Gemeinden und ihren Mitgliedern. Indem er sich die prinzipale Aufgabe gestellt hat, den jüdischen Menschen mit ihren heute so zahlreichen und verschiedenen Nöten durch Freude seelischen Halt zu geben, soll und kann er wahrhaft gemeinschaftsbildend wirken. Denn er will und soll allen jüdischen Menschen ohne Unterschied geistige und seelische Erhebung vermitteln, und ist daher, wenn er seine Aufgabe erfüllt, wie kaum eine andere jüdische Einrichtung in der Lage, die sozialen und wirtschaftlichen Unterschiede, die Unterschiede der religiösen und sonstigen „Richtungen“ im deutschen Judentum zu überbrücken. In dieser Beziehung sind Programmgestaltung und Mitgliedsbeitrag von wesentlicher Bedeutung. (Mitteilungen, Oktober 1934)

Die Veranstaltungsorte des Kulturbundes in Wuppertal waren zunächst die Säle und Räumlichkeiten verschiedener Gesellschaftsvereine und die Stadthalle. Allerdings kam es dort am 14. März 1935 zu einem gewaltigen Eklat: Der Jüdische Kulturbund hatte im Majolika- bzw. Gelben Saal (heute Mendelssohn-Saal) einen Diavortrag über den Maler Max Liebermann angeboten, während zur selben Zeit im Großen Saal eine Veranstaltung des NS-Winterhilfswerks stattfand, so dass das Publikum – Juden und Nationalsozialisten – sich in den Treppenhäusern begegnen musste. Am nächsten Tag empörte sich die nationalsozialistische „Rheinische Landeszeitung“ über die Planung des Stadthallenpächters, die zu dem aus ihrer Sicht unzumutbaren Zusammentreffen mit dem jüdischen Publikum geführt hatte:

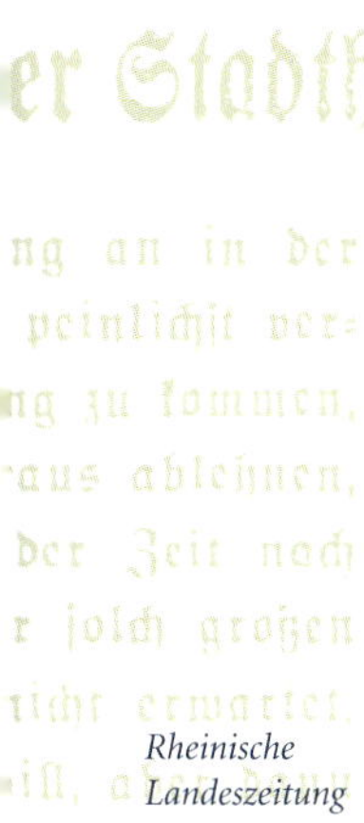
er Stadthalle
ng an in der
peinlichst ver-
ng zu kommen,
raus ablehnen,
der Zeit nach
r solch großen
nicht erwartet,
will, aber dann

Rheinische Landeszeitung vom 15.3.1935

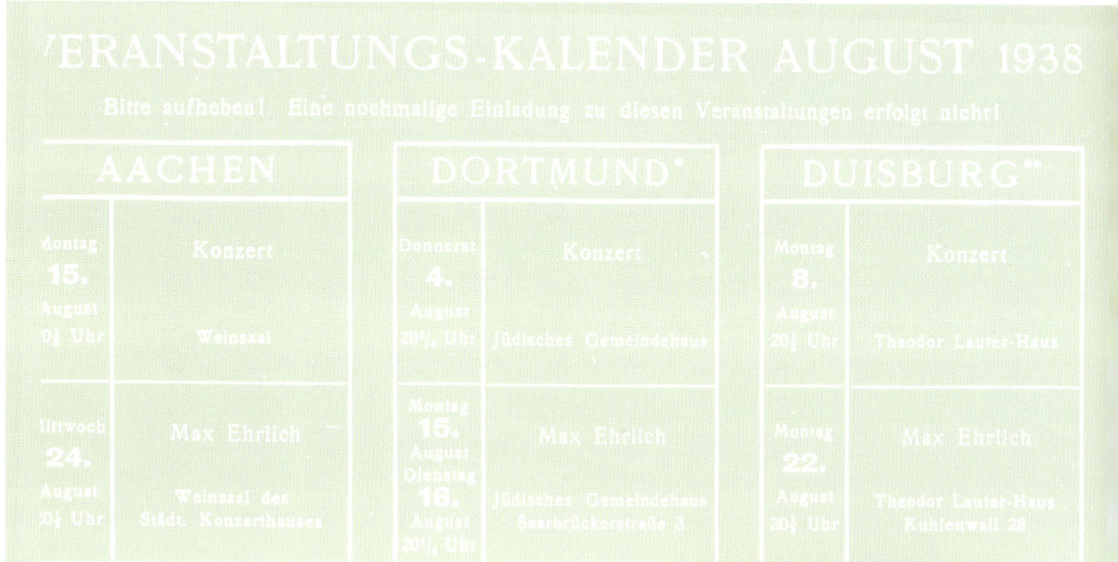
VERANSTALTUNGS-KALENDER AUGUST 1938

Bitte aufheben! Eine nochmalige Einladung zu diesen Veranstaltungen erfolgt nicht!

AACHEN		DORTMUND*		DUISBURG**	
Montag 15. August 20½ Uhr	Konzert Weinsaal	Donnerstag 4. August 20¼ Uhr	Konzert Jüdisches Gemeindehaus	Montag 8. August 20½ Uhr	Konzert Theodor Lauter-Haus
Mittwoch 24. August 20½ Uhr	Max Ehrlich Weinsaal des Städt. Konzerthauses	Montag 15. August Dienstag 16. August 20¼ Uhr	Max Ehrlich Jüdisches Gemeindehaus Saarbrückerstraße 3	Montag 22. August 20½ Uhr	Max Ehrlich Theodor Lauter-Haus Kuhlenwall 28

ESSEN** GELSENKIRCHEN

Bitte besuchen Sie unsere Veranstaltungen in Gelsenkirchen!

WUPPERTAL

Samstag 20. August 20½ Uhr Max Ehrlich Appelsches Haus Eingang Herzogstraße

Spielplan des Jüdischen Kulturbunds Rhein-Ruhr für August 1938

▲ Autogrammkarte von Max Ehrlich (1892-1944), einem der beliebtesten Komiker und Kabarettisten der 1930er Jahre

Unglaublich, aber wahr! Unverschämtheit des Elberfelder Stadthallenpächters. Stelldichein der Juden in der Stadthalle

Als am gestrigen Abend Tausende von Amtswaltern, Helfern und Helferinnen der NS-Volkswohlfahrt zu der großen Arbeitstagung des Winterhilfswerks, über die wir in unserer morgigen Ausgabe berichten werden, kamen, bot sich ihnen in der Wandelhalle der Elberfelder Stadthalle ein eigentümliches Bild. Die gesamten Juden Wuppertals hatten sich eingefunden zu einer Versammlung des "Jüdischen Kulturbundes" und machten sich in der Wandelhalle vor der Garderobe breit, und das in dem Augenblick, wo der große Saal der Stadthalle sich füllte mit den ehrenamtlichen, uneigennützigen Helfern am Winterhilfswerk. Daß diese Unverschämtheit des Pächters eines städtischen Saalbaues, in dem alle großen Veranstaltungen der NSDAP. stattfinden, tiefe Erregung bei den Partei- und Volksgenossen hervorrufen mußte, ist selbstverständlich, und das Verdienst der jüdischen Kulturbündler ist es bestimmt nicht, wenn alles ohne Zwischenfall ablief.

Kreisleiter Feick nahm dann auch Gelegenheit, zu Beginn seiner Rede der Empörung Ausdruck zu geben und das Verhalten des Stadthallenpächters ins rechte Licht zu rücken. Er erklärte: „Ich habe Jahre vor der Macht von Anfang an in der Bewegung gestanden und gearbeitet und habe es peinlichst vermieden, mit solchen Leuten irgendwie in Berührung zu kommen, die wir aus unserem blutmäßigen Empfinden heraus ablehnen, nämlich den Juden. Daß mir heute Abend, in der Zeit nach der Machtübernahme, diese jüdische Rasse in einer solch großen Zahl demonstriert werden würde, das hätte ich nicht erwartet. Ich kann verstehen, wenn man Geschäfte machen will, aber dann soll man auf unsere Partei verzichten. Damit wir nicht mehr von solchen Gestalten durch ihre Ansicht belastet werden, ordne ich hiermit, abgesehen von noch abgeschlossenen Veranstaltungen, mit sofortiger Wirkung eine Veranstaltungssperre für die Stadthalle Wuppertal-Elberfeld an. Wir werden auch mit kleineren Räumen auskommen, und wenn sie zu klein sind, können wir auch auf öffentlichen Plätzen tagen. Wir sind auf diesen städtischen Raum nicht angewiesen. Es ist eine Geschmacklosigkeit und eine Unverschämtheit an sich, daß ein Pächter von städtischem Grundbesitz Juden in den Betrieb hinein läßt, geschweige dann, wenn die Partei dort tagt." Wie sehr der politische Hoheitsträger des Kreises Wuppertal allen Amtswaltern, Helfern und Helferinnen mit dieser Erklärung aus der Seele gesprochen hat, das bewies der ungeheure Beifall, den seine Worte fanden. (Rheinische Landeszeitung vom 15.3.1935)

Die Stadtverwaltung Wuppertal beugte sich diesem Druck und löste den Vertrag mit ihrem Pächter zum 30. Juni 1935.*

Als Ausweichquartier des Jüdischen Kulturbundes wurde nun zunächst der Frauenklub in der Luisenstraße 45 in Wuppertal genutzt, aber auch die Elberfelder Synagoge an der Genügsamkeitstraße, dann ab Mai 1936 die Räume der Loge in der Hofaue 69, die Hofaue 70 und ab 1937 das „Appelsche Haus" in der Herzogstraße 12.

Das letzte erhaltene Programmheft des Jüdischen Kulturbundes Rhein-Ruhr stammt vom August 1938. Für Wuppertal wurden darin ein Konzert und, für den 20. August, ein „Heiterer Abend" angekündigt.

Das Konzert fand am 10. August in der Elberfelder Synagoge statt, genau drei Monate vor ihrer Zerstörung. Gegeben wurden Felix Mendelssohns B-Dur-Sonate op. 106, Frédéric Chopins Berceuse B-Dur und die Valse brillante, Op. 34 Nr.1, Feruccio Busonis Indianisches Tagebuch mit 4 Klavierstudien, Eduard Lalos Symphonie espagnole und die Chaconna von Tomaso Vitali. Der beliebte Schauspieler Max Ehrlich, der zehn Tage später den „heiteren Abend" bestritt, schrieb im Programmheft:

... das kann mir ja doch niemand bezahlen: Das Gefühl, daß es mir gegeben ist, Juden in dieser schweren Zeit abendlich zwei Stunden ihre Sorgen vergessen zu machen...

Damit brachte er auf den Punkt, was die Künstler antrieb – trotz der permanenten innerjüdischen Vorwürfe der Opportunität (sich mit den Nationalsozialisten zu arrangieren), sogar der Frivolität (angesichts der permanenten Diskriminierungen noch unterhalten zu wollen). 1941 wurde der Kulturbund in Deutschland endgültig verboten, und sämtliche kulturellen Aktivitäten mussten heimlich organisiert werden, wenn das überhaupt noch möglich war.

* Im Juni 1995 beschloss der Rat der Stadt Wuppertal, vier der Säle der restaurierten Stadthalle nach jüdischen bzw. verfemten Komponisten zu benennen: Mendelssohn-, Offenbach-, Mahler- und Hindemithsaal.

Kindheitserinnerungen von Erich Kurt Plaut

Erich Kurt Plaut (geb. 1922), um 1925

Der 1922 in Elberfeld geborene Erich Kurt Plaut wohnte mit seinen Eltern, Julius und Gertie Plaut, geb. Haas, und seinen jüngeren Geschwistern Werner und Annemarie in der Augustastraße 54 in der Elberfelder Südstadt.

Mein Vater war Sozius der Firma Plaut & Reuter, die mit der Zusammensetzung von Klöppeldecken mit Spitzen wie auch mit Tapisseriewaren tätig war. Die Firma beschäftigte zwischen 30 und 40 gewerbliche Mitarbeiter sowie 4 oder 5 Bürokräfte. Außerdem noch den Chauffeur, Hans Ramroth, der in Elberfeld bis zu seinem Tod, ca. 1980, wohnte. Das Domizil der Firma war im Textilhaus an der Hofaue. Sie wurde 1938 durch Zwangsverkauf enteignet, während mein Vater im Gefängnis, in so genannter Schutzhaft war.

Freunde meiner Eltern waren Herr und Frau Heimann von Gebr. Kaufmann, Fritz Grunewald von der Königstraße, der eine Hemdenfabrik hatte, Dr. Bauer aus der Bankstraße, Rechtsanwalt Strauß von der oberen Augustastraße, meines Vaters Sozius Jakob Reuter und Frau Meta aus der Briller Straße, Artur Stern vom Forsthof, Pauli Rosenbaum und Renate Katz von der Jägerhofstraße. Sie gehörten alle zu einem Kegelklub, wie meine Mutter auch zu einem Bridgekränzchen.

[...] Mein Bruder und ich waren sportlich sehr aktiv. Wir spielten Tennis im jüdischen Tennisclub am Lichtscheid, gingen zum Skilaufen in die Gelpe, wie auch zu Fahrten ins Bergische Land und ins Sauerland. Wir turnten mit dem „Hakoa“, späterhin mit dem „Schild“ und spielten dort auch Tischtennis und Fußball. Die Turnhalle des „Schild“ und „Hakoah“ sowie die Grunewaldsche Hemdenfabrik waren am Neuenteich, ungefähr eine Straßenlänge vom Hofkamp, auf der rechten Seite.

Die Eltern Gertie und Julius Plaut, dahinter das Haus in der Augustastraße 54

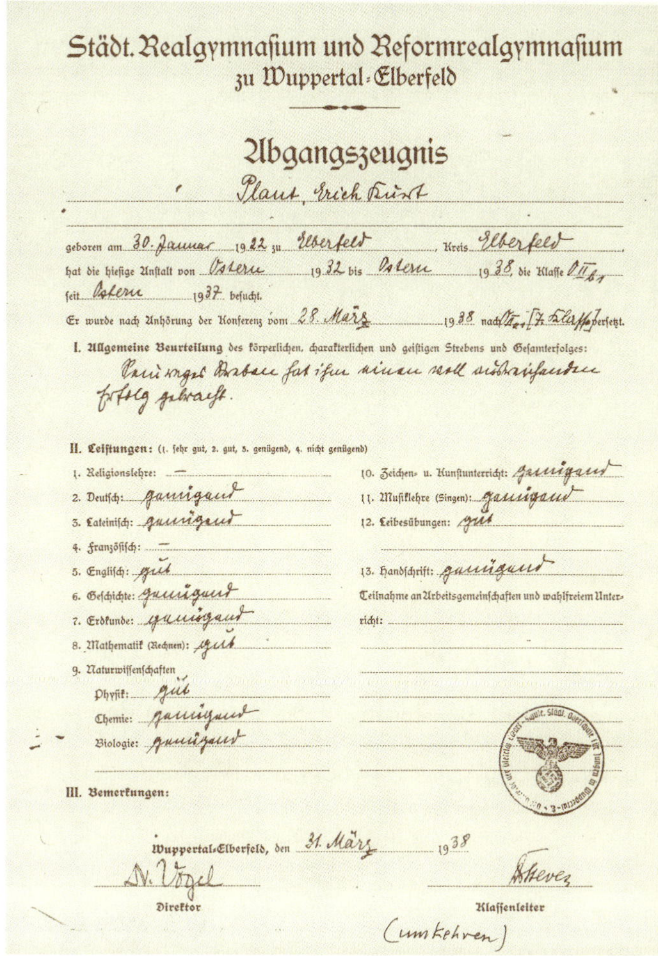

Städt. Realgymnasium und Reformrealgymnasium
zu Wuppertal-Elberfeld

Abgangszeugnis

Plaut, Erich Kurt

geboren am 30. Januar 1922 zu Elberfeld, Kreis Elberfeld,
hat die hiesige Anstalt von Ostern 1932 bis Ostern 1938, die Klasse O II b
seit Ostern 1937 besucht.
Er wurde nach Anhörung der Konferenz vom 28. März 1938 nach O II [7. Klasse] versetzt.

I. **Allgemeine Beurteilung** des körperlichen, charakterlichen und geistigen Strebens und Gesamterfolges:
Bei längerer Arbeit hat ihm einen voll ausreichenden Erfolg gebracht.

II. **Leistungen:** (1. sehr gut, 2. gut, 3. genügend, 4. nicht genügend)

1. Religionslehre: –
2. Deutsch: genügend
3. Lateinisch: genügend
4. Französisch: –
5. Englisch: gut
6. Geschichte: genügend
7. Erdkunde: genügend
8. Mathematik (Rechnen): gut
9. Naturwissenschaften
   Physik: gut
   Chemie: genügend
   Biologie: genügend
10. Zeichen- u. Kunstunterricht: genügend
11. Musiklehre (Singen): genügend
12. Leibesübungen: gut
13. Handschrift: genügend

Teilnahme an Arbeitsgemeinschaften und wahlfreiem Unterricht:

III. **Bemerkungen:**

Wuppertal-Elberfeld, den 31. März 1938

Dr. Vogel — Direktor

Stevez — Klassenleiter

(umkehren)

◀ Die Geschwister Erich, Annemarie und Werner Plaut, ca. 1931

Abgangszeugnis des Realgymnasiums an der Aue für Erich Kurt Plaut

Wir gehörten zur Synagoge hinter dem Kaufhaus Tietz […]. Mein Vater war Repräsentant in der Gemeinde und besuchte die Synagoge fast jeden Freitag Abend und Samstag Morgen. Um die Zeit meiner Geburt, 1921/22, kaufte er einen lebenslänglichen Sitz in der Synagoge, was eine der wenigen Sachen ist, die er aus der Inflation gerettet hat. Ich wurde im Januar 1935 Barmitzwa und nahm den Konfirmandenunterricht mit Vorsänger Sussmann aus der Zietenstraße und Rabbiner Philipp. Dr. Norden, der Senior-Rabbiner, hatte seine Tätigkeit schon sehr vermindert. Unsere Erziehung war jüdisch in soweit, als dass wir jede Woche in die Religionsstunde gingen, die gewöhnlich in der Hilfsschule an der Bergstraße stattfand. Falls meine Eltern nicht am Samstag in der Synagoge waren, erzählten wir ihnen die Ansprache oder Predigt nach.

[…] Mein Vater war Mitglied im „Reichsbund jüdischer Frontsoldaten", und meine Sympathie hatte der „Schild"-Sportclub nach der Abspaltung vom „Hakoa". Einer der Vorturner war Alfred Auerbach, der aus einer sehr großen Schwimmerfamilie stammt und, soviel ich mich erinnere, an der Alsenstraße wohnte. Seine Verwandtschaft war Flörsheim auf der mütterlichen Seite, die alle große Schwimmer waren. Späterhin war mein Freund vor allem Ernst Artur Dahl von der Jägerhofstraße. Sein Vater war Besitzer einer Herrenkleiderfabrik an der Hofaue. Sein Onkel mit Namen Dahl war der im Ersten Weltkrieg erblindete Konzessionär des Elberfelder Bahnhofs-Tabakkiosks. […] Fast bis zum Schluss war ich befreundet mit Heinz Pfaffmann aus der Ronsdorfer Straße, bis sein Vater ihm den Umgang mit mir verbot. Ich hatte ihm ein Buch geliehen: „Der Schädel des Negerhäuptlings Macao", das den Ersten Weltkrieg sehr realistisch beschrieb, ähnlich wie in dem Roman „Krieg" von Ludwig Renn oder „Im Westen nichts Neues" von Erich Maria Remarque. Dies war Herrn Pfaffmann zuwider, zumal er im Ersten Weltkrieg als Bankbeamter „gefochten" hatte. […] Frühere Elberfelder, von denen ich manchmal höre, sind Heinz Chambré, der in London wohnt und Besitzer oder Teilhaber an der Firma Jakobi war, die Damenmäntel machten am Brausenwerth. […] Gerade an dieser Ecke war auch die Firma Windmüller & Mendels. Der Sohn, Ernst Mendels, wohnt jetzt in Westbury, New York.

Wir gehörten zu dem jüdischen Kulturbund, der für einige Zeit in dem Gebäude schräg gegenüber des Gebäudes der Firma Windmüller & Mendels Aufführungen gab. […]

Fast jeden Samstag Nachmittag oder Sonntag Vormittag ging die ganze Familie auf einen Spaziergang bis mindestens zum Friedenshain, wohin gewöhnlich auch meine Großmutter mit der Straßenbahn fuhr und wir sie dort trafen. […] Manchmal gingen wir nach Bergisch Nizza, öfter auch zum Käshammer, wo wir uns auf der Rutschbahn, in der Schiffsschaukel und am Mühlenteich amüsierten. Öfter sind wir auch vom Friedenshain nach Küllenhahn gegangen, von wo wir oft durch den Wald über die Zeppelin-Allee zur Königshöhe, manchmal über die Viehhofstraße herauskamen und von dort nach Hause gingen. Wir sind auch zum Burgholz und über die Teufelsbrücke gegangen, wo wir zeigen mußten, dass wir an dem Tage noch nicht gelogen hatten, sonst wären wir in den Burgholzbach gefallen. (Zeitzeugenbericht Erich K. Plaut)

Diese Idylle hatte spätestens mit der „Reichskristallnacht" ein Ende: Die Kinder konnten nicht mehr zur Schule gehen und das Geschäft musste aufgegeben werden. Aus Sorge um ihre Kinder brachten die Eltern sie nach Holland. Im Februar 1940 kamen Julius und Gertie Plaut mit der Großmutter in die Niederlande, um die Kinder abzuholen und mit ihnen in die USA auszuwandern. Das war nur möglich geworden, weil Julius' Bruder Alfred von Amerika aus finanzielle Unterstützung zugesagt hatte. Denn vor der Ausreise hatte Julius Plaut u.a. eine „Judenvermögensabgabe" und eine „Reichsfluchtsteuer" in exorbitanter Höhe an den nationalsozialistischen Staat zahlen müssen. Auch den Rest an Hab und Gut verlor die Familie, die zwei Container und verschiedene Kisten im Hafen von Rotterdam hatte einlagern lassen. Alles ging in Flammen auf, als die Stadt am 14. Mai 1940 von deutschen Kampfgeschwadern bombardiert wurde. Der Familie gelang die Flucht in die USA.

Enge Spielräume.
Jüdischer Alltag zwischen „Duckes halten“ und „Maul aufreißen“

Maximilian Leven war bereits seit 43 Jahren als Justizinspektor beim Amtsgericht Elberfeld tätig, als im Juni 1935 auch er ins Visier der Nationalsozialisten geriet. Dass er zu diesem Zeitpunkt überhaupt noch im Justizdienst geduldet war, verdankte er dem Umstand, mit einer „arischen“ Frau verheiratet zu sein. Allmählich aber wollte man ihn trotzdem loswerden und suchte dazu nur einen Anlass. Den gab ihnen Leven durch eine unvorsichtige Bemerkung, wie aus einem Schreiben der Behörde hervorgeht:

Der Justizinspektor Max Leven, Elberfeld, der als Rechtspfleger bei dem Amtsgericht W.-Elberfeld beschäftigt ist und als Jude nur mit Rücksicht auf § 3 des Berufsbeamtengesetzes noch im nationalsozialistischen Staat Dienst tun darf, lässt nicht nur die seinerseits gebotene Zurückhaltung vermissen, sondern glaubt, durch hämische Bemerkungen hier und dort das Ansehen der NSDAP herabsetzen zu müssen. Wenn diesen Machenschaften bisher weniger Bedeutung beigemessen worden ist, so nur aus dem Grunde, weil die gefallenen Äusserungen entweder kurz vor oder kurz nach dem Umbruch geschehen und erst nachträglich bekannt geworden sind.

Vor kurzer Zeit hat uns die Behörde aus Anlass des Heldengedenktages zur Ausschmückung der Gefallenen-Gedenktafel im Amtsgerichtsgebäude W.-Elberfeld zur Deckung der Unkosten im Einverständnis der Beamten und Angestellten eine Sammlung veranstaltet, zu der jeder 0,10 RM entrichten sollte. Ein Wachtmeister, der mit der Einziehung beauftragt worden ist, hat auch dem Justizinspektor Leven die Liste vorgelegt. Leven hat sich zunächst auch eingezeichnet, hat dann seinen Namen aber wieder gestrichen, als er 0,10 RM zahlen sollte und bemerkt, er habe für derartige Sachen kein Geld übrig. Dieses Verhalten hat die grösste Empörung innerhalb der gesamten Beamten- und Angestelltenschaft hervorgerufen, insbesondere bei den alten Frontkämpfern. Die Unverschämtheit des Leven ist sogar so weit gegangen, dass er sich an demselben Nachmittag bei dem gleichen Wachtmeister erkundigt hat, ob sich die Frontkämpfer inzwischen wieder abgeregt hätten.
(Bericht über einen Brief des Amtsgerichtsdirektors Elberfeld vom 14.6.1935, StAWuppertal, AfW 12567)

Max Leven, der in der Grünstraße 13 lebte, hatte seine Respektlosigkeit mit der Entlassung aus dem Justizdienst zu büßen. Er starb im November 1940 an einem Herzschlag – der, wie seine Frau später glaubwürdig versicherte, durch die nationalsozialistischen Schikanen verursacht worden sei.

Eine ganz andere Haltung spiegelt die Eintragung in einem Poesiealbum. Im Unterschied zu Leven ermahnt das Gedicht zu strengster Disziplin und fordert regelrecht zur Selbstverleugnung auf – zum eigenen Schutz, aber vor allem für die Sicherheit der Gesamtheit:

Bedenk, daß Du ein Jude bist
ein Mensch mit doppelt schweren Pflichten.
Das Maß, mit dem Du andre mißt,
mit dem sollst Du Dich selber richten.

Nur dadurch falle auf mein Freund
daß Du versuchst ***nicht*** *aufzufallen.*
So dienst Du nicht nur Dir, wie's scheint,
oh nein, so dienst Du auch uns allen.

Wenn nur ein einziger sich vergisst
schon müssen tausend für ihn leiden.
Bedenk, daß Du ein „Jude“ bist
geh' Deinen Weg stolz und bescheiden.

◀ *Eva Israel (1927-1942), um 1936*

▼ *Gedicht von Siegbert Lachmann, 29.12.1937*

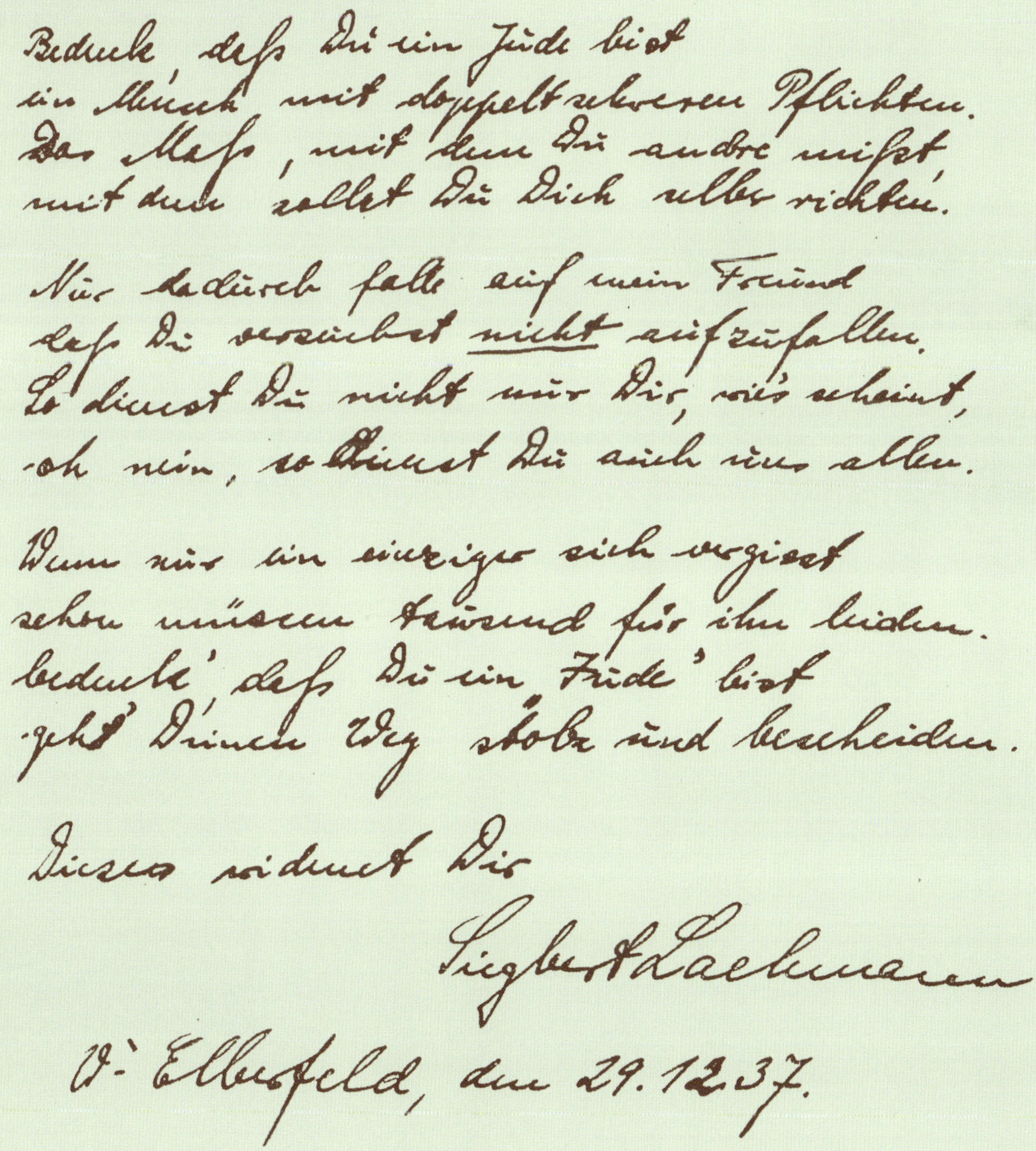

Bedenk, daß Du ein Jude bist
ein Mensch mit doppelt schweren Pflichten.
Das Maß, mit dem Du andre mißt
mit dem sollst Du Dich selber richten.

Nur dadurch falle auf mein Freund
daß Du versuchst nicht aufzufallen.
So dienst Du nicht nur Dir, wie's scheint,
oh nein, so dienst Du auch uns allen.

Denn nur ein einziger sich vergißt
schon müssen tausend für ihn leiden.
Bedenk, daß Du ein „Jude" bist
geh' Deinen Weg stolz und bescheiden.

Dieses widmet Dir

Siegbert Lachmann

W.-Elberfeld, den 29.12.37.

„Er war T und ich war S." Schulzeit in den 1920er und 1930er Jahren

Erster Schultag von Ina ▲ Ostwald und Anneliese Moll, 1927

Der Lehrer und Kantor ▶ Gustav Sussmann (1892-1937)

Jüdische Kinder und Jugendliche in Wuppertal besuchten dieselben Schulen wie andere auch. Das lag nicht nur daran, dass es keine öffentliche jüdische Schule gab, sondern vielmehr an der liberalen Ausrichtung der beiden Gemeinden und an der Einstellung der meisten Eltern, die auf eine jüdische Bildung nicht besonders viel Wert legten. Ihnen reichte es, die Kinder zum jüdischen Religionsunterricht in die Synagoge zu schicken. Verantwortlich dafür war seit 1914 Kantor Gustav Sussmann, der in der Weststraße 8 wohnte. 1892 als Sohn eines Kaufmanns geboren, hatte er mit 22 Jahren in der Elberfelder Gemeinde seine Ämter als Lehrer, Vorsänger und Gemeindesekretär angetreten. Seit der Pensionierung des Oberkantors Hermann Zivi im Jahr 1928 hatte Sussmann auch dessen Aufgaben übernommen. Einige seiner ehemaligen Schülerinnen und Schüler erinnern sich noch heute voller Sympathie und Wärme an diesen offensichtlich sanften und liebenswerten Lehrer.

Sussmann [...] war ein ruhiger Mann, hatte eine schöne Stimme und hielt einen wunderbaren Gottesdienst. (Vicky Grüneberg)

Als Kind wollte ich Schauspielerin werden. Mit Paul Alsberg war ich schon auf der Bühne, wie wir, glaube ich, sechs oder sieben Jahre alt waren. Aber da haben wir nur das Alphabet gespielt, beim Sussmann, glaube ich, ich weiß nicht mehr, wie alt wir waren, aber der Paul weiß es vielleicht. [...]. Er war T und ich war S. Ich war Schornsteinfeger und er war Trompeter. Das war im Religionsunterricht bei Sussmann. Den haben wir geliebt, der hat so schön gesungen. Eine Opernstimme hat der gehabt, ganz herrlich. Er konnte sehr gut mit Kindern umgehen. Ich kann es bis heute nicht verstehen, dass er sich das Leben genommen hat. (Erika Scharon)

Herr Sussmann war unser allerliebster Kantor, der sich leider das Leben durch Gas zu Ende gemacht hat. Er hatte vier Kinder. Er war mein Religionslehrer und sehe ich heute noch, wie er meine Haare gezogen hat, wenn ich was falsch gelesen habe. Honigkuchenpferd hat er uns genannt. (George Meyerson)

Wir hatten einen Hebräischlehrer, Herrn Sussmann. [...] Wir Kinder liebten ihn sehr. Eines Tages, noch vor der Kristallnacht, war ich wieder einmal auf dem Weg zum Hebräischunterricht. Da kam plötzlich jemand auf uns

zu und sagte: „Herr Sussmann hat Selbstmord begangen!" Ich war geschockt, aber diese furchtbaren Dinge waren damals beinahe Alltag. (Renate Inow)

Gustav Sussmann nahm sich im Juli 1937 das Leben. Seine Frau führte den Unterricht noch eine Weile weiter. Sie ließ in seinen Grabstein eine Inschrift setzen, die seinem Charakter in einfühlender Weise zu entsprechen scheint: „Treue im Dienst, Hingabe an die deinen, so hast du Liebe gesät und hast sie in Fülle geerntet."

Den jüdischen Eltern im Wuppertal war es wichtig, ihren Kindern eine gute Allgemeinbildung mit auf den Weg zu geben, die es ihnen ermöglichen würde, einen sicheren, angesehenen und nach Möglichkeit Erfolg versprechenden Beruf zu erlernen. Traditionellerweise waren bei Juden die akademischen Studiengänge Jura und Medizin sehr beliebt, denn als Rechtsanwalt oder Arzt konnte man sich später selbständig machen. Die Unabhängigkeit im Beruf galt vielen trotz der vollendeten politischen und staatsbürgerlichen Gleichstellung immer noch als sicherer, auch wenn das wirtschaftliche Risiko dabei oft höher war.

Unter den nichtakademischen Berufen war der des Kaufmanns nach wie vor am häufigsten. Die Eltern schickten ihre Söhne daher gern auf ein Realgymnasium, das auf diese Tätigkeit durch sein Angebot an „Realien" (z.B. moderne Fremdsprachen) besonders gut vorbereitete, um sie dann in die Lehre zu geben, möglichst in einen bekannten jüdischen kaufmännischen Betrieb.

Jüdische Kinder und Jugendliche, die in ihren Klassen meistens eine kleine Minderheit stellten, waren mit der Machtübernahme durch die Nationalsozialisten in vielen Fällen plötzlich weitgehend schutzlos einer ablehnenden und ausgrenzenden Behandlung durch Lehrer und Mitschüler ausgesetzt. Ohne dass ihre Eltern ihnen hätten helfen können, mussten sie machtlos Diskriminierung und Beleidigung erdulden, die sich auch im Lehrplan, anlässlich schulischer Feiern und in den Unterrichtsgegenständen niederschlug.

Die Erfahrungen, die die jüdischen Kinder und Jugendlichen in der Zeit des Nationalsozialismus mit Klassenkameraden, Lehrern und Schulleitern machten, waren im Einzelfall aber sehr unterschiedlich und reichten von bösartiger Ablehnung und Feindschaft bis hin zur erklärten Solidarität – jedenfalls bis zu einem bestimm-

▲ *Rolf Schickler in der 1. Reihe, 3. v.r., in der Volksschule Katernberger Schulweg, in der 4. Klasse. Im Hintergrund Wahlplakate mit Hindenburg und Hitler.*

◀ *Gustav Sussmann mit Kindern aus seinem Religionsunterricht im Hof der Synagoge an der Genügsamkeitstraße*

▼ *Das Realgymnasium an der Aue*

Mohel
mit langjähr. Erfahrung. und besten Referenzen
Oberkantor GUSTAV SUSSMANN W.-Elberfeld
Zietenstr. 9 Ruf 34863

Gustav Sussmann führte auch rituelle Beschneidungen durch. (Gemeindeblatt für den Synagogenbezirk Düsseldorf)

In diese Klasse der Volksschule Trooststraße gingen auch jüdische Kinder: Lore Ferber, Lilo Winter, Inge Romberg, Erika Inow, Walter Weil, Illa Loeb und Edith Blanket, alle um 1920 geboren.

Richard Dreyfus, geb. 1926, im Kindergarten, ganz vorn, 2.v.r.

ten Grad, wie einige frühere Schüler berichteten:
Ich lernte in der Volksschule in der Schusterstraße. [...] Wir wurden gewarnt, nicht durch den Anna-Wald zu gehen. [...] Ich erinnere mich noch, als eines Tages eine Bande von Hitlerjungens uns entgegenkam, uns drohte und mit antisemitischen Bemerkungen um sich warf. Am Ende von jedem Schuljahr mussten alle Schüler rund um die Fahne stehen und Nazi-Lieder singen. Da ich einer zionistischen Jugendgruppe angehörte, sang ich heimlich leise ein paar Worte aus zionistischen Liedern und beeinflusste auch meine Freundin Susi, dasselbe zu tun.

Unser Klassenlehrer, Herr Wesemann, war ein ausgezeichneter Lehrer. Was noch wichtiger ist: Er erlaubte nie, dass wir, als jüdische Kinder, von anderen Kindern in der Klasse beleidigt wurden. Ich kann mich ganz klar an ein großes, mitten an der hinteren Wand hängendes Bild erinnern, auf dem ein ganz blondes Mädchen aus meiner Klasse Hitler einen Blumenstrauß überreichte, und sie hieß Renate. Dieses Bild sah ich täglich, wenn ich in die und aus der Klasse ging. (Renate Inow)

Mein erster Schultag war am 1.4.1929 in der Städtischen Volksschule an der Reitbahnstraße. Nach dem vierten Schuljahr wurde ich in die Sexta des Oberlyzeums St. Anna als erste und einzige Jüdin aufgenommen und blieb dort bei den Katholischen Schwestern bis März 1937, wo ich die Schule verlassen musste. Danach arbeitete ich als Lehrling in dem Bettengeschäft meiner Eltern in der Erholungstraße „Betten Alex Berger". Wie alle Lehrlinge besuchte ich die Handelsschule, wo ein Lehrer plötzlich auf mich zeigte, da ich die einzige Schülerin mit langen Zöpfen war und sogar Schleifen daran trug. Er sagte: „Hier ist ein echt deutsches Mädchen, das auch unsere Industrie fördert." Worauf eine Mitschülerin den Lehrer aufmerksam machte, dass ich Jüdin wäre. Ich lief heulend aus der Schule und habe sie nie wieder betreten.
(Margot Andreasen)

Ich stamme aus einem sehr frommen Elternhaus und lebte streng koscher. Hätte es in Wuppertal eine jüdische Schule gegeben, ich glaube, meine Eltern hätten mich dorthin geschickt. Aber die gab es nicht, nur ein Cheder, das war jedoch nicht nach dem Geschmack meiner Eltern, weil dort meistens eingewanderte polnische Juden unterrichteten, die kein Deutsch sprachen. Also besuchte ich die Idelschule, eine private Vorschule in der Sophienstraße, gleich neben der Kirche. Dort gab es außer mir keine anderen jüdischen Kinder. Aber als ich 1928 auf das Gymnasium an der Aue kam, besuchten gleich drei oder vier andere jüdische Schüler dieselbe Klasse. Da waren Werner Schwarz, Adolf Haftel, ein Gasiorowski, der Klein und noch ein anderer Junge, an dessen Namen ich mich aber nicht mehr erinnere. Otto Alsberg war in der Klasse über mir, Paul Alsberg eine Klasse unter mir. Die Schulbücher habe ich meist von Otto übernommen und später an Paul weitergegeben. (Arie Efrat)

Meine Schulzeit war unter dem Naziregime gut zu ertragen, da ich viele Freunde hatte, die mich nie misshandelt haben. Zwei Söhne von Kantor Sussmann waren auch in meiner Klasse. Mein ehemaliger Klassenfreund Klaus Alfes war als erster in der Hitlerjugend und nach ihm noch mehrere Klassenkameraden. Die Lehrer wie auch die meisten Jungen gehörten der Partei an. Niemals habe ich irgendeine schlechte Erfahrung mit diesen Menschen gehabt. Meine Schwester war auch in der Herderschule. Da sie von einem Hitlerjungen angepöbelt wurde, habe ich diesen vermöbelt, worauf meine Eltern von Dr. Majewsky gebeten wurden, mich aus dem Land zu schicken, denn meine Schläge könnten böse Folgen haben.
(George Meyerson)

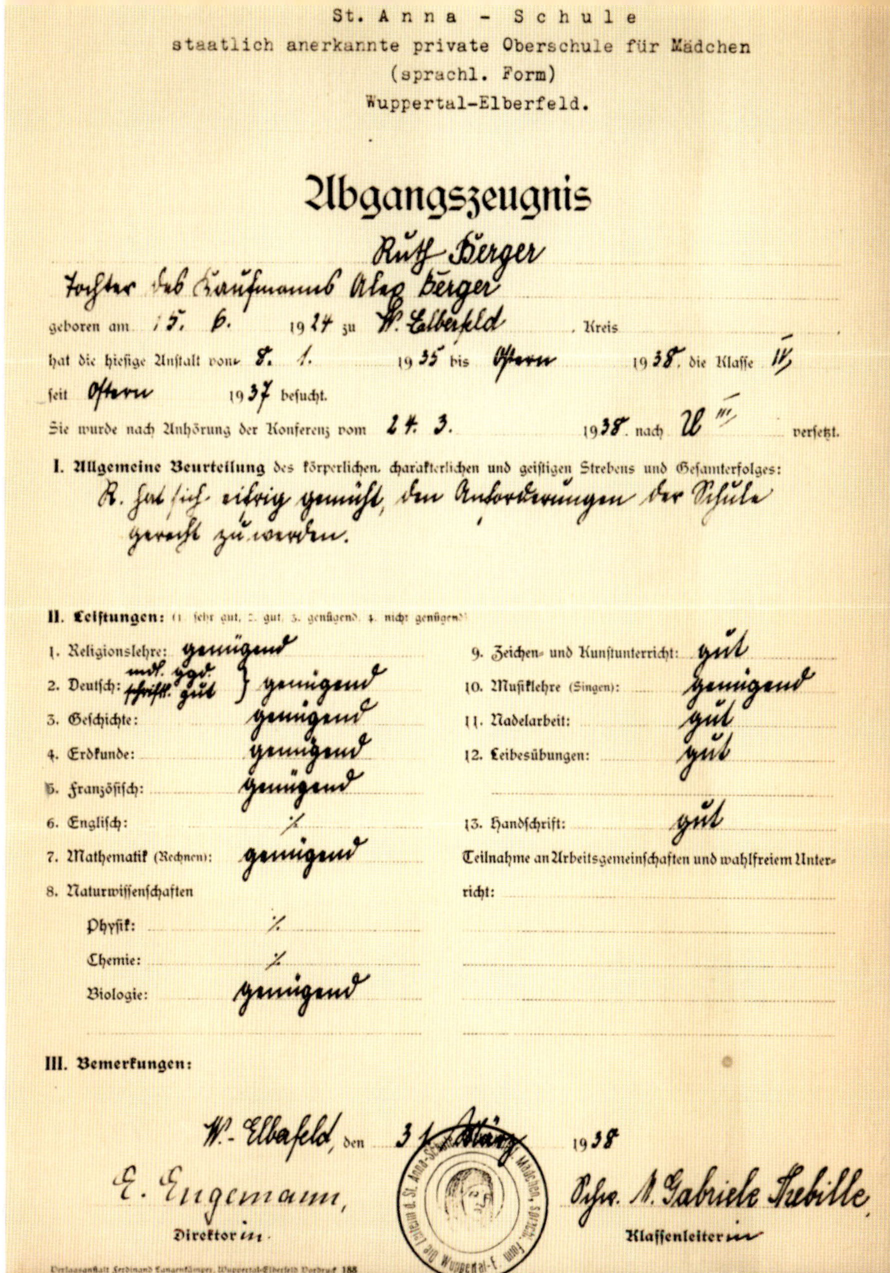

St. Anna - Schule
staatlich anerkannte private Oberschule für Mädchen
(sprachl. Form)
Wuppertal-Elberfeld.

Abgangszeugnis

Ruth Berger
Tochter des Kaufmanns Alex Berger
geboren am 15. 6. 1924 zu W.-Elberfeld, Kreis
hat die hiesige Anstalt vom 8. 1. 1935 bis Ostern 1938, die Klasse IV seit Ostern 1937 besucht.
Sie wurde nach Anhörung der Konferenz vom 24. 3. 1938 nach U III versetzt.

I. Allgemeine Beurteilung des körperlichen, charakterlichen und geistigen Strebens und Gesamterfolges:
R. hat sich eifrig gemüht, den Anforderungen der Schule gerecht zu werden.

II. Leistungen: (1. sehr gut, 2. gut, 3. genügend, 4. nicht genügend)

1. Religionslehre: genügend
2. Deutsch: mündl. ggd. / schriftl. gut } genügend
3. Geschichte: genügend
4. Erdkunde: genügend
5. Französisch: genügend
6. Englisch: ./.
7. Mathematik (Rechnen): genügend
8. Naturwissenschaften
   Physik: ./.
   Chemie: ./.
   Biologie: genügend
9. Zeichen- und Kunstunterricht: gut
10. Musiklehre (Singen): genügend
11. Nadelarbeit: gut
12. Leibesübungen: gut
13. Handschrift: gut

Teilnahme an Arbeitsgemeinschaften und wahlfreiem Unterricht:

III. Bemerkungen:

W.-Elberfeld, den 31. März 1938

E. Engemann, Direktorin — Schw. M. Gabriele Strebille, Klassenleiterin

Verlagsanstalt Ferdinand Langenkämper, Wuppertal-Elberfeld Vordruck 188

▲ Abgangszeugnis von Ruth Berger, geb. 1924, von der katholischen St. Anna-Schule an der Dorotheenstraße in Elberfeld

◀ Familie Berger auf einem Ausflug: Alex Berger, Henriette Berger, geb. Moll, Josefine Moll, vorn rechts Margot Berger, in der Mitte Ruth

Auf Quinta oder Quarta machte einmal einer meiner Mitschüler eine antisemitische Bemerkung zu mir. Ich berichtete meinen Eltern davon, die darauf bestanden, dass ich mich darüber bei unserem Ordinarius, Professor Moritz Kraushaar, beschweren sollte. Dazu überwand ich mich denn auch. Professor Kraushaar hörte mich ernst und schweigend an, ließ dann den betreffenden Mitschüler kommen, verwies ihm sein Verhalten in gemessenen, aber strengen Worten und veranlasste ihn, sich bei mir zu entschuldigen. (Friedrich Walter)

Ein paar Jahre vor unserer Auswanderung bat ich meinen Vater, mir seine Skier, die er nicht mehr benutzte, für einen Mitschüler zu leihen, damit er mit mir in die Gelpe zum Skilaufen konnte. Mein Vater lehnte ab, die Skier an einen ihn Unbekannten zu verleihen, worauf ich erwiderte, er solle das besser noch einmal überlegen, da man nicht wisse, wozu man einen Gefängnis-Inspektor vielleicht einmal gebrauchen könne. Leider hatte ich diese Begebenheit völlig vergessen, als mein Vater in Schutzhaft im Gefängnis war und den Besuch des Inspektors Hoffmann erwartete.

Seiffge, der Sohn des damaligen Zoodirektors, weigerte sich, von einem Juden (von mir) beim Turnen in der 2. Riege kommandiert zu werden, worauf ich wieder als gewöhnliches Mitglied in die 1. Riege zurücktrat. [...] In der Schule wurden ab und zu antisemitische Äußerungen gemacht. Ein paar Mal habe ich mich mit dem einen oder anderen Mitschüler geschlagen, was aber wahrscheinlich mehr persönliche Gründe hatte. Vor mir saß ein Junge, der sich die Schulter abwischte, weil ich ihn einmal versehentlich berührt hatte. Dies hörte aber kurz vor dem Examen auf, wo er meine Hilfe beanspruchte. Von da an blieb es bei einer entfernten Höflichkeit. (Erich K. Plaut)

In der Volksschule hatte ich einen netten Lehrer, Herr Tienes. Damals fingen sie an, den Hitlergruß zu machen. Ich war dann entschuldigt worden, nicht „Heil Hitler" zu sagen. Ich weiß nicht, ob meine Mutter mit dem Lehrer gesprochen hat. Kinder riefen mir nach, dass die Juden Christus ans Kreuz geschlagen hätten. Ich wusste gar nicht, was sie meinten.

Es gab auch einen Lehrer, der nicht mitgemacht hat. Im Goethe-Lyzeum gab es ja dann viele Fachlehrer. Der Französischlehrer und auch die Sportlehrerin waren Nazis. Ich hatte nicht besonders gute Noten, besonders in Sport. Als ich einmal einen neuen Pullover hatte, sagte die Sportlehrerin, dass sie gerne das Strickmuster haben würde. Da war sie sehr nett zu mir. Als sie es dann hatte, wurde sie wieder Nazi. Als Klassenlehrerin hatte ich Frau Behrens. Sie hat uns einen Aufsatz aufgegeben. Wir sollten schreiben, was man im BDM erlebte. Aber ich war nicht im BDM. Ich sagte zur Lehrerin, dass ich nicht weiß, was ich schreiben soll. Sie meinte dann, dass ich schreiben könnte, was ich im Mai gemacht habe. (Eva Wolfson)

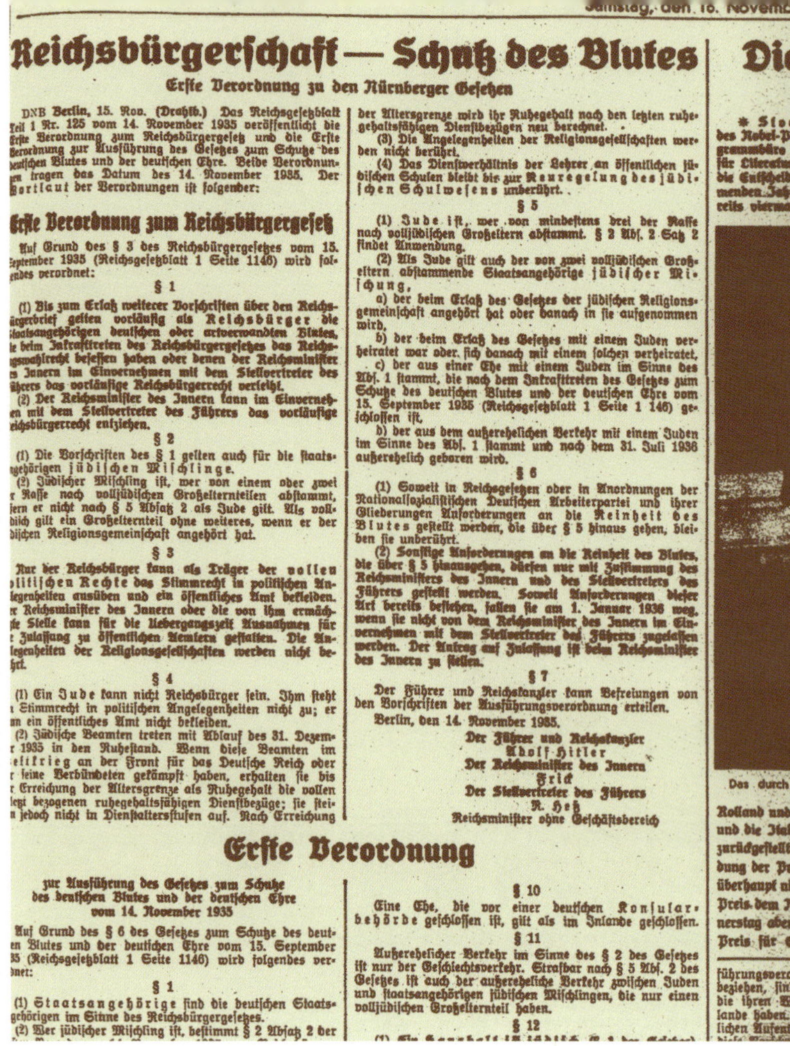

Samstag, den 16. Novemb

Reichsbürgerschaft — Schutz des Blutes

Erste Verordnung zu den Nürnberger Gesetzen

DNB Berlin, 15. Nov. (Drahtb.) Das Reichsgesetzblatt Teil 1 Nr. 125 vom 14. November 1935 veröffentlicht die Erste Verordnung zum Reichsbürgergesetz und die Erste Verordnung zur Ausführung des Gesetzes zum Schutze des deutschen Blutes und der deutschen Ehre. Beide Verordnungen tragen das Datum des 14. November 1935. Der Wortlaut der Verordnungen ist folgender:

Erste Verordnung zum Reichsbürgergesetz

Auf Grund des § 3 des Reichsbürgergesetzes vom 15. September 1935 (Reichsgesetzblatt 1 Seite 1146) wird folgendes verordnet:

§ 1

(1) Bis zum Erlaß weiterer Vorschriften über den Reichsbürgerbrief gelten vorläufig als Reichsbürger die Staatsangehörigen deutschen oder artverwandten Blutes, die beim Inkrafttreten des Reichsbürgergesetzes das Reichstagswahlrecht besessen haben oder denen der Reichsminister des Innern im Einvernehmen mit dem Stellvertreter des Führers das vorläufige Reichsbürgerrecht verleiht.
(2) Der Reichsminister des Innern kann im Einvernehmen mit dem Stellvertreter des Führers das vorläufige Reichsbürgerrecht entziehen.

§ 2

(1) Die Vorschriften des § 1 gelten auch für die staatsangehörigen jüdischen Mischlinge.
(2) Jüdischer Mischling ist, wer von einem oder zwei der Rasse nach volljüdischen Großelternteilen abstammt, sofern er nicht nach § 5 Absatz 2 als Jude gilt. Als volljüdisch gilt ein Großelternteil ohne weiteres, wenn er der jüdischen Religionsgemeinschaft angehört hat.

§ 3

Nur der Reichsbürger kann als Träger der vollen politischen Rechte das Stimmrecht in politischen Angelegenheiten ausüben und ein öffentliches Amt bekleiden. Der Reichsminister des Innern oder die von ihm ermächtigte Stelle kann für die Uebergangszeit Ausnahmen für die Zulassung zu öffentlichen Aemtern gestatten. Die Angelegenheiten der Religionsgesellschaften werden nicht berührt.

§ 4

(1) Ein Jude kann nicht Reichsbürger sein. Ihm steht ein Stimmrecht in politischen Angelegenheiten nicht zu; er kann ein öffentliches Amt nicht bekleiden.
(2) Jüdische Beamten treten mit Ablauf des 31. Dezember 1935 in den Ruhestand. Wenn diese Beamten im Weltkrieg an der Front für das Deutsche Reich oder für seine Verbündeten gekämpft haben, erhalten sie bis zur Erreichung der Altersgrenze als Ruhegehalt die vollen zuletzt bezogenen ruhegehaltsfähigen Dienstbezüge; sie steigen jedoch nicht in Dienstaltersstufen auf. Nach Erreichung der Altersgrenze wird ihr Ruhegehalt nach den letzten ruhegehaltsfähigen Dienstbezügen neu berechnet.
(3) Die Angelegenheiten der Religionsgesellschaften werden nicht berührt.
(4) Das Dienstverhältnis der Lehrer an öffentlichen jüdischen Schulen bleibt bis zur Neuregelung des jüdischen Schulwesens unberührt.

§ 5

(1) Jude ist, wer von mindestens drei der Rasse nach volljüdischen Großeltern abstammt. § 2 Abs. 2 Satz 2 findet Anwendung.
(2) Als Jude gilt auch der von zwei volljüdischen Großeltern abstammende Staatsangehörige jüdischer Mischung,
a) der beim Erlaß des Gesetzes der jüdischen Religionsgemeinschaft angehört hat oder danach in sie aufgenommen wird,
b) der beim Erlaß des Gesetzes mit einem Juden verheiratet war oder sich danach mit einem solchen verheiratet,
c) der aus einer Ehe mit einem Juden im Sinne des Abs. 1 stammt, die nach dem Inkrafttreten des Gesetzes zum Schutze des deutschen Blutes und der deutschen Ehre vom 15. September 1935 (Reichsgesetzblatt 1 Seite 1 146) geschlossen ist,
d) der aus dem außerehelichen Verkehr mit einem Juden im Sinne des Abs. 1 stammt und nach dem 31. Juli 1936 außerehelich geboren wird.

§ 6

(1) Soweit in Reichsgesetzen oder in Anordnungen der Nationalsozialistischen Deutschen Arbeiterpartei und ihrer Gliederungen Anforderungen an die Reinheit des Blutes gestellt werden, die über § 5 hinaus gehen, bleiben sie unberührt.
(2) Sonstige Anforderungen an die Reinheit des Blutes, die über § 5 hinausgehen, dürfen nur mit Zustimmung des Reichsministers des Innern und des Stellvertreters des Führers gestellt werden. Soweit Anforderungen dieser Art bereits bestehen, fallen sie am 1. Januar 1936 weg, wenn sie nicht von dem Reichsminister des Innern im Einvernehmen mit dem Stellvertreter des Führers zugelassen werden. Der Antrag auf Zulassung ist beim Reichsminister des Innern zu stellen.

§ 7

Der Führer und Reichskanzler kann Befreiungen von den Vorschriften der Ausführungsverordnung erteilen.

Berlin, den 14. November 1935.

Der Führer und Reichskanzler
Adolf Hitler
Der Reichsminister des Innern
Frick
Der Stellvertreter des Führers
R. Heß
Reichsminister ohne Geschäftsbereich

Erste Verordnung

zur Ausführung des Gesetzes zum Schutze des deutschen Blutes und der deutschen Ehre vom 14. November 1935

Auf Grund des § 6 des Gesetzes zum Schutze des deutschen Blutes und der deutschen Ehre vom 15. September 1935 (Reichsgesetzblatt 1 Seite 1146) wird folgendes verordnet:

§ 1

(1) Staatsangehörige sind die deutschen Staatsangehörigen im Sinne des Reichsbürgergesetzes.
(2) Wer jüdischer Mischling ist, bestimmt § 2 Absatz 2 der …

§ 10

Eine Ehe, die vor einer deutschen Konsularbehörde geschlossen ist, gilt als im Inlande geschlossen.

§ 11

Außerehelicher Verkehr im Sinne des § 2 des Gesetzes ist nur der Geschlechtsverkehr. Strafbar nach § 5 Abs. 2 des Gesetzes ist auch der außereheliche Verkehr zwischen Juden und staatsangehörigen jüdischen Mischlingen, die nur einen volljüdischen Großelternteil haben.

§ 12

Informationen über das „Reichsbürgergesetz“ und das „Gesetz zum Schutze des deutschen Blutes und der deutschen Ehre“ vom 15.9.1935 in einem Artikel der Bergisch-Märkischen Zeitung vom 16.11.1935

„Behalte mich lieb!“
Kindheitserinnerungen von Wolfgang Kotek

Dr. Wolfgang Kotek zu Besuch in Wuppertal, November 1996

Unter den vielen jüdischen Familien, die in der Textilbranche Fuß gefasst hatten, war auch die Familie Kotek aus der Wülfingstraße 22. Sie hatte sich mit ihrer Schneiderei eine solide Existenz geschaffen, zählte damit aber keineswegs zu den wohlhabenden oder gar reichen Textilunternehmern. Viele dieser kleineren Familienbetriebe in der Wilhelm-, der Parade- und der Wülfingstraße und in den engen Straßen der Innenstadt werden ihre Besitzer gerade eben über Wasser gehalten haben. Wie Max Kotek (eigentlich Mosche Baruch) besaßen sie oft noch die polnische Staatsangehörigkeit, wie oft an den Namen zu erkennen war, z.B. Aronowitz, Gerszt, Grodski, Horowitz, Kaplan, Kirsz, Lipinsky, Modzewinski, Moschkowitz, Pakula, Potasnik, Schajewitsch, Skurka, Sojka, Szainhoff, Szlechter, Tyger, Wexler, Wloszczowski und Zlosciak.

Die polnische Regierung beschloss im Herbst 1938, ihren im Ausland lebenden Bürgern die Staatsbürgerschaft abzuerkennen, sofern sie nicht innerhalb einer bestimmten Frist in Polen die Verlängerung beantragten. Da die nationalsozialistische Regierung kein Interesse daran hatte, die in Deutschland lebenden polnischen Juden einzubürgern, wurden sie kurz vor Ablauf der Frist, am 28. Oktober 1938, verhaftet und an die polnische Grenze nach Zbaszyn (Bentschen) abgeschoben, wo sie z.T. mehrere Wochen unter menschenunwürdigen Umständen in einem Lager ausharrten. Wer von ihnen noch Kontakte zu Verwandten in Polen hatte, versuchte, dort unterzukommen. Wem das nicht möglich war, musste versuchen, Haushalt und Geschäft in Deutschland aufzulösen und zu emigrieren. Diese erste Deportation von ca. 17.000 Juden aus Deutschland, unter ihnen rund 200 Menschen aus Wuppertal, war der Auslöser für die Ereignisse, die in der so genannten „Reichskristallnacht“ fast zwei Wochen später gipfelten.

Ich wurde als einziges Kind von Mosche Baruch und Luise Kotek am 11. November 1930 in der St. Joseph Krankenanstalt in Elberfeld geboren, ganz in der Nähe der Alten Synagoge. Als meine Mutter erfuhr, dass ich ein Junge war, fragte sie als allererstes, ob ich Locken hätte.

Meine Eltern kamen aus ganz unterschiedlichen Kreisen. Mein Vater war Pole und stammte aus einer sehr orthodoxen jüdischen Familie. Als ich geboren wurde, lebte er bereits seit zehn Jahren in Wuppertal und betrieb ein Konfektionsgeschäft. Meine Mutter war evangelisch, aber sie konvertierte etwa anderthalb Jahre vor meiner Geburt und wurde Jüdin.

Die Eltern meines Vaters erfuhren nie, dass er eine „Mischehe“ führte, also mit einer „Christin“ verheiratet war. Als sie meine Mutter kennen lernten, war sie ihnen auf Anhieb sympathisch. 1937 besuchte ich zum ersten und einzigen Mal zusammen mit meiner Mutter meine Verwandten in Polen. Sie lebten in der Nähe von Lodz. Wohlhabend waren sie nicht, dafür aber sehr fromm und höchst gebildet. Wir wurden sehr herzlich aufgenommen, auch meine Mutter. Sie wurde wie eine Königin gefeiert. Es war dort nicht üblich, Bier zu trinken, aber als nun eine deutsche Frau zu Besuch war, bestellten sie Bier, extra für meine Mutter. Sie war immer schon eine ganz Lustige, man nannte sie überall „lustiges Lieschen“. Aber sie konnte auch sehr energisch sein.

Die Eltern meiner Mutter gehörten den „Odd Fellows“ an. Das war eine internationale Bruderschaft, die versuchte, durch gute Taten die Welt ein wenig besser zu machen. Sie standen meinem Vater sehr offen gegenüber. Als er ihr Lederwarengeschäft in Wuppertal besuchte, schenkten meine Großeltern ihm gleich eine neue Ledertasche. Er wurde in ihren Kreisen sehr schnell aufgenommen.

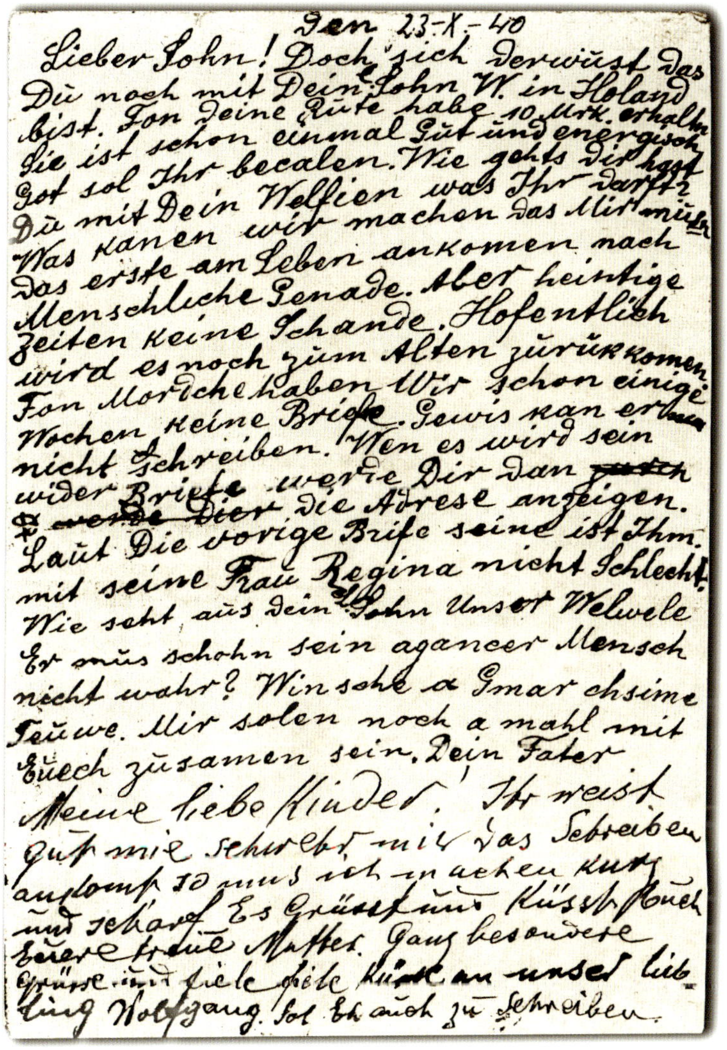

Den 23-X.-40
Lieber Sohn! Doch zich derwüst das
Dü noch mit Dein Sohn W. in Holand
bist. Fon Deine Güte habe 10. Mrk. erhaltn
Sie ist schon einmal Güt ünd energisch
Got sol Ihr becalen. Wie gehts dir hast
Dü mit Dein Welfien was Ihr darftz
Was kanen wir machen das Mit müsz
Das erste am Leben ankomen nach
Menschliche Genade. Aber heintige
Zeiten keine Schande. Hofentlich
wird es noch züm Alten zürückkomen
Fon Mordche haben Wir schon einige
Wochen keine Briefe. Gewis kan er [illegible]
nicht schreiben. Wen es wird sein
wider Briefe werde Dir dan ~~noch~~
~~werde Dier~~ die Adrese anzeigen.
Laut Die vorige Brife seine ist Ihm.
mit seine Frau Regina nicht Schlecht.
Wie seht aüs dein Sohn Unser Welwele
Er müs schohn sein aganceer Mensch
nicht wahr? Winsche a Gmar chsime
Tauwe. Mir solen noch a mahl mit
Euech züsamen sein. Dein Fater
Meine liebe Kinder! Ihr weist
gut wie schwer mir das Schreiben
ankomt so mus ich machen kurz
und scharf. Es Grüsst und Küsst Euch
Euere treue Mutter. Ganz besondere
Grüsse und fiele fiele Küsse an unser lieb
ling Wolfgang. Sol Er auch zu schreiben.

Postkarte vom Großvater aus Lodz an den Sohn Mosche Kotek im niederländischen Exil, 23.10.1940

Mein Vater hatte sich der Wuppertaler Großgemeinde angeschlossen. Trotzdem besuchte er von Zeit zu Zeit die Synagoge in der Luisenstraße. Wir waren religiös und lebten einigermaßen koscher. Ich genoss also eine jüdische Erziehung, mit der gewisse Prinzipien einhergingen, und so lernte ich, mich für die Welt, die mich umgab, einzusetzen, sie zu reparieren und ein wenig besser zu machen. Spielzeug war für mich nicht besonders wichtig. In der Öffentlichkeit trug mein Vater keine Kippa , aber wir hielten alle Feiertage ein. Auch meine Mutter unterstützte das, wobei sie sich eher im sozialen als im religiösen Bereich für das Judentum einsetzte.

Die Ehe meiner Eltern verlief sehr harmonisch, soweit ich mich erinnere. Aber meine Eltern waren temperamentvoll, fast leidenschaftlich, und so gab es, wie in jeder guten Ehe, auch so manchen Streit. Ich nehme an, dass man meine Mutter unter Druck gesetzt hat, nachdem die Rassegesetze 1935 eingeführt worden waren. Um sie zu retten, ließen sich meine Eltern schließlich scheiden, das war 1940.

Ich besuchte eine katholische Volksschule, die etwa einen Kilometer von zu Hause entfernt war. Zu Fuß brauchte man zehn Minuten, und der Weg führte einen Berg hinauf. Sie befand sich ganz in der Nähe der Wülfingstraße und der Bergstraße. Dass ich auf eine katholische Schule ging, war eine kleine Sensation. Die Kinder wussten nicht, dass ich Jude war. Meine Mutter hatte sich dafür eingesetzt, dass sie es nicht erfuhren, und so wurde ich von den Kindern dort auch nicht geärgert. Zwei Lehrer wussten davon, aber sie hielten es geheim. Die Umgebung war mir sehr fremd. An der Wand hing ein Kruzifix und daneben ein Bild des Führers – Adolf Hitler als Kinderfreund. Wenn der Lehrer den Raum betrat, mussten wir Kinder aufstehen, die Hacken zusammenschlagen und mit Hitlergruß grüßen. Dann setzten wir uns und beteten. Ich musste mich auch bekreuzigen. Im Gebet gab es neben Jesus noch einen zweiten Heiland: Hitler. Das war furchtbar, besonders, wenn ich es im Nachhinein betrachte. Aber auch als Kind war ich mir über die Situation im Klaren.

Meine Mutter war energisch gegen die Nazis. Sie war sehr sportlich und konnte gut schwimmen. Einmal hat sie drei Nazis, die meinen Vater beschimpft hatten, drei große Kerle, auf den Boden geworfen.

Zur Zeit der Machtergreifung war ich erst drei Jahre alt. Wir lebten damals in der Wulfingstraße 22, und dort wurde ich auch von der Hitlerjugend gequält. Ich erinnere mich, dass sie mich einmal in einen Keller eingesperrt und mich dann beschimpft, verprügelt und bespuckt haben. Aber wir hatten auch viele nichtjüdische Freunde und Verwandte, bei denen wir selbstverständlich sehr herzlich aufgenommen wurden. Dort blieb alles unverändert. Trotzdem war die Meinung, dass wir Juden schlechte Menschen seien, sehr verbreitet. Abgesehen wohl von den eigenen Nachbarn, deshalb waren die immer sehr nett zu uns. Ich weiß noch, dass mir ein älterer Mann meine Rollschuhe wegnahm, und meinen Ball musste ich auch abgeben. Dazu hörte man immer wieder Dinge wie: „Juda verrecke".

Am 28. Oktober 1938 wurde mein Vater deportiert. An jenem Tag war ich im jüdischen Kindergarten und erfuhr so erst abends von seiner Deportation. Wir waren völlig überrascht, haben versucht, ihn zu erreichen, und gingen schließlich aufs Polizeipräsidium. Dort befanden sich bereits etwa 100 oder 150 Menschen, alle schrieen und weinten. Dass mein Vater deportiert wurde, konnten wir nicht verhindern. Man hatte ihn verhaftet, weil er ein polnischer Jude war. Auch meine Mutter war durch ihre Heirat polnisch geworden. Die Situation war also sehr bedrohlich, weil man vielleicht auch sie deportieren würde. In den nächsten Tagen wagten wir kaum, uns zu Hause

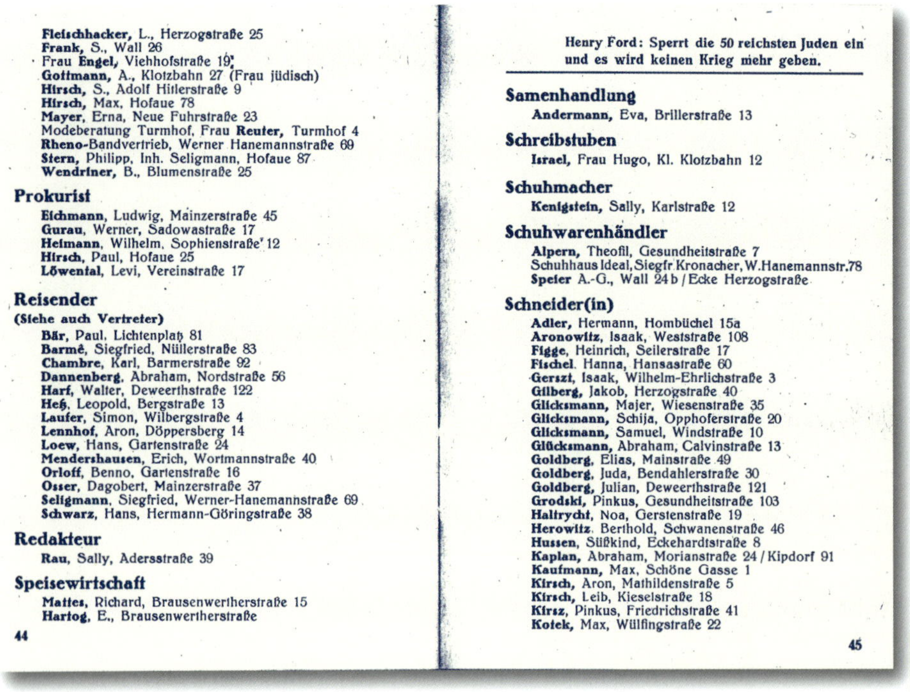

Fleischhacker, L., Herzogstraße 25
Frank, S., Wall 26
Frau Engel, Viehhofstraße 19
Gottmann, A., Klotzbahn 27 (Frau jüdisch)
Hirsch, S., Adolf Hitlerstraße 9
Hirsch, Max, Hofaue 78
Mayer, Erna, Neue Fuhrstraße 23
Modeberatung Turmhof, Frau Reuter, Turmhof 4
Rheno-Bandvertrieb, Werner Hanemannstraße 69
Stern, Philipp, Inh. Seligmann, Hofaue 87
Wendriner, B., Blumenstraße 25

Prokurist

Eichmann, Ludwig, Mainzerstraße 45
Gurau, Werner, Sadowastraße 17
Heimann, Wilhelm, Sophienstraße 12
Hirsch, Paul, Hofaue 25
Löwental, Levi, Vereinstraße 17

Reisender

(Siehe auch Vertreter)

Bär, Paul, Lichtenplatz 81
Barmé, Siegfried, Nüllerstraße 83
Chambre, Karl, Barmerstraße 92
Dannenberg, Abraham, Nordstraße 56
Harf, Walter, Deweerthstraße 122
Heß, Leopold, Bergstraße 13
Laufer, Simon, Wilbergstraße 4
Lennhof, Aron, Döppersberg 14
Loew, Hans, Gartenstraße 24
Mendershausen, Erich, Wortmannstraße 40
Orloff, Benno, Gartenstraße 16
Osser, Dagobert, Mainzerstraße 37
Seligmann, Siegfried, Werner-Hanemannstraße 69
Schwarz, Hans, Hermann-Göringstraße 38

Redakteur

Rau, Sally, Adersstraße 39

Speisewirtschaft

Mattes, Richard, Brausenwertherstraße 15
Hartog, E., Brausenwertherstraße

44

Henry Ford: Sperrt die 50 reichsten Juden ein und es wird keinen Krieg mehr geben.

Samenhandlung

Andermann, Eva, Brillerstraße 13

Schreibstuben

Israel, Frau Hugo, Kl. Klotzbahn 12

Schuhmacher

Kenigstein, Sally, Karlstraße 12

Schuhwarenhändler

Alpern, Theofil, Gesundheitstraße 7
Schuhhaus Ideal, Siegfr. Kronacher, W. Hanemannstr. 78
Speier A.-G., Wall 24 b / Ecke Herzogstraße

Schneider(in)

Adler, Hermann, Hombüchel 15a
Aronowitz, Isaak, Weststraße 108
Figge, Heinrich, Seilerstraße 17
Fischel, Hanna, Hansastraße 60
Gerszt, Isaak, Wilhelm-Ehrlichstraße 3
Gilberg, Jakob, Herzogstraße 40
Glicksmann, Majer, Wiesenstraße 35
Glicksmann, Schija, Opphoferstraße 20
Glicksmann, Samuel, Windstraße 10
Glücksmann, Abraham, Calvinstraße 13
Goldberg, Elias, Mainstraße 49
Goldberg, Juda, Bendahlerstraße 30
Goldberg, Julian, Deweerthstraße 121
Grodski, Pinkus, Gesundheitstraße 103
Haltrycht, Noa, Gerstenstraße 19
Herowitz, Berthold, Schwanenstraße 46
Hussen, Süßkind, Eckehardtstraße 8
Kaplan, Abraham, Morianstraße 24 / Kipdorf 91
Kaufmann, Max, Schöne Gasse 1
Kirsch, Aron, Mathildenstraße 5
Kirsch, Leib, Kieselstraße 18
Kirsz, Pinkus, Friedrichstraße 41
Kotek, Max, Wülfingstraße 22

45

Eintrag der Schneiderei „M. Kotek" im „Boykottheft" der NSDAP

aufzuhalten, also besuchten wir häufig Freunde und Verwandte. Später stellte sich heraus, dass wir unter anderem bei Nazis gewesen waren. Aber auch sie haben uns geholfen. Auch so etwas kam vor.

Eine Woche nach der Deportation meines Vaters brannten die Synagogen. Ich erinnere mich, dass alles voller Asche und Rauch war. Das Geschäft meines Vaters war geplündert worden, nachdem schon einige Zeit vorher diejenigen Kunden, die Nazis gewesen waren, ihre Rechnungen nicht mehr bezahlt hatten. Zuvor war das Geschäft immer sehr gut gelaufen. Es befand sich in der Bergstraße in Elberfeld und ich weiß noch, dass immer etwa acht Angestellte dort waren. Die haben für ihr tägliches Brot gekämpft und jeden Tag von morgens früh bis abends spät gearbeitet. […] In der Kristallnacht ging unser Geschäft zugrunde.

Meine Mutter wollte mich dann nach Holland bringen. Ein Polizeibeamter verschaffte mir einen Ausweis, in dem kein „J" eingestempelt war. Mit Hilfe meiner Großeltern kam ich in einer jüdischen Familie unter, die ebenfalls Mitglied bei den „Odd Fellows" war. Sie hatten diese Kontakte Anfang des Jahrhunderts aufgebaut, und auch meine Mutter und mein Onkel waren bereits in Holland gewesen, nach dem Ersten Weltkrieg. Am 16. November floh ich aus Wuppertal, ich war damals gerade acht Jahre alt. Meine Großeltern begleiteten mich. Der Abschied von meiner Mutter war schwer. Sie war sehr traurig, als sie mich zum Bahnhof brachte, und konnte gar nicht mehr aufhören zu weinen. Was sie zum Abschied gesagt hat, weiß ich nicht mehr. Aber sie schenkte mir ein kleines Fotoalbum, in dem Bilder von ihr waren. Darin stand: „Bleibe gesund und behalte mich lieb". Ich war verzweifelt, aber ich wollte überleben.

Trotz vieler Schwierigkeiten überlebten die Eltern und blieben mit ihrem Sohn in den Niederlanden. Obwohl es sehr schwer war, gelang es ihnen, die große Entfremdung, die nach der jahrelangen Trennung eingetreten war, zu überwinden. Wolfgang Kotek holte seine versäumte Schulbildung nach, studierte Medizin und ließ sich als Arzt in Rotterdam nieder, wo er heute noch lebt.

Vicky Grüneberg, geb. Treistmann, zu Besuch in Wuppertal, Mai 2003

Auch die Familie von Moritz Treistmann war polnisch. In Lublin geboren, war Moritz (eigentlich Moses Elia), aus Lodz nach Westdeutschland eingewandert, wo er seine spätere Frau Hedwig, geb. Stern aus Meinerzhagen kennen lernte. Um 1917 zog die Familie mit ihren drei Töchtern nach Elberfeld und wohnte in einem großbürgerlichen Haus in der Kronprinzenallee 101. Moritz Treistmann betrieb eine sehr gut florierende Fabrik für Autobestandteile, so dass die Familie recht wohlhabend war, eine schön ausgestattete Wohnung unterhielt und gerne und oft Gesellschaften bei sich zu Hause gab. Der nationalsozialistische Boykott jüdischer Selbständiger blieb aber auch für Treistmann nicht ohne Folgen. Nach der notwendigen Geschäftsaufgabe versuchte er vergeblich, im Immobiliengeschäft Fuß zu fassen. Die Töchter brachten sich durch die Auswanderung in Sicherheit, während die Eltern noch in Elberfeld blieben. Vor der geplanten Verhaftung im Rahmen der „Polenaktion" Ende Oktober 1938 wurden sie gewarnt, so dass sie sich für eine Weile verstecken konnten.

Teilweise hielten sie sich während dieses Zeitraums in den umliegenden Wäldern auf, teilweise suchten sie auch Unterkunft bei Freunden, und zwar sowohl bei christlichen Bekannten, als auch bei deutschen Juden. Erst als diese Aktion gegen die polnischen Juden abgeschlossen war, trauten sie sich vorübergehend wieder zu, die eigene Wohnung zu betreten. Zwischenzeitlich war in ihr jedoch entsprechend gehaust worden. Es waren die Möbel demoliert, schwere Steinbrocken von außen durch die Fenster geworfen, Wäsche herausgeworfen und teilweise zerstört. Die Bücher der Bücherei waren wahllos zerstört.
(StAWuppertal, AfW 424187)

Die Eltern fuhren im April 1939 nach Polen. Sie wollten in Lodz Verwandte besuchen, um dort Unterkunft und Ruhe vor den ständigen Schikanen zu finden. Weil der Vater krank wurde, verzögerte sich die Rückreise, so dass sie keine Einreisegenehmigung nach Deutschland mehr erhielten. Nach der Besetzung Polens durch die deutsche Wehrmacht im September 1939 wurden die Treistmanns nach Lublin deportiert. Am 25. September 1940 starb Moritz Treistmann im Ghetto von Lublin. Seine Frau wurde später in eines der Vernichtungslager verschleppt und ermordet.

Die „Reichskristallnacht" im November 1938

Die zerstörte Kapelle auf dem jüdischen Friedhof an der Hugostraße in Barmen

Seit Hitlers Machtantritt im Januar 1933 zielte die antijüdische Politik der Nationalsozialisten darauf, durch wirtschaftliche und soziale Repressionen, durch Boykott-Aktionen, gesetzliche „Rassentrennung", wiederholte finanzielle Sonderabgaben und Einschränkungen der Bewegungsfreiheit Juden von der Teilhabe am gesellschaftlichen Leben in Deutschland auszuschließen und sie in möglichst großer Zahl zur Auswanderung zu drängen. Tatsächlich hatten bereits viele Wuppertaler Juden ihre Heimat verlassen: Nach einer Volkszählung vom 17. Mai 1939 lebten hier noch 1.093 Juden (0,3% der Gesamtbevölkerung) gegenüber 2.471 (0,6%) im Jahr 1933.

Der NS-Führung reichten solche Zahlen nicht. So kam der NS-Führung das tödliche Attentat des 17jährigen polnischen Juden Herszel Grynszpan auf den Sekretär an der deutschen Gesandtschaft in Paris, Ernst vom Rath, Anfang November 1938 sehr gelegen. Damit hatte der vezweifelte junge Mann auf die Abschiebung seiner Familie, polnische Juden in Hannover, reagieren wollen. Diese Tat als Vorwand für einen „spontanen Ausbruch des Volkszorns" zu inszenieren war eine Möglichkeit, nun auch mit Gewalt, Zerstörungen und Verhaftungen gegen die Juden vorzugehen.

In den frühen Morgenstunden des 10. November 1938 wurden die beiden großen Synagogen in Elberfeld und Barmen angezündet und zerstört – reichsweit waren es mehr als 1000 Gotteshäuser. Die beiden kleineren Beträume in der Luisenstraße, die Friedhofskapellen, zahlreiche Geschäfte und Wohnungen Wuppertaler Juden wurden verwüstet und geplündert, Menschen wurden angegriffen, verletzt und verhaftet.

Die Presseberichterstattung der nächsten Tage sollte den Eindruck erwecken, die Bevölkerung habe in einem Akt „spontaner Empörung" auf das Attentat in Paris reagiert. So ereiferte sich der Wuppertaler „General-Anzeiger" am 10. November 1938:

Spontane Kundgebungen gegen Juden

Wie in allen deutschen Städten haben auch in Wuppertal die Volksgenossen mit Abscheu und Empörung von der gemeinen und niederträchtigen Tat des jüdischen Meuchelmörders, dem der deutsche Gesandtschaftsrat und Parteigenosse vom Rath zum Opfer fiel, Kenntnis genommen. In ungeheurer Empörung sammelten sie sich am Mittwochabend in starker Zahl vor den jüdischen Geschäften, die sich auch heute noch in vielen Straßen Wuppertals breit machen. Mit der Zerstörung der Fensterscheiben wurde den jüdischen Geschäftsleuten und ihren Rassegenossen eindeutig klargemacht, daß mit der Geduld des deutschen Volkes endgültig Schluß ist.

Ausdrücklich ist dabei hervorzuheben, daß es bei diesen spontanen Kundgebungen der Volksempörung in keinem Fall zur Wegnahme jüdischen Eigentums kam, und daß auch während der ganzen Nachtstunden ihr Hab und Gut unangetastet blieb. Die gleiche Disziplin bewahrte die Bevölkerung auch gegenüber den Juden selbst. Um so unverständlicher erscheint es, daß sich eine Reihe dieser feigen Gesellen freiwillig in Schutzhaft begab. Weiter mußte allerdings eine Anzahl ihrer Rassegenossen, die auch in dieser Situation noch die Frechheit besaß, provozierend aufzutreten, von der Polizei in Haft genommen werden.

Die Kundgebungen setzten sich auch gestern, und zwar in verstärktem Maße weiter fort. Auf bisher ungeklärte Weise sind die beiden in Wuppertal befindlichen Synagogen, die schon seit langer Zeit für jeden ehrlichen und anständigen Volksgenossen eine Provokation bedeuteten, in Brand geraten.

1948/49 wurden im „Synagogenbrandprozess" vor dem Landgericht Wuppertal einige der Täter, derer man noch habhaft hatte werden konnte, wegen der Brandstiftung und Plünderungen angeklagt. Dadurch konnte der genaue Hergang der Geschehnisse annähernd rekonstruiert werden:

Am Abend des 9. November 1938 befand sich der Angeklagte P. mit dem inzwischen verstorbenen O.H. in der Wirtschaft Th. in Wuppertal-Elberfeld. Diese Wirtschaft befand sich in unmittelbarer Nähe der Wohnung der Angeklagten P., K. und B., die damals im gleichen Hause wohnten. P. erhielt einen telephonischen Anruf von seiner Schwiegermutter, die ihm mitteilte, dass die Kreisleitung in seiner Wohnung angerufen und einen Befehl der Gauleitung habe, nach

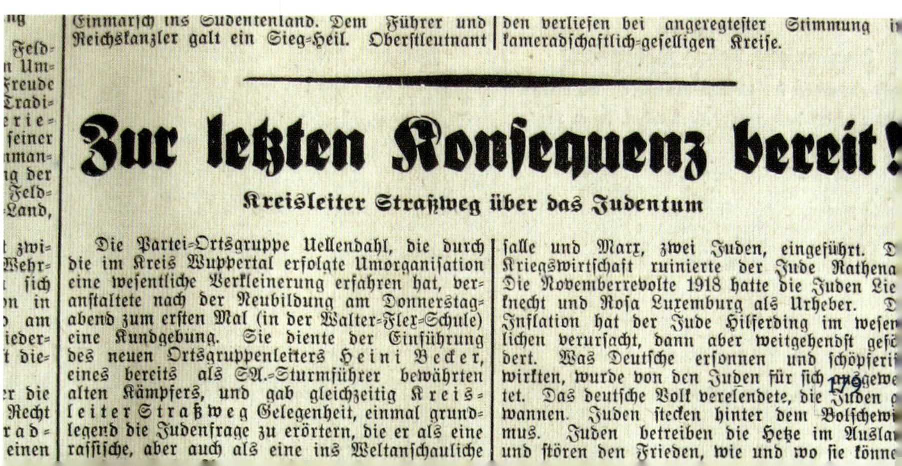

Einmarsch ins Sudentenland. Dem Führer und Reichskanzler galt ein Sieg-Heil. Oberstleutnant … den verliefen bei angeregtester Stimmung i… kameradschaftlich-geselligen Kreise.

Zur letzten Konsequenz bereit!

Kreisleiter Straßweg über das Judentum

Die Partei-Ortsgruppe Uellendahl, die durch die im Kreis Wuppertal erfolgte Umorganisation eine wesentliche Verkleinerung erfahren hat, veranstaltete nach der Neubildung am Donnerstagabend zum ersten Mal (in der Walter-Flex-Schule) eine Kundgebung. Sie diente der Einführung des neuen Ortsgruppenleiters Heini Becker, eines bereits als SA.-Sturmführer bewährten alten Kämpfers, und gab gleichzeitig Kreisleiter Straßweg Gelegenheit, einmal grundlegend die Judenfrage zu erörtern, die er als eine rassische, aber auch als eine ins Weltanschauliche … falle und Marx, zwei Juden, eingeführt. D… Kriegswirtschaft ruinierte der Jude Rathena… Die Novemberrevolte 1918 hatte die Juden Lie…knecht und Rosa Luxemburg als Urheber. D… Inflation hat der Jude Hilferding im wesen…lichen verursacht, dann aber weitgehendst gefö…dert. Was Deutsche ersonnen und schöpferi… wirkten, wurde von den Juden für sich ausgewe…tet. Das deutsche Volk verelendete, die Juden g…wannen. Juden stecken hinter dem Bolschewi…mus. Juden betreiben die Hetze im Auslan… und stören den Frieden, wie und wo sie könne…

Artikel über die Angriffe auf jüdische Einrichtungen im Wuppertaler „General-Anzeiger" vom 11.11.1938

welchem noch in der gleichen Nacht die Schaufenster der jüdischen Geschäfte eingeschlagen und die Synagoge angezündet werden sollte.

Die Angeklagten bewaffneten sich nun in einer Wirtschaft mit leeren Weinflaschen.

Sie fuhren zunächst zur Stadtmitte und dann durch die Herzogstr., Königstr. zur Kreisleitung. Auf der Herzog- und Königstraße musste der Zeuge M. verschiedentlich anhalten, und während dieser Aufenthalte wurden von den Insassen des Kraftwagens die mitgenommenen Flaschen in die Schaufenster verschiedener jüdischer Geschäfte geworfen.
(Yad VaShem TR 10/410, zit. nach Föhse, Erst Mensch, S. 73)

Der Hausmeister der Elberfelder Synagoge in der Genügsamkeitstraße, Ernst Beinhauer, erinnerte sich später:

In der ersten Brandnacht, es war meiner Erinnerung nach in der Nacht zum 10. November 38, kam ich gegen 1 Uhr in meiner Wohnung im Verwaltungshaus, welches mit der Synagoge verbunden ist, an. Ich bin vorher durch die Synagoge gegangen, ich habe jedoch nichts Verdächtiges festgestellt. Anschließend legte ich mich zu Bett, im Keller des Verwaltungshauses. Ich wurde durch Frau Kestings, meine Hausgehilfin, geweckt und ging mit ihr und meiner Frau in das Büro, welches durch eine Holztüre von der Synagoge getrennt ist. Unter den Tischen waren schon Pechfakkeln, die brannten. Wir versuchten zuerst mit Wasser, das Feuer zu löschen. Als wir einige Eimer Wasser getragen hatten, wurden wir aufgefordert, die Synagoge zu verlassen. [...] Ich sah aber, wie Feuerwehrleute die Bänke mit Benzin aus Kanistern beschütteten, sie schlugen auch die Decke vom Dach auf, damit der Rauch abziehen konnte. [...] Die Feuerwehr war den ganzen Tag über da. [...] Anschließend wurde das Innere der Synagoge wieder von Feuerwehrmännern angesteckt. *(HStADüsseldorf, Rep.5, Nr. 1273)*

Nur wenige Menschen halfen den bedrängten Juden in dieser aufgeheizten Stimmung. Einer von ihnen war der Spediteur Eduard Ludwig, den Clara Samuel und Dr. Klara Tisch völlig verängstigt und besorgt gebeten hatten, wenigstens das Inventar der Synagoge zu retten.

Am 10. November 1938 in der Frühe, kamen jüdische Geschäftsfreunde (Frau Samuel und Fräulein Dr. Tisch) in mein Haus und baten um meine Unterstützung bei einem beabsichtigten Rettungsversuch der in der Elberfelder Synagoge im Brande liegenden Inventargegenstände. Ohne Zögern stellte meine Firma die angeforderten Automöbelwagen mit den für die erforderlichen Transportarbeiten infragekommenden Fahrern und Packern zur Verfügung.

Tausende Neugierige und „Maulaffen" füllten die Genügsamkeitstraße und um den Neumarkt angrenzenden Straßenzüge, und sahen den Feuerlöscharbeiten zu, sodaß erst die Polizei kommen musste, – leider habe ich den Namen des zuständigen Polizei-Offiziers von der damaligen „von-der-Heydtsgasse" vergessen – Polizei-Hauptmann Kaiser?? -, um die Genügsamkeitstraße vom St. Josefs-Hospital aus talwärts freizumachen, damit unsere schweren Automöbelfahrzeuge die Straße passieren konnten. — — —

Es ist mir heute noch unerklärlich, daß bei diesem sensationellen Transportauftrag unter der Masse, die die ganze Straße und Umgebung füllte, keiner ein Streichholz in der Tasche hatte, um der „Volkswut" durch Anzünden meiner Fahrzeuge „Genüge" zu tun!! — — *(Brief Eduard Ludwig vom 13.11.1962, Archiv BAS)*

Den Brand der Barmer Synagoge in der Scheurenstraße beschreibt ein Protokoll der Feuerschutzpolizei Wuppertal vom 15. November 1938. Der Pförtner der Firma Vorwerk hatte über einen Feuermelder die Feuerwehr benachrichtigt, die am 10. November 1938 um 7.46 Uhr an der Brandstelle Scheurenstraße eintraf.

Beschreibung des Feuers und des entstandenen Schadens: Die Synagoge ist völlig ausgebrannt. Höhe des Schadens unbekannt. Nach dem Gesetz vom 12. November 1938 hat den Schaden der Eigentümer (Israelitische Gemeinde) selbst zu tragen. [...]

Erfolg der Löscharbeiten: Das Feuer wurde nach angestrengter Arbeit niedergekämpft. Innerhalb 10 Minuten brannte infolge der Holzkonstruktion im Innern der Synagoge diese in ihrer ganzen Ausdehnung. Das aus den Fenstern und dem Dach herausschlagende Feuer brachte die unterhalb und oberhalb der Synagoge liegenden Häuser in Gefahr. Diese wurden bevorzugt geschützt, da an der Synagoge nichts mehr zu retten war. *(HStADüsseldorf, Rep. 5, Nr. 1273)*

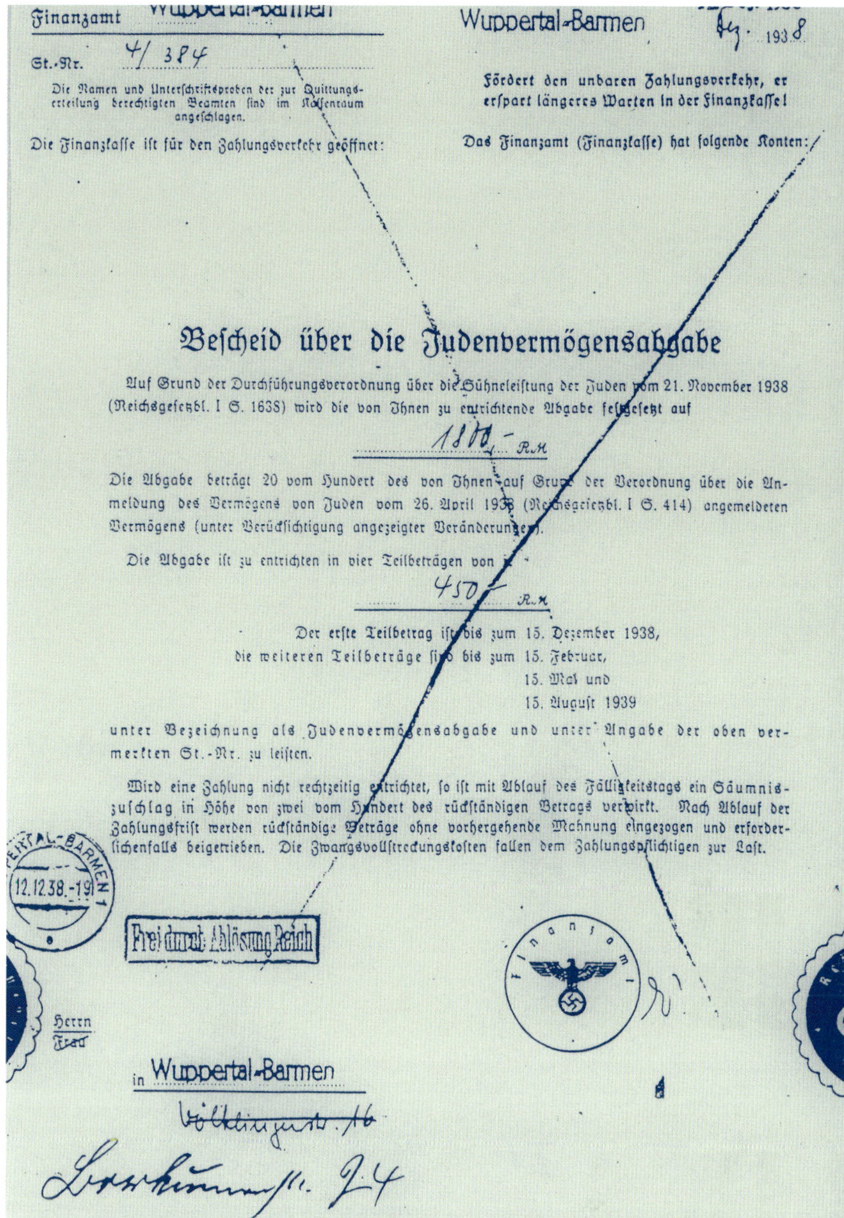

Finanzamt Wuppertal-Barmen

St.-Nr. 4/384

Die Namen und Unterschriftsproben der zur Quittungserteilung berechtigten Beamten sind im Kassenraum angeschlagen.

Die Finanzkasse ist für den Zahlungsverkehr geöffnet:

Wuppertal-Barmen, 193 8

Fördert den unbaren Zahlungsverkehr, er erspart längeres Warten in der Finanzkasse!

Das Finanzamt (Finanzkasse) hat folgende Konten:

Bescheid über die Judenvermögensabgabe

Auf Grund der Durchführungsverordnung über die Sühneleistung der Juden vom 21. November 1938 (Reichsgesetzbl. I S. 1638) wird die von Ihnen zu entrichtende Abgabe festgesetzt auf

1800,- RM

Die Abgabe beträgt 20 vom Hundert des von Ihnen auf Grund der Verordnung über die Anmeldung des Vermögens von Juden vom 26. April 1938 (Reichsgesetzbl. I S. 414) angemeldeten Vermögens (unter Berücksichtigung angezeigter Veränderungen).

Die Abgabe ist zu entrichten in vier Teilbeträgen von je

450,- RM

Der erste Teilbetrag ist bis zum 15. Dezember 1938,
die weiteren Teilbeträge sind bis zum 15. Februar,
15. Mai und
15. August 1939

unter Bezeichnung als Judenvermögensabgabe und unter Angabe der oben vermerkten St.-Nr. zu leisten.

Wird eine Zahlung nicht rechtzeitig entrichtet, so ist mit Ablauf des Fälligkeitstags ein Säumniszuschlag in Höhe von zwei vom Hundert des rückständigen Betrags verwirkt. Nach Ablauf der Zahlungsfrist werden rückständige Beträge ohne vorhergehende Mahnung eingezogen und erforderlichenfalls beigetrieben. Die Zwangsvollstreckungskosten fallen dem Zahlungspflichtigen zur Last.

Wuppertal-Barmen 1 12.12.38.-19

Frei durch Ablösung Reich

Finanzamt

Herrn

in Wuppertal-Barmen

Der „Bescheid über die Judenvermögensabgabe“ als „Sühneleistung“ vom Barmer Finanzamt, 12.12.1938

Auch der jüdische Friedhof an der Hugostraße und seine Kapelle wurden geschändet und zerstört. Nach dem Krieg sagte der Zeuge August Matena vor der Kriminalpolizei aus:

An dem fraglichen Tage, es waren einige Tage vor Totensonntag, also am 11. oder 12.11.1938, waren wir mit den Vorbereitungen für Totensonntag beschäftigt. Wir haben den ganzen Nachmittag, meine Angestellte und ich, gearbeitet und des Abends um 8 Uhr Feierabend gemacht. Als ich am Abendbrottisch saß, kam unser Mädchen und fragte mich, ob ich in der Leichenhalle das Licht brennen gelassen habe. Ich verneinte dies und begab mich nach draußen um nachzusehen. Als ich vor das Haus trat, sah ich bereits Flammen aus dem Dachstuhl der Leichenhalle herausschlagen. Ich vermutete sofort Brandstiftung und begab mich sofort zur Hugostr., um eventuell die Täter feststellen zu können. Ich sah in der Hugostr. 3 ganz neue, schwere Mercedes-Benzwagen direkt vor dem Haupteingang zum Friedhof stehen. Ferner beobachtete ich mehrere Personen in Zivil aus dem Friedhof zu den Kraftwagen gehen, und hörte späterhin, wie ich mich wieder zu meiner Wohnung begab, daß die Wagen davon fuhren. Unterwegs traf ich meinen Sohn Walter, den ich beauftragte, zu der Wirtschaft Wehner, Hugo- und Leonhardtstr. Ecke, zu laufen, um die Feuerwehr anzurufen. Ich blieb nun vor meinem Hause stehen und habe mir den Brand von dort aus angesehen. Mein Sohn erschien nach kurzer Zeit und erzählte mir, daß die Feuerwehr sich geweigert habe zu kommen. Daraufhin habe ich die Feuerwehr noch dreimal angerufen und sie darauf aufmerksam gemacht, daß ich die Feuerwehr für den entstehenden Schaden an meinem Hause verantwortlich machen werde, da die Gefahr bestand, daß auch mein Haus, es liegt etwa 20 mtr. von der Schadenstelle entfernt, ein Opfer der Flammen werden würde. Die Feuerwehr ist dann auch erschienen und hat den Brand gelöscht. Nachdem die Feuerwehr abgerückt war, wurde durch unbekannte Täter der Brand von neuem angelegt. Ich habe dann nochmals die Feuerwehr angerufen, die dann zum zweiten mal den Brand gelöscht hat. In der Zwischenzeit wurde es nun hell und die Brandstifter haben sich dann entfernt. Wer den Brand gelegt hat kann ich nicht sagen, da ich von den Tätern niemanden gekannt habe. Die Täter waren alle in Zivil, ich vermute jedoch, daß es sich hier nur um SS-Männer gehandelt hat. Denn am folgenden Tage haben ebenfalls SS-Männer, das noch stehengebliebene Davidsschild von der Kuppel des Daches heruntergeholt und entfernt.

Wie mir am Abend mitgeteilt wurde, sollte mein Haus, welches ebenfalls jüdisches Eigentum ist, in Brand gesteckt werden. Ich habe mich daraufhin an den Ortsgruppenleiter B. gewandt und ihn um Schutz gebeten. B. ist auch daraufhin gekommen und ich bat ihn, die Brandstifter doch zu entfernen. B. ist darauf auch nach der Leichenhalle gegangen, kam aber nach kurzer Zeit zurück und erklärte, man solle die Leute ruhig in Ruhe lassen. B. ist daraufhin wieder nach Hause gegangen.

(Aussage vom 24. September 1945. HStADüsseldorf, Rep. 29-322, Bl. 44, zit. nach: Faust, S. 116f.)

Die Anschläge zogen sich über mehrere Tage hin. Noch am 18. November wurde in der Nacht der Umkleide- und Waschraum des Jüdischen Tennisclubs an der Oberbergischen Straße 214 in Brand gesetzt.

Im Laufe der Nächte und Tage der Anschläge auf jüdische Gemeindeeinrichtungen, Geschäfte und Wohnungen wurden mindestens 70 jüdische Männer verhaftet, in Polizeigewahrsam genommen und später in das Konzentrationslager Dachau verschleppt. Unter ihnen waren Ferdinand Alexander, Max und Alfred Auerbach, Fritz Ballheimer, Heinrich Bender, Dr. Hans Berg, Alex Berger, Isaak Hirsch Blatt, Ludwig Block, Adolf Cappel, Carl Hugo Dahl, Jakob Fischel, Gerd Hermann Frank, Max Frankenberg, Emil Fried, Mayer Chmul Glicksmann, Elias Josef Goldberg, Sally Goldmann, Julius Goldschmidt, Lothar Goldschmidt, Wilhelm Goldschmidt, Alexander Gottschalk, Fritz Grunewald, Josef Heimann, Dr. Hugo Heineberg, Hugo Jacoby, Julius Mendels, Alfred Inow, Adolf Lachmann, Leo Moll und viele weitere. Sie kamen erst wieder frei, nachdem ihre Familien nachweisen konnten, dass man Deutschland verlassen würde.

Eintrag der Firma Jäcker ▶ im Wuppertaler Adressbuch von 1935. Der Lorbeerkranz zeigt an, dass die Firma schon über 25 Jahre existierte.

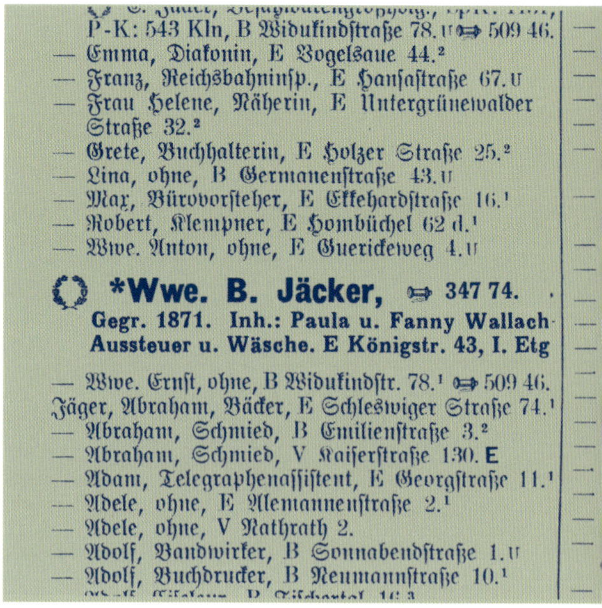

P-K: 543 Kln, B Widukindstraße 78.II ⇒ 509 46.
— Emma, Diakonin, E Vogelsaue 44.[2]
— Franz, Reichsbahninsp., E Hansastraße 67.U
— Frau Helene, Näherin, E Untergrünewalder Straße 32.[2]
— Grete, Buchhalterin, E Holzer Straße 25.[2]
— Lina, ohne, B Germanenstraße 43.II
— Max, Bürovorsteher, E Ekkehardstraße 16.[1]
— Robert, Klempner, E Hombüchel 62 d.[1]
— Wwe. Anton, ohne, E Guerickeweg 4.II

***Wwe. B. Jäcker, ⇒ 347 74.**
Gegr. 1871. Inh.: Paula u. Fanny Wallach Aussteuer u. Wäsche. E Königstr. 43, I. Etg

— Wwe. Ernst, ohne, B Widukindstr. 78.[1] ⇒ 509 46.
Jäger, Abraham, Bäcker, E Schleswiger Straße 74.[1]
— Abraham, Schmied, B Emilienstraße 3.[2]
— Abraham, Schmied, V Kaiserstraße 130. E
— Adam, Telegraphenassistent, E Georgstraße 11.[1]
— Adele, ohne, E Alemannenstraße 2.[1]
— Adele, ohne, V Rathrath 2.
— Adolf, Bandwirker, B Sonnabendstraße 1.II
— Adolf, Buchdrucker, B Neumannstraße 10.[1]

Jakob Okunski ▼ (1879-1952, vorn, 2. v. r.), Leiter der jüdischen Schule in Wuppertal 1939/40

Die Juden in Wuppertal hatten nun keine Gottesdienststätte mehr. Die beiden Rabbiner, Dr. Alfred Philipp in Elberfeld und Dr. Lothar Lubasch in Barmen, waren 1938 emigriert; seit April arbeitete Rabbiner Dr. Fritz Salomonski als Kantor und Vorbeter für noch genau ein Jahr für beide Gemeinden, bevor auch er auswanderte. Einzig der Barmer Lehrer Friedrich Jonas scheint noch eine gewisse Zeit Gottesdienste abgehalten zu haben, bevor er im November 1941 mit seiner Frau Hermine und der Tochter Gertrud nach Minsk deportiert werden sollte. Als Ersatz für die Synagoge einigte man sich auf die Nutzung des orthodoxen Betsaals in der Luisenstraße und auf die wieder in Stand gesetzte Trauerhalle am jüdischen Friedhof am Weinberg, die ebenfalls demoliert worden war. Im September 1941, kurz vor den „Hohen Feiertagen", schrieb der Barmer Ernst Wahl an seinen schon emigrierten Sohn Karl-Hermann: *Übermorgen ist nun Jom Kippur, ich werde doch wohl einmal zum Betsaal gehen, wenn er auch sehr weit von uns ist und in der alten, neu aufgebauten Leichenhalle der Elberfelder Gemeinde ist was mir etwas gegen meine Ansicht ist.* *(Föhse, Wahls, S. 169)*

Auch die Büroräume der Gemeindeverwaltungen waren vollständig ausgebrannt. Deshalb wurde ein Büro in einem Anbau hinter dem Haus „Straße der SA" 43 (heute Friedrich-Ebert-Straße) eingerichtet. Das Haus gehörte den Schwestern Fanny und Paula Wallach, die schon längst ihr 25jähriges Firmenjubiläum hatten feiern können: Sie waren Inhaberinnen des angesehenen Aussteuer- und Wäschegeschäfts Jäcker gewesen. Nun stellten sie ihr Haus der jüdischen Gemeinde zur Verfügung, die im Juli 1939, wie alle jüdischen Gemeinden in Deutschland, ihren Rechtsstatus als „Körperschaft des Öffentlichen Rechts" verlor und zwangsweise der „Reichsvereinigung der Juden in Deutschland" eingegliedert wurde. Damit war sie im Grunde nur mehr auf die Funktion einer Empfangsstelle für die Befehle der Gestapo reduziert worden, der die „Reichsvereinigung" unterstand.

Im Büro in der „Straße der SA" 43 wurden daher später auch die Briefe geschrieben, mit denen die macht- und rechtlose Gemeindeverwaltung ihre Mitglieder zur Deportation auf den Steinbecker Bahnhof beschied. Die beiden Schwestern Wallach mussten am 9. November 1941, 67- bzw. 63jährig, ihre Wohnung in der einstigen Königstraße verlassen – sie wurden nach Minsk deportiert und haben nicht überlebt. Ihr Haus wurde im Juni 1943 durch Bomben zerstört. Praktisch alle noch vorhandenen Unterlagen der Gemeindeverwaltung – mögliche Archivbestände und Dokumente – wurden vernichtet.

Schon eine Woche nach der „Reichskristallnacht", am 15. November 1938, wurde jüdischen Kindern der Besuch öffentlicher Schulen gänzlich verboten – ein weiterer Schritt der Ausgrenzung und Radikalisierung der staatlichen antijüdischen Maßnahmen. In dieser Phase völliger Verstörtheit – die Ehemänner und erwachsenen Söhne in KZ-Haft, die Gemeindeverwaltung zerschlagen und die Kinder orientierungslos – bot die private jüdische Schule von Hanna Wahl in der Nützenberger Straße 29 einen Ausweg an. Schon 1936 hatte sie in ihrem Haus diese Schule eingerichtet, in der sie bis zu vierzig Kinder in den wichtigsten Fächern zuerst in einem, später in drei Zimmern unterrichten ließ. Das Haus bewohnte sie mit ihrem Mann, dem Kaufmann Max Wahl, Mitinhaber der Firma Freudenberg in der Herzogstraße.

Im Oktober 1939 wurde die Schule von den Behörden geschlossen und zwangsweise in das neu etablierte Gemeindehaus (später eines der „Judenhäuser") Stephanstraße 9 verlegt, wo bis zur erneuten Schließung 1940 noch rund zwanzig Kinder unterrichtet werden durften. Diese Schule wurde von Jakob Okunski geleitet, den die Gemeinde im Juni 1939 von Solingen nach Elberfeld berufen hatte. Nach der „Reichskristallnacht" wurde Englisch das wichtigste Schulfach – auch für Erwachsene, denn man wollte sich nun auf die Auswanderung vorbereiten. Als diese letzte jüdische Notschule 1940 geschlossen wurde, mussten die jüdischen Kinder zum Unterricht in die jüdische Gemeinde nach Hagen fahren, bis auch das durch ein Gesetz im Juni 1942 verboten wurde.

Hanna Wahl (1888-1965), die Gründerin der jüdischen Notschule

Die Kindertransporte nach England

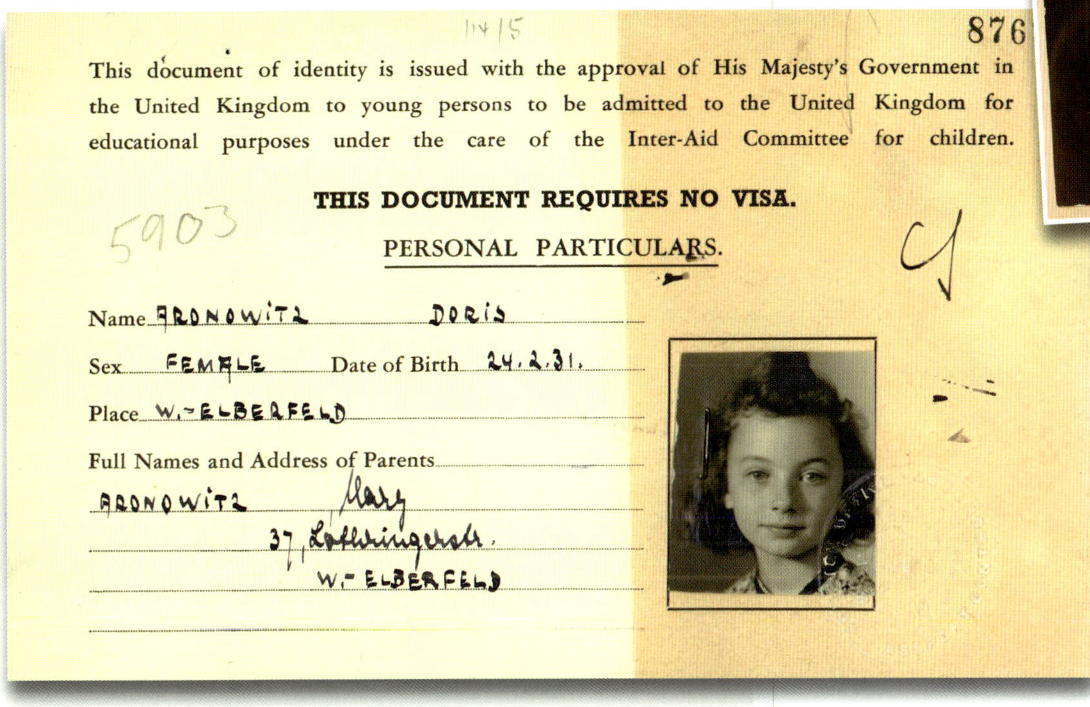

114/15 876

This document of identity is issued with the approval of His Majesty's Government in the United Kingdom to young persons to be admitted to the United Kingdom for educational purposes under the care of the Inter-Aid Committee for children.

THIS DOCUMENT REQUIRES NO VISA.

5903

PERSONAL PARTICULARS.

Name ARONOWITZ DORIS

Sex FEMALE Date of Birth 24.2.31.

Place W.-ELBERFELD

Full Names and Address of Parents

ARONOWITZ Mary

37, Lothringerstr.

W.-ELBERFELD

◀ *Identitätspapier für Doris Aronowitz, geb. 1931*

▲ *Ihre Mutter Miriam (Mary) Aronowitz, geb. 1907. Sie wurde im November 1941 nach Minsk deportiert und vermutlich am 3. Juli 1944 in Treblinka ermordet.*

Nach den Pogromen im November 1938 brach unter den jüdischen Familien Panik aus. Auch diejenigen, die sich bislang noch nicht zur Auswanderung hatten entschließen können, mussten nun die Gefahr begreifen, in der sie sich befanden. Vor allem die Kinder sollten in Sicherheit gebracht werden, denn die aggressive antijüdische Politik der Nationalsozialisten war mit den Brandstiftungen, Plünderungen, Zerstörungen und Verschleppungen vom Verwaltungshandeln in offene Gewalt umgeschlagen.

Aber die Situation für die Flüchtlinge war dramatisch, denn es gab kaum mehr Länder, die bereit waren, Juden aus dem Deutschen Reich aufzunehmen. Mit den unterschiedlichsten und zum Teil äußerst fadenscheinigen und unbarmherzigen Argumenten verschlossen die Länder in der ganzen Welt ihre Tore. Die Wirtschaftskrise, die zu einer großen Arbeitslosigkeit in vielen Ländern geführt hatte, verstärkte den Unwillen, den bedrohten Juden Asyl zu bieten, und nährte antisemitische Vorbehalte.

In dieser Situation willigte die britische Regierung ein, zumindest jüdische Kinder in England aufzunehmen. Dahinter steckte auch diplomatisches Kalkül, denn Großbritannien hatte kein Interesse an einer Einwanderung jüdischer Flüchtlinge ins britische Mandatsgebiet Palästina. Mit dem Angebot, Kinder und Jugendliche im Mutterland aufzunehmen, hoffte man, die restriktive Palästinapolitik moralisch wieder gutzumachen. Gleichwohl waren zahlreiche Bedingungen an diese „Kindertransporte" geknüpft: Die Jugendlichen mussten unter 17 Jahre alt sein und durften in England weder Arbeitsplätze besetzen noch dem staatlichen Sozialwesen zur Last fallen. Die Aus- bzw. Einwanderung musste vollkommen selbst organisiert werden, d. h. jemand musste die Ausreisegenehmigung der Kinder erbitten, den Transfer organisieren und bezahlen und schließlich Pflegeeltern und -stellen für die Kinder vermitteln. Flüchtlingsorganisationen, darunter nicht nur jüdische, traten hier auf den Plan, aber auch einflussreiche Persönlichkeiten, die sich für diese große Aktion einsetzten. So viele Kinder wie eben möglich sollten aus Deutschland und dem bereits „angeschlossenen" Österreich in Sicherheit gebracht werden. Etwa 10.000 Kinder wurden auf diese Weise aus Deutschland gerettet, vom Säugling bis zu jungen Erwachsenen. Die meisten von ihnen sahen ihre Eltern, die zurückblieben, nicht wieder.

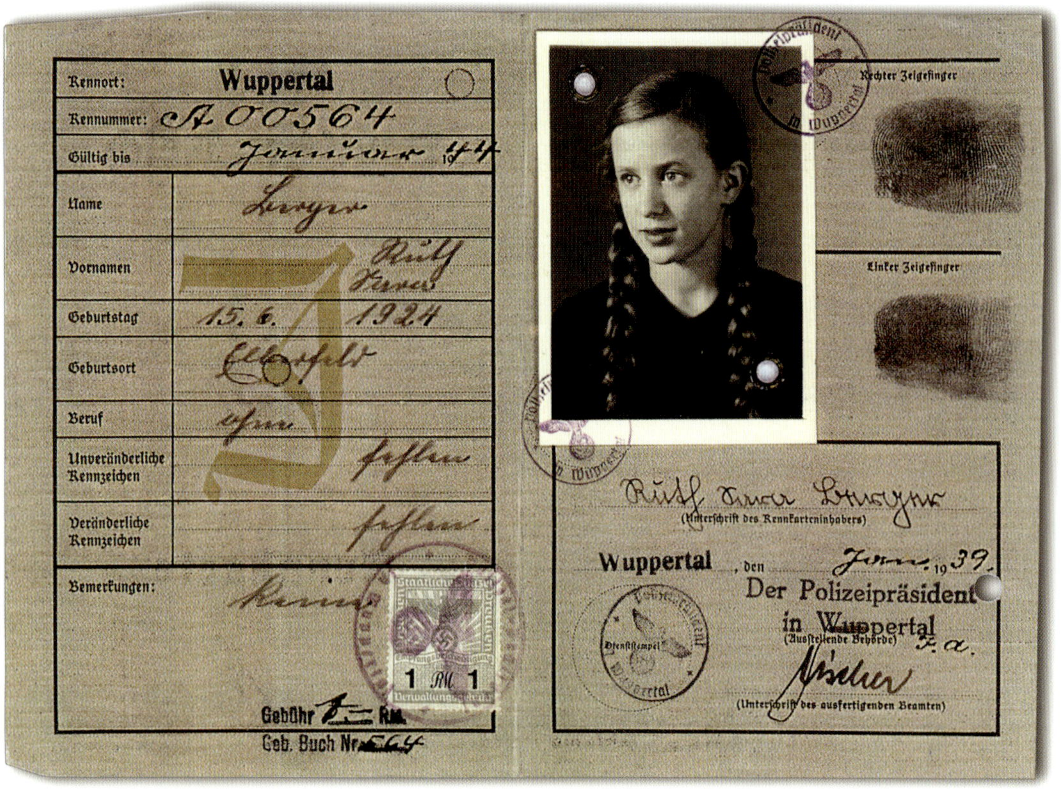

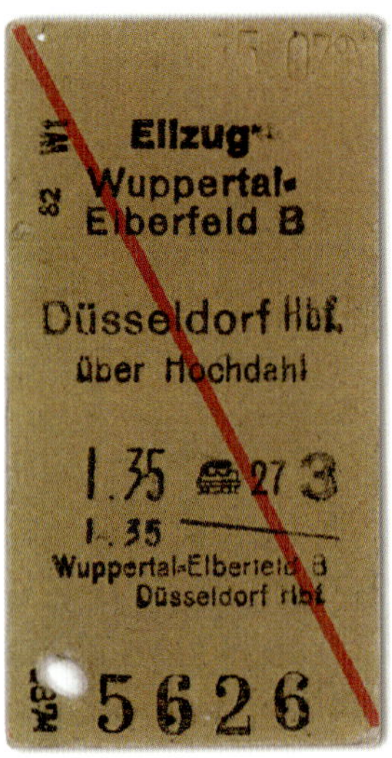

Die letzte Fahrkarte für die Strecke von Wuppertal nach Düsseldorf

▲ "Judenkennkarte" von Ruth Berger, geb. 1924

Lore Heimann aus der Sophienstraße 12 in Elberfeld konnte als Sechzehnjährige mit einem Kindertransport entkommen.

Eines Tages hörten wir von den Kindertransporten. Die Jüdische Gemeinde war gut informiert, und so erfuhren meine Eltern wohl davon. Ich glaube, die obere Altersgrenze lag bei sechzehn Jahren, aber vielleicht irre ich mich, vielleicht waren es auch siebzehn Jahre. Jedenfalls kam ich gerade noch in einen dieser Transporte, zusammen mit meiner damals dreizehnjährigen Schwester. Mein Vater kannte einen Ingenieur, der in England lebte, und zu dem hatte er meinen Bruder bereits im Februar 1939 in die Lehre geschickt.

Mein späterer Ehemann, Alfred Auerbach, war damals mit dem Mann befreundet, der im Oxford Committee for Refugees für die Kindertransporte verantwortlich war. „Ich brauche die Namen von möglichst vielen Kindern," erklärte er mir, und ich sammelte so viele Namen, wie ich nur konnte. Ich schickte ihm Fotografien der Kinder nach England, und dazu jede Menge Namen. Das Komitee in Oxford suchte dann Pflegefamilien. Da die Nazis das Judentum nicht als Religion, sondern als Rasse definierten, mussten auch alle Kinder fliehen, die entweder aus Mischehen stammten oder jüdische Vorfahren hatten. Wir alle waren für sie Juden. Zehntausend Kinder konnten mit Erlaubnis der britischen Regierung aus Deutschland einreisen und so vor den Nazis gerettet werden.

Als Christin konnte meine Mutter ohne größere Schwierigkeiten nach England reisen, wo sie die Familien besuchte, die als Pflegefamilien für mich und meine Schwester vorgeschlagen worden waren. Ich sollte bei einer allein stehenden Dame, einer staatlich anerkannten Krankenschwester, in Bromley wohnen; meine Schwester bei einem Ehepaar ganz in der Nähe, in Hayes, das war damals noch ein Vorort von Bromley. Als meine Mutter zurückkehrte, erklärte sie ein wenig erleichtert, dass beide Familien sehr nett seien. „Ich habe versprochen, dass du jeden Sonntag in die Kirche gehen wirst," sagte sie zu mir, und das tat ich dann auch.

Der Transport, mit dem wir fuhren, wurde vom Internationalen Roten Kreuz organisiert. Es gab auch Transporte, die von den Quäkern oder den Jüdischen Gemeinden unterstützt wurden, soweit ich mich erinnere. Wir mussten uns in Düsseldorf einfinden, am 27. Juni 1939, also kurz vor Ausbruch des Krieges. Wir fuhren mit dem Zug dorthin, und meine Eltern begleiteten uns. Meine Mutter hatte mir ein Dutzend Paar Seidenstrümpfe mitgegeben. Nylon gab es nicht. Sie dachte, ich würde mir dort niemals irgendetwas leisten können. Die Strümpfe hielten sehr lange. Wir durften nur einen Koffer, einen Rucksack und zehn Reichsmark mitnehmen, das war alles. Zehn Reichsmark. Ich glaube, das waren gerade einmal vierzehn Shilling. Als wir uns schließlich aus dem Zug von unseren Eltern verabschiedeten, standen sie natürlich gleich neben dem Fenster. Aber als wir abfuhren, wurden sie von den SA-Männern auf die andere Seite des Bahnsteigs gedrängt, so dass sie nicht mehr ganz nah bei uns waren. Meine Mutter konnte nicht aufhören zu weinen, für mich aber begann ein großes Abenteuer. So zumindest empfand ich es damals, mit meinen sechzehn Jahren.

An der holländischen Grenze bekamen wir von den holländischen Frauen belegte Brote, zumindest glaube ich, mich daran zu erinnern. Und sobald wir die Grenze überquert hatten, war alles ganz anders, weil die Nazis plötzlich verschwunden waren. Meine Schwester erinnert sich daran, dass wir Schokolade bekommen haben. Die war damals in Deutschland sehr knapp. Mit dem Schiff setzten wir nach Harwich über, und von dort ging es mit dem Zug weiter zur Liverpool Street Station. Ich glaube, man hatte einen Sonderzug organisiert, weil wir so viele waren. Einige der Kinder auf unserem Transport kamen aus Wuppertal. Ich erinnere mich, dass auch Hannelore Meier mit diesem Transport nach England kam. Die Liverpool Street Station war das Erste, was ich von England sah, und sie kam mir vor wie ein großes schwarzes Loch, denn damals war es noch ein sehr düsterer und schmutziger Bahnhof mit vielen Dampflokomotiven. Und eben dieses schwarze Loch, die Liverpool Street Station, war für mich England. *(Zeitzeugenbericht Lore Gordon)*

Aus Wuppertal konnten mit den Kindertransporten mindestens 32 Kinder und Jugendliche gerettet werden: Doris Aronowitz, Esther und Sonja Bareinski, Günther Baum, Margret Berger, Margot und Ruth Berger, Ursula Censer, Anneliese und Doris Eichmann, Werner Frank, Mary und Rolf Glicksmann, Eva Goldmann, Hans Haltrecht, Lore und Ursula Heimann, Renate Inow, Moritz und Dora Kaplan, Heinz Marowilsky, Hannelore Julie Meier, Heinz Johannes Meyer, Herbert Meyer, Hermann Meyer, Werner Michels, Hannelore Miedzinski, Arnold Ostwald, Salomon Seide, Chaim Silberberg, Hans Wassermann, Rainer Fritz Wihl.

Am 26. Juli 1939 habe ich mit einem der letzten Kindertransporte Deutschland verlassen. Ich war damals gerade fünfzehn Jahre alt. Viele englische Familien hatten sich bereit erklärt, deutsche Kinder aufzunehmen. Sie meldeten sich beim Flüchtlingskomitee, dem Bloomsbury House, und suchten sich ein Kind aus, das dann bei ihnen wohnen sollte. Das Komitee prüfte daraufhin, ob die Familie des Kindes in finanziell gesicherten Verhältnissen lebte, damit dem Land keine Kosten entstanden, und wenn alles in Ordnung war, auch mit der Familie, hieß es: „Gut, dann kann die Person kommen“. Der Haken dabei war, dass die Pflegefamilien meist nur Kinder unter vierzehn Jahren aufnahmen, und die waren damals noch schulpflichtig. Wenn man unter achtzehn Jahren alt war, durfte man nicht arbeiten, und diejenigen von uns, die älter als vierzehn waren, durften nur als domestic, also im Haushalt oder ähnlichen Bereichen arbeiten. Flüchtlinge zwischen vierzehn und achtzehn waren also billige Arbeitskräfte, und das wurde manchmal ausgenutzt. *(Zeitzeugenbericht Ruth Berger)*

Viele Kinder, deren Fotos Lore und Alfred Auerbach (später Gordon) erhielten, konnten nicht mehr rechtzeitig entkommen, denn mit Beginn des Krieges am 1. September 1939 waren die Kindertransporte nicht mehr möglich. Im Jahr 2005 stellte Lore Gordon ihre Fotosammlung dem Archiv der Begegnungsstätte zur Verfügung.

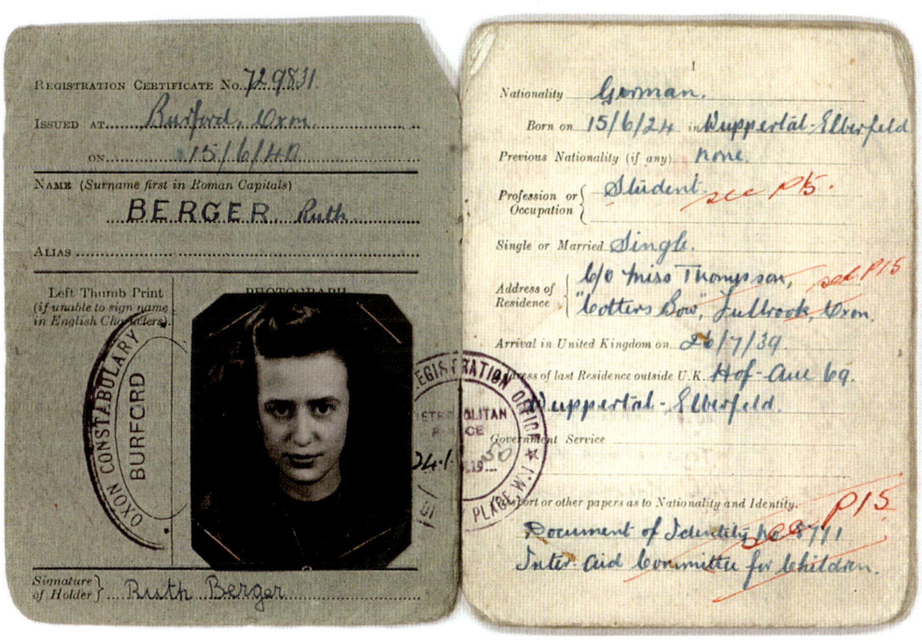

Registration Certificate No.
Issued at Burford, Oxon.
on 15/6/40
Name (Surname first in Roman Capitals) BERGER Ruth
Alias
Left Thumb Print (if unable to sign name in English Characters)
Oxon Constabulary Burford
Signature of Holder Ruth Berger

Nationality German
Born on 15/6/24 in Wuppertal-Elberfeld
Previous Nationality (if any) none
Profession or Occupation Student see P5.
Single or Married Single
Address of Residence c/o Miss Thompson, see P15 "Cotters Bow", Fulbrook, Oxon.
Arrival in United Kingdom on 26/7/39.
Address of last Residence outside U.K. Hof-Aue 69. Wuppertal-Elberfeld.
Government Service
Passport or other papers as to Nationality and Identity. P15
Document of Identity
Inter Aid Committee for Children.

Englische Aufenthaltspapiere für Ruth Berger

Die Fotosammlung von Lore Gordon

Eleonore Besen (1933-1941, Lodz)

Eduard Dahl (*1921)

Erna Fuks (1921-1941, Lodz)

David Grünberg (1918-1941, Lodz)

Bernd Herz (1921-1941, Minsk)

Lotte Jacoby (*1920)

Max Katzenstein (1918-1941, Minsk)

Rolf Labbé (1921-1981)

Grete Eichmann (1898-1956)

Ludwig Eichmann (1898-1942)

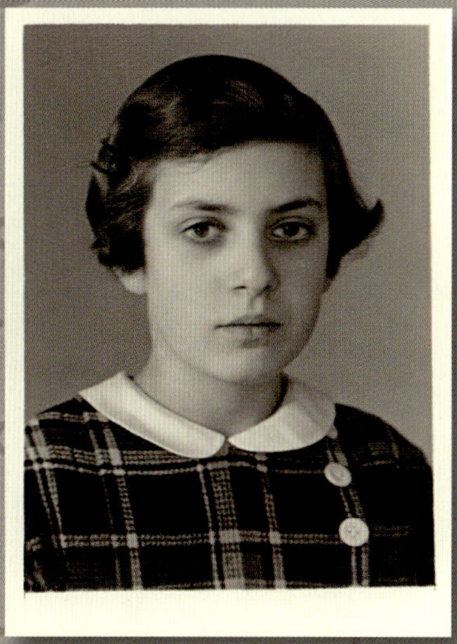

Margot Falkenheim (1925-1941, Minsk)

Erich Herz (1905-1941, Minsk)

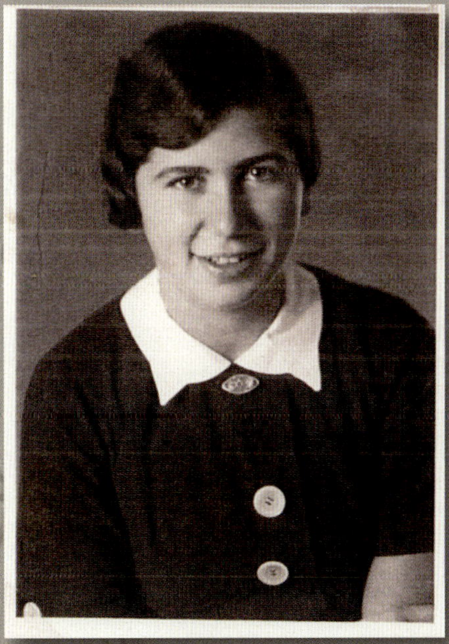

Bertel Hirsch (*1920)

Anneliese Jacoby (*1922)

ans Joachim Lesser (1924-1941, Minsk)

Ursula Lesser (1925-1941, Minsk)

Hans Ulrich Lewin (*1920)

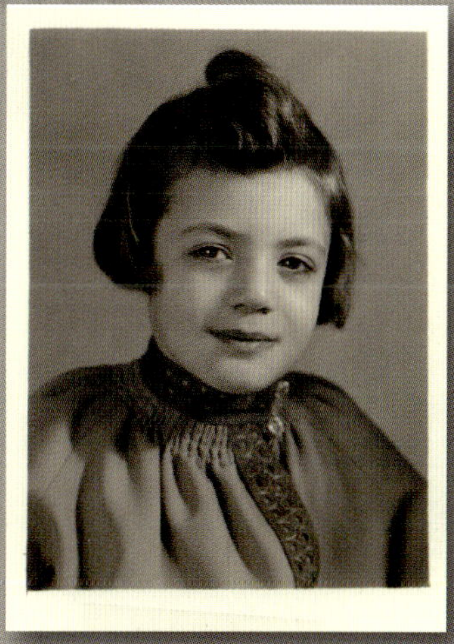

Johanna Falkenheim (1933-1941, Minsk)

Ellen Mansberg (1924-1941, Minsk)

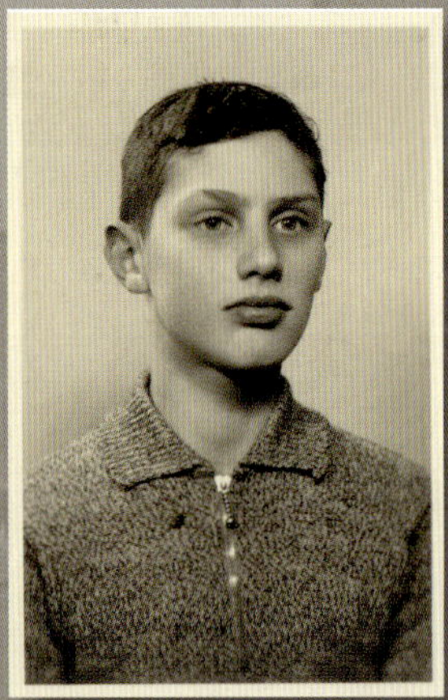

Hermann Mansberg (1924-1941, Minsk)

Rolf Mayer (1923-1941, Lodz)

Trude Mayer (1922-1941, Lodz)

Markus Neugarten (1890-1953)

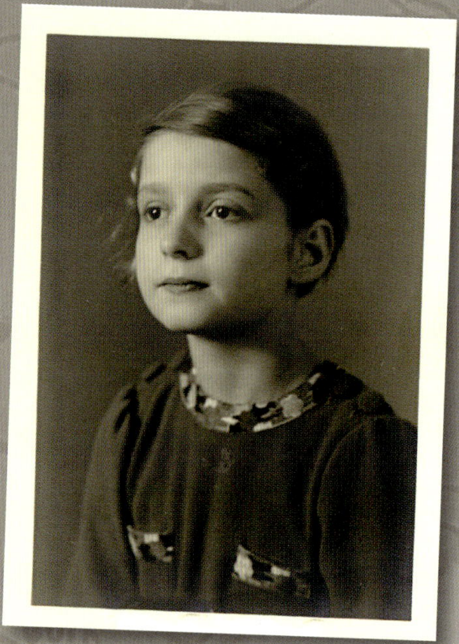

*Hannelore Oswald (*1928)*

Claire Rothschild

Benno Simon (1924-1942, Izbica)

Brunhilde Simon (1927-1942, Izbica)

Günther Simon (1922-1941, Lodz)

Ruth Simon (1928-1941, Lodz)

Georg Ernst Metzger (1921-1944, Auschwitz)

Ursula Metzger (*1925)

Edith Moses (1925-1941, Minsk)

Käthe Salinger

Siegfried Schwarz (1916-1941, Minsk)

Kurt Seligmann (*1935)

Jenny Soyka (*1913)

Leonora Torbeck (1903-1963)

Fotos aus der Sammlung von Lore Gordon, geb. Heimann. Ihr Mann Alfred half dabei, möglichst viele jüdische Flüchtlinge aus Deutschland nach England zu bringen, und forderte dafür Fotos zur Ausstellung von entsprechenden Papieren an. Tragischerweise konnten längst nicht alle Anwärter gerettet werden.

Die Flucht der Geschwister Gert und Karin Riemer

Robert Riemer an Deck der „Gaza“

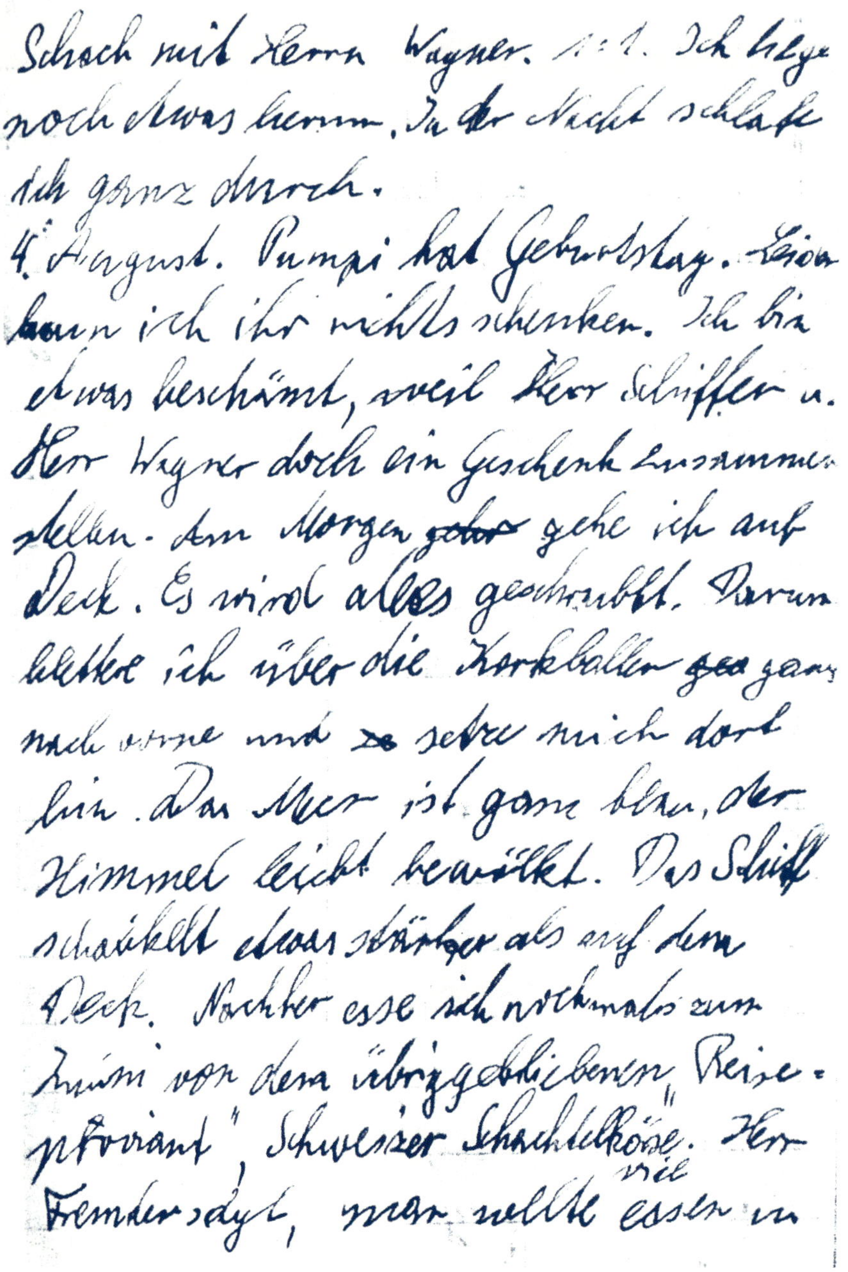

Schach mit Herrn Wagner. 1:1. Ich liege noch etwas herum. In der Nacht schlafe ich ganz durch.
4. August. Pumpi hat Geburtstag. Leider kann ich ihr nichts schenken. Ich bin etwas beschämt, weil Herr Schiffer u. Herr Wagner doch ein Geschenk zusammen-stellen. Am Morgen gehe ich auf Deck. Es wird alles geschrubbt. Darum klettere ich über die Korkballen ganz nach vorne und setze mich dort hin. Das Meer ist ganz blau, der Himmel leicht bewölkt. Das Schiff schaukelt etwas stärker als auf dem Deck. Nachher esse ich nochmals zum Znüni von dem übriggebliebenen „Reise-proviant“ Schweizer Schachtelkäse. Herr Fremder sagt, man sollte viel essen in

Handschriftliche Seite aus dem Tagebuch von Gert Riemer

Auch für die beiden Kinder des früheren Direktors des Thalia-Theaters Robert Riemer, den 13jährigen Gert und die drei Jahre jüngere Karin, wurde die Situation zunehmend gefährlich. Sie lebten in der Sophienstraße 8 bei dem befreundeten Kinderarzt Dr. Alfred Abraham Heimann und hofften darauf, ihrem Vater in die Schweiz nachreisen zu können – ihre Mutter war bereits 1936 bei einem Unfall ums Leben gekommen.

1939 gelang es Robert Riemer, seine Kinder zu sich in die Schweiz bringen zu lassen. In Winterthur fand die kleine Familie ein Asyl und wartete auf ihre Einreisevisa für die USA. Gert und Karin lebten sich gut ein und gingen auch zur Schule. 1941 erhielt Riemer endlich die Papiere und machte sich mit seinen Kindern auf die Reise zum Hafen von Lissabon, dem zu dieser Zeit nahezu einzigen Ausgangshafen für jüdische Flüchtlinge. Der mittlerweile 15jährige frühreife Gert Riemer hat die aufregende Reise sehr genau in einem Tagebuch beschrieben und damit ein einzigartiges authentisches Dokument hinterlassen. Es zeigt, wie groß die äußeren Gefahren waren, die die Flüchtlinge stets bedrohten, aber auch, wie sehr das Gelingen von eigener Beweglichkeit und Improvisationskunst abhing. Gesundheit und eine stabile psychische Konstitution waren dabei fast ebenso unerlässlich wie gute Beobachtungsgabe, schnelle Reaktionsfähigkeit, Raffinesse und konzentriertes, planvolles Handeln. Besonders anschaulich wird das Tagebuch durch die persönlichen Beobachtungen und Kommentare des vielfältig interessierten Jugendlichen und durch seine Schilderungen ganz konkreter Lebensumstände auf der Flucht.

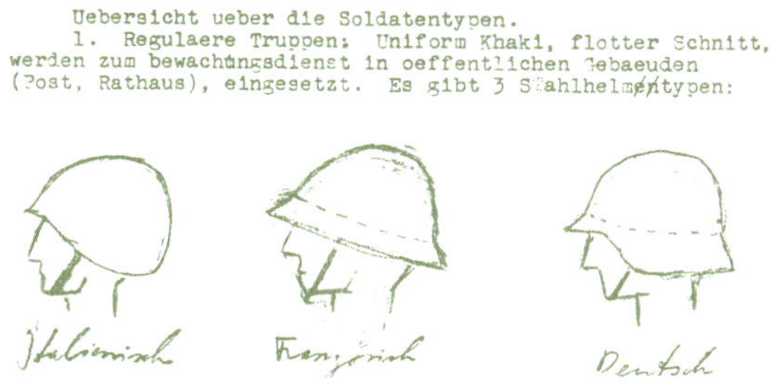

Uebersicht ueber die Soldatentypen.
1. Regulaere Truppen: Uniform Khaki, flotter Schnitt, werden zum bewachungsdienst in oeffentlichen Gebaeuden (Post, Rathaus), eingesetzt. Es gibt 3 Stahlhelmtypen:

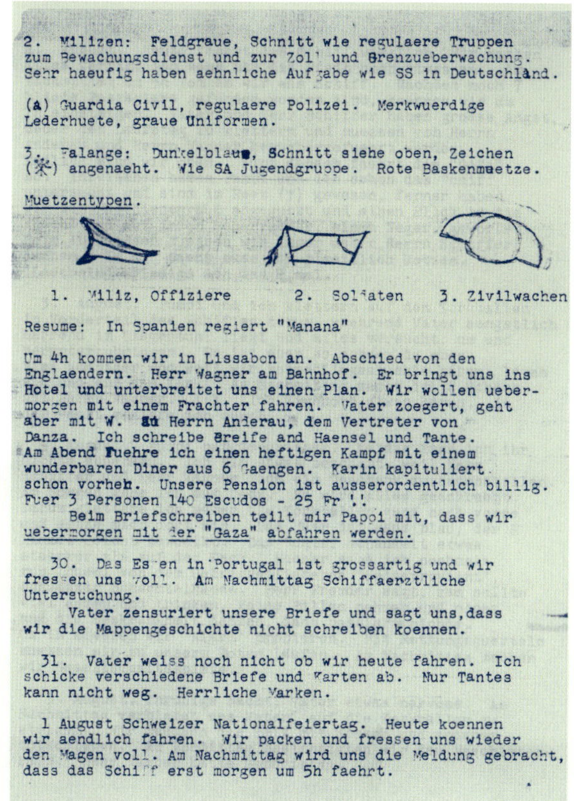

2. Milizen: Feldgraue, Schnitt wie regulaere Truppen zum Bewachungsdienst und zur Zoll und Grenzueberwachung. Sehr haeufig haben aehnliche Aufgabe wie SS in Deutschland.

(A) Guardia Civil, regulaere Polizei. Merkwuerdige Lederhuete, graue Uniformen.

3. Falange: Dunkelblau, Schnitt siehe oben, Zeichen (✱) angenaeht. Wie SA Jugendgruppe. Rote Baskenmuetze.

Muetzentypen.

1. Miliz, Offiziere 2. Soldaten 3. Zivilwachen

Resume: In Spanien regiert "Manana"

Um 4h kommen wir in Lissabon an. Abschied von den Englaendern. Herr Wagner am Bahnhof. Er bringt uns ins Hotel und unterbreitet uns einen Plan. Wir wollen uebermorgen mit einem Frachter fahren. Vater zoegert, geht aber mit W. zu Herrn Anderau, dem Vertreter von Danza. Ich schreibe Breife and Haensel und Tante. Am Abend fuehre ich einen heftigen Kampf mit einem wunderbaren Diner aus 6 Gaengen. Karin kapituliert schon vorher. Unsere Pension ist ausserordentlich billig. Fuer 3 Personen 140 Escudos - 25 Fr !!
Beim Briefschreiben teilt mir Pappi mit, dass wir uebermorgen mit der "Gaza" abfahren werden.

30. Das Essen in Portugal ist grossartig und wir fressen uns voll. Am Nachmittag Schiffaerztliche Untersuchung.
Vater zensuriert unsere Briefe und sagt uns, dass wir die Mappengeschichte nicht schreiben koennen.

31. Vater weiss noch nicht ob wir heute fahren. Ich schicke verschiedene Briefe und Karten ab. Nur Tantes kann nicht weg. Herrliche Marken.

1 August Schweizer Nationalfeiertag. Heute koennen wir aendlich fahren. Wir packen und fressen uns wieder den Magen voll. Am Nachmittag wird uns die Meldung gebracht, dass das Schiff erst morgen um 5h faehrt.

Zeichnungen Gert Riemers im Typoskript des Tagebuchs

Tagebuch 1941

21. Juli: *Abschied aus Winterthur. Ich fahre nach Zürich. Karin kommt von Graubünden dort hin. Vater ist wie immer nervös.*

22. Juli: *Abschied von Zürich. Wir fahren nach Genf. Route: Zürich-Dietikon-Wettingen-Baden-Turgi-Brugg-Wildegg-Aarau-Olten-Aarburg-Langenthal-Herzogenbuchsee-Burgdorf-Zollikofen-Bern-Romont-Oron-Châtel St. Denis-Chexbres-Lausanne-Morges-Rolle-Gland-Nyon-Genève. Übernachten im „Hôtel des Faroilles". Ich schreibe Karten an Hänsel und Fredi, Tante, Frau Pfarrer Goetz, Frau Bloch.*

23. Juli: *Ich kann mich ganz gut auf Französisch verständigen.*

Weil wir viel Schokolade essen müssen und auch am Morgen welche trinken, wird es Karin schlecht, und sie fängt an, anhaltend zu kotzen. Am Nachmittag bringen wir die Koffer zur Zoll-Revision, besteigen einen Schweizer Zug und passieren um 3.58 Uhr bei Annemasse die Grenze.

Addio la caserna!! Bei der französischen Zoll-Revision klappt Karin fast zusammen. Zu alledem wird ein Koffer von uns verwechselt. Nach einigen Mühen findet Pappi ihn wieder. Plötzlich rennt er jedoch, ohne sich um uns zu kümmern, davon und in den Wagen. Ich kann Karin nur noch schnell hinterher schicken. Dann stehe ich mit den Koffern da. Glücklicherweise passt mir ein Bahnhofsagent einen Moment darauf auf. Mit letzter Kraft schleppe ich die schweren Koffer zum Wagen, wo Pappi steht und, wie immer, herumdirigiert. Er tut, als ob alles selbstverständlich wäre. Endlich fahren wir ab. Wir sehen keine Zeichen des Krieges. Nur ein mistfahrendes Kind. Je weiter wir aber ins Innere des Landes kommen, umso mehr Soldaten sieht man, hauptsächlich Matrosen und Alpenjäger.

24. Juli: *Wir passieren die Steinwüsten der Auvergne. Dann kommen wir ans Meer. Das Land ist jetzt topfeben. Weiterfahrt nach Cerbère. Zolluntersuchung.*

Weiterfahrt nach Spanien. Zu Port-Bou gewaltige spanische Zoll-Untersuchung mit Leibesvisitation. Weiterfahrt nach Barcelona im Auto. Wir haben einen guten Fahrer, der uns verhältnismäßig schnell nach Barcelona bringt. Schöne Landschaft. Ich habe sogar im Wagen geschlafen. Der andere Wagen dagegen erleidet eine Panne. Wir kriegen zwei Zimmer. Während der Nacht ist es schrecklich heiß. Wir waschen uns tüchtig. Am Morgen sehen wir uns die Stadt an. Die Spanier scheinen lange Finger zu haben. Alles ist sehr teuer. Barcelona ist reich an schönen Bauten, Denkmälern, kleinen Kindern, Dreck, Staub und Schwindlern. Am Abend fahren wir ab. Leider konnte ich nicht im Meer baden. Wir fahren nun zu 8 weiter. Herr Wagner und Eva haben ihr Gepäck nicht gekriegt. Die Eisenbahnwagen stinken vor Dreck. Die Fenster sind schlecht, viele Tunnels.

25. Juli: *Wir fahren weiter durch Spanien. Spaniens Landschaft: kahle Berge, Steinwüsten, karge Felder, primitive Behausungen außerhalb der Städte.*

27. Juli: *Wir kommen in Madrid an. Nachdem wir das Heer der Verkäufer, Gepäckträger und Führer abgeschüttelt haben, kommen wir ins „Hôtel de Paris". Wir kriegen zwei nette Zimmer, sind lustig, waschen uns, schlafen, baden, essen und freuen uns auf Lissabon. Am Abend bringen zwei Taxis uns nach dem Bahnhof. Beim Aussteigen fordert Herr Wagner Geld von Pappi, dann kommt es zu Verhandlungen mit dem Fahrer, schließlich fährt das Taxi weg. Da entdeckt Vater, dass er seine Mappe vergessen hat. Große Aufregung. Eva und Herr Wagner fahren ohne uns ab. Nun sitzen wir zunächst ratlos am Bahnhof, die Polizei kann das Taxi nicht finden.*

Wir fahren ins „Hôtel de Paris" zurück. Halbkrank vor Aufregung, Enttäuschung und Schmerz legen wir uns schlafen.

28. Juli: *Am nächsten Tag lässt der Schweizer Portier im Hotel die Polizei verständigen. Inzwischen lernen Karin und ich Lieder. Alle Taxichauffeure, die von 10 Uhr bis 10.25 Uhr am Bahnhof vorfuhren, werden nach der Mappe gefragt. Nachher sagt uns Pappi, dass er wahrscheinlich nach Lissabon fahren werde, wenn die Mappe nicht gefunden wird. Ich werde mit Karin allein zu Hause bleiben müssen. Vater lässt durch das Radio die Nachricht von dem Verlust der Mappe verkünden. Da erhält er die Nachricht, das die „Nyassa" schon am 24. abgefahren ist. Von neuem scheint das Unglück auf uns hereinzubrechen. Pappi bleibt morgen noch bei uns. Vorläufig ist die Mappe noch nicht gefunden worden.*

An Bord der „Gaza“: Im Liegestuhl Robert Riemer, davor Karin Riemer und ein weiterer Passagier

Passagiere der „Gaza“ mit Kapitän ▶ und dem Ersten Maschinisten. Von links nach rechts: Gert Riemer, Helmut Wagner, Simon Fremder, Walter Schiffer, vorn: Kapitän Botto, Karin Riemer und der Maschinist Ferreira

__29. Juli:__ Wenn die „Nyassa“ nicht schon am 24. gefahren ist, so fährt sie heute bestimmt. Unser Proviant geht langsam zu Ende. Wir spielen, während Pappi weg ist. Nach dem Mittagessen – wir beraten gerade unsere Abreise – bringt uns ein Boy die Mitteilung, daß die Mappe gefunden worden ist. Wir sprechen mit Herrn Dellier, dem Schweizer Concierge, der Pappi immer geholfen hat. Er berichtet folgendes: Nachdem das Taxi abgefahren war, entdeckte ein Fahrgast die Mappe. Er brachte sie der deutschen Botschaft, weil sich der Chauffeur nicht bereit erklärte, zum „Hôtel de Paris“ zu fahren, weil er kein Benzin mehr hatte. Kurz nachdem die Radionachricht durchgegangen ist, rief Delliers Frau Dellier an und bestätigte ihm die Durchgabe der Mitteilung. 3 Minuten später, (Dellier hatte gerade den Hörer abgehängt) kommt ein Anruf des Fahrgastes, eines Señor Gomez, der die Mitteilung macht, dass die Mappe auf der deutschen Botschaft läge.

Vater ist inzwischen wieder zum „Marsan“ gegangen und hat sich wegen der Billette verständigt. Wir müssen um 6 Uhr auf die deutsche Botschaft. Wir fahren zur „Embolajera Alemania“, der Kanzler gibt uns ohne weiteres die Mappe. Alles ist noch drin.

Wir fahren zurück. Merkwürdigerweise erleidet das Taxi einen Zusammenstoß. Wir steigen aus. Zu Fuß weiter. Jubel im Hotel (nachher kann man Witze machen). Heute Abend wollen wir nach Lissabon fahren. Vater telephoniert Herrn Anderau. Wahrscheinlich kriegen wir ein anderes Schiff. Am Abend schreibe ich eine Karte an Hänsel. Um halb neun Abfahrt vom Hotel, Abschied von Dellier.

Im Zug treffe ich ein englisches Ehepaar, das ich am Morgen im „Hôtel de Paris“ kennen gelernt hatte. Wir fahren zusammen. Ein Spanier nimmt uns die Pässe ab.

__29. Juli:__ Um 7 Uhr spanische Zollrevision Valencia Alcantara. Um 9 Uhr portugiesische Kontrolle. 11 Uhr erreichen wir Portugal. Vorher zum ersten Mal wunderbarer Imbiss. Kaffee, frische Brötchen, Butter, Wasser.

Jehuda (früher Gert) Riemer und seine Schwester Karin Bosgang, 1996

Zusammenfassung über Spanien.

Die Spuren der Revolution sind immer noch stark zu sehen. Vor dem Hotel sahen wir von einem Haus nur noch eine Mauer. Dort hatte eine Brandbombe eingeschlagen. Allerdings ist verschiedentlich schon aufgebaut worden.

Die Spanier beider Geschlechter sind auffallend hübsch. Sie gehören zu den schönsten Menschen, die ich je gesehen habe. Am schlimmsten aber steht es mit der Organisation. Die Polizei zum Beispiel hatte nach zwei Tagen immer noch nicht den Chauffeur gefunden, der unsere Mappe gefunden hatte.

Um 4 Uhr kommen wir in Lissabon an. Abschied von den Engländern. Herr Wagner am Bahnhof. Er bringt uns ins Hotel und unterbreitet uns einen Plan. Wir wollen übermorgen mit einem Frachter fahren. Vater zögert, geht aber mit Wagner zu Herrn Anderau, dem Vertreter von „Danza“. Ich schreibe Briefe an Hänsel und Tante. Am Abend führe ich einen heftigen Kampf mit einem wunderbaren Diner aus 6 Gängen. Karin kapituliert schon vorher. Unsere Pension ist außerordentlich billig. Für drei Personen 140 Escudos – 25Fr !!

Beim Briefeschreiben teilt mir Pappi mit, dass wir übermorgen mit der „Gaza“ abfahren werden.

__30. Juli:__ Das Essen in Portugal ist großartig und wir fressen uns voll. Am Nachmittag schiffsärztliche Untersuchung. Vater zensiert unsere Briefe und sagt uns, dass wir die Mappengeschichte nicht schreiben können.

__31. Juli:__ Vater weiß noch nicht, ob wir heute fahren. Ich schicke verschiedene Briefe und Karten ab. Nur Tantes kann nicht weg. Herrliche Marken.

__1. August:__ Schweizer Nationalfeiertag. Heute können wir endlich fahren. Wir packen und fressen uns wieder den Magen voll. Am Nachmittag wird uns die Meldung gebracht, dass das Schiff erst morgen um 5 Uhr fährt.

__2. August:__ Heute fährt das Schiff wirklich! Wir machen alles fertig, ich sehe mir die Stadt noch etwas an. Am Nachmittag um 5 Uhr kommen wir ans Schiff. Nachdem noch sieben blinde Passagiere gefunden worden sind, können wir um 7 Uhr einsteigen. Vater und Herr Schiffer haben große Angst, über den Laufsteg zu klettern, und müssen vom Herrn Anderau und Herrn Wagner herübergeführt werden.

Endlich sind wir oben. Kurz danach fährt die „Gaza“ ab. Inzwischen haben Pappi und ich schon das Schiff untersucht und sind im Heck gewesen, ferner haben wir den Maschinenraum angeguckt und einen Blick in die Küche und auf ihren Beherrscher, einen Neger, geworfen. Beim Abendessen müssen wir immer über Herrn Schiffer lachen. In der Nacht muss ich plötzlich kotzen. Lächelnd erledige ich das 2 mal.

__3. August:__ Pumpi Karin und ich klettern auf den Korkballen im Vorderteil des Schiffes herum, während

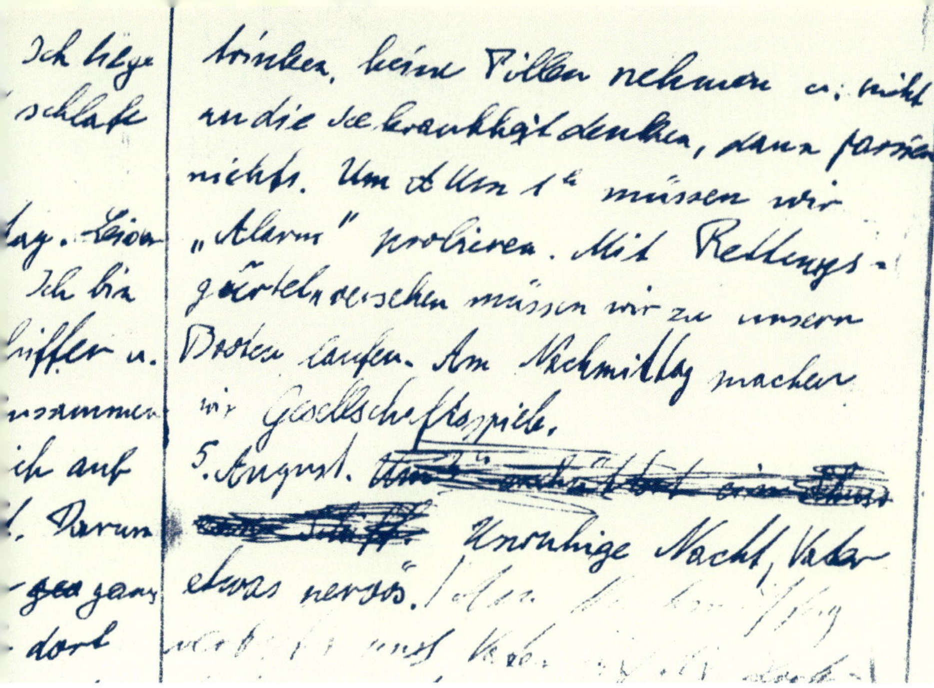
trinken, keine Pillen nehmen u. nicht
an die Seekrankheit denken, dann passiere
nichts. Um 1 Uhr müssen wir
„Alarm" probieren. Mit Rettungs-
gürteln versehen müssen wir zu unsern
Booten laufen. Am Nachmittag machen
wir Gesellschaftsspiele.
5. August.
Unruhige Nacht, Vater
etwas nervös.

In den handschriftlichen Tagebuchaufzeichnungen sind die Ausstreichungen unter dem Datum des 5. August gut zu erkennen.

Wilmington, Delaware,

Safety Was Threatened by Nazi U-Boat

Photos by Sanborn.

mone Fremder of Milan, Italy, (right) conversed with officers of a Nazi submarine to avert the sinking of the Portuguese steamer Gaza, which arrived at the Marine Terminal today. He is seen reading a testimonial letter for the part he played. In the left panel are Raphael Riemer, a former theatrical producer of Vienna, with his 15-year-old son, Gert, and his 12-year-old daughter, Karin.

Passenger Is Revealed as Hero As Sub-Periled Ship Docks Here

Italian's Ability to Speak Several Languages Saves Refugees, Cargo From Attack by German Craft

The story of how one of six refugee passengers on board the Portuguese steamer, Gaza, gifted with the ability of talking several languages, saved the vessel from a Nazi submarine, was brought to Wilmington today as the ship docked at the Marine Terminal with a cargo of more than 1,500 tons of cork.

The hero of the trip, Simone Fremder, a metallurgist of Milan, Italy, spoke for several hours with two officers of the submarine urging them to spare the vessel.

Über die gefährliche Überfahrt und die glückliche Ankunft in Wilmington berichtete die "Evening Journal-Every Evening" am 16.8.1941.

Vater ängstlich harrend im Liegestuhl liegt und alles versucht, um uns herunterzubringen. Es ist aber so schön da oben. Viel sonniger, und weil wir keine Liegestühle haben, legen wir uns auf den Kork. Am Nachmittag mache ich zwei Schach mit Herrn Wagner: 1:1. Ich liege noch etwas herum. In der Nacht schlafe ich durch.

4. August: *Pumpi hat Geburtstag. Leider kann ich ihr nichts schenken. Ich bin etwas beschämt, weil Herr Schiffer und Herr Wagner doch ein Geschenk zusammenstellen. Am Morgen gehe ich auf Deck. Es wird alles geschrubbt. Darum klettere ich über die Korkballen ganz nach vorne und setze mich dort hin. Das Meer ist ganz blau, der Himmel leicht bewölkt. Das Schiff schaukelt etwas stärker als auf dem Deck. Nachher esse ich nochmals „zum Z' nueni" von dem übriggebliebenen „Reiseproviant", Schweizer Schachtelkäse. Herr Fremder sagt, man sollte viel essen und trinken, keine Pillen nehmen und nicht an die Seekrankheit denken, dann passiere nichts. Um 1 Uhr müssen wir „Alarm" probieren. Mit Rettungsgürteln müssen wir zu unseren Booten laufen. Am Nachmittag machen wir Gesellschaftsspiele.*

5. August: *Unruhige Nacht, Vater etwas nervös.**

Am Nachmittag verbietet uns Vater, auf die Korkballen zu steigen. Wir müssen die Zeit mit Schach und anderem totschlagen. Am Vormittag besichtigen wir den Maschinenraum. Herr Wagner hatte Geburtstag.

6. August: *Wir haben uns jetzt schon ganz ans Schiff gewöhnt und merken das Schaukeln nicht mehr. Vater liegt den ganzen Tag im Liegestuhl. Am Vormittag schneide ich mich beim Schnitzen in den Daumen. Schach mit Herrn Wagner. Mühle mit Herrn Schiffer. Um 12 Uhr passieren wir die Azoren.*

7. August: *Wir langweilen uns ziemlich stark. Ich spiele viel Schach mit Herrn Wagner. Am Abend hören wir Radio.*

8. August: *Heute morgen habe ich fliegende Fische gesehen. Ich freunde mich mit dem 1. Maschinisten an.*

9. August: *Am Morgen sitzen wir lange beim ersten Maschinisten. Am Nachmittag werden der Ochse und die beiden Hammel geschlachtet. Wir gucken zu. Am Abend Schach.*

12. August: *Vater hat sich den Magen verdorben. Am Nachmittag schreiben wir eine 3-sprachige Flaschenpost „Auf der Reise von Europa nach Amerika senden wir diesen Gruß in die Welt hinaus" (englisch/französisch) und werfen sie ins Meer.*

13. August: *Starker Sturm. Das Schiff schaukelt tüchtig. Am Abend bessert's auf.*

14. August: *Das Wetter ist wieder schön. Wir sehen die ersten Schiffe. Am Sonnabend früh sind wir sicher in Amerika! Fremder, Schiffer und Wagner telegraphieren.*

15. August: *Heute letzter Tag auf dem Schiff. Photo. Um halb drei sehen wir das erste Leuchtschiff. Plötzlich kommt Wagner und meldet, dass Land in Sicht sei! Alles geht auf Deck. Um 4 Uhr kommt der Lotse! Wir nähern uns dem Kontinent. Die ersten amerikanischen Zeitungen gelesen.*

16. August: *Heute um 1 Uhr liefen wir in den Hafen von Wilmington ein.*

Um 5 Uhr stehen wir auf. Um halb neun kommen die ersten amerikanischen Zollbeamten an Bord. Kontrolle der Emigration, ärztliche Untersuchung. Die Beamten sind sehr freundlich. Unterdessen fährt das Schiff ans Ufer; Journalisten. Wir erzählen die U-Boot-Geschichte, werden photographiert. Dann Fahrt mit der „HIAS" nach Wilmington.

Am Abend erscheinen die Bilder, begleitet von einem langen Artikel auf dem 1. Blatt einer Zeitung. Wir fahren nach New York. Um 4 Uhr kommen wir an. Abschied von Herrn Fremder. (Herr Wagner war nach dem Essen, Herr Schiffer bei der Station fortgegangen). Beim Informationsdienst der Pennsylvania-Station treffen wir Herrn Kleinberg, der uns in seine Wohnung fahren lässt. Abendessen, Conversation, Zimmer.

* Diese belanglose Formulierung ist auf die Zensur des Vaters zurückzuführen: Robert Riemer hatte seinem Sohn verboten, eine äußerst gefährliche Situation zu schildern, die sich in dieser Nacht abgespielt hatte. In Wirklichkeit war das Schiff von einem deutschen U-Boot aufgebracht und von deutschen Marinesoldaten durchsucht worden. Nur mit Hilfe hervorragender Fremdsprachenkenntnisse konnten die Deutschen überredet werden, auf die Versenkung der „Gaza" zu verzichten und die Passagiere weiterreisen zu lassen.

Verrat, Kontrolle und völlige Isolation

Seit November 1938 versuchten die Juden, denen das möglich war, so bald wie möglich das Land zu verlassen, um sich in Sicherheit zu bringen. Auch der 31jährige Lothar Goldschmidt aus der Roonstraße 22 im Briller Viertel packte Hab und Gut zusammen, um nach England zu emigrieren. Aber am 14. April 1939 verhaftete ihn die Polizei auf Anweisung des Amtsgerichts Wuppertal. Vorgeworfen wurde ihm, zwei Wochen zuvor „mit einer Staatsangehörigen deutschen Blutes außerehelichen Verkehr gepflogen" zu haben. Zwei junge Dienstmädchen hatten ihn im Treppenhaus beobachtet, als er sich bei Nachbarn Werkzeug zum Verschrauben seiner Kisten ausleihen wollte, und ihn, vermutlich nur aus einer Laune heraus, bei der Polizei mit erfundenen Behauptungen angezeigt.

Seit dem Erlass der „Nürnberger Gesetze" am 15. September 1935 waren Juden von der deutschen Staatsbürgerschaft ausgeschlossen, Eheschließungen und sexuelle Beziehungen zwischen ihnen und Nichtjuden streng verboten. Diese Gesetze, das „Reichsbürgergesetz" und das „Gesetz zum Schutze des deutschen Blutes und der deutschen Ehre", bildeten die Basis für den Ausschluss der Juden aus dem öffentlichen Leben, für ihre weitgehende soziale Isolation und für die nachfolgende antijüdische Politik.

Der Rechtsanwalt Gustav Brück übernahm als „Konsulent" die Verteidigung Lothar Goldschmidts in einem aussichtslosen Prozess, der aufgrund einer Denunziation angestrengt worden war. Das Gericht verurteilte ihn zu einer Zuchthausstrafe, die er in Münster absaß. Anschließend wurde er in das Konzentrationslager Groß-Rosen in der Nähe von Breslau eingeliefert, wo er am 21. November 1941 umgekommen ist.

Im Frühjahr 1939 wurden neue Bestimmungen erlassen, die die Wohnsituation der Juden bedeutend verschlechterten. Jüdische Mieter wurden genötigt oder auch gezwungen, ihre Wohnungen verlassen, um sie für eine rein „arische" Hausgemeinschaft frei zu machen.

Paul Weiß, Eigentümer des Hauses Turmhof 3 und Wuppertaler „Volksgenosse", beschwerte sich, ganz im Sinne eines „guten" Nationalsozialisten, bei dem SS-Obersturmbannführer Curt Benn, dem zuständigen Dezernenten in der Stadtverwaltung:

Ich bin seit dem ersten Januar 1940 Eigentümer des Hauses Wuppertal-Elberfeld, Turmhof 3, welches ursprünglich dem Juden Steinberg gehörte. Da Steinberg bei der Partei sehr verhaßt war, wurde ich seinerzeit immer wieder von führenden Parteigenossen gebeten, doch das Steinbergsche Geschäft zu mieten. Ich ließ mich dann auch erweichen und mietete vor drei Jahren das Geschäft. Ich kaufte schließlich auch das Haus, sofort kündigte ich sämtlichen jüdischen Mietern. Für mich als Nationalsozialist ist es auf die Dauer untragbar, noch Juden im Hause zu haben. Erstens hat diese Tatsache schon wiederholt zu unangenehmen Auftritten geführt und zweitens ist es ge-

Erkennungsdienstliche Fotos von Lothar Goldschmidt (1908-1941)

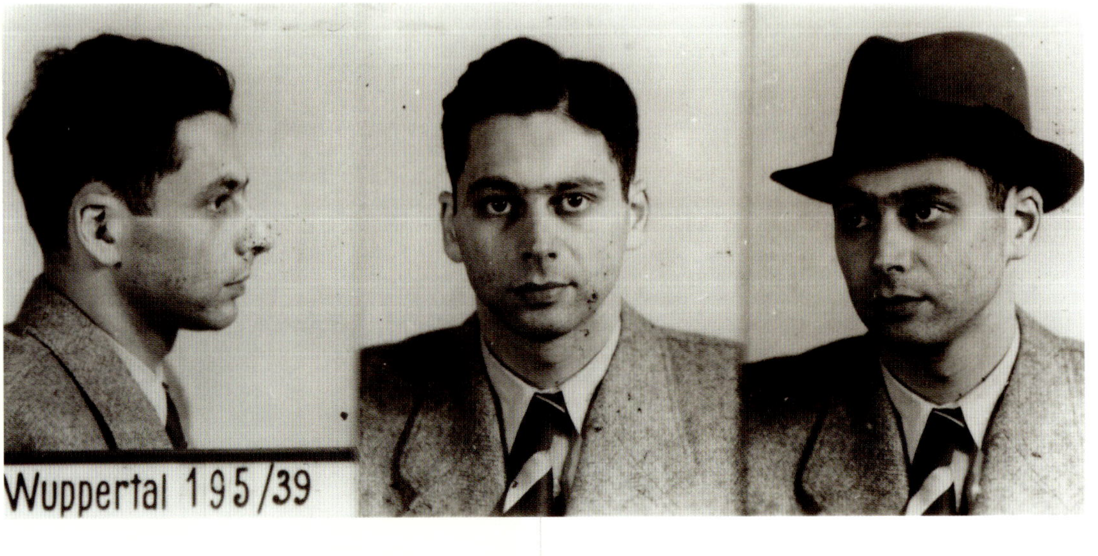

rade in heutiger Zeit sehr schädigend für mein Geschäft. Nun habe ich eine Bitte an Sie. Sorgen Sie dafür, daß ich keine Juden mehr ins Haus bekomme, sondern an Arier vermieten kann. Heil Hitler! Paul Weiß. (undatiert, vermutlich 1940. Archiv Jüdische Kultusgemeinde Wuppertal)

Mit der Ausweisung aus ihren Wohnungen teilte man den jüdischen Mietern meistens Ausweichquartiere in Häusern jüdischer Eigentümer zu. Das Ziel dieser Maßnahmen war neben der „Rassentrennung“ die Konzentration der Juden an wenigen, überschaubaren Adressen und zugleich die Schaffung von Wohnraum für „arische“ Volksgenossen.

In den Verordnungen über „Mietverhältnisse mit Juden“ die seit April 1939 erlassen wurden, hieß es u.a.: *Juden genießen gegenüber einem nichtjüdischen Vermieter keinen gesetzlichen Mieterschutz, wenn der Vermieter durch eine Bescheinigung der Gemeindebehörde nachweist, dass die anderweitige Unterbringung des Mieters gesichert ist. [...] Ein Jude hat in ihm gehörigen oder ihm von einem Juden vermieteten Wohnräumen auf Verlangen der Gemeindebehörde andere Juden als Mieter oder Untermieter aufzunehmen. Juden dürfen leerstehende oder freiwerdende Räume nur mit Zustimmung der Gemeindebehörde neu vermieten. Die Gemeinde soll in die Lage versetzt werden, für die planmäßige Lösung von Mietverhältnissen mit Juden zu sorgen, ohne daß eine Obdachlosigkeit jüdischer Familien eintritt. [...] In jüdischem Eigentum stehende Häuser sind für Judenwohnungen zu bevorzugen; Ghettobildung ist aber nicht erwünscht. Anwendung von Zwang nur, wenn ein Bedürfnis dazu besteht. Soweit erforderlich, kann der den Juden zur Verfügung zu stellende Raum eingeengt werden, insbesondere durch Unterbringung mehrerer jüdischer Familien in von Juden bewohnten größeren Wohnungen.* (Walk, S. 292f.)

Das Altersheim in der damals in „Straße der SA“ umbenannten Königstraße (heute Friedrich-Ebert-Straße) wurde zu einem solchen „Judenhaus“ erklärt. Mindestens 76 Menschen, vor allem ältere, haben in diesem Haus auf engstem Raum zusammen gelebt.

Die Adressen weiterer „Judenhäuser“ waren vermutlich: Adolf-Hitler-Straße 283, Bahnhofstraße 14, Bleicherstraße 8 und 10, Bleichstraße 22, Briller Straße 34, Deutschherrnstraße 19, Distelbeck 21, Emilstraße 3, Gartenstraße 24, Grünstraße 22, Luisenstraße 124, Nüller Straße 52, Stephanstraße 9, Tannenbergstraße 12, Unterdörnen 114, Von der Tann-Straße 1, Weststraße 76, Wilbergstraße 4, Wilhelmstraße 25a, Wortmannstraße 38, Wülfingstraße 19a und Zollstraße 11.

Mit der Maßnahme der Zwangsunterbringung und Konzentrierung erreichten die Nationalsozialisten eine nahezu völlige Isolierung der jüdischen von der nichtjüdischen Bevölkerung, eine erleichterte Kontrolle und Überwachung durch die Nachbarn und die Möglichkeit, jederzeit auf die jüdischen Bewohner zugreifen zu können. Die Häuser waren besonders gekennzeichnet und durften nicht abgeschlossen werden.

Keiner von den Überlebenden hat berichtet, dass bei Tag und Nacht offenstehender Haustüre je der Fuss eines Geistlichen der christlichen Kirchen das Haus betreten hat. Nur die Gestapo ging ein und aus. (Aldinger)

Landgerichtsakte im Fall Lothar Goldschmidt wegen „Rassenschande“

Eintrag in der Marginalie der Geburtsurkunde von Hanna Norden, der Tochter des Rabbiners, vom 8.12.1939. Sie musste sich nun „Hanna Sara Norden“ nennen. 1955 wurde dieser Zwangsakt wieder rückgängig gemacht.

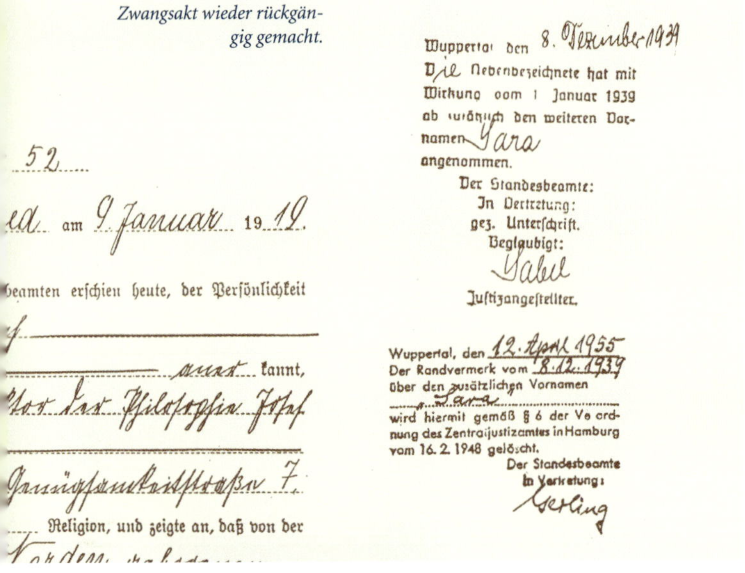

52

am 9. Januar 1919

beamten erschien heute, der Persönlichkeit

kannt,

Religion, und zeigte an, daß von der

Wuppertal, den 8. Dezember 1939

Die Nebenbezeichnete hat mit Wirkung vom 1. Januar 1939 ab zusätzlich den weiteren Vornamen Sara angenommen.

Der Standesbeamte:
In Vertretung:
gez. Unterschrift.
Beglaubigt:
Sabel
Justizangestellter.

Wuppertal, den 12. April 1955
Der Randvermerk vom 8.12.1939 über den zusätzlichen Vornamen Sara wird hiermit gemäß § 6 der Verordnung des Zentraljustizamtes in Hamburg vom 16.2.1948 gelöscht.
Der Standesbeamte
In Vertretung:
Gerling

Strafbefehl gegen Else Paul, die Zwangsnamen und die Kennkartenpflicht nicht beachtet hatte ▶

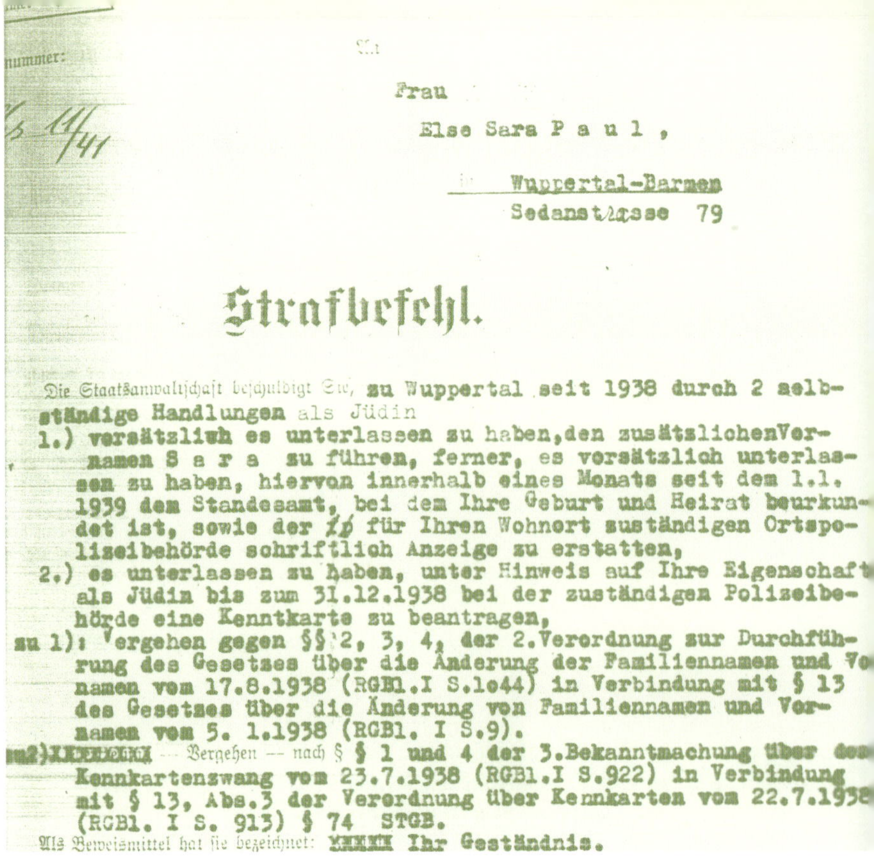

11/41

Frau

Else Sara P a u l ,

Wuppertal-Barmen
Sedanstrasse 79

Strafbefehl.

Die Staatsanwaltschaft beschuldigt Sie, zu Wuppertal seit 1938 durch 2 selbständige Handlungen als Jüdin

1.) vorsätzlich es unterlassen zu haben, den zusätzlichen Vornamen S a r a zu führen, ferner, es vorsätzlich unterlassen zu haben, hiervon innerhalb eines Monats seit dem 1.1.1939 dem Standesamt, bei dem Ihre Geburt und Heirat beurkundet ist, sowie der für Ihren Wohnort zuständigen Ortspolizeibehörde schriftlich Anzeige zu erstatten,

2.) es unterlassen zu haben, unter Hinweis auf Ihre Eigenschaft als Jüdin bis zum 31.12.1938 bei der zuständigen Polizeibehörde eine Kenntkarte zu beantragen,

zu 1): Vergehen gegen §§ 2, 3, 4, der 2. Verordnung zur Durchführung des Gesetzes über die Änderung der Familiennamen und Vornamen vom 17.8.1938 (RGBl. I S.1044) in Verbindung mit § 13 des Gesetzes über die Änderung von Familiennamen und Vornamen vom 5.1.1938 (RGBl. I S.9).

zu 2): Vergehen — nach § 1 und 4 der 3. Bekanntmachung über den Kennkartenzwang vom 23.7.1938 (RGBl. I S.922) in Verbindung mit § 13, Abs. 3 der Verordnung über Kennkarten vom 22.7.1938 (RGBl. I S. 913) § 74 StGB.

Als Beweismittel hat sie bezeichnet: Ihr Geständnis.

Antonie Römer aus der Kleinen Bandstraße 3 (1894-1973)

▲ Ihr Neffe Karl Salomon Markus (1912-1943)

Mit ihren zahllosen antijüdischen Gesetzen, Erlassen, Durchführungsbestimmungen und Verordnungen verwirklichten die Nationalsozialisten die „Rassentrennung“, die sie sich zum Ziel gesetzt hatten, und wenn Juden keine „arischen“ Verwandten hatten, waren sie diesen Maßnahmen ohne Aussicht auf Beistand ausgesetzt. Mit Hilfe und Solidarität konnten sie nicht rechnen.

Die Gestapo konnte darauf bauen, dass die Bürger sich gegenseitig überwachen und die Einhaltung der antijüdischen Gesetze selbst kontrollieren würden – und das ohne ausdrücklichen Auftrag. Das geht z. B. aus den Akten eines Verfahrens gegen Karl Salomon Markus hervor, der bei seiner Tante Antonie Römer in der Kleinen Bandstraße 3 in Elberfeld lebte. Im August 1942 meinte die Nachbarin Hedwig Birkenfeld, ein verbotenes Verhältnis zwischen Markus und der „deutschblütigen Ehefrau Berg“ von gegenüber zu beobachten und denunzierte beide bei der Polizei. Trotz weiterer Zeugenaussagen konnte den Angeschuldigten das Delikt der „Rassenschande“ nicht nachgewiesen werden – wohl aber, dass Markus seinen „Judenstern“ nicht trug, der seit September 1941 verpflichtend war. Das war schließlich der Grund für seine Verurteilung zu Gefängnis wegen Verstoßes gegen die „Kennzeichnungspflicht für Juden“, zur Einweisung in ein Konzentrationslager und anschließender Deportation in das Vernichtungslager Auschwitz, wo Karl Salomon Markus, 31 Jahre alt, am 22. Februar 1943 getötet worden ist.

Eins der so genannten „Judenhäuser“ war das Haus Bleicherstraße 10, das der Eigentümer, der beliebte Hals-, Nasen- und Ohrenarzt Dr. Eugen Rappoport mit seiner Frau, der Opernsängerin Elsa Merényi, bewohnte und in dem er seine Praxis betrieb. 1876 in Barmen geboren und aufgewachsen, galt er bis in die Zeit des Nationalsozialismus als angesehener Barmer Bürger, dem sich nicht nur die Sängerinnen und Sänger der Wuppertaler Oper, sondern später auch die aus dem Konzentrationslager Kemna entlassenen Häftlinge zur ärztlichen Behandlung anvertraut hatten.

Als ich im Januar 1934 wieder frei war, suchte ich vertrauensvoll Dr. Rappoport auf. Ich schilderte die an mir begangenen Verbrechen und betonte, daß ich befürchten müßte, wegen Greuelpropaganda erneut festgenommen zu werden. Es war für Dr. Rappoport eine Selbstverständlichkeit, meine Wiederherstellung mit allen ihm zur Verfügung stehenden Mitteln anzustreben. Darüber hinaus richtete er an mich die Aufforderung, alle kranken ehemaligen Kemna-Insassen zu informieren. Dr. Rappoport übernahm ihre ärztliche Behandlung. (Erich Werner, in: Ibach, S. 131)

1938 verlor Rappoport seine ärztliche Approbation, musste sich „Krankenbehandler“ nennen und durfte nur noch jüdische Patienten annehmen. Mit der Änderung der Mietverhältnisse für Juden zogen in den ersten Stock seines Hauses Julius Klein und Blenda Meyer, in den zweiten die Witwe Regine Urbach ein. Später wurden die Schwestern Babette und Karoline Engel einquartiert. Ihre Namen finden sich auf der Namensliste der Deportation in das Ghetto Theresienstadt im Juli 1942. Welche Stimmung unter den Wuppertaler Juden herrschte, denen es nicht mehr gelungen war, rechtzeitig vor dem Ausreiseverbot vom Oktober 1941 zu emigrieren, lässt ein Brief erahnen, den Rappoport am 2. März 1941 an seine ehemalige Sprechstundenhilfe Edith Blumenthal geschrieben hat:

Haben Sie vielen Dank für die Glückwünsche zu meinem Geburtstage. Diesen haben wir diesmal nicht so feiern können, wie üblich, gemeinsam mit dem Jahresende, da meine Frau infolge eines Nierensteinanfalles krank zu Bett lag. Zu feiern ist ja auch die Zeit

Kennort: Wuppertal
Kennummer: A 01314
Gültig bis 8. Mai 1944
Name Keil geb. Alexander
Vornamen Auguste Sara
Geburtstag 9. Februar 1900
Geburtsort
Beruf ohne
Unveränderliche Kennzeichen fehlen
Veränderliche Kennzeichen fehlen
Bemerkungen: keine
Rechter Zeigefinger
Linker Zeigefinger
Auguste Sara Keil
(Unterschrift des Kennkarteninhabers)
Wuppertal, den 8. Mai 1939
Der Polizeipräsident in Wuppertal
(Ausstellende Behörde)
(Unterschrift des ausfertigenden Beamten)

Die „Judenkennkarte" und ein „Judenstern" fanden sich im Nachlass von Auguste Keil, die den Holocaust überlebte und 1990 im Alter von 90 Jahren starb.

zu ernst. Jeder hat seine besonderen Sorgen. Dazu ist auch die Kriegszeit nicht angetan, daß man sich amüsieren soll, abgesehen von allen möglichen Dingen, die einem die Lust dazu nehmen. [...] Ob wir auf die Dauer hier bleiben können, ist eine andere Frage. Aber bei unserem Alter und dem Fehlen jeglicher verwandtschaftlicher Beziehungen nach Übersee, insbesondere nach USA, ist an eine Auswanderung wohl kaum zu denken. Denn wie sollten wir in unserem Alter noch eine neue Existenz aufbauen können?
(Brief vom 2.3.1941, in: Schnöring, Rappoport, S. 67)

Im Juli 1942 erhielten Dr. Rappoport, seine Frau und die Nachbarinnen einen Brief der Jüdischen Gemeinde, der ihnen den Termin für den Abtransport in das Ghetto Theresienstadt mitteilte. Johannes Schlingensiepen, Pfarrer der „Bekennenden Kirche", erinnerte sich:

Was wir in Barmen für die Juden und Kranken getan haben, war erbärmlich wenig, und ich muß zu meiner Schande gestehen, daß ich zu feige war, meinen jüdischen Ohrenarzt zumindest bis zum Abtransport zu begleiten. Stattdessen machte ich ihm nur einen Abschiedsbesuch, und das auch nur heimlich in der Nacht.
(Schlingensiepen, S. 111)

Sogar noch in dieser Zeit kam gelegentlich der frühere Elberfelder Rabbiner Dr. Joseph Norden aus Hamburg nach Wuppertal, um seine Gemeinde zu besuchen. Dabei wurde er Zeuge der Bemühungen in der kleinen Restgemeinde, trotz der erdrückenden Lebensumstände und der extrem angespannten Atmosphäre den Anschein einer gewissen Normalität herzustellen und zu wahren. Am 25. Mai 1941, wenige Monate vor Beginn der Deportationen aus Wuppertal, schrieb der Rabbiner an seine jüngste in Tientsin in China lebende Tochter Hanna:

In Elberfeld fand ich reizende Aufnahme, ich wohnte bei Brüders in der Wortmannstraße und schlief im selben Hause im Gastzimmer der Frau Sanitätsrat Dr. Leven. Mittwoch Nachmittag, d. 14.4. kam ich in Elberfeld an. Donnerstag besuchte ich die Gräber von Mutter und Hans, die gut gepflegt sind, war dann in der Zietenstrasse in unserer früheren Wohnung, wo die kleine Schule untergebracht ist, und besuchte die im Hause lebende Frau Sußmann und ihre Mutter Frau Direktor Knoller. Nachmittags war ich im Gemeindebüro, im Altenheim, das jetzt sehr stark belegt ist, und bei Israels, Eva ist sehr groß geworden. Freitag machte ich einen kurzen Besuch bei Max Goldberg, der schon 74 Jahre alt ist und sich noch tüchtig in der Gemeinde betätigt. Nachmittags suchte mich Frau Rothschild (Barmen) auf, deren Kindern es draußen gut geht. Abends war der erste Gottesdienst mit Predigt, die Gottesdienste finden jetzt in der Luisenstrasse statt. Der zweite Gottesdienst mit Predigt am Samstag Vormittag. [...] Sonnabend Nachmittag war [ich] zum Kaffee bei Fischels in der Distelbeckstrasse, auch Herr und Frau Marcus und Cläre Tisch, die in demselben Hause wohnen, waren eingeladen. Der dritte Gottesdienst war dann am Sonntag Vormittag, wieder Predigt. Da der Platz nicht ausreichte, waren Karten zu den Gottesdiensten ausgegeben. Jeder konnte nur an einem teilnehmen, im ganzen waren es 500 Zuhörer. Die Gemeinde zählt noch 780 Seelen. Ihr könnt Euch vorstellen, daß es eine große Strapaze für mich war. Die Teilnehmer kamen nach Schluß immer an mich heran, ich erkannte fast alle sogleich wieder. Sonntag Nachmittag war eine gemütliche Zusammenkunft mit Kaffee und Kuchen im Speisesaal des Altersheims mit geladenen Gästen, etwa 30 an der Zahl. Dorthin hatte ich auch Hilde Loew und Steffi Eppstein bestellt, mit denen ich nach der Veranstaltung eine halbe Stunde zusammen-

Der Arzt Dr. Eugen Rappoport (1876-1942)

▼ Rabbiner Dr. Joseph Norden, um 1940

◄ *Jüdische Zwangsarbeiter in der Reißverschlussfabrik „riri" in der Gennebrecker Straße in Wichlinghausen, darunter Benno Simon, Klaus Brauda, Manfred Siegel, Hermann Mansberg und Michael Kesting*

▼ *Jüdische Zwangsarbeiter*

sein konnte. [...] Nach Dir, liebes Hannalein, haben sich in Elberfeld natürlich Unzählige erkundigt, es ist unmöglich, alle Grüße im Gedächtnis zu behalten, daher nenne ich nur R.A. Brück und Frau, R.A. Israel und Frau, Victor Fischel und Frau, sowie Hilde und Steffi und die alte, sehr rüstige Frau Kann. [...] (Sammlung Hanna Hochfeld, Archiv BAS)

Unter den Juden in Deutschland wuchs die Angst vor immer neuen, willkürlichen und bedrohlicheren Maßnahmen. Hinzu kam der psychische Stress durch die Bombardierungen, unter dem die Juden, die oft keinen Zutritt zu den Luftschutzräumen hatten, noch mehr zu leiden hatten als die Angehörigen der „Volksgemeinschaft". Obendrein galten sie gemäß der nationalsozialistischen Kriegspropaganda an der „Heimatfront" als Sündenbock in dieser verzweifelten Situation, indem man sie zu den Drahtziehern und Profiteuren des Bombenkrieges erklärte und ihnen eine jüdisch-bolschewistische Verschwörung unterstellte.

Seit September 1941 mussten alle Juden ab sechs Jahren einen handtellergroßen, gelben Stern mit der Aufschrift „Jude" auf ihrer Kleidung tragen.

Vor diesem Hintergrund wurde im September 1941, nach dem Beginn des Eroberungs- und Vernichtungskrieges in der Sowjetunion, die Kennzeichnung mit einem gelben Judenstern für alle Juden über sechs Jahre eingeführt. *Die Judenbinde, als Davidsstern wahr geworden, tritt am 19.9. in Kraft. Dazu das Verbot, das Weichbild der Stadt zu verlassen. [...] Die Zeitung begründet: Nachdem das Heer die Grausamkeit etc. des Juden am Bolschewismus kennengelernt, müsse den Juden hier jede Tarnungsmöglichkeit genommen werden, um den Volksgenossen jede Berührung mit ihnen zu ersparen. (Victor Klemperer, Eintragung vom 15. September 1941)*

Juden hatten unter solcher Propagandahetze und den unvorstellbaren Demütigungen durch Ausgrenzung, Ausbeutung und Ruinierung zu leiden – und die Einführung des „Judensterns" war der letzte öffentliche Schritt dieser Radikalisierung. Ghettoisierung, Bombardierungen, Kennzeichnung und der schnelle militärische Vormarsch im Osten bildeten die jüdische Perspektive auf die Schreckensvorstellung eines vom nationalsozialistischen Deutschland beherrschten und „rassisch neu geordneten" Europa, in dem für Juden kein Platz vorgesehen war.

Schon vor Kriegsbeginn war es nicht leicht gewesen, aus Deutschland in ein anderes Land zu emigrieren: Man brauchte Kontakte, Beglaubigungen, Genehmigungen und Geld – Geld vor allem, um die Ausreise finanzieren, dem Gastland eine Garantie geben und die „Reichsfluchtsteuer" an den NS-Staat zahlen zu können. Durch das am 23. Oktober 1941 erteilte Auswanderungsverbot indes war die Flucht gänzlich versperrt. Die nationalsozialistische Verfolgungspolitik hatte sich entscheidend geändert: Nicht mehr die Vertreibung der deutschen Juden war das Ziel, sondern ihre Ermordung.

Die Geschwister Michelson: Hedwig, geb. 1879, eine Kollegin, Laura, geb. 1884 und Siegfried, geb. 1876, nahmen sich gemeinsam am 65. Geburtstag des Bruders, am 17. Oktober 1941 das Leben.

Am 11. Oktober 1941 hatte die Geheime Staatspolizeileitstelle Düsseldorf an die verschiedenen Außenstellen, u.a. in Wuppertal, und an die Grenzpolizeikommissariate in einem dreiseitigen Schreiben die Organisation der ersten „Evakuierungsaktion“ von Juden aus dem Rheinland in das Ghetto von Lodz bestimmt: Mit einem Sonderzug sollten um 7.50 Uhr ab Düsseldorf-Derendorf 1000 Juden zum Abtransport bereit stehen, aus Essen 250, aus Mönchengladbach 75, aus Duisburg 50, aus Krefeld 50, aus Oberhausen 50, aus Düsseldorf 250, aus den Landkreisen 75 und aus Wuppertal 200. Unter den betreffenden Juden sollten keine sein, die in „deutsch-jüdischer Mischehe“ lebten, die eine ausländische Staatsbürgerschaft besaßen oder die sich in einem „geschlossenen Arbeitseinsatz“ in einem „wehrwichtigen“ Betrieb befanden. Außerdem sollten keine Juden über 68 Jahre ausgewählt werden. Der Transport nach Düsseldorf sollte am 26. Oktober 1941 abgehen.

Die jüdische Verwaltung hatte auf Anweisung der Gestapo den in Wuppertal verbliebenen Juden einen Brief zu schreiben, um sie über das Vorhaben zu informieren und zum Termin an den Bahnhof zu bestellen. Die Juden waren durch diese Nachricht wie gelähmt und gerieten in eine tiefe Depression – einige von ihnen nahmen sich angesichts der Aussichtslosigkeit das Leben: die Geschwister Siegfried, Laura und Hedwig Michelson aus der Weststraße 76, ein „Judenhaus“, die 62jährige Selma Arronge aus der Charlottenstraße 78 in der Elberfelder Nordstadt, Emma Stern, geb. Daniels, aus der Viktoriastraße 45 und Alexander Schönfeld vom Exerzierplatz 1.

Aus dem Tagesrapport der Gestapo Düsseldorf Nr. 1147 vom 20. Oktober 1941 geht hervor, dass *die zur Evakuierung vorgesehenen Juden Siegfried Michelsohn, geb. 17.10.1876 in Hausberge, Hedwig Michelsohn, geb. 8.10.1879 in Hausberge und Laura Michelsohn, geb. 15.3.1884 in Hausberge, alle in Wuppertal Elberfeld, Weststrasse 76 wohnhaft. Durch Leuchtgas Selbstmord verübt* hatten.

Ohne den Selbstmord der Michelsons zu einem Akt des Widerstands erklären zu wollen, brachte er doch den bürokratisch-geschäftsmäßigen Ablauf der Deportationsvorbereitungen in Unordnung. In der Liste der von der Gestapo-Leitstelle für die „Evakuierung von Juden in das Ghetto Litzmannstadt“ geforderten 200 Personen entstand ein „Defizit“: *Die von der Außendienststelle vorliegende Liste ist zu berichtigen, die ausgefüllten Vermögenserklärungen sind hinfällig geworden*, heißt es in einer handschriftlichen Notiz vom 21. Oktober 1941 zum Rapport. Auf der Liste fehlen diese drei Namen, und auch die von Selma Arronge, Alexander Schönfeld und Emma Stern. Verzeichnet sind aber noch Ester Ettel Oschkowski und ihr dreijähriger Sohn Samuel, denen jedoch kurz vor der Abfahrt des Zuges die Flucht gelang. Die meisten Wuppertaler Juden leisteten dem Deportationsbefehl Folge, mehr oder weniger entmutigt oder mit einem letzten Rest an Hoffnung.

„Bis, so Gott will, die Erlösung kommen soll.“

Die Deportationen

Koffer der Wuppertalerin Anneliese Cohn, geb. 1919, die im Oktober 1941 nach Lodz deportiert wurde. Er befindet sich im Museum der Gedenkstätte Auschwitz.

Lodz
26. Oktober 1941

160 Wuppertaler Juden, Männer, Frauen und Kinder, wurden am Sonntag, den 26. Oktober 1941, zusammen mit weiteren aus Remscheid und Solingen mit dem ersten Transport vom Bahnhof Steinbeck aus nach Düsseldorf verbracht, das jüngste Kind, Denny Bernhard, war gerade zwei Jahre alt. Die eingeschüchterten Menschen mussten im Schlachthofgelände in der Nähe des Bahnhofs Düsseldorf-Derendorf übernachten, bevor sie am nächsten Morgen um 7.50 Uhr zusammen mit über 1000 Juden aus dem Gestapobezirk Düsseldorf in das „Ghetto Litzmannstadt“ (Lodz) deportiert wurden, wo sie in leer geräumte Schulgebäude „eingesiedelt“ wurden. Was mitgenommen werden durfte, hatte die Gestapo zuvor genau festgelegt:

Zahlungsmittel bis zu 100 RM, ein Koffer mit Ausrüstungsstücken, (kein sperrendes) Gut bis zu 50 kg. Vollständige Bekleidung, Bettzeug mit Decke, Verpflegung für 8 Tage (Brot, Mehl, Graupen, Bohnen – keine Kartoffeln). Nicht mitgenommen werden dürfen: Wertpapiere, Devisen, Sparkassenbücher usw., Wertsachen jeder Art (Gold, Silber, Platin mit Ausnahme des Eherings), lebendes Inventar, Lebensmittelkarten (diese sind vorher abzunehmen und den örtlichen Wirtschaftsämtern zu übergeben). Es ist darauf zu achten, dass nicht mehr Gepäck (einschl. der Verpflegung für 8 Tage, die gesondert verpackt werden muss) mitgenommen wird, als jeder einzelne Jude für seinen selbständigen Weg zu tragen in der Lage ist. [...] Ferner ist das Bargeld des Transports in einer Summe anzugeben. [...] Die staatspolizeiliche Sicherstellung des Vermögens wird von den Juden anhand der übergebenen Vordrucke durchgeführt. Die ausgefüllten Vermögenserklärungen sind bis zum 18.10.1941 nach hier einzusenden. Die Wohnungen der zu evakuierenden Juden sind sofort nach Verlassen zu verschliessen und zu versiegeln. Die Wohnungsschlüssel werden beim Hauseigentümer, Hausverwalter oder Hausbeauftragten abgegeben. *(HStADüsseldorf, RW 36-19, Bl. 66-68)*

Die leeren Wohnungen in Wuppertal wurden konfisziert und das verbliebene Vermögen, sofern überhaupt noch welches vorhanden war, eingezogen. Keiner der Wuppertaler Juden, die mit diesem Transport nach Lodz deportiert wurden, hat überlebt. Sie hatten dort Zwangsarbeit zu leisten, litten unter vollkommen unzureichender Ernährung und mangelnder medizinischer Versorgung, starben an Entkräftung im Ghetto oder wurden bei einer der berüchtigten „Aussiedlungsaktionen“ in die Vernichtungslager Chelmno, ab 1944 nach Auschwitz verschleppt und dort ermordet. Auch die meisten der mindestens 30 Menschen, die schon in den Jahren zuvor von Wuppertal nach Polen eingewandert, geflüchtet oder abgeschoben und in das Ghetto eingewiesen worden waren, kamen dort um oder wurden in einem der Vernichtungslager ermordet. Überlebende aus Wuppertal waren Georg Isy Aronowitz, Marianne Fassbender und Wolfgang Tyger.

Auch wenn die Deportation von Juden aus dem Westen des Altreichs nach Lodz genau genommen nicht die erste war – denn schon im Oktober 1938 waren polnische Juden in großer Zahl nach Polen abgeschoben worden – setzte mit ihr und den folgenden Transporten die zunehmend straff organisierte und durchgeführte „Umsiedlungsaktion“ der deutschen Juden ein, die schließlich in den Holocaust führen sollte.

Familie Jacob, aus der Schlieperstraße 15 in Elberfeld, wurde am 9. November 1941 nach Minsk deportiert: Albert, geb. 1876, Adele, geb. 1891, und die Zwillinge Hans und Werner, geb. 1924. Nur der Sohn Kurt, geb. 1922, überlebte, weil er schon in England war.

Minsk
9. November 1941

Adolf Hitler selbst bestimmte, nach der ersten großen Deportationswelle von Juden aus dem Reich im Oktober 1941, die nächsten beiden Deportationsziele, Minsk und Riga. War ursprünglich geplant, 60.000 Juden aus dem Altreich in den Warthegau erneut nach Lodz zu verschleppen, musste schon allein aus Platzgründen auf Orte in der besetzten Sowjetunion ausgewichen werden. Schließlich aber lag genau diese Planung im Interesse der Nationalsozialisten, die Juden möglichst weit im Osten verhungern zu lassen bzw. zu töten.

Im Herbst 1941 wurde die Entscheidung, die deutschen und europäischen Juden zu ermorden, in Maßnahmen umgesetzt. Zunächst wurde mit einem Erlass vom 23. Oktober 1941 die „Auswanderung von Juden mit sofortiger Wirkung“ verhindert, ein Verbot übrigens, dass auch in den besetzten Gebieten wie in Belgien und Frankreich Gültigkeit hatte. Deportationen sollten zukünftig „im europäischen Maßstab“ stattfinden. Ein entscheidendes Motiv – nicht das Ziel! – dieses Plans war die Beraubung der Juden: Mit der Deportation der Juden und damit ihrem Verlassen des Reichsgebiets verloren sie „per Gesetz“ ihre Staatsangehörigkeit, und ihr gesamtes verbliebenes Vermögen verfiel dem NS-Staat. Juden, die nach Lodz deportiert worden waren, also an einen Ort, der durch die Besetzung Polens zum Reichsgebiet gehörte, wurden kurzerhand zu „Staatsfeinden“ nach den Gesetzen von 1933 erklärt – mit demselben Ziel der vollständigen Beraubung.

Gerade zwei Wochen nach der Deportation nach Lodz, am 10. November 1941, wurden 244 Wuppertaler Juden von Düsseldorf nach Minsk transportiert. Wie bei dem Transport nach Lodz und wie bei den späteren Deportationen wurden die Menschen vermutlich einen Tag zuvor zum Bahnhof Steinbeck bestellt, um von dort

Am 21. April 1942 nach Izbica deportiert: Jutta Lewin, geb. 1918

Marion Cappel, geb. 1920, wurde im November 1941 nach Minsk deportiert.

zunächst nach Düsseldorf gebracht zu werden, wo sich auf dem Schlachthofgelände die Sammelstelle für die Juden aus dem Rheinland befand und wo sie auch übernachten mussten. Insgesamt wurden aus Deutschland und aus dem „Protektorat Böhmen und Mähren" im Rahmen dieser „Aktion" 35.442 Menschen in einer viertägigen Fahrt nach Minsk verschleppt. Die meisten der Opfer wurden mit dem Zug direkt nach Maly Trostinez bei Minsk gebracht und dort erschossen. Wer am Leben bleiben durfte, musste in ein besonderes Ghetto etwas abseits vom Hauptghetto ziehen, das in fünf Abteilungen entsprechend der Herkunft der Menschen eingeteilt war: Hamburg, Berlin, Bremen, Wien und eben Rheinland. Von diesen Ghettobewohnern starben die meisten durch Erschießungs- und auch Vergasungsaktionen Ende Juli 1942, am 8. März 1943 und im Herbst 1943. Das Schicksal der wenigen, die in ein Arbeitslager kamen, ist unbekannt. Lediglich zehn der deutschen Juden waren bei der Befreiung von Minsk noch am Leben. Aus Wuppertal war keiner darunter.

Im Abstand von nur wenigen Wochen waren mit den Transporten nach Lodz und Minsk aus Wuppertal 465 jüdische Männer, Frauen und Kinder deportiert worden, 476 in der Stadt lebende Juden wurden danach noch gezählt. Ab Dezember, nach einem Massentransport von Düsseldorf nach Riga, der allerdings keine der in Wuppertal lebenden Juden betraf, setzte das Reichssicherheitshauptamt in Berlin für längere Zeit Transporte aus. Alle Waggon- und Schienenkapazitäten waren für die Wehrmacht reserviert. Erst im beginnenden Frühjahr 1942 wurde die „Aussiedlungsaktion" der Juden aus dem Altreich aufgenommen. Im „Generalgouvernement" wurden polnische Dörfer und Städte von ihrer jüdischen Bevölkerung „geleert", indem man sie in die mittlerweile errichteten Vernichtungsstätten verschleppte. Jetzt wich man auch vom ursprünglichen Plan ab, die im Oktober nach Lodz deportierten deutschen Juden weiter „nach Osten" zu bringen, und ermordete sie in den Gaswagen von Chelmno, sofern sie überhaupt den besonders harten Winter 1941/42 überstanden hatten und noch am Leben waren.

Izbica
21. April 1942

Im Frühjahr nahm die nationalsozialistische Führung das Deportationsprogramm wieder auf. In einem Bericht vom 17. April 1942 über die Besprechungen mit den Reichsbahndirektionen Wuppertal und Köln heißt es: *Mit der Reichsbahndirektion Wuppertal habe ich am 16. und 17.4.42 Rücksprache wegen der Gestellung des Transportzuges von Düsseldorf nach dem Osten genommen. [...] Ein von Russland nach Hemer/ Westf. fahrender Russenzug Ru 7340 wird [...] für den Transport der 1000 Juden nach Izbica gestellt. – Nach den aufgestellten Fahrplänen laufen die Züge nicht nach Trawniki, sondern nach Izbica, etwa 150 km südöstlich von Trawniki. Das Reichssicherheitshauptamt wurde durch die Hauptverwaltung der D.R. verständigt, dass der Zug für Düsseldorf für den 22.4.1942 bereitsteht und Düsseldorf am 22.4.1942, 11.06 Uhr verlässt. Der Zug läuft am 20. oder 21.4. nach vollständiger Reinigung und Entlausung in Düsseldorf ein. Er hat 20 Personenwagen, die Art der Wagen steht nicht fest, doch hatten die meisten Züge aus dem Osten die verschiedensten Wagentypen, sodaß eine Verladung an der Rampe des Viehhofs nicht möglich ist.*

Für den Transport der 70 Juden von Wuppertal nach Derendorf wird der Pz 286 ab Steinbeck 14.39 um einen 4-achsigen oder 2-zweiachsige Wagen verstärkt. Ankunft in Düsseldorf-Hbf 15.20 Uhr.
(HStADüsseldorf, A 28/2 Teil 2 Blatt 50)

Tatsächlich wurden 64 Menschen am 21. April 1942 vom Bahnhof Wuppertal-Steinbeck nach Düsseldorf gefahren. Am nächsten Morgen verließ ein Zug mit über 1000 Menschen den Bahnhof, um sie über Erkrath, Hagen, Paderborn, Halle, Cottbus, Sagan, Lissa,

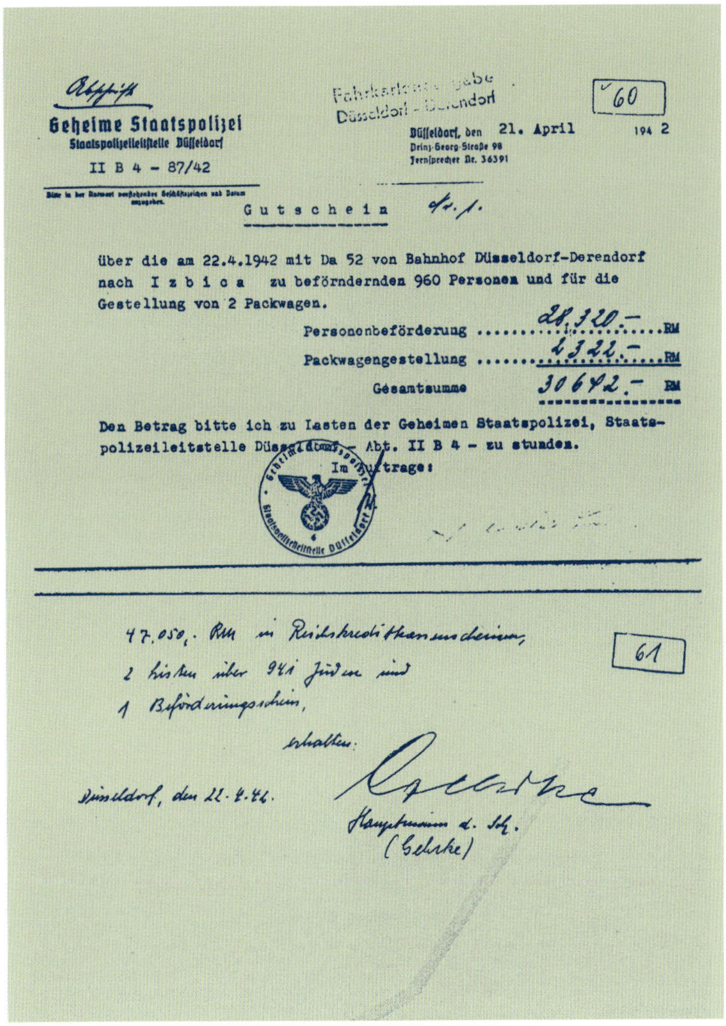

Abschrift

Geheime Staatspolizei
Staatspolizeileitstelle Düsseldorf
II B 4 – 87/42

Fahrkartenausgabe Düsseldorf-Derendorf

60

Düsseldorf, den 21. April 1942
Prinz-Georg-Straße 98
Fernsprecher Nr. 36391

Gutschein

über die am 22.4.1942 mit Da 52 von Bahnhof Düsseldorf-Derendorf nach Izbica zu beförndernden 960 Personen und für die Gestellung von 2 Packwagen.

Personenbeförderung .... 28.320.– RM
Packwagengestellung .... 2322.– RM
Gesamtsumme 30642.– RM

Den Betrag bitte ich zu Lasten der Geheimen Staatspolizei, Staatspolizeileitstelle Düsseldorf – Abt. II B 4 – zu stunden.
Im Auftrage:

61

47.050,- RM in Reichskreditkassenscheinen, 2 Listen über 941 Juden und 1 Beförderungsschein, erhalten.

Düsseldorf, den 22.4.42.
Gehrke
Hauptmann d. Sch.
(Gehrke)

Ostrowo, Radom und Lublin nach Izbica zu bringen.

Kurz zuvor hatten noch vier Mütter, Olga Kesting, Emma Kurek, Änne Baum und Käthe Lewin, gegen den Abtransport ihrer Kinder protestiert. Das Reichssicherheitshauptamt reagierte am 21. April 1942 mit der strikten Anordnung, den Frauen unter „Androhung staatspolizeilicher Maßnahmen in entsprechender Weise zu verbieten, weitere Schritte zu unternehmen". Es gelang den Müttern nicht, ihre Kinder Michael, Edith, Irmgard und Jutta zu retten.

An ihrem 60. Geburtstag musste auch die Tochter des langjährigen Rabbiners Dr. Zacharias Auerbach, Recha Auerbach, aus dem „Judenhaus" Tannenbergstraße 12 am Bahnhof Steinbeck erscheinen. Ilse und Ernest Kahn erinnerten sich später an ihre Tante:

Trotz ihrer schweren, halbseitigen Lähmung führte unsere Tante ein aktives Leben. Als wir noch klein waren, sorgte sie sich um uns, wenn die Eltern auf Reisen waren. Sie besuchte das Jüdische Altersheim mit uns und nahm uns mit auf den Friedhof am Weinberg. Zu Hause beschäftigte sie sich mit feiner Handarbeit. Zum Beispiel stickte sie Decken und Kissen für unsere Biedermeiermöbel. Sie war im Jüdischen Frauenbund und Frauenverein sehr interessiert. Wir erinnern uns an eine feine und gleichmäßig gelaunte Person, die Freundschaften schloss und die sich um anderer Menschen Wohlergehen kümmerte.

Da Recha von Geburt an linksseitig gelähmt war, konnte sie kein Visum für die USA oder für ein anderes Land bekommen. Sie lebte mit uns, der Familie Kahn. Sie allein zurückzulassen, war eine tieftraurige Entscheidung. Man kann sich nicht vorstellen, was sie zu leiden hatte, als wir abreisten. Das Schlimmste sollte noch kommen. Im Oktober 1941 war sie noch in Wuppertal, und zu der Zeit hatte sie noch Hoffnung auf Auswanderung. Wir versuchten, für sie ein Visum für Kuba zu erhalten, aber das war kurz vor dem Krieg und leider auch nicht möglich. (Zeitzeugenbericht Ilse und Ernst Kahn)

Izbica ist ein kleines Dorf ca. 80 km südöstlich von Lublin im Osten Polens, dessen jüdische Bewohner im Zuge der später so genannten „Aktion Reinhard" ermordet worden waren, um Platz für die Tausenden Juden zu machen, die aus dem „Altreich" kommen sollten – darunter eben auch die aus dem Rheinland. Manche der Deportierten blieben mehrere Wochen, auch Monate lang, in Izbica, ehe sie vermutlich vor allem in dem Vernichtungslager Sobibór durch Gas ermordet wurden.

Von den Menschen, die mit Transporten aus allen Gebieten Deutschlands in den Distrikt Lublin deportiert worden waren, wurden weniger als 20 Personen gerettet. Soweit bekannt, war niemand aus Wuppertal darunter. Letzte Spuren sind seltene Postkarten, die die Verschleppten an ihre Angehörigen schickten. So schrieb z.B. die Elberfelderin Claire Heimann an ihre Tochter Hilde und deren Mann nach Schweden:

Meine Lieben! Nach dreitägiger Fahrt sind wir Freitagabend hier angekommen. Ich habe reichlich zu essen mit u. bis heute davon gelebt. Erkundigt Euch bitte, ob Ihr was schicken könnt, wichtig ist auch Geld, evt. müssen Eure Freunde helfen. Wir sind erst provisorisch unter-gekommen. Ihr könnt aber doch an untenstehende Adresse schreiben. Vor allen Dingen schreibt Antwortkarten. Wie geht es Euch und den Jungen, habt Ihr meine letzte Karte ab Elberfeld bekommen? Nun die Adresse. Cl. H. Izbica am Wieprz, Distrikt Lublin (Sammlung Föhse)

◄ *Abrechnung der Transportkosten für die Deportation nach Izbica*

▼ *Claire Heimann, geb. Levy, geb. 1887, am 21. April 1942 nach Izbica deportiert*

▼ *Postkarte aus Izbica, geschrieben am Sonntag, den 26. April 1942 von Claire Heimann*

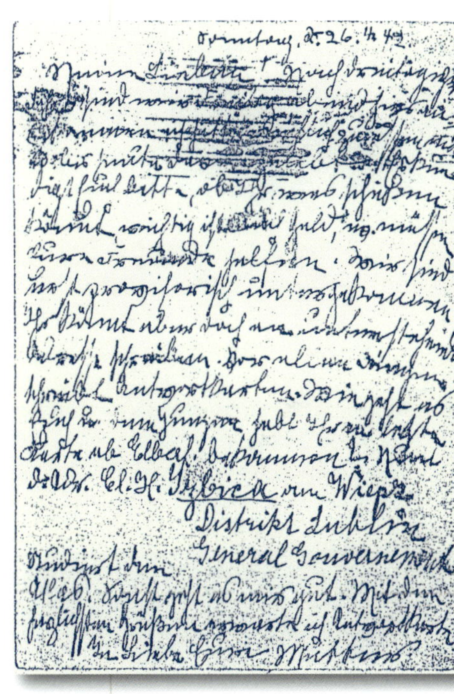

Abschiedsbrief von Antonie Giese (1871-1942) an ihren Bruder Moses Simon (1859-23.10.1942 in Theresienstadt) vor ihrem Freitod am 1. Juli 1942

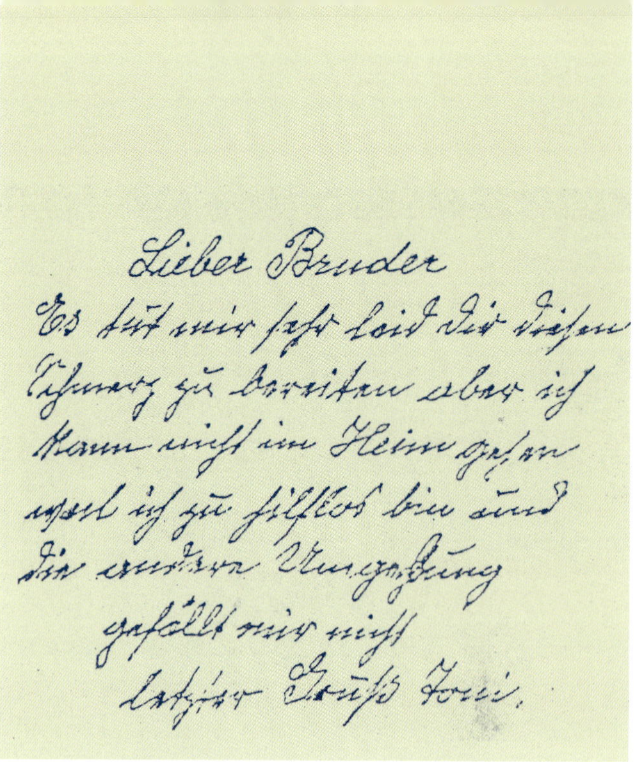
Lieber Bruder
Es tut mir sehr leid dir diesen
Schmerz zu bereiten aber ich
kann nicht im Heim gehen
weil ich zu hilflos bin und
die andere Umgebung
gefällt mir nicht
letzter Gruß Toni.

Das Barmer Ehepaar Harry und Adele Renberg, früher Jägerstraße 9 in Elberfeld, schrieb an Verwandte in den Niederlanden:

Meine Lieben! Soweit wären wir nun nach langer, anstrengender Fahrt. Von dem Schrecken müssen wir uns erst erholen, alle Erwartungen sind übertroffen. Päckchen und Geld dürfen wir haben, Seife, Zahnbürsten etc. sind sehr erwünscht. Auch getragene Blousen u. Schürzen, für alles haben wir Verwendung. Ihr braucht nicht lange zu überlegen, was Ihr schickt, es fehlt alles, weil unsere Sachen nicht angekommen. Verschiedene Familien haben von Holland nach hier alles Mögliche erhalten. Die schönen Frühlingstage helfen uns über manches Unangenehme hinweg. Jetzt werden wir mit sieben Anderen versuchen, tapfer auszuharren, bis so Gott will die Erlösung kommen wird. Hoffentlich erhaltet Ihr dies Kärtchen bei guter Gesundheit, wie es uns verlässt. Herzliche Grüße Harry und Adele. *(Sammlung Föhse)*

Theresienstadt
20. Juli 1942

Am 1. Juli 1942 fand man in ihrer Wohnung im zweiten Stock des Hauses Krugmannsgasse 2 die 70jährige Antonie Giese tot auf. Kinderlos und schon seit 1917 Witwe, war sie wegen Lähmungen in Armen und Beinen auf die Hilfe der Pflegerin Henriette Schwabe angewiesen, die mit ihr in der Wohnung lebte. In direkter Nachbarschaft zur Synagoge hatte Antonie Giese im November 1938 die Zerstörung des Gotteshauses mit ansehen müssen, und als kurze Zeit später im jüdischen Altersheim in der damals so genannten Straße der SA 73 ein „Judenhaus" eingerichtet worden war, erlebte sie auch den zwangsweisen Umzug ihres 83jährigen Bruders Moses Simon mit. Im Sommer 1942 wurde sie ebenfalls genötigt, ihre Wohnung zu verlassen und in das „Heim" zu ziehen. Aber sie verweigerte diesen Schritt und setzte ihrem Leben ein Ende. An ihren Bruder schrieb sie zum Abschied:

Lieber Bruder Es tut mir sehr leid dir diesen Schmerz zu bereiten aber ich kann nicht im Heim gehen weil ich zu hilflos bin und die andere Umgebung gefällt mir nicht letzter Gruß Toni.

Als die Pflegerin die Wohnung verlassen hatte, um Besorgungen in der Stadt zu machen, erhängte sich Antonie Giese mit der Gardinenschnur am Fensterriegel. Dr. Eugen Rappoport unterschrieb die Todesbescheinigung – pflichtgemäß mit seinem Zwangsnamen „Israel" und mit dem Zusatz „Zur ärztlichen Behandlung ausschließlich von Juden berechtigt." *(HStADüsseldorf, Rep. 5/521)*

Wenige Tage später, am 12. Juli 1942, schrieb die jüdische Verwaltung ihren Mitgliedern in einem Brief:
Im Auftrag der Geheimen Staatspolizei, Staatspolizeileitstelle Düsseldorf, Aussendienststelle Wuppertal, teilen wir Ihnen mit, dass sämtliche Juden des Bezirks, soweit sie nicht in Mischehe leben, zu einem Transport nach Theresienstadt eingeteilt sind. Der Transport für den Bezirk Wuppertal geht ab am Montag, den 20. Juli 1942, ab Bahnhof Elberfeld-Steinbeck. Die Teilnehmer versammeln sich am 20.7.42., vormittags 8.30 Uhr auf dem Vorplatz des Bahnhofs Steinbeck (nicht auf dem Bahnsteig), sie müssen zu diesem Zeitpunkt dort eingetroffen sein. [...]
(Archiv Jüdische Kultusgemeinde)

247 Wuppertaler Juden und Jüdinnen wurden am 20. Juli 1942 zunächst nach Düsseldorf transportiert, dazu noch 7 Solinger, 14 Remscheider, je einer aus Velbert, Neviges und Heiligenhaus. Von dort fuhr am nächsten Tag um 10.17 Uhr ein neu zusammengestellter großer Deportationszug mit insgesamt fast 1000 Juden aus Düsseldorf, Essen, Oberhausen und den Juden aus Wuppertal ins Ghetto Theresienstadt.

Der Rechtsanwalt Kurt Orgler und seine Frau Adele hatten in der Unteren Lichtenplatzer Straße 80 gewohnt. Adele war die Tochter von Philipp Blumenthal, dem Mitbegründer der orthodoxen Gemeinde „Adass Israel" in Elberfeld. Kurt Orgler war von 1931 bis zum ihrem Ende Vorsitzender der jüdischen Gemeinde in Barmen gewesen. Vor der Deportation nach Theresienstadt schrieben die Eltern einen Abschiedsbrief an ihre in der Emigration lebenden Kinder:

Adele Orgler, geb. Blumenthal (1885-1944), wurde mit ihrem Mann, dem Rechtsanwalt Kurt Orgler, (1873-1944) nach Theresienstadt, von dort am 28.10. 1944 nach Auschwitz deportiert, wo sie vermutlich sofort ermordet wurde.

Ernst Wahl, geb. 1873, früherer Chef des renommierten Geschäfts „S. & R. Wahl“ in Barmen, wurde mit seiner Frau Berta nach Theresienstadt deportiert, wo er am 12. März 1944 umkam.

Geliebte Kinder!
Da man uns nicht die Möglichkeit gegeben hat, zu Euch zu kommen, so müssen wir heute von Euch Abschied nehmen. Wir verlieren Heim und Heimat u. Ihr das Elternhaus. Es ist uns schwer ums Herz. Wir haben stets Euer Glück im Auge gehabt. Darum soll auch in diesem Augenblick das Schwere, welches uns bevorsteht, hinter die Sorge um Euch zurücktreten. Möge Gott Euch unter seinen Schutz nehmen. Haltet treu zusammen, dann wird einer den andern stützen. Wir haben, seit wir mit der Abreise rechnen mussten, so viel Liebe erfahren, dass wir die letzten Tage nicht aus unserem Leben streichen möchten. Wir haben uns selbst um das Packen der wenigen Sachen, welche wir mitnehmen dürfen, nicht zu kümmern brauchen. Gerda's Mutter stand uns von früh bis Abends zur Seite. Auch einige neue Freunde, die Ihr nicht kennt. Auch wenn uns die Möglichkeit Euch zu schreiben eingeschränkt werden sollte, so werden unsere Gedanken ständig bei Euch weilen. Auf jeden Fall wird Euch Dr. Klaus B. von hier berichten, sobald er etwas von uns hört. Du kannst Dich auch an Herrn Cohnen wenden, der hier im Haus bleibt. Auch Adolf Wahl u. Dein früherer Chef bleiben hier.

Wir haben soeben noch Deinen Brief erhalten vom 15., l. Hans, u. danken Dir u. Herta für Eure teilnehmenden Worte. Auch Dein Brief, l. Franz, ist angekommen, allerdings nur der ahnungslose vom 13.7. Leider werden wir den 2. von Dir nicht mehr bekommen, denn wir müssen morgen um 7 Uhr zum Bahnhof gehen und werden in Steinbeck gesammelt. Vielleicht finden wir jemand, der uns den Brief noch nachbringt, denn wir werden noch Stunden am Bahnhof warten müssen.

Wir hoffen, dass Ihr die Möglichkeit haben werdet, uns zu schreiben u. zu schicken. Onkel Alfred ist noch in O. wird aber wahrscheinlich an denselben Platz kommen, aber ohne die Kinder. Seine Briefe, die tägl. einlaufen, machen uns den Abschied noch schwerer.

Alfred und Lore sowie Tante Else in Essen haben es fertig gebracht, von dem Transport befreit zu werden. Sie sagten sogar gestern am Teleph. dass sie aussichtsreiche Chancen haben, heraus zu kommen. […]

Nun lebt wohl geliebte Kinder. Möge Gottes Segen Euch auf Euren ferneren Wegen begleiten. In inniger Liebe Vater und Mutter. (Slg. Föhse)

Adele und Kurt Orgler kamen gemeinsam mit ihren Freunden, den Eheleuten Rappoport und Wahl und vielen anderen Wuppertalern nach Theresienstadt. Von dort wurden beide am 28. Oktober 1944 nach Auschwitz verschleppt und vermutlich sofort nach ihrer Ankunft ermordet.

Nur wenige Menschen aus diesem Transport haben Theresienstadt überlebt, darunter auch Wuppertaler Juden. Adolf Rubens und Wilhelmine Leven hatten das Glück, aufgrund einer Eingabe des Roten Kreuzes zusammen mit rund 1.200 Theresienstädter Häftlingen am 5. Februar 1945 in die Schweiz und damit in die Freiheit entlassen werden zu dürfen. Cäcilie Popielarz, Olga Weinschenk und Helene Wertheim blieben

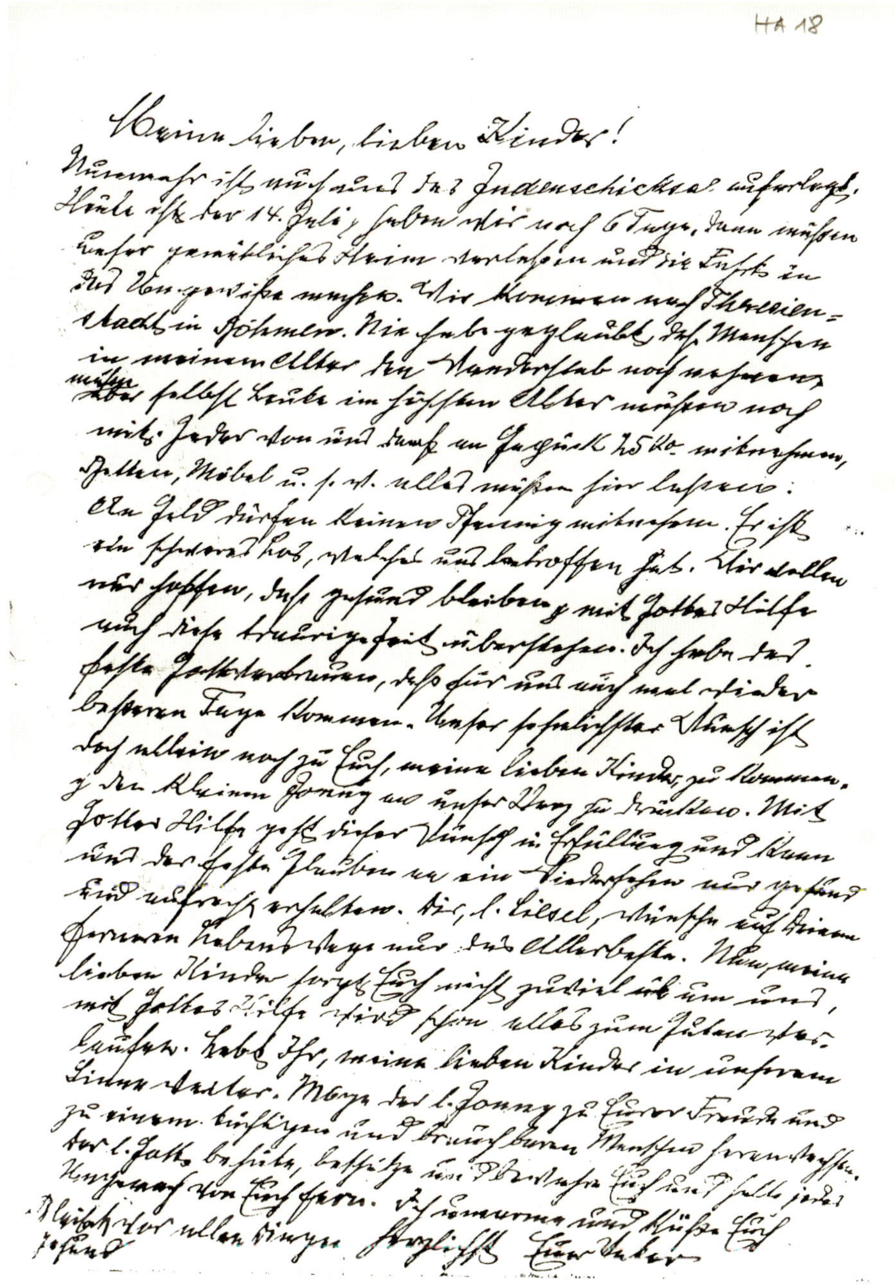

HA 18

Meine lieben, lieben Kinder!
Nunmehr ist auch an uns das Judenschicksal auferlegt. Heute ist der 14. Juli, haben wir noch 6 Tage, dann müssen unser gemütliches Heim verlassen und die Reise in das Ungewisse machen. Wir kommen nach Theresienstadt in Böhmen. Wir habe geglaubt, daß Menschen in meinem Alter den Wanderstab nicht mehr [illegible] müssen, selbst Leute im höchsten Alter müssen noch mit. Jeder von uns darf an Gepäck 25 Kg. mitnehmen, Betten, Möbel u.s.w. alles müssen wir lassen: An Geld dürfen keinen Pfennig mitnehmen. Es ist ein Schicksal hart, welches uns betroffen hat. Wir wollen nur hoffen, daß gesund bleiben & mit Gottes Hilfe auch diese traurige Zeit überstehen. Ich habe das feste Gottvertrauen, daß für uns auch mal wieder bessere Tage kommen. Unser sehnlichster Wunsch ist doch allein noch zu Euch, meine lieben Kinder, zu kommen, & den kleinen Sonny an unser Herz zu drücken. Mit Gottes Hilfe geht dieser Wunsch in Erfüllung und kann und der feste Glauben an ein Wiedersehen uns gesund und aufrecht erhalten. Dir, l. Lilsel, wünsche auf deinem ferneren Lebenswege nur das Allerbeste. Nun, meine lieben Kinder sorgt Euch nicht zuviel um uns und, mit Gottes Hilfe wird schon alles zum Guten [illegible] laufen. Lebt Ihr, meine lieben Kinder in unserem Sinne weiter. Möge der l. Sonny zu Eurer Freude und zu einem tüchtigen und brauchbaren Menschen heranwachsen. Der l. Gott behüte, beschütze [illegible] Euch und halte jedes Unglück von Euch fern. Ich umarme und küsse Euch [illegible] vor allen Dingen [illegible] herzlichst Euer Vater

Abschiedbrief von Jakob Kaufmann an seine Kinder vor der Deportation nach Theresienstadt am 20. Juli 1942

Antonie Römer (1894-1973) wurde als eine der ganz Wenigen im Mai 1944 aus Theresienstadt entlassen.

gesund genug, um die Befreiung des Ghettos erleben zu können. Auch Wuppertaler, die aus anderen Städten nach Theresienstadt deportiert worden waren, haben wie durch ein Wunder überlebt, z.B. Ursula Metzger und der spätere langjährige Vorsitzende der Jüdischen Kultusgemeinde Wuppertal, Heinz Bleicher.

Eine ganz besondere Überlebensgeschichte ist die von Antonie Römer. Sie wurde im Mai 1944 aus dem Ghetto entlassen, weil ihr Sohn, der Wehrmachtssoldat Alfred Römer, unermüdlich mit der Hilfe des Wuppertaler Polizeiinspektors Dreiling um die Freilassung seiner Mutter gekämpft hatte, unter anderem, indem sie die Abstammungsnachweise gefälscht hatten. Eine solche „vorzeitige Entlassung" ist unter den über 42.000 deutschen Häftlingen in Theresienstadt überhaupt nur in drei Fällen nachgewiesen. Antonie Römer starb am 8. Oktober 1973 und wurde auf dem jüdischen Friedhof am Weinberg bestattet. An ihre Zeit im Ghetto Theresienstadt erinnerte sie Zeit ihres Lebens ein Gedicht, das die Berliner Jüdin Hedwig Harrwitz ihr mit Datum vom 3. Oktober 1943 zugeeignet hatte:

Frau Römer, man weiß es genau,
Ist eine tüchtige, praktische Frau,
Die tätigste wohl, die es hier gibt,
Drum ist sie allgemein beliebt.
Das Schönste ist, dass jederzeit
Sie gern zum Helfen ist bereit,
Zur Hilfe steht mit Rat und Tat,
Sie ist der beste Kamerad!
Frau Römer lässt zu keiner Zeit
Je einen in Verlegenheit.
Was immer auch dem Freund geschah,
Sie ist zur Stelle, sie ist da,
Und wendet sicher seine Not,
Denn praktisch ist sie! Sapperlot!
So mög' für sie in Angst und Pein
Auch Freundschaft stets zu finden sein,
Die ihr zur Seite steht und nützt
Und sie vor Ungemach beschützt.
Daß Glück sie finde immerdar,
Von Herzen wünsche ich's fürwahr!

Hedwig Harrwitz wurde einen Tag vor Antonie Römers Entlassung, am 16. Mai 1944, nach Auschwitz deportiert.

Nach der Deportation nach Theresienstadt im Juli 1942 lebten nur noch Juden in Wuppertal, die mit einem „arischen" Ehepartner verheiratet waren oder die einen „arischen" Elternteil hatten. Auch diese Menschen sollten zunächst, unter dem Druck der heranrückenden Front der Alliierten, ermordet werden, und zwar durch Erschießungen. Die Ausführung dieses so genannten Gutenberger-Befehls (nach dem Höheren SS- und Polizeiführer West, Karl Gutenberger) verhinderten der Chef der Düsseldorfer Gestapo, Gustav Nosske, und der Inspekteur der Sicherheitspolizei im Wehrkreis VI , Walter Albath. Stattdessen wurden die erfassten Juden bzw. „Mischlinge" im September 1944 deportiert – in verschiedene Arbeitslager, nach Berlin in das „Jüdische Krankenhaus Iranische Straße" oder nach Theresienstadt. Glücklicherweise konnten die meisten von ihnen überleben.

Max Wahl (1870-1947) wurde im September 1944 in ein Arbeitslager deportiert und überlebte.

Obelisk zur Erinnerung an die Deportationen aus Wuppertal, Bahnhof Wuppertal Steinbeck, aufgestellt im November 1988

Gescheiterte Flucht: Das Ehepaar Sally und Herta Goldmann

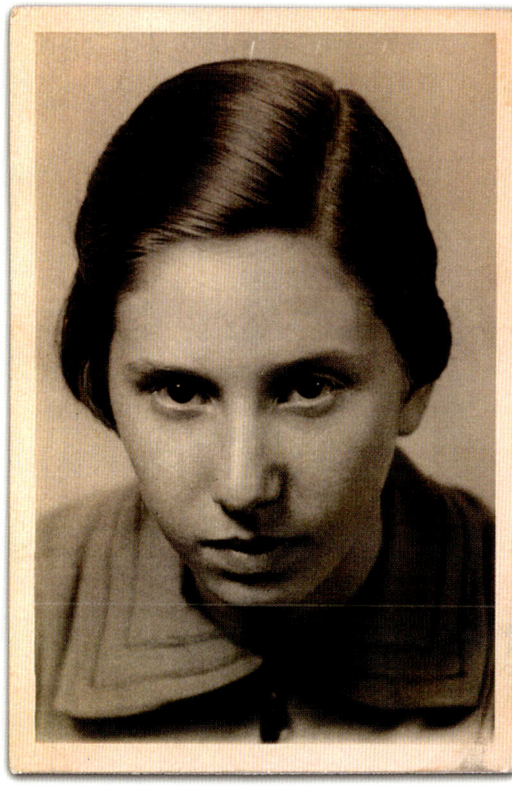

Eva Goldmann, geb. 1924, als junges Mädchen

In der Siegesstraße 128 hatte Sally Goldmann ein Geschäft, „Phoebus Schuhbedarf", betrieben. Mit seiner Frau Herta und der 1924 geborenen Tochter Eva hatte er in der Turnstraße 20 gewohnt, noch heute eine der „besseren" Gegenden in Barmen. Das Ehepaar war liberal, mäßig religiös und erzog die einzige Tochter behütet und umsorgt in einer äußerst liebevollen Atmosphäre.

Nach der „Reichskristallnacht" war auch Sally Goldmann verhaftet und in das Wuppertaler Polizeigefängnis an der Bachstraße in Barmen, später nach Dachau verschleppt worden. Nach seiner Rückkehr hatten die Goldmanns versucht, zunächst ihre Tochter in Sicherheit zu bringen: Im Juni 1939 gelang es ihnen, die Fünfzehnjährige auf einen „Kindertransport" nach England zu geben. Sie selbst erhielten erst im Frühjahr 1940 das ersehnte Visum für die USA. Das dafür notwendige Affidavit hatte Sallys in den USA lebender Bruder Max Goldmann ausgestellt. Am 8. Mai 1940 emigrierte das Ehepaar Goldmann in die Niederlande mit der Aussicht, am 12. Mai mit dem Passagierschiff „Veendam" der Holland-Amerika-Linie über England in die USA ausreisen zu können. Aber am 10. Mai überfiel die deutsche Wehrmacht das Nachbarland. Die niederländische Regierung verhängte sofort eine Ausgangssperre über alle sich in ihrem Land aufhaltenden Deutschen, und die Goldmanns hielten sich daran. Sie unternahmen nicht den Versuch, ihr Schiff zu erreichen, sondern verharrten im Haus ihrer Verwandten in Amsterdam. Nachdem die „Veendam" und sämtliches Gepäck der Emigranten im Hafen von Rotterdam zerbombt worden und verbrannt war, schien die Weiterreise aussichtslos, und die Goldmanns ließen sich nun, gänzlich mittellos, offiziell in Amsterdam in der Hunzestraat 41 nieder. Immer wieder schrieb Sally Goldmann an die Dresdner Bank in Barmen, ihm Geld von seinem Konto anzuweisen – ohne jeden Erfolg. Im Gegenteil: Das Vermögen der Goldmanns verfiel dem NS-Staat, und der in Wuppertal verbliebene Hausrat wurde 1941 öffentlich versteigert. Im Mai 1941 wurde der ganzen Familie die deutsche Staatsangehörigkeit aberkannt. Am 26. November 1942 wurden Sally und Herta Goldmann in das Durchgangslagerlager Westerbork deportiert, wo sie als Krankenschwester bzw. -pfleger zu arbeiten hatten. Im Januar 1944 kamen sie in das Konzentrationslager Bergen-Belsen. Sally starb dort am 3. Februar 1945, seine Frau kurze Zeit später, am 12. März 1945, kurz vor der Befreiung des Lagers. Ihre Tochter Eva erfuhr erst im Juni über das Rote Kreuz vom Tod der Eltern, und erst im Oktober, als sie schon nach Amerika emigriert war, erhielt sie den Brief einer Überlebenden aus Bergen-Belsen:

Postkarte der „Holland-America-Line" mit der Absage der Überfahrt

Sally Goldmann (1890-1945 in Bergen-Belsen)

Herta Goldmann (1894 -1945 in Bergen-Belsen)

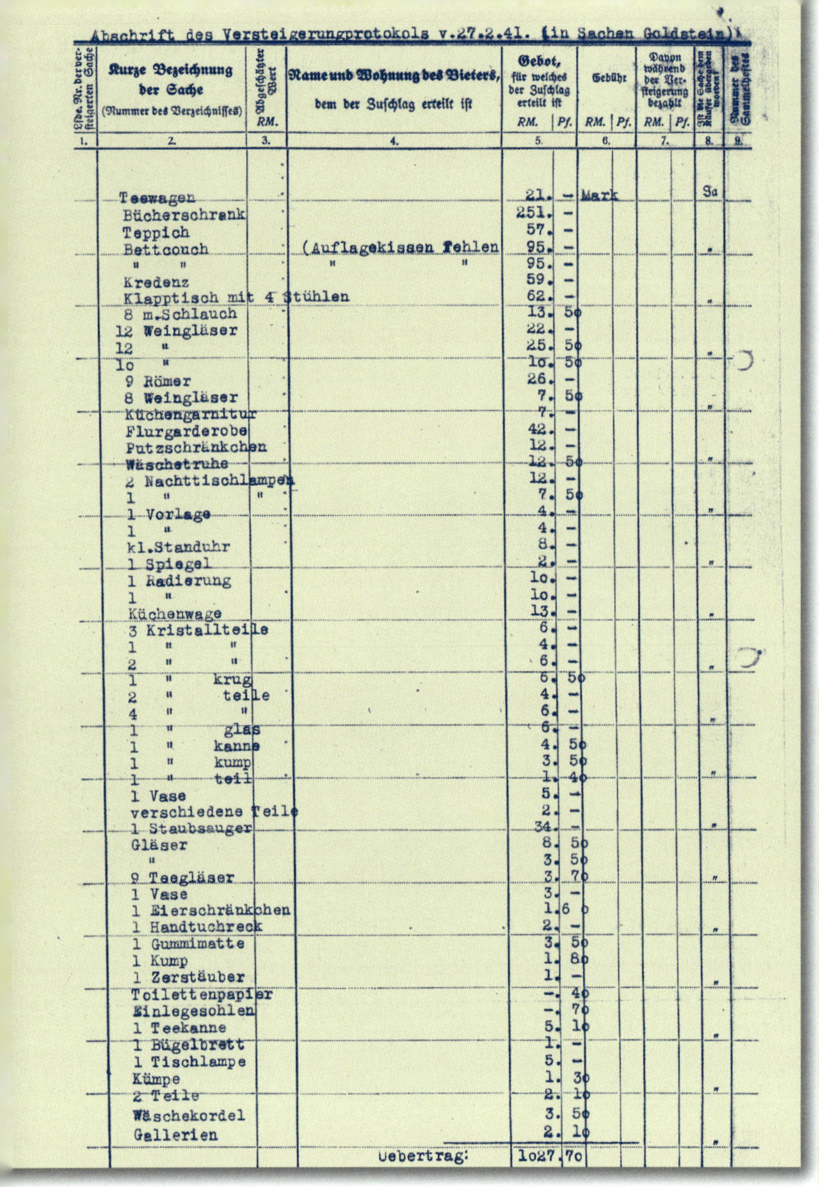

Abschrift des Versteigerungprotokols v.27.2.41. (in Sachen Goldstein)

Lfde. Nr. der versteigerten Sache	Kurze Bezeichnung der Sache (Nummer des Verzeichnisses)	Abgeschätzter Wert RM.	Name und Wohnung des Bieters, dem der Zuschlag erteilt ist	Gebot, für welches der Zuschlag erteilt ist RM.	Pf.	Gebühr RM.	Pf.	Davon während der Versteigerung bezahlt RM.	Pf.	Ist die Sache dem Käufer übergeben worden?	Nummer des Sammelheftes
1.	2.	3.	4.	5.		6.		7.		8.	9.
	Teewagen			21.	–	Mark				Sa	
	Bücherschrank			251.	–						
	Teppich			57.	–						
	Bettcouch		(Auflagekissen fehlen	95.	–					"	
	" "		" "	95.	–						
	Kredenz			59.	–						
	Klapptisch mit 4 Stühlen			62.	–					"	
	8 m.Schlauch			13.	50						
	12 Weingläser			22.	–						
	12 "			25.	50					"	
	1o "			1o.	50						
	9 Römer			26.	–						
	8 Weingläser			7.	50						
	Küchengarnitur			7.	–					"	
	Flurgarderobe			42.	–						
	Putzschränkchen			12.	–						
	Wäschetruhe			12.	50					"	
	2 Nachttischlampen			12.	–						
	1 "	"		7.	50						
	1 Vorlage			4.	–					"	
	1 "			4.	–						
	kl.Standuhr			8.	–						
	1 Spiegel			2.	–					"	
	1 Radierung			1o.	–						
	1 "			1o.	–						
	Küchenwage			13.	–					"	
	3 Kristallteile			6.	–						
	1 " "			4.	–						
	2 " "			6.	–					"	
	1 " krug			6.	50						
	2 " teile			4.	–						
	4 " "			6.	–					"	
	1 " glas			6.	–						
	1 " kanne			4.	50						
	1 " kump			3.	50						
	1 " teil			1.	40					"	
	1 Vase			5.	–						
	verschiedene Teile			2.	–						
	1 Staubsauger			34.	–					"	
	Gläser			8.	50						
	"			3.	50						
	9 Teegläser			3.	70					"	
	1 Vase			3.	–						
	1 Eierschränkchen			1.	60						
	1 Handtuchreck			2.	–					"	
	1 Gummimatte			3.	50						
	1 Kump			1.	80						
	1 Zerstäuber			1.	–					"	
	Toilettenpapier			–.	40						
	Einlegesohlen			–.	70						
	1 Teekanne			5.	10					"	
	1 Bügelbrett			1.	–						
	1 Tischlampe			5.	–						
	Kümpe			1.	30						
	2 Teile			2.	10					"	
	Wäschekordel			3.	50						
	Gallerien			2.	10					"	
			Uebertrag:	1o27.	7o						

Sämtlicher Hausrat der Familie Goldmann wird öffentlich versteigert. (Erste Seite des Protokolls)

27.9.1945

Liebe Eva, ich denke, ich darf Sie so nennen. [...] Ich danke Ihnen für Ihre Zeilen u. werde mich bemühen, Ihre Fragen zu beantworten. Ich war schon in Westerbork mit Ihren Eltern zusammen. Da ging es Ihnen recht gut, sie waren noch die ganze Zeit Krankenschwester u. Pfleger u. haben dadurch viele Monate in einem sogenannten Häuschen gewohnt, d.h. sie hatten noch ein Zimmer mit zwei anderen Ehepaaren u. Küche. Ein Riesenvorzug gegen uns armen Bewohnern der großen Baracken. Am 15. Jan. sind sie dann nach Bergen-Belsen gekommen. [...] Ihre Mutter war zuerst auch wieder Krankenschwester, wurde aber in die Schuhe strafversetzt, weil sie sich geweigert hatte, einen schweren Ansteckungsfall zu pflegen u. sich für mehrere Monate vollkommen isolieren zu lassen. Sie wollte das im Hinblick auf Ihren Vater nicht tun. Ihr Vater hat von Anfang an in den Schuhen gearbeitet (d.h. es mussten alte Schuhe zertrennt werden, eine ekelhafte Arbeit, schmutzig u. durch den Staub gesundheitsschädlich). Später ist es ihm gelungen, wieder Pfleger zu werden u. zwar in der eigenen Baracke. Ihm hat sein Magen zu schaffen gemacht, er vertrug die Kohlrüben nicht, mir ging es ebenso. Beide haben sehr an Durchfall gelitten wie die meisten von uns u. das war eigentlich auch ihre Todesursache. Durch das schlechte u. völlig unzureichende Essen u. die Darmgeschichten entstanden die schweren Hungerödeme, die meist zum Tode führten. Ihre Mutter hatte es sehr schlimm, sie hat fast drei Monate im Krankenhaus gelegen, was an sich ein großes Glück war, denn das Krankenhaus war ein Paradies

Brief von Sally und Herta Goldmann an ihre Tochter in England, undatiert. Der dicke Strich ist ein Zeichen der Zensurbehörde.

2474 319366

Meine liebe gute Eva! Es ist schon wieder eine lange Zeit [illegible] [redacted] [illegible]

Mein gutes Evalein! Heute habe ich einen freien Tag + benutze ich einen Teil der Zeit [redacted] mit Dir zu plaudern. So ein arbeitsfreier Tag ist etwas herrliches [redacted] Du weißt es ja aus eigener Erfahrung – leider ist er nur zu schnell [redacted] + man hat nur die Hälfte von dem geschafft was man sich vorgenommen hat. Am schönsten ist es natürlich sich ausschlafen zu können heute habe bis 8 1/2 Uhr gelegen vorher im Bett Café getrunken dann mit Menschi mich angezogen. Nun beginnt das Aufräumen in unserer Situation hat man allzeit Durcheinander + kennt das Ordnen schon + Liebes lache nicht – wenn man fertig ist dann weiß man wieder nicht wo man die Dinge hingetan hat. Heut hab ich dann auch gründlich das Bett gemacht Decken geklopft etc. – dann habe gewaschen – nun plaudere mit unserem Liebling + danach muß noch Strümpfe stopfen + andere Dinge. Abends freue mich dann wenn Papi nach Hause kommt – leider ist man doch nie allein + muß viel, viel Rücksicht nehmen. Heute müssen wir dann sehr früh ins Bett d. h. gegen 10 Uhr denn unser Werk beginnt wieder um 4 Uhr morgens. Die Dienstage sind besonders hart + man ist stets von Neuem dankbar + froh wenn man ihn überstanden hat. Inzwischen haben wir allerlei Freunde + Bekann

8428

gegen die Baracken, wo man zu zweien in dem kleinen Bettchen schlafen musste, total verlaust natürlich. Ihre Mutter hat zum Schluss gar nicht mehr essen können, was besonders schade war, weil sie ein Paket vom Roten Kreuz bekommen hatte, mit dem sie sich sicherlich gefreut hat. Sie hat meiner Meinung nach mit der Möglichkeit gerechnet, dass sie wieder gesund wird [...]. Ihr Vater war völlig erschöpft, er ist, als er Ihre Mutter im Krankenhaus besuchte, ohnmächtig geworden u. ihrer Überredungskunst ist es gelungen, dass man ihn dort behielt. Er ist nach ein paar Tagen ganz ruhig eingeschlafen, was für Ihre Mutter natürlich ein furchtbarer Schlag war u. bestimmt zur Verschlimmerung ihre Zustandes beigetragen hat. Die Trauringe, die Uhr u. die Nadel werde ich Ihnen so wie es möglich ist zukommen lassen. Ich würde gerne von Ihnen hören, wie es Ihnen ergangen ist u. was Sie augenblicklich machen. Falls Sie noch mehr zu fragen haben, tun Sie es ganz ungeniert, ich beantworte Ihnen alles sehr gerne. Ich bin auch ganz allein. Mein Mann, mein 20-jähriger Sohn u. meine Schwester mit Familie sind nicht zurückgekommen. Mit herzlichen Grüssen Ihre F. Rozendaal

(Archiv Begegnungsstätte Alte Synagoge)

Im Versteck nicht sicher:

Dr. Hans Feldheim und seine Tochter Annelise

— Ferd., Bandw., Adlerstr. 18.
— Gust., Bandw., Emilstr. 6.
— Joh., Metzger, Steinweg 6.
— Julius, Fabrikarb., Siegesstr. 80.
— Otto, Fabrikarb., Paulstr. 11.
— Wwe. Ewald, Händlerin, Zeughausstr. 56.
Feldermann Carl, Tagl., Steinstr. 15.
— Christiane, Spulerin, Emilienstr. 1.
— Ernst, Tagl., Steinstr. 19.
— Wwe. Wilh., Hochstr. 17a.
Carl Feldgen, **Bauunternehmer, Leimbacherstr 90.** B.
Feldgen Ludwig, **Maurermeister, Sternstr. 46.** B.-Wu.
Feldgen Wilh., Stukkateur, Rödigerstr. 62A.
Feldhaus Ernst, Prokurist, Jägerstr. 4.
J. C. Feldhaus **(Johann Caspar), Fabrik in wollenen, baumwollenen und leinenen Bändern, Kordeln, Litzen und Spitzen, Bartholomäusstr. 63.** B.-Wi.
Feldhaus Wilh., Schlossergeſ., Wertherstr. 56.
— Wwe. Wilh., Wichlinghsn. Marktstr. 3.
A. & L. Feldheim
(Inhab. Leopold Feldheim hier und Frau Wittwe Alex Feldheim, Jenny geb. Perutz in Köln), Fabrik in Damenbesatz-Artikeln, Spitzen u. Perlstoffen. Südstr. 13. B. 100*.
Feldheim Leopold, Theilh. der Firma A. & L. Feldheim, Schillerstr. 15.
Feldhoff Eberh. Friedrich, Inh. der Firma Friedr. Feldhoff & Co., Wallstr. 4.
— Ehefr. Edmund, Fabrikarbin., Lenneperstraße 20.
Friedr. Feldhoff & Co.
(Inhaber Eberhard Friedrich Feldhoff), Eisengießerei, Lichtenplatzerstraße 32/34. B. 259*.
Feldmann Aug., Lackirer, Fichtenstr. 31.
— Emil, Fabrikarb., Hochstr. 42.
— Jakob, Bandwgeſ., Fichtenstr. 26.
— Julius, Fabrikarb., Pappelstr. 11.

▲ Der Arzt Dr. Hans Salomon Feldheim (1886-1944), 1938

◄ Seine Tochter Annelise Margot (1916-1944)

In der Barmer Poststraße 3 (heute Ibachstraße) hatte der 1886 in Barmen geborene praktische Arzt Dr. Hans Salomon Feldheim, dessen nichtjüdische Frau früh verstorben war, gemeinsam mit den Töchtern Annelise und Helga seine Wohnung. Auf Anraten seiner in Köln lebenden Geschwister war Hans Feldheim bald nach der Machtübernahme nach Köln übergesiedelt, um sich dort als jüdischer „Krankenbehandler" für jüdische Patienten zu etablieren. Dabei lebte er aber praktisch nur von dem, was er in den Jahren zuvor angespart hatte, bis das Vermögen aufgezehrt war.

Ende 1938 entschied sich die 18jährige Tochter Helga, gedrängt von einem Freund und ohne Zustimmung ihres Vaters, in die Niederlande zu flüchten und bei einer Tante in Amsterdam Sicherheit zu finden. Von dort aus versuchte sie, Vater und Schwester aus Deutschland herauszubekommen, die aber nicht erkannten, in welcher Gefahr sie sich befanden. Annelise, die ihrem Vater den Haushalt führte und als Assistentin mitarbeitete, weigerte sich, ihn zu verlassen.

In den Niederlanden schlug Helga sich mit einfachen Arbeiten durch. Mit ihrem deutschen Pass konnte sie sich die ganze Zeit frei bewegen und hatte großes Glück, dass man sie nicht als „Halbjüdin" denunzierte. Sie lernte ihren späteren Mann kennen, den sie bei sich versteckte, weil er Jude und illegal in den Niederlanden war.

Das hat geklappt, ja. Man hat immer Momente gehabt, in denen wir Angst hatten. Wir hatten einen Verräter im Haus, was wir nicht wussten, der dann plötzlich durch den Widerstand erschossen wurde. Seine Frau sagte: „Mein Gott, was für ein Irrtum, die haben sich geirrt." Unter dem Eindruck kam ich zurück zu meinem Mann und sagte ihm, dies und jenes ist passiert, er ist erschossen worden. Mein Mann war sehr nüchtern und realistisch und sagte: „Der Widerstand irrt sich nicht so leicht. Da wird was gewesen sein." Und dann haben wir gehört, dass er 90 Juden verraten hatte. Zufällig hat er uns wahrscheinlich nett gefunden, aber wenn er keine mehr gehabt hätte, hätte er auch uns drangegeben. Wir haben nur Glück gehabt. Wir haben immer gesagt: „Das ganze Untertauchen, die ganz Illegalität, das war eine Sache von Glück und Pech, das war keine Intelligenz." Man konnte absolut nicht mehr tun, als hoffen, dass es gut ging. (Zeitzeugenbericht Helga Samson)

Dr. Hans Feldheim konnte in Köln noch bis zum Herbst 1944 als Arzt arbeiten, zuletzt im Jüdischen Krankenhaus. Die Arbeit war überaus anstrengend und wurde durch die diskriminierenden Umstände erheblich erschwert. Besonders belastete ihn, dass jede Heilung eines Patienten bedeuten konnte, ihn der Deportation auszuliefern. Als er und seine Tochter Annelise schließlich selbst den Bescheid zur Deportation erhielten, bot ihnen ein Kölner Ehepaar ein Versteck in ihrer Wohnung in der Utrechter Straße an. Doch bald erhielten die Helfer verdächtige anonyme Briefe, so dass Hans Feldheim beschloss, das Versteck zu verlassen und sich zu den Amerikanern durchzuschlagen.

„Und wenn es nicht glückt, dann trinken wir den vergifteten Tee." Sie haben scheinbar überhaupt nie probiert, zu den Amerikanern zu kommen. Sie sind einfach in den Stadtpark gelaufen und haben den Tee getrunken, und das war es dann. Das war das Ende. (Zeitzeugenbericht Helga Samson)

In der aussichtslosen Situation nahmen Hans und Annelise Feldheim sich am 25. Oktober 1944 aus Verzweiflung das Leben.

Er war ein Optimist, er war an sich sehr vergnügt. Darum habe ich mir auch nicht vorstellen können, dass er dann doch letzten Endes Selbstmord begangen hat, denn das passte nicht zu ihm. Da muss man doch sehr verzweifelt sein, wenn man dazu fähig ist. Man wird natürlich müde von den ewigen Anfeindungen. Sie müssen sich auch furchtbar abgequält haben, auch weil er seinen Beruf so ernst nahm. Er wollte all seinen Patienten nachlaufen. Das, und die schwierigen Umstände, es gab natürlich kein Auto, wie er es gemacht hat, weiß ich nicht, ich nehme an, dass es irgendwie eine Straßenbahn oder so gab. […] Das ist die einzige Erklärung, die ich habe. Dass sie so todmüde waren von allem, dass man es einfach aufgibt. Ein Zustand von Erschöpfung und Verzweiflung kann ich mir vorstellen. (Zeitzeugenbericht Helga Samson)

4. Teil

„Wir sind die Letzten, fragt uns aus!“

Neuanfang im fremden Land

Nach dem Ende des Krieges und der NS-Herrschaft kehrten nur wenige überlebende Juden nach Wuppertal zurück und gründeten wieder eine Gemeinde. Nach einigen Jahrzehnten aber stark überaltert und ohne Nachwuchs, schien sie sich schliesslich auflösen zu müssen. Vor diesem gravierenden Schritt bewahrte sie die Zuwanderung von Juden aus der ehemaligen Sowjetunion seit 1990.

Die meisten Überlebenden der früheren jüdischen Gemeinde indes leben seit ihrer Emigration im Ausland. Damals Kinder und Jugendliche, sind viele von ihnen bereits gestorben. Die wenigen noch lebenden sind die letzten Zeitzeugen der jüdischen Geschichte im Wuppertal.

„Die Animosität der betroffenen Kreise.“ Überleben

Gedenktafel für Else und Hilde Hirschel aus Barmen, die im November 1941 nach Minsk deportiert worden waren, Jüdischer Friedhof Hugostraße

Im Sommer 1945 kehrte Hans Rudolf Wahl, einer der Söhne Ernst und Berta Wahls aus Barmen, als Angehöriger der amerikanischen Besatzungsarmee in die Stadt seiner Kindheit zurück. Seine Eltern, denen das bekannte Geschäft „S. & R. Wahl“ in der dritten Generation gehört hatte, waren im Sommer 1942 nach Theresienstadt deportiert worden und umgekommen. Hans Rudolf Wahl besuchte nun auch die Gräber seiner Großeltern auf dem Barmer jüdischen Friedhof, der noch nicht wieder in Stand gesetzt worden war. Daraufhin beschwerte er sich bei dem von der amerikanischen Besatzungsbehörde eingesetzten Wuppertaler Oberbürgermeister Eugen Thomas, wie dieser ziemlich rat- und hilflos am 20. September 1945 in einem Schreiben an die Verwaltung berichtete:

Ich hatte heute morgen den Besuch des Herrn WAHL, der als Sergeant (?) seit 5 Jahren in einer amerikanischen Armee dient. Herr Wahl besuchte mich zusammen mit seinem Onkel, Herrn Rechtsanwalt Wahl. Er führte aus, dass es eine Schande für die Stadt Wuppertal sei, dass der jüdische Friedhof in Barmen, Westkotterstr., sich in einem so beklagenswerten Zustand befände und wünschte, dass städtischerseits alles unternommen werden möge, um den Friedhof in einen würdigen Zustand zu bringen. Ich habe Herrn Wahl gegenüber selbstverständlich zum Ausdruck gebracht, dass wir zur Zeit städtischerseits andere Aufgaben für dringlicher halten. Mit Rücksicht auf die psychologische Seite bin ich indessen der Meinung, dass man alles tun muss, um die zweifellos bestehende Animosität der betroffenen Kreise zu beseitigen. Ich bitte um Ihre Stellungnahme und Bericht, was man mit Rücksicht auf die gegenwärtige Lage überhaupt tun kann. Der Sergeant Wahl hat ferner angeregt, er habe die Absicht, für seine ermordeten Eltern innerhalb der Barmer Anlagen irgend eine Gedächtnistafel anbringen zu lassen. Ich bitte hierzu ebenfalls um Ihre Stellungnahme. (StAWuppertal, Verwaltungsberichte 1938-1946)

K.Z. Auschwitz!
Wer kann mir etwas über meinen Mann
Dr. med. Willy Levy
aus Idar-Oberstein (Nahe) mitteilen?
Er befand sich am 28. Oktober 1944 in einem Transport von Theresienstadt nach Auschwitz.
Auskunft erbittet: Ada Levy, Idar-Oberstein 2, Kobachstraße 11.

Achtung! Minsk!
Wer weiß etwas über
Hilde und Else Hirschel
geboren in Wuppertal-Barmen, die Ende 1941 von dort nach Litzmannstadt und später nach Minsk verschleppt wurden. Hilde Hirschel arbeitete in Minsk in einem deutschen Feldlazarett. Frdl. Nachrichten erbittet S. Hirschel, Wuppertal-Elberfeld, Quellenstr. 19

Gesucht wird
Siegmund Zuckermann, geb. 2. 12. 1915 in Rheydt. Angeblich wurde derselbe im Mai 1945 in Lübeck befreit.
Auskünfte oder Anhaltspunkte erbittet American Joint Distribution Committee, Suchdienst, Hohne-Belsen, Kreis Celle, im Auftrage der Verlobten des Gesuchten: Frl. Lilly Hoffmann.

Hohe Belohnung!
Wer gibt nachprüfbare Gewißheit über das Schicksal von Frl. Klara Löwenstein, geb. 22. 3. 1892 aus Bonn, zuletzt Judensammellager Kloster Bonn-Endenich, Juni oder Juli 1942 von Gestapo mit Sammeltransport verschleppt, vielleicht nach Lublin. Univ.-Prof. O. Löwenstein, früher Bonn, jetzt USA., per Adr. Bonn, Arndtstraße 39.

Suchanzeigen in der „Jüdischen Allgemeinen“ vom April 1946

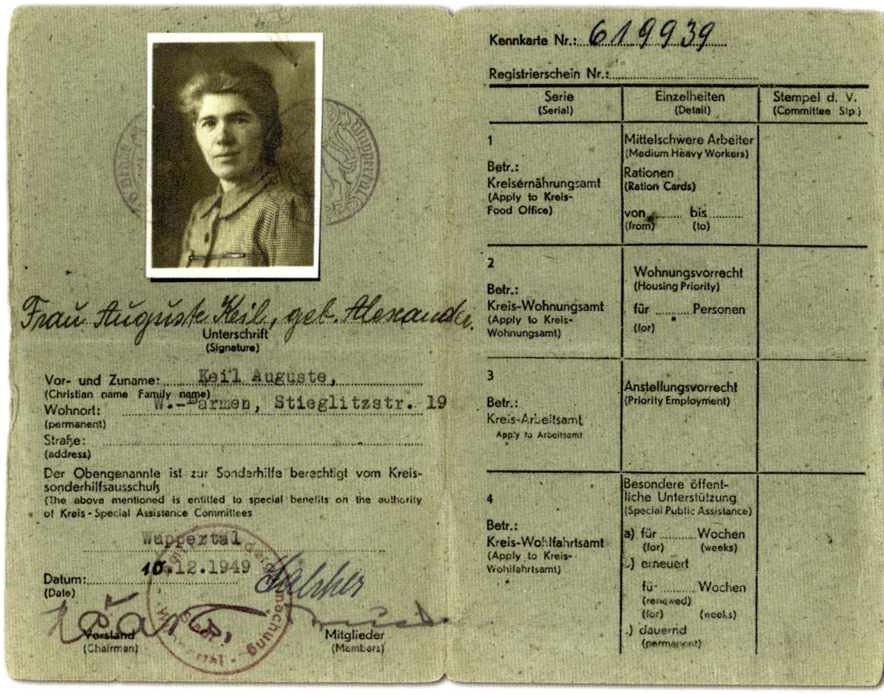

Frau Auguste Keil, geb. Alexander.
Unterschrift
(Signature)

Vor- und Zuname: Keil Auguste,
(Christian name Family name)
Wohnort: W.-Barmen, Stieglitzstr. 19
(permanent)
Straße:
(address)
Der Obengenannte ist zur Sonderhilfe berechtigt vom Kreissonderhilfsausschuß
(The above mentioned is entitled to special benefits on the authority of Kreis-Special Assistance Committees

Wuppertal
Datum: 10.12.1949
(Date)
Vorstand
(Chairman)
Mitglieder
(Members)

Kennkarte Nr.: 619939
Registrierschein Nr.:

Serie (Serial)	Einzelheiten (Detail)	Stempel d. V. (Committee Stp.)
1 Betr.: Kreisernährungsamt (Apply to Kreis-Food Office)	Mittelschwere Arbeiter (Medium Heavy Workers) Rationen (Ration Cards) von (from) ... bis (to) ...	
2 Betr.: Kreis-Wohnungsamt (Apply to Kreis-Wohnungsamt)	Wohnungsvorrecht (Housing Priority) für (for) ... Personen	
3 Betr.: Kreis-Arbeitsamt Apply to Arbeitsamt	Anstellungsvorrecht (Priority Employment)	
4 Betr.: Kreis-Wohlfahrtsamt (Apply to Kreis-Wohlfahrtsamt)	Besondere öffentliche Unterstützung (Special Public Assistance) a) für (for) ... Wochen (weeks) .) erneuert für ... Wochen (renewed) (for) (weeks) .) dauernd (permanent)	

Sonderausweis von Auguste Keil als „politisch, rassisch und religiös Verfolgte", 1949

Das Schreiben ist ein erstes vielsagendes Dokument zur Frage, wie mit noch oder wieder in Wuppertal lebenden Juden, Rückkehrern aus den Lagern und Untergetauchten umzugehen sei. Sich für die Wiederherstellung des jüdischen Friedhofs zu engagieren oder gar dem Andenken der Ermordeten ein Zeichen zu setzen, sind hier allenfalls Zugeständnisse an eine Gruppe, von der man sich unter Druck gesetzt fühlte, zumal diese sich der Unterstützung durch die Alliierten sicher sein konnte. Bereits ganz zu Beginn des erst entstehenden Nachfolgestaates wurde das Gedenken als lästig und unangenehm empfunden. Nur „um des lieben Friedens Willen" erledigte der Oberbürgermeister das Ansinnen.

Dabei hatten die Überlebenden oft grauenhafte Erinnerungen an die gerade überstandene Schreckenszeit. Nach seiner Rückkehr aus dem Ghetto Theresienstadt suchte Ernst Rosenberg den „Kreissonderhilfsausschuss" auf, um eine erste und vorläufige Unterstützung zu beantragen und um eine entsetzliche Aussage zu machen:

Ernst (1896-1964) und Erna Rosenberg (1891-1973), Überlebende des Holocaust

Ich war von Juli 1942 – September 1944 bei der Firma August Homringhaus Wuppertal-Elberfeld, Hofaue beschäftigt.

Ende 1942 Anfang 1943 hat ein Fritz Grundlach, Wuppertal-Elberfeld, Hofkamp 150 die fertiggestellten Putzwolle- und Lumpenballen daselbst abgefahren. Als derselbe mich mit Judenstern bei seinem ersten Besuch sah, sagte er meinen Arbeitskameraden: wo ich noch herkomme; wäre er im Betrieb angestellt, hätte er mich in 10 Tagen fertig. Im Osten (Litauen, Estland) habe er geholfen viele tausend Juden mit Eichenknüppeln den Schädel einzuschlagen, dass das Hirn nur so daher spritzte. Auf die Frage meiner Arbeitskameraden ob er auch auf diese Weise Frauen umgebracht habe, antwortete Grundlach: „Männer, Frauen, Greise und Kinder." Als Jude fühle ich mich verpflichtet, diese gemeine Tat zu melden; ich bin erst vor einigen Tagen aus dem Konzentrationslager Theresienstadt zurückgekehrt und war eine vorzeitigere Meldung nicht möglich. (StAWuppertal, AfW 12002)

Auch Auguste Keil, geb. Alexander, hatte den Holocaust überlebt. Sie war mit dem evangelischen Kaufmann Arno Keil verheiratet und wohnte mit ihm in der Öde 8. Durch ihre Ehe mit einem „Arier" war sie vorerst vor den Deportationen geschützt gewesen. Die nationalsozialistische Führung hatte möglichst vermeiden wollen, dass „jüdisch Versippte" gegen die Behandlung ihrer Verwandten protestierten und daher bis zum Herbst 1944 immer noch keine Entscheidung über das Schicksal dieser Gruppe getroffen. Als aber die Front der Alliierten im Westen näher rückte und den Rhein erreichte, sprach sich unter den Juden herum, dass nun auch sie in den Osten verschickt werden würden. Während Auguste Keil zu denen gehörte, die in ein Arbeitslager verschleppt wurden – am Ende kam sie noch nach Theresienstadt – entschlossen sich viele andere zur Flucht und tauchten unter. Die meisten von ihnen konnten Dank der Hilfe nichtjüdischer Kontakte überleben.

Zu denen, die durch ein Versteck und durch „Untertauchen" überlebt hatten, gehörten auch zwei Menschen, die später als Künstler über die Grenzen Wuppertals hinaus bekannt und berühmt werden sollten: Hanna Jordan und Grischa Barfuss, beide Theaterleute.

Grischa Barfuss (1917-1995) hatte nach dem Abitur 1936 zunächst Theaterwissenschaft, Musik, Literatur und Geschichte studiert – was nur möglich gewe-

Ein moderner Konservativer

Zweiundzwanzig Jahre lang prägte er das künstlerische Gesicht der Rheinoper. Zum Tode von Prof. Dr. Grischa Barfuss.

Von Sophia Willems

Düsseldorf. „Man kann mit gewissen modischen Werken auffallen und mit Stars eine Zeitlang glänzen; aber der Rückfall in eine Leere muß dann zwangsläufig um so ernüchternder sein." Diese Sätze aus dem Band über die Rheinoper 1967-70 von Grischa Barfuss kennzeichnen die geistige Statur des Mannes, der von 1964 bis 1986 die Oper zu großer künstlerischer Höhe führte.

Mit seiner legendären Mannschaft – Regisseur Georg Reinhardt, Bühnenbildner Heinrich Wendel, Choreograph Erich Walter und Chefdramaturg Rolf Trouwborst – verwirklichte Barfuss ein Musiktheater und Ballett, das nach Klassizität strebte, der vollkommenen Einheit von Bild, Gesang, Wort, Klang. Dies gelang ihm durch erstklassige Ensemblearbeit.

Barfuss war ein Prinzipal konservativer Prägung, abhold allen Moden und marktschreierischer Selbstinszenierung. Auch auf der Bühne inszenierte er nicht, er führte das erst 1956 gegründete Zweistädtehaus und verschaffte ihm auch politisches Wohlwollen, ohne doch je Kunst und Leben zu vermengen. Als er Ende

reuth-Barden erprobte hier ihre Stimme, Kollo, Becht, Tschammer, Pampuch, Holdorf, Ridderbusch. In Zyklen stellte er die Lebenswerke von Mozart, Strauss, Puccini, Wagner, Rossini (von Jean-Pierre Ponnelle) vor, weithin gerühmt sein Janáček-Zyklus (mit Peter Schneider, Bohumil Herlischka und Ruodi Barth). Im Zyklus „Religiöses Musiktheater", den manche belächelten, wurde aufgeführt, was wir heute wiederentdecken: Hindemith, Honegger, Pfitzner, Poulenc. Zu seinen Dirigenten zählten Alberto Erede, Günther Wich, Horst Stein, Marek Janowski. Kritiker aus Kopenhagen, London, Brüssel, Paris rühmten die „atmosphärische Einheit der Interpretation". Er ließ Klebes „Tödliche Wünsche" uraufführen und Benjamin Brittens „Tod in Venedig" im Westen erstaufführen.

Daß ein Werk wie Schönbergs „Moses und Aron" über dreißig Aufführungen erlebte, mag belegen, daß Barfuss' große Ernsthaftigkeit und Glaubwürdigkeit den Menschen eine tiefere Sehnsucht bewußt machte. Nach seinem Abschied betrat er die Oper nicht mehr. Man hatte ihm Erstarrung vorgeworfen. Doch war er der Zeit voraus. Denn fest steht, daß

Grischa Barfuss in jungen Jahren. Foto: Archiv

Grischa Barfuss wurde am 1. März 1917 in Wilna geboren; sein Vater war jüdischer Abstammung weshalb Barfuss in der NS-Zeit versteckt leben mußte. In Köln studierte er Theaterwissenschaft, Musik, Literatur und Geschichte und promovierte 1946. Zudem studierte er Violine bis zur Konzertreife. 1946 bis 1952 war er Theater- und Musikkritiker, zeitweilig Feuilletonchef, dann Chefdramaturg am Wuppertaler Theater und unter

danz wurde die Rheinoper zu vielen Gastspielen eingeladen, zu den Festspielen von Fiorentino, Edinburgh, Zagreb und zu den Olympischen Spielen in Mexico 1968. Duisburg verlieh Barfuss die Mercator-Medaille, die Landeshauptstadt den Jan-Wellem-Ring. 1967 schlug er das Angebot aus, Generalintendant in Frankfurt zu werden. 1973 erhielt er an der Musikhochschule Rheinland eine Professur für Theaterwissenschaft, Opern-Analyse und

Nachruf auf den Regisseur Dr. Grischa Barfuss (1917-1995), Intendant der Rheinoper in Düsseldorf, General-Anzeiger vom 29.11.1995

sen war, weil sein Vater, ein Nichtjude, als Frontsoldat des Ersten Weltkriegs gekämpft hatte. Aber nach zwei Jahren musste er das Studium doch aufgeben, und um Geld zu verdienen, arbeitete er bis 1943 als Puppenspieler. Im Herbst 1944 tauchten die Eltern und die beiden Söhne unter und hielten *sich monatelang mit wechselndem Aufenthaltsort bis zum Einmarsch der Amerikaner verborgen [...] jeder an einem anderen Ort, unangemeldet und ohne Lebensmittelkarten.* *(StAWuppertal, AfW 10968)*

Nach der Befreiung setzte Barfuss sein Studium fort, promovierte 1948 und machte sein Konzertexamen für Violine. Zunächst arbeitete er als Theater- und Musikkritiker, war von 1953 bis 1954 Chefdramaturg am Wuppertaler Theater und von 1955 bis 1957 unter Karlheinz Stroux Schauspieldirektor in Düsseldorf. Seit 1958 war er Generalintendant der Wuppertaler Bühnen, bis er 1964 an die Deutsche Oper am Rhein nach Düsseldorf berufen wurde. Hier blieb er bis 1986 und machte dieses Haus zu einem der angesehensten der Republik. Zahlreiche Einladungen zu Gastspielen, z.B. zu den Festspielen von Fiorentino, Edinburgh, Zagreb und bei den Olympischen Spielen in Mexiko 1968 bewiesen den exzellenten Ruf der Rheinoper.

Hanna Jordan, geb. 1921, berühmte Bühnenbildnerin nicht nur an den Spielstätten in Wuppertal, hier mit einem Modell zum „Tannhäuser", Berlin 1978

Wie Grischa Barfuss stammt auch die Bühnenbildnerin Hanna Jordan, geboren 1921 in der Platzhoffstraße, aus einer „gemischten" Ehe. Die Eltern schickten die künstlerisch Hochbegabte 1935 vorausschauend ins Ausland, auf das Internationale Quäker-Internat „Schloss Eerde" bei Ommen in den Niederlanden, das sie bis zum Abitur 1939 besuchte. Zurück in Wuppertal, studierte sie, so lange es möglich war, das Fach Bühnenbild, um ihren Traumberuf zu erlernen. Wie die Familie Barfuss und viele andere Verfolgte tauchten die Jordans im September 1944 unter, und Dank ihres zuvor aufgebauten Helferkreises überlebten sie.

In der großen Not der unmittelbaren Nachkriegszeit, die durch einen unsagbar harten Winter 1946/47 vor allem für Kinder äußerst kritisch wurde, leisteten Hanna Jordan und ihre Mutter Henriette ein einzigartiges soziales Werk: Sie gründeten das Nachbarschaftsheim am Ostersbaum. Sie warben um Geldspenden, sammelten Kleidung, Lebensmittel und Spielsachen, besuchten Familien zu Hause, versorgten die Kinder und organisierten Erholungsfreizeiten für sie. Inspiriert waren sie dabei vom Geist des Quäkertums, dem sich die beiden Frauen angeschlossen hatten.

Hanna Jordan begann sofort, als Bühnenbildnerin zu arbeiten – ihr erstes Bild schuf sie für Nikolai Gogols Lustspiel „Die Heirat", das in dem kleinen Kammertheater der „Union" an der Friedrich-Engels-Allee in der Spielzeit 1945/46 gegeben wurde. Hanna Jordans Bühnenbilder hatten großen Erfolg, und seit Ende der 1950er Jahre entwarf sie auch Dekorationen für Fernsehspiele. Zur selben Zeit erhielt sie Aufträge anderer Bühnen im Rheinland und im Ruhrgebiet, aus Hamburg, Bremen, Berlin, Frankfurt, Hannover, Darmstadt, Mannheim, Graz und Wien. Nach unzähligen Bildern für Schauspiele und Opern hat Hanna Jordan das Theater 1995 verlassen. Dass sie über ihre Kunst hinaus etwas zu sagen hat, von einem geistigen Leben, von Freundschaft, Friedfertigkeit und Kunst, beweist nicht zuletzt ein Gemeinschaftsraum, den sie in ihrer Wohnung für Gäste, Fremde und Freunde, eingerichtet hat.

Die Neugründung der jüdischen Gemeinde in Wuppertal

Nir und Ran Mestermann zünden die Chanukkalichter an, 19. Dezember 1965

Bereits am 21. August 1945 beantragte der frühere und wieder ins Amt gerufene Vorsitzende der jüdischen Gemeinde, Rechtsanwalt Gustav Brück, beim Oberbürgermeister der Stadt Wuppertal die Wiederaufnahme der Geschäfte. Der Brief macht deutlich, welche dringenden Aufgaben Brück in dieser Notsituation beschäftigten.

Ich bitte, die Genehmigung der Militärregierung dazu einzuholen, dass die Synagogengemeinden Elberfeld und Barmen unter Vereinigung zu einer einheitlichen „Jüdischen Gemeinde Wuppertal" ihre Tätigkeiten wieder aufnehmen können.

Ich bemerke dazu, dass die Gemeinde Barmen seit 1939 in Folge der Verringerung ihres Mitgliederbestandes und ihrer hierdurch bedingten Leistungsunfähigkeit von der Gemeinde Elberfeld bereits mitverwaltet wurde.

Die Tätigkeit der Jüdischen Gemeinde Wuppertal soll umfassen:

1. *Die religiöse Betreuung ihrer Mitglieder durch Wiederaufnahme des Kultus, insbesondere des Gottesdienstes*
2. *Die Beerdigungen und Pflege der vorhandenen Friedhöfe*
3. *Die Ausübung der im Rahmen einer Religionsgemeinschaft üblichen Fürsorge und Wohltätigkeit für Juden*
4. *Die Einrichtung eines Religionsunterrichtes*
5. *Die Verwaltung des vorhandenen Vermögens*
6. *Die Ermittlung der seit 1933, insbesondere der Jahre 1941 und 1942 verschleppten früheren Gemeindemitglieder und die Vermittlung der Wiedervereinigung auseinander gerissener Familien*
7. *Alle sonstigen in den Rahmen einer Religionsgemeinde fallenden Aufgaben*

Als Mitglieder kommen lediglich Religionsjuden in Frage, gleich welcher Rasse. Rassejuden im Sinne der Hitlergesetze, welche der jüdischen Religion nicht angehören, kommen als Mitglieder nicht in Frage.

Im Jahre 1941 wurden die Kultusvereinigungen [...] aufgelöst. Ihr Vermögen ging auf die Reichsvereinigung der Juden in Deutschland e.V. in Berlin über, einer Einrichtung auf Grund der 10. Durchführungs-V.O. [Verordnung] zum Reichsbürgergesetz.

Im Jahre 1943 ist das Vermögen der Reichsvereinigung beschlagnahmt und vom Reich eingezogen worden.

Infolge der Aufhebung der nationalsozialistischen Rassegesetze und insbesondere des Reichsbürgergesetzes und seiner Durchführungs-Bestimmungen hat nun die Reichsvereinigung der Juden zu existieren aufgehört. (Archiv Jüdische Kultusgemeinde Wuppertal)

Die Rückkehrer aus den Konzentrationslagern und diejenigen, die untergetaucht überlebt hatten, aber auch Juden, die aus Polen und anderen im sowjetischen Machtbereich liegenden Staaten in die britische und amerikanische Besatzungszone gekommen waren, gründeten die neuen jüdischen Gemeinden. Sie sahen sich dem Dilemma ausgesetzt, in einer Gesellschaft leben zu müssen, in der man sie bis vor kurzem nicht mehr geduldet hatte. In diesem Klima der Unsicherheit und Neuorientierung schlossen sich die Überlebenden eng zusammen, blieben weitgehend unter sich und erlegten sich selbst äußerste Zurückhaltung auf. Die jüdische Gemeinde bot den nötigen sozialen Halt und eine Art Familienersatz für diejenigen, die ihre Angehörigen im Holocaust verloren hatten oder deren Kinder nicht in Deutschland bleiben wollten und nach Palästina oder in ein anderes Land auswanderten. Juden, die sich vor der Zeit des Nationalsozialismus als gar nicht besonders religiös empfunden hatten, auch mit Christen verheiratet waren oder aus einer sogenannten „Mischehe" stammten, und jene, die ihre Kinder vielleicht sogar hatten taufen und konfirmieren lassen, fühlten sich nun in der jüdischen Gemeinde heimisch und geborgen. Nicht die Konfession, das Bekenntnis zur jüdischen Religion war in dieser ersten Zeit der Rückkehr und des Wiederfindens ausschlaggebend, sondern die gemeinsamen Erinnerungen und das geteilte Leid. Die verwandtschaftlichen Beziehungen zu Christen, die Sorge für die Eltern und die Furcht vor einem schwierigen Neuanfang in einem fremden Land waren oft ausreichende Gründe, Deutschland als „Täterland" nicht vollends zu verwerfen, sondern trotz der eben erst erlebten Katastrophe zu bleiben.

Heinz Bleicher hatte sieben Konzentrationslager überlebt, aber er konnte seinen schwer behinderten Vater nicht allein lassen. Bleicher engagierte sich sofort für die kleine Wuppertaler Gemeinde. Er erin-

Josef Heimann (1893-1961), Nachfolger von Gustav Brück seit 1950

nerte sich, dass man die Sonderzuteilungen des „Joint" („American Joint Distribution Committee", eine jüdische Organisation zur Verteilung von Hilfsgütern an Juden unter Kriegsbedingungen) nur heimlich im Haus Friedrich-Ebert-Straße 73 ausladen konnte, um nicht den Neid der nichtjüdischen Nachbarn zu wecken. Andererseits erwarteten diese positive Leumundszeugnisse für ihre Entnazifizierungsverfahren, „Persilscheine". Dass die Ressentiments gegenüber Juden längst noch nicht verflogen waren, beweisen nicht zuletzt die Schändungen des kleinen jüdischen Friedhofs an der Weißenburgstraße im Herbst 1945 und im Mai 1946, ohne dass das in der Wuppertaler Bevölkerung besonders bemerkt worden wäre.

saal, der ehemalige Speisesaal des Altersheims, vergrößert. Der außergewöhnlich kluge, engagierte und auch beliebte langjährige Vorsitzende der jüdischen Gemeinde, Gustav Brück, blieb bis zum Jahr 1950 im Amt und wurde danach zum Ehrenvorsitzenden gewählt. Sein Nachfolger wurde Josef Heimann (1893-1961). In seine Amtszeit fiel die lang ersehnte Anerkennung der jüdischen Gemeinde als „Körperschaft des Öffentlichen Rechts" im Mai 1953, ein Status, der ihr 1939 vom NS-Staat entzogen worden war. Sie besaß nun wieder das verfassungsgesetzlich verbriefte Recht zur Einziehung von Kultussteuern und war als Selbstverwaltungskörperschaft und Religionsgemeinschaft den Kirchen formal gleichgestellt. Es war nun leichter, aus der Rolle des Bittstellers und Almosenempfängers herauszutreten und der Kommune und dem Staat als Rechtspersönlichkeit zu begegnen.

Das frühere Altersheim, nun Friedrich-Ebert-Straße 73, wurde der religiöse, soziale und kulturelle Mittelpunkt der neu gegründeten Jüdischen Kultusgemeinde Wuppertal.

Ein Zentrum war zu gründen, in dem wieder jüdische Tradition gepflegt wird und nicht zuletzt ein menschlicher Austausch, getragen von dem Verständnis durch gemeinsames Schicksal. [...] Und bald konnte in den freigewordenen Parterreräumen im Hause Friedrich-Ebert-Straße 73 das Gemeindebüro eingerichtet werden. Ein Raum, zum Garten gelegen, mit dem seitlichen Blick auf die Laubhütte, wurde zum Betsaal gestaltet. Der Thoraschrank und die kostbaren Thorarollen haben als einzige der der Zerstörung entgangenen Kultwerte nun hier ihren Platz gefunden. Zwischen Bürgerhäusern eingebettet, der stille Garten, die Mauer aus Grauwackesteinen, in alter Zeit auf dem Hardtberg gebrochen, ein Walnussbaum – Man könnte sagen, ein Fleck enger Elberfelder Innenstadtromantik. (Aldinger)

Das Mahnmal zum Gedenken an die ermordeten Juden auf dem jüdischen Friedhof am Weinberg, errichtet 1955. Hier findet jedes Jahr am 9. November die Gedenkstunde der Jüdischen Kultusgemeinde Wuppertal statt.

Nachdem das Haus mit dem angrenzenden Grundstück im Mai 1959 wieder in den Besitz der Gemeinde übergegangen war, wurde der Altbau von Grund auf renoviert und der Bet-

Ein weiteres bedeutendes Ereignis aus dieser Zeit war die Einweihung eines Mahnmals auf dem jüdischen Friedhof am Weinberg am Sonntag, den 16. Oktober 1955, an der viele Gemeindemitglieder, der Oberbürgermeister und Vertreter des politischen und kirchlichen Lebens teilnahmen. Es ist das erste Erinnerungszeichen an den Holocaust in Wuppertal überhaupt und besteht aus einer angedeuteten Halle mit in den Beton eingelassenen Glasmosaiken, entworfen von dem Wuppertaler Bauingenieur Friedrich Collenbusch. Die deutsche Inschrift lautet:

DEM GEDENKEN
DER OPFER DES HASSES
DER NACHWELT
ZUR MAHNUNG
1933 – 1945

Der hebräische Text stammt aus dem „Jiskor", dem traditionellen Gebet zur „Seelengedächtnisfeier" für die Verstorbenen.

Es gedenke Gott der Seele der Märtyrer, die da starben in der Zeit der Vernichtung. Gott schweige nicht zu meinem Blute!

Am Tag nach der Einweihung des Mahnmals erschienen in der Wuppertaler Presse Berichte über die Veranstaltung, die, wie damals üb-

Ständig an das Unrecht mahnen!

Gedenktafeln an den Stätten der jüdischen Synagogen wurden enthüllt

25 Jahre waren gestern seit dem Tag vergangen, an dem 1938 die Synagogen in Elberfeld und Barmen, die jüdischen Gotteshäuser in ganz Deutschland in Flammen standen. 25 Jahre haben jenen schaurigen 9. November nicht vergessen gemacht. In der Stadt Wuppertal erinnerte man sich daran, erinnerte man sich an das Unrecht, das seinerzeit an unschuldigem Blute begangen wurde. Seit gestern erinnern außerdem zwei bronzene Tafeln an der Stätte der ehemaligen Synagogen daran, daß wir auch heute in der Freiheit einer Demokratie der Vergangenheit unseres Volkes verpflichtet bleiben. Sie mahnen an eine Vergangenheit, von der Oberbürgermeister Dr. Frowein sagte, daß sie nicht zu bewältigen sei.

Wuppertals Oberbürgermeister, der in Elberfeld an der Genügsamkeitstraße eine jener Tafeln enthüllte, brachte weiter zum Ausdruck, daß uns die Demokratie verpflichte, die Freiheit zu schützen und zu wahren, um nicht ähnlichem Unrecht neuen Nährboden zu bieten. Die Freiheit sei nicht auf sich allein gestellt, sondern verlange von uns, sie zu verteidigen. Nur eine ständige Mahnung an das Unrecht, das im sogenannten 1000jährigen Reich unschuldigen Menschen widerfahren sei, könne uns aus dem dunkelsten Kapitel der Geschichte unseres Volkes erlösen.

Landesrabbiner Dr. Salomonowitsch wünschte, daß die Enthüllung dieser Tafeln vom Segen Gottes begleitet sei. Er sprach seine Hoffnung aus, daß die von Dr. Frowein in Worte gefaßte Gesinnung Wurzeln schlagen möge und in alle Schichten des Volkes eindringe. Auch der Vorsitzende der

Der Landes
gemeinden in N
„Hier stand die
Sie wurde am
Opfer des Rass
sich am 25. Ja

Artikel in der Wuppertaler Zeitung vom 10.11.1962 über die Enthüllung der Gedenktafeln an der Straße Zur Scheuren 18 in Barmen und an der Genügsamkeitstraße in Elberfeld

lich, als „Weihestunde“ bezeichnet wurde. Josef Heimann stellte in aller Deutlichkeit klar, dass es Verzeihung nur geben könne, wenn Täter und Zuschauer sich ehrlich zu ihrer Verantwortung der Verbrechen bekennen. Wie den meisten politischen Repräsentanten seiner Zeit fiel es Oberbürgermeister Heinrich Schmeissing sichtlich schwer, die Scham angesichts des ungeheuren Versagens in Worte zu fassen, und so erinnerte er lieber an die wenigen positiven Beispiele der Menschen, die Mitleid mit den Verfolgten gezeigt hatten. Erst zehn Jahre nach Kriegsende war der Unwille und die Unfähigkeit, den schrecklichen und unbequemen Tatsachen ins Gesicht zu sehen, weit verbreitet. Vor diesem Hintergrund ist sein Versuch, zur Erinnerung und zur Auseinandersetzung mit der Vergangenheit zu mahnen, eine typische politische Geste der Zeit.

„Die Männer und Frauen, denen dieser Gedenkstein gilt, starben reinen Herzens. Sie starben für uns, denn ihr Schicksal hat uns den Weg zur Freiheit geebnet“. Diese Worte sprach Oberbürgermeister Schmeissing auf dem jüdischen Friedhof in W.-Elberfeld bei der Weihe des Ehrenmals, zu der die jüdische Kultusgemeinde Wuppertal eingeladen hatte.

Dieses Erinnerungsmal, sagte der Oberbürgermeister, sei gleichzeitig ein Memento. Immer wieder werde die Frage aufgeworfen, weshalb das deutsche Volk sich nicht selbst von der Tyrannei freigemacht habe. Die Befreiung habe aber nicht aus dem Innern kommen können, das habe der 20. Juli 1944 bewiesen. Die anständigen und aufrichtigen deutschen Männer und Frauen hätten mit ihren jüdischen Mitbürgern gelitten. Man dürfe nichts vergessen. Es sei notwendig, ab und zu wieder alte Dokumente zur Kenntnis zu nehmen, die von der vergangenen schrecklichen Zeit der Diktatur berichteten. Das Ehrenmal in ihre Obhut zu nehmen, sei Ehrenpflicht der Stadt Wuppertal und ihrer Bürger. (General-Anzeiger vom 17.10.1955)

Allmählich trat die Gemeinde aus ihrer selbst verordneten Isolation heraus. Im November 1959 wurde die „Gesellschaft für Christlich-Jüdische Zusammenarbeit in Wuppertal e.V.“ gegründet, was auf eine Initiative des damaligen Wuppertaler Landtagsabgeordneten Johannes Rau und des späteren Oberbürgermeisters Gottfried Gurland zurückging. Getragen von der Idee der Versöhnung begannen engagierte Christen, sich für die jüdische Religion und für die Geschichte der Juden zu interessieren und luden gemeinsam mit den jüdischen Vertretern der Gesellschaft zu Vorträgen und Informationsveranstaltungen ein. Gustav Brück, der langjährige Vorsitzende und Ehrenvorsitzende der Gemeinde, konnte das nicht mehr miterleben; er war am 15. Mai 1956 gestorben und mit ihm eine der ganz herausragenden Persönlichkeiten aus der Geschichte der jüdischen Gemeinde im Wuppertal.

Am 9. November 1962 wurden für die Synagoge in Barmen in der Straße Zur Scheuren 18 und für die in Elberfeld an der Genügsamkeitstraße auf Anregung der Gesellschaft für Christlich-Jüdische Zusammenarbeit Gedenktafeln angebracht. Zur Einweihung sprachen u.a. der Oberbürgermeister Dr. Heinz Frowein und der Vorsitzende der Jüdischen Kultusgemeinde, Paul Rosenthal. Auf den Tafeln ist zu lesen:
HIER STAND DIE SYNAGOGE DER JÜDISCHEN GEMEINDE. SIE WURDE AM 9. NOVEMBER 1938 EIN OPFER DES RASSENWAHNS DIE STADT WUPPERTAL 9. NOVEMBER 1962
Der schlichte, formelhafte Text verhüllt mehr als er erklärt und ist damit typisch für diese Zeit. Zunehmende Erkenntnisse über den Massenmord an den Juden einerseits und der Wunsch nach Akzeptanz im westlichen Staatenbündnis andererseits verlangten jedoch derartig symbolische Zeichen und Bekundungen des Gedenkens im öffentlichen Raum.

Paul Rosenthal (1902-1967), der Nachfolger von Josef Heimann seit 1961, in einem Interview in der „Westdeutschen Rundschau“ vom 10.9.1966

Hochzeitspaar Jacques und Marijke Stern unter der „Chuppa", dem Hochzeitsbaldachin, im Elberfelder Betsaal, Juli 1971

Werner Michels, geb. 1922, der Nachfolger von Paul Rosenthal

Heinz Bleicher (1913-1999) kam als 32jähriger nach Wuppertal zurück.

Josef Heimann war im Oktober 1961 gestorben, und der Kaufmann Paul Rosenthal (1902-1967) hatte die Nachfolge angetreten. In seine Amtszeit fällt der Bau eines fünfstökkigen Wohnhauses an der Aue 82 im Jahr 1963, dessen Erdgeschoss für das Gemeindezentrum bestimmt war. Der Garten zwischen dem Neubau und dem alten Haus an der Friedrich-Ebert-Straße musste einem Parkplatz weichen, und im Herbst 1964 wurde die Einweihung des Neubaus gefeiert. In einem ausführlichen Interview, das er dem Chefredakteur der Westdeutschen Rundschau im September 1966 gab, berichtete Paul Rosenthal:

Wir hielten es angesichts der „Größe" unserer Gemeinde nicht für opportun, eine kostspielige Synagoge zu bauen, da der Betsaal unseren Ansprüchen durchaus gerecht wird. Es lag uns besonders daran, größere kulturelle Veranstaltungen unter anderem mit der Gesellschaft für christlich-jüdische Zusammenarbeit durchzuführen. [...] Das Verhältnis zwischen Juden und Nichtjuden ist augenblicklich in Wuppertal meines Erachtens nicht schlecht. Ich persönlich könnte nicht sagen, dass ich irgendwelche antisemitische Äußerungen in den letzten Jahren gehört habe. Im Gegenteil, ich habe eine ganze Anzahl von nichtjüdischen Bekannten und Freunden.

Aktivitäten des Frauenvereins der jüdischen Gemeinde, 1960er Jahre

Als Paul Rosenthal im Dezember 1967 starb, fand die Gemeinde in Werner Michels (geb. 1922) einen neuen Vorsitzenden, der das Amt übergangsweise für kurze Zeit ausfüllen wollte. Schon 1969 wurde schließlich Heinz Bleicher (1913-1999) der Amtsnachfolger und blieb es 24 Jahre lang bis zu seinem Rücktritt im Jahr 1993.

Auch wenn sich das christlich-jüdische Verhältnis, der Kontakt zwischen Juden und Nichtjuden in den folgenden Jahrzehnten grundsätzlich positiv und vertrauensvoll entwickeln sollte, kam es hin und wieder zu antijüdischen gewalttätigen Übergriffen Einzelner, die vor allem auf die Schändung der jüdischen Friedhöfe zielten. 1972 warfen „Unbekannte" auf dem Friedhof an der Weißenburgstraße Grabsteine um und luden Unrat dort ab, und 1988 gab es einen Anschlag, vermutlich von Neonazis. Vor dem Hintergrund einer erschreckenden Zunahme rechtsradikaler und antisemitischer Gewalt nach der deutschen Wiedervereinigung erregte die Verwüstung auf dem jüdischen Friedhof an der Hugostraße durch zwei Jugendliche im November 1992 besondere öffentliche Anteilnahme. An drei Nachmittagen hatten zwei 13 und 14 Jahre alte Schüler rund 90 Grabstätten systematisch zerstört. Über 8000 Menschen demonstrierten in den folgenden Tagen ihr Entsetzen vor dieser Schändung und ihre Solidarität mit der Jüdischen Kultusgemeinde.

„Dies sei ein Haus des Gebets für alle Völker." Die neue Bergische Synagoge

Verleihung des Ehrenrings der Stadt Wuppertal an verdienstvolle Bürgerinnen und Bürger, darunter die Bühnenbildnerin Hanna Jordan (2.v.l.) und Heinz Bleicher (3.v.r.). Ganz rechts die Oberbürgermeisterin Ursula Kraus, 1994

Man hatte, als die Gemeinde 1946 gegründet wurde, mit einer zukünftig konstanten Mitgliederzahl von rund 150 Gemeindemitgliedern gerechnet. Aber durch die starke Überalterung sank diese Zahl allmählich, und Mitte der 1980er Jahre gehörten nur mehr rund 60 Personen zur Gemeinde. So wurde erwogen, sich der jüdischen Gemeinde in Düsseldorf anzuschließen. Doch in kürzester Zeit entstand durch das Ende der Sowjetunion eine vollkommen neue Situation: Juden aus der Ukraine, aus Russland, aus Kasachstan und anderen ehemaligen Sowjetrepubliken konnten nun einen Antrag auf Ausreise in die Bundesrepublik stellen. Seit 1990 wuchs dadurch auch die Wuppertaler Gemeinde in wenigen Jahren so stark an, dass wieder eine Zukunft sichtbar wurde. Die Räumlichkeiten an der Friedrich-Ebert-Straße und an der Aue reichten bald nicht mehr aus, so dass durch den Neubau einer Synagoge eine auf die Zukunft gerichtete Lösung gefunden werden musste.

Trotzdem leben heute mit rund 2.500 Mitgliedern im gesamten Bergischen Land noch immer längst nicht so viele Juden wie vor 1933: Nach der Volkszählung vom 16.6.1925 hatten unter den 405.515 Einwohnern allein in Wuppertal 3.102 Juden gelebt (721 in Barmen, 2.335 in Elberfeld, 32 in Vohwinkel, 2 in Cronenberg und 12 in Ronsdorf), nicht einmal 1% der Gesamtbevölkerung.

Leonid Goldberg tritt die Nachfolge Heinz Bleichers an, März 1993.

Unter der Leitung des seit 1993 amtierenden Vorsitzenden Leonid Goldberg äußerte die Jüdische Kultusgemeinde 1995 zum ersten Mal den Wunsch zum Bau einer neuen Synagoge und bat um Unterstützung

Inschrift aus Jesaja 56,7 über dem Eingangsportal der neuen bergischen Synagoge in Barmen

Prozession mit den Torarollen durch die Barmer Innenstadt zur neuen Synagoge, Dezember 2002

durch die Stadt und ihre Bürgerinnen und Bürger. Erste Baupläne konnten im Herbst 1996 vorgestellt werden, und zur selben Zeit übereignete die Evangelische Kirche im Rheinland der Gemeinde offiziell ein Grundstück an der Gemarker Straße in unmittelbarer Nachbarschaft zur Gemarker Kirche. Wenig später wurde der „Freundeskreis Neue Synagoge e.V." ins Leben gerufen, der es sich zur Aufgabe machte, die Gemeinde bei ihren Anstrengungen zum Bau der neuen Synagoge zu unterstützen. Am 9. November 1998, 60 Jahre nach der Zerstörung der beiden Wuppertaler Synagogen, gab es einen zunächst symbolischen ersten Spatenstich, bevor im Februar 2000 das Wuppertaler Architekturbüro Goedeking & Schmidt den Auftrag zur Realisierung der neuen Synagoge erhielt. Im Oktober 2001 wurde der Grundstein gelegt und im Februar 2002 das Richtfest gefeiert.

Die Bergische Synagoge ist auf historischem Grund errichtet: In der benachbarten Gemarker Kirche hatten evangelisch-reformierte Pfarrer im Mai 1934 die „Barmer Theologische Erklärung" verabschiedet, um sich des Zugriffs der Nationalsozialisten zu erwehren. Heute erscheint die enge Nachbarschaft von Synagoge und Kirche wie ein Symbol für die „fehlende siebte These" der Barmer Erklärung, die an ein solidarisches Wort zu den verfolgten Juden nicht gedacht hatte.

Am 8. Dezember 2002 wurde die Bergische Synagoge an der Gemarker Straße in Anwesenheit des Bundespräsidenten Johannes Rau und des israelischen Staatspräsidenten feierlich eingeweiht.

Der Gottesdienstraum ist das Herzstück der Synagoge, die beiden Flügel entlang der Straßen verbergen den Rundbau von außen. An einer Seite sind acht bzw. neun schmale Fenster zu sehen, die den Chanukka-Leuchter symbolisieren. Alljährlich wird an den acht Tagen des Festes im Dezember an jedem Abend ein Fenster mehr durch eine Lampe erhellt.

Über dem Haupteingang lädt ein in hebräischen Buchstaben angebrachter Vers aus Jesaja 56,7 Menschen aller Religionen zum Gottesdienst ein: *Denn mein Haus soll ein Bethaus genannt werden für alle Völker.* Dieser Satz hatte auch das Portal der alten Barmer Synagoge in der Scheurenstraße geschmückt. Der Synagogeneingang führt in das Foyer, an dessen Wänden sich die gemalten Portraits der früheren Gemeindevorsitzenden – Gustav Brück, Josef Heimann, Paul Rosenthal, Werner Michels und Heinz Bleicher – befinden. Ein Aufgang führt zur Frauengalerie. Im zentral gelegenen Gottesdienstraum mit 300 Sitzplätzen ist die Bima errichtet, eine erhöhte kleine Bühne mit großem Tisch zum Lesen aus der Tora-Rolle in der Mitte. Nach Osten hin befindet sich hinter einer Wand der Schrank mit den Tora-Rollen, darüber aus Glas die Andeutung der zwei Gesetzestafeln mit den zehn Geboten. Über dem Toraschrein hängt ein ewiges Licht. Rechts und links davon sind Namenstäfelchen zum Andenken Verstorbener in die Wände eingelassen und zwei hohe Glasfenster mit den Namen der zwölf Stämme Israels in hebräischer Schrift.

In den Türen zum Synagogenraum sind fein gearbeitete Kapseln aus unterschiedlichen Materialien befestigt, die „Mesusot" (Ez. „Mesusa"), die den Anfang des Gebets „Schma Israel" (5. Mose, 6,4) enthalten, das wichtigste Bekenntnis der Juden zu dem Einzigen Gott. Das Gemeindehaus verfügt über Büros für die Gemeindeverwaltung, über Räume für den Religionsunterricht und Gruppenräume, über eine Bibliothek mit deutscher und russischer Literatur. Im Untergeschoss

liegen ein großer Gemeindesaal, eine koschere Küche und die „Mikwe" – das rituelle Bad. Neben dem Synagogenkomplex gibt es ein koscheres Café, das israelische und osteuropäische Speisen anbietet. Im Unterschied zur Synagoge ist das „Café Negev" frei zugänglich und bietet daher für Nichtjuden eine einfache Möglichkeit, Zugang zur jüdischen Gemeinde zu finden.

Die Jüdische Kultusgemeinde Wuppertal mit ihren mittlerweile 2.500 Mitgliedern versteht sich als Bergische Gemeinde, denn zu ihr gehören neben den Wuppertalern auch die jüdischen Familien in Solingen, Remscheid, Wermelskirchen, Radevormwald, Velbert, Wülfrath und Heiligenhaus. Freitagabends, Samstagvormittags und an allen jüdischen Feiertagen finden Gottesdienste statt, die von einem Vorbeter oder Rabbiner geleitet werden.

Für die Jüdische Kultusgemeinde Wuppertal bedeutet die Zuwanderung von Juden aus der ehemaligen Sowjetunion einerseits, dass überhaupt wieder von einem „jüdischen Leben" gesprochen werden kann. Andererseits stellen die Immigranten die Gemeinde vor völlig neue Aufgaben. Sprachkurse müssen angeboten, Hilfe bei Behördengängen, bei der Wohnungs- und Arbeitssuche geleistet werden, Eltern müssen über das deutsche Schulsystem informiert und älteren Menschen soll durch kulturelle Freizeitangebote das Heimweh und die Sprachlosigkeit genommen werden. In den letzten Jahren hat es daher zahlreiche Initiativen gegeben: unterschiedliche Chöre, Tanz-, Bastel- und Handarbeitsgruppen, Schach- und Sportklubs sind entstanden, ein eigener Wohltätigkeitsverein wurde gegründet. Vor allem die Sozialarbeit hat sich zunehmend professionalisieren müssen, um dem gewachsenen Beratungsbedarf unter den oft unter einem regelrechten „Kulturschock" leidenden Migranten gerecht werden zu können.

Eine der wichtigsten Aufgaben der Gemeinde ist die behutsame Hinführung der Neuzuwanderer zu ihrer jüdischen Religion. Denn sozialisiert in der atheistischen und sogar religionsfeindlichen Sowjetunion bzw. einer deutlich antisemitischen postsowjetischen Gesellschaft, haben sich viele jüdische Familien in der Vergangenheit vom Judentum entfernt, so dass die Neuzuwanderer meistens nur wenige Kenntnisse und

Vor der Synagoge und im Gottesdienst in der Bergischen Synagoge

schon gar keine religiösen Bedürfnisse mitbringen. Religionsunterricht für die Kinder, gemeinsames Lernen aus Tora und Talmud in Gesprächskreisen für die Erwachsenen, der Besuch der wöchentlichen Gottesdienste und das fröhliche Mitfeiern jüdischer Feiertage und Feste soll die neuen Gemeindemitglieder mit ihrer Religion vertraut machen, ihnen die Angst vor Diskriminierung nehmen und das Gefühl der Geborgenheit innerhalb ihrer Gemeinde geben.

Die heute in Wuppertal und in der Region lebenden Juden möchten sich in der neuen Gesellschaft und Umgebung einleben, und trotz der völlig neuen Gesellschaftsform, den anderen Lebens- und Konsumgewohnheiten scheint vielen von ihnen die Integration auch zu gelingen. Die jüdische Gemeinde unterstützt sie darin nach ihren Kräften. In diesem Bemühen spielen die mittlerweile Tradition gewordenen alljährlichen Empfänge zu „Rosch HaSchana", dem jüdischen Neujahrsfest, eine große Rolle. Persönlichkeiten des öffentlichen Lebens, aus Politik, Verwaltung, Kirche und Wirtschaft haben dabei die Gelegenheit, sich über die aktuelle Entwicklung des jüdischen Gemeindelebens zu informieren und mit den Mitgliedern ins Gespräch zu kommen. Auch zu den Gottesdiensten sind nichtjüdische Gäste stets herzlich eingeladen, und an den Führungen durch die Synagoge haben bereits mehrere Tausend Menschen teilgenommen.

In Kindergärten, Schulen und mittlerweile auch an den Universitäten gibt es wieder jüdische Kinder, Jugendliche und Studierende in vielen verschiedenen Berufen arbeiten die jüdischen Zuwanderer, und die Senioren bemühen sich um eine Teilhabe am gesellschaftlichen und kulturellen Leben in ihrer neuen Heimat. Was man in den 1980er Jahren kaum für möglich halten konnte, scheint nun Wirklichkeit zu werden: Die Zahl der in Deutschland lebenden Juden – jüdische Familien mit Kindern – nimmt zu. Es gibt nicht mehr nur eine jüdische Vergangenheit, sondern auch eine jüdische Gegenwart und Zukunft, auch in Wuppertal. Sie zu beachten und zu achten steht in der Verantwortung der deutschen Gesellschaft, der durch die Zuwanderung gerade der jüdischen Migranten vor dem Hintergrund der nationalsozialistischen Verbrechen ein kaum vorstellbarer Vertrauensbeweis entgegengebracht wurde und wird.

Epilog

„Sprechen in englisch, träumen in deutsch."
Berichte aus der Emigration

Die Geschichte der Wuppertaler Juden endete mit dem Holocaust. Trotz zaghafter Versuche im Nachkriegsdeutschland, wieder jüdische Gemeinden zu gründen und zu beleben, und auch trotz der jüngsten Zuwanderung steht fest, dass es ein deutsches Judentum, wie es vor 1933 existiert hatte, nicht mehr geben wird. Durch ihre Vertreibung und Ermordung wurde ein lebendiges, vielfältiges, sich dynamisch und auf hohem intellektuellen und theologischen Niveau sich entwickelndes Judentum zerstört, und nur mit Mühe konnten die Emigranten Reste dieser spezifischen Tradition ins Ausland retten. Daher sollen die Stimmen der früheren Wuppertaler Juden, wie sie sich in Briefen, Berichten und Interviews der letzten Jahre äußern, den Schluss bilden. Im Mittelpunkt dieser Erinnerungen stehen die Trennung von den Eltern und dem Zuhause, die Reise, die Ankunft in den USA, in England, Australien, Dänemark, Israel, Kanada und anderswo, der Neuanfang in Schule, Ausbildung und Beruf und schließlich auch das Verhältnis, das diese Menschen heute zu Deutschland und zur Stadt ihrer Kindheit haben.

In ihrem Bekenntnis zu den Ländern, in dem die Flüchtlinge – vielleicht erst nach Jahrzehnten – heimisch geworden sind, verbirgt sich große Dankbarkeit, dort Aufnahme gefunden und so überlebt zu haben. Aber fast immer waren die Anfänge schwierig und vergrößerten das persönlich erlittene Leid bei denen, die nicht nur ihre Heimat, sondern auch ihre Angehörigen verloren hatten. In Palästina musste ein Staat erst noch erkämpft werden, in den USA wurde die Situation für Flüchtlinge durch die Verfolgung „unamerikanischer Umtriebe" der McCarthy-Ära nicht leichter, in Australien lebten die Flüchtlinge oft Jahre lang in Camps, die Kinder in England oft bei fremden und manchmal verständnislosen Pflegeeltern. Aus der Erfahrung, wie wichtig ein waches politisches Bewusstsein für das Überleben werden kann, verstehen sich die meisten der einstigen Emigranten als kritische Staatsbürger und sind weit davon entfernt, ihr zweites Vaterland zu verklären – im Gegenteil: Gerade Israelis und US-Bürger äußern sich zuweilen scharf und zornig über die jeweilige Politik ihrer Regierungen.

Trotzdem: die Loyalität dem Exilland gegenüber, in dem die Verfolgten, die damals noch Kinder, Jugendliche und junge Erwachsene waren, oft nach großen Anstrengungen Fuß gefasst, Familien und Existenzen

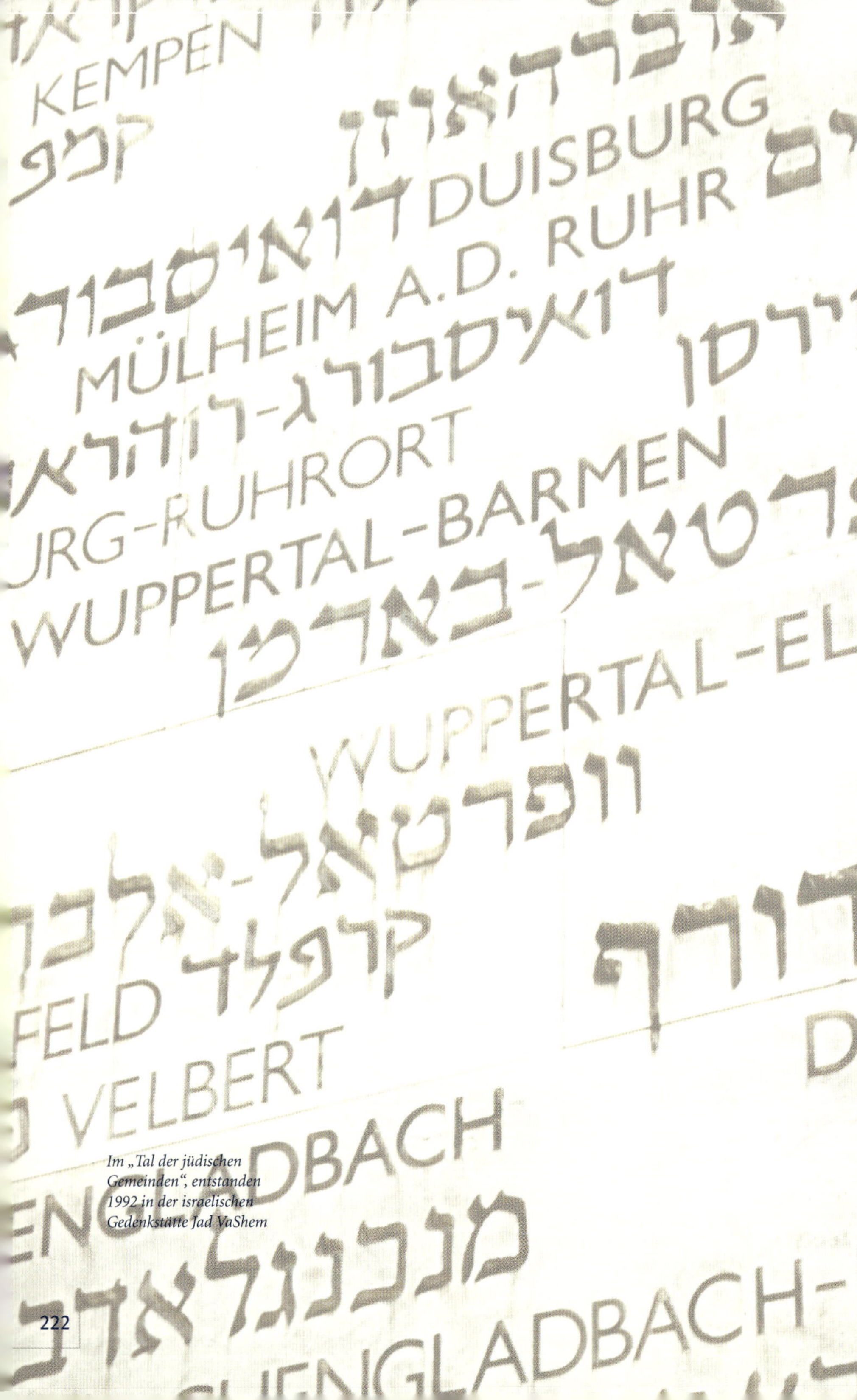

Im „Tal der jüdischen Gemeinden", entstanden 1992 in der israelischen Gedenkstätte Jad VaShem

Ehemalige Wuppertalerinnen und Wuppertaler zu Besuch, auf der Rathaustreppe Barmen, Mai 2003

gegründet haben, für das sie vielfach als Soldaten gekämpft und dessen Staatsbürgerschaft sie ersehnt und erhalten haben, speist sich aus der Erfahrung der Rettung und der Selbstbehauptung, aus dem Bewusstsein und dem Stolz darüber, etwas aus ihrem Leben gemacht zu haben – trotz der wahrlich verheerenden Ausgangsbedingungen.

Das letzte Wort einer Geschichte der Juden im Wuppertal sollen die Menschen haben, die heute verstreut in verschiedenen Ländern und Kontinenten leben und denen es zu verdanken ist, dass wichtige Lebensgeschichten und erlebte Geschichte überliefert ist. Die meisten von ihnen waren nach vielen Jahren wieder in Wuppertal, auch wenn sie das große Überwindung gekostet hat. Ihre Erzählungen bei Begegnungen und persönlichen Gesprächen, ihre Berichte in Briefen, E-Mails und Telefonaten vergegenwärtigen den erzwungenen Abschied von der Heimatstadt und die schwierige Ankunft. Allen Zeitzeuginnen und Zeitzeugen sei aufrichtig für ihre Bereitschaft gedankt, für die Nachgeborenen erzählt zu haben, wie sie ihre Kindheit und Jugend erlebt haben.

Alice Frank, England

Meine Eltern sind aus unserem Haus, das sie zwangsverkauft haben, ausgezogen. Sie sind in eine kleine Wohnung oben am Märchenbrunnen gezogen. Während mein Vater in London war, saß meine Mutter in der Wohnung, in die sie gerade eingezogen waren, und auf dem Balkon stand ein kleines Kistchen mit den restlichen Flaschen aus dem Keller des alten Hauses, die mein Vater da liegen hatte, unter anderem zwei oder drei Flaschen Sekt. Die Sektflaschen sind geplatzt. Meine Mutter hat ganz allein da gesessen in der ungeheizten Wohnung und mit nur wenig ausgepackten Sachen, denn sie wussten schon, dass sie nach England kommen würden. Da hat sie sich in die Küche gesetzt und aus einer dicken Küchentasse Sekt getrunken, mit einer Wolldecke um sich herum und ein Wurstbrot dazu gegessen. Mein Mann hat zu dieser Geschichte immer gesagt: "Solche Proleten!" Meine Eltern sind zusammen im April 1939 nach England gekommen.

Alice Ferber, 1930er Jahre

Alice Frank, geb. Ferber, 2003

Betti Alsberg, Palästina (Israel)

1928 war mein Vater zum ersten Mal in Palästina gewesen. Er glaubte, er fände sich dort zurecht und so beschloss er, mir Jerusalem zu zeigen, nachdem wir einen Tag zuvor ein kleines Hotelzimmer in Tel Aviv bezogen und im Voraus bezahlt hatten. Jerusalem in der Pessach-Zeit war ein Erlebnis! Wir brachten nur den kleinen Koffer mit, weil wir nicht daran dachten, länger als ein oder zwei Tage zu bleiben. Nachdem wir unser Köfferchen in einem Hotel untergebracht hatten, nahm mich mein Vater geradewegs mit in die Altstadt. Wir liefen kreuz und quer umher, konnten aber die Klagemauer nicht finden. Es war nicht leicht, sich ganz allein zurechtzufinden. Ich hatte immer gehört, in Jerusalem könne man vor lauter Touristen kaum noch die Altstadt sehen, aber es waren überhaupt keine Touristen da. Wir liefen immer weiter und erreichten plötzlich ein Gewölbe, aus dem Araber herauskamen, die Gewehre auf den Armen trugen. Sie gaben uns zu verstehen, dass es dort nicht weiterging: „Hier geht es zur Moschee, da wird gebetet!“, und so weiter. Wir drehten um, und ich sah zwei englische Polizisten. Ich ging auf sie zu und sagte in meinem besten Schulenglisch, dass wir zur Klagemauer wollten, uns aber nicht zurechtfänden. Der Polizist sah uns an und sagte zu seinem Kollegen: „Bring sie raus!“ Der andere Polizist zeigte uns den Weg. „Jetzt kommen Sie zum Jaffator und dann gehen Sie die Straße hinauf...“ – in dem Moment fiel ein Schuss. Damals gab es vor der Klagemauer jede Menge Geschäfte. Schnell wurden die Läden dicht gemacht und alle liefen los, auch Pater und Nonnen. Also rannten auch wir, ohne zu wissen wohin. Erst später sahen wir, dass es nach oben zum YMCA ging. Da haben wir uns den Weg zurück ins Hotel beschreiben lassen. Dort

Betti Keschner, 1935

Erika Scharon, geb. Inow und ihre Freundin Betti Alsberg, geb. Keschner, Mai 2003

angekommen fragte uns der Portier, wo wir gewesen seien. „Stellen Sie sich vor, der Autobus, der nach Ihnen von Tel Aviv nach Jerusalem gekommen ist, wurde mit Steinen beworfen. Am besten sprechen Sie schnell ein Dankgebet...“.

Da saßen wir nun in Jerusalem und fuhren vorläufig nicht mehr hin und her. Zufällig hatte ich die Adresse von zwei Bekannten aus Elberfeld, den Kotek-Mädchen, die sich bereits in Jerusalem aufhielten. Mit ihnen setzte ich mich in Verbindung, denn bei der Abreise aus Tel Aviv hatte ich ja nicht damit gerechnet, länger zu bleiben und nun war es schrecklich kalt in der Stadt. Ich lieh mir also einen Sweater, damit ich abends etwas Wärmeres zum Anziehen hatte. Am nächsten Morgen, einem Montag, mussten wir dann zum österreichischen Konsul, um uns ein Durchreisevisum für die Rückfahrt nach Deutschland zu besorgen. Dafür mussten wir wieder in die Altstadt, wo ich nur sehr ungern noch einmal hinging. Als wir die Wohnung des Konsuls betraten stellte ich fest, dass er offensichtlich getrunken hatte. Ich erklärte ihm, dass ich zunächst zusammen mit meinem Vater nach Deutschland zurückkehren, dann aber noch einmal nach Palästina kommen wollte, um hier zu studieren. Der Konsul sah mich an und deutete auf die Landkarte von Palästina. Dann fragte er: „Was willst du hier, Kind? Hier bist du umgeben von Feinden!“ Wir bekamen unser Visum und verließen den Konsul. Seine Worte habe ich niemals vergessen. Mein Vater allerdings wollte davon nichts hören. „Ach, der besoffene Kerl...“, sagte er nur.

Kurz vor unserer Heimreise nahm ich mir vor, in Palästina zu bleiben und meinen Vater allein zurückzuschicken. Ich wollte in die Gruppe, in der auch Erika Inow war. Ich erinnere mich, wie ich alleine mit dem Autobus fuhr, vorbei an Tulkarem, sicherheitshalber ein Stück über Land und dann nach Amfule und von dort aus weiter mit der Eisenbahn. In El Harod stieg ich aus, zu Fuß ging ich den Berg hinauf und schon war ich da. Zwar haben sich alle über meinen Besuch gefreut, eine Möglichkeit, mich im Kibbuz aufzunehmen, sahen sie allerdings nicht. Morgens nahmen sie mich mit zur Arbeit in den Weinberg. Man musste schrecklich früh aufstehen, es wurde sehr heiß, später am Tag folgte der Unterricht und vieles mehr. Ich war allein, wusste nicht, wo ich hingehörte in dieser mir verschlossenen Einheit des Kibbuz. Ich war unglücklich und erkannte, dass dies nicht mein Weg sein konnte. Ich wollte Lehrerin werden, nicht in der Landwirtschaft arbeiten. Zwar waren die Abende am Lagerfeuer sehr romantisch, aber ich war unglücklich. Niemand kümmerte sich um mich. Also fuhr ich nach Haifa, wo sich mein Vater in der Zwischenzeit in einem Hotel einquartiert hatte. Als wir zusammen oben am Karmel spazieren gingen, ließen wir den Blick über den Hafen schweifen und sahen, dass es dort unten brannte. Die Araber hatten die aus Europa ankommenden Lifts in Brand gesetzt. An so etwas erinnert man sich. In Haifa verließ mich der Mut, nirgendwo fühlte ich mich geborgen, und dennoch wusste ich, dass ich in Deutschland nicht bleiben konnte.

Ich konzentrierte mich also wieder in Richtung Jerusalem, ich wollte unbedingt das dortige Lehrerseminar besuchen. In Jerusalem traf ich jemanden von der Familie Hirsch. Simon Hirschs Konfektionsgeschäft hatte ebenfalls auf dem Hofkamp in Elberfeld gelegen. Ich traf mich mit der ältesten Tochter der Familie, Gerda, die bereits im Lehrerseminar aufgenommen worden war. Sie half mir, mich in Beth Hakarem zu bewerben, man sagte mir die Zusendung eines Zertifikats zu, das meine Aufnahme in das Lehrerseminar nachweisen sollte, sobald die Bank den Eingang der zu leistenden Zahlungen bestätigte. Dieser Vorgang könnte ein bis zwei Jahre dauern, so die Antwort der Schule, aber dann könnte ich kommen. Ich fuhr mit meinem Vater zurück nach Deutschland.

Trudy Shakno, Niederlande, USA

Ich verließ Elberfeld im Frühjahr 1933 kurz nach dem Abitur vom Lyzeum West. Unsere Wohnung wurde zweimal von der SS durchsucht und mein Vater, der vier Jahre im Ersten Weltkrieg unter Kaiser Wilhelm diente, durfte nur jüdische Patienten haben. Die Versicherung „Barmenia“ machte ihm Schwierigkeiten und im Jahre 1935 flüchtete er über Nacht nach Holland, wo ich lebte. Meine Schwester Ilse kam mit und alle arbeiteten in einer Pension für Kranke. Meine Familie lebte in Amsterdam. Ich verließ Holland 1939 und lebte in Texas. Meine Eltern und Schwester wurden ins Konzentrationslager verschleppt. Mein Vater, Dr. Loeb, starb, aber meine Mutter und Illa wurden nach Theresienstadt, Auschwitz und „Lenzing“ (Mauthausen) verschleppt. Sie wurden im letzten Moment von den Amerikanern gerettet und kamen 1946 nach Dallas,

Texas. Meine Schwester erreichte mit viel Mut und Arbeit ihren Lebenstraum: Sie wurde ein sehr geschätzter Arzt in Dallas. Leider starb sie 1981.

Arie Efrat, Tschechoslowakei, Palästina (Israel)

1933 wanderten wir dann nach Tschechien aus. Mein Vater war im April oder Mai vorausgegangen und hatte sich bereits eine Existenz aufgebaut. Im Oktober kamen wir dann nach. Meine Mutter hat alles, was wir besaßen, verkauft. Wir haben nichts mitgenommen. Zuerst wohnten wir im zwölften Bezirk, später dann im siebten. Ich kam zu meiner Großmutter nach Südböhmen. Dort habe ich angefangen zu arbeiten und machte eine Polsterer-Lehre. Eigentlich hatte ich Tischler werden wollen, aber ich hatte keinen guten Blick dafür. Durch die Arbeit lernte ich sehr schnell Tschechisch, und nach drei Monaten fuhr ich alleine nach Prag.

Meine Schwester hatte in Elberfeld in einem Modegeschäft gearbeitet, bei Hermanns und Froitzheim. Dort war sie hauptsächlich in der Handschuhabteilung gewesen. In Prag bekam sie daher sofort eine Anstellung bei einem Handschuhschneider, wo sie auch ihren späteren Mann kennenlernte. Mein Bruder arbeitete zunächst mit einem befreundeten Fotografen zusammen. Auf der Straße haben sie die Leute fotografiert und ihnen dann eine Karte gegeben, mit der sie die Fotos abholen konnten. Die Meisten haben ihre Bilder tatsächlich gekauft. Später hatte meine Schwester eine Fabrik für Vorhangstoffe. Mein Vater hat für sie auf Jahrmärkten verkauft, bis meine Familie schließlich damit begonnen hat, Salben und Cremes herzustellen und zu verkaufen. Nachdem sie sich auf eine der Salben spezialisiert hatten, lief das Geschäft wunderbar. Mein Bruder verkaufte das Produkt in Frankreich, Belgien und Holland. Bald konzentrierten sie sich auf einen Verband, den sie Lastifix nannten. Es war ein kurzer Verband mit einem desinfizierenden Pad, und unser Vertreter verkaufte das Produkt gut, besonders in Frankreich. Meine Mutter hat im Geschäft mitgearbeitet und nebenher für den Haushalt gesorgt. Sie hat nie Tschechisch gelernt. Mehr als drei oder vier Wörter konnte sie nicht. Damals gab es noch keine Kühlschränke, deshalb kaufte man Butter immer nur für ein paar Tage. Und wenn meine Mutter alleine einkaufen ging, brachte sie immer ein achtel oder ein halbes Pfund mit, obwohl sie eigentlich ein viertel Pfund für die Woche kaufen wollte. Aber das tschechische Wort für Viertel konnte sie nicht aussprechen. Mein Vater und meine Schwester sprachen gut Tschechisch. Mein Bruder nicht, deshalb ging er auch nach Frankreich. Aber als der Krieg begann, musste er in die tschechische Armee. Wir alle hatten die tschechische Staatsbürgerschaft, weil mein Vater viel Geld für die deutsche hätte bezahlen müssen, als er nach Deutschland ging. Deshalb war er tschechischer Staatsbürger geblieben.

Arie Efrat (früher Leo Ferda) in Israel, 1998

Im Oktober 1939 ging ich nach Palästina, von Bratislava mit dem Schiff über das Schwarze Meer nach Haifa. Die Ausreise war von der zionistischen Bewegung sehr gut organisiert. Wir hatten genug zu essen und keine Probleme mit dem Wasser. Insgesamt waren wir drei Monate unterwegs, obwohl wir nur 17 Tage davon wirklich gefahren sind, aber wir mussten häufig warten, zum Beispiel in Rumänien und Bulgarien. An Bord waren etwa 750 Passagiere, und zwei Mal mussten wir die Mannschaft auswechseln, weil die Kapitäne uns davongelaufen sind. Wenn die Mannschaft nicht vollständig war, haben wir sie mit Leuten aus unseren eigenen Reihen ersetzt.

Als wir 1940 in Haifa ankamen, wurden wir zunächst von den Engländern für ein halbes Jahr interniert. Danach ging ich in den Kibbuz nach Hadera, genau wie ich es mir vorgenommen hatte. Die meisten von uns haben dort die Orangenbäume bearbeitet. Es ist mir nicht besonders schwer gefallen, mich dort einzuleben, schließlich war ich an körperliche Arbeit gewöhnt, nachdem ich bereits mit achtzehn Jahren bei einem jüdischen Ingenieur in Tschechien auf dem Bau gearbeitet und dort Ziegel und Zement geschleppt hatte. Aber als der Krieg ausbrach, gab es keine Ausfuhr mehr, deshalb wurden die Bäume nicht mehr bearbeitet. Wir haben uns dann langsam eine eigene Existenz aufgebaut. Im Winter haben wir Blumen gepflückt, die nach Tel Aviv gingen, später haben wir Pilze gesammelt und Eukalyptusbäume gefällt.

Eva Wolfson, geb. Goldmann, in ihrem New Yorker Appartment, Mai 1999

Eva Wolfson, England, USA

Ich fuhr mit dem Doppeldeckerbus zur Liverpool Street Station, wo ich meine Pflegeeltern, das Ehepaar Grigsby, traf. Der Mann sagte: „Wir fahren zur Seaside". Ich hatte großes Glück, denn sie und ich wurden die besten Freunde. Die Grigsbys hatten über das Bloomsbury House, die Agentur, die Flüchtlingskinder vermittelte, ein Mädchen aufgenommen. Aber es hatte jeden Tag geweint, weil es so allein war, also bemühten sie sich um ein weiteres Mädchen. Das Bloomsbury House schickte aber gleich zwei, so dass wir schließlich zu dritt bei den Grigsbys wohnten. Ich war glücklich und schrieb meiner Mutter einen Brief, in dem ich ihr erzählte, wie gut es mir ging, und dass ich vielleicht mit den Grigsbys nach London ziehen und dort eine Schule besuchen würde. Auch mit den anderen Kindern freundeten wir uns bald an. Zwar gab es mit den österreichischen Kindern einige sprachliche Probleme, und wir stritten uns ständig darum, ob man nun Kissen oder Polster, Tomate oder Paradeiser sagte, aber wir alle teilten das gleiche Schicksal, das verband uns.

Moritz Kaplan und seine Frau, Toronto 1997

Moritz Kaplan, England, Kanada

Wir waren drei Geschwister: Meine Schwester Dora – wohnhaft zur Zeit in Los Angeles, und mein Bruder Siegfried, der mit meinen geflüchteten Eltern im Jahre 1939 nach Brüssel emigrierte, aus dem Internierungslager Malines mit dem Convoi unter den Nummern 898, 899 und 900 nach Auschwitz verschickt wurde.

Eva Vollmer, USA

Mein Vater, Karl Kahn, mein Bruder Ernst Kahn und seine Frau Ilse und ich kamen am 9. April 1939 auf einem Frachtschiff nach sechs Wochen von Rotterdam in Los Angeles an. Meine Mutter war 1926 gestorben, und ihre Schwester mussten wir in Deutschland lassen, weil sie kein Visum bekommen hatte. Wir mussten lange auf unser Visum warten, weil nur mein ältester Bruder, Heinz, schon ein Jahr vorher mit seiner Frau Hilde hierher gekommen war. Heinz hatte kein Geld, um es zu hinterlegen, dass wir dem Staat nicht zur Last fallen würden. Er war Rechtsanwalt in Deutschland gewesen, hatte aber hier nur einen kleinen Job in einem Foto-Labor. Wir hatten unsere ganze Hoffnung auf die USA gesetzt, und unsere Verwandten in Holland und Frankreich hinterlegten das Geld für uns. Leider wurden fast alle von ihnen vergast.

Wir waren bereit, jede Arbeit hier anzunehmen. Mein Vater war schon 70 Jahre alt und sprach kein Wort Englisch, aber als er nach fünf Jahren amerikanischer Staatsbürger wurde, war er der glücklichste Mensch, denn er liebte Amerika! Ich sprach auch sehr wenig Englisch, weil ich Latein statt Englisch gelernt hatte, aber glücklicherweise konnte ich nähen. Wir gehörten zu einem deutsch-jüdischen Club, und so fanden wir Freunde, und ich lernte meinen Mann dort kennen. Wir heirateten im März 1942, und in dem Sommer wurde er Soldat. Er war für fast vier Jahre im Krieg – England, Frankreich und später Deutschland. Wir haben zwei Kinder und drei Enkel, and as they say in english „we count our blessings every day" für ein gutes Leben. [...] Nach dem Krieg hatten wir finanziell sehr schwere Jahre, ich hatte eine kleine Fabrik angefangen (mit zwei Maschinen), und wir mussten viel lernen. Aber nach Jahren wurden wir erfolgreich und sind glücklich, durch ehrenamtliche Arbeit und finanzielle Spenden etwas zurückzugeben, was Amerika uns ermöglicht hat. Amerika ist unser Land. Wir kommen ursprünglich aus Deutschland, aber wir gehören nach Amerika.

Ruth Berger in Wuppertal, zu Besuch im Carl-Fuhlrott-Gymnasium, September 2000

Ilse Kahn, USA

Wir kauften ein gebrauchtes Auto und versuchten sofort, uns die wichtigsten Papiere zu besorgen. Dann fanden wir eine Wohnung und begaben uns auf Arbeitssuche. Mein Mann fand nach drei Wochen eine Anstellung als Verkäufer in einer Lederhandlung, deren Inhaber je aus England und Deutschland stammten. Er sollte gleich das Telefon beantworten, damit er mit der englischen Sprache vertraut würde. Als Verkäufer hatte er Probleme, weil ihn die Kunden in diesen schweren Zeiten als Deutschen ansahen und jüdische Kunden es nicht verstehen konnten, dass er kein Jiddisch sprach. Meine Schwägerin, die im Modefach ausgebildet war, ging zu reichen Damen, um Garderobe zu reparieren. Sie wurde nicht sehr gut behandelt. Ich versuchte, als Physiotherapeutin eine Anstellung zu finden, stellte mich Ärzten vor und fand Privatpatienten, zu denen ich mit dem Bus fahren konnte. Manchmal konnte ich auch meinen Massagetisch auf den Bus laden.

Ruth Berger, England, Dänemark

Ich hatte Glück und kam zu einem Professor nach Cambridge. Dass mein Englisch so gut ist, verdanke ich dieser Familie. In der Schule hatte ich mit Französisch angefangen, das war damals üblich, Englisch war erst die zweite Fremdsprache. In der ersten Zeit haben wir uns deshalb auf Französisch unterhalten, Deutsch sprach dort niemand. Es war trotzdem eine sehr schwere Zeit. Die Familie hatte ein Hausmädchen, aber ich musste trotzdem im Haushalt helfen. So etwas kannte ich von zu Hause nicht. Ich war ziemlich verwöhnt, bin nie zur Volksschule gegangen und hatte immer Privatunterricht. Meine Lehrerin wohnte teilweise bei uns im Haus. Erst später, in der Sexta, habe ich dann das Sankt-Anna-Lyzeum besucht. Für den Haushalt hat meine Großmutter gesorgt. Meine Eltern waren ja Geschäftsleute, daher hatte meine Mutter dafür keine Zeit. Manchmal bat sie meine Schwester und mich aber doch, im Haushalt zu helfen, aber wenn wir dann in die Küche kamen, hieß es nur wieder: „Mach, dass du rauskommst, ich habe keine Zeit für deine Hilfe!" In England war das anders. Die Hausangestellte, Joyce, war gerade siebzehn, also zwei Jahre älter als ich. Mit ihr unterhielt ich mich, wenn wir in der Küche das Gemüse putzten. Als die Frau des Professors das bemerkte, zog sie mich aus der Küche und sagte energisch: „Du sollst nicht so viel mit der Joyce sprechen, das schickt sich nicht, immerhin ist sie ja nur das Hausmädchen!" An solche Dinge war ich nicht gewöhnt. Bei uns hatten wir die Angestellten immer mit aller Selbstverständlichkeit respektiert, aber in England war es nicht üblich, mit dem Personal zu sprechen, auch wenn man seine Arbeit gemeinsam verrichtete. Es war ganz anders als zu Hause.

George Meyerson, England, Australien, USA

Meine Eltern hatten sich in Stuttgart registrieren lassen, um über England in die USA ausreisen zu können. Sie hatten gedacht, dass dies das einzige gerechte und friedliche Land sei, das uns Kindern Sicherheit bringen könne. Die USA galten bei uns als das Land, das alle verfolgten Leute aufnimmt. Ich selbst war zu jung, um mir eine Meinung darüber zu bilden.

Als wir nach England kamen, durften meine Eltern nicht arbeiten, weil sie auf das Visum für die USA warteten. 1940 wurden wir alle vom Tribunal als „friendly enemy aliens" kategorisiert, aber ich bekam eine spezielle Erlaubnis, weiter zu arbeiten, und keiner musste sich melden, bis Dünkirchen fiel. Dann wurden mein Vater und ich interniert. Meine Mutter und meine Schwester erhielten die Visa im Juli 1940, während mein Vater und ich auf der „Dunera" nach Australien verschifft wurden. Ich war vier Jahre in England gewesen und wurde ein Opfer unglücklicher Umstände, als ich aus meiner Arbeit in der Fabrik herausgenommen wurde. Mr. Churchill sagte im House of Commons: „Ein unverzeihlicher Fehler ist passiert," als er gefragt wurde, warum er befohlen

George Meyerson als Tourist in Luzern, 1959

habe, dass so viele Juden und Nazi-Gegner interniert werden sollten, als Dünkirchen gefallen war.

Als Dünkirchen gefallen ist, haben die Engländer alle Ausländer, egal was für eine Religion oder ehemalige Staatsangehörigkeit sie hatten, interniert. Von 16 Jahren bis zu sehr alten Männern. [...] Mit mir waren auch einige Elberfelder, Appel, Lewen, Carseboom, Schwartz und ich. Ein Schiff sollte mit uns nach Kanada fahren. Die Wachmannschaft war der größte Pöbel, den sich ein Mensch vorstellen kann. Ich hatte das nicht von den Engländern erwartet. Sie haben uns bestohlen und die Koffer mit ihren Bajonetten aufgerissen und geplündert und Sachen ins Meer geworfen. Wir hatten orthodoxe Juden, wie auch Blinde und Verkrüppelte. Tallises und Tefillen haben sie zum Zubinden von einigen Koffern gebraucht. In der Irischen See wurden wir von zwei deutschen U-Boot-Torpedos gestreift. Der Kapitän sah sie kommen und drehte das kleine Schiff scharf um, und das war unser Glück. Die Türen haben sie zu gemacht, Entkommen war nicht möglich. Dank der vielen Ärzte ist keine Seuche ausgebrochen. Die Schiffsmannschaft war nicht sehr vom Benehmen der Wache erbaut. Auf dem Weg nach Kanada haben wir festgestellt, dass wir auf dem Weg nach Australien waren, über Afrika. Wir waren 2500 Gefangene. [...]

1944 wurden wir entlassen und konnten nach New York reisen, um dort mit meiner Mutter und Schwester zusammenzutreffen. Sie waren 1940 von England direkt in die USA emigriert. Zunächst lebten wir in New York City.

Lore Gordon, England

Eines Tages hatten mein Bruder und ich vor einem Tribunal erscheinen müssen. Meine Schwester nicht, sie war wohl noch zu jung. Von diesem Tribunal bekam man einen Buchstaben zugeordnet: A für sofortige Internierung, B für Internierung im Falle eines Notstandes oder C, wenn man auf keinen Fall interniert wurde. Ich bekam ein B.

Als Deutschland dann die Niederlande im Frühling 1940 überfiel, rief man den Ausnahmezustand aus, und ich wurde zusammen mit meiner Freundin von der Kunstschule verhaftet. Erst später habe ich erfahren, dass ich die Nacht in einem Frauengefängnis verbracht habe, im Holloway-Gefängnis in London. Von dort wurden wir dann zur Isle of Man gebracht. Die Frauen nach Port Erin und die Männer nach Port Douglas. Aber meinen Bruder schickten sie nach Australien, weil er jung und unverheiratet war. Ich blieb von Mai bis November in Port Erin. Wir organisierten uns, es gab Unterricht, Lesungen, Musik, einen Chor und solche Dinge. Die Flüchtlinge waren untereinander organisiert. Es gab auch ein paar Nazis, aber die waren alle in einem Gebäude untergebracht, das wir das Brown House nannten. Die meisten Flüchtlinge waren Juden. Wir galten als Kriegsgefangene, deshalb durften wir auch Briefe schreiben. Ob meine Eltern diese Briefe jemals erhalten haben, kann ich nicht sagen. Ich weiß auch nicht, ob es überhaupt gut gewesen wäre, wenn sie von meiner Internierung erfahren hätten. [...]

Als meine Tochter später erfahren hat, dass ihre Eltern alle beide im Gefängnis gewesen waren (auch ihr Vater hatte eine Nacht im Gefängnis verbracht, bevor er nach Dachau gebracht wurde), sagte sie: „Na großartig, meine Eltern sind also ein paar echte Galgenvögel!“

Über das Schweizer Rote Kreuz konnte ich mit meinen Eltern in Verbindung treten. Diese Briefe kamen viel schneller und zuverlässiger an als diejenigen, die wir versuchten über Norwegen zu schicken. Man bezahlte für 25 Wörter und musste damit all das ausdrücken, was man sich sagen wollte. So schickten wir Nachrichten hin und her, einige davon habe ich noch. Da meine Schwester und ich sehr nah beieinander wohnten, sahen wir uns regelmäßig einmal pro Woche. Sie besuchte eine normale Schule. Später wurde sie dann zusammen mit allen anderen englischen Kindern nach Devon evakuiert. Man brachte die Kinder aus dem Großraum London heraus, als die Bombardements begannen. Dann heiratete ich. Ich schrieb meinen Eltern einen langen Brief und schickte ihn über Norwegen, aber sie haben ihn nie bekommen. Sie erfuhren es durch einen Rote-Kreuz-Brief, den meine Schwester ihnen geschickt hatte. Meine Mutter war gerade im Keller, um Kartoffeln zu holen, als sie von meiner Hochzeit erfuhr. Sie setzte sich schockiert auf die Kartoffeln und rief: „Mit gerade neunzehn Jahren heiratet dieses Kind! Wenn es wenigstens Alfred Auerbach gewesen wäre...“. Und eben den hatte ich geheiratet! Meine Mutter kannte Alfred, schließlich kam er auch aus Wuppertal. Er war sieben Jahre älter als ich und bereits im Januar 1939 nach England ausge-

wandert. Durch seine Arbeit für das Oxford Committee for Refugees war es ihm gelungen, viele Kinder nach England zu holen und sie in einer Pflegefamilie unterzubringen. Eines der Kinder, die mit dem Kindertransport gekommen waren, war ich, und ein Anderes meine Schwester.

Dötte Simmonds, Niederlande, England

Ich verließ die Schule, und wenn es nach meiner Mutter gegangen wäre, hätte ich gelernt, Hohlsäume für Damenwäsche zu nähen. Ich habe mich aber geweigert, Hohlsäume zu nähen, weil ich zwei linke Hände und keine Ahnung vom Nähen hatte. Ich sagte also: „Das tue ich nicht. Ich kann es nicht, und was soll ich damit?“ Daraufhin schickten mich meine Eltern zu meiner Schwester nach Holland.

Meine Schwester hieß Hedda Irmgard, war zehn Jahre älter als ich und bildschön. Ihr Haar war hellblond, sie hatte blaue Augen und war sehr zierlich. Sie hat sich auch immer sehr schick angezogen, ging in die Tanzstunde und hatte viele Verehrer. Zu mir war sie immer sehr freundlich, und ich habe sie angebetet, meine wunderschöne Schwester. Schon in den 1930er Jahren ist sie nach Holland emigriert und hat dort eine sehr hübsche Boutique eröffnet. Sie hatte Ledertaschen, Gürtel und unechten Schmuck, das war damals etwas ganz Neues. Der Laden lief ausgezeichnet, und als ich dann ebenfalls nach Holland kam, half ich ihr als Laufmädchen und lieferte mit dem Fahrrad Waren an ihre Kundschaft aus.

Aufgeklärt hat mich meine Mutter nicht. Meine Schwester wusste das, und bevor ich nach England fuhr, zeigte sie mir ein Buch aus der Zeit ihres Medizinstudiums. Darin waren sehr schöne bunte Bilder, verstanden habe ich jedoch nicht ein Wort von dem, was Herr Professor Sauerbruch dort geschrieben hatte. Mir war klar, dass meine Schwester sich große Mühe gab, also tat ich so, als ob ich wüsste, was sie meinte. In Wirklichkeit hatte ich aber gar nichts begriffen, und so kam ich vollkommen unerfahren nach England, als mich meine Schwester schließlich dorthin begleitete.

Auch die Sprache verstand ich nicht. In der Schule hatte ich Latein und Französisch gelernt, weil ich Ärztin werden wollte, aber Englisch konnte ich nicht. Nachdem ich ein paar Privatstunden genommen hatte, dachte ich, ich könnte mich in England wenigstens verständlich machen, aber als ich dort ankam, verstand ich gar nichts. Nicht ein Wort.

Anne (Dötte) Bondy, 1930er Jahre

Am 7. April 1937 kam ich in England an. […] Ich erinnere mich noch gut an mein kleines Zimmer mit dem eisernen Bett, dem Stuhl und dem Holzschrank. Und ich wusste nicht, wohin mit mir und dem großen Kabinenkoffer. Meine Mutter hatte mir sehr viel Aussteuer, Wollstrümpfe, Unterhosen und zehn Abendkleider in meinen großen Koffer gepackt. Aber ich wusste nicht, was ich mit den Kleidern anfangen sollte. Ich war in einem fremden Land, und das ganz ohne Geld. Als mich dann die englischen Mädchen fragten, ob ich mit ihnen spazieren gehen wolle, freute ich mich sehr. Nachdem wir bereits ein ganzes Stück Weg zurückgelegt hatten, kamen wir zum Hydepark-Corner, wo sonntags immer einige Reden gehalten wurden. Plötzlich merkte ich, dass ich ganz allein unter all den fremden Menschen war, die Mädchen waren verschwunden. Ich konnte sie nirgends sehen und bekam eine Heidenangst. Nun habe ich einen recht guten Orientierungssinn und erinnerte mich, dass wir die ganze Oxford Street heruntergekommen waren. Wie die Straße hieß, wusste ich damals natürlich noch nicht. Also ging ich den gleichen Weg zurück, die ganze lange Straße hinauf. Oben angekommen bemerkte ich, dass die Richtung stimmte. Ich war so stolz auf mich, dass ich mir eine ganze Tafel Schokolade kaufte.

Erich K. Plaut, Niederlande, USA

Wir kamen im New Yorker Hafen am 24. Februar 1940 mit der M.S. Norrdam von der Holland-Amerika-Linie an. […]

Unsere Eltern hatten genügend Voraussicht gehabt, früh eine Wartenummer zu beantragen, um auf das Konsulat in Stuttgart gerufen zu werden. Mein Lieblingsonkel Richard stellte den Antrag eine Woche später und schaffte es nicht.

Wir waren fest davon überzeugt, in die USA zu gehen. Ich lernte Englisch auf dem Realgymnasium, aber wir hatten auch zusätzlich Privatstunden mit Herrn Gruber, einem Lehrer aus Barmen. Wir begannen, Bücher in Englisch zu lesen.

Familie Plaut in Howard Beach, New York, 1941: Hinten: Erich Kurt, Julius und Werner Plaut, vorn Gertie mit ihrer Mutter Selma Haas und Annemarie

Unser Vater war sicher, dass es sinnvoller für uns Jungen wäre, ein Handwerk zu lernen als eine akademische Ausbildung zu machen. Deshalb schickte er uns nach Köln, damit Werner dort Automechaniker lernte und ich Schweißer. Werner setzte das in Holland fort, während ich in einer Werkstatt als Schlosser arbeitete. Wir haben beide in diesen Berufen auch jahrelang in den USA gearbeitet.

Dank der Großzügigkeit entfernter Verwandter in Holland kamen wir in den USA als „Kapitalisten" an, weil wir pro forma 15.000$ gegeben hatten. Das erlaubte uns, die meisten Einwanderungsformalitäten zu umgehen. Wir wurden von Freiwilligen in die Obhut des Rates Jüdischer Frauen gegeben, die uns in ihren Büros befragten und uns zum Hotel brachten. In dem Bürogebäude des Rates riefen die Aufzugführer „up", was wir neuen Einwanderer als „ab" verstanden, was eine Menge Konfusion verursachte. Als ich in die verkehrte U-Bahn stieg, ging ich zu einem schwarzen Mann, um Auskünfte zu bekommen. Seine Aussprache war total unverständlich für mich. Ich folgte seinen Gesten und stieg die Treppen hinauf, überquerte eine breite Straße, ging wieder hinunter und fand mich vor demselben Mann.

Ursula Metzger, Tschechoslowakei, USA

Ich kam am 24. Mai 1946 in Amerika an. [...]

Das erste Mal verließ ich Deutschland am 12. November 1938 nach der Kristallnacht. Unsere ganze Familie (meine Eltern, Bruder und Schwester) gingen nach Prag in die Tschechoslowakei, da wir alle die tschechische Staatsbürgerschaft hatten nach meinem Vater, auch wenn meine Mutter, meine Geschwister und ich in Deutschland geboren worden waren. Mein Bruder, meine Schwester und meine Eltern wurden im Oktober 1944 in Auschwitz ermordet. [...]

Meine Schwester Edith Margolius und ihr Mann lebten schon seit 1939 in Miami, Florida. Nach dem Krieg wollte ich als Jüdin nicht in Deutschland bleiben. Ich hätte nach Prag zurückgehen können, weil ich ja die tschechische Staatsbürgerschaft hatte, aber vor dem Hintergrund, dass meine ganze Familie und alle Freunde, die ich zwischen 1939 und 1942 hatte, ermordet worden waren, hatte ich wirklich keinen Sinn für eine Zukunft dort. Ich hatte eine weitere Schwester in Israel, aber ich dachte, wenn ich meine Ausbildung fortsetzen will, sollte ich das besser in den USA machen.

Solange meine Eltern lebten, kam nie der Gedanke auf, in die USA zu emigrieren. Zunächst einmal kannten wir niemanden, der dort lebte, und zweitens hatten wir überhaupt kein Geld. [...] Ich hatte überhaupt keine Ahnung, wie das Leben in den USA sein würde, als wir noch in Deutschland und Prag lebten. Nach dem Krieg wusste ich, dass ich Arbeit finden werden müsste, denn auch mein Schwager und meine Schwester arbeiteten. Ich wusste, dass sie mich nicht würden unterstützen können.

Als ich nach Miami kam, hatte ich für mich selbst zu sorgen. 1946 arbeitete ich in einer Fabrik. 1947 entschloss ich mich, morgens eine Berufsschule zu besuchen. Ich lernte Wirtschaftsenglisch, Buchhaltung und Schreibmaschine. Da ich mich immer noch selbst versorgen musste, arbeitete ich in einem Kino von zwei Uhr nachmittags bis zehn Uhr abends. Von 1948 bis 1956 arbeitete ich ganztägig, zuerst als Schalterbeamtin und später als Buchhalterin und Sekretärin. Ich nahm weitere Buchhaltungskurse abends, aber ich arbeitete manchmal auch abends für eine Buchprüferin, die eine Freundin der Familie war.

1956 bekam ich Geld von Deutschland für den „Schaden an Ausbildung“ und konnte nun morgens die Universität von Miami besuchen. Ich arbeitete von ungefähr ein Uhr mittags bis acht Uhr abends für dieselbe Firma, bei der ich auch noch heute bin. Ich schloss das Studium 1961 ab und hatte mein Staatsexamen 1962. 1970 begann ich Jura zu studieren und schloss das mit dem Examen als Rechtsanwältin 1974 ab.

Da ich manchmal zwei Jobs hatte und die meiste Zeit zur Schule oder zur Universität ging, hatte ich für ein Privatleben nicht viel Zeit. Ich ging gern in Konzerte, hörte Klassik und Oper und sah Theaterstücke. Auch las ich viel, denn ich war süchtig nach Büchern. Ich las alles, Geschichte, Biografien, gute Romane und Schund. [...]

Unglücklicherweise habe ich immer noch einen Akzent im Englischen, den ich selbst nicht höre, auch wenn ich bei anderen immer den Akzent höre. Ich träume meistens in Englisch. Nur wenn ich von meinem früheren Leben träume, von meinen Eltern und Geschwistern, träume ich in Deutsch.

Detail des Stadtbrunnens „Das Tal der Wupper“ (1981) von Bert Gerresheim vor dem Rathaus in Barmen

Anhang

Die Zeitzeuginnen und Zeitzeugen

An dieser Stelle sei allen Zeitzeuginnen und Zeitzeugen herzlich gedankt, die sich zu Gesprächen bereit gefunden und zum Teil ausführlich und detailliert auch sehr private Begebenheiten erzählt haben. Diese Gespräche und Begegnungen fanden zum großen Teil bei ihnen zu Hause statt, aber auch bei meinem Mann und mir in Wuppertal und in der Begegnungsstätte Alte Synagoge.

Die meisten Interviews wurden behutsam von Frau Nina Capelli überarbeitet und befinden sich mit den wortwörtlichen Transkriptionen im Archiv der Begegnungsstätte. Auch die Zeitzeugenaussagen in Form von Briefen, Gesprächsprotokollen, Tagebucheintragungen usw. befinden sich im Original oder in Kopie im Archiv der Begegnungsstätte Alte Synagoge Wuppertal.

Alsberg, Betti, geb. Keschner, geb. 1920, heute Israel
Interview vom 23.5.2003

Alsberg, Paul (1919-2006), Israel
Interview vom 23.5.2003

Andreasen, Margot, geb. Berger, geb. 1922, heute Dänemark
Brief vom 5. 5.1996

Berger, Ruth, geb. 1924, heute Dänemark
Interview vom 15.9.2000

Efrat, Arie (früher Leo Ferda), geb. 1918, heute Israel
Interview vom 28.7.1999, Briefe vom 21.4.1996, 22.5.1996

Frank, Alice, geb. Ferber, geb. 1920, heute England
Interview vom 23.5.2003

Gordon, Lore, geb. Heimann, geb. 1923, heute England
Telefon-Interview von Anna Ruhland von Mai 2003

Grüneberg, Vicky, geb. Treistmann, geb. 1914, heute Schottland
Interview vom 25.5.2003

Harlev, Margalit, geb. Grete Inow, geb. 1921, heute Israel
Unveröffentlichte Niederschriften

Hirsch, Helmut, geb. 1907, heute Deutschland
siehe Literaturliste

Inow, Renate, geb. 1929, heute England
Unveröffentlichte Niederschriften

Kahn, Ilse, geb. Neumann, geb. 1913, heute USA
Brief vom 14.6.2004

Kaplan, Moritz, geb. 1921, heute Kanada
Brief vom 13.3.1999

Kotek, Wolfgang, geb. 1930, heute Niederlande
Interview vom 25.5.2003

Lichtwitz, Manfred (1920-2005), Deutschland
Interview von Prof. Dr. Günther van Norden vom 17.1.1981

Metzger-Wellisch, Ursula, geb. 1925, heute USA
Brief vom 21.7.2004

Meyerson, George (früher Gert), geb. 1921, heute USA
Briefe vom 15.2.1999 und 2.5.2002

Plaut, Erich Kurt, geb. 1922, heute USA
Brief vom 7.6.2004

Riemer, Jehuda (früher Gert), geb. 1926, heute Israel
Unveröffentlichte Skripte, Dokumente

Rohlén-Wohlgemuth, Hilde, geb. Heimann (1909-2004), Schweden
siehe Literaturliste

Helga Felicitas Samson, geb. Feldheim (1920-2005), Niederlande
Interview von Barbara Becker-Jákli vom 17.5.2000
(Archiv NS-Dokumentationszentrum Köln)

Scharon, Erika, geb. Inow, geb. 1920, heute Israel
Interview vom 23.5.2003

Shakno, Trudy, geb. Loeb, geb. 1914, heute USA
Brief vom 6.4.1999

Simmonds, Dötte, geb. Annemarie Ingeborg Bondy, geb. 1919, heute England, *Interview vom 23.5.2003*

Vollmer, Eva, geb. Kahn, geb. 1918, heute USA
E-Mail vom 19.6.2004

Walter, Friedrich (1902-1989), England
Brief aus dem Jahr 1981 an Ulrich Föhse (Sammlung Ulrich Föhse)

Wolfson, Eva, geb. Goldmann, geb. 1924, heute USA
Verschiedene Gesprächsnotizen aus den Jahren 1999, 2000, 2004, 2006, Briefe und Skripte

Literatur zur Wuppertaler jüdischen Geschichte:

Allgemein

Ahland, Timo/ Schrader, Ulrike (Hg.): Haus des Lebens. Der jüdische Friedhof in Wuppertal-Barmen. Eine Dokumentation, hg. im Auftrag des Trägervereins Begegnungsstätte Alte Synagoge Wuppertal, Wuppertal 2004

Aldinger, Margarete: Jüdische Bürger in Wuppertal. Geschichte der jüdischen Gemeinde. Eine Dokumentation. Masch. Wuppertal 1979 [ohne Seitenzählung]

Crecelius, Wilhelm: Die ersten Juden in Elberfeld, in: Zeitschrift des Bergischen Geschichtsvereins 6 (1869), S. 181-183

Debus, Martin: Ortsgeschichte im Religionsunterricht. Christen und Juden in Wuppertal in der Zeit des Dritten Reiches. Masch. Staatsexamensarbeit, Wuppertal 1988

Dies soll ein Haus des Gebets sein für alle Völker. Festschrift zur Einweihung der neuen Bergischen Synagoge in Wuppertal, hg. vom Freundeskreis Neue Synagoge e.V., der Jüdischen Kultusgemeinde Wuppertal und dem Trägerverein Begegnungsstätte Alte Synagoge Wuppertal e.V., Wuppertal 2002

Föhse, Ulrich: Juden in Wuppertal – eine tragische Episode, in: Wirkung des Schöpferischen. Kurt Herberts zum 85. Geburtstag, hg. von Lothar Bossle, Würzburg 1986, S. 654-659

Föhse, Ulrich: [Artikel „Wuppertal“], in: Wegweiser durch das jüdische Rheinland, hg. von Ludger Heid und Julius H. Schoeps in Verbindung mit Marina Sassenberg, Berlin 1992, S. 270-279

Goebel, Klaus (Hg.): Über allem die Partei. Schule, Kunst, Musik in Wuppertal 1933-1945, Oberhausen 1987

Goebel, Klaus (Hg.): Unter Hakenkreuz und Bombenhagel. Die Irreführung einer Generation in Beispielen und Augenzeugenberichten aus Wuppertal, Wuppertal 1989

Goebel, Klaus (Hg.): Wuppertal in der Zeit des Nationalsozialismus, Wuppertal 1984

Goldberg, Leonid: Geschichte und Situation der Jüdischen Kultusgemeinde Wuppertal, in: Krause, Manfred/ Solinger Geschichtswerkstatt e.V. (Hg.): „...dass ich die Stätte des Glückes vor meinem Tode verlassen müsste.“ Beiträge zur Geschichte jüdischen Lebens in Solingen, Solingen 2000, S. 302-304

Grabowski, Viktor: Geschichte der Synagogen-Gemeinde Barmen, in: Aus Barmens Wirtschaft und Kultur, hg. von Heinrich Haacke, Barmen 1926, S. 124-125

„hoch auf dem Engelnberg.“ Der Alte Jüdische Friedhof in Elberfeld, hg. vom Trägerverein Begegnungsstätte Alte Synagoge Wuppertal, Wuppertal 1998

Jorde, Fritz: Zur Geschichte der Juden in Wuppertal, Wuppertal 1933

Jüdischer Wohlfahrtsverband, in: Die Elberfelder Wohlfahrtspflege, 3. Band. Eine Übersicht über die Entwicklung und den Stand der öffentlichen und privaten Wohlfahrtspflege in der Stadt Elberfeld, hg. aus Anlaß des 75jährigen Bestehens des „Elberfelder Systems“ vom städtischen Wohlfahrtsamt, Elberfeld 1927, S. 535-550

Jüdischer Kulturbund Rhein-Ruhr: Novemberprogramm 1933 (Germania Judaica Köln)

Jüdischer Kulturbund Rhein-Ruhr: Mitteilungen August 1938 (Germania Judaica Köln)

Jüdisches Gemeindeblatt für das Bergische Land. Amtlicher Anzeiger der Synagogengemeinde Elberfeld Nr. 13, 28.6.1930; Nr. 21, 15.11.1930 (Sammlung Ulrich Föhse)

Kayser, Fritz: Zur Geschichte der Juden in Wuppertal. Nach der Schrift von Fritz Jorde überarbeitet. Masch. Wuppertal 1934

Lekebusch, Sigrid: Not und Verfolgung der Christen jüdischer Herkunft im Rheinland 1933-1945. Darstellung und Dokumentation, Köln 1995

Lekebusch, Sigrid: Von der Zivilcourage bis zum Widerstand im Kreise der Christen jüdischer Herkunft, in: Widerstandsforschung am Beispiel der rheinischen Kirche. Arbeitshilfen des Archivs der Evangelischen Kirche im Rheinland, Nr. 2, hg. vom Archiv der Evangelischen Kirche im Rheinland, Düsseldorf 1994, S. 15-35

Mahlberg, Hermann J.: Gott Zebaoths Haus. Zur Geschichte der Elberfelder Synagoge (1865-1938),

Landé, Familie:

Brychta, Elke/ Reinhold, Anna-Maria/ Mersmann, Arno (Hg.): Mutig, streitbar, reformerisch. Die Landés. Sechs Biografien 1859-1977, Essen 2004

Rhefus, Reiner: Der Sozialdemokrat Hugo Landé (1859-1936) – Stationen aus seinem politischen Leben zwischen „Sozialistengesetz" und Nationalsozialismus, in: Geschichte im Wuppertal 12 (2003), S. 67-93

Lasker-Schüler, Familie:

Abresch, Johannes: Schülerin Else, in: Romerike Berge 45 (1995), Heft 1, S. 12-17

Bauschinger, Sigrid: Else Lasker-Schüler. Biographie, Göttingen 2004

Dorp, Adolf: Erinnerungen aus dem bergischen Volksleben. Band 1: Der alte Johannisberg. 1. Teil: Abraham Küpper, Elberfeld 1921

Eckardt, Uwe: Aron Schüler (1825-1897). Nachtrag, in: Romerike Berge 46 (1996), Heft 1, S. 37

Else Lasker-Schüler 1869-1945 [Themenheft]: Romerike Berge 45 (1995), Heft 1

Hirsch, Helmut: Die tanzende Else Lasker-Schüler, in: Westdeutsche Rundschau, 19.8.1952

Schrader, Ulrike: „Dem ältesten aber bin ich ein fremdes Kind geblieben..." Neuigkeiten über den Maler Alfred Schüler, den Bruder der Dichterin Else Lasker-Schüler, in: Geschichte im Wuppertal 12 (2003), S. 93-98

Schrader, Ulrike: „Niemand hat mich wiedererkannt..." Else Lasker-Schüler in Wuppertal, hg. vom Trägerverein Begegnungsstätte Alte Synagoge Wuppertal e.V., Wuppertal 2003

Springmann, Wolfgang: Else Lasker-Schüler und Wuppertal, Wuppertal 1962

Laufer, Oswald:

Korman, Gerd: Nightmare's Fairy Tale. A young Refugee's Home Fronts 1938-1948, Madison 2005

Mintert, David Magnus: Oswald Laufer, in: Ders.: „Sturmtrupp der Deutschen Republik". Das Reichsbanner Schwarz-Rot-Gold im Wuppertal, Wuppertal 2002, S. 116-119

Pomerance, Aubrey: Mord in der Wilhelmstraße. Das Schicksal Oswald Laufers, in: Hier wohnte Frau Antonie Giese, hg. vom Trägerverein Begegnungsstätte Alte Synagoge, Wuppertal 1997, S. 64-69

Löwenthal, Familie:

Föhse, Ulrich: „Meine Gedanken sind noch oft in Ronsdorf". Ein Beitrag zur kurzen Geschichte der Juden in Ronsdorf, in: Deine Gemeinde. Gemeindebrief der Evangelisch-reformierten Gemeinde Ronsdorf, 4/1987.

Schmöckel, Gisela: Die jüdische Familie Löwenthal und ihr Familien-Friedhof in Lüttringhausen, in: Bilstein, Jochen/ Backhaus, Frieder (Hg.): Geschichte der Remscheider Juden, Remscheid 1992, S. 189-194

Ney, Familie:

Erich Ney, ein Chalutz, o.O., o.J

Norden, Familie:

Jonas, Regina: Kann die Frau das rabbinische Amt bekleiden?, hg. von Elisa Klapheck, Teetz 2000

Lowenthal, Ernst G.: Joseph Norden, in: Ders.: Bewährung im Untergang. Ein Gedenkbuch, Stuttgart 1965, S. 138-139

Podewin, Norbert: Albert Norden. Der Rabbinersohn im Politbüro, Berlin 2001

Schnöring, Kurt: Joseph Norden, in: Wuppertaler Biographien 16. Folge, Wuppertal 1987, S. 63-66

Schrader, Ulrike: „... ein Mensch von durchaus lauterem Charakter". Rabbiner Dr. Joseph Norden und seine Elberfelder Schriften, in: Geschichte im Wuppertal 9 (2000), S. 76-87

Rappoport, Eugen:

Schnöring, Kurt: Eugen Rappoport, in: Wuppertaler Biographien 14. Folge, Wuppertal 1984, S. 64-68

Singer, Hans Wolfgang:

Schiller, Günter: Ein Weltökonom aus Elberfeld, in: Bergische Blätter Nr. 24, 2004, S. 22f.

Steilberger, Familie:

Schrader, Ulrike: „... der alte Gott lebt noch, wird auch uns nicht verlassen." Zu den Briefen des Elberfelder Juden Samuel Steilberger an seine Tochter Regina, in: Romerike Berge 54 (2004), Heft 2, S. 22-32

Literatur zu einzelnen Personen

Fest-Gesänge zur Feier der Goldenen Hochzeit des Herrn Samuel Steilberger und Frau Friederike, geb. Simon, am 12. Dezember 1894, Elberfeld (J.H.Born-Verlag, Elberfeld) o.J. [1894] (Jüdisches Museum der Schweiz, Basel, JMS 1325/37) [ohne Seitenzählung]

Stern, Gerson:
Kieckbusch, Klaus: Der Schriftsteller Gerson Stern, in: Jahrbuch für den Landkreis Holzminden, 18 (2000), S. 131-152

Schreuder, Saskia: [Artikel „Gerson Stern“], in: Metzler Lexikon der deutsch-jüdischen Literatur. Jüdische Autorinnen und Autoren deutscher Sprache von der Aufklärung bis zur Gegenwart, hg. von Andreas B. Kilcher, Stuttgart-Weimar 2000, S. 552-554

Stern, Grete:
Emigriert. Grete Stern und Ellen Auerbach: Fotografien vor und nach 1933 [Ausstellungskatalog], hg. von der Stadt Wuppertal, Wuppertal 1988

Grete Stern. Los Sueños. Träume. Photomontagen [Ausstellungskatalog], Halle-Aachen 1998

Sykora, Katharina: Doppelspiele – Über die fotografische Zusammenarbeit von Ringl + Pit alias Grete Stern und Ellen Auerbach, in: Berger, Renate (Hg.): Liebe Macht Kunst. Künstlerpaare im 20. Jahrhundert, Köln-Weimar-Wien 2000, S. 87-108

Tietz, Familie:
Creutz, Max: Das Warenhaus Tietz in Elberfeld (X. Sonderheft der Architektur des XX. Jahrhunderts), Berlin 1912

Fuchs, Peter: 100 Jahre Kaufhof. Köln 1891-1991, Köln 1991

Wahl, Familie:
Föhse, Ulrich: Die Wahls ins Barmen. Ein jüdisches Familienschicksal in Briefen, in: Goebel, Klaus (Hg.): Unter Hakenkreuz und Bombenhagel. Die Irreführung einer Generation in Beispielen und Augenzeugenberichten aus Wuppertal, Wuppertal 1989, S. 164-176

Herzog, Albert: Hundert Jahre im Dienste der Mode (zum hundertjährigen Geschäftsjubiläum von S & R Wahl, Barmen), Barmen 1921 [ohne Seitenzählung]

Zivi, Familie:
Friedmann, Aron: Lebensbilder berühmter Kantoren, 1. Teil, Berlin 1918, S. 240

Frühauf, Tina: Zwischen Religion und Kunst. Der Elberfelder Oberkantor Hermann Zivi, in: Dies soll ein Haus des Gebets sein für alle Völker. Festschrift zur Einweihung der neuen Bergischen Synagoge in Wuppertal, Wuppertal 2002, S. 58-63

Zuckermann, Familie:
Kießling, Wolfgang: Die Brüder Zuckermann - zwei Kommunisten zwischen Exil und Heimkehr. Eine Serie in 14 Teilen, in: Junge Welt, 1.12.-16.12.1997

Weitere benutzte Literatur und Quellen

Adressbücher Wuppertal, verschiedene Jahrgänge

Arnold, Tim: „Wir sind mit Wupperwasser getauft...“ Ein Beitrag zur Umweltgeschichte des Wuppertals. Mitteilungen des Stadtarchivs, des Historischen Zentrums und des Bergischen Geschichtsvereins – Abteilung Wuppertal e.V. 12(1987), Heft 1-3-, S. 96-113

Bankier, David: Die öffentliche Meinung im Hitler-Staat. Die „Endlösung“ und die Deutschen. Eine Berichtigung, Berlin 1995

Benz, Wolfgang: Die Juden in Deutschland 1933-1945. Leben unter nationalsozialistischer Herrschaft, München 1988

Berschel, Holger: Bürokratie und Terror. Das Judenreferat der Gestapo Düsseldorf 1935-1945, Essen 2001

Betten, Anne/ Du-nour, Miryam (Hg.): Wir sind die Letzten. Fragt uns aus! Gespräche mit den Emigranten der dreißiger Jahre in Israel, Gerlingen 1995

Boll, Friedhelm: Sprechen als Last und Befreiung. Holocaust-Überlebende und politisch Verfolgte zweier Diktaturen, Bonn 2003

Born, Heinrich (Hg.): Die Stadt Elberfeld. Festschrift zur Dreijahrhundert-Feier 1910, Elberfeld 1910

Braunbuch über Reichstagsbrand und Hitler-Terror, Basel 1933

Brisken, Carl C.: Die Epidemie der asiatischen Cholera im Kreise Elberfeld im Jahr 1859, Elberfeld 1860

Brocke, Michael/ Carlebach, Julius (Hg.): Biographisches Handbuch der Rabbiner. Teil 1: Die Rabbiner der Emanzipationszeit in den deutschen, böhmischen und großpolnischen Ländern 1781-1871, bearbeitet von Carsten Wilke, München 2004

Brocke, Michael/ Müller, Christiane: Haus des Lebens. Jüdische Friedhöfe in Deutschland, Leipzig 2001

Busmann, Johannes: Architektur in Wuppertal, Wuppertal 1993

Deutsch-jüdische Geschichte in der Neuzeit [in vier Bänden], hg. von Michael A. Meyer unter Mitwirkung von Michael Brenner, München 1996-1997

Deutsches Bauhandbuch Bd. 2: Baukunde des Architekten, 2.Theil. Unter Mitwirkung von Fachmännern der verschiedenen Einzelgebiete bearbeitet von den Herausgebern der Deutschen Bauzeitung und des Deutschen Baukalenders, Berlin 1899

Diamant, Adolf: Geschändete Jüdische Friedhöfe in Deutschland 1945 bis 1999, Potsdam 2000

Die Elberfelder Wohlfahrtspflege. Eine Übersicht über die Entwicklung und den Stand der öffentlichen und privaten Wohlfahrtspflege in der Stadt Elberfeld, hg. aus Anlaß des 75jährigen Jubiläums des „Elberfelder Systems" vom städtischen Wohlfahrtsamt, Elberfeld 1927

Faust, Anselm (Hg.): Die Kristallnacht im Rheinland. Dokumente zum Judenpogrom im November 1938, Düsseldorf 1987

Faust, Anselm (Hg.): Verfolgung und Widerstand im Rheinland und in Westfalen 1933-1945, Düsseldorf 1992

Festschrift zum 50jährigen Bestehen der Vereinigung der Fabrikanten und Großhändler der Textil- und verwandten Branchen e.V., Wuppertal-Elberfeld 1907/1957, o.O. o.J. [vermutlich Wuppertal 1957]

Festschrift zum 50jährigen Bestehen des Ordens Bne Briss in Deutschland U.O.B.B., Frankfurt am Main 1933

Festschrift zur Einweihung des Neubaues der Stadtbücherei Elberfeld, 3. Februar 1929, Elberfeld 1928. Reihe Mitteilungen der Stadtbücherei Elberfeld 2(1928), Nr. 4/5

Fleermann, Bastian: Marginalisierung und Emanzipation. Jüdische Alltagskultur im Herzogtum Berg 1779-1847 (Bergische Forschungen 30) [erscheint 2007]

Fränzel, E. Dieter/ JAZZ AGe Wuppertal (Hg.): sounds like whoopataal. Wuppertal in der Welt des Jazz, Essen 2006

Frühauf, Tina: Orgel und Orgelmusik in deutsch-jüdischer Kultur, Hildesheim-Zürich-New York, 2006

Friedländer, Saul: Das Dritte Reich und die Juden. Die Jahre der Verfolgung 1933-1939, München 1997

Friedländer, Saul: Das Dritte Reich und die Juden. Die Jahre der Vernichtung 1939-1945, München 2006

Friedmann, Aron: Lebensbilder berühmter Kantoren, 1. Teil, Berlin 1918

Führer durch die jüdische Wohlfahrtspflege in Deutschland, Ausgabe 1928/29, hg. von der Zentralwohlfahrtsstelle der deutschen Juden, bearbeitet von Bella Schlesinger, Berlin-Charlottenburg 1929

Führer durch die jüdische Gemeindeverwaltung und Wohlfahrtspflege in Deutschland, Ausgabe 1932-33, hg. von der Zentralwohlfahrtsstelle der deutschen Juden, bearbeitet von Bella Schlesinger, Berlin-Charlottenburg 1933

Gerlach, Christian: Die Wannsee-Konferenz, das Schicksal der deutschen Juden und Hitlers politische Grundsatzentscheidung, alle Juden Europas zu ermorden, in: WerkstattGeschichte 18 (1997), Thema „Endlösung", S. 7-44

Goebel, Klaus (Hg.): Historische Schauplätze in Wuppertal, Solingen und Remscheid, Wuppertal 1990

Gottwaldt, Alfred/Schulte, Diana: Die „Judendeportationen" aus dem Deutschen Reich 1941-1945. Eine kommentierte Chronologie, Wiesbaden 2005

Weitere benutzte Literatur und Quellen:

Haacke, Heinrich (Hg.): Aus Barmens Wirtschaft und Kultur, Barmen 1926

Handbuch der jüdischen Gemeindeverwaltung und Wohlfahrtspflege (Statistisches Jahrbuch) 17 (1905), hg. vom Büro des Deutsch-Israelitischen Gemeindebundes Berlin

Handbuch der jüdischen Gemeindeverwaltung und Wohlfahrtspflege (Statistisches Jahrbuch) 21 (1913), hg. vom Büro des Deutsch-Israelitischen Gemeindebundes Berlin

Hammer-Schenk, Harold: Synagogen in Deutschland. Geschichte einer Baugattung im 19. und 20. Jahrhundert, Hamburg 1981

Herzl, Theodor: Altneuland. Roman, [Leipzig 1902] Wien-Basel-Stuttgart 1962

Hofaue [Themenheft], in: Polis. Zeitschrift für Architektur und Stadtentwicklung 1995, Heft 3

Ibach, Karl: Kemna. Wuppertaler Konzentrationslager 1933-1934, Wuppertal 1948

Jorde, Fritz: Bilder aus dem alten Elberfeld, Elberfeld 1900

Jorde, Fritz: Geschichte der Schulen von Elberfeld, Elberfeld 1903

Kaplan, Marion (Hg.): Geschichte des jüdischen Alltags in Deutschland. Vom 17. Jahrhundert bis 1945, München 2003

Kaplan, Marion A.: Jüdisches Bürgertum. Frau, Familie und Identität im Kaiserreich, Hamburg 1997

Kastner, Dieter (Hg.): Der Rheinische Provinziallandtag und die Emanzipation der Juden im Rheinland 1825-1845. Eine Dokumentation (Dokumente und Darstellungen zur Geschichte der Rheinischen Provinzialverwaltung und des Landschaftsverbandes Rheinland, hg. vom Landschaftsverband Rheinland, Archivberatungsstelle), Köln 1989

Klemperer, Victor: Ich will Zeugnis ablegen bis zum letzten. Tagebücher 1933-1945, Berlin 1995

Knieriem, Michael: Das Tal der Wupper. Brunnen am Rathausplatz, hg. von der Fa. Vorwerk& Co. in Verbindung mit dem Presse- und Informationsamt der Stadt Wuppertal, Wuppertal 1981 (3. Aufl. 1988)

Koep, Philipp: Thalia – Ein Hauch von Großstadt. Die Geschichte des Thalia-Theaters in Wuppertal, Wuppertal 1993

Kundrus, Birthe/ Meyer, Beate (Hg.): Die Deportationen der Juden aus Deutschland. Pläne-Praxis-Reaktionen 1938-1945 (Beiträge zur Geschichte des Nationalsozialismus), Göttingen 2004

Mendelssohn Bartholdy, Paul/ Mendelssohn Bartholdy Carl (Hg.): Briefe aus den Jahren 1830 bis 1847 von Felix Mendelssohn Bartholdy, Leipzig 1875, Zweiter Theil

Meyer-Kahrweg, Ruth: Denkmäler, Brunnen und Plastiken in Wuppertal, Wuppertal 1991

Mintert, David Magnus: „Sturmtrupp der Deutschen Republik". Das Reichsbanner Schwarz-Rot-Gold im Wuppertal, Wuppertal 2002

Moderne Bauformen. Monatshefte für Architektur und Raumkunst 28 (1929), S. 97-118

Müller, Josef: Judenspott in rheinischen Neckrufen, in: Zeitschrift des Vereins für rheinische und westfälische Volkskunde 16 (1919), S. 22-29

Okroy, Michael: Volksgemeinschaft, Erbkartei und Arisierung. Ein Stadtführer zur NS-Zeit in Wuppertal, Wuppertal 2002

Philo-Lexikon. Handbuch des jüdischen Wissens, Berlin 1934

Reichsbund jüdischer Frontsoldaten (Hg.): Die jüdischen Gefallenen des deutschen Heeres, der deutschen Marine und der deutschen Schutztruppe 1914-1918. Ein Gedenkbuch, Detmold 1932

Reichsbund jüdischer Frontsoldaten (Hg.): Kriegsbriefe gefallener deutscher Frontsoldaten [Berlin 1935], Neuauflage Stuttgart-Degeloch 1961

Roth, Joseph : Juden auf Wanderschaft [Berlin 1927 – die Einbandgestaltung für die Erstausgabe besorgte übrigens Georg Salter], Köln 1985

Sassin, Horst: Die Lehrer und Vorbeter der Israelitischen Synagogengemeinde Solingen, in: Zeitschrift des Bergischen Geschichtsvereins 98 (1997/98), S. 167-200

Schlingensiepen, Johannes: Widerstand und verborgene Schuld, 2. Auflage, Wuppertal 1977

Schoeps, Julius H. (Hg.): Neues Lexikon des Judentums, Gütersloh 1992

Das Schwarzbuch. Die Lage der Juden in Deutschland 1933. Tatsachen und Dokumente, hg. vom Comité des Délégations Juives, Paris 1934

Sechs Jahrzehnte Zeitgeschehen im Spiegel der Heimatzeitung, hg. vom General-Anzeiger der Stadt Wuppertal, 3. Aufl. Wuppertal 1959

Sonderland, Vincent Paul: Geschichte von Barmen im Wupperthale, nach der Zeitfolge der merkwürdigsten Ereignisse, welche sich in Barmen von den frühern Zeiten bis zum Jahr 1821 zugetragen haben, Elberfeld 1821

Stengel, Theodor/Gerigk, Herbert: Lexikon der Juden in der Musik, Berlin 1940

Stock, Wolfgang: Wuppertaler Straßennamen – ihre Herkunft und Bedeutung, Essen-Werden 2002

Theresienstädter Gedenkbuch. Die Opfer der Judentransporte aus Deutschland nach Theresienstadt 1942-1945, Prag 2000

Volkov, Shulamit: Jüdisches Leben und Antisemitismus im 19. und 20. Jahrhundert, München 1990

Walk, Josef (Hg.): Das Sonderrecht für die Juden im NS-Staat, Heidelberg 1996

Witte, Peter: Zwei Entscheidungen in der „Endlösung der Judenfrage“: Deportationen nach Lodz und Vernichtung in Chelmno, in: Karny, Miroslav/ Kemper, Raimund/ Karna, Margita (Hg.): Theresienstädter Studien und Dokumente, Prag 1995

Zech, Paul: Deutschland, dein Tänzer ist der Tod. Ein Tatsachen-Roman, Frankfurt am Main 1981

Zimmermann, Michael: Die Gestapo und die regionale Organisation der Judendeportationen. Das Beispiel der Stapo-Leitstelle Düsseldorf, in: Paul, Gerhard/ Mallmann, Klaus-Michael (Hg.): Die Gestapo. Mythos und Realität, Darmstadt 1995, S. 357

Literarische und wissenschaftliche Publikationen Wuppertaler Juden

Auerbach, Zacharias: Iepheti ben Eli Karaitae in Proverbiorum Salomonis caput XXX commentarius nunc primum arabice editus, in Latinum conversus, adnotationibus illustratus, Diss. Bonn 1866

Auerbach, Zacharias: Predigt an dem allgemeinen Bettage am 27. Juli 1870 in der Synagoge zu Elberfeld, Elberfeld 1870

Efrat, Arie [d.i. Leo Ferda]: Nachbarn im Negev. Ein Kibbuz zwischen Bauern und Beduinen, Gerlingen 1983

Efrat, Arie [d.i. Leo Ferda]: Tratsch aus der Satteltasche. Geschichten aus Kibbuz und Beduinenzelt, Gerlingen 1990

Engelbert, Hermann: Das negative Verdienst des Alten Testaments um die Unsterblichkeitslehre, Diss. Marburg 1856 [Druckausgabe Berlin]

Engelbert, Hermann: „Erwiderung“, in: Elberfelder Zeitung, 1.2.1861

Engelbert, Hermann: Ist das Schächten der Thiere nach jüdischem Ritus wirklich Thierquälerei? St. Gallen 1867

Engelbert, Hermann: Die Anklage und das Verbot des Schächtens der Thiere nach jüdischem Ritus in der Schweiz, in: Allgemeine Zeitung des Judenthums 1867, S. 44-47

Engelbert, Hermann: Der Lebensbaum. Predigt, 1871

Engelbert, Hermann: Statistik des Judenthums im deutschen Reiche, ausschließlich Preußens, und in der Schweiz, Frankfurt am Main 1875

Literarische und wissenschaftliche Publikationen Wuppertaler Juden

Engelbert, Hermann: Das Schächten und die Bouterole. Denkschrift für den hohen Großen Rath des Kantons St. Gallen, 1876

Findling, Moses: Berufsumschichtung und jüdische Sozialethik, in: Der Israelit, 8.2.1934

Findling, Moses: Das jüdische Arbeitsrecht, 1935

Findling, Moses: Zum Problem der Awodath Iwrith, in: Der Israelit, 21.3.1935

Fränkel, Wolfgang Bernhard: Das Bekenntniss des Proselyten. Das Unglück der Juden und ihre Emanzipation in Deutschland, Elberfeld 1841

Fränkel, Wolfgang Bernhardt: Die Unmöglichkeit der Emanzipation der Juden im christlichen Staate. Als Entgegnung historisch nachgewiesen, Elberfeld 1842

Fränkel, Wolfgang Bernhardt: Die Rabbiner-Versammlung und der Reform-Verein. Letzte Auflösung der Judenfrage, Elberfeld 1844

Grabowski, Viktor: Die Geschichte Josefs von Mar Narses nach einer syrischen Handschrift der Königl. Bibliothek in Berlin herausgegeben, übersetzt und kritisch bearbeitet. 1. Teil, Diss. Leipzig 1889

Hoffa, Theodor: Die Krankenanstalten der Stadt Barmen, in: Aus Barmens Wirtschaft und Kultur, hg. von Heinrich Haacke, Barmen 1926, S. 55-61

Hoffa, Theodor: Mutter- und Kinderschutz, in: Aus Barmens Wirtschaft und Kultur, hg. von Heinrich Haacke, Barmen 1926, S. 36-40

Kahn-Reach, Hilde: Thomas Mann, mein Boss, in: Neue Deutsche Hefte 20 (1973), Heft 2, S. 51-64

Kleeberg, Levi: Israels Vergangenheit, Gegenwart und Zukunft. Predigt, Elberfeld 1865

Kleeberg, Levi: Rede zur Gedächtnisfeier für die verewigte Dichterin Minna Kleeberg, gehalten am 11. Januar 1879 im Tempel der Gemeinde „Mishkan Israel“ zu New Haven, Ct., als ein Denkmal der Liebe und Treue von ihrem Gatten, in: Deborah 32,6 (1879), S. 3f.

Kleeberg, Levi: Die religiöse Erziehung unserer Kinder. Confirmationsrede, Elberfeld 1864

Kleeberg, Levi: Sermon, delivered in the Occasion of the Dedication of the Temple of the Congregation Adath Israel in Louisville, KY 1868

Kleeberg, Levi: Zur Sabbathfrage, Jewish Times 6 (1874/75), S. 157f.

Kleeberg, Minna: Gedichte, Louisville-New York 1877

Kleeberg, Minna: Lied vom Salz, in: Siebel, Carl (Hg.): Gruß aus Rheinland. Neue Blüthen rheinischer Dichtkunst, Elberfeld-Leipzig 1866, S. 115-117

Kleeberg, Minna: Die Synagogenweihe, in: Elberfelder Zeitung 17.9.1865

Korn-Grimani: Verlorene Kindheit. Wie ein kleines jüdisches Mädchen aus Wuppertal den Holocaust überlebte. Autobiographische Erinnerungen, Münster 2004

Lasker-Schüler, Else: Werke und Briefe. Kritische Ausgabe, hg. von Norbert Oellers, Heinz Rölleke und Itta Shedletzky, Frankfurt a. M. 1996ff.

Lubasch, Lothar: Die Askese in der jüdischen Religionsphilosophie, Diss. Erlangen 1921

Lubasch, Lothar: Besuch in der Synagoge, in: Jüdisch-liberale Zeitung vom 18.9.1931

Lubasch, Lothar: Der persönliche Gott, in: Monatsschrift für Geschichte und Wissenschaft des Judentums 78 (1934), Heft 4, S. 385-398

Lubasch, Lothar: Die Unsterblichkeit der Seele, in: Jüdisch-liberale Zeitung vom 4.9.1925 + 11.9.1925

Norden, Albert: Ereignisse und Erlebtes, Berlin 1981

Norden, Hans: Liberalismus und Zionismus, in: Jüdische Rundschau, 26.10.1926

Norden, Joseph: „Auge um Auge, Zahn um Zahn“. Eine vielumstrittene Bibelstelle, Berlin 1926. Neudruck, hg. von der Gesellschaft für Christlich-Jüdische Zusammenarbeit in Wuppertal e.V. und dem Trägerverein Begegnungsstätte Alte Synagoge Wuppertal e.V., Wuppertal 2003

Norden, Joseph: David Deutsch (1810-1873), Rabbiner in Myslowitz und Sohrau O.-S. [Oberschlesien]. Ein Lebensbild, hg. vom „Verein für jüdische Geschichte und Litteratur" in Myslowitz, Myslowitz 1902

Norden, Joseph (Hg.): Dr. Samson Philip Nathan. Ein Lebens- und Charakterbild, Hamburg 1906

Norden, Joseph: Die Ethik Henry Homes. Ein Beitrag zur Geschichte der englisch-schottischen Moralphilosophie im 18. Jahrhundert, Halle 1895

Norden, Joseph: Grundlagen und Ziele des religiös-liberalen Judentums, Frankfurt am Main 1918

Norden, Joseph: Unser Kaiser. Ein Charakterbild in 15 Kanzelvorträgen zu seinen Geburtstagen (1900-1914), Elberfeld 1915

Ophüls, Max: „Als ich noch im Jugendstil...", in: Hackenberg, Kurt/ Schwaegermann, Walter: Vom Theater in Wuppertal. Ein Souvenir, Wuppertal o.J. [1956], S. 82-85

Philipp, Alfred: Die Juden und das Wirtschaftsleben. Eine antikritisch-bibliographische Studie zu Werner Sombart: „Die Juden und das Wirtschaftsleben", Straßburg 1929

Sonnenfeld, Herta: Stufen zur Freiheit. Die Geschichte meines Lebens, Bredevoort 1998

Stern, Gerson: Auf drei Dingen steht die Welt. Erzählung [1936], hg. von Friedrich Voit, Siegen 2003

Stern, Gerson (Hg. [mit Chorin, Schalom Ben]): Menora. Eine Auswahl literarischen Schaffens in Erez Israel, Tel-Aviv 1941

Stern, Gerson: Stille Wege. Verse, Jerusalem 1945

Stern, Gerson: Die Waage der Welt. Roman des Jahres 1932/33 [1948], Neuauflage, hg. von Friedrich Voit, Siegen 2007

Stern, Gerson: Weg ohne Ende. Ein jüdischer Roman, Berlin 1934

Walter, Friedrich: Kassandra, Amsterdam 1939

Walter, Friedrich: Selections from Thomas Mann, London 1948

Walter, Friedrich: Tobias, Amsterdam 1940

Zivi, Hermann: Gibt es eine jüdische Musik?, in: Programmheft des Jüdischen Kulturbunds Rhein-Ruhr, Mai 1934

Personenregister

Personenregister

Bildnachweis

Begegnungsstätte Alte Synagoge Wuppertal
14, 19 (4), 22, 24, 51 (2), 53 (2), 55, 63, 67 (4), 68 (5), 69 (4), 70 (2), 75, 79, 83, 85, 89 (4), 101, 102, 105, 116, 128 (2), 145, 147, 155, 157, 159, 173 (2), 176, 178, 195, 197, 198, 197, 200, 206, 209 (2), 212, 217, 223, 224, 225, 226 (2), 227, 231
Sammlung Alsberg 147
Sammlung Aronowitz-Mercer 183 (2)
Sammlung Berger 113 (2), 175 (2), 184 (2), 185
Sammlung Ceitlin/ Levin 90, 92, 93, 94, 122, 166
Sammlung Drees 213, 218
Sammlung Dreyfus 117, 174
Sammlung Ulrich Föhse
26, 48, 50 (2), 51, 52 (3) 59, 60 (3), 61, 66, 73, 75, 82, 83, 95 (2), 99, 101, 102 (3), 103 (3), 106, 107, 109, 110, 111 (2), 112, 114, 116, 117, 123 (2), 146, 148, 151, 153, 158, 159, 161, 163, 164 (3), 171 (2), 172, 173, 179, 181, 194, 198 (2), 201 (3), 203, 204, 205, 216
Sammlung Gordon
186 (8), 187 (10), 188 (11), 189 (8), 202 (2)
Sammlung Heyne 98 (2), 199
Sammlung Hochfeld 87, 88, 89, 90, 196, 197
Sammlung Hirsch 119
Sammlung Inow/Harlev 116
Sammlung Kaplan 105 (3)
Sammlung Kotek 177
Sammlung Meyerson 227
Sammlung Plaut 168 (3), 169 (2), 230
Sammlung Riemer 190 (2), 191 (2), 192 (3), 193 (2)
Sammlung Römer 196 (2), 206
Sammlung Rohlén-Wohlgemuth 203
Sammlung Scharon
116, 149, 150, 161, 162, 172, 174, 223 (2), 229
Sammlung Wolfson, 207 (5), 208 (2)

Helmut Asper, Bertz&Fischer Verlag, 130
Bildarchiv Pisarek/akg-images 136
Buckingham Palace 160
Deutsches Theatermuseum München 214
Heinz Frowein 16
Angela Genger 124
Germania Judaica 165 (2)
Hans-Günter Golinski/ Hans-Jürgen Schwalm/ Walter Petersen 126, 127
Hauptstaatsarchiv Düsseldorf 96, 125, 196
Von der Heydt-Museum Wuppertal 134
The Jewish National & University Library, Jerusalem 20, 43
Jüdische Kultusgemeinde Wuppertal
25, 38 (2), 39, 40, 144, 213, 215, 216, 218
Jüdisches Museum in der Schweiz 32, 33, 34, 73
Otto Klischan 54
Uli Kopka 221
Kulturstiftung Stadtsparkasse Köln 133
Familienbesitz Landé 118
Eva Loble 137
Michel Löwenstein 158 (2)
Medienzentrum Wuppertal – Gerd Neumann 223
Werner Michels 218
Bernd Philippsen 45
Ursula Rennhoff 205
Kurt Schnöring 197
Wolfgang Schwarze 24
Hans Singer 160
Salomon Ludwig Steinheim-Institut 128
Sigurd Steinprinz 219, 220 (2)
Stadtarchiv Bendorf 182
Stadtarchiv Butzbach 154, 155
Stadtarchiv Wuppertal
15, 18, 27 (2), 30, 31 (2), 41, 42, 46, 58, 65, 66, 71, 72, 79, 90, 91 (2), 100, 107, 108 (2), 109, 118, 120, 125, 129, 130, 131, 142, 143, 173, 182, 206, 218, 219 (2)
Stadtbibliothek Wuppertal
20, 46 (2), 47, 123, 137, 138
Suhrkamp-Verlag 46
Thalia-Programmhefte 132
Westdeutsche Zeitung – Kurt Keil 219 (2)
Paul Wetzstein 49
Lotte Zelger 121 (2)

Abbildungen aus Büchern:
Brisken, Carl C.: Die Epidemie (Elberfeld 1860): 37
Creutz, Max: Das Warenhaus Tietz in Elberfeld (Berlin 1912): (5)
Diebold, Bernhard: Habima (Berlin 1928): 132 (2)
Die Elberfelder Wohlfahrtspflege (Elberfeld 1927): 97
Elkin, Rivka: Das Jüdische Krankenhaus in Berlin (Berlin 1993): 145
Fuchs, Peter: 100 Jahre Kaufhof Köln (Köln 1991): 56, 58 (2)
Hammer-Schenk, Harold: Synagogen in Deutschland (Hamburg 1981): 72 (2)
Herzl, Theodor: Altneuland (Wien-Basel-Stuttgart 1962): 85
Herzog, Albert: 100 Jahre im Dienste der Mode (Barmen 1921): 25, 205
100 Jahre Städtisches Realgymnasium Wuppertal-Elberfeld (Wuppertal 1930): 49, 146
Die „Jeckes" in Israel (Ausstellungskatalog Bonn 1995): 150 (3)
Jorde, Fritz: Zur Geschichte der Juden in Wuppertal (Wuppertal 1933): 17
Lichtenstein, Heiner: Mit der Reichsbahn in den Tod (Köln 1985): 203
Moderne Bauformen 28 (1929): 126 (2), 127
Erich Ney, ein Chaluz (o.O., o.J.): 84 (3)
Rothschild, Lothar: Im Strom der Zeit (St. Gallen 1963): 36
Stern, Grete: Suenos (Buenos Aires 2003): 135 (2), 136

Impressum

Ulrike Schrader

Tora und Textilien.
Zur Geschichte der Juden im Wuppertal

hg. vom Trägerverein Begegnungsstätte Alte Synagoge Wuppertal e.V.

Gestaltung: Büro Ullrich, Düsseldorf

Druck: Schreckhase Druck, Spangenberg

Gefördert mit großzügiger Hilfe von:

Johannes-Rau-Stiftung

Dr. Werner Jackstädt-Stiftung

Barmenia Lebensversicherung a.G.

Deutsche Bank AG Wuppertal

Förderverein Begegnungsstätte Alte Synagoge Wuppertal e.V.

Titelgestaltung unter Verwendung von Fotografien der Elberfelder und Barmer Synagoge und eines Dokuments (1809) aus dem Wuppertaler Stadtarchiv

Die Deutsche Bibliothek – CIP-Einheitsaufnahme
Schrader, Ulrike:
Tora und Textilien
(Hrsg. vom Trägerverein Begegnungsstätte Alte Synagoge Wuppertal e.V.)
Wuppertal 2007

1. Auflage Wuppertal 2007
ISBN 978-3-9807118-9-0